KB268401

전쟁과 대통령

PRESIDENTS AT WAR

THE PRESIDENTS AT WAR

PRESIDENTS AT WAR

전쟁과 대통령

전쟁을 경험한 일곱 대통령의 결정적 순간들

스티븐 M. 길런 지음
박재영 옮김

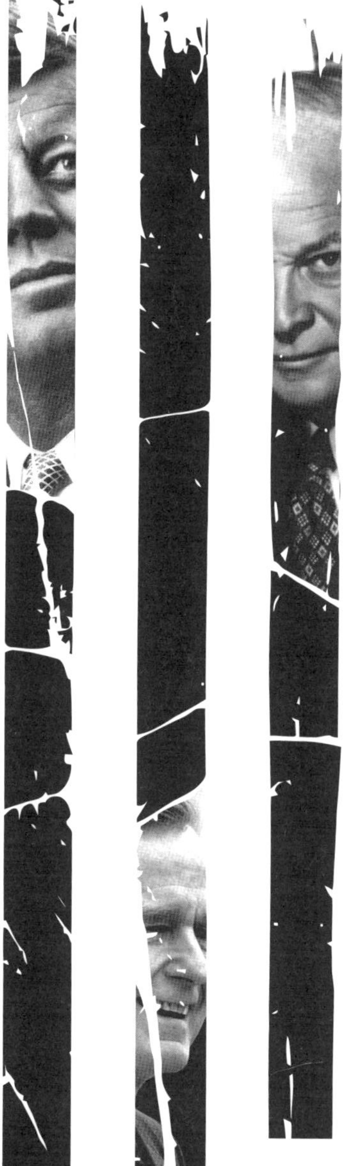

21세기북스

나의 어머니 준 C. 길런에게 바칩니다.

차례

1961년 1월 20일

그날 워싱턴 D.C.는 추웠고 바람도 거세게 불었다. 매사추세츠주 민주당 재선 상원의원으로 미국의 제35대 대통령 선거에 출마해 당선된 존 F. 케네디JFK가 취임 선서를 기다리고 있었다. 새로 말끔히 페인트칠한 백악관 동쪽 현관 앞에 설치된 취임식 단상에는 네 개의 가죽 의자가 반원형으로 놓여 있었다. 그중 두 번째 의자에 케네디가 앉았고 그의 오른쪽에는 퇴임 대통령 드와이트 아이젠하워Ike가, 왼쪽으로는 부통령 당선자 린든 존슨, 그리고 1960년 대통령 선거에서 케네디에게 패한 퇴임 부통령 리처드 닉슨이 자리했다.[1]

분명 세대교체의 바람이 일고 있었다. 햇볕에 그을린 얼굴, 활기찬 모습의 JFK는 미국 역사상 최연소인 43세에 대통령에 당선되었다. 그런 그가 71세로 그때까지 가장 나이 많은 미국 대통령이었던 아이젠하워의 뒤를 이을 참이었다. 19세기에 태어난 이들 중 가장 마지막으로 대통령직에 올랐던 인물이 20세기에 태어난 첫 번째 대통령에게 권력을 넘기는 순간이었다.

축제 분위기 속에서 네 명 모두 밝은 표정을 짓고 있었지만, 그 표정 아래로는 서로를 향한 반감이 이글거렸다. 케네디는 아이젠하워를 훌륭한 장군으로는 인정했으나 인간적으로는 존경하지 않았다. 케네디는 아이젠하워를 종종 "고약한 늙은이"라고 부르며 무시했다. 선거운동 기간 내내 아이젠하워의 정책은 물론 아이젠하워 개인의 능력까지 공격하며, 위험한 세계 질서 속에서 미국을 이끌 만한 역량도 없이 백악관을 차지하고 앉아 어찌할 줄 모르고 전전긍긍하는 대통령이라는 이미지를 부각했다. 그러나 아이크는 여전히 엄청난 인기를 누리고 있었으므로 케네디로서는 그의 지지, 특히 외교정책 분야에서의 도움이 절실히 필요했다. 반면 아이크가 보기에 케네디는 경험도 없으면서 건방지기 짝이 없는 풋내기에 불과했다. 아이크는 그를 "건방진 애송이" 또는 "철없는 꼬마"라고 부르며 깔보았다.

닉슨은 8년 동안 부통령으로서 아이젠하워 대통령을 충실히 보좌했다. 그러나 아이젠하워는 1952년 대선 캠페인을 뒤흔든 선거 비자금 추문이 터졌을 때 부통령 후보에서 사퇴하지 않은 닉슨을 결코 용서하지 않았고, 닉슨 역시 추문에 휘말린 자신을 방치한 아이크를 원망했다. 게다가 아이크는 1956년 대선을 앞두고는 닉슨에게 부통령 출마를 접고 내각에서 일하면 어떻겠느냐고 설득하려 했다. 1960년 대선 선거운동 기간 중에 있던 한 기자회견에서 아이크가 자신의 행정부에서 닉슨이 어떤 실질적인 기여를 했는지 딱히 기억나지 않는다는 발언까지 하자, 두 사람 관계는 급속히 냉각되었다. 닉슨은 후에 "우리 사이에 개인적인 감정이 있었던 것은 아니다. 나는 사령관에게 신임받는 부관이었지만, 나이와 기질 차이로 친구가 되지는 못했다."라고 회상했다.[2]

케네디와 존슨의 관계는 일종의 정략결혼이었다. 케네디의 선거 캠프는 로스앤젤레스 민주당 전당대회에서 막판 공작으로 케네디를 제치고 대통령 후보 자리를 낚아채려 했던 존슨에게 여전히 분노하고 있었다. 존슨은 "내가 겨우 마흔두 살 먹은 자식에게 휘둘리다니, 어떻게 참을 수 있겠어?"라고 불평했다. 하지만 존슨은 자신을 지지할 대의원 수를 늘리지 못했고, 결국 케네디 지지를 표명했던 대의원들을 자기편으로 끌어들이기 위해 케네디의 건강에 관한 소문을 퍼뜨리며 대통령감으로 부적합하고 준비도 안 된 인물이라고 주장했다. 존슨은 한 기자에게 케네디를 가리켜 "저 구루병 걸린 깡마른 자식"이라고 부르기도 했다. 존슨 측 인사들은 케네디가 치명적일 수도 있는 부신副腎 기능 장애, 소위 애디슨병을 앓고 있다고 폭로했다. 이는 사실이었으나 케네디는 존슨 측 주장을 강력히 부인했고, 마침내 1차 대의원 투표에서 민주당 대통령 후보로 지명되었다.

그렇지만 실용주의자인 케네디는 어설프게 자신의 지명을 저지하려 한 존슨에게 러닝메이트로서 부통령에 나서달라고 제안하며, 전당대회에 참석한 모두를 놀라게 했다. 케네디의 제안은 논리적으로 타당했다. 존슨은 민주당 의원 중 가장 저명하고 유능한 의회 지도자였다. 매사추세츠주 출신의 가톨릭 신자인 케네디가 백악관에 입성하기 위해서는 남부 출신의 개신교도 러닝메이트가 필요했다. 존슨은 남부의 여러 주에서, 특히 선거인단이 많은 텍사스주에서 케네디에게 도움을 줄 수 있었다. 케네디는 또한 자신에게 불만을 품은 다혈질의 존슨이 상원에 그대로 남아 자기의 주요 정책 의제를 가로막는 상황 전개도 우려했다.[3]

이들 네 명 중 1960년 대통령 선거에서 맞붙은 두 명이 어쩌면 가장 가까운 관계였을 수도 있다는 사실은 아이러니하다. 1946년 하원의원으로 함께 당선된 케네디와 닉슨은 하원의 교육노동위원회에서도 함께 활동했다. 1952년 닉슨이 부통령 후보로 지명되자, 역시 1952년 선거에서 상원의원에 당선된 케네디는 두 쪽짜리 손 편지를 써서 닉슨에게 보냈다. 그 편지에서 케네디는 닉슨의 부통령 후보 지명은 "공화당 대통령 후보의 백악관 입성"에 큰 힘을 실어줄 "이상적인 선택"임이 분명하다고 말했다. 부통령이 된 닉슨은 상원의장으로서 상원에도 집무실이 있었는데, 복도를 사이에 두고 맞은편에 케네디 상원의원의 사무실이 있었다. 그 덕에 닉슨은 케네디의 생일 파티에 항상 초대받았다. 1952년에 케네디가 부통령에 출마한 닉슨을 지지했던 것처럼, 1958년 케네디가 상원의원 재선에 도전했을 때 닉슨은 케네디에게 그를 공격하는 선거 캠페인은 하지 않겠다고 약속했다. 1960년의 대선 경쟁으로 두 사람의 우정은 다소 식었으나, 그래도 이들은 변함없이 서로를 존중했다.[4]

서로 스타일과 정치 성향이 달랐던, 그날 취임식 단상에 있던 네 경쟁자는 그러나 모두(그리고 그 뒤를 이은 제럴드 포드와 로널드 레이건, 그리고 조지 H. W. 부시까지 포함하여) 백악관을 차지했고 제2차 세계대전을 경험했다는 공통점을 지닌다. 제2차 세계대전은 그들 삶에 큰 영향을 미친, 그들의 성격을 형성하고 품성을 다지는 데 가장 결정적인 역할을 한 사건이었다. 케네디는 자기 세대를 대변하며 이렇게 말했다. "우리를 만든 것은 전쟁입니다. 우리 세대에게 가장 중요한 순간은 전쟁이었고, 그 사실은 지금도 변함없습니다. 전쟁의 기억이 우리 세대의 특성을 결정지었습니다. 그 전쟁이 분기점이 되어 우리는 청년의 나태함에서 벗어나 성인의 진지함을 갖추었습니다. 전장에서의 전투는 학교와 부모님의 가르침 이상으로 우리의 인격 형성에 기여했습니다. 전쟁만큼 우리에게 강인함을 심어주고 복원력을 일깨워준 경험도 없을 것입니다. 그 긴 전쟁이 마침내 끝났을 때, 우리는 훨씬 영악해졌지만 그만큼 큰 슬픔 또한 껴안았습니다. 전쟁을 겪은 이후로 우리는 인생을 진지하게 바라보게 되었고, 그 진지함은 지금도 그칠 기미가 보이지 않습니다."[5]

케네디는 제2차 세계대전과 추상적이면서도 개인적인 연관을 맺었다. 하버드대학 4학년으로 진학하기 전인 1938년 여름방학 기간, 케네디는 유럽 곳곳을 여행하며 아돌프 히틀러 군대의 폭력성과 그의 야욕을 달래려는 영국의 헛된 노력을 목격했다. 그리고 1939년 8월, 유럽과 중동을 7개월간 여행하고 베를린의 한 호텔에서 묵고 있던 22세의 케네디는 호텔 창문을 통해 나치 돌격대가 행진하며 지나가는 모습을 지켜보았다.

그때의 경험에서 케네디가 평생 씨름하게 될 질문, 즉 대통령 재임 시 맞이한 여러 위기에서 대응책을 마련할 때마다 그가 떠올린 질문이 잉태된다. 여론뿐만 아니라 복잡하게 얽힌 이해관계에 반응해야 하는 민주주의 국가들은, 국가의 모든 권력을 하나의 대의를 위해 동원할 수 있는 전체주의 체제에 맞서 어떻게 국력을 결집해야 하는가? 이 질문과 관련해 JFK는, 체코슬로바키아 일부 지역 병합을 원한 아돌프 히틀러와 협상하기 위해 1938년 뮌헨을 방문했던 영국 총리 네빌 체임벌린의 사례를 준거로 삼았다. 뮌헨 협상 후 런던으로 돌아온 체임벌린은 환호하는 군중들 앞에서 "우리 시대를 위한 평화"를 확보했다고 선언했다. 그러나 히틀러의 군대는 병합 요구 지역뿐만 아니라 체코슬로바키아의 나머지 지역까지 점령했고, 이어서 폴란드까지 침공했다. 그 이후 한 세대에 걸쳐 서방 세계의 지도자들은 적의 침략에는 힘으로 맞서야 하고 적과의 타협은 헛된 것이라는 "뮌헨의 교훈"을 새기게 되었다.[6]

히틀러가 폴란드를 침공하고서 이틀 후인 1939년 9월 3일, 케네디는 어머니와 형 조, 여동생 캐슬린과 함께 영국 하원의 방청석에 앉아 있었다. 체임벌린 총리는 슬픔에 젖은 목소리로 자신의 유화정책이 실패했다고 인정했다. 그러나 그날 케네디에게 가장 강한 인상을 남긴 인물은 새로이 총리직에 오른 윈스턴 처칠이었다. 케네디는 이제 무기를 들 때라며 영국 국민에게 호소하는 처칠의 연설에 매료되어 넋을 잃은 듯 자리를 뜰 수 없었다. "저 바깥에서는 전쟁의 폭풍이 휘몰아치며, 그 거센 분노의 바람이 우리의 대지를 채찍질해대고 있습니다. 그러나 이 일요일 아침, 우리의 가슴속에는 평화가 있습니다." 그렇게 케네디는 그의 삶과 미국이라는 국가를 변화시킬 제2차 세계대전의 시작을 목격했다.[7]

*

캘리포니아에서 군 복무를 한 로널드 레이건을 제외하고, 미래의 대통령들은 자원하여 입대해 곧장 최전선으로 배치해달라고 요청하는 등 커다란 용기를 보여주었다. 그들은 유럽에서는 나치의 침략, 태평양에서는 일본 제국주의라는 전례 없는 위협으로부터 자유와 민주주의를 지켜냈다고 찬사받는 "위대한 세대"의 당당한 일원들이었다.

미래의 대통령들은 백악관 집무실을 차지한 후 제2차 세계대전에서 얻은 교훈을 정책에 반영하고자 노력했다. 린든 존슨은 제2차 세계대전에 참전한 미래의 모든 대통령을 대변하듯 이렇게 말했다. "제2차 세계대전을 경험하면서 저는 전쟁이 두 가지 이유로 일어난다는 사실을 배웠습니다. 하나는 소수의 사악한 지도자들이 권력에 탐욕을 부리기 때문이고, 다른 하나는 평화를 사랑하는 사람들이 너무 자주 용기 없는 모습을 보여 세계 곳곳의 침략자들에게 공공연히 침략의 빌미를 제공하기 때문입니다."[8]

그러나 '뮌헨의 비유Munich analogy'는 그 세대 대통령들에게 일종의 개념적 감옥으로 작용하였다. 그 결과 그들은 아시아와 라틴아메리카를 휩쓴 민족주의 흐름을 제대로 보지 못한 채, 세계 전체를 미국처럼 변화시켜야 한다는 사명감에 지나치게 매몰되고 말았다. 그 세대 미국 대통령들이 국제적 위기를 바라보는 시각과 그 위기에 대응해 취한 행동을 대중에게 정당화하는 방식 모두 이 '뮌헨 비유'에서 비롯되었다. 민족주의 흐름을 도외시하여 낭패를 본 가장 대표적인 사례가 베트남전이다. 그 불필요한 전쟁에서 5만8000명 이상의 미국인이 목숨을 잃었다. '뮌헨 비유'와 같은 사고방식은 대통령들이 복잡한 국제 정세를 무시한 채 세계 각지의 분쟁에 천편일률적인 접근 방식을 취하도록 유도하는 문제를 일으켰고, 외교와 유화책을 혼동하여 정책적 논쟁을 질식시키는 결과도 초래했다. 제2차 세계대전을 겪은 세대 모두에게 히틀러는 악의 화신이었고, 대통령들은 전후에 등장하는 다양한 적들을 곧바로 히틀러와 등치시켰다. 그러나 그러한 비교는 대개 잘못된 것이었다. 돌이켜 보면 다행스럽게도 히틀러처럼 악마 같은 지도자는 다시없었다. 역사학자 제프리 레코드는 이렇게 지적했다. "'뮌헨 비유'를 들먹이며 힘의 사용을 정당화했던 시도는 거의 항상 잘못된 방향으로 흘러갔다. 1945년 이후로 히틀러가 가했던 수준에 비견될 만큼 미국 안보를 위협하는 상황은 없었기 때문이다."[9]

세계 속에서 미국의 역할을 규정하면서 형성된 미래 대통령들의 오만

한 인식은 미국 사회를 바라보는 그들의 시각에도 그대로 투영되었다. 1930
년대의 파시즘과 제2차 세계대전 이후의 공산주의에 맞서 싸우면서, 그들
은 미국적 가치의 우월성과 미국적 제도의 본질적 건전성을 확신하게 되었
다. 기본 가정을 재고하거나 기존 제도에 의구심을 품을 수 있다는 생각조
차 거부하며, 그들은 이념 논쟁을 회피했다. 1962년 예일대학 졸업식 연설
에서 케네디 대통령은 이렇게 말했다. "오늘날 우리가 직면한 국내 문제는
좀 더 미묘하고 복잡합니다. 그러한 문제들은 철학이나 이념 간의 근본적인
충돌보다는 공통의 목표를 재구성하는 방식과 절차, 다시 말해 복잡하고
집요한 문제와 관련해 정교한 해법을 모색하는 과정과 관련이 깊습니다."[10]

그 세대의 많은 지도자는 경제적 번영이 이념 논쟁을 무의미하게 만들
수 있다고 믿었다. 경제성장은 모든 사회적 문제를 해결하는 만병통치약으
로 여겨졌다. 이들 미래의 대통령 모두 전시 지출이 어떻게 미국을 경기 침
체의 늪에서 구하고 경제 번영의 기틀을 마련했는지 직접 목격했다. 전쟁
이전까지는 부의 재분배를 위한 다양한 방식을 실험했던 진보주의자들조
차 경제가 양적으로 팽창하면 사회 모든 계층이 혜택을 받을 수 있다고 확
신하며 경제성장이란 복음을 받아들였다. 그들에게 영감을 준 인물은 영국
의 경제학자 존 메이너드 케인스였다. 케인스는 1936년 저서《고용, 이자 및
화폐의 일반 이론The General Theory of Employment, Interest, and Money》에서 공급
변동이 경기 침체를 초래한다는 기존 경제학의 통념에 도전하며, 수요 부
족을 대공황의 주범으로 제시했다. 따라서 정부가 재정 및 통화 정책을 약
간 조정하는 것만으로 국가 경제를 괴롭히는 호황과 불황의 경기 순환을
종식할 수 있다는 주장이었다. 수요가 부족할 경우 정부는 정부 지출을 늘
리거나 세금을 감면하여, 또는 이 둘을 병행해 재정 적자를 감수하고서라
도 경제성장을 촉진해야 한다고 케인스는 설파했다.

연방정부가 적극적으로 개입하면 경제가 지속적으로 성장해 모든 미
국인이 혜택을 누릴 수 있다는 주장은 진보주의자들이 듣고 싶어 하던 메
시지였다. 진보 진영은 더 이상 대대적인 개혁은 필요 없다고 믿었다. 미국

제도들의 근간이 건전하므로 약간의 조정만 거치면 충분하다고 생각했기 때문이다. 역사학자 아서 슐레진저 주니어는 1949년에 출간한 영향력 있는 저서 《생명력의 중심: 자유의 정치학The Vital Center: The Politics of Freedom》에서 흡족한 듯 이렇게 선언했다. "급진주의의 새로운 예언자는 마르크스가 아니라 케인스다." JFK는 "밀물은 모든 배를 띄운다."라는 말로 그러한 사고를 요약했다.[11]

그러나 국가는 경제적 부를 끊임없이 확대할 수 있는 수단을 가진다는 그 최고 신념을 미래 대통령 모두가 공유한 것은 아니었다. 보수적 재정 정책 옹호자였던 아이젠하워, 닉슨, 포드, 조지 H. W. 부시는 전쟁이 끝나자 국내 정책이나 국방에 과도한 정부 지출이 계속되면 경제가 마비될 수 있다고 우려했다. 이들은 케인스 경제학에 대한 진보 진영의 믿음을 결코 수용하지 않으면서, 경제는 취약한 것이고 번영은 지속될 수 없다고 생각했다. (1971년 닉슨은 케인스 경제학에 대한 믿음을 천명하였는데, 이러한 태도 변화는 경제적 확신이 아니라 정치적 절박함에서 비롯된 것이었다.) 세계 경제에서 일어나고 있던 거대한 변화에 적응하고 '스태그플레이션'이라는 고질적인 문제에 대처하려고 애썼던 닉슨과 포드는 미국의 경제력이 지니는 한계를 강조함으로써 케네디 및 존슨 행정부의 경제 정책과 결별했다. 로널드 레이건은 매우 이례적인 대통령이었다. 그는 케네디와 존슨처럼 미국 경제의 무한한 잠재력을 믿으며 공급 중시 경제학을 수용함으로로써 정부의 재정 책임을 강조하는 공화당의 전통적인 신념을 저버렸을 뿐만 아니라, 부의 소비자가 아닌 생산자를 경제적으로 보상하는 정책을 통해 케인스 경제학을 뒤집었다.

제2차 세계대전의 가장 큰 아이러니는 느리고 점진적인 변화를 신봉하는 한 세대의 대통령들을 배출하는 동시에 여성, 노동자, 특히 아프리카계 미국인들처럼 자신들의 불만을 해결하기 위해 중대한 구조적 변화를 요구하는 한 세대 개혁가들의 기대도 자극했다는 점이다. 한 참전 군인은 "전쟁터에서 돌아오자 앞으로 어떠한 삶을 살기를 원하는지 우리의 전체적인 생각이 바뀌었다."라고 설명했다. 전쟁에서 싸웠던 미국인들은 '좋은 직업과 품위 있는 삶'을 누릴 자격이 있다고 느꼈다. 전쟁이 끝난 후에 자신들의 경제적 상황이 좋아지고 더 많은 기회가 주어지기를 계속 기대했던 아프리카계 미국인들은, 이들 대통령 모두에게 미국의 이상과 현실 사이의 괴리를 직시하라고 강력히 요구했다.[12]

*

취임 선서는 정오에 진행될 예정이었지만, 입장권 없이 행사에 참석한 VIP들을 위해 상원의원 수행원들이 추가 좌석을 마련하느라 지연되고 있었다. 케네디는 어색한 침묵을 깨기 위해 아이크에게 그들이 공유하는, 제2차 세계대전 참전 경험에 관해 다시 물었다. 사실 그 대화는 그날 아침 국회의사당으로 이동하기 위해 함께 탑승했던 투명 유리 지붕이 달린 리무진 안에서, 해군 중위 출신의 젊은 케네디가 유럽연합군 최고사령관이었던 아이크에게 디데이에 관한 코닐리어스 라이언의 신작 베스트셀러 《가장 긴 하루The Longest Day》을 읽어봤는지 물어보면서 시작되었다. 아이젠하워는 그 책을 들어는 봤지만 읽지는 않았다고 대답했는데, 케네디가 취임식 단상에서 이 화제를 다시 꺼낸 것이다. 로버트 케네디에 따르면, 그의 형은 "아이젠하워가 그 책을 전혀 읽지 않았다는 사실에 매우 놀랐다."[13]

보스턴 대주교이자 케네디의 친구였던 리처드 쿠싱 추기경은 짧은 기도를 드릴 예정이었으나, 고통스러울 정도로 길게 느껴지는 8분 동안 지루하게 말을 이어갔다. 연단에 다가가며 바닥에서 연기가 올라오는 것을 본 추기경은 케네디가 연설하는 동안 폭발되도록 폭탄이 설치되었을지 모른다고 우려하여, 전기 기술자가 전선이 교차하여 연기가 올라왔다고 확인해줄 때까지 자신을 희생할 각오로 시간을 끌었던 것이다. 연기의 원인이 확인되자 추기경은 그제야 말을 멈췄다. 아이젠하워는 눈앞에서 벌어진 그 장면을 지켜보면서 몸을 기울여 JFK에게 속삭였다. "무척 뜨거운 연설을 준비한 모양이군요."[14]

케네디는 짜증 난 모습이 역력했다. 그는 제본된 연설문을 넘기며 물었다. "이제 됐나요?"

모든 게 해결되었고, 행사는 속개되었다. 오페라 스타 메리언 앤더슨이 미국 국가 〈성조기〉를 불렀고, 그리스 정교회 대주교의 짧은 연설 후에 존슨이 취임 선서를 했다. 83세의 로버트 프로스트가 자작시 〈온전한 헌신〉을 힘겹게 낭송했고, 마침내 JFK의 차례가 되었다. 케네디는 일어나 외투를 벗고 실크해트를 내려놓은 다음, 취임 선서를 하기 위해 얼 워런 연방대법원장 앞으로 걸어 나갔다. 바싹 그을린 얼굴에 젊고 활기찬 그의 모습은 백발의 정치인들 사이에서 한층 돋보였다. 케네디는 오른손을 성경 위에 올려놓고 왼손을 들어 취임 선서를 했다.

"오늘 우리가 지켜보는 것은 일개 정당의 승리가 아닌 자유의 축제입니다." 보스턴 억양을 띤 케네디의 카랑카랑한 목소리가 차가운 공기를 가르며 울려 퍼졌다.

뮌헨의 그림자가 케네디의 취임 연설 위에 드리워져 있었다. 케네디는 1930년대의 지도자들과 달리, 자기 세대는 눈앞에 놓인 도전을 기꺼이 맞이할 것이라고 주장했다. "지금 이 시각, 이 장소에서 우리의 친구와 적, 모두에게 선언합니다. 이제 횃불은 미국의 새 세대에게 넘어왔습니다." 케네디는 힘주어 말했다. "인류의 오랜 역사 속에서, 자유가 최대 위기에 처했을 때 이를 수호할 역할을 부여받은 세대는 극히 소수였습니다. 저는 그 책임을 회피하지 않겠습니다. 오히려 환영합니다." 케네디는 추운 날씨에 잔뜩 옷을 껴입고 취임식에 참석한 군중과 텔레비전 앞에서 지켜보는 6000만 미국인들에게 협상의 필요성을 강조했다. 하지만 체임벌린과 달리 힘의 우위를 확보한 상태에서 협상할 것이라고 말했다. "우리는 두려움에 사로잡혀 협상하지 않을 것입니다. 그러나 협상을 두려워하지도 않을 것입니다." 케네디가 전하는 메시지는 분명했다. 1930년대의 지도자들과 달리 그가 이끌 세대는 자유를 수호하는 과업을 감당할 준비가 되어 있다는 것이었다. "우리의 우방이든 적국이든, 세계 각국에 전합니다. 자유의 존속과 만개를 보장하기 위해서라면 우리는 어떤 대가도 치를 것이며, 어떤 짐도 짊어질 것이고, 어떤 고난도 견딜 것이며, 모든 친구를 도울 것이고, 어떤 적과도 맞서 싸울 것입니다."

케네디의 취임 연설은 그가 속한 세대 전체에게 무장을 촉구하는 일종의 호소로서, 당대의 악에 맞서 싸우자며 영국 국민을 고무시키려 했던 윈스턴 처칠의 수사를 본뜬 것이었다. 케네디의 연설에서 오래도록 기억될 문장은, 독일이나 소련과 같은 전체주의 국가들과 경쟁하기 위해 민주주의 국가들은 어떻게 해야 하는지에 대해 그가 내놓은 대답이었다. "국가가 당신을 위해 무엇을 해줄 수 있는지를 묻지 말고, 당신이 국가를 위해 무엇을 할 수 있는지를 물어보십시오." 대통령이 국가권력을 이용해 국민의 희생을 강요할 수는 없을 테지만, 설득의 힘을 통해 국민을 하나의 대의 아래 결집시키는 초국가주의로 나아갈 수 있다는 선언이었다.

겨우 16년 전에 끝난 제2차 세계대전에서 다수의 국민이 얻은 교훈을 상기시킬 목적으로, 케네디는 취임 연설의 거의 전부를 대외 정책에 할애했다. 취임 연설을 하는 동안에도 남부 지역의 아프리카계 미국인들은 기본적인 정치적·시민적 권리를 박탈당했고 전국의 빈곤율은 거의 20퍼센트에 달했지만, 신임 대통령은 국내 문제에 관해서는 단 한 문장으로 간략히 언급했다. "자유 사회가 가난한 다수를 돕지 못한다면 부유한 소수도 구할 수 없을 것입니다." 경제성장을 이루면 계급 간 분열이 완화되고 아프리카계 미국인들에게도 현실을 타개할 수 있는 경제적 힘을 부여할 수 있다고 확신한 케네디는, 연설문 작성자 테드 소런슨이 초안에 포함한 국내 도전 과제에 관한 언급 대부분을 삭제했다.[15]

논평가들은 케네디의 연설을 한목소리로 극찬했다. 《뉴욕타임스》는 이 취임 연설을 "웅변적이며 훌륭"하다고 평가했고, 칼럼니스트 제임스 레스턴은 "혁명적 문서"라고 선언했다. 케네디의 연설은 백악관에 입성한 제2차 세계대전 참전 용사들을 혼란에 빠뜨렸던 "뮌헨의 덫"을 강력하고 설득력 있게 표현했다. 케네디처럼 그들도 세계가 '자유 진영'과 '비자유 진영'으로 나뉘었다고 인식했고, 소련의 이득은 곧 미국 국익의 침해로 이어진다고 간주하는 제로섬게임 시각을 가지고 있었다. 그러나 뮌헨의 덫에 줄줄이 빠진 대통령들은 미국이 이길 수 없다는 것을 내심 알고 있으면서도 남베트남의 부패한 정권을 지탱하기 위해 미국의 병력과 자원을 베트남전쟁에 투입했다. 베트남전쟁 개입을 확대했던 아이젠하워, 케네디, 존슨 대통령뿐만 아니라 베트남전쟁 종전을 거부했던 닉슨과 포드 대통령 모두 뮌헨 비유가 가지는 한계를 이해했고, 미국이 동남아 정글에서 싸워 승리할 수 없다는 사실도 알고 있었다. 그럼에도 그들은 베트남전에 계속 개입했다. 미국이 승리할 수 있다고 믿어서가 아니라, 미국이 패배한 이유를 국민에게 설명해야 하는 상황이 두려웠기 때문이었다.

*

이들 미래 대통령을 포함하여 수백만 남성에게 군 복무는 공통의 통과의례였다. 작은 지역공동체에서 평생을 산 그들은 전쟁에 참여함으로써 새롭고 낯선 장소에서 새롭고 낯선 사람들을 만날 수 있었다. 전쟁은 캘리포니아주의 시골 마을 휘티어에서 자란 닉슨 같은 이들에게 다양한 배경을 지닌 사람들과 접촉할 수 있는 기회를 부여했고, 케네디나 부시처럼 부유한 특권층 가문 출신들에게 사회적 지위, 가문의 명성, 막대한 재산이 그다지 중요하게 작용하지 않는 위대한 평등의 장으로 작용했다.[16]

성정과 출신 배경은 달랐지만, 군 복무라는 경험을 공유한 이들 대통령은 서로에게 유대감을 느꼈다. 대통령직을 수행하며 각자 독특한 관점을 가지게 되었지만, 그들에게는 전쟁 기간에 대통령직을 수행했다는 공통의 경험이 있었다. 따라서 그들이 종종 당파적 차이나 개인적 적대감을 초월해 서로에게 조언과 격려를 구하며 의지했다는 사실은 그다지 놀랍지 않다. 케네디와 존슨 모두 대외 정책과 관련해 아이젠하워의 조언을 구했으며, 장수하여 자신과 같은 공화당 출신 레이건과 부시가 대통령에 당선되는 것을 지켜본 닉슨은 소련에게 너무 유화적인 태도를 보인다고 그들을 비판하기도 했다.

이들 미래의 대통령 모두 제2차 세계대전이라는 혹독한 시련을 통해 훗날 자신들이 이끌게 될 국가와 굳건한 유대를 다졌다. 제2차 세계대전에 참전했던 세대가 점점 사라져가는 지금, 전쟁과 지도력과 국가 정체성 사이의 복잡다단한 관계를 살펴보는 작업은 의미 있는 일이다. 이 전쟁이 남긴 유산과 이들 일곱 명의 대통령이 배웠을(어쩌면 잊어버렸을 수도 있는) 교훈들이 미래의 대통령들이 서게 될 정치적 지형을 계속해서 구성할 것이기 때문이다.

제1부

전쟁 속으로

1장

"치욕의 날"

프랭클린. D. 루스벨트

1941년 12월 8일

워싱턴 D.C.

1941년 12월 8일, 텍사스주 오스틴 근교의 힐컨트리 출신 하원의원이던 당시 33세 린든 베인스 존슨은 하원의사당에 앉아 있었다. 곧 프랭클린 D. 루스벨트 대통령이 그의 인생에서 가장 중요한 의회 연설을 할 예정이었다. 그 전날, 일본 전투기들이 하와이주 진주만에 있는 미 해군기지를 공습해 2400명의 미국인이 목숨을 잃었다. 미 전함 애리조나호가 폭발해 침몰하면서 900명 이상이 배와 함께 수장되었고, 일본군 조종사들은 미 군함 열여덟 척(전함 여덟 척 모두와 경순양함 세 척, 구축함 세 척, 보조선 네 척)과 미 전투기 88대를 파괴하거나 격침했다. 일본군의 피해는 전투기 스물아홉 대와 조종사 96명에 그쳤다.

루스벨트는 이런 방식으로 미국이 전쟁에 빨려들기를 원하지 않았다. 1940년 4월 히틀러의 군대가 덴마크, 노르웨이, 네덜란드, 룩셈부르크, 벨기에를 침공한 이래, 루스벨트 대통령은 전쟁 개입에는 선을 그으면서도 한

편으로는 연합군 지원 방안을 모색해왔다. 1940년 6월 프랑스마저 독일군에 함락되자, 루스벨트는 중립을 지키겠다는 그간의 표면적 입장을 포기하고 "참전을 제외한 전면적인 연합군 지원"이라는 정책으로 선회했다. 영국이 독일과 교전을 개시하고서 두 주 만에 구축함 열한 척을 잃자, 처칠은 루스벨트에게 도움을 요청했다. 그러나 루스벨트는 1930년대에 제정된 중립법에 묶여 영국에 직접적으로 무기를 판매할 수 없었다. 루스벨트는 영리하게 머리를 굴려 중립법에 저촉되지 않으면서도 처칠의 요청에 응할 수 있는 해결책을 찾아냈다. 군사기지와 구축함을 교환하는 협정을 맺어, 미국이 카리브해와 뉴펀들랜드에 있는 영국군 기지들을 99년간 임차하는 대가로 제1차 세계대전에서 사용했던 미국 구축함 50척을 영국에 제공하기로 한 것이다. 미 의회는 군비 재무장을 위한 루스벨트의 추가 예산 요청을 승인했고, 미국 역사상 최초로 평시 징병제도 재가했다. 곧이어 1941년 1월, 루스벨트는 미국이 영국에 필수 군수물자를 공급할 수 있도록 의회에 '대여 및 임대 법안'을 제출했다.

일본은 미국이 악화 일로에 있는 유럽의 전황에 촉각을 세우고 있는 틈을 타 영토 확장 야욕을 실현하고 있었다. 자원 대부분을 수입에 의존하던 일본에게 자원 확보는 절실한 문제였다. 일본의 지도자들은 1890년대부터 천연자원이 풍부한 중국 북부의 만주 지역에 눈독을 들여왔다. 1931년 일본은 만주를 점령하고 괴뢰정부를 세운 뒤 토지를 몰수했고, 6년 후에는 '난징대학살'로 알려진 사건을 일으켜 수십만 명을 학살하고 난징시를 폐허로 만들었다.

미국은 일본의 동아시아 침략을 비난했지만, 일본이 그 지역에서 패권을 차지하는 상황을 저지할 여력은 없었다. 루스벨트 대통령은 1930년대 내내 미묘한 견제책을 구사하며 일본과의 갈등을 최소화하려 노력했다. 경제적 제재 수단, 특히 외국산 원유에 대한 일본의 의존도를 이용해 일본의 해외 침략을 억제하는 동시에 유럽 전선에 자원을 집중할 수 있도록 일본과의 직접적인 충돌을 되도록 피하려 한 것이다. 루스벨트는 이렇게 불평했다. "내게는 전 세계를 누빌 수 있을 정도로 충분한 해군이 없습니다. 태평양에서 작은 일이라도 발생하면 대서양에 투입할 수 있는 군함은 줄어들 수밖에 없다고요."

루스벨트의 우려에도 불구하고 개입주의자들의 논리가 득세하면서 일본과의 충돌이 점점 가시권 안으로 들어왔다. 1939년 7월, 루스벨트 대통령은 1911년 체결된 미·일통상항해조약을 파기했다. 조약 파기를 통한 실질적인 경제 제재로 일본을 압박하면, 이에 놀란 일본이 동아시아 침략 야욕을 자제하리라는 기대에서 비롯된 조치였다. 그러나 일본은 그러한 위협에 아랑곳하지 않았다. 1940년 9월 일본군은 캄보디아, 라오스, 베트남 등의 프랑스령 인도차이나를 점령해 군사기지를 확보했다. 미국은 즉각적으로 철강을 비롯한 고급 고철의 일본 수출을 부분적으로 금지했다. 일본은 이에 대응하여 사흘 후, 독일 및 이탈리아와 삼국동맹조약을 맺어 "현재 전쟁에 참여하고 있지 않은 국가"가 조약 당사자를 공격하면 상호 원조하기로 합의했다.

1941년 7월 일본군이 인도차이나의 나머지 지역까지 점령하자, 미 정부는 미국 내 일본 자산을 동결하고 일본에 석유 수출을 금지하는 조치로 응수했다. 이제 일본은 미국의 요구에 굴복할 것인지, 아니면 새 영토 정복으로 석유를 확보해 전쟁을 계속할지 선택의 갈림길에 섰다. 결국 미국과의 평화가 불가능하다고 판단한 일본은 전쟁 준비에 착수했다.

미국 함대를 무력화하여 태평양을 제패하겠다는 일본의 계획에서 진주만공격은 첫 단추를 끼우는 일에 불과했다. 진주만 공습 세 시간 후, 일본군은 필리핀 다바오만과 괌섬을 공격했다. 다음 날인 12월 8일 일본이 태국을 침공하자 태국 정부는 다섯 시간 만에 항복했다. 같은 날 오후 3시, 일본군은 싱가포르 공습 후 곧바로 영국령 말라야의 코타바루를 폭격했다.[1] 일본이 이처럼 치밀한 사전 계획에 따라 공격해오자, 미국은 최선의 대응책을 마련하는 데 난항을 겪을 수밖에 없었다.

*

약 193센티미터에 달하는 큰 키에 마른 체형인 린든 존슨은 루스벨트가 아들 제임스의 팔을 붙잡고 화려하게 장식된 하원의사당의 중앙 복도를 따라 힘겹게 내려오는 모습을 보고 자리에서 벌떡 일어났다. 존슨과 마찬가지로 텍사스 출신인 하원의장 샘 레이번이 대통령 소개를 끝내자 존슨은 다시 자리에 앉았다.

루스벨트는 청중을 살펴본 후 검은 가죽 수첩 속에서 연설문을 꺼냈다. 그의 카랑카랑한 목소리가 의사당에 울려 퍼졌다. "어제는, 1941년 12월 7일은 치욕의 날로서 역사에 남을 것입니다. 일본제국의 해군과 공군은 갑자기, 그러나 분명한 의도를 가지고 미합중국을 공격했습니다." 루스벨트는 평화 협상에 응하는 척하면서 미국을 공격한 일본 정부의 부정직함을 비난한 후, 극적인 맺음말로 연설을 마무리했다. "12월 7일 일요일, 일본의 부당하고 악랄한 공격이 발생한 그날 이후 미국과 일본제국은 전쟁 상태에 있음을 의회가 선언해주기를 요청합니다." 연설이 끝나자 존슨은 다시 일어나, 의사당에 모인 대부분 의원과 마찬가지로 루스벨트에게 기립박수를 보냈다. 몬태나주 공화당 하원의원이자 평화주의자인 지넷 랭킨만이 자리에 앉은 채 일어나지 않았다.[2]

일본의 진주만공격은 미국을 무력화하려는 시도였지만 실제 효과는 정반대로 나타났다. 이 공격은 오히려 미국인들의 애국심을 자극했고, 한발 나아가 일본에 보복 공격을 가하기를 요구하는 목소리가 빗발쳤다. 미 전역에서 젊은 남성들이 신병 모집소로 몰려들었다.

그렇게 국가 수호에 발 벗고 나선 이들 중에는 훗날 미국 대통령이 되는 인물들도 있었다. 아이젠하워, 케네디, 존슨, 로널드 레이건은 이미 군 복무 중이었으며 닉슨과 포드, 부시는 진주만공격을 계기로 군에 입대했다. 케네디와 닉슨, 포드, 그리고 부시는 전선으로 가기 위해 로비까지 벌였다. 그들 모두 민간인으로 생활할 수 있었고, 입대 후에도 본토에서 수월한 행정 업무를 맡아 후방에 머무를 수도 있었다. 하지만 그들은 전선에서 멀어지기보다는, 권력과 인맥을 동원해서라도 조금이라도 전선에 가까워지려 한 세대에 속한 인물들이었다. 물론 정치적 계산도 작용했다. 일부는, 특히 닉슨과 포드는 선거 직에 출마하려는 생각을 품고 있었고, 정치권력으로 가는 길은 제2차 세계대전의 전장을 통해야 한다는 사실도 알고 있었다. 그러나 그들의 주된 동기는 단순했다. 바로 애국심이었다. 그들은 조국이 공격받았으니 조국 수호를 위해 중요한 역할을 하고 싶었고, 조국을 수호해야 한다는 도덕적 의무감까지 느꼈다.

그러나 존슨의 동기는 조금 더 복잡했다.

*

사흘 뒤인 12월 11일, 독일과 이탈리아가 미국에 선전포고한 후 루스벨트는 의회에 전쟁 선포를 요청하는 성명서를 보냈다. "전 세계를 노예화하려는 세력들이 이제 아메리카 대륙을 향해 움직이고 있습니다." 루스벨트는 이렇게 경고했고, 하원은 신속하게 독일과 이탈리아에 대한 전쟁 결의안을 각각 393 대 0과 399 대 0이라는 만장일치로 승인했다.

전쟁 결의안 표결이 끝나자, 존슨은 일어서서 하원의장에게 발언권을 요청했다. "의장님! 무기한 휴가를 요청하오니 의원들의 만장일치 동의를 얻어주시기 바랍니다." 레이번 의장은 의원들에게 이의가 있는지 물었다. 모두 침묵했다. "텍사스주 의원의 요청에 이의가 없나요? … 그렇다면 동의합니다."[3] 레이번은 의사봉을 두드렸다.

린든 베인스 존슨은 1908년 텍사스주 힐컨트리의 가난한 농촌 지역인 스톤월에서 태어났다. 아버지 샘 존슨과 어머니 레베카 존슨 사이에서 태어난 다섯 자녀 중 맏이인 그는 전기도 안 들어오고 상하수도 배관도 없는 집에서 가난하게 자랐다. 존슨은 이렇게 말했다. "제가 어렸을 때는 가난이 너무 흔해서, 그것에 이름이 있는 줄도 몰랐어요." 한동안 목표 없이 방황

하며 말썽을 부리던 존슨은 마음을 다잡고 인근의 샌마커스에 있는 사우스웨스트텍사스 주립사범대학에서 학업을 마쳤다. 이후 존슨은 몇 년 동안 교사로 일하면서 여가 시간을 활용하여 무보수로 정치 활동에 참여했는데, 이는 그의 진정한 열정에 불을 지핀 계기가 되었다. 1931년, 존슨은 한 텍사스 출신 하원의원의 사무 보조원으로 채용되어 워싱턴 D.C.로 이주했다.

1937년, 28세가 된 존슨은 자신이 직접 하원의원 선거에 나서기로 결심했다. 그의 선거 전략은 자신의 정치 운명을 루스벨트와 연결하는 것이었다. 전기 작가 로버트 달렉은 이렇게 썼다. "그의 선거운동은 루스벨트를 찬양하면서, 루스벨트를 전폭적으로 지지할 유일한 후보는 바로 자신이라는 점을 유권자들에게 호소하는 것이었다." 그의 선거 벽보 문구는 확신에 넘쳤다. "존슨에게 행사하는 한 표는 루스벨트 정책에 찬성하는 한 표가 될 것입니다!"[4]

그렇게 존슨은 자신의 선거에 루스벨트를 활용했지만, 두 사람이 처음 만난 순간은 존슨이 선거에서 승리한 직후였다. 때마침 멕시코만에서 낚시 여행 중이던 루스벨트가 존슨을 만나고 싶다는 전갈을 보냈고, 존슨은 갤버스턴으로 가 정박하는 대통령의 배를 맞이했다. 루스벨트는 선거 유세를 위해 특별히 제작한 자신의 열차를 타고 댈러스 순회 유세를 함께 다니자고 존슨에게 부탁했다. 두 사람은 곧바로 친밀해졌다. 워싱턴으로 돌아간 루스벨트는 그의 핵심 보좌관 토미 코코런에게 전화를 걸어 말했다. "아주 놀라운 청년을 만났다네. 그 친구를 어떻게든 도와주게나."[5]

1937년 하원에 처음 등원한 이후, 존슨은 불타는 정치적 야망과 불운한 사람들을 도우려는 진심 어린 열정, 그리고 정부는 모든 미국인에게 기회를 제공할 책임이 있다는 확고한 신념을 보여주며 명성을 쌓았다. 이후 치러진 1938년과 1940년의 두 차례 선거에서는 경쟁자가 출마하지 않아 단독 입후보하여 재선과 삼선에 성공했다.

존슨은 루스벨트의 뉴딜정책을 지지했을 뿐만 아니라 루스벨트의 국방 정책 또한 열정적으로 지지했다. 1940년 봄, 미국이 유럽에서 벌어지고 있는 전쟁에 참전할 가능성이 높아지자 존슨은 미 해군 예비군에 장교 임관을 신청했고, 중령으로 임관되었다. 군 최고 통수권자인 대통령에 대한 그의 지지는 여전히 절대적이었다. 1941년 4월, 존슨은 텍사스주 상·하원 합동 회의에서 다음과 같이 연설했다. "오늘날 미국과 세계는 축복받았습니다. 운명이 우리에게 위대하고 성숙한 지도자를 보내주었기 때문입니다. 루스벨트 대통령은 훌륭하고 공정한 판단을 하는 지도자로 이미 입증되었습니다. 우리는 그를 믿고 따를 수 있습니다. 그는 이웃 사랑의 정신을 구현한 인물입니다. 그 인류애 속에서 민주주의는 태어났으며, 그 인류애와 함께 민주주의는 시련을 끝내고 평화가 찾아올 미래를 향해 나아갈 것입니다.[6]"

1941년 여름, 텍사스주 상원의원직 하나가 공석이 되자 존슨은 즉시 출마를 선언했다. 그러나 백악관의 강력한 지지에도 불구하고 그는 선거에서 패배했다. 존슨은 선거운동 내내 만약 미국이 참전하게 된다면 자신은 최전선에서 복무하겠다고 약속했다. "만약 제가 여러분의 아들을 참호로 보내는 투표를 해야 하는 날이 온다면, 그날로 저는 상원의원직을 내려놓고 여러분의 아들과 함께 전장으로 떠나겠습니다!" 존슨은 유세 현장마다 이 맹세를 반복했고, 애국심 강한 텍사스 유권자들은 열광적으로 호응했다. 때로는 자신의 약속을 더욱 극적으로 들려주기 위해, 존슨은 전쟁이 발발하면 워싱턴의 책상머리에 앉아 행정 업무를 챙기는 대신 "여러분의 아들과 함께 최전선에서, 참호 속에서, 진흙과 피를 묻히며 전투에 임"하겠다고 말하기도 했다. 선거운동의 핵심 공약이던 이 맹세는 전단지와 엽서에도 새겨져 배포되었다. 결국 상원의원이 되지는 못했지만, 존슨의 약속은 사람들의 뇌리에 남았다.[7]

그러나 그 이후 몇 달 동안 33세의 존슨은 대중을 기만하며 미묘한 줄타기를 했다. 그는 최전선으로 나가 참전할 것이라고 공언하면서도, 은밀히 워싱턴에 좀 더 가까이 머물 수 있는 자리를 알아보려 로비를 벌였다. "존슨은 워싱턴에서 뭔가 큰일을 하고 싶어 했어요. 정말 큰 자리를 원했죠."

토미 코코런은 회상했다. "그리고 그 목적을 위해 모두를 움직였어요."[8]

마침내 전쟁에 좀 더 직접적으로 참여할 기회가 찾아왔을 때도, 존슨은 하원의원직을 내려놓지 않았다. 대신 유능하고 영민하며 정치 감각이 뛰어난 아내 클로디아 알타 테일러에게 비공식적으로 의원 사무실 운영을 맡겼다. 어린 시절 간호사로부터 "레이디 버드Lady Bird, 무당벌레처럼 예쁘"다는 말을 들은 뒤로 "레이디 버드"라는 별명을 얻은 그녀는 부유한 유력 가문 출신이었으나 스스로 학비를 마련해 대학을 졸업했고, 기자가 되려 했으나 의원 보좌관이던 존슨을 만나면서 계획을 접었다. "처음 만났을 때, 존슨은 깡말랐지만 얼굴이 정말정말 잘생겼었어요. 풍성한 검은 머리도 멋지게 곱슬거렸죠. 제가 만나본 남자 중 가장 거침없이 솔직하게 말하고 단호한 태도를 지닌 사람이었어요."[9]

해군부 차관 제임스 V. 포레스탈은 존슨에게 텍사스주와 캘리포니아주에 있는 조선소들을 시찰하는 첫 임무를 맡겼으나, 존슨은 그 일이 마음에 들지 않았다. 1942년 3월 초, 샌프란시스코에 머물던 존슨은 루스벨트 대통령의 개인 비서 그레이스 털리에게 편지를 썼다. "여긴 제게 너무 따분해요. 좀 더 활동적이고, 뭔가 생산적인 임무를 맡고 싶은 마음이 간절하답니다. 하루 24시간 제가 온전히 몰두할 수 있는 그런 일을 비서님께서 우연히라도 발견하신다면 좋겠네요.[10]"

존슨이 미국 서부 해안을 따라 출장을 다니는 동안, 일본은 압도적인 공세로 웨이크섬, 괌, 보르네오, 싱가포르, 필리핀 등을 차례로 점령하며 태평양에서 서방 세계의 이권을 침탈했다. 미군은 매번 굴욕을 당했다. 괌에서는 속옷만 입은 채 성조기 대신 일장기가 게양되는 모습을 지켜봐야 했고, 마닐라에서는 일본 침공군이 태평양 공군의 거의 절반을 파괴했다. 필리핀 바탄반도에서는 일본군에게 투항할 수밖에 없던 7만5000명 이상의 미군과 필리핀군이 식량과 물도 제공받지 못한 채 숨 막히는 더위 속에서 약 105킬로미터를 걸어 압송당했다. 호주와 뉴질랜드와 인도까지 일본의 침략 사정권에 들면서, 루스벨트 대통령의 표현대로 일본은 이제 "물리치기

매우 어려워 보이는 수준의 지배적 우위"에 접근했다.[11]

전쟁이 이어지자, 일부 텍사스 신문은 존슨이 무엇을 하며 시간을 보내고 있는지 의문을 제기하기 시작했다. 《휴스턴포스트》는 "존슨 의원이 해군에서 안전한 자리 하나를 꿰차고 편히 앉아 있다면 … 유권자들은 응당 그에 맞춰 반응할 것"이라는 논평을 실었다. 존슨은 자신이 캘리포니아에서 맡고 있는 임무는 일시적인 것으로, 언제라도 전투 지역으로 배치될 수 있다고 대응했다. 지역구의 한 유권자가 그의 군 복무에 관해 제기한 질문에는 이렇게 답신했다. "저는 해군부 장관과 군 통수권자의 명령을 받는 몸입니다. 저는 명령을 내리는 사람이 아니라 명령을 받는 사람입니다. 오늘은 이곳에서 근무하고 있지만, 내일은 어디로 배치될지 저도 모릅니다. 다만 제가 가장 도움이 된다고 판단되는 곳에 있게 되겠죠.[12]"

그렇게 시간은 흘렀다. 존슨은 루스벨트 대통령이 군 복무 중인 모든 의회 의원에게 의원직을 사퇴하고 군 복무를 계속하거나 아니면 귀국할 것을 종용하는 행정명령을 곧 발동할 것이라는 귀띔을 받았다. 하원 선거나 상원 선거에 다시 출마하려면 5월 31일까지 출마 의사를 밝혀야 하는 시점이었으므로, 존슨은 자신이 출마 의사를 밝히면 그의 군 복무 이력에 유권자의 관심이 쏠리리라는 점도 잘 알고 있었다. 절박해진 존슨은 4월에 루스벨트를 직접 만나기 위해 워싱턴 D.C.로 돌아갔다.[13]

존슨은 최전선에서 싸우겠다고 약속하면서도, 동시에 워싱턴에서 고위직을 얻으려 백악관을 상대로 로비를 펼쳤다. 백악관 보좌관 조너선 대니얼스는 업무 일지에 존슨은 "정치적 미래를 위해 위험 지역으로 가고 싶어 하면서도, 자기의 능력은 메시지 관리와 대외 홍보에 최적화되어 있다고 믿는"다고 기록했다. 또 다른 보좌관의 생각도 대니얼스의 기록과 같았다. "린든 존슨은 폭탄이 떨어지는 어딘가로 배치되기를 간절히 바랐다." 존슨은 심지어 자신을 제독으로 임명해달라고 제안하기까지 했다.[14]

4월 13일, 존슨은 루스벨트 대통령의 일정 담당 비서에게 면담이 이루어질 때까지 워싱턴에서 기다리겠다고 말했다. 존슨은 마침내 4월 26일 일요일에 루스벨트 대통령을 만날 수 있었다. 루스벨트는 존슨이 처한 곤경을 안타깝게 여겼고, 가장 충실한 지지자인 그가 정치적으로 어려움에 내몰리는 상황을 원하지 않았다. 루스벨트는 존슨을 태평양 지역 전황 시찰단의 일원으로서 호주로 파견하겠다고 제안했다. 루스벨트는 더글러스 맥아더 장군이 12월 8일 일본이 필리핀을 공격할 것이라는 사전 통보를 받고도 필리핀을 무방비 상태로 방치한 데 여전히 분노하고 있었다. 루스벨트는 맥아더가 지나치게 자존심을 부리는 탓에 종종 잘못된 판단을 한다고 확신하며 그를 신뢰하지 않았다. 태평양에서 전과가 신통치 않은 상황이었으므로, 루스벨트는 객관적인 시각을 가진 인물이 그곳의 전황을 살펴보고 자신에게 보고해주기를 바랐다. 존슨의 회상이다. "윗대가리들 말고 그 밑으로 가라는 지시를 받았습니다. 즉 호주에 있는 맥아더 장군의 사령부가 아니라, 실제 전투를 수행하는 병사들을 만나서 그들이 처한 상황을 직접 확인하라는 지시였죠. 루스벨트 대통령에게는 전장의 눈과 귀가 되어줄 사람이 필요했고, 그래서 해군 장교였던 제가 적임자로 선택되었던 것입니다.[15]"

그러나 존슨에게 그런 임무를 맡긴 것은 이치에 닿는 결정이 아니었다. 존슨에게는 맥아더가 태평양에서 펼치는 전략을 판단할 만한 군사적 지식이 없었다. 해군인 존슨이 육군과 육군 항공대를 시찰하는 것이었기 때문이다. 루스벨트의 입장에서는 자신이 신뢰하는 인물을 보내 태평양에서 벌어지는 상황을 제대로 파악하고 싶은 마음에 그러한 임무를 부여했겠지만, 결과적으로는 존슨에게 정치적 선물만 안긴 셈이었다.[16]

진주만 공습 5개월 후인 1942년 5월 7일, 존슨은 태평양전선으로 향하는 긴 여정을 위해 거대한 수륙양용 비행기 PB2Y 코로나도에 탑승했다. 그렇게 존슨은 마침내 전쟁 지역으로 향했다.[17]

*

존 F. 케네디는 워싱턴 기념탑 근처에서 격렬하게 터치풋볼 경기를 즐기던 중에 일본의 진주만 공습 소식을 들었다. 케네디를 그토록 충격에 빠뜨린 순간은 그 이전에도, 이후에도 없었다.[18]

케네디는 군 복무를 완전히 피할 수도 있었다. 그는 심각한 위장병부터 극심한 요통까지 갖가지 질병을 앓으며 줄곧 건강 문제로 시달렸다. 따라서 신체검사를 통과할 가능성도 적었으며, 설사 통과했다 하더라도 전 영국 주재 미국 대사로서 부유하고 인맥도 많았던 조지프 P. 케네디가 아들을 위해 워싱턴에 머물며 편안히 지낼 수 있는 행정병 보직을 마련해줄 수 있었다. 그러나 잭JFK은 군 복무를 하기로 결심했고, 오히려 전쟁 위험 지역 가까이로 배치받기 위해 가족의 연줄을 동원했다.

그가 그런 선택을 한 이유는 무엇이었을까?

무엇보다도, 진정한 애국심과 용기였다. 유럽 전역을 여행하며 히틀러의 군대가 가한 위협을 직접 목격한 케네디는 자유와 민주주의라는 서구적 가치가 위태로운 지경에 놓였다고 확신했다. 그러한 위협을 연구하며 글을 써왔던 케네디는 이제 자신이 전쟁 승리를 위해 실질적인 역할을 해야 한다고 느꼈다. 1941년 8월 해군과의 인터뷰에서 JFK는 이렇게 밝혔다. "미국 시민으로서 제게 적합한 어떤 군부대든 자원입대해 군 복무를 하는 것이 국가에 대한 저의 의무라고 생각합니다. 정보 부서에서 근무하고 싶습니다. 그곳에서 제 능력을 최선으로 펼칠 수 있다고 생각합니다." 군은 그를 "특별히 뛰어난 학생"으로 묘사하면서 "비범한 자질을 갖췄으며, 어떤 일을 맡든 그 분야에서 미래를 확실히 개척할 인물"이라고 평가했다.[19]

형제 간 경쟁도 한몫했다. 아버지의 고립주의 견해에 동의하면서 독일의 승리를 예측하던 잭의 형 조는 1941년 6월 독일이 소련을 침공하자, 하버드 법대 1년을 남기고 중퇴하더니 미 해군 예비군의 항공 생도 육성 프로그램에 자원했다. 장남의 갑작스러운 입대에 충격을 받은 조지프 P. 케네디는 둘째 아들인 잭에게 자신의 인맥을 이용해 워싱턴에서 편안한 행정직을 알아봐주겠다고 제안했지만, 잭은 거절했다. 잭은 혹독한 훈련이 여러 건강 문제, 특히 요통을 악화시키리라 걱정했으나 자신을 받아주기만 한다

면 군을 가리지 않고 입대하려 했다.[20]

잭의 입대는 쉽지 않았다. 육군과 해군의 장교 양성 학교에 지원했지만 건강이 좋지 않다는 이유로 양쪽 모두에서 입학을 거절당했다. 잭은 케네디 형제들이 도움이 필요할 때 늘 하던 방식대로 아버지에게 도움을 청했다. 진주만 공습이 있기 두 달 전인 1941년 10월, 조 시니어는 자신이 영국 대사로 있을 때 대사관 해군 무관으로 근무했던 당시 미 해군정보국 국장 앨런 커크 대령에게 편지를 썼다. "내일 보스턴에서 자네의 의사 친구에게 잭이 신체검사를 받도록 하겠네. 그다음 잭이 해군정보국에서 자네 밑에서 일할 수 있게 되기를 바라네." 몇 주 뒤, 심사 위원회는 놀랍게도 잭이 "임관을 위한 신체 조건을 충족"한다고 판정했다. 전기 작가 로버트 달렉은 이렇게 적었다. "케네디의 신체검사 보고서를 보면 평생 단 한 번도 심각한 건강 문제가 없었던 것처럼 보인다."[21]

그달 말부터 케네디는 워싱턴 소재 해군정보국에서 소위로 복무하기 시작했다. 보안 인가가 없었으므로 케네디의 주 업무는 해외 군 기지에서 보내온 보고서를 요약해 군 소식지에 싣는 일이었다. 케네디는 그 일을 지루하고 따분하게 여겼다. 특히 그의 형 조가 조종사 훈련을 받고 있다는 생각에 이르면, 자기 업무는 더더욱 매력적으로 보이지 않았다. 진주만 공습 이후 그가 맡은 업무의 중요성이 커져 장시간 근무할 때도 있었지만, 케네디는 여전히 바다로 나가 전선에서 싸우기를 꿈꾸었다.[22]

케네디의 군 복무는 짧게 끝날 뻔했다. 《워싱턴타임스헤럴드》에 정기적으로 기고하던 눈부신 금발과 푸른 눈의 덴마크 출신 칼럼니스트 잉가 아르바드와 사랑에 빠졌기 때문이다. 잉가는 "케네디에게는 새들도 나무에서 내려오게 만드는 매력이 있었"다며 애정 어린 표현을 했다. 잭은 그녀를 "잉가 빙가"라고 부르며 여가 시간을 대부분 함께 보냈는데, 이는 FBI를 매우 놀라게 했다. 잉가는 서방 언론인 대부분은 접근조차 못 하던 히틀러와 접촉한 일이 있었고, 그로 인해 FBI로부터 독일 스파이일 수도 있다고 의심을 받던 차였다. 실제로 잉가는 1935년에 히틀러에 관해 "보자마자 좋아하게 되는 인물"이라고 쓰기도 했으며, 이혼한 전남편과의 결혼식에 히틀러가 참석하기도 했다. FBI는 루스벨트 대통령의 직접 승인하에 잉가 아르바드의 전화를 도청하고 우편물을 가로채며 지속적으로 감시하고 있었다.[23]

1942년 1월, FBI는 가십성 기사를 주로 쓰는 칼럼니스트 월터 윈첼에게 잭과 잉가의 관계를 흘렸고, 윈첼은 둘의 관계를 《뉴욕데일리미러》에 기고했다. 지면에 실린 지 채 24시간도 지나지 않아 케네디는 해군정보국에서 전출당해 사우스캐롤라이나주에 있는 찰스타운 해군 조선소의 행정직으로 발령받았다. 이보다 더한 상황을 맞이할 수도 있었다. 해군정보국 부국장이던 하워드 킹먼 대령은 케네디를 아예 해군에서 제대시키려고까지 했다. 후에 잭은 한 기자에게 이렇게 말했다. "제가 스칸디나비아 출신 금발 여자랑 어울려 다녔다고 저를 사우스캐롤라이나로 쫓아버렸죠. 그 여자를 독일의 첩자로 생각했다나요!"[24]

찰스타운에서 맡은 보직도 워싱턴 보직만큼 지루했다. 케네디의 임무는 방위산업체 노동자들에게 적의 폭격이 있을 때 그들 자신과 공장을 보호하는 방법을 가르치는 것이었다. 2월, 케네디의 어머니 로즈는 가족끼리 돌려 쓰는 연하장에 이렇게 썼다. "잭은 별로 할 일이 많지 않아서 지금 맡은 일을 답답하게 느끼고 있어. 다른 곳으로 전출되면 아마 기뻐할 거야." 잭의 친구 렘 빌링스는 케네디가 "매우 낙담하고 불행해"했다고 회고했다.[25]

설상가상으로 그해 봄 잭의 허리 통증이 재발했다. 3월 24일, 잭은 치료를 받기 위해 열흘간 휴가를 얻어 보스턴의 레이히클리닉으로 향했다. 4월 9일, 통증 완화를 위한 수술을 받기 위해 6개월간 장기 휴가를 신청했고, 수술 후 몇 달 동안 찰스턴과 보스턴을 오가며 치료를 받았다. 전투 지역에 배치되어 복무하겠다는 그의 목표가 실현될 가능성은 점점 희박해지는 듯 보였다.[26]

*

　12월 7일, 리처드 닉슨과 그의 아내 팻은 캘리포니아 할리우드에서 오후 영화를 관람하기로 하고, 영화관으로 가는 길에 팻의 여동생 집에 잠시 들렀다. 그들이 도착하자마자 닉슨의 동서가 일본이 진주만을 공습했다는 라디오 뉴스를 들었다고 전했다. 닉슨은 그 소식에 별로 놀라지 않았다. 닉슨은 훗날 "당시 자주 들려오던 괴담 중 하나일 것이라고 믿었"다고 회상했다. 닉슨과 팻은 영화관으로 갔다. 그러나 영화가 끝나기도 전에 극장 지배인이 상영을 멈추고, 모든 군인은 즉시 소속 부대로 복귀하라고 전했다. 관객들은 영화관에서 쏟아져 나왔고, 닉슨은 한 신문팔이 소년을 보았다. 소년이 들고 있는 신문의 머리기사가 비명을 지르고 있었다. 〈일본, 진주만 폭격〉 닉슨이 지나치려 하자 소년이 외쳤다. "전쟁 났어요, 선생님!"[27]

　지난 몇 년간 유럽에서 벌어지는 사건들을 지켜보며, 닉슨은 미국이 전쟁에 끌려들지 않기만을 바랐다. 그는 영국 총리 네빌 체임벌린이 "우리 시대를 위한 평화"를 이뤘다고 선언했을 때 환호하던 수백만 미국인 중 하나였다. 퀘이커교도로 성장해 평화주의에 대한 신념이 두터웠던 닉슨은 전쟁을 혐오했다. "전 누구보다도 평화주의자에 가까웠습니다." 닉슨은 당시를 이렇게 기억했다. "저는 당시 체임벌린이 세상에서 가장 위대한 사람이라고 생각했어요. 그래서 처칠이 체임벌린을 맹비난하는 신문 기사를 보고는 처칠이 미쳤다고 생각했죠."[28]

　그보다 몇 주 전, 당시 28세였던 닉슨은 워싱턴 D.C.의 물가관리국에서 일하라는 제안을 받아들였다. 루스벨트 대통령은 이 기관을 설립해 타이어, 자동차, 휘발유, 설탕 등 여러 소비재에 대한 배급 체계를 구축하고 시행하도록 했다. 1940년에 캘리포니아주 하원의원 출마를 고민했으나 결국 공화당 대선 후보 웬들 윌키의 선거운동을 지원하는 데 만족했던 닉슨은, 물가관리국에서 일하면 워싱턴이 돌아가는 방식을 파악할 수 있겠다고 생각했다. 그는 자서전에 이렇게 썼다. "워싱턴으로 이주할 수 있고, 정부의 작동 방식을 직접 관찰할 좋은 기회가 될 것 같았다."[29]

워싱턴에서의 일자리는 평생을 휘티어에 갇혀 아버지의 잡화점과 주유소 일을 도우며 살아갈 것 같던 운명에서 벗어날 기회이기도 했다. 전기 작가 스티븐 앰브로즈는 "닉슨은 미천한 집안 출신으로, 말하자면 20세기 초 캘리포니아 판 통나무집에서 태어난 셈이었"다고 평했다. 닉슨 가족은 생계를 이어가기에 급급했고, 부모는 자식들에게 자상한 편도 아니었다. 아버지는 시끄럽고 거친 성격의 소유자였고, 어머니는 조용하고 냉정한 사람이었다. "우리 부모님처럼 정반대 성격을 가진 부부는 상상하기 어려울 거예요." 닉슨은 회고했다. "어머니가 평생 저에게, 또는 다른 누군가에서 '사랑한다'라고 말하는 걸 한 번도 들어본 적이 없어요."[30]

닉슨은 부모님에게 사랑받는 가장 좋은 방법은 학교에서 뛰어난 성적을 거두는 것이라고 깨달았고, 실제로 그렇게 했다. 그는 고등학교를 최상위권 성적으로 졸업하며 "종합 최우등 학생"에게 수여하는 하버드상을 받았다. 하버드대 전액 장학금을 받을 수 있는 상이었지만, 생활비를 감당할 수 없어 닉슨은 입학을 포기해야 했다.[31]

대신 그는 1930년 9월, 고향에 있는 휘티어대학으로 진학했다. 대학에서도 닉슨은 학업에서 두각을 나타냈고, 집에서 가족 일을 도우면서도 학생회장을 역임했을 뿐만 아니라 토론 대회에서 수상도 하고 연극 활동도 했다. 차석으로 졸업한 닉슨은 듀크대학 로스쿨 장학금을 받게 되었고, 그 기회는 놓치지 않았다.

일정한 양상이 드러났다. 닉슨은 성실하고 근면하며 똑똑한 학생이었다. 사교적인 대화에는 서툴렀지만, 다수가 지켜보는 무대 위에서는 훌륭한 연기자이자 토론자로 변신했다. 그가 풍기는 어두운 분위기와 구부정한 어깨는 주변 사람들에게 매사에 초연한 채 뭔가를 늘 골똘히 생각하는 음울한 인물이란 인상을 주었고, 사람들은 그를 "우울한 거스"라는 별명으로 불렀다. "닉슨은 대학 시절에 절친한 친구가 없었어요. 그냥 외톨이였죠." 한 동창생의 말이다. 닉슨의 토론 지도교사는 이렇게 회상했다. "닉슨에게는 뭔가 심술궂은 면이 있었어요. 토론 중 질문을 던지거나 자기주장을 펼치는 방식에서 말예요."[32]

로스쿨에서도 최상위권 성적으로 졸업했지만, 닉슨은 뉴욕의 대형 법무법인에 들어가지 못했고 FBI도 그를 받아주지 않았다. 닉슨은 24세에 고향 휘티어로 돌아가 소규모 법무법인에 취직했다. 자신보다 성적이 낮은 동기들이 월스트리트의 내로라하는 직장에 취직한 반면 자신은 고향으로 돌아갈 수밖에 없는 현실이 그를 괴롭혔다. 닉슨은 뉴욕에서 일자리를 거절당했던 당시의 심정을 "처절히 패배한" 느낌이었다고 묘사했다. 그러나 그러한 경험은 오히려 결코 소도시의 변호사로 머물지 않겠다는 각오를 다지게 했다.[33]

1938년 2월, 닉슨은 서던캘리포니아대학을 갓 졸업한 퍼트리샤 라이언을 만났다. 팻은 어린 나이에 부모를 모두 여의었지만 고학으로 대학을 마쳤고, 매력적인 외모에 외향적인 성격을 지니고 있었다. 팻은 휘티어 고등학교에서 상업 선생님으로 있으면서 '휘티어리틀시어터'라는 지역 극단에서 활동하고 있었는데, 그곳에서 오디션 대사를 읽던 중 닉슨과 처음 만났다.

리처드는 팻에게 반하고 말았다. "그녀에게서 눈을 뗄 수가 없었어요." 닉슨은 회상했다. "첫눈에 빠진 사랑이었다고 말할 수 있죠." 하지만 팻은 달랐다. 그녀는 리처드가 자신을 향한 구애를 단념토록 모든 노력을 다했다. 팻은 처음부터 연인 관계를 맺고 싶지 않다고 분명히 밝히면서 심지어 자기 룸메이트를 리처드에게 소개해주기도 했으나, 리처드는 편지와 시와 노래 공세를 펼치며 끊임없이 구애했다. 팻이 "아직 정착할 준비가 되지 않았"다고 말할수록 리처드는 그녀의 마음에 들기 위해 더욱더 노력했다. 금요일 밤이면 팻을 로스앤젤레스까지 차로 데려다주어 다른 남자들을 만날 수 있도록 배려했고, 일요일 밤에 다시 그녀를 태워 휘티어로 데려오곤 했다. 팻이 스케이팅을 좋아한다는 사실을 알고는 닉슨도 배우기 시작했지만, 한 친구 말에 따르면 그는 "세상에서 스케이트를 제일 못 타는 사람"이었다.[34]

결국 리처드의 애정 공세에 마음을 연 팻은 그의 청혼을 받아들였다. 결혼을 일주일 앞둔 1940년 6월 21일 프랑스가 독일군에게 함락되었다는 소식이 들려왔고, 그들이 결혼한 다음 날 프랑스가 독일에 공식적으로 항복했다. 그 중대한 사건은 전쟁이 그들의 신혼 생활뿐만 아니라 닉슨의 대통령 임기 내내 두 사람의 결혼 생활에 얼마나 많은 영향을 미칠지를 보여주는 전조였다.

1942년 1월 초, 리처드와 팻은 1935년식 갈색 쉐보레에 짐을 가득 싣고 이제는 교전국의 수도인 워싱턴으로 가기 위해 대륙 횡단에 나섰다. 팻은 워싱턴으로 떠나기 전 "우리의 가장 큰 희망은 정부에서 일하면서 전쟁 승리에 기여하는 것이었"다고 말했다.[35]

그들은 닉슨의 스물아홉 번째 생일인 1월 9일 오후에 워싱턴에 도착했다. 닉슨은 곧장 물가관리국의 임시 사무실로 가서 연방정부 공무원으로서 선서했다. 닉슨의 이력서에는 물가관리국에서 담당했던 업무가 건조하게 적혀 있다. "배급 체계에 관한 모든 설명 자료의 요약정리 및 발간 감독. 행정 업무 처리. 새로운 배급 단위와 지역 사무소에서 따라야 할 절차 수립. 다양한 배급 단위 구성원에게 배급 절차와 체계, 그리고 정책에 관한 자문 제공." 지루한 업무였지만, 닉슨에게는 워싱턴이 내부적으로 어떻게 돌아가는지 처음으로 경험할 수 있는 기회였다.[36]

모든 평가 기준에서 볼 때 닉슨은 유능하고, 성실하며, 활동적이었다. 그는 자기 업무에 긍지를 느꼈다. 닉슨은 이렇게 말했다. "우리는 더 큰 대의를 실현하는 일원이라고 느낄 때 각자 맡은 임무에 의미를 부여할 수 있죠." 6월이 되자 닉슨은 배급 조정 부서의 임시 총책임자가 되었다. 닉슨의 상사는 "영리하며, 책임지는 자세와 뛰어난 업무 능력을 지닌 인물"이라고 닉슨을 평가했다. 또한 그 상사는 닉슨의 "명확하고 사려 깊으며 분석적인 사고와 항상 쾌활하고 즐거운 성격에 깊은 인상을 받았"다고 인정했다.[37]

그러나 닉슨은 마음 한구석으로 자신이 워싱턴 생활에 안착하지 못한다는 느낌을 떨치지 못했다. 문화적 충격에서 비롯된 이유도 있었다. 워싱턴은 닉슨이 뉴욕의 유명 법무법인에 지원했을 때 그를 거부했던 동부 엘리트들로 북적거렸고, 닉슨이 배치된 고무 배급 담당 부서에서는 닉슨보다 자격이 부족한 사람들이 그보다 높은 자리에 앉아 더 많은 급여를 받고 있었다. 닉슨은 이러한 사실에 다시금 충격을 받았고, 자신이 불운한 환경에서 자랐다는 사실을 재차 상기하며 더욱 큰 불만에 빠졌다. 닉슨은 루스벨트 대통령이 물가관리국을 운영하라고 임명한 진보적 성향의 유대인들이 못마땅했고, 이 반감은 시간이 갈수록 커졌다. 닉슨의 한 상사는 "진보주의자들, 동부의 로스쿨 출신자들, 그리고 유대인들과 함께 섞여 일하는 데 불편함을 느끼는 듯"하다고 평했다.[38]

물가관리국에서 단지 8개월만 근무했지만, 닉슨은 그 경험을 통해 정부와 관료제에 관한 자신의 관점을 형성했다. 제2차 세계대전 종전 후 몇 년 동안 닉슨은 대규모 관료제의 비효율성에 대해서는 비판하면서도 관료 존재의 필요성은 강조했다. 닉슨은 1946년 청중들에게 이렇게 말했다. "관료제는 본질적으로 비효율적일 수밖에 없습니다. 정부를 효율적으로 운영할 경제적 유인이 없기 때문입니다." 그러나 그는 정부에서 일하는 사람들을 칭찬하면서 정부 규제의 필요성을 강조했다.[39] "전쟁 중 물가관리국은 필요한 일을 해냈습니다." 또한 그는 정부 규모를 대폭 줄이자고 요구하는 사람들을 비판하면서 "복잡한 현대 경제에서 정부는 필연적으로 여러 기관을 통해 국가를 운영해야"한다고 손으로 휘갈긴 메모를 남기기도 했다. 그는 또한 정부에서 일하는 "수천 명의 유능한 공무원들"을 칭찬했다.

그러나 훗날 닉슨은 물가관리국에서 경험한 시간에 대해 이야기할 때 좀 더 비판적인 어조를 띠었다. 닉슨은 워싱턴 주류 사회와 정부 인사들을 겨냥해 자신의 대통령직 수행을 망치고 있다고 비난하며, 분노를 합리화하기 위해 당시의 경험을 재구성했다. "물가관리국에서 보낸 8개월이 특별히 행복한 시간이었다고 말할 수는 없습니다. 그러나 적어도 유익한 경험이었던 것만은 사실입니다." 닉슨은 회고록에서 이렇게 회상하며 물가관리국이 "지독한 서류 작업에 치이고, … 너무도 평범한 수많은 공무원과 … 뭔가를 노리고 시류에 편승하려는 사람들 … 구시대적이고 과격한 뉴딜정책 지지자들의 잔재 세력으로 가득했"다고 비판했다. 닉슨은 불평하는 자신에게 상사가 들려준 수상한 조언을 즐겨 인용했다. "자네를 따르는 작은 참모진을 꾸리게. 두세 명 정도에게 자네를 도와달라고 요청하게나. 그러면 자네를 P-5 직급으로 승진시켜 주겠네." 닉슨이 "하지만 제게는 참모진이 필요 없는데요."라고 대꾸하자, 그 상사는 "그럼 자네는 승진 못 하는 게지."라고 답했다.[40]

전쟁 수행에 필수적인 기관이던 물가관리국에서 계속 일했다면 징병을 피할 수 있었겠지만, 닉슨은 전장에 더 가까이 가고 싶었다. "물가관리국의 많은 직원은 징병 유예를 받아 전쟁 기간을 사무실에서 보낼 수 있었죠. 비록 퀘이커교도로 성장하여 평화에 대한 신념도 있었지만, 저는 그런 선택을 고려한 적이 없습니다." JFK와 마찬가지로 닉슨도 전쟁에 기여해야 한다는 사명감에서 비롯된 애국심과 이상주의를 좇았다. 그리고 존슨과 마찬가지로, 닉슨 역시 정치적인 미래를 확보하기 위해서는 전쟁 중에 책상에 앉아 자신조차 유효하다고 믿지 않는 규제 조치를 집행하는 일 이상을 했다는 것을 입증할 수 있어야 한다고 생각했다. 닉슨을 물가관리국에 채용했던 토머스 에머슨은 "닉슨은 '정치인이 되려면 참전 기록이 필요하다'라는 워싱턴 정가의 메시지를 아주 빨리 파악했음에 틀림없"다고 회고했다. 에머슨에 따르면 "당시 워싱턴에서는 그러한 메시지가 불문율처럼 통용되고 있었"다.

1942년 여름까지도 닉슨은 군복을 입고 전장에 더 가까이 다가갈 수 있는 방법을 찾았다. 자녀가 없는 닉슨 연령대의 남성으로까지 징병 대상이 확대되자, 닉슨은 장교로 입대하는 편이 낫겠다고 판단했다. "젊은 변호사들을 해군 장교로 모집하고 있다는 얘기를 듣고, 팻과 상의한 뒤 장교 임용을 신청했죠." 팻은 닉슨의 결정을 지지했다. "딕이 하고 싶은 일을 하지 못했다면 제 마음도 편치 못했을 거예요." 팻은 회상했다.[41]

면접은 잘 진행되었다. 닉슨을 면접한 해군 장교는 "매우 좋은 인상을 준 지원자로, 장교 후보로서 훌륭한 자질을 갖추었다고 판단된"다고 적으며, "탁월한 학업 성적과 법률 분야에서의 경험, 특히 물가관리국에서의 행정 경험을 고려하면 항공 정보 혹은 행정 업무에 적합해 보"인다고 평가했다.[42]

이처럼 탁월한 평가를 바탕으로 1942년 8월, 리처드 닉슨은 로드아일랜드 퀀셋포인트에 있는 해군 장교 양성 학교에 입소했다.[43]

*

열일곱 살의 조지 H. W. 부시는 매사추세츠에 있는 명문 고등학교 필립스앤도버아카데미에서 마지막 학년 첫 학기를 마무리하고 있었다. 일요일 오후 교정을 걷던 중, 부시는 일본이 진주만을 폭격했다고 외치는 소리를 들었다. 부시는 그 순간 '이런 세상에! 이제 모든 게 바뀌겠군.'이라고 생각했다고 회상했다. CBS 라디오의 에드워드 R. 머로와 윌리엄 L. 샤이어러의 방송을 수개월간 들어왔던 부시는 미국이 유럽에서 히틀러 군대와 싸우는 것은 시간문제일 뿐이라고 생각했다. 그러나 그런 그에게도 일본의 공격은 예상치 못한 놀라운 사건이었다. 그날 오후 늦게 일본의 공습에 관해 더 많은 정보를 접한 부시는 자신도 전쟁에 기여해야겠다고 결심했다. 훗날 그는 이렇게 말했다. "진주만 공습으로 세상은 완전히 달라졌어요. 애국심을 자극했죠. 조국이 공격당했으니, 조국에 도움이 될 만한 일을 해야 했어요.[44]"

자원입대는 부시 가문의 전통이었다. 부시는 자기 아버지도 제1차 세계대전 중 입대하여 전선에서 싸웠다는 사실을 알고 있었다. 그다음 날 루스벨트 대통령의 연설을 듣고 난 후, 부시의 참전 의지는 더욱 불타올랐다. 전기 작가 존 미첨은 당시 "전쟁이 부시를 사로잡았"다고 언급했다. 교정에 공습 훈련 사이렌이 울려 퍼지기 시작하자, 학교 신문 역시 곧 닥칠 전쟁을 "미국의 존망을 가를 필사적인 투쟁"이라고 묘사하며 루스벨트 대통령의 참전 결정을 열렬히 지지했다. "정부가 실패한다면, 우리 역시 실패합니다. 마찬가지로 지금 우리가 의무를 다하지 않는다면, 정부의 확고한 대의 역시 위태로워질 것입니다."[45]

부시도 군 복무를 피할 수 있던 미래의 대통령이었다. 부시는 부유한 뉴잉글랜드 가정에서 자랐다. 아버지 프레스콧 부시는 성공한 투자은행가로서, 1952년부터 1963년까지 코네티컷주의 연방상원의원을 지냈다. 가족의 지인이자 전쟁부 장관이었던 헨리 L. 스팀슨조차 젊은 조지에게 예일대에 진학해 학위를 받은 후, 그때까지도 전쟁이 계속되면 그때 입대 여부를 결정하라고 조언했다.

부시가 미국에 남아야 할 이유는 또 있었다. 진주만 공습이 있고 몇 주 후, 뉴욕주 라이 출신으로 사우스캐롤라이나 찰스턴의 기숙학교에 재학 중이던 매력적인 열일곱 살 소녀 바버라 피어스를 만난 것이다. 서로를 처음 만난 그날 밤, 바버라는 어머니에게 그리니치컨트리클럽의 크리스마스 무도회에서 "천국에서 내려온 것 같은 소년"을 만났다고 얘기했고, 부시도 "무도회에서 만난 가장 맵시 있는 소녀"에 관해 어머니에게 이야기했다. 두 사람은 그다음 날 저녁 공식적으로 데이트를 시작했고, 이후 몇 달 동안 편지를 주고받으며 봄방학 때 다시 만나기로 약속했다. 조지는 바버라를 자신의 졸업 댄스파티에도 초대했다.[46]

바버라와의 교제가 무르익어가는 사이, 부시는 학교 야구팀과 축구팀의 주장으로 활동하고 졸업 학년 회장으로도 선출되면서 고등학교 과정을 성공적으로 마무리했다. 그의 아버지는 예일대 진학을 계속 권했지만, 조지는 이미 결심을 굳힌 후였다. 열여덟 살이 된 날 조지는 곧바로 보스턴으로 가 해군에 지원해 이등 수병으로 입대했고, 이어 가족의 인맥을 활용해 해군 조종사 양성 프로그램에 참여했다. 부시는 이렇게 회상했다. "겁도 나고 긴장도 되었지만, 제가 뭘 하고 싶은지는 확실히 알고 있었죠. 어려운 결정은 아니었어요. 망설임도 의심도 없었습니다."[47]

1942년 8월, 부시는 아버지의 배웅을 받으며 뉴욕시를 떠났다. 그때 부시는 아버지가 우는 모습을 처음 보았다. 부시는 이렇게 회상했다. "겁 많던 작은 아이가 그렇게 아버지 품을 떠났습니다. 기차에 올라탔더니 모르는 사람뿐이더군요."[48]

*

1941년 12월 7일, '아이크'라는 애칭으로 불리던 51세의 드와이트 D. 아이젠하워 준장은 텍사스주 샌안토니오 인근의 포트샘휴스턴에서 제3군 참모장으로 근무 중이었다. 대략 9000제곱킬로미터에 달하는 루이지애나의 늪지대에서 약 50만 명의 병력을 동원한 대규모 군사 훈련을 성공리에 마친 지 얼마 지나지 않은 터라 아이젠하워는 매우 지쳐 있었다. 그의 치밀한 계획으로 제3군은 모의 전투에서 압도적인 승리를 거두었고, 그 덕분에 아이젠하워는 준장으로 진급했다. 전기 작가 윌리엄 히치콕에 따르면 "워싱턴의 유력 인사들이 그를 주목"했다.[49]

그날 사무실에서 오전 근무를 마친 아이크는 집으로 돌아가 낮잠을 자기로 했다. "브리지 게임을 하자고 찾아오는 사람이 있어도 깨우지 마요." 아내 메이미에게 이렇게 요청한 후 아이크는 잠들었다. "2주간 휴가를 받아 아내와 웨스트포인트로 가서 신입 생도인 아들 존과 함께 크리스마스를 보내자는 꿈을 꾸고 있던 참이었죠." 아이크는 후에 회상했다.[50]

그러나 베개에 머리를 대자마자 아내가 급히 깨웠다. 워싱턴에서 긴급 전화가 왔다는 것이었다. 일본이 진주만을 공격했다는 소식이었다. "본능적으로 단기간에 어떤 일이 일어날까 집중해 생각하면서도, 잠깐이나마 그 소식이 사실이 아니기를 바랐습니다." 그는 회상했다. 그때만 해도 아이크는 "재앙에서 벗어나 승리에 이르기까지 우리의 전투 병력을 두 대양에 걸쳐 배치해야 하는, 4년짜리 방대한 국가 계획의 청사진"[51]이 필요하리라고는 생각지도 못했다.

즉시 휴가 계획은 물거품이 되었고, 아이젠하워는 다시 장시간 근무에 들어갔다. 일본의 미 본토 공격에 대비하기 위해 대공 방어 부대와 병력을 서부 해안으로 이동시키라며 전쟁부가 쏟아내는 명령에 대응해야 했기 때문이다. 동시에 군대를 동원해 산업 시설을 경비하고 멕시코만 연안의 항만 안전도 확보해야 했다.

미국 의회가 독일과 이탈리아에 선전포고한 다음 날인 12월 12일 아침, 아이크는 워싱턴으로부터 한 통의 긴급 전화를 받았다. 총참모부 비서 월터 베델 스미스였다. "총참모장님이 당장 비행기를 타고 여기로 오라고 하십니다. 상관에게는 공식 명령이 곧 하달될 것이라고 말하시면 됩니다.[52]"

아이크는 "총참모장"이 육군참모총장 조지 마셜 장군을 의미한다는 것을 알고 있었다. 마셜 장군은 차갑고 냉철한 성격에 군사적 재능을 알아보는 안목을 가진 인물이었다. 아이크보다 열 살이나 많았지만 두 사람은 외모와 행동거지가 비슷했다. 둘 다 183센티미터에 달하는 큰 키에 운동선수처럼 탄탄한 체격을 가져, 단정한 군복 차림을 하면 손색없이 어울리는 인물들이었다. 그리고 둘 다 줄담배를 피웠다. (아이젠하워는 하루에 캐멀 담배 네 갑을 피웠다.) 아이젠하워는 마셜을 "곁을 주지 않는 근엄한 인물"이라고 묘사했다. 대통령을 포함해서 모두가 자신을 "마셜 장군"이라고 불러야 한다고 주장했던 사실로 미루어 보아, 마셜 장군에 대한 아이크의 평가는 정확했다고 볼 수 있다.[53]

세 번 짧게 만난 것이 전부였지만, 마셜은 아이크에 관한 탁월한 평판을 익히 알고 있었다. 제3보병사단장 찰스 톰슨 소장은 아이크를 "사교적이고, 활기차며, 역동적이고, 열정적인 데다가 독창적이며, 충성스럽고, 유능하고, 신뢰할 수 있는 뛰어난" 인물로 널리 알려졌다고 요약했다.[54]

마셜은 아이젠하워가 전투 계획 수립을 도와주기를 바라며 워싱턴으로 불렀으나 아이크는 참모 역할에 머문다는 사실에 실망했다. 군대를 직접 지휘하고 싶었지만, 보아하니 전쟁 내내 워싱턴에서 책상을 지키고 있어야 할 것만 같았다. 아이젠하워는 회고록에 이렇게 썼다. "무거운 마음으로 아내에게 짐을 싸달라고 전화하고, 한 시간도 채 안 돼 전쟁부로 향했다."

하지만 악천후로 비행기는 댈러스에서 착륙해야 했다. 기차로 갈아탄 아이크는 진주만 공습 이후 정확히 일주일이 지난 12월 14일 일요일 아침 일찍, 워싱턴의 유니언역에 도착했다.[55]

당시 아이젠하워는 직업 군인이긴 했지만 전투 지휘 경험이 없었다. 1890년 10월 4일 텍사스주 데니슨에서 태어난 그는 캔자스주 애빌린에서 성장했다. 학업 성적이 우수하여 웨스트포인트에 입학했고, 1915년 전체 164명 중 61등이라는 성적으로 졸업했다.

졸업한 그해 후반, 포트샘휴스턴에 배치된 아이젠하워는 모두가 메이미라고 부르던 열아홉 살의 메리 제네바 다우드를 만나 곧 사랑에 빠졌다. 두 사람의 성장 배경은 매우 달랐다. 메이미는 하인들에 둘러싸여 부유한 가정에서 자랐던 반면, 아이크는 매우 검소한 가정에서 성장했다. 그러나 두 사람 모두 외향적인 성격에 친구들과 어울리기를 좋아했다. 메이미는 아이크를 "지금껏 본 남자 중 가장 잘생긴 사람"이라고 표현했다. 아이크는 1916년 밸런타인데이에 메이미에게 청혼했고 두 사람은 다섯 달 뒤인 7월 1일, 아이크가 중위로 진급한 당일에 결혼했다. 메이미는 군인의 아내로서의 삶을 기꺼이 받아들였다. 그녀는 훗날 이렇게 회상했다. "아이크가 곧 저의 직업이자 경력이었어요."[56]

결혼 후 아이젠하워는 그다지 내키지 않는 보직들을 전전했지만, 그 과정에서 뛰어난 전술 이해력과 탁월한 조직 능력으로 조지 S. 패튼 장군과 같은 그의 상관들에게 깊은 인상을 남겼다. 어쩌면 그의 가장 큰 자산은 침착한 성격과 자존심에 민감한 힘 있는 자들의 체면을 세워주는 능력이었을 것이다. 제1차 세계대전이 일어나자 아이크는 전장에 나가 싸울 수 있기를 간절히 원했지만, 아이러니하게도 그를 매우 소중한 인재로 여긴 군은 미국 본토에 남아 전장에 투입될 보병들을 훈련시키는 역할을 부여했다. 아이크는 엄격한 규율을 강조하는 원칙주의자로서 카드놀이 할 때조차도 그러한 면모를 보였지만, 부하들은 공정하고 일관된 태도를 보이는 그를 존경했다. 누가 카드놀이에서 속임수를 쓰다 걸리면 아이크는 두 가지 선택지를 제시했다. 자진 전역을 하든가, 아니면 군사재판을 받든가.

마침내 1918년 10월 14일, 스물여덟 번째 생일을 맞이한 아이크는 가장 바라던 선물을 받았다. 11월 18일부터 프랑스에서 장갑부대를 지휘하라는 명령이 내려온 것이다. 그는 믿을 수 없다는 듯 메이미에게 그 소식을 전했다. "드디어 프랑스로 가라는 명령을 받았어."[57] 그러나 1918년 11월 11일, 제1차 세계대전을 끝내는 휴전협정이 체결되었다. 또다시 실망한 아이크는 한 동료에게 다음에는 무슨 수를 써서라도 기회를 놓치지 않겠다며 이렇게 다짐했다. "하늘에 맹세코 이제부터는 스스로 내 길을 개척할 거야. 반드시 이번에 놓친 기회를 만회하겠어."

그 맹세를 실현하기까지는 꽤 오랜 시간이 걸렸다. 1925년, 아이크는 캔자스주 포트리븐워스에 위치한 '지휘관 및 일반 참모 교육대학'에서 함께 수학한 245명의 장교 중 수석으로 졸업했다. 이후 파나마와 워싱턴에서 주요한 보직을 맡았고, 특히 필리핀에서는 독선적이지만 유능한 더글러스 맥아더 장군 휘하에서 4년간 도전적인 시간을 보냈다. 필리핀에서의 근무 경험은 상관들에게 계속 자신의 역량을 입증하며 동시에 태평양의 정세를 직접 관찰할 수 있던 기회였다. 1939년 9월 유럽에서 전쟁이 발발하자 제3군 참모장으로 임명되었고, 그 후 2년간 대부분 시간을 미국 본토에서 머물며 전투 병력을 훈련시켰다. 진주만공격이 일어났을 때 그가 포트샘휴스턴에 돌아와 있던 이유이기도 하다.[58]

워싱턴에 도착하자마자 아이젠하워는 마셜을 찾아갔다. 참모총장 마셜은 암울한 전황을 숨김없이 전했다. 태평양 함대는 심각한 타격을 입어 일본에 맞서 싸울 준비가 되어 있지 않다는 설명이었다. 다행히도 공습 당시 항공모함들은 바다에 나가 있어 피해를 면했지만, 지원 함대는 충분하지 않았다. 일본이 하와이나 심지어 미국 본토를 침공할 것이라는 공포가 만연했으므로 항공모함들을 방어용으로 투입해야 하는 상황이었다.

설명을 마친 후, 마셜은 아이크에게 날카롭게 물었다. "이런 상황에서 어떤 작전을 펼쳐야 한다고 생각하나?"

전기 작가 스티븐 앰브로즈는 그 질문에 "아이젠하워는 깜짝 놀랐"다고 전했다. 막 기차에서 내린 터라 작전 계획을 알지도 못했고, 보고해줄 참모도 없었기 때문이다.[59] 아이크는 잠시 머뭇거리다가 대답했다. "제게 몇 시간만 시간을 주십시오." 세 시간 후, 아이크는 세 줄 간격으로 타이핑한 세 쪽짜리 보고서를 주머니에 넣고 돌아왔다. 마셜은 문서보다 구두로 보고 받기를 선호했으므로 아이크는 자신의 전략을 간단히 설명했다. 아이크는 필리핀을 지킬 수 없다는 사실을 알았지만, 동시에 미 육군의 위신이 벼랑에 몰렸으며 게다가 맥아더 장군을 그대로 내버릴 수 없다는 점을 인지하고 있었다. 아이크는 이렇게 주장했다. "장군님, 필리핀에 대규모 증원군이 도착하기까지는 오랜 시간이 걸릴 것이고, 그때까지 필리핀 주둔군이 버텨내기도 힘들 것입니다. 그러나 미국은 힘이 닿는 한 모든 노력을 해야 합니다. 중국 국민, 필리핀 국민, 그리고 네덜란드동인도회사 사람들이 우리를 지켜보고 있습니다. 그들은 우리의 실패는 용서하겠지만, 우리가 그들을 포기한다면 용서하지 않을 것입니다." 아이크는 "미국은 커다란 위험을 감수해야 합니다. 그리고 필요한 자금을 얼마든지 써야 합니다. … 이대로 실패할 수는 없습니다."라는 결론과 함께 보고를 마쳤다. 마셜은 고개를 끄덕였다. "자네 의견에 동의하네. 최선을 다해 그들을 구하게."[60]

그 말에 이어 마셜은 훗날 아이젠하워가 지휘관으로부터 대통령에 이르기까지 간직한 리더십 교훈을 한 가지 전했다. "아이젠하워, 이 부서에는 문제를 잘 분석하는 유능한 인재들이 많아. 그러나 그들은 언제나 내가 최종 결정을 내려주기를 바라지. 내게 필요한 참모는 스스로 먼저 문제를 해결하고 나중에 내게 와서 보고하는 참모야. 지금부터 필리핀 국민은 자네가 책임지게. 최선을 다해 그들을 구하게나." 아이젠하워는 그 순간 "내 능력껏 최선을 다해 맡은 일을 처리하고, 반드시 보고가 필요한 상황이나 장군이 직접 내게 지시를 내린 경우에만 보고하겠"다고 결심했다고 회상했다.[61]

12월 22일, 영국의 윈스턴 처칠 총리가 루스벨트 대통령과 회담하기 위해 워싱턴을 방문했다. 회담 결과, 양국 지도자들은 연합군의 군사작전을 총괄할 연합참모본부를 결성하기로 했다. 마셜은 아이젠하워에게 이 새로운 조직의 구성안을 짜보라는 임무를 맡겼다. 크리스마스 당일 명령을 받고, 아이크는 그날 자정 전에 다섯 쪽짜리 초안을 만들어 보고했다. 마셜과 루스벨트 모두 아이크의 초안을 승인했다. 아이젠하워의 명료한 사고와 전략적 통찰을 확인한 마셜은 아이크가 전쟁 계획 수립에 더 큰 역할을 해야 할 인물이라고 확신했다.

1942년 2월, 전쟁부 개편에 나선 마셜은 아이젠하워를 모든 군사작전을 계획하고 실행하는 작전국 국장으로 임명하면서, 선임 162명을 제치고 소장으로 진급시켰다.[62]

그 무렵 아이크는 일본과 독일 양측에 맞서 전면전을 치르기에는 미국의 병력과 물자가 충분하지 않다고 결론 내렸다. 따라서 우선순위를 명확히 정해야 했다. 처음에는 맥아더에게 신속히 군수물자를 보내야 한다고 생각했지만, 곧 생각을 바꿔 히틀러를 먼저 물리치는 데 자원을 집중해야 한다고 판단했다. 그는 일기장에 속내를 털어놓았다. "우선 유럽에 가서 싸워야 한다. 세계 곳곳에서 자원을 낭비하고, 특히 시간을 허비하는 짓은 이제 그만해야 해."[63]

그 후 몇 달간 아이크는 지쳐 쓰러질 정도로 일했다. 그는 매일 아침 담배를 물고 뜨거운 블랙커피를 들이켜며 하루를 시작했다. "오전 7시 45분부터 밤 11시 45분까지, 하루하루가 똑같다." 아이크는 일기장에 푸념했다. 하루 열여섯 시간씩 주 7일 일하며, 일과 중 식사는 대개 핫도그와 블랙커피로 대충 때웠다. 분노가 끓어오를 때도 있었다. "다들 신경이 곤두서 있다. 아마추어 전략가들만 넘쳐나고, 곳곳에 튀어보려는 인간들만 가득하다." 그는 일기장에 대고 이렇게 토로했다. "전장으로 갈 수 있다면 무엇이든 포기할 수 있을 텐데." 아이크는 자유롭게 일할 수 없는 환경에도 불만을 품었다. "맙소사, 누군가에게 의존해서 일하려니 이제 정말 신물이 나."

1942년 3월, 아버지가 세상을 떠났을 때도 아이젠하워는 워싱턴에 남아 일해야 했다. 그는 일기에 적었다. "전쟁은 결코 말랑말랑하지 않다. 가장 깊고 신성한 감정에 빠질 수 있는 시간조차 허락하지 않는다." 아버지의 장례일 저녁에는 오후 7시 30분에 일손을 놓았다. "오늘 밤은 더 이상 일할 마음이 내키지 않는다." 그는 일기장에 털어놓았다. 게다가 아이크는 메이미가 몹시 그리웠다. 남편 가까이에 있기 위해 메이미도 워싱턴으로 이주했지만, 두 사람은 서로를 볼 기회가 거의 없었다.[64]

그 모든 스트레스와 피로 속에서도 아이젠하워는 맡은 임무에서 계속 두드러진 성과를 냈다. 마셜은 아이크가 어떠한 도전에도 맞서는 타고난 지도자이자 완벽한 전문가라는 사실을 깨달았다. 히치콕은 이렇게 평했다. "아이젠하워와 마셜은 미 육군이 배출한 걸출한 장군들 중에서도 가장 역동적인 상관과 부하로 조합을 이루었다."[65]

*

1941년 12월 7일 일요일, 미시간대학 미식축구 스타 출신이자 예일대 로스쿨을 막 졸업한 제럴드 포드는 미시간주 그랜드래피즈에 있는 자신의 법률사무소에서 일하고 있었다. 그날 오후 포드는 늦게 집으로 돌아가면서 차 안에서 라디오를 켰고, 진주만 공습이란 충격적인 소식을 들었다. 그 순간까지도 포드는 전 세계를 휩쓸고 있는 전쟁에 미국이 개입하면 안 된다는 신념을 지닌 확고한 고립주의자였다. '아메리카퍼스트위원회'의 일원으로서 포드는 거대한 두 바다가 미국을 전쟁으로부터 보호해주리라는, 미국 중서부 지역에 널리 퍼져 있던 믿음을 공유하고 있었다. 그러나 이제 모든 상황이 뒤바뀌었다. 포드는 집에 들어서며 부모에게 말했다. "어머니, 아버지, 저 내일 아침 해군에 자원입대할 거예요."[66]

전쟁 발발로 포드의 정치적 야망에도 제동이 걸렸다. 그는 1940년 대선에서 루스벨트에게 도전했다가 패한 공화당 후보 웬들 윌키를 지지하는 등 이미 왕성한 정치 활동을 펼치고 있었다. 그는 회고록에 이렇게 술회했다. "미국은 참전할 것이고, 전쟁은 장기간 계속될 것이며, 따라서 내 삶도 빠르게 변하리라고 생각할 수밖에 없었다." 케네디나 닉슨, 또는 부시처럼 포드 역시 강한 애국심에 이끌렸다. 전쟁에 휘말린 조국에 기여해야 한다는 충동이 강하게 일었다.[67]

포드는 케네디가 복무 중이던 해군정보국에 우선 지원했지만, 오래 기다려야 한다는 통보를 받고 해군의 V-5(항공 생도) 양성 교육과정의 교관직에 지원하기로 했다. 1942년 4월 해군 예비군 소위로 임관되었고, 메릴랜드주 아나폴리스에서 한 달간 훈련을 받은 후 중위로 진급해 1만5200명의 생도를 교육하는 노스캐롤라이나 채플힐 비행학교에 배속되었다.[68] 그곳에서 포드는 군사 및 체육 분야 교관 83인 중 한 명으로서 기본 항해술, 사격, 응급처치 등을 가르치는 한편 미식축구·야구·수영 코치 역할도 함께 맡았다.

포드는 곧 타고난 교관으로 인정받았다. 떡 벌어진 어깨에 파란 눈, 금발인 그는 180센티미터가 넘는 키에 몸무게 약 90킬로그램의 근육으로 다져진 건장한 체격을 자랑했다. 1913년 7월 14일, 네브래스카주 오마하에서 레슬리 린치 킹 주니어라는 이름으로 태어났으나, 세 살 때 어머니가 이혼하고 페인트 가게를 운영하던 제럴드 루돌프 포드와 재혼해 양아버지의 성을 따랐다. 고등학교 시절 미식축구 선수로 두각을 나타내 1931년 미시간 대학에 입학했고, 4학년 때 미식축구팀 주전 센터로 활약해 디트로이트 라이언스와 그린베이 패커스, 두 프로 팀으로부터 입단 제의도 받았다.[69]

포드는 교관으로 근무하면서 여가 시간을 활용해 조종사가 되기 위해 노력했으나, 29세라는 나이와 좋지 않은 시력 때문에 결국 자격을 얻지 못했다. 결국 그는 전장에서 멀리 떨어진 곳에서 비교적 수월한 교관직에 머물 수밖에 없었다. 당시를 회상하며 포드는 이렇게 말했다. "전쟁이 한창이어서 저 역시 전투에 직접 참여하고 싶은 마음이 간절했습니다. 그래서 제가 아는 모든 이에게 군함 근무를 할 수 있게 도와달라고 간청하는 편지를 보냈죠."[70]

포드는 그런 편지 중 한 통을 그랜드래피즈 출신으로 안면이 있던 해군 중령 해럴드 B. 코윈에게 썼다. "제 입장에서는 어떤 형태로든 바다로 나가고 싶은데, 안타깝게도 이 지역에 주둔한 해군들은 전쟁 중 육상 근무만 하게 될 것 같습니다." 그는 구축함이나 초계 어뢰정에 승선할 수 있기를 원했다. 해상 근무로 나간 이들 중 일부는 내부 정보를 이용해 관료주의의 경직된 절차를 우회한 듯 보였기 때문에, 포드는 코윈에게 그러한 길을 알려달라고 부탁했다. "정말 해상 근무를 하고 싶습니다. 정당한 방법이라면 무엇이든 하겠습니다." 코윈은 신속히 답장을 보내 포드가 밟아야 할 절차를 자세히 설명해주면서 "자네에게 도움이 될 수 있도록 미리 말을 해두겠네."라고 약속했다.[71]

*

모든 미래 대통령의 경험을 관통하는 공통분모는, 진주만 공습이 그들의 인생에서 중요한 전환점이 되었다는 사실이다. 애국심과 때로는 정치적 계산까지 더해져 그들은 자원입대하려 했고, 더 나아가 가급적 전선에 가까운 곳으로 배치되고자 로비까지 벌였다. 그러나 그들 중 단 하나의 예외가 있다면 할리우드 영화배우 로널드 레이건이었다.

레이건은 1965년 자서전 《나의 나머지는 어디에 있는가?Where's the Rest of Me?》에서 "'1941년 12월 7일, 나는 어디에 있었는가?'라는 제목으로 이 책의 한 장을 할애할 생각은 없다. 나는 그때 침대에 누워 자고 있었는데, 어떻게 그 사실을 흥미진진하게 묘사할 수 있겠는가?"라고 매우 솔직히 인정했다. 그날 아침 형의 전화로 잠에서 깨 진주만 공습 소식을 들었지만, 다른 미래 대통령들과 달리 당시 30세였던 레이건은 그 소식을 듣고도 전쟁에 참여하겠다는 강한 열정을 보이지 않았다. 하지만 그는 전쟁에 참여하고 싶지만 순전히 시력 문제로 어쩔 수 없이 군 복무에서 배제된 인물로 당시의 자신을 그렸다. 레이건이 말하지 않은 사실은, 그의 수단 좋은 에이전트와 연줄 많은 영화사 워너브러더스가 그를 할리우드에 남겨놓기 위해 물밑에서 적극적으로 로비를 벌였다는 점이다.

수백만의 다른 미국 남성들과 마찬가지로 레이건에게도 전쟁 참여를 촉구하는 목소리는 개인적으로 아주 불편한 시점에 찾아왔다. 레이건은 일리노이주 딕슨에서 알코올의존증 아버지와 다정하고 자애로운 어머니 사이에서 자랐다. 1932년 유레카대학을 졸업하고 아이오와주 대븐포트에서 라디오 아나운서로 사회생활을 시작한 레이건은 시간이 지나면서 중서부에서 가장 인기 있는 스포츠 아나운서로 자리 잡았다. 그는 1937년 시카고 컵스 야구팀의 스프링캠프 훈련 동행 취재를 위해 캘리포니아로 향했는데, 그곳에 머무는 동안 워너브러더스사가 시행한 카메라 테스트 오디션에 참가해 곧 주당 200달러짜리 계약까지 맺었다. 레이건은 여러 편의 B급 영화에 출연하다가 1940년 〈누트 록니, 올 아메리칸〉이란 영화에서 노트르담대학의 미식축구 스타 조지 깁 역을 맡아 영화계의 주목을 받았다. 진주만에 폭탄이 떨어진 시점은 마침내 할리우드 스타의 꿈을 이뤘다며 레이건이 가슴 벅차하던 무렵이었다.[72]

당시 레이건은 영화배우 제인 와이먼과의 사이에서 아이를 하나 두고, 선셋대로가 내려다보이는 높은 언덕 위에 침실 두 개와 욕실 두 개가 딸린 신축 단층 목조 주택으로 막 이사한 참이었다. 얼마 전 촬영을 마친 〈폭풍의 청춘〉이라는 영화에서 보인 연기로 아카데미상 수상 가능성까지 거론되던 시점이었다. (이 영화는 1943년 아카데미 작품상 후보에 올랐으나 수상에는 실패했다.) 영화가 개봉되기도 전에 워너브러더스사는 세 배의 급여를 제시하며 그와 재계약하려 했지만, 영화의 대성공을 예감한 레이건은 재계약을 일단 보류하며 시간을 벌려 했다. 그의 에이전트 루 와서먼은 전쟁이 발발하면 레이건도 징집 대상이 될 수 있다는 우려를 전하며 말했다. "우리에게 얼마나 시간이 있을지 몰라. 땡길 수 있을 때 확 땡기자고."[73]

사실 지난여름, 레이건은 미국 역사상 최초로 시행된 평시징병법에 따라 현역 소집 통보를 받았다. 1940년에 제정된 이 법에 따라 21세에서 35세 사이의 모든 남성은 징병 대상으로 등록해야 했다. 그러나 진주만공격 이후 나이 제한이 18세에서 64세로 확대 변경되었고, 실제 징집은 18세에서 45세 사이의 남성을 대상으로 이루어졌다. 이미 군 복무 중이던 아이젠하워, 케네디, 존슨은 이 법에 영향을 받지 않았다. 부시는 나이가 너무 어렸으며, 포드는 아직 로스쿨 재학 중이었고, 퀘이커교도였던 닉슨은 징집 면제 대상이었다. 잭 워너는 레이건이 징집되면 자신의 영화사와 자신에게 막대한 금전적 손실이 발생한다며 전쟁부 차관보에게 레이건의 징병 연기를 요청하는 편지를 보냈다. 레이건의 에이전트가 쓴 내용을 잭 워너가 그대로 베껴 자기 명의로 보낸 편지였다. 그 편지에서 잭 워너는 적어도 한 편의 전쟁 관련 영화에 레이건을 출연시킬 계획이므로, 레이건 같은 할리우드 스타가 군복을 입고 있는 모습이 전시 선전 활동에 효과적일 것이라는 점도 강조했다. 편지는 이렇게 마무리되었다. "따라서 이러한 점들을 고려하여 상기의 로널드 레이건을 전쟁부의 예비 병력 명단에 포함해줄 것을 정중히 요청합니다. 이 요청을 수용하실 수 없는 경우에는, 제작 일정을 조정하고 촬영 계획을 수정할 수 있도록 일정 기간만이라도 징병 연기 대상자로 분류해주시기를 요청합니다." 그로부터 일주일도 채 지나지 않아 전쟁부는 레이건에게 1941년 10월까지 임시로 징병을 연기한다고 통보했다. 이후에도 몇 차례 징병 연기가 이루어졌으나, 레이건의 운은 1942년 3월까지였다.[74]

그달, 레이건은 봉투 겉면에 "현역 대상자, 즉각 응소 요구"라는 빨간 소인이 찍힌 "열어볼 필요도 없는 편지" 한 통을 받았다. 14일 이내에 샌프란시스코에 위치한 포트메이슨에 입소하여, 호주로 향하는 전함에 병력을 탑승시키고 장비를 적재하는 연락 장교로 근무하라는 명령이었다.

레이건은 포트메이슨에 도착해 신체검사를 받았으나 시력이 원체 나빠 시력 검사를 통과하지 못했다. "잘하면 우리 장군도 쏘겠는걸." 한 의사가 이렇게 말하자 옆에 있던 의사가 "그리고 빗맞히겠죠."라며 맞장구쳤다.

신체검사 결과 보고서에는 "미국 본토 내 근무로 제한하며, 핵심 지역 사령부 또는 전쟁부 행정 지원 업무 담당만 가능"이라고 적혔다.

나쁜 시력뿐만 아니라, 레이건이 본토에서 군 복무를 할 수 있도록 하려는 강력한 힘들도 작용했다. 레이건이 군 복무를 위해 영화판을 떠나 있는 동안 잭 워너는 육군항공대 산하에 영화 제작 전담 부대를 만들자고 부지런히 육군을 설득했다. 워너의 노력은 1942년 2월 초, 징병국장 루이스 B. 허시 대령이 "영화 산업은 국민의 건강, 안전, 이익뿐만 아니라 전시 생산성 향상에도 필수적인 활동"이란 결정을 내림으로써 더욱 탄력을 받았다. 허시 대령은 캘리포니아주 당국에 배우, 감독, 작가, 제작자, 촬영기사, 음향 기술자 등 대체 불가능하거나 징집 시 영화 산업에 큰 손실을 초래하게 될 인원들은 징병 연기 대상자로 분류하라고 지시했다.[75]

워너와 허시의 도움으로 레이건은 포트메이슨에서 단 5주 만 근무한 뒤 로스앤젤레스로 돌아와 육군항공대 산하에 신설된 제1영화제작부대 FMPU에 배속되었다.[76]

해외에서는 치열한 전쟁이 벌어지고 있었지만, 레이건은 낮에는 영화를 촬영하고 밤에는 자기 집으로 돌아가 자기 침대에서 잠을 잤다. 그러나 레이건이 특혜를 받고 있다고 대중이 생각하게 되면 그의 이미지가 타격받을 수 있다고 우려한 워너브러더스사는 레이건에게 전쟁 영웅 이미지를 투사하기 위해 갖은 노력을 다했다. 일례로 워너는 각종 연예 잡지 표지에 성조기를 배경으로 제복을 차려입은 채 환하게 웃는 레이건의 모습이 실리도록 했다.[77]

"이런, 여기 위는 제법 거칠군요!
그렇지 않나요?"

린든 B. 존슨

1942년 6월 9일
뉴기니, 라에

　일본은 진주만 공습 이후에도 몇 달간 거세게 공세를 폈다. 루스벨트 대통령의 연설문 작성자였던 로버트 셔우드는 훗날 일본의 진격 속도가 너무 빨라 "워싱턴과 런던의 지도실 벽에 꽂힌 핀들이 전황을 따라잡지 못할 정도"였다고 회고했다. 일본은 뉴기니 북쪽에서부터 솔로몬제도와 피지를 거쳐 사모아까지 이어지는 섬들을 장악해 호주를 연합군으로부터 고립시키려 했다. 겨울부터 초봄까지 일본군은 주요 도시를 차례로 함락했다. 1942년 2월 15일 싱가포르가 항복하자 윈스턴 처칠은 "영국군이 겪은 역사상 최악의 참사"라고 개탄했다. 3월 중순까지 일본군은 말라야, 자바, 보르네오를 점령했다. 일본군이 뉴기니에 상륙하자 그곳에 주둔하고 있던 미군과 필리핀군은 결국 5월 6일 항복했다.[1]

　심각한 피해를 당한 미 함대는 일본군의 진격을 저지할 수 없었다. 1942년 2월 27일, 일곱 시간 동안 벌어진 자바해海해전에서 연합군은 전함

다섯 척을 잃었다. 5월에는 미국과 일본의 항공모함 전단이 산호해海해전에서 격렬하게 맞붙었다. 세계 해전 역사상 최초로 전투기로만 상호 교전이 이루어진 전투였다. USS 렉싱턴을 격침하고 USS 요크타운에 손상을 입힌 일본군이 전술적으로 승리한 해전이라고 말할 수 있지만, 전략적인 측면에서는 일본군의 침공을 처음으로 막아낸 연합군의 승리였다.[2]

그러나 일본은 이와 같은 전투 결과에도 아랑곳없이 6월 초 미드웨이제도 점령을 시도했다. 함대 전력은 일본이 압도적으로 우세했지만 정보전에서는 미국이 결정적으로 우위에 있었다. 미 해군의 암호 해독가들이 일본군의 암호를 해독하여 적의 전략을 사전에 파악한 것이다. 미국은 미드웨이섬에 115기의 전투기를 배치하고 항공모함 세 척의 화력까지 결집했다. 미군 폭격기들은 연이은 공격에 나서 일본의 중항공모함 전부와 중순양함 한 척을 격침하며 일본 해군에 치명적인 타격을 가했다. 비록 USS 요크타운을 잃었지만 미국은 일본군의 침공으로부터 미드웨이를 수호했다. 이 미드웨이해전은 미국이 일본을 상대로 거둔 첫 번째 주요한 승리로, 전쟁의 전환점이 되었다. 미드웨이섬을 지켜낸 미군은 이제 공세로 전환할 수 있었다.

*

린든 존슨은 산호해해전 이틀 전인 1942년 5월 2일 워싱턴을 떠나 호놀룰루를 거쳐 뉴질랜드 오클랜드로 향했다. 그는 팔미라섬, 캔턴섬, 피지제도, 뉴칼레도니아의 연합군 기지를 8일간 시찰하며 루스벨트 대통령의 특사로서 임무를 수행했다. 여행 막바지에 그는 자신처럼 시찰 중이던 프랜시스 R. 스티븐스 중령과 새뮤얼 E. 앤더슨 중령을 만났다. 세 사람은 함께 이동하며 팀으로 일하자고 의기투합했다. 스티븐스와 앤더슨이 존슨을 "조니"라는 애칭으로 부르는 등 이들은 금방 친밀한 관계가 되었다.[3]

이 시기 존슨의 행적은 비교적 잘 기록되어 있다. 일기를 썼고, 무비카메라를 들고 다니며 자신이 목격한 모습들을 촬영했기 때문이다. "당시 여러 젊은이처럼 저도 전투가 벌어지는 지역으로 빨리 가고 싶어 안달이 났죠. 아내에게 작별 인사를 하는데, 아내가 16밀리 카메라를 쥐여주며 '사진 보내요'라고 말했어요. 전 항상 아내의 명령을 잘 따랐답니다." (이후 수년간 존슨이 저녁 식사에 초대한 손님들은 존슨이 직접 해설을 덧붙여 제작한 기록 영화를 감상해야 했다.[4])

이후 수 주에 걸쳐 존슨은 장군부터 취사병까지 만나는 모든 이에게 질문 세례를 퍼부었다. 미 해군이 보유한 전함, 구축함, 순양함, 잠수함의 수를 일일이 세어본 존슨은 일본이 모든 면에서 수적으로 우위에 있다는 사실을 깨달았다. 연료·탄약·식량·의류가 부족하다는 사실을 보고서를 읽고 아는 것과, 비행기를 수리하고 탄약을 저장하며 최소한의 군용품으로 생활하려 애쓰는 병사들과 직접 대화하고 그들이 처한 열악한 상황을 이해하는 것은 전혀 다른 문제였다. 그가 만난 이들이 무엇보다 자주 지적한 문제는 전투기가 부족하다는 것이었다. "전투기만 더 있다면 우리 모두 고향에서 크리스마스를 보낼 수 있을 거예요." 모두가 존슨에게 그렇게 말했다.[5]

앤더슨 중령은 존슨을 "매우 빨리 배우고, 놀랄 만큼 효율적인 사람"이라고 평가했다. "존슨 중령은 남서태평양 지역의 전반적인 문제에 관심을 가졌습니다. 남서태평양에 주둔한 군대가 겪는 어려움의 본질을 정확히 파악하고 이해하려 했어요. 그의 임무는 아주 명확했습니다. 남서태평양 지역에서 올라오는 상충하는 보고 내용을 대통령이 종합적으로 판단할 수 있도록 실질적 정보를 제공하여, 객관적인 전황 분석을 바탕으로 전쟁 계획을 수립할 수 있도록 하는 것이었습니다."[6]

현지 상황을 본 존슨은 실망했다. 그는 팔미라섬에 "물 공급이 부족"하다고 강조하며, "모든 병사가 당장이라도 섬을 떠나고 싶어 한다. 식사도 형편없다. 군대 운영도 그만큼 엉망이다. … 방어 체계도 부실하고, 무선 탐지 시스템도 없다."라고 지적했다. 피지제도에는 담배 공급이 부족하고 "임질 감염자 11인, 매독은 만연"이라며 성병 발생 상황을 보고했다.[7]

5월 25일, 세 사람은 더글러스 맥아더 장군을 만났다. 맥아더는 워싱턴에 병력과 물자 지원을 지속적으로 간청했지만 아이젠하워 장군이 '유럽 우선' 전략에 따라 유럽 전선에 미국의 자원을 집중하기로 결정하자 크게 분노했다.

존슨은 맥아더에게 경외심을 느꼈다. "그는 매번 흠잡을 데 없이 완벽한 군복 차림새였고, 실제 나이보다 훨씬 젊어 보였습니다. 그와 함께했던 회의를 결코 잊을 수 없어요. 맥아더 장군은 몇 시간에 걸쳐 우리 일행에게 전황을 상세히 설명해주었는데, 저로서는 매우 드문 경험이었죠." 맥아더는 두 시간 동안 그들에게 태평양 전황을 설명했고, 존슨은 그의 설명을 들으며 네 쪽에 달하는 메모를 했다.

전쟁의 전망은 분명 암울해 보였다. 존슨은 맥아더의 말을 이렇게 기록했다. 일본군은 "세계에서 가장 효율적인 공군을 보유하고 있다. 그들은 철저히 기강이 잡히고 잘 훈련된, 아주 효과적인 군대이다. 그렇지만 일본군이 마음대로 진격하고 원하는 지역을 차지할 수 있는 까닭은 단 하나이다." 미군이 모든 면에서 부족하기 때문이었다. 맥아더는 1000대도 안 되는 항공기와 극히 적은 교체 부품만을 제공받았다고 불평하면서 "대체 왜 미국의 최고 항공모함들이 대서양에 배치되어 있는"지 물었다. 존슨의 기록에 따르면, 맥아더는 당시 전황을 이렇게 평가했다. "우리가 일본군과 전면전을 펼칠 수 없는 이유는 가용할 수 있는 항공기가 부족하기 때문이다. 따라서 우리의 전략은 적이 전열을 정비하여 공세에 나서지 못하도록 국지적 공습을 계속하는 것뿐이다. 우리 항공기와 조종사들은 그러한 임무를 훌륭히 수행했다. 우리 조종사들은 경험은 부족했으나 용감했다. 반면에 지상군은 규모와 장비가 충분했으나 훈련이 부족하고 실전 경험도 없었다.[8]"

이후 몇 주간 존슨은 자신이 워싱턴으로 돌아가면 맥아더 장군을 강력히 옹호하겠다는 점을 간접적으로 전하며 반대급부를 원했다. 자신에게도 군사작전에 참여할 기회를 달라는 것이었다. 존슨은 의심의 눈길을 보내는 지역 유권자들에게 자신도 전투에 참여했다는 사실을 입증하기 위해 최전선에서 사진 한 장이라도 찍을 기회를 절실히 원했다. 맥아더 장군에게는 워싱턴 정가에 인맥이 필요했고 특히 존슨처럼 루스벨트 대통령에게 말을 전할 수 있는 인물이 필요했지만, 그렇다고 존슨을 위험 지역에 보내는 결정을 흔쾌히 내릴 수는 없었다.[9]

그러나 마침내 존슨에게 기회가 왔다. 6월 9일, 제22폭격대와 제19폭격대가 뉴기니 북부 해안에 자리한 일본군 주요 거점 라에를 목표로 첫 대규모 합동 공습을 계획한 것이다. 일본군이 그즈음 뉴기니 북부 해안에 있는 살라마우아와 라에 두 지역에 기지를 구축했는데, 연합군의 주둔지는 뉴기니 남부 해안에 있는 세븐마일드롬이었다. 지난 수 주 동안 양측은 서로의 기지를 번갈아 공습하고 있었다. 모든 면에서 존슨이 참가하기에는 너무 위험한 임무였다. 일본군 전투기의 공격을 받을 수 있을 뿐만 아니라 일본군의 정교한 지상 대공 방어 체계의 표적이 될 수도 있었다. 일본군의 제로 전투기는 미군 전투기에 비해 빠르고 기동성도 뛰어났으며, 일본군 조종사들도 미군 조종사들보다 잘 훈련되어 있었다. 가장 근래인 5월 24일 출격에서도 노련한 일본군 조종사들이 미국 폭격기 여섯 대 중 다섯 대를 격추했다. 매번 출격미다 미군 항공기의 15~25퍼센트는 귀환하지 못했다. 험준한 산맥 지형에 거센 폭풍 가능성도 있어 더욱 위험한 임무가 될 터였다. 게다가 바다에서는 상어 떼가 들끓었다. 때때로 조종사들이 저공비행을 하며 수면 위로 솟은 상어 지느러미들을 구경할 정도였다.[10]

맥아더는 존슨이 공습에 동행하려 한다는 소식을 듣고 보좌관들에게 존슨을 만류하라고 지시했다. 맥아더는 존슨이 임무 수행 중 사망하는 첫 번째 하원의원이 되기를 원치 않았다. 그러나 존슨은 "대통령을 대신하여 남서태평양 지역의 전황을 직접 보려고 왔는데, 이번 공습에 참여하지 않으면 전황을 파악할 수 없"다며 자신의 주장을 굽히지 않았다.[11]

결국 6월 9일 아침, 카키색 바지에 짙은 파란색 해군 재킷을 차려입은 존슨은 윌리스 G. 벤치 중위와 함께 '워배시캐논볼'이라는 이름의 마틴 B-26 머로더에 탑승하라는 임무를 받았다. 존슨이 조종석 뒤의 좁은 칸으로 올라가 1분 정도 머물다가 용변을 보기 위해 비행기에서 잠시 내린 후에 다시 탑승하려 하자, 그사이에 프랜시스 스티븐스 중령이 그 비행기에 올라 자리를 차지하고 있었다. "미안해, 조니. 난 여기가 편해서 말이야. 다른 비행기를 찾아보지그래."[12]

존슨은 '헤클링헤어'라고 불린 다른 비행기로 걸어가 기장에게 타도 되겠냐고 물었다. "좋습니다. 타십시오." 존슨은 승무원 모두에게도 괜찮겠냐고 물었다. B-26 폭격기의 후방 기관총 사수인 해리 바렌 상병이 환영하는 어조로 답했다. "물론입니다. 원하시면 얼마든지요." 나머지 승무원들도 모두 고개를 끄덕이며 바렌 상병의 대답에 동의를 표했다.[13]

클로드 A. 매크레디 병장은 존슨에게 임무 수행을 위해 적재 중인 폭탄들을 보고 싶으냐고 물었다. "존슨은 저희가 하는 일에 엄청 관심이 많았어요." 매크레디는 회상했다. "그가 제게 던지는 질문들에 놀랐다는 말이 정확하겠네요." 매크레디는 존슨이 그간 기지를 방문했던 여러 고위 인사들과 다르다는 것을 알아차렸다. "진짜 관심이 있는지, 아니면 관심 있는 척하는지는 금방 알 수 있잖아요. 관심 있는 척하는 부류들은 임무에 동행할 생각조차 않죠. 라에를 공습하는 임무라면 더더욱 그렇고요. 당시 거기서 '라에'는 곧 지옥을 의미했어요. 거기로 임무를 나가면 네다섯 중에 하나는 결국 돌아오지 못했으니까요."[14]

존슨은 모든 일에 호기심이 있는 듯 보였고, 탑승을 기다리는 동안 승무원들에게 질문 세례를 퍼부었다. 존슨은 무엇보다 그들에게 무엇이 필요한지 알고 싶어 했다. "물론 필요한 게 있죠, 중령님. 전투기 좀 더 보내주십시오." 바렌 상병이 대답했다. "우리가 제로기를 보고 전전긍긍하는 대신 그놈들이 우리 전투기를 보고 벌벌 떠는 꼴을 보면 통쾌하지 않겠습니까? 우리에겐 전투기가 필요합니다." 존슨은 곧이어 부품이나 보급품은 부족하지 않으냐고 물었다. 바렌 상병의 대답이 돌아왔다. "그러니까요 중령님, 중령님이 들으신 만큼 나쁘지는 않을 겁니다. 최소 그것보다 두 배는 더 나쁠 테니 말입니다."[15]

존슨은 또한 병사들로부터 맥아더에 관해서도 많은 이야기를 들었다. 존슨이 맥아더에 가졌던 호감에 비하면 병사들이 맥아더에게 느끼는 반감은 매우 컸다. 바렌 상병은 후에 이렇게 회고했다. "존슨에게 말했습니다. 우리는 본국 신문들이 맥아더에 관해 뭐라고 떠드는지 전혀 신경 쓰지 않는다고요. 여기서 정말 위급한 순간이 닥치면 아무도 맥아더에게 관심을 두지 않을 거라고 말예요." 바렌은 많은 병사가 자기처럼 생각할 것이라고 말하며 그 이유를 설명했다. "많은 전우들이 의미 없이 죽어가고 있었으니까요." 사실 그들은 신문에 실리는 맥아더의 "멋들어진 사진들"을 보고, 미군이 일본군에게 반격하여 그들의 제로기들을 격추했다는 기사들도 읽곤 했다. 바렌은 말했다. "글쎄요. 맥아더 사령부에서 발표한 것처럼 우리가 일본 전투기들을 격추했다면 두 달 안에 일본 공군을 전멸시키지 않았겠어요."[16]

공습 임무에 임하려고 비행기에 탑승하려는 순간, 승무원들은 존슨이 정말로 그들과 동행하려 한다는 사실을 깨달았다. "중령님, 진심이십니까?" 깜짝 놀란 바렌 상병이 묻자 존슨은 웃으며 자신도 공습에 참여하겠다고 대답했다. 바렌은 존슨이 "미쳤"다고 반응했다. "그때는 라에나 라바울 상공을 몇 차례 비행한 후 더는 그쪽으로 비행하지 않겠다며 명령을 단호히 거부하는 조종사와 승무원들이 흔했어요. 군법회의에 회부돼도 상관없다는 식이었죠. 라에 비행은 특히 자살행위나 다름없었으니까요." 바렌은 하원의원이 왜 "머리가 날아갈 수도 있는" 임무에 동행하려 하는지 이해할 수 없었다.[17]

바렌은 존슨이 이륙 전에 단념하도록 설득하려 했다. "중령님, 제 말좀 들어보십시오. 이건 우유 배달 같은 일이 아닙니다. 진짜로요! 이곳 상황이나 저희에게 필요한 것들을 알아내겠다고 굳이 공습에 따라와 총알받이까지 될 필요는 없잖습니까! 부디 여기 지상에 그냥 남아 계십시오. 원하시는 보고서는 모두 작전실을 통해 받아 보실 수 있습니다. 다른 분들도 모두 그렇게 하셨습니다."

바렌이 설득하려 애썼지만 존슨은 계속 따라가겠노라고 고집을 부렸다. 존슨은 이렇게 말하며 당시를 회상했다. "상황을 제대로 파악하려면 직접 가서 제 눈으로 보고 스스로 경험하는 수밖에 없었어요."

"확실히 존슨은 남에게 듣는 전언은 신뢰하지 않았어요." 매크레디 병장의 회상이다. "우리와 함께 공습 임무에 나서려고 단단히 마음먹었더군요."[18]

비행 기록에 따르면 폭격기들은 오전 8시 51분에 이륙하여 두 시간 20분 동안 뉴기니 라에까지 왕복 비행했다. 보잉 B-17 중폭격기 세 대와 B-26 열두 대가 V자 대형의 세 개 편대로 나뉘어 비행했다. 마지막 편대에 속한 헤클링헤어가 이륙하기 위해 활주로 위를 천천히 달릴 때, 존슨은 항법사와 무선통신사를 위해 마련된 작은 칸에 앉아 있었다. 비행기가 이륙하자 존슨은 비행기 상부의 투명한 플렉시글라스 창문 바로 아래쪽에 자리를 잡아 하늘을 360도 조망할 수 있는 시야를 확보했다. 곧 작전이 시작되었다.[19]

약 4.3킬로미터 고도로 비행하던 헤클링헤어가 갑자기 동력을 잃었다. 폭격 지점에 도달하기도 전에 우측 발전기가 고장 난 것이다. 조종사 월터 H. 그리어는 임무 수행이 불가능하다는 것을 깨달았다. 승무원 전체가 탑승해 있었고 최대 적재 중량까지 폭탄을 실었기 때문에 가용한 모든 동력이 필요한 상황이었다. 그리어는 비행기 무게를 줄이기 위해 폭탄을 버렸다. 헤클링헤어는 점차 뒤처지며 편대에서 이탈했다.[20]

그때 누군가가 "저기 온다!"라고 소리쳤다. 일본군의 제로기들이 주위로 몰려들면서 헤클링헤어는 그들의 손쉬운 공격 대상이 되었다. 고장 난 비행기가 적기에 포위되었으니 재앙을 부르는 전형적인 상황이었다. 혼돈의 순간이 몇 분간 이어졌다. 한 승무원은 회상했다. "갑자기 사방에서 공격을 받기 시작했습니다. 제로기의 기관총 총알이 우리 비행기에 부딪히고, 또 뚫고 들어오는 것을 느낄 수 있었어요. 기관포 포탄들은 더 무시무시했죠. 그리어 대위는 추격해오는 제로기들을 피하려고 비행기를 좌우로 급회전시켰습니다." 중간 기총수였던 릴리스 워커도 이렇게 회상했다. "진짜 살벌한 공중전이었죠. 정말 호된 공격을 받았습니다. 제로기들이 한동안 우리를 계속 따라붙으면서 공격을 해댔죠."[21]

존슨은 걸상 위에 서서 플렉시글라스 창을 통해 밖을 내다보며 한눈에 항공전을 지켜보았다. 그렇게 존슨은 정면으로 죽음을 응시했다고 바렌 상병은 전했다. 바렌이 무전기를 써야 한다며 존슨에게 자리를 비켜달라고 요청하자, 존슨은 걸상에서 내려오며 소리쳤다. "이런, 여기 위는 제법 거칠 군요! 그렇지 않나요?" 바렌은 존슨의 말에 고개를 끄덕이면서도 주위를 선회하는 제로기들을 계속 주시했다. 존슨이 물었다. "좀 무서운가요?" 바 렌은 존슨의 눈을 똑바로 바라보며 대답했다. "그렇습니다. 여기 있으면 항상 무섭습니다."[22]

제로기들의 공격은 10분에서 13분가량 지속되었다. 어느 관점에서 보더라도 존슨은 그 시련의 시간 내내 전혀 동요하지 않았다. 조종사 워커는 존슨이 "마치 비행 관광을 한다는 듯 침착하게 모든 것을 지켜보았"다고 묘사했다. 매크레디 병장도 워커의 말에 동조하며, 기관총 총알이 날아다니고 까딱하면 맞을 수도 있는 상황에서도 존슨은 "상당히 침착해" 보였다고 말했다. 존슨을 혹독히 평가하는 전기 작가 로버트 카로조차도 헤클링헤어를 탔던 존슨은 "위험 앞에서도 대담하고 용감하게, 그리고 태연자약하게 행동했"다고 묘사했다.[23]

마침내 헤클링헤어가 착륙하자 VIP인 존슨의 안전을 확인하기 위해 장교들이 비행기 쪽으로 달려갔다. 존슨은 씩 웃으며 아무렇지 않다는 듯 말했다. "아주 흥미로운 비행이었습니다." 존슨이 원래 탑승하려 했던 폭격기 워배시캐논볼은 헤클링헤어만큼 운이 좋지 못했다. 워배시캐논볼은 제로의 기관포 포탄에 맞아 바다로 추락했고, 스티븐스 중령과 승무원 전원이 사망했다.[24]

다음 날, 존슨은 워싱턴으로 돌아가는 긴 여정을 시작했다. 6월 18일 존슨은 멜버른을 경유해 맥아더를 다시 만나 자신의 조사 결과를 보고했다. 맥아더는 존슨이 그렇게 위험한 공습 임무에 참여했다고 화를 내며 존슨의 무사 귀환에 안도했다. 존슨은 맥아더가 "매우 슬퍼하며" 낮은 목소리로 "지난번엔 세 명이었는데… 어쨌든 두 사람을 다시 만나 기쁩니다. 공습 임무에 나선 것은 판단 착오라고 할 수 있지만 심정은 충분히 이해합니다. 나라도 그렇게 행동했을 거요."라고 말했다고 일기에 기록했다. 거의 한 시간 동안 존슨의 보고를 듣고 난 맥아더 장군은 사망한 스티븐스 중령에게는 수훈십자장을, 존슨에게는 세 번째로 높은 등급의 무공훈장인 은성훈장을 수여한다고 발표했다.[25]

존슨의 은성훈장 공적 조서는 다음과 같다.

남서태평양 지역의 전황 파악 임무를 수행하던 존슨 중령은 미 공군이 처한 전투 여건을 직접 알아보기 위해 뉴기니섬의 적진 상공으로 비행하는 위험한 공중 전투에 자원하여 관찰자로 참여했다. 아군 편대가 목표 지역에 접근했을 때 여덟 대의 적 전투기가 요격하기 시작했다. 이때 존슨 중령이 관측자로 탑승한 폭격기가 기계적 고장을 일으켜 홀로 귀환해야 했으므로 적 전투기들의 손쉬운 좋은 표적이 되었다. 그렇게 위중한 상황에서도 존슨 중령은 탁월한 냉정함을 보여주었고, 이처럼 용기 있는 행동을 보인 끝에 귀중한 정보를 취득하여 귀환하였다.

그러나 존슨에게 닥친 죽음의 위기는 아직 끝나지 않았다. 워싱턴으로 돌아오는 여정의 첫 구간에서 열이 나기 시작한 것이다. 감기에 걸려서 열이 나는 것이라고 대수롭지 않게 생각한 존슨은 휴식을 취하고 치료를 받는 대신, 대통령이 자신의 보고를 기다린다는 이유로 여정을 재촉했다. 일행이 피지제도에 착륙했을 때 존슨의 몸 상태는 매우 나빠져 있었다. 열이 40도 가까이 치솟았고, 몸이 덜덜 떨렸으며, 의식까지 혼미했다. 그를 진찰한 의사는 존슨이 심각하고 위중한 폐렴을 앓고 있다며 병원으로 옮겼고, 존슨은 며칠간 치료를 받은 후 진주만 기지로 이동했다. 건강을 되찾은 존

슨은 7월 10일 워싱턴에 도착했다.[26]

　존슨이 은성훈장을 받을 자격이 없다는 사실은 명백했다. 그 상을 받을 만한 누군가가 있다면 일본 전투기의 집중포화를 뚫고 귀환에 성공한 조종사일 터였다. 하지만 헤클링헤어 탑승자 중 훈장을 받은 사람은 존슨이 유일했다. (다른 승무원들은 마틴 카이딘과 에드워드 하이모프가 당시 사건들을 기록한 저서 《임무The Mission》를 출간한 1964년이 돼서야 그 사실을 알았다.) 맥아더가 존슨에게 그 상을 수여한 동기는 쉽게 추측할 수 있다. 그는 워싱턴에 동지가 필요했고, 존슨에게 은성훈장을 줌으로써 자신의 후원자가 되겠다는 존슨의 확약을 담보한 것이다.

　어쨌든 가장 큰 승자는 존슨이었다. 이제 존슨은 자신이 실제 전투에 참여했을 뿐만 아니라 전투에서 보여준 용기로 훈장까지 받았다고 선거구민들에게 말할 수 있었다. 물론 존슨은 훈장을 받는다는 사실이 양심에 찔려 수상을 거부하겠다는 서한까지 작성했지만, 훈장 수상으로 얻을 수 있는 정치적 혜택이 너무 커 이를 포기할 수 없었다. 실제로 존슨이 멜버른을 떠나기 전부터 미국의 각지 신문들은 존슨이 전투에서 보여준 영웅적 행동과 면모에 관해 보도하기 시작했다. 텍사스주 신문들은 "총알 세례를 받았다"라는 존슨의 설명을 그대로 지면에 실었고, 특히 1942년 7월 28일 자 《브레넘배너프레스》는 〈존슨, 아슬아슬했던 경험을 고향 친구들에게 풀어 놓다〉라는 제하의 기사를 대대적으로 보도했다. 그 사건이 있고 6개월이 지난 12월, 한 기자가 전투 경험에 관해 질문하자 존슨은 "5월과 6월 내내, 그리고 7월 중에도 전투에 참여했어요. 일본군과 자주 인사를 나눴습니다. 한동안 긴박하게 매일 우리를 공습해댔니까요."라고 답했다. 시간이 흐를수록 존슨은 자신의 경험을 부풀려 과장했다. 그는 승무원들이 자신에게 "레이더"라는 별명을 붙였으며, 몇 명은 교전 중 부상을 입었다고 주장하기에 이르렀다.[27]

　그렇게 전쟁 영웅으로 거듭난 존슨은 고향으로 돌아와 곧바로 선거전에 뛰어들었다. 맥아더에게서 실물 은성훈장을 받지 못한 존슨은 현지 군

용품점에 가서 이를 구입해 텍사스로 가져와 선거 유세에 활용했다. 전기 작가 카로는 존슨이 선거 유세 중에 누가 은성훈장을 재킷에 달아주는 장면을 반복적으로 연출했는데, 매번 "마치 처음 받는 것처럼" 행동했다고 기록했다. 존슨은 뉴기니에서 자기 별명이 "레이더 존슨"이었고, 열네 대의 제로기가 화염에 싸여 추락하는 모습도 직접 목격했다고 유세에 모인 청중들에게 주장했다. 존슨은 그의 정치 경력 내내 그 작은 은성훈장을 옷깃에 달고 다녔다. 로니 더거 기자는 존슨이 달고 다닌 은성훈장을 두고 "미군 역사상 가장 자격 없는 사람이 받았으나 가장 많이 과시된 은성훈장"이었다고 기록했다.[28]

자신이 맡았던 임무를 추후에 지속적으로 과시하려 했던 이 사례를 통해 존슨이 모든 문제를 정치적 이해득실이라는 관점을 통해 보려 했고, 자신의 의지를 관철하기 위해서는 진실을 왜곡할 수도 있다고 믿었다는 점을 알 수 있다. 존슨이 얘기한 전쟁 경험을 들은 한 친구는 "존슨은 전쟁 경험에 관해서는 무엇이든지, 심지어 사실이 아니어도 그것을 사실이라고 스스로 확신했"다고 언급했다. 전기 작가 카로는 존슨의 그러한 경향을 "그의 군 복무에 관해 평가할 때 가장 중요한 고려 요소로 삼아야 한"다고 지적했다. 존슨의 이런 특성은 결국 20년 후 그가 대통령이 되었을 때 다시 나타나 "신뢰 격차credibility gap"라는 조롱 섞인 용어로 불리게 되었다.[29]

1942년 7월 16일, 존슨은 현역 복무에서 해제되어 군복을 벗고 의회로 돌아갔다. 예상했던 대로 루스벨트 대통령은 군 복무 중이던 모든 의원에게 의회로 복귀하거나 의원직을 사임하라는 행정명령을 내렸다. 워싱턴으로 돌아온 존슨의 최우선 과제는 자신이 파악한 전황을 대통령에게 알리는 것이었다. 존슨은 태평양에 배치된 미 항공기들이 일본 전투기에 비해 현저히 성능이 떨어진다고 보고했다. 이는 맥아더가 수개월간 주장해온 내용이기도 했다. 항공기 부품도 너무 부족해서 많은 조종사가 비행을 꺼릴 정도라는 사실도 보고했다. 그러나 존슨이 가장 신랄한 비판을 가한 대상

은 "지상 또는 책상 뒤에서" 전쟁을 지휘하고 있는 태평양 지역의 군 지도자들이었다.[30]

그러나 자신이 직접 보낸 특사의 입을 통해 맥아더 장군이 줄곧 해대던 불평을 다시 들은 루스벨트 대통령은 보고 내용에 싫증을 느꼈다. 비록 태평양 지역에 막대한 전비를 쏟아붓기는 했지만, 루스벨트는 일본과의 전쟁보다는 유럽 전선에서 히틀러에 대항한 전쟁을 우선순위에 두고 있었다. 루스벨트는 존슨의 보고서에 거의 관심을 보이지 않으며 그의 의견을 일축했다.

루스벨트 설득에 실패한 존슨은 대중에게 호소했다. 7월 26일 한 라디오 방송에서 존슨은 "우유부단하고 어리석고 이기적이며 무능한 장군들과 제독들, 그리고 기타 고위 군 관리들"을 해임하고 병사들에게는 더 나은 장비를 제공하라고 정부에 요구했다. "관료주의 타파는 범죄가 아니라는 점을 명확히 해야 합니다. 우리 병사들은 세계 어느 나라보다 우월한 군 지도자들의 지휘를 받아야 하고, 세계 어느 나라보다 우수한 장비로 무장해야 합니다." 그다음 달에도 존슨은 다른 라디오 방송에 출연해 "우유부단하고, 상상력이 부족하며, 적극적이지 않은" 군 지도자들을 몰아내야 한다고 강조했다.[31]

그다음은 하원 차례였다. 존슨은 전쟁을 경험하며 민간 정부는 군부가 하는 모든 말을 의심해봐야 한다는 교훈을 얻었다고 주장했다. 존슨은 "장군들과 제독들, 그리고 기타 고위 군 관리들에게서 무능함"을 제거해야 한다고 역설한 후 본토의 "쓸모없는 고위급 인사들", 즉 "권력의 달콤함에 취"하고 전쟁에 대한 "관념"이 "위험할 정도로 뒤떨어진" 사람들을 규탄했다. 간단히 요약하자면 미국이 전쟁에서 승리하기 위해 전쟁 수행 체계를 간소화하고 우수한 지휘관들이 병사들을 이끌도록 해야 한다는 것이었다. 훗날 대통령으로서 자신만의 승산 없는 전쟁을 벌일 때에는 정작 이 교훈을 잊어버렸다는 점이 안타까울 따름이다.

*

　린든 존슨이 태평양에서 돌아온 지 몇 주 후인 7월 27일, 존 F. 케네디는 건강을 되찾아 시카고 외곽 노스웨스턴대학의 해군 예비군 사관후보생 양성 학교로 갈 수 있었다. 그곳에서 케네디는 항해술 기초 과정 수업을 들을 예정이었다.

　케네디는 그곳으로 가는 도중 잉가를 만나기 위해 워싱턴 D.C.에 들렀지만, 케네디에게서 마음이 떠난 잉가는 그와의 잠자리를 거부했다. 게다가 케네디의 모습을 본 잉가는 충격을 받았다. FBI가 몰래 녹음한 친구와의 통화에서 잉가는 "해군에서 계속 현역으로 근무한다는데, 마치 절뚝이는 원숭이 같았어. … 제대로 걷지도 못하더라고."라고 푸념했다. 그녀는 그가 여전히 현역으로 근무한다는 사실이 "말도 안 된"다고 생각했다. 케네디는 자기가 앓고 있는 여러 질병, 특히 요통과 궤양성 대장염을 핑계 삼아 언제든지 전역할 수 있었으나 결코 그렇게 하지 않았다. 케네디는 코르티코스테로이드 복용으로 당장은 요통에서 어느 정도 벗어날 수 있었지만, 장기적으로는 그 약이 허리와 부신 문제를 악화시킬 가능성이 높았다. (전쟁이 끝나고 2년 후, 케네디는 부신이 분비하는 호르몬 불균형이 일으키는 애디슨병을 앓고 있다는 의사의 진단을 받았다.[32])

　케네디는 학교가 마음에 들지 않았다. 절친 렘 빌링스에게 쓴 편지에서 케네디는 "이 망할 학교는 초트보다도 못해."라고 불평했다. 초트는 코네티컷주의 명문 사립 고등학교로, 1930년대 중반 케네디와 빌링스는 그 학교 기숙사에서 한방을 썼다. 하지만 케네디는 보다 큰 그림을 그리고 있었다. "이 전쟁은 너나 내 문제보다 더 큰 일이잖아. 세계적인 사건이라고. 그러니 참고 견디려 해." 그러던 중 케네디는 그 해군 학교에서 PT 보트초계어뢰정에 매료되었고, 언젠가 PT 보트의 함장이 되리라고 결심했다. 미 해군은 빠르고 중무장한 PT 보트들로 적의 해안 시설을 지속적으로 공격해 적군의 보급선을 차단하면서 적의 대형 함선들을 괴롭혔다. 케네디는 특히 두 해군 장교, 존 할리와 존 D. 벌클리가 교관으로서 보여준 모습에 깊은 인상을 받았는데, 두 사람 모두 PT 보트의 열렬한 지지자였다. 벌클리는 1942년 초 필리핀에서 맥아더 장군을 PT 보트로 구출한 공로로 이미 의회명예훈장을 받은 인물이었다. 할리와 벌클리가 PT 보트 지지자라는 사실 때문에 PT 보트는 케네디에게 더욱 멋지고 영웅적인 이미지로 다가왔다. 케네디가 PT 보트에 매력을 느낀 이유는 또 있었다. 미 해군에는 PT 보트에 승선할 승조원들이 절실히 필요했다. 따라서 두 교관은 PT 보트에 승선하는 장교는 "조기에 지휘권"을 얻고 실전에도 자주 투입될 수 있다고 설명했다. 바로 케네디가 원하던 것들이었다. 케네디는 PT 보트가 커다란 연료 탱크 위에 합판을 덧댄 것에 불과한, 일종의 떠다니는 폭탄이라는 사실을 잘 알고 있었지만 그렇게 위험한 함정을 지휘하는 임무를 맡을 수 있다는 점에 더욱 이끌렸다.[33]

케네디가 안고 있는 요통과 다른 건강 문제들을 고려하면 그가 PT 보트 임무에 선발될 가능성은 희박했다. 그러나 이번에도 그의 아버지가 개입했다. 케네디의 아버지 조 시니어는 벌클리를 점심에 초대하여 PT 보트 학교에 들어갈 50명 중에(지원자가 천 명이었다) 케네디를 포함해줄 수 있는지 물었다. 벌클리는 조가 "잭이 PT 보트 부대에 들어가 언론의 주목을 받아서, 전쟁이 끝나면 참전 용사들에게 표를 얻을 수 있기를 희망했"다고 회상했다. 벌클리가 잭이 PT 보트 임무를 맡을 수 있게 하겠다고 약속하자, 조 시니어는 매우 기뻐하면서도 마지막 부탁을 덧붙였다. 자기 아들을 "너무 위험한" 곳으로 보내지는 말아달라는 요청이었다.[34]

1942년 10월 1일, 케네디는 하이애니스포트에 있는 가족 별장 바로 근처에 위치한 로드아일랜드주 멜빌로 향했고, 그곳에서 8주간의 집중 교육 과정을 통해 PT 보트 지휘법을 배웠다.

그 시점까지 케네디의 삶을 계속 따라다녔던 주제는 최전선에 뛰어들고자 하는 끈질긴 열망과 그가 겪는 극심한 신체적 고통이었다. 조 시니어는 잭이 교육 중에 하이애니스포트에서 며칠을 보낸 후 복귀하였을 때 이렇게 적었다. "잭이 집에 왔는데, 여기에만 적겠지만 솔직히 허리 통증 때문에 엄청나게 힘들어하고 있다. … 그렇게 고된 어뢰정 생활을 일주일이라도 버틸 수 있을지 모르겠다." 그와 한방을 썼던 교육생은 이렇게 회상했다. "심한 요통 때문에 항상 그 딱딱한 합판 위에서 잠을 잤어요. 아파하지 않았던 때가 없었을걸요."[35]

그러한 고통을 겪으면서도 잭은 매우 우수한 성적을 거두었고, 학교 측은 그를 교관으로 임명하여 학교에 남기고 싶어 했다. 케네디는 그렇게 될지도 모른다는 생각에 분개했다. "젠장, 더럽게 엮였네." 그는 친구들에게 몹시 불평했다. 로드아일랜드의 PT 보트 학교 교관이 되어 후방에 남겠다고 그 모든 고통을 견딘 게 아니었기 때문이다. 그는 학교 측의 결정에 이의를 제기했지만 받아들여지지 않았다. 그래서 다시 한번 가족의 인맥에 기대야 했다. 아버지가 그 문제에 관해서는 자기편을 들어주지 않으리라고 생각한 케네디는 아버지 대신 할아버지 존 프랜시스 "허니 피츠" 케네디에게 도움을 요청했다. 보스턴 시장을 역임한 케네디의 할아버지는 상원 해군위원회의 위원장이자 케네디 가문의 친구인 매사추세츠주 상원의원 데이비드 L. 월시와의 만남을 주선해주었다. 케네디는 데이비드 L. 월시에게 다시 이의를 제기해 로드아일랜드를 벗어날 수 있었지만, 태평양으로 파견되지는 못하고 파나마운하 근처에서 순찰 임무를 맡았다. 케네디는 월시에게 또다시 도움을 요청했고, 월시는 그를 위해 관계자에게 편지를 써주었다.[36]

결국 인맥 동원이 성공했다. 1943년 3월 6일, 케네디는 샌프란시스코항에서 군 수송선에 몸을 실었다. 마침내 일본 해군과 미국 해군이 제해권을 두고 치열한 전투를 벌이고 있던 솔로몬제도로 가게 된 것이다.[37]

*

1942년 8월 6일, 조지 H. W. 부시는 항공학교 생도로 현역 근무를 시작했다. 평소라면 최소 2년간의 대학 과정을 마쳐야 항공학교에 입학할 수 있었지만, 해군은 당장 조종사가 필요했기 때문에 대학 과정 이수 요건을 없애고 조종사 양성 과정도 10개월로 단축해 집중적으로 교육했다.[38]

이후 11개월 동안 부시는 전국의 공군기지를 누비며 항공기 조종술을 배웠다. 첫 번째로 향한 곳은 해군이 해군 조종사들을 훈련시키기 위해 예비 비행학교를 설립한 노스캐롤라이나주의 고풍스러운 대학 도시 채플힐이었다. 1942년 5월에 1기 생도들이 입교한 이래 2주마다 300여 명이 등록했다. 부시의 입교 동기 중에는 1941년에 타율 0.406을 기록한 보스턴 레드삭스의 강타자 테드 윌리엄스도 있었다. 그리고 두 사람이 거기서 만났다는 증거는 없지만, 같은 시기 채플힐에는 또 다른 미래 대통령이 있었다. 5월부터 그곳에서 교관으로 해군 복무를 시작한 제럴드 포드가 젊은 생도들의 체력 강화 훈련을 담당해 그들을 강도 높게 단련시키고 있던 것이다.

부시가 그곳에서 어떤 경험을 했는지는 잘 알려져 있다. 그가 부모님과 몇몇 친구들, 그리고 바버라에게 매일 편지를 썼기 때문이다. (안타깝게도 바버라에게 보낸 편지는 대부분 분실되었지만, 다른 편지들은 살아남았다.) 편지 내용을 종합해보면 당시의 젊은 부시는 애국적 열정과 조국을 수호해야 한다는 의무감에 사로잡혀 있었다. 그리고 여전히 10대 청년이었던 부시는 새로운 장난감을 가지고 노는 법을 깨우치는 소년처럼 열정에 가득 차 비행기 조종을 배웠다. 부시는 비행의 각 단계를 거치면서 느꼈던 경이로움, 즉 처음 조종간을 잡았던 순간부터 계기판의 도움 없이 낮과 밤에 시계비행을 했던 경험까지의 매 단계를 "내 인생 최고의 전율"이었다고 묘사했다. 그는 처음으로 조종석에 올랐을 때는 다리가 떨렸지만 "일단 이륙하여 공중에 떠 있으면 스스로 깜짝 놀랄 정도로 마음이 평온해지며, 무슨 이유인지 자신감이 넘"친다고 편지에 적었다. 함선을 겨냥해 기총소사하는 법을 배웠을 때는 "돌진하여 사격한 후 갑판 위로 돌아올 때 정말 짜릿함을 느꼈"고, "엄청난 속도로 기체를 비틀고 흔들어대며" 해수면 바로 위를 저공비행할 때의 쾌감은 "그 무엇으로도 비유할 수 없"었다.[39]

훈련은 힘들고 가족과 친구들도 그리웠지만, 부시는 해군에 입대한 자신의 결정을 단 한 번도 후회하지 않았다. "민간인 누구와도 내 위치를 바꾸지 않을 거야. 해군 자체도 위대하지만, 우리가 여기에 있는 이유는 훨씬 더 위대하거든." 케네디와 마찬가지로 부시 역시 뛰어난 성적을 거두었기 때문에 해군은 부시에게 본토에 몇 개월 더 머물면서 신입 생도들을 훈련시키면 어떻겠느냐고 물었다. 하지만 부시는 해군의 제안에 관심이 없었다. 부시는 편지에 "그럴 바에야 차라리 대학에 가고 말지. 내 마음은 이미 함대와 함께 바다로 나가 전투 지역에 있거든."이라고 썼다. 항공모함 기반 임무와 육상 기반 임무 중 선택하라는 요구를 받은 부시는 항공모함 쪽을 선택했고, 플로리다주 포트로더데일에 배치되었다. 그곳에서 부시는 TBM 어벤저 폭격기와 만났다. 해군 최대 단발single-engine 폭격기이자 그가 실전에서 조종할 기종이었다. 조종사와 기총수와 무선통신사로 이루어진 세 명의 승무원이 필요했으며, 약 1톤의 폭탄을 탑재할 수 있었다.[40]

부시가 집을 떠나 생활한 것은 그때가 처음은 아니었다. 그러나 해군 생활은 자신과 같은 특권층 학생들에게 둘러싸여 있던 앤도버아카데미에서의 생활과는 달랐다. 그는 자신의 입교 동기들을 "꽤 거친 무리로 아주 훌륭한 친구들도 있고 꽤 저급한 녀석들도 있는 특이한 집단"이라고 묘사했다. 때때로 부시는 도덕성을 갖춘 교육받은 이들과 배움과 돈, 그리고 삶의 원칙이 거의 없는 이들 사이의 차이점을 지적했다. 부시는 교육 수준이 낮은 이들의 행동을 불편히 여겼다. 자신은 일본인과 그들의 문화를 비하하는 해군의 선전을 "역겨운" 행위로 생각했지만, 일부 "동료들은 해군의 선전을 곧이곧대로 받아들였"다고 부시는 언급했다. 그가 관찰한 바로는 "평균 이하의 지능"을 가진 동료들이 그러했다. 부시는 지적인 사람들은 자신들이 왜 싸우고 있는지 알고 있기 때문에 동기부여를 위해 그런 식으로 "세뇌'당할" 필요는 없다고 믿었다.

그는 또한 동료들이 저지르는 나쁜 행실을 자주 언급하며 불만을 토로했다. 그중 도박은 군기 위반이었음에도 흔한 일이었다. 부시는 "나는 도박을 한 적도 없고 앞으로도 할 생각이 없어."라고 얘기하며, "진짜 아무것도 가진 것이 없는 사람들"이 하는 게 도박이라고 믿었다. 부시는 특히 군인들의 성적 문란을 도덕적으로 비판했다. 기지 근처에 사는 많은 여성이 "성적 충동을 만족시키는 것을 당연히 여긴"다며, 그들은 "매춘부가 아니라 도덕의식이 전혀 없는 여자애들"이라고 결론 내렸다. 그러면서 자기도 성적 충동을 느끼지만, 달리 교육받으며 성장했기 때문에 충동을 통제하는 방법을 안다고 주장했다.[41]

어머니가 그의 지나친 도덕적 잣대를 지적하며 일부 의견은 "부당하"다고 지적했을 때도 부시는 자기주장을 굽히지 않았다. 부시는 "도덕에 관한 한 우리는 타락의 시기를 살고 있어요."라고 어머니에게 회신했다. 부시는 전쟁으로 겪는 정서적 고통이 도덕적 타락의 일부 원인일 수 있다고 인정했지만, 그렇다고 그것이 "변명은 될 수 없"다고 생각했다. "특히 해외에서 전쟁을 치르고 있는 남편을 둔 유부녀들은 바람기 많은 여자 못지않게 도덕적으로 큰 죄를 저지르는 거예요. 정말 역겨운 일이죠." 1943년에 이미 부시는 전통 가치가 붕괴되었다며 한탄하고 있었다. "부정이 헌신을 대신하고, 부도덕이 품위를 대신하는 사회가 문명화된 공동체의 모습으로서 지속될 수는 없을 거예요."[42]

주변에서 벌어지는 타락과 방종을 목도한 부시에게 바버라는 이상적인 존재로 다가올 수밖에 없었다. 두 사람이 주고받은 편지들은 분실되었지만, 부시와 어머니가 주고받는 서신에서 바버라는 항상 대화의 주제였다. "낸시, 바버라가 생각하는 것보다 훨씬 그녀가 그리워." 부시는 여동생에게도 속마음을 털어놓았다. "왠지 모르겠지만 바버라는 완벽한 여자 같아. 아름답고, 상냥하고, 유머 감각도 훌륭하고. … 항상 그녀를 생각하면서 그리워한단다." 부시는 자기가 조종하는 비행기 옆면에 흰색 페인트로 "BAR"이라고 써넣기까지 했다.[43]

그해 말, 부시는 훈련을 끝내고 마침내 실전 투입 준비를 마쳤다. 1943년 12월 해군은 그를 항공모함 USS 샌저신토에 배치했고, 부시는 곧이어 태평양으로 향했다.

*

리처드 닉슨은 해군에서 지낸 첫 주를 "내 인생 가장 긴 일주일"로 묘사했다. 육체적으로 혹독한 훈련을 감당해낼 준비가 되어 있지 않았던 데다가 팻도 몹시 그리웠다. 결혼 후 처음으로 떨어져 지냈던 것이다. 닉슨은 매일 사랑을 고백하는 편지를 썼다. "당신과 함께 있을 때 충분히 말하지 못한 것 같아. 내 온몸과 마음을 다해 당신을 항상 사랑하고 있어."[44]

두 달간의 훈련 이후 닉슨은 "함정 근무 또는 기지 근무"를 우선 희망 보직으로 신청했다. 그러나 해군은 처음부터 정보 또는 행정 업무가 닉슨에게 최적이라고 판단했다. 1942년 10월 9일, 닉슨은 닷새 내로 아이오와주 오텀와 해군 항공기지로 이동하라는 명령을 받았다.[45]

그는 실망감을 숨기지 않았다. "남태평양이나 북대서양의 전투함대에 배치되기를 바랐다." 닉슨의 회상이다. "전입신고를 하면서 보니 한창 건설 중인 기지였다. 공사 중인 활주로의 한쪽 끝이 옥수수밭 한가운데로 뻗어 있었다."[46]

아이오와주로 이주한 닉슨 부부는 상황을 최대한 활용했다. 팻은 은행 창구 직원으로 일자리를 구했고, 리처드는 고위 군 간부들의 참모로 근무하면서 자원하여 라디오 프로그램을 진행하기도 하고 다른 장교들의 세금 신고서 작성을 도와주기도 했다. 닉슨은 "새로운 이웃들의 따뜻함과 친근함"이 보직 배정에 대한 실망감을 극복하는 데 도움이 되었다고 후에 기술했지만, 캘리포니아에서 온 이 부부는 혹독한 중서부의 겨울에는 결코 적응하지 못했다.[47]

아이오와에 머무는 기간 내내 닉슨은 함정 근무를 하기 위해 줄곧 로비를 펼쳤고, 그러던 중 어느 날 우연히 29세 미만 장교들에게 해상 근무 지원을 요청하는 공고를 발견했다. "그때 정확히 29세였다. 즉시 지원서를 제출했다." 근래에 발생한 태평양에서의 전력 손실로 충원이 필요했던 것이다. 닉슨은 팻과 논의했다. 팻은 닉슨의 안전을 걱정했지만 전쟁에서 더 적

극적인 역할을 하려 하는 남편의 결정을 지지해주었다.[48]

1943년 3월 30일, 닉슨은 공식적으로 새 보직을 요청했다. 닉슨은 "오턴와 해군 항공기지 근무에서 해상 근무로 보직 변경을 요청"한다고 해군 인사 책임자에게 서신을 보내면서, 자신의 "해상" 경험으로 "캘리포니아 남부 연안에서 소형 보트 운전"과 카리브해로의 "유람선 여행 한 달"을 기재했다.[49] 닉슨의 요청은 받아들여졌다.

이로써 닉슨은 두 번째로 전장에서 멀리 떨어진 편안한 보직을 뒤로하고 최전선으로 향했다. 존슨과 마찬가지로 정치적 계산에서 비롯된 결정이었다. 닉슨은 전쟁 중 군 복무를 하게 되면, 특히 실제 전투에 참여하면 전후 정치 경력에 큰 보탬이 될 것이라는 점을 알았다. 하지만 존슨과 달리 정치적 고려만으로 결정한 것은 아니었다. 미래의 여러 대통령처럼 닉슨도 전쟁에 기여하려는 애국적 열망에 사로잡혔다. 비록 닉슨은 전장에 발을 디디지는 못했지만, 노력이 부족했던 것은 아니었다.

1943년 5월, 닉슨은 해상 근무를 위해 샌프란시스코로 떠나라는 명령을 받았다. 닉슨과 팻은 차에 이삿짐을 가득 싣고 서쪽으로 출발했다. 닉슨이 태평양으로 떠나기 전에 가족과 친구들을 만나기 위해서였다. 닉슨은 부모님과의 만남이 "고통스러웠"다고 묘사했다. 퀘이커교도인 어머니와 할머니가 참전을 반대하며, 평화주의 원칙을 위반하지 않으면서도 전쟁에 기여할 수 있는 적십자 활동을 권하리라는 것을 알았기 때문이다. 그들의 입장을 이해했지만, 닉슨은 "조국이 공격받고 있는데 가만히 앉아 있을 수는 없"다고 생각했다. 닉슨이 되돌아보기에 퀘이커교가 주창하는 평화주의의 문제점은 "문명적이고 자비로운 적과 싸울 때만 그 평화주의가 관철될 수 있"다는 것이었다. 독일과 일본의 악행에 맞서 싸우는 상황에서 그런 평화주의 사상이 통할 여지는 없었다.[50]

5월 31일, 리처드와 팻을 배웅하기 위해 온 가족이 로스앤젤레스의 기차역으로 향했다. "팻과 나는 기차에 오르는 나무 발판 위에 서서, 마지막으로 한 번 더 가족을 보기 위해 몸을 돌렸다. 그때 다시는 서로 보지 못할 수도 있다는 점을 모두 깨달았다." 평소 의연한 그의 어머니는 감정을 억눌렀지만 아버지는 걷잡을 수 없이 흐느끼고 있었다.[51]

그렇게 가족과 뜨거운 작별 인사를 나눈 후, 닉슨은 태평양으로 가는 USS 프레지던트먼로에 승선했다.

*

한편 유럽의 전황은 별반 나아지지 않았다. 주요 연합국인 영국, 러시아, 미국, 중국 모두 암울한 상황에 처해 있었다. 반면 추축국인 독일, 이탈리아, 일본은 잘 훈련된 보병과 실전 경험으로 무장한 군을 보유하고 있었다. 육지에서는 탱크 편대를 주력으로 하는 독일 기갑부대들이 하루에 80킬로미터씩 진격하며 서부 유럽 국가들은 필적할 수 없는 화력을 동원했다. 독일은 잠수함을 활용한 '울프팩' 전술로 바다를 장악해, 1942년 1월부터 11월까지 히틀러의 가공할 유보트들이 총 800만 톤의 선박을 격침했다. 한때 추축국들은 세계 인구의 3분의 1을 지배했다.

조지 마셜 장군은 드와이트 아이젠하워에게 루스벨트 대통령의 "히틀러 우선" 전략을 구체적인 작전 계획으로 변환시킬 책임을 위임했다. 유럽 현지의 전황은 1941년 6월 이후로 더욱 복잡해졌다. 히틀러가 동맹국이던 소비에트연방을 공격하는 운명적인 결정을 내렸기 때문이다. 그 결정으로 하룻밤 사이에 총통 히틀러는 전력이 약화된 영국, 그리고 아직 중립을 유지하던 미국과 단일 전선에서 싸우던 전쟁을 두 전선에서 동시에 싸워야 하는 전쟁으로 바꿔놓았다. 히틀러가 새로운 전선으로 보낸 330만 명에 달하는 병력은 채 한 달도 안 돼 소비에트 영토 안으로 500킬로미터가량을 진격했다. 소련군이 동부전선에서 200개 넘는 독일 사단을 상대로 싸우는 상황이 되자, 이오시프 스탈린은 연합군이 대규모로 서유럽을 침공하여 두 번째 전선을 형성함으로써 소련이 받고 있는 독일의 압박을 완화해달라고 처칠 총리와 루스벨트 대통령에게 간청했다.

처음에 미국은 러시아에 호의적으로 반응했다. 아이젠하워와 마셜은 스탈린의 요청을 실행할 구체적인 계획을 수립했다. 1단계 작전은 암호명 '볼레로'로, 영국 내에 연합군 병력을 대규모로 증강하는 것이었다. '라운드 업'이라는 암호명으로 불린 2단계 작전은 프랑스의 칼레와 르아브르 사이 어느 해안가를 목표로 기습 공격을 감행하는 것으로, 작전 실행 목표일은 1943년 4월 1일이었다. 이 작전은 48개 사단, 5800대의 전투기, 7000척의 상륙정을 동원하는 거대한 작전이 될 예정이었다. 오랜 토의 끝에 루스벨트 는 몇 가지 사소한 계획만 변경하고 그 작전을 최종 승인했다.[52]

그러나 아이젠하워는 작전 준비가 더디게 진행되자 곧 불만에 싸였다. **"볼레로** 작전 계획에 진전이 없다!" 그는 1942년 5월 21일 자 일기에 자신 의 분노를 담았다. 마찬가지로 좌절감을 느낀 마셜은 6월에 아이젠하워를 영국으로 보내, 그곳에 주둔하는 미군의 지휘 체계가 그처럼 야심 찬 계획 을 수행할 능력이 있는지 평가해보라고 지시했다. 아이크의 회상에 따르면 마셜은 "런던에서 근무하는 미군 장교들이 전쟁부의 더 큰 고민과 목표를 제대로 인식하지 못하는 것 같"다고 우려했다. 런던의 고위급 지휘관들을 만나본 아이젠하워는 마셜의 우려대로 그들이 "확실히 정체 상태에 있"다 는 점에 동의할 수밖에 없었다. 아이크는 워싱턴으로 돌아와 전군全軍에 절 대적인 권한을 가지는 단일 사령관이 필요하다고 마셜에게 보고했다. 존슨 이 뉴기니에서 공습 비행에 동행하기 전날인 6월 8일, 아이젠하워는 자신 의 계획을 마셜에게 제출했다.[53]

"이 계획이 마음에 드나?" 마셜이 아이젠하워에게 물었다. "이 작전 계 획에 만족하느냐고 묻는 거네."

"그렇습니다, 장군님." 아이크가 대답했다.

"마음에 든다니 다행이군." 마셜이 말했다. "자네가 이 작전 계획을 실 행할 테니까 말이야."

"제가요?" 아이젠하워가 물었다.

"그래, 자네야. 가서 유럽 전구戰區를 지휘하게."[54]

아이크의 유럽 전구 사령관 임명은 6월 11일에 발표되었다. 3주 후 아이젠하워는 66명의 소장을 제치고 중장으로 진급했다. 현역 장성 전체에서 열여덟 번째 서열에 오른 것이다.[55]

이렇게 하룻밤 만에 아이젠하워는 국제적인 유명 인사가 되어 영국 신문들의 1면을 장식했다. 미군 병사의 전형을 보여주기 위해 선발 절차를 거쳐 뽑은 인물인 듯 편안한 미소와 옅은 갈색이 도는 회색빛 머리카락과 회청색 눈동자가 드러내는 부드러움이 넓은 어깨에 꼿꼿한 자세로 선 딱딱한 군인 이미지를 상쇄하는 아이크의 모습이 지면에 실렸다. 그는 언론과 원만한 관계를 유지했고, 언론은 호의적인 보도로 화답했다.《뉴욕타임스》는 아이크가 "영국 및 미국의 기자들과 비보도를 전제로 허심탄회하게 얘기했다. 많은 내용을 알려주지 않으면서도 유쾌하고 거침없이 말하는 듯한 화법을 훌륭하게 구사했다."라고 평했다.[56]

아이젠하워는 지휘권을 잡은 초기부터 자신의 따뜻하고 외향적인 성격을 활용해 핵심 인물들과 좋은 관계를 구축하는 것이 중요하다는 점을 간파했다. 그는 리더십이란 좋은 전략과 전술을 수립하는 능력 이상으로, 상호 신뢰를 바탕으로 한 인간관계를 구축하는 것이라고 주장했다. 이러한 그의 생각은 처칠과 친밀한 관계를 형성하는 과정에서 두드러지게 나타났다. 두 사람은 거의 매일 대화를 나누었고, 아이크는 영국 총리의 전원 별장인 체커스를 자주 방문해 때로는 묵기도 했다. 아이크의 카리스마에 매료된 사람은 처칠뿐만이 아니었다. 영국의 고위 군 지휘관들도 그에게 깊은 인상을 받았다. 영국 제독 앤드루 B. 커닝햄 경은 "그를 보는 순간 좋아하게 되었습니다. 정말 진지하고 솔직하며 겸손하다는 인상을 받았거든요."라고 회상했다.[57]

런던 근무 초기에 아이젠하워는 훗날 연합군을 승리로 이끌고 대통령직 수행 방식을 결정짓게 되는 리더십 철학을 확립했다. 아이젠하워는 아들 존에게 보낸 편지에서 "인간이 부지런한 성찰과 연습을 통해 개발할 수 있는 자질이 하나 있다면 그것은 리더십일 것"이라고 썼다. 그리고 스트레스와 긴장이 리더의 자신감을 "갉아먹을" 수 있으므로 리더십에는 긍정적인 사고가 필요하다고 말했다. "스트레스와 긴장이 쌓이는 순간에도 지휘관은 자신뿐만 아니라 지휘부가 긍정적인 사고를 유지할 수 있도록 해야 한다. 지휘부에 자신감과 열정, 그리고 긍정적 사고가 없다면 승리를 얻기란 거의 불가능하다." 전기 작가 스티븐 앰브로즈는 "그때부터 생의 마지막까지 아이크는 뼛속까지 파고드는 고통과 정신적 탈진을 환한 미소로 감추려고 최선을 다했"다고 기록했다.[58]

1942년 6월 25일에 열린 한 회의에서 아이젠하워는 참모진에게 거는 기대를 구체적으로 설명했다. 자신이 지키며 살아온 가치관을 반영한 기대였다. "고도의 진지함과 확고한 열정 및 긍정적 사고가 결합된 분위기가 참모진 개개인뿐만 아니라 영국 내 모든 예하 부대의 특징이 되어야 한다. 비관적 사고와 패배주의는 용납할 수 없다. 우리 앞에 놓인 뚜렷한 장애물들과 험난한 전망을 딛고 일어설 수 없는 사람은 이 전장에서 즉각적으로 벗어나게 해달라고 요청하라. 그 외에 다른 대안은 없다." 긍정적 태도란 격식에는 연연하지 않지만 책임지는 자세를 의미했다. 그는 "참모진의 모든 업무는 형식주의를 타파해야 한"다고 주장했다. 또한 장교들에게 통상적인 지휘 계통을 반드시 따를 필요는 없으며 "가능한 한 스스로 문제를 해결하고, 상급자에게 책임을 떠넘기는 습관에 젖지 않기를" 기대한다고 말했다.[59]

영국 언론과 지도층이 아이젠하워를 좋아한다는 사실은 가장 중요한 동시에 가장 어려운 과제를 해결하는 데 유리하게 작용했다. 바로 영국군과 미군이 엄청난 문화적, 정치적, 군사적 차이를 뛰어넘어 단일한 전투부대로 융합하는 문제였다. 가장 먼저 미군 장교와 영국군 장교가 거리낌 없이 상호 보고할 수 있는 지휘 체계부터 조직되었다. 아이젠하워는 원칙에 벗어난 행동을 한 미군 장교들에게는 강경하게 대처했다. 술에 취한 한 미군 장교가 영국 병사들에게 무슨 용기가 있겠느냐며 비아냥거렸다는 말을 들었을 때, "분노로 얼굴이 새하얗게 질린" 아이젠하워는 "그 개자식이 헤엄쳐 미국으로 돌아가게 하겠"다고 으름장을 놓기도 했다. 전쟁에서 승리하려면 양측이 서로를 존중해야 했다.[60]

얼마 지나지 않아 아이젠하워는 영국해협을 건너 유럽 대륙을 침공하는 계획에 애초부터 열의가 없던 처칠 총리가 약속들에서 슬슬 발을 빼고 있다는 점을 눈치챘다. 아이젠하워는 마셜에게 "영국은 자기들이 어느 정도까지 이 작전에 헌신해야 하는지 혼란스러워하는 것 같습니다."라며 서한을 보냈다. 아이크의 생각이 맞았다. 제1차 세계대전 중 영국이 유럽 전선에서 막대한 피해를 보았던 경험이 처칠의 마음을 무겁게 짓누르고 있었다. 처칠은 루스벨트를 설득해 유럽 대륙에서 제2전선을 펼치는 것을 지연시키는 한편, 북아프리카와 이탈리아에 있는 적군의 취약 지역인 "연약한 아랫배"에 영미 양국 군이 합동 상륙작전, 즉 암호명 '횃불 작전Operation Torch'을 벌이자고 제안했다. 아이젠하워는 이 작전을 강하게 반대했다. 전쟁을 끝내는 최선의 방법은 독일군의 심장부를 타격하는 것이라고 믿었기 때문이다. 하지만 루스벨트는 아이크의 반대를 무시한 데서 그치지 않고 오히려 그를 그 작전의 책임자로 임명했다. 아이크는 훗날 루스벨트 대통령이 그런 결정을 내린 1942년 7월 22일을 "역사상 가장 암울한 날"이라고 묘사했다.[61]

횃불 작전은 아이젠하워의 조직력과 리더십을 평가하는 시험대가 될 터였다. 영국으로 향하던 수송 선단은 지중해로 방향을 틀어야 했고, 영국에 주둔하던 미군 3개 사단은 이 새로운 전선으로 재배치되어야 했다. 북유럽에서 벌어질 전투를 대비해 훈련받았던 이들 부대는 산악 지형 및 사막에서의 전투 수행을 위해 다시 훈련받아야 했다. 당시 횃불 작전은 역사상 가장 큰 규모의 육·해군 합동 작전이었으나, 실전 경험도 전혀 없고 지휘관직을 맡은 지 수개월밖에 되지 않은 아이젠하워가 이 모든 준비를 할 수 있는 시간은 단 두 달뿐이었다. 의구심이 없지는 않았으나, 아이젠하워는 그 작전을 성공시킴으로써 미군과 영국군이 협력할 수 있다는 점을 증명하기 위해 헌신적으로 노력했다.[62]

1942년 11월 8일에 개시된 작전은 7개월간 지루하게 펼쳐졌다. 결국 연합군이 이탈리아군과 독일군을 제압했지만 예상보다 훨씬 오랜 시간이 소요되었고, 연합군의 사상자도 받아들이기 어려울 정도로 많았다. 영국군 지휘부는 너무 신중하게 움직인 나머지 독일군이 진지를 강화할 시간을 주었다며 아이젠하워의 전략적·정치적 결정이 미숙했다고 비난했다. 처칠은 아이크의 군대가 "꼬리만 길지 이빨은 없"다며 불평했고, 한 영국 장군은 "장군으로서 아이젠하워는 가망 없다!"라고 기록하기도 했다. 그럼에도 여전히 아이젠하워는 가장 중요한 두 사람, 즉 루스벨트와 마셜로부터는 계속 지지를 받았다.[63]

궁극적으로 영미 연합군이 이 작전에서 결정적인 우위를 확보할 수 있었던 이유는 전쟁 무기 생산을 위해 재편된 미국 경제의 놀라운 역량 덕분이었다. 1941년부터 1943년에 이르기까지 미국의 군비 생산은 여덟 배 증가했다. 당시 미국은 전 세계 제조업 생산량의 절반을 담당하며 탱크, 비행기, 선박 등을 기록적인 시간 내에 만들어냈다. 생산량이 최절정에 이르렀던 시점에는 하루에 선박 한 척, 5분마다 비행기 한 대가 생산되었다. 군수 조달 책임자였던 루셔스 클레이 장군은 이렇게 말했다. "우리는 독일 탱크만큼 좋은 성능의 탱크를 만들 수는 없었다. 그러나 워낙 많이 만들었으므로 성능이 문제될 건 없었다."[64]

북아프리카에서의 작전을 무사히 넘긴 아이크는 영국의 또 다른 전략적 요구에 동의하여 이탈리아를 침공해야 했다. 1943년 여름에 이루어진 시칠리아 침공도 이전 작전에서 겪었던 문제들과 같은 문제로 어려움은 있었으나, 다시 한번 연합군의 승리로 끝났다. 시칠리아는 8월 16일 항복했고, 이로써 겨울까지 이어지게 될 이탈리아 본토 공격의 길이 열렸다. 그러나 이즈음 루스벨트는 아이젠하워를 염두에 두고 더 큰 계획을 구상하고 있었다.

*

　미 정부는 1942년 말, 워너브러더스의 제1영화제작부대에 군대 영화를 계속 제작한다는 조건을 붙여 상업 영화 제작을 허가해주었다. 그리하여 이 스튜디오가 처음 만든 대형 상업 영화가 바로 험프리 보가트 주연의 〈카사블랑카〉였다. 처음에는 로널드 레이건이 릭 블레인 역을 맡을 예정이었지만, 군 복무 중에는 영리 목적의 영화에 출연할 수 없다는 군 당국의 주장으로 성사되지 못했다.

　〈폭풍의 청춘〉에서의 성공을 또 다른 할리우드 대작 출연으로 이어가고 싶었던 레이건은 몹시 실망했다. 결국 〈카사블랑카〉는 1943년 아카데미 최우수작품상을 받았고, 보가트의 영화 인생에도 다시 불이 붙어 할리우드에서 가장 인기 있는 배우로 재탄생하였다. 같은 해 〈폭풍의 청춘〉이 어떤 아카데미상 후보에도 오르지 못한 것은 레이건에게는 두 번째 타격이었다. 레이건은 수년 후 이렇게 말했다. "〈폭풍의 청춘〉은 제가 출연한 영화 중에서 아카데미상 수상 가능성이 거론된 유일한 작품이었어요. 그런데 그해 워너브러더스는 〈양키 두들 댄디〉도 만들었죠. 당시는 영화 제작사들이 아카데미상 수상 경쟁에서 자사 작품을 하나만 밀어주던 때였어요."[65]

　레이건은 상업 영화에 출연시켜달라며 에이전트와 워너브러더스를 계속 졸랐다. 1943년 2월 워너브러더스는 오슨 웰스의 브로드웨이 성공작이었던 뮤지컬 〈디스 이즈 디 아미〉를 영화화한 작품에 레이건을 출연시켰다. "책상머리에서 벗어나 다시 한번 제가 영화 산업의 일부가 되었다는 기쁨에 정말 흥분했죠." 레이건은 회상했다. 케이트 스미스가 부른 〈하나님, 미국을 축복하소서〉를 포함해 열일곱 곡의 애국적인 노래들을 담은 이 영화는 엄청난 성공을 거두어 1000만 달러를 벌어들였을 뿐만 아니라, 레이건을 다시 영화계 인기 정상에 올려놓았다.[66]

　레이건은 〈디스 이즈 디 아미〉가 다른 대작 영화에 출연할 수 있는 발판이 되길 바랐다. 그러나 그의 희망이 이루어지기는커녕 더욱 분주히 미군 선전 영화에 출연해야 했다. 그중 가장 주목받은 영화가 1943년에 제작된 26분짜리 〈후방 기총수〉였는데, 레이건이 연기한 친절한 공군 중위가 제멋대로 구는 농장 소년을 훈련시켜 기총수로 만든다는 줄거리였다. 영화는 그 소년이 전쟁 영웅이 되어 수훈십자장을 받는 것으로 끝난다. 언론인 밥 스피츠에 따르면 "할리우드의 상투적 감성이 26분 내내 이어지는 영화"였다. 그러나 이 영화는 젊은 남성들의 마음을 움직여, 그중 일부는 극장에서 나와 곧바로 지역의 신병 모집 사무소로 달려가기도 했다.[67]

〈후방 기총수〉가 대단한 성공을 거두자 레이건은 수십 편의 단편 영화에 출연자나 해설자로 참여해달라는 요청을 받았다. 〈일본군 제로 전투기 식별법〉(1943)에서 레이건은 미국의 P-40 전투기와 일본군의 제로기를 구별하는 법을 배워야 하는 잘나가는 조종사를 연기했다. 이후 2년 동안 〈신과 조국을 위하여〉(1943), 〈도쿄를 겨냥하라〉(1945), 〈제공권을 장악하라〉(1945) 등이 제작되었다. 이들은 본 영화가 상영되기 전에 관객에게 보여주던 단편 영화들로, 영화배우로서의 이력에는 큰 보탬이 되지 않았지만 레이건의 대중적 인지도를 높여주었다. 당시 레이건보다 많은 팬레터를 받은 배우는 에롤 플린뿐이었다. (워너브러더스는 레이건의 어머니에게 주급 75달러를 주면서 팬레터에 답장하도록 했다.[68])

레이건은 1944년 대부분을 미군 조종사들이 일본을 공습할 때 보게 될 장면을 시뮬레이션한 제1영화제작부대의 '특별 영화 프로젝트 152시리즈' 해설에 참여하면서 보냈다. 특수 효과 담당자들이 도쿄를 모형으로 제작했다. 레이건은 "그 위쪽으로 크레인과 카메라를 설치해서 도쿄 모형을 촬영했는데, 그렇게 해서 정해진 고도와 속도로 비행하는 항공기에서 촬영한 장면인 듯한 효과를 화면에 담아낼 수 있었"다고 회상했다.

"제군 여러분." 레이건의 목소리가 들린다. "여러분은 지금 300도 방향으로 혼슈섬 해안에 접근하고 있습니다. 현재 위치는 해안에서 32킬로미터 떨어진 지점입니다. 항로를 제대로 따르고 있다면 왼쪽으로 좁은 만이 보일 것입니다. 오른쪽으로는…." 그런 다음 폭격기들을 목표 지점으로 안내하는 몇 가지 지형지물들이 언급되고, 마침내 "폭탄 투하!"라고 외치는 그의 목소리가 들린다. 이 영화 시리즈는 태평양 미군 기지에 주둔한 조종사들을 훈련시키기 위해 제작되었다.[69]

레이건이 참여한 영화 대부분은 할리우드힐스에 있는 레이건의 집에서 가까운 컬버시티에서 촬영되었지만, 워너브러더스사는 레이건이 해외에 파견되어 전쟁에 참여하고 있다는 인상을 만들어내려 무진 애를 썼다. 그럴 만한 이유가 있었다. 많은 배우가 병역을 기피한 결과 경력에 타격을 입었기 때문이다. 워너브러더스는 비록 병역 기피는 아니지만, 레이건이 본국에 남아 특혜를 받는 것처럼 보이면 대중의 반응은 똑같을 것이라고 우려했다.[70]

워너브러더스의 홍보팀은 레이건이 해외에 있는 것처럼 보이게 하는 기사들을 각종 연예 잡지에 게재하기 위해 열심히 노력했다. 레이건이 샌프란시스코에서 로스앤젤레스로 재배치되었을 때, 인기 연예 잡지《모던스크린》은 레이건이 영화 제작을 위해 잠시 워너브러더스가 소재한 버뱅크로 배치되었을 뿐이라는 "내부 소식"을 실었다. 1943년 1월《모던스크린》은 "로널드 레이건이 아내와 아기에게 '잘 있어, 내 사랑'이라고 인사하며 소속 부대로 떠난 지 9개월이 지났다."라는 기사를 올리며, 남편을 찾아 두리번거리다가 그가 떠났다는 사실을 깨달았을 때 제인 와이먼이 느낀 외로움을 묘사했다. 그 기사에는 레이건이 수천 명의 남성들과 함께 전쟁터로 떠났다는 암시가 명백히 깔려 있었다. 워너브러더스는 레이건이 〈디스 이즈 디 아미〉 시사회에 도착할 때의 장면을 그가 지금 막 최전선에서 돌아와 시사회에 참가하는 것처럼 연출했다. 워너브러더스는 심지어 제인이 해외에서 싸우고 있는 남편에게 편지를 쓰는 듯한 모습의 홍보 사진까지 뿌렸다. 물론 레이건은 줄곧 자기 집에 머물렀다. 하지만 인기 연예 잡지 독자들은 그가 이국땅 어딘가의 참호 속에서 싸우고 있다고 생각했을 것이다.[71]

이들 잡지는 또한 로널드와 제인을 미국의 이상적인 부부상으로 조명했다. 한 연예 잡지는 레이건을 "아내와 딸에 대한 책임감에도 불구하고 전쟁터로 나간 완벽한 미국의 장교”라고 썼다. 워너브러더스는 제인 와이먼을 영웅적인 남편과 그들이 입양한 자식 모린을 돌보며 집에서 시간을 보내는 충실한 아내로 묘사했다.[72]

그러나 이 모든 것은 허상이었다. 제인 와이먼은 전쟁 기간 내내 영화에 출연했고, 전업 주부가 될 생각도 전혀 없었다. 전쟁은 두 사람 사이의 권력관계를 바꿔놓았는데, 레이건은 이러한 현실을 받아들이기 힘들어했다. 하루아침에 레이건은 할리우드에서 가장 높은 연봉을 받는 배우에서 월 250달러의 군인 급여로 살아야 하는 처지가 되었다. 레이건의 경력이 정체되는 동안 와이먼의 경력은 만개했다. 레이건은 와이먼이 가계를 책임진다는 사실을 받아들이기 힘들었고, 와이먼은 레이건이 자신이 기대했던 대로 가족을 부양할 수 없다는 사실에 화가 났다. 레이건의 전기를 쓴 마크 엘리엇은 “1945년에 이르러 두 사람 사이의 거리는 직업적 경력의 차이에서 오는 것 이상으로 벌어져 있었다. 그들은 거의 말도 하지 않았고, 사실상 한 지붕 아래 사는 부부도 아니었다.”라고 평했다.[73] (제인 와이먼은 1948년 이혼 소송을 제기했다.)

레이건은 단조로운 서류 작업과 행정 업무로 많은 시간을 보냈지만, 여가 시간도 많았다. 그는 여가 시간 대부분을 독서로 채웠다. 매일 여러 신문을 꼼꼼히 읽었고, 특히 그의 사고방식에 깊은 영향을 미친《리더스다이제스트》의 열렬한 독자가 되었다.《리더스다이제스트》에 실린 소박한 이야기들과 영감을 일으키는 글들을 통해 레이건은 이 세상에서 일어나는 여러 일들을 폭넓게 이해했으며, 아울러 경쾌한 문체를 사용하여 영웅적인 이야기들과 재미있는 일화들을 활용하면 청중을 사로잡을 수 있다는 점도 깨달았다.[74]

여러 면에서 전쟁은 레이건의 삶에서 전환점이 되었다. 정치에 대해 배울 기회를 얻었고, 군 선전가로서도 여러 경험을 했다. 그는 자신이 읽은 이야기를 듣고자 하는 누구와도 공유하려 했다. 레이건과 같은 부대에서 근무한 시나리오 작가 어빙 월리스는 그를 “사랑스러운 얼간이”라고 불렀다.

월리스는 레이건이 "세상일을 앵무새처럼 떠드는 사람, 깊이는 없으나 상 냥한 인물"이라고 결론지었다. 아내도 그의 수다를 피할 수 없었다. 그녀는 "아침, 점심, 저녁 내내 세계정세에 관해서만 떠들어"댄다며 불평했다.[75]

레이건은 새롭게 정치에 관심을 두었을 뿐 아니라 정치적 견해도 서서 히 변하기 시작했다. 전쟁 이전에는 확고한 진보주의자로서 프랭클린 루스 벨트를 강력히 지지했지만, 군대의 관료주의를 경험하고 나서는 정부 역할 에 대해 회의하게 된 것이다. 이런 점에서 그의 경험은 전쟁 전부터 공화당 원이었던 리처드 닉슨과 유사점을 보인다.[76]

레이건은 1971년에 쓴 한 편지에서 전쟁 중 업무 관계로 "연방정부의 민간 관료"와 긴밀히 협력해야 했다고 말했다. 닉슨과 마찬가지로 레이건은 자신의 경험을 달가워할 수 없었다. "나는 관료들이 자신들만의 제국을 건 설하는 것을 목격하면서 전 세계 곳곳에서 젊은이들이 죽어가고 있는 시점 에도 우쭐대는 태도와 '늘 하던 방식으로' 일을 처리하는 관료들, 즉 정부에 서 일하는 직업 공무원들에게 역겨움을 느꼈습니다." 그러한 경험과 "품위 있는 사람들이 맞서야 했던, 인류 전체 역사에서 가장 사악한 세력"인 공 산주의자들과 할리우드에서 싸웠던 일, 그리고 영화 촬영을 위해 잠시 런 던에 머물 때 영국 노동당 정부의 무능한 리더십을 접하며 느낀 점이 맞물 려 미래의 대통령 레이건은 정부는 작을수록 좋다는 확신을 가지게 되었 다. 그는 이렇게 썼다. "정부가 존재해야 할 진정한 이유가 있다면 그것은 우 리 중 가장 힘없고 보잘것없는 개인이라도 그의 권리가 **전 세계 어디에서든** 부당하게 침해받는다면, 그 권리를 지켜주기 위해 전 국민의 집단적 역량을 동원할 것이라고 정부가 우리에게 약속하기 때문입니다."[77]

정부에 대한 불신이 커진 이유를 설명하기 위해 레이건은 다음과 같은 일화를 들려주었다. 어느 날 한 대위가 그의 사무실을 찾아와 불만을 털 어놓았다. 지금 있는 비서가 '고양이'라는 단어의 철자도 제대로 못 쓴다며 새 비서가 필요하다는 이야기였다. 해결책은 간단해 보였다. 레이건은 군무 원 인사 담당자를 자기 사무실로 불렀고, 대위에게 상황을 직접 설명하라고 했다. 대위의 이야기를 공감하는 듯이 들은 담당자가 말했다. "말씀 잘 들었습니다. 제가 서류를 준비할 테니 대위님은 고발장에 서명만 해주십시오."

레이건은 물었다. "'고발장'이라니, 무슨 말씀입니까?"

그 담당자는 군무원을 해고하려면 먼저 군법회의와 비슷한 재판 절차를 거쳐야 한다고 설명했다. 대위는 그 말에 깜짝 놀랐다. "없던 일로 합시다. 전쟁에서 지든 말든 그렇게는 못 하겠습니다." 결국 그들은 대위에게 새 비서를 구해주기 위해 무능한 비서를 승진시켜 더 높은 급여를 받는 자리로 이동시켜야 했다. "관료 사회의 계층 구조에 속해 있는 공무원은 그 누구도 그런 식의 승진 과정에 대해 이의를 제기하지 않죠. 왜냐하면 자기의 급여와 직급이 부하들의 수와 그들의 직급에 따라 결정되기 때문입니다." 레이건은 지적했다. "그렇게 내재된 과정을 통해 관료들만의 제국이 건설되죠."[78]

전쟁은 평등의 장으로서 작용하며, 훗날 백악관을 차지하는 참전 용사들에게 많은 영향을 미쳤다. 민간인으로 생활했다면 결코 만날 일이 없었을 사람들과 매일 부대끼면서 살아야 했기 때문이다. 그러나 레이건은 예외였다. 그는 전쟁 이전과 똑같이 할리우드의 배우들과 제작자들, 그리고 음향 기술자들과 함께 일했다.

워싱턴 D.C.로 돌아온 존슨이 그곳 생활에 안착하는 사이에 미래의 세 대통령, 즉 케네디와 닉슨과 부시는 입대에 만족하지 않고 가능한 한 최전선에 가까운 곳으로 배치받기 위한 로비를 펼쳐 성공했다. 그 후 몇 년간의 경험을 통해 그들은 각자의 인성을 형성했고, 훗날 대통령이 되어서도 간직하게 될 교훈들을 얻었다.

3장

"전투 준비 경보!"

존 F. 케네디

1943년 8월 3일
블래킷해협

    미드웨이에서 일본의 진격을 저지한 후, 연합군은 치열한 전투를 전개하며 남태평양 및 중앙태평양의 섬들을 가로질러 일본 본토 인근까지 압박했다. 공세를 취할 수 있는 거점을 찾고 있었던 연합군은 솔로몬제도의 외딴섬 과달카날을 주목했다. 일본군이 그 섬에 비행장을 건설하고 있었는데, 완공되면 그들이 호주와 뉴질랜드로 향하는 보급 항로의 영공을 장악하게 될 터였다. 그러나 만약 미군이 그 섬을 장악한다면 남서태평양에서의 일본군 작전을 지휘하는 사령부가 위치한 라바울을 공습할 수 있었다.[1]

    1942년 8월 7일, 미국은 제2차 세계대전 최초로 과달카날에서 육·해군 합동 상륙작전을 감행했다. 그 결과에 태평양 제해권이 달려 있었다. 초기에는 일본군의 저항이 거의 없었으나 일본이 증원군을 급히 투입하면서 지상, 해상, 그리고 공중에서 치열한 전투가 벌어지기 시작했다. 양측은 6개월 동안 그 섬을 차지하기 위해 끔찍한 소모전을 벌였다. 여섯 차례의 개별

해전과 세 차례의 지상전을 펼친 과달카날전투는 태평양전쟁 중 가장 길고 복잡하게 전개된 전투이자 가장 중대한 결과를 가져온 전투였다.

일본은 미 해병대가 "도쿄특급"이라고 부른 구축함들을 이용해 병력과 증원군을 전장으로 날랐다. 9월에 이르러서는 6000명이 넘는 일본군이 섬에 주둔하였고, 라바울에서 출격한 일본군 폭격기들이 주기적으로 헨더슨 비행장을 공습했다. 루스벨트가 합동참모본부에 "보낼 수 있는 모든 무기를 보내 과달카날을 사수하라."라고 지시하자 더 많은 병력과 군수물자가 그 섬으로 쏟아져 들어가 일본군을 압도하기 시작했다.[2]

미 해병대와 호주 보병은 과달카날을 장악하였으나, 미 해군은 섬에 고립된 많은 일본군의 탈출을 막는 데는 실패했다. 그렇게 살아남은 일본 병사들은 훗날 다시 무기를 들었다. 1943년 2월 과달카날전투에서 승리한 미군은 공세로 전환해 일본이 장악한 섬들을 하나씩 점령하면서 라바울로 압박해 들어갔다.

거의 2년 동안 존 F. 케네디는 전장에 더 가까이 다가가기 위해 로비를 벌여왔다. 드디어 그가 실전에 참여할 수 있는 기회가 왔다. 그의 아버지 조 시니어는 다른 자식들에게 편지를 썼다. "솔로몬제도로 가게 되어 잭이 아주 들떠 있단다. 잭에게는 분명 훌륭한 경험이 될 테지만, 나는 잭이 무사히 돌아오기만을 바라고 기도한단다."[3]

그해 4월 케네디는 PT-109의 함장이 되었다. 1942년 11월부터 1943년 2월까지 이미 스물두 차례나 전투 순찰에 나선 노후화된 초계정이었다. 2.54센티미터 두께 마호가니 판자로 건조된 이 24미터 길이의 함정은 세 개의 강력한 엔진, 20밀리 대공포, 50구경 기관총 두 정, 그리고 네 개의 어뢰 발사 장치로 무장한 고속정이었다. PT 보트를 대중에게 널리 알리는 데 큰 역할을 한 존 벌클리 대위는 "PT 보트는 속도를 위해 설계된, 속도가 특장점인 함선"이라고 썼다. 그러나 그 모든 찬사에도 불구하고 PT 보트에는 심각한 결함이 있었다. 레이더가 없었고, 해군은 승조원들에게 전투에서 어뢰를 적절히 사용하는 방법을 제대로 가르치지도 않았다. 케네디의

말에 따르면 "손대는 것마다 망쳐놓는 해군의 초인적인 능력"을 보여주는 증거였다.[4]

케네디가 인수한 PT-109는 수리가 절실히 필요한 상태였다. 성능이 떨어진 엔진은 대대적인 점검이 필요했고, 배 안에 들끓는 쥐와 바퀴벌레들도 없애야 했으며, 배 외관에 도장 작업도 해야 했다. 몇 주 후 케네디는 PT 보트가 어뢰 발사에는 그리 효과적이지 않으며, 포정砲艇으로 용도를 바꾸면 더욱 치명적인 함정이 되리라는 사실을 깨달았다. 8월 초, 그는 근래 탈환한 렌도바섬의 육군기지로 가서 37밀리 대전차포를 가져와 선수 갑판 위에 설치했다.[5]

케네디의 첫 번째 과제는 함정을 수리하고 승조원들을 선발하여 여름에 계획된 공세에 대비해 훈련시키는 것이었다. 열세 명의 승조원 중 부유한 가정 출신이나 명문 대학 졸업자는 없었다. 케네디는 오하이오주 선더스키 출신으로 키 188센티미터, 몸무게 100킬로그램에 육박하는 오하이오주립대학의 미식축구 스타 레너드 톰 소위를 부함장으로 선택했다. 포병 2급 부사관 찰스 해리스는 전쟁 전 매사추세츠주 워터타운의 공장 노동자였다. 통신병 2급 부사관 존 매과이어도 남태평양 근무에 자원하기 전에는 공장에서 일했다. 존은 JFK를 처음 만났을 때 다소 실망하며 속으로 생각했다. '이런, 이 친구를 함장으로 모셔야 하나? 열다섯 살 정도밖에 안 돼 보이는데….' 37세로 승조원 중 나이가 제일 많았던 패트릭 "패피" 맥마흔은 캘리포니아주에서 공립학교 교사로 일하다가 진주만 공습을 본 후 아내와 아들을 남겨두고 자원입대했고, 어뢰병 2급 부사관 앤드루 커크시도 고향에 아내와 두 자녀가 있었다. 아들을 하나 둔 기혼자인 어뢰병 2급 부사관 레이먼드 스타키는 이전 함장이 "아이비리그 출신 속물"이라서 PT-109로 전보를 요청한 사람이었다. 나머지 승조원으로는 1급 수병 레이먼드 앨버트, 제라드 진저, 해럴드 마니, 그리고 트럭 운전사였던 윌리엄 존스턴이 있었다. 에드거 마우어는 보급품 담당이자 취사병이었다. 그리고 막판에 조지

"바니" 로스 소위가 케네디에게 승선을 요청했다.[6]

케네디는 남태평양의 상황을 "혹독"하다고 묘사했지만, 그 표현이 그들이 감내해야 했던 환경을 제대로 설명할 수는 없었다. 견딜 수 힘들 정도로 덥고 습한 기후에 질병을 옮기는 모기와 파리 떼가 항상 그들을 위협했다. 승조원들은 종종 땀에 젖은 옷을 입은 채 함정에서 잠을 잤고 식사는 고기 통조림과 달걀 분말, 구운 콩 통조림 등으로 때웠다. 이제껏 하인과 운전기사가 있는 특권층의 삶을 누려왔지만, 케네디는 그토록 원시적인 생활환경에 대해 단 한 번도 불평하지 않았다.[7]

부하들은 케네디가 부유한 미국 대사의 아들이라는 사실을 알았지만, 케네디는 그들처럼 평범한 사람처럼 보였다. 승조원들은 그를 존경하고 또 좋아했다. 그에게는 다양한 배경을 가진 사람들을 끌어당기는 매력이 있었다. 동료 장교 한 명은 회상했다. "케네디에게는 다른 누구에게서도 본 적이 없는 특유의 분위기가 있었습니다. 정말 특별했죠." 또 다른 장교는 이렇게 말했다. "멋진 친구였죠. 좋은 사람이었어요. 항상 우리를 챙겨줬어요. 과달카날까지 가서 보급품을 가져오곤 했는데, 아이스크림까지 챙겨왔죠. 아이스크림을 정말 좋아했어요." 케네디는 자기가 먹을 아이스크림을 챙길 뿐 아니라, 군매점에서 아이스크림을 막대 사탕, 진짜 달걀, 빵, 치즈 등과 바꿔서 부하들에게 나눠주었다.[8]

전장에서의 고난은 전쟁이 영웅적이라는 케네디의 순진한 믿음을 깨뜨렸다. 그는 연인인 잉가 아르바드에게 이렇게 편지를 썼다. "전쟁의 흥미로운 점 중 하나는 본토에 있는 모든 사람은 … 여기로 와 일본 놈들을 죽이고 싶어 하지만, 여기 있는 모든 사람은 돌아가고 싶어 한다는 거야." 케네디는 전투 지역에 있는 병사들은 정치에는 관심이 없으며 "그들은 그저 집으로 돌아가고 싶어 해. 밤낮으로 그 생각만 하고 있어."라고 이야기하다가 곧 "아니, '그들'이 아니라 **우리**가 말이야."라며 표현을 고쳤다.[9]

이렇게 전장을 경험한 케네디는 군부에 대해서는 마땅히 회의적이었다. 케네디의 부모가 더글러스 맥아더가 본토에서 누리는 인기에 관해 말했을 때, 잭은 "여기서는 아무도 그를 좋아하지 않아요. 전혀, 전혀 인기가 없어요."라고 답했다. 잭은 맥아더가 호주의 "방공호"에서 나오려 하지 않아 "방공호 더그"라는 별명까지 얻었다고 알려주었다. 현지 지휘관들도 장군들만큼이나 무능했다. 케네디는 잉가에게 쓴 편지에 한 지휘관에 관한 재치 있는 구절을 남겼다. "조금 전 높은 놈이 시찰을 왔는데, 몸무게가 100킬로그램은 훌쩍 넘어 보이는 놈이 마치 로데오 경기 3번 우리에서 뛰쳐나온 황소처럼 우리 막사를 막 휘젓고 다니더군."[10]

1943년 7월 중순, 케네디의 PT 보트는 다른 PT 보트 스물다섯 정과 함께 미군의 뉴조지아섬 점령 작전을 지원하러 나섰다. 그들의 임무는 도쿄특급을 공격하는 것이었다. 미군이 뉴조지아섬 북방에 있는 섬들로 진격하는 것을 저지하기 위해, 일본군은 도쿄특급으로 뉴조지아섬에 병력과 장비를 수송하고 있었다.

달도 별도 없는 깜깜한 8월 2일 밤, 열세 명을 태운 PT-109는 솔로몬제도 중앙의 콜롬방가라화산 남쪽에 있는, 일본군이 점령한 섬들로 사방이 둘러싸인 블래킷해협에서 순찰 중이었다. 렌도바 기지에서 약 65킬로미터 떨어진 그곳에서 열다섯 정의 PT 보트가 임무를 수행하고 있었다. 이들의 임무는 경계선을 형성하고 있다가 도쿄특급을 요격하는 것이었으나, 그날 밤은 얼굴 앞에 든 손도 볼 수 없을 정도로 어두웠다. 조지 로스 소위는 "벽장 안에 들어가 문을 닫은 것처럼 깜깜했"다고 회상했다.[11]

그날 밤의 도쿄특급은 수송선 역할을 하는 세 척의 일본 구축함과 호위함 한 척으로 구성되어 있었다. 도쿄특급이 남쪽으로 움직이자 일부 PT 보트들이 요격을 시도했으나 성과는 별로 없었다. 서른 발의 어뢰를 발사했으나 모두 빗나가거나 폭발하지 않았다. 어뢰를 발사한 보트들은 기지로 돌아가라는 명령을 받았고, 케네디의 PT 보트를 포함한 세 정의 PT 보트만이 보급품을 내려주고 돌아가는 도쿄특급을 공격하기 위해 해협에서 대기하고 있었다.[12]

오전 2시 13분, 케네디는 조종석에서 조타를 잡고 있었고 통신병 존

매과이어가 그의 곁에 서 있었다. 톰 소위, 찰리 해리스, 윌리엄 존스턴, 앤드루 커크시는 갑판에서 휴식을 취하고 있었다. 소위 해럴드 마니는 전방 기관총 거치대 근처에서 경계 근무를 섰고, 로스는 37밀리 포 근처 선수 갑판에서 망을 봤다. 레이먼드 앨버트는 좌현 쪽 기관총 근처에서 경계를 섰고, 기총수 레이먼드 스타키는 후방 기관총 거치대에서 망을 봤다. 패피 맥마흔은 엔진실로 내려가 있었다. 세 개의 엔진 중 하나만 작동하고 있었고, 나머지 둘은 항적을 줄여 일본 항공기의 탐지를 피하기 위해 공회전 중이었다.[13]

해군정보부 공식 보고서에 따르면 오전 2시 27분 "PT-109 우현 선수에서 200~300미터쯤 떨어진 지점에 어두운 형체가 어렴풋이 모습을 드러냈다."

"2시 방향에 선박 출현!" 마니가 소리쳤다. 2시 방향을 쳐다본 케네디는 다른 PT 보트 중 하나라고 생각했다. "그러나 그것이 일본군 구축함이라는 사실을 깨닫자마자 어뢰를 발사하려고 배를 돌렸습니다." 구조된 직후 케네디는 기자에게 말했다. "그런데 구축함이 곧바로 우리 쪽으로 돌진해왔어요. 순식간에 일어난 일이어서 아무것도 할 수 없었습니다."[14]

"전투 준비 경보를 울려!" 케네디가 소리쳤다.[15]

그러나 너무 늦었다.

2000톤급 일본제국 해군 구축함 아마기리(천상의 안개)의 거대한 선체가 자그마한 PT 보트를 쪼개버렸다. 아마기리호 함장 하나미 고헤이 소령의 의도적 충돌이었다. "미군 보트를 그대로 받아버렸죠." 하나미의 기억이다. 아마기리호가 PT-109를 둘로 가르며 지나가는 순간, 케네디의 승조원들은 아마기리호 갑판에서 일본군 병사들이 흥분해서 지껄이는 소리들을 들었다. "적의 배가 엄청난 굉음과 함께 두 동강이 나는 모습을 봤죠." 하나미는 이렇게 회상했다. "휘발유가 타며 하얀 불꽃이 솟아올랐어요. 그리고 그 어뢰정은 어둠 속으로 사라졌습니다. 적어도 한 쪽, 어쩌면 두 쪽 모두 침몰했을 것이라고 생각했습니다."[16]

케네디는 충돌 당시의 충격으로 쓰러졌다. '죽는다는 게 이런 느낌이구나.' 그는 이렇게 생각하며 갑판에 누워 구축함이 자기 배를 두 동강 내며 지나가는 모습을 지켜보았다. 케네디가 쓰러져 있던 선수 부분은 방수 격실이 손상되지 않아 물 위에 떠 있을 수 있었다. 아마기리호가 어둠 속으로 사라지자 으스스한 침묵이 뒤따랐다. 휘발유 타는 소리와 냄새만이 어둠을 채웠다.[17]

"누구 있나?" 생존자가 있을 수 있다고 기대하며 케네디가 외쳤다. 로스, 해리스, 맥마흔, 존스턴, 진저, 스타키가 대답했다. 두 명은 대답하지 않았다. 커크시와 마니였다. 두 사람의 시신은 끝내 발견되지 않았다.

불과 3미터 떨어진 곳에서 휘발유가 타고 있다는 것을 깨달은 케네디는 남은 연료 탱크가 폭발할 수도 있다는 생각에 소리쳤다. "물로 뛰어들어!"

다행히 구축함이 이동하면서 만든 휘도는 항적이 불길을 배에서 멀리 밀어냈다. 물로 뛰어든 승조원들은 몇 분 후 헤엄쳐 돌아와 배 잔해에 매달렸다.[18]

어둠 속에서 해리스가 소리쳤다. "케네디 중위님! 케네디 중위님! 맥마흔이 심하게 다쳤습니다." 하버드대 수영 선수였던 케네디가 옷을 벗고 맥마흔과 해리스가 있는 곳으로 헤엄쳐 갔다. "맥, 괜찮아?" 케네디가 물었다.

"괜찮습니다. 화상을 좀 입었을 뿐입니다." 물에 뛰어든 맥마흔은 구축함의 항적에 휩쓸려 배에서 멀어졌다가 하필이면 옥탄값이 100인 휘발유가 타는 불길 속으로 떠올라 얼굴과 가슴, 손에 화상을 입고 말았다.

"다른 친구들은?" 케네디가 물었다.

해리스가 대답했다. "전 다리를 다쳤습니다."[19]

맥마흔이 부상으로 움직일 수 없고 조류도 강했기 때문에, 케네디는 구명조끼 끈을 이용해 거의 한 시간이나 걸려 맥마흔을 배까지 끌고 왔다. 해리스도 녹초가 되어 그들 뒤를 따라왔다. 포기하려던 해리스에게 케네디는 그렇게는 안 된다며 소리쳤다. "절대 네가 죽도록 내버려둘 수 없어!"[20]

케네디는 마우어와 매과이어에게 아직 물에 있는 동료들을 찾아보라고 명령했다. 톰, 진저, 로스, 앨버트가 가라앉고 있는 선체로 헤엄쳐 돌아왔고, 톰은 휘발유 연기를 마셔서 혼자 헤엄칠 수 없는 존스턴을 끌고 왔다. 마침내 스타키도 돌아왔다.[21]

충돌 후 세 시간이 이상이 지난 새벽 5시경, 열한 명의 생존자가 PT-109 잔해 주위에 모였다. 모두 지친 상태였고, 그중 몇 명은 휘발유 연기와 바닷물을 마셔 구역질을 해댔으며, 몇 명은 맥마흔처럼 심하지는 않아도 부상을 입은 상태였다. 모두 구명조끼 덕분에 물에 떠 있었지만 옷이 물에 젖었기 때문에 물 밑으로 가라앉을 수도 있었다.[22]

상어가 우글거리는 어둠 속 바다에서 모두 선헤엄을 치며 나머지 두 척의 PT 보트가 자신들을 구조하러 오리라고 기대했다. 하지만 다른 두 척의 승조원들은 케네디의 PT 보트에 타고 있던 전원이 죽었으리라 생각하고 이미 그 지역을 탈출한 뒤였다. PT-109 승조원들은 버림받았다는 사실에 분노하기 시작했다. "우리는 다른 PT 보트들이 돌아오기를 기다리고 있었습니다." 존 매과이어가 씁쓸하게 회상했다. "그런데 그 개자식들이 우리를 버리고 도망가버렸죠."[23]

조류가 밤새도록 그들을 광활한 솔로몬해 방향으로 깊숙이 떠밀었다. 구조될 가능성은 점점 희박해졌다. 가라앉는 배의 선체에 매달려 있어서는 살아남을 수 없다는 사실이 분명해졌다. "우리는 거의 열두 시간 동안 불에 타지 않은 선수 부분에 매달려 있었습니다." 케네디가 회상했다. "물 위로 겨우 30센티 남아 있을 때까지 잡고 버텼죠."[24]

10시쯤 배의 선체가 뒤집히면서 물속으로 거의 가라앉았다. 케네디는 수평선 위로 보이는 섬을 향해 헤엄쳐 가는 게 최선이라고 판단했다.

"맥마흔은 내가 데려갈게. 너희는 이 판자를 잡고 함께 헤엄치면 될 거야. 톰이 책임지도록." 케네디가 지시했다.

2시경 케네디는 맥마흔의 구명조끼 끈을 이빨로 물고서 작은 섬이 보이는 방향으로 맥마흔을 끌고 헤엄치기 시작했다. 15분 정도 평영으로 전진하다가 휴식 차 잠시 멈추기를 반복했다. 쉬는 동안에는 해낼 수 있다며 맥마흔과 다른 승조원들을 격려했다.

해 질 무렵, 그들은 마침내 태평양 한가운데에 있는 모래톱인 플럼푸딩 섬에 다다랐다. 케네디는 기진맥진한 상태였다. 허리는 고통으로 욱신거렸고 바닷물을 삼켜 속도 메스꺼웠다. 케네디와 맥마흔 둘 다 얕은 물을 헤치고 해변으로 올라오면서 날카로운 산호에 부딪혀 팔다리가 베이고 멍들었다. 발은 여전히 물에 담근 채, 지친 케네디는 그대로 얼굴을 마른 모래에 묻고 쉬었다. 열다섯 시간 30분을 바다에서 보냈던 것이다.[25]

케네디도, 심한 화상을 입은 맥마흔도 걸을 수 없었기 때문에 그들은 3미터가량 해변을 손과 무릎으로 기어서 가로지른 후 나무와 덤불 속에 몸을 숨겼다. 나머지 아홉 명의 생존자도 곧이어 하나둘씩 해안으로 올라왔다. 혹독한 시련을 이겨낸 그들은 덤불 뒤에 몸을 숨긴 채 거친 숨을 몰아쉬며, 일본군이 점령한 거대한 섬의 윤곽을 좁다란 퍼거슨 수로 너머로 바라보았다.[26]

이 작은 모래톱 섬에 머무르는 것조차 자살행위가 될 수 있었다. 케네디는 일본군이 그들을 발견하는 것은 시간문제일 뿐이며, 연합군 함선이 인근을 순찰할 가능성도 희박하다고 생각했다. 케네디는 저녁까지 휴식을 취한 다음 퍼거슨 수로로 헤엄쳐 나가 지나가는 PT 보트에 구조 신호를 보내보기로 했다. 이는 위험한 행동이었다. 일본 구축함에 발견될 가능성도 높았고, 설사 미군 함선이 그를 발견하더라도 추락한 일본군 조종사로 오인하여 총격을 가할 수도 있었다.[27]

성공 가능성은 희박했지만, 케네디는 그 방법이 마지막 희망이라고 판단했다. 그는 속옷만 입고 날카로운 산호로부터 발을 보호하기 위해 신발을 신은 채 구명조끼를 착용하고서 38구경 리볼버를 끈에 매달아 목에 건다음 어두운 바닷속으로 뛰어들었다. 창꼬치가 때때로 사람에게 헤엄쳐 와서 고환을 물어뜯는다는 얘기를 들었던 터라 배영으로 헤엄치기로 했다. 밤 10시경 케네디는 퍼거슨 수로에 도착했고, 거기서 먼 바다로 헤엄쳐 나갔다. 몇 시간 동안 선헤엄을 치며 기다린 케네디는 그날 밤은 PT 보트들이 퍼거슨 수로를 지나지 않는다는 사실을 깨달았다.[28]

케네디는 플럼푸딩섬으로 돌아가려 했지만, 너무 지친 나머지 강한 조류를 이기지 못하고 그 섬을 지나 또 다른 무인도의 모래 해변 위로 떠밀려 갔다. 해변에 쓰러져 잠든 후 깨어난 케네디는 800미터가량을 헤엄쳐 플럼푸딩섬으로 돌아갔다. 해군 보고서에 의하면 "그는 완전히 탈진한 상태로, 약간의 열이 있었으며 하루 종일 잠을 잤다." 그때나 그 이후나, 케네디는 고통 때문에 자신의 목표를 포기하지 않았다.[29]

케네디는 또다시 생사를 가르는 결정을 내려야 했다. 여러 차례 아군 함정을 불러 세우려는 시도가 모두 실패하자, 8월 4일 잭은 일행 모두가 다시 이동해야 한다고 판단했다. 이번에는 담수와 코코넛이 있을 수도 있는 조금 더 큰 섬 올라사나로 가기로 했다. 케네디는 다시 한번 맥마흔을 끌고 세 시간을 헤엄쳐 갔고 다른 대원들은 목재에 매달려 이동했다. 해안에 도착했을 때 케네디의 발에 난 상처가 붓고 곪았지만, 케네디는 단 한 번도 고통을 호소하지 않았다.[30]

올라사나섬은 실망스러웠다. 코코넛은 있었지만, 몇몇 대원은 코코넛 밀크를 너무 빨리 들이켜 배탈이 났다. 그날 밤 비가 내리자 그들은 필사적으로 나뭇잎에서 빗물을 핥아 마셨는데, 다음 날 아침 해가 뜨고 나서 보니 나뭇잎들이 온통 새똥으로 뒤덮여 있었다. 그 후로 그들은 그 섬을 '새 섬'이라고 불렀다.[31]

나흘째가 되자 여러 대원이 의기소침하고 낙담했다. 이유는 충분했다. 그들은 배고프고 목말랐으며, 구조되리라는 희망도 잃어갔다. 맥마흔의 상태는 매우 악화하여, 상처에 염증이라도 생기면 그들 앞에서 비참하게 죽음을 맞이할 상황이었다. 그들은 빗물로 연명했고, 먹을 것이라고는 썩은 코코넛 몇 개뿐이었다. 케네디 역시 자신들의 생존 가능성에 대해 회의적이었으나 절대 내색하지 않았다. 대신 그는 끊임없이 낙천적인 모습을 보이며 부하들에게 반드시 구조될 것이라고 안심시키며 이렇게 다짐했다. "안 되면

이 섬을 끌고서라도 돌아가겠어!"[32]

케네디는 로스에게 자신과 함께 크로스섬으로 헤엄쳐 가자고 제안했다. 폭이 약 350미터 정도인 넓은 섬이었고 퍼거슨 수로에 더 가까이 있었기 때문에 그 섬에서 구조선을 발견할 확률이 더 높았다. 섬에 도착한 케네디와 로스는 무성한 덤불 속을 기어 섬 반대편으로 향했고, 거기서 "옆면에 일본어가 적힌 작은 직사각형 상자"를 발견했다. 그들은 상자를 잡아 덤불 속으로 다시 끌고 들어갔다. 상자 안에는 크래커와 사탕이 든 서른 개에서 마흔 개 정도의 작은 봉지가 들어 있었다. 해변 위쪽에서는 1인용 카누와 마실 수 있는 빗물이 담긴 통을 발견했다. 그들은 또한 좌초된 일본 바지선 근처에 서 있는 두 명의 섬 원주민도 보았다. 로스와 케네디를 일본인으로 생각한 원주민들은 2인용 카누를 타고 재빨리 도망쳤다.[33]

그날 밤 케네디는 1인용 카누를 타고 다시 퍼거슨 수로로 나갔으나 성과는 없었다. 로스는 크로스섬에서 밤을 보내기로 했고, 케네디는 사탕과 절실히 필요한 물을 가지고 부하들에게 돌아갔다. 자정이 지나서 도착했을 때 그와 로스가 크로스섬에서 본 두 원주민이 새섬에 들러 참마와 담배를 대원들에게 주었다는 소식을 들었다. "이제 살았어요!" 대원들은 흥분하여 케네디에게 말했다. "현지인 두 명이 우리를 발견했어요!"[34]

다행스럽게도 그 원주민 두 사람, 비우쿠 가사와 에로니 쿠마나는 연합군의 정찰병으로 활동하는 사람들이었다. 자주 회자되는 이야기에 따르면 케네디는 잭나이프로 녹색 코코넛 껍질에 글자를 새겨 넣었다. "나우로 섬 … 지휘관 … 원주민이 위치 알고 있음 … 안내도 가능 … 열한 명 생존 … 소형 보트 필요 … 케네디." 케네디는 그 코코넛을 원주민들에게 건네주며 "렌도바, 렌도바"를 되풀이했다. 그들 중 한 명이 케네디의 말을 이해하는 듯했고, 두 사람은 노를 저어 떠났다. 마침내 PT-109의 시련이 끝나는 순간이었다.[35]

그러한 시련을 겪으며 케네디의 요통은 더 나빠졌다. 의료 기록에 따르면, 케네디는 "피로 증상과 전신, 특히 발에 생긴 여러 깊은 찰과상과 열상"

에서 회복하기 위해 열흘간 요양했다. 그러나 자신의 배가 침몰당한 사실에 굴욕감을 떨치지 못한 케네디는 다시 전투에 참여하겠다고 고집했다.[36]

그렇게 전투에 참여하려는 열의를 보인 케네디였지만 전쟁으로 치러야 하는 고통스러운 대가에 대해서는 어떠한 환상도 품지 않았다. 그 시련이 있고 난 뒤 집으로 보낸 편지에서 케네디는 전쟁이 자신을 어떻게 변화시켰는지를 썼다. 그는 1943년 9월 부모에게 보낸 편지에서 이렇게 털어놓았다. "전쟁의 실상이란 게 무엇인지 확실히 깨닫게 되었어요. 필요하다면 수년간 일본군과 싸워야 하고 피할 수 없다면 수십만 명을 희생시킬 수밖에 없다고 이야기하는 걸 읽을 때마다, 저는 그 말을 하는 사람이 어디에서 그런 말을 지껄이는지 확인하고 싶어져요. 여기에는 그런 말을 하는 사람이 거의 없거든요. 수십억 달러의 군비와 수백만 명의 병사라는 이야기에 사람들이 너무 익숙해진 나머지, 수천 명의 죽음을 마치 양동이에 떨어지는 물방울 정도로 생각하고 말아요. 하지만 그 수천 명이 제가 본 사람들만큼 간절히 살고 싶어 한다면 어쩌죠? 그런 말을 하는 사람들은 매우, 매우 신중하게 생각하고 말해야 해요."[37]

10월 1일, 부모님의 강한 반대에도 불구하고 JFK는 새 PT 보트의 지휘를 맡아 그 선박을 어뢰 발사정에서 더욱 치명적인 포정으로 개조하는 작업을 감독했다. 일주일 후 그는 대위로 진급했다. "우리에게 임무를 주는 한 여길 떠나지 않을 거예요. 별다른 임무 없이 빈둥거리게 내버려두면 그때 떠나겠어요." 그는 아버지에게 보낸 편지에 이렇게 썼다. "제가 말씀드릴 때까지는 아무 조치도 하지 마세요." 케네디는 자신의 트레이드마크인 우스갯소리로 부모님을 안심시키며 이렇게 말했다. "제가 여기서 나가게 되면 플로리다 수영장 주위에 붙박이 인간 하나를 볼 수 있을 겁니다. 잠잘 때 빼놓곤 줄창 거기에 있을 거예요. 제 걱정은 전혀 안 하셔도 돼요. 몸 사리는 법도 배웠고, 해군에서 전해 내려오는 지혜의 말씀도 터득했거든요. '똥쌀 길은 열어놓고 입은 다물 것. 그리고 절대 나대지 말 것.[38]'"

그러나 케네디는 그 뒤에도 주저 없이 여러 위험한 임무들을 맡았다.

"배짱이 있었죠." 한 승조원은 말했다. "아무리 위험한 임무라도 항상 자원했으니까요." 10월 16일 케네디의 PT 보트 소함대는 벨라라벨라로 이동해 일본 바지선들을 공격하며 군수물자 수송을 방해했다. 치열한 전투와 혹독한 환경이 이미 쇠약했던 그의 건강에 또다시 부담을 주었다. 체중은 70킬로그램까지 빠졌고 지팡이를 짚은 채로 절뚝거리며 다녀야 했다. 고질적인 요통이 악화하여 엑스레이 검사에 "요추 하부의 만성 디스크 질환"이 나타났다. 의료 기록에 따르면 케네디는 말라리아, 궤양, 그리고 염증성 장 질환인 대장염 진단까지 받았다. 12월이 되자 케네디는 전쟁에 완전히 환멸을 느꼈다. 그는 잉가에게 "뜨겁고 악취가 진동하는 그 빌어먹을 구석진 곳에 있는, 두 번 다시 보고 싶지 않은 작은 섬들이나 군도, 그리고 대양의 일부를" 지키겠다고 사람들이 죽어나간다고 썼다.[39]

1944년 1월 케네디는 미국으로 돌아갔고, 레너드 톰 소위와 함께 해군 해병대훈장을 받았다. 또한 PT-109 사건에서 입은 부상으로 퍼플하트훈장도 받게 되었다.[40]

그러나 전쟁 체험은 케네디에게 군복에 장식하는 단순한 훈장보다 훨씬 지대한 영향을 미쳤다. 제2차 세계대전에서, 특히 PT-109에서 보낸 시간은 너무나 짧았던 그의 인생에서 결정적인 경험이 되었다. 전기 작가 프레드릭 로게발은 이렇게 기록했다. "케네디는 전쟁을 체험하면서 더 단단하고, 더 현명하며, 더 성숙한 인물로 거듭났고 임무 수행을 통해 부하들의 존경을 받았다는 사실에서 자기 확신도 갖게 되었다. 매우 다른 배경과 경제적 여건 속에서 자란 사람들과 함께 지내면서, 케네디는 미국인들이 얼마나 다양한 경험을 하며 사는 집단인지 한층 깊이 이해했다." 수많은 삶을 산산조각 낸 바로 그 전쟁이, 케네디 가문의 울타리 안에서 안전하게 머물렀다면 잭이 결코 만날 일이 없었을 사람들과 그들의 관점에 눈을 뜨게 해준 것이다.[41]

JFK의 전쟁 체험은 그를 변화시켰을 뿐만 아니라 대중이 그를 바라보는 시각도 완전히 바꾸어놓았다. 만약 PT-109가 침몰하지 않았다면 대통령 케네디는 결코 탄생할 수 없었을 것이다. 전쟁 이전의 그는 부유한 대사의 조숙한 아들에 불과했지만, 이제 그는 찬사받는 전쟁 영웅이었다.

케네디의 영웅담은 빠르게 퍼져나갔다. 케네디 일행을 구조하러 온 PT 보트에는 두 명의 기자가 타고 있었다. AP통신의 레이프 에릭슨과 UP통신의 프랭크 휼렛이었다. 1943년 8월 19일, 에릭슨의 기사는 《보스턴글로브》 1면 최상단에 게재되었다. '보스턴글로브'라는 신문 이름 위로 〈케네디의 아들, PT 보트 무용담의 주인공이 되다〉라는 머리기사가 배치되었다. 그 기사는 JFK의 무용담을 다양한 각도로 취재했고, 용감한 전쟁 영웅 이야기에 목말라하던 대중에게 큰 호응을 받았다. 그리고 거의 1년 후인 1944년 6월 17일, PT-109를 둘러싼 일화를 다룬 존 허시의 장문의 기사가 《뉴요커》에 실렸다. 영향력 있는 조 시니어의 입김에 《리더스다이제스트》는 그해 8월 《뉴요커》의 기사를 축약해 싣기도 했다.[42]

PT-109 사건이 있기 전까지 잭은 뛰어난 성취를 거둔 형 조지프 주니어의 그늘에 가려 살았다. 누가 보든 조지프 주니어는 아버지 조 시니어가 케네디 가문의 차세대들에게 걸었던 커다란 야망을 실현할 후계자였다. 조 시니어는 조지프 주니어를 미국 정치의 미래로 준비시키면서 언젠가 그가 대통령이 되기를 바랐다. 그런데 이제는 동생 잭이 훈장을 받은 전쟁 영웅이자, 1930년대 후반 독일에 대한 영국의 유화정책이 초래한 결과를 조사하여 호평을 받은 《영국은 왜 잠자고 있었나?Why England Slept》의 저자 겸 언론의 주목을 받는 인물로 급부상했다. 아주 경쟁심이 강했던 형 조는 잭을 축하하는 대신 배가 침몰한 이유가 정확히 무엇이었는지 따져 물었다. 《뉴요커》 기사를 읽은 후 조는 잭에게 편지를 썼다. "내가 정말 알고 싶은 건 말이야, 그 구축함이 나타났을 때 너는 대체 어디에 있었고, 정확히 어떤 조치를 취했으며, 그리고 도대체 레이더는 어디에 있었는가야."[43]

1943년 9월 6일 아버지의 55세 생일을 축하하기 위해 하이애니스의 별장으로 돌아왔을 때, 조는 자신이 케네디 가문의 차세대 선두 주자 자리에서 밀려났다는 사실을 깨달았다. 가족의 친구이자 보스턴 경찰청장인 조지프 티밀티를 포함해 보스턴의 수많은 인사들이 생일 파티에 참석해 어울리고 있었다. 만찬 중에 티밀티는 잔을 들어 올리며 건배를 제안했다. "우리의 영웅, 우리가 키워낸 영웅 미 해군 대위 존 F. 케네디의 아버지 조 케네디 대사를 위해!" 해외 파견을 앞둔 조는 건배사에서 자기 이름이 언급되지 않은 사실에 큰 충격을 받았다. 그 주말 생일 행사 동안 조와 한방을 썼던 티밀티는 조가 "옆 침대에서 울고 있는" 소리를 들었다.[44]

1944년 8월 12일, 조가 일부에서 자살 임무나 다름없다고 부른 12톤의 폭발물을 실은 비행기를 모는 위험한 비밀 작전에 자원한 이유는 아마도 그러한 질투심 때문이었을 것이다. 당초 작전 계획은 조와 부조종사가 비행기에서 낙하산으로 탈출한 뒤 원격 조종을 통해 비행기를 독일의 로켓 기지로 유도하는 것이었다. 그러나 뭔가가 크게 잘못되어 이륙 18분 만에 비행기는 폭발했고, 두 사람 모두 즉사했다.[45]

조 주니어가 사망하자 조 시니어는 존경받는 전쟁 영웅인 둘째 아들에게 자신의 야망과 기대를 걸었다. "마치 징집당한 기분이었어요." JFK는 후에 회상했다. "아버지는 장남인 형이 정치를 하기를 원했죠. '원했다'라는 표현은 적절치 않군요. '요구했다'가 맞겠네요."

전쟁을 경험한 케네디에게는 상충하고 때로는 모순되는 두 가지 신념이 생겼다. 하나는 영국의 유화정책에 관한 연구와 전쟁 체험이 합쳐져, 미국은 빈틈없는 경계 태세를 갖추어 적의 도발에 단호하게 맞서야 한다는 확신이었다. 그러나 다른 한편으로는 전쟁에서 직접 목격한 죽음과 파괴의 영향으로 무력 사용을 주저하고 군부를 신뢰하지 않는 경향을 형성했다. 백악관에 입성한 이후에도 케네디는 상반되는 이 두 가지 신념을 버리지 않았고, 이 이유로 그의 정치적 태도가 대중을 혼란스럽게 하기도 했다. 대담하고 공격적인 수사와 갈등을 피하고 해결책을 협상하기 위한 막후의 노력이 병존했기 때문이다. 곧 깨닫게 되겠지만, 이런 식의 접근이 불러온 문제 중 하나는 그의 수사가 그 자체로 생명력을 갖게 되어 결국 행동 폭을 제한할 수 있다는 점이었다.

*

USS 프레지던트먼로를 가득 채운 3000명의 남성과 18일간의 항해 끝에, 1943년 5월 리처드 닉슨은 뉴헤브리디스제도의 에스피리투산토섬에 도착했다. 이곳은 트레저리제도와 솔로몬제도를 거쳐 내려오는 연합군의 남방 전선이었다. 케네디의 PT-109가 솔로몬제도 북쪽의 일본군 점령 해역을 순찰하던 시기, 닉슨은 윌리엄 "불" 할시 제독 휘하의 남태평양 전투항공수송사령부SCAT에서 장교로 근무했다. 전투가 벌어지는 현장으로 더 가까이 배치받으려 갖은 노력을 했음에도, 연합군이 일본 본토를 향해 압박하면서 닉슨은 이동하는 전선의 후방에만 계속 머물게 되었다.[46]

칼 J. 플렙스 해병대 사령관에 따르면 닉슨의 임무는 "항공기가 출발할 때 승무원이 해당 항공기에 제대로 탑승했는지" 확인하는 일이었다. 그리고 항공기가 전선에서 귀환했을 때의 최우선 과제는 "부상자가 없는지 살피는 것"이었다. 대형 C-47 수송기들이 오후에 착륙하면, 닉슨의 팀은 화물을 하역한 후 새벽 2시에서 4시 사이에 다시 이륙할 수 있도록 준비했다. 낮에 이륙하면 일본 조종사들에게 발각될 위험이 있었기 때문이다.[47]

업무 흐름이 느린 탓에 닉슨은 대부분 시간을 지루하게 보냈다. 미군이 섬들을 차례로 점령하면서 태평양 북쪽으로 이동하자 닉슨은 전투 현장에서 한층 멀어졌다. 1943년 8월, 그는 팻에게 "빌어먹을 본부"가 자신이 전투 현장에 가까이 가는 것을 막고 있다고 불평했다. 닉슨은 "더 많은 일을 할 수 있다고 생각되는, 덜 문명화된 곳"으로 배치되기를 원했다.

닉슨은 탈출구를 찾을 수 있으리라 생각했다. 그는 팻에게 쓴 편지에 이렇게 적었다. "방법을 연구 중이야. 행운을 빌어주고 당신도 간절히 바라 줘." 닉슨은 결국 플렙스에게 소원 수리를 했다. 그는 밀크셰이크와 아이스크림까지 먹을 수 있을 정도로 너무 편히 군대 생활을 하고 있다고 주장하며, 상륙 부대를 지원하는 팀의 일원이 되어 "전투 냄새를 더 가까이에서 맡을 수 있는 곳"으로 가고 싶다고 말했다. 플렙스는 회상했다 "닉슨 대위는 다음 상륙작전에는 SCAT 파견대의 책임자로 추천해달라고 간절히 요청했습니다."[48]

닉슨은 마침내 소원을 이루어 1944년 1월 솔로몬제도에서 가장 큰 섬인 부건빌로 보내졌다. 닉슨의 막사 동료였던 홀리스 돌의 회상이다. "우리 임무는 수송기들을 불러 부상자들을 태워서 내보내고 … 레이더 장비, 탄약, 식료품, 의약품과 같은 중요 물자를 하역하는 것이었습니다."[49]

닉슨이 새 임무를 맡은 지 얼마 지나지 않아 일본군이 공격해왔다. 불과 몇 달 전에 미군이 부건빌섬의 비행장을 차지한 탓에 인근 라바울에서 출격한 일본 폭격기들이 자주 공습을 가하던 와중이었다. 닉슨은 회고록에 이렇게 썼다. "공습이 끝나고 보니 여섯 명이 대피한 방공호 반경 30미터 내에 서른다섯 개의 포탄 구멍이 나 있었다. 텐트는 완전히 부서진 채였다."[50] 텐트가 활주로 끝 초목 지대에 숨겨져 있었으므로 비행장을 파괴하려는 폭격기들의 손쉬운 표적이 된 것이다. 돌의 회상이다. "여러 차례 닉슨과 나는 자다 말고 침낭에서 뛰쳐나와 텐트 문을 나가 참호로 뛰어들었습니다. 그렇게 여러 밤, 여러 시간을 참호 속에서 보냈지요."[51]

다행히 일본군의 폭탄은 피할 수 있었지만 섬에 득실거리는 유독성 벌레들은 피할 수 없었다. 어느 날 밤, 그들은 방충망은 있지만 모기장은 없는 텐트에서 잠을 잤다. 닉슨이 잠에서 깨어보니 "바닷가재처럼 빨간, 두께가 약 4센티에 길이는 20센티가 넘는" 지네가 몸 위를 기어다니고 있었다. 닉슨은 그 지네를 손가락으로 튕겨 쫓았는데, 불행히도 돌의 몸 위로 떨어져 그를 물고 말았다. "그 덕에 며칠간 병원에 입원했죠. 엄청나게 아팠어요." 돌의 회상이다. 후년에 닉슨은 "내가 지네를 튕겨서 병원으로 보낸 사람"이라고 돌을 소개하곤 했다.[52]

닉슨을 괴롭히는 것은 벌레들만이 아니었다. 닉슨은 당시를 "숨 막힐 듯한 단조로움"과 "전투는 수천 킬로미터 떨어진 곳에서 벌어지고 있는, 끝날 것 같지 않은 기다림의 시간으로 채워지는" 외로움의 나날들이었다고 회고했다. 그는 포커를 치며 지루한 시간을 때우려 했다. 닉슨은 포커 게임에서 대체로 보수적인 전략을 취했지만 때로는 허세도 잘 부렸다. 닉슨과 함께 게임을 즐긴 동료 중 한 명은 "딕은 한 번도 진 적이 없어요."라고 말했지만, 닉슨은 자기의 포커 실력은 별것 아니라고 부인했다. 회고록에서 닉슨은 "당시 내 포커 실력은 다소 과장되었다."라고 해명했다.[53]

포커를 치지 않을 때면 샌프란시스코에서 물가관리국 분석관으로 일하고 있던 팻에게 편지를 썼다. 물가관리국은 리처드가 해군에 입대하기 전에 근무했던 바로 그 정부 기관이었다. 팻도 매일 닉슨에게 편지를 쓰면서 종종 책들이 가득 담긴 소포도 보냈다. 그녀가 보낸 책 중에는 1848년 카를 마르크스와 프리드리히 엥겔스가 출간한 《공산당 선언The Communist Manifesto》도 있었다. 닉슨은 "항상 카를 마르크스를 읽어보고 싶었다. 무슨 내용인지 알고 싶었으니까."라고 기록했지만, 그가 가장 많이 읽은 책은 휘티어에서 가져온 "삽화가 그려진 아주 오래된 성경"이었다.[54]

해외 근무 기간 내내 닉슨은 다양한 배경을 가진 병사들과 함께 생활하면서 처음으로 술을 마시고, 욕도 하고, 시가도 피웠다. 전기 작가 로저 모리스에 따르면, 닉슨과 나란히 일했던 병사들은 "할리우드 영화를 찍기 위해 선발한 것처럼 보이는, 해군의 전형적인 구성을 보여주는 사람들이었다. 뉴욕 빈민가와 중서부 출신의 젊은이들, 남부의 부유한 가문 출신, 멕시코계, 인디언, 이탈리아계, 그리고 어디서나 빠지지 않는 텍사스 출신도 있었다." 닉슨의 일부 친척은 닉슨이 사고의 지평을 확대할 수 있던 까닭은 미 전역에서 온, 민족적·인종적으로 다양한 사람들과 접했던 경험 덕분이었다고 평가했다. 사촌 루실 파슨스는 회상했다. "리처드는 사람들과 어울리는 법을 배웠어요. 전국 각지에서 온 젊은이들과 함께 일하면서 말이죠. 그렇게 다양한 방식으로 자란 사람들과 어울리는 게 어떤 경험일지 전에는 상상도 못 했다고 말했어요. … 제대하고 돌아왔을 때 만나보니 정말 훨씬 겸손해졌더군요. 그러니까 내 말은, 다른 사람들은 어떻게 사는지 이해하게 된 거죠."[55]

전쟁의 압박 속에서도 닉슨은 그들과 의미 있는 유대를 형성했고, 삶의 질을 개선해주려 최선을 다했다. 닉슨은 회고록에 이렇게 적었다. "많은 전투기 조종사와 폭격기 조종사가 부건빌을 경유해 전투 임무에 나섰다. 나는 그들이 우리가 제공할 수 있는 최고의 대우를 받을 자격이 있다고 생각했다." 자칭 "조달의 천재"였던 닉슨은 해군 보급 장교로서의 지위를 최대한 활용해 음식과 음료를 조달했다. 심지어 전투기 조종사들이 들러 햄버거, 호주 맥주, 차가운 주스 등을 먹을 수 있도록 "닉의 스낵 오두막"이라고도 불린 "닉의 햄버거 가게"를 열기도 했다.[56] 한 장교에 따르면, 닉슨은 필요한 음식과 음료를 조달하기 위하여 "노획한 일본 소총부터 부상자 간호차 방문한 육군 간호사들과의 만남 주선까지" 모든 것을 거래했다. 닉슨 대위는 거래를 통해 조달할 수 없는 것은 그냥 "해방시켰다."* 닉슨은 또한 소규모의 비공식 학교도 만들어 병사들에게 상법 기초를 가르치기도 했다.[57]

닉슨은 상관들로부터도 찬사를 받았다. 플렙스는 "매우 효율적인 사람이었고, 항상 상냥하고 침착했"다고 닉슨을 기억하며, 닉슨을 묘사하는 가장 좋은 형용사는 "동요하지 않는"이라고 말했다. "그에게는 항상 팀플레이가 우선이었습니다. 천성이었던 것 같아요. 조직 감각도 뛰어나서 책임을 질 줄도, 책임을 위임할 줄도 알았습니다."

닉슨은 윗옷을 벗어 던지고 병사들과 나란히 일하는 데도 주저함이 없었다. 닉슨은 기지에 도착한 지 불과 며칠 만인 1월 24일에 C-47 수송기 서른 대에서 화물을 내리고, 라바울 폭격에 나서는 전투기들에도 폭탄을 적재해야 했다. 닉슨은 부하들과 함께 일하며 다섯 시간 만에 작업을 완료했다. 그의 조수였던 제임스 스튜어트는 닉슨이 "폭풍 속에 놓인 고요한 섬처럼 … 수줍은 듯 능숙하고 절대 냉정함을 잃지 않는" 모습을 보였다고 술회했다.[58]

닉슨은 부하들에게는 충성을, 상관들로부터는 찬사를 받았다. 그는 남

---

* '해방시키다(liberate)'는 군대 은어로 '훔치다'란 의미다. (옮긴이)

태평양 지역 부대 사령관으로부터 "탁월하고 효율적인 임무 수행"과 "건실한 판단력과 솔선수범"을 인정받아 표창장을 받았다.[59]

그러나 태평양에서 근무한 시절부터 닉슨에게는 두 가지 서로 다른 면모가 있다는 징후가 나타났다. 돌은 "평소에는 매우 조용하고 나서는 성격이 아니었지만, 자신이 무대 중앙을 차지하는 순간이 오면 완전히 다른 사람이 되었어요. 매사가 확실했고, 자기 의견을 자신 있게 표현하면서 아주 외향적인 사람으로 변했죠."라고 닉슨을 묘사했다. 돌의 예리한 언급은 계속된다. 그 미래의 대통령은 "항상 두 사람인 것처럼 보였어요. 매우 조용하고 뒷전에 머무는, 실제로는 다소 시무룩해 보이는 사람처럼 보이지만 막상 상황이 닥치면 감전된 듯이 변하죠. 어떤 말을 어떻게 해야 할지 정확히 알았고, 생기가 돌면서 미소까지 띠었습니다."[60]

케네디와 마찬가지로 닉슨도 후방에서 편히 군대 생활을 할 수 있었지만 계속해서 가장 위험한 임무를 맡으려 했다. 2월 15일 닉슨은 그린아일랜드를 기습 공격한 상륙 부대의 일원이었다. 그러나 안타깝게도 그의 기대와 달리 일본군이 이미 그 섬을 버리고 달아난 뒤였고, 그들은 아무 저항 없이 해변에 상륙했다. 닉슨은 회고록에 "유일한 위험은 몇몇 낙오한 저격수들과 늘 있는 거대한 지네들뿐이었다."라고 기록했다. 닉슨의 친구도 비슷한 말을 했다. "폭풍에 꺾인 바니안나무가 머리 위로 떨어질 가능성 정도가 가장 큰 위험이었죠." 그린아일랜드도 부건빌처럼 수많은 폭격을 당한 섬이었지만, 닉슨은 분명 실망한 듯 보였다. 플렙스는 회상했다. "닉슨은 저항 없는 섬에 상륙하는 것보다 조국을 위해 좀 더 의미 있는 일을 하고 싶어 안달이 났던 것 같아요."[61]

닉슨은 그 섬에서 공병대원들과 함께 직면했던 어려움을 대수롭지 않게 설명했다. 그들은 도로를 건설하고, 나무를 베어내고, 1만5000명이 지낼 수 있는 텐트를 세우고, 미군 전투기가 일본군 점령 도서들을 공격할 수 있도록 활주로도 건설해야 했다. 닉슨과 그의 팀은 이 작업을 완수하기 위해 열두 시간씩 교대로 일했다. 섬에 담수가 없었기 때문에 숨 막히는 열기와 습도 속에서 일해야 했던 병사들은 하루 7.5리터의 물을 배급받아 씻고, 마시고, 요리하는 데 썼다. "병사들은 석호에서 수영하는 것으로 목욕을 대신했습니다." 1946년 한 연설에서 닉슨은 말했다. "하지만 석호가 곰팡이균에 감염되어 있다는 사실을 알게 되었죠. 목욕을 할 수 있는 유일한 방법은 본국으로 돌아갈 때까지 기다리는 것뿐이었습니다."[62]

하지만 바로 그 섬에서 마침내 닉슨은 전쟁의 참상을 가까이서 목격했다. 공병대가 아직 비행장을 건설하고 있을 때, 라바울 상공을 비행하다가 피격을 당한 육군 B-29 슈퍼포트리스가 건설 중인 비행장으로 불시착을 시도했다. 닉슨과 병사들은 그 폭격기가 성공적으로 연착륙하는 것처럼 보이자 환호했지만, 활주로에 실수로 남겨진 불도저에 충돌한 후 화염에 휩싸이는 장면을 보고 경악했다. 닉슨은 그 폭격기의 잔해에서 꺼낸 시신들을 떠올리며 "승무원 중 한 명의 그을린 손에 끼어 있던 결혼반지를 지금도 생생히 기억합니다."라고 말했다.[63]

닉슨은 훗날 전쟁 경험이 정치적 야망을 확고히 하게 된 계기였다고 썼다. "말 그대로 지축을 흔드는 중요성을 띤 문제들과 쟁점들을 마주 보고, 세계 시민으로서 어떤 책임을 져야 하는지 재고하게 만든 진정한 촉매제는 전쟁이었다고 생각한다." 그러나 닉슨은 이미 정치에 대한 갈망을 품고 전쟁에 참전했으며, 전쟁을 경험하면서 자신이 매우 다양한 배경의 사람들과 어울릴 수 있다는 사실을 깨달았다고 보는 편이 더 타당할 듯하다. 전쟁이 닉슨을 정치로 밀어 넣은 것이 아니라, 전쟁으로 인해 자신이 정치인으로서 성공할 수 있다는 확신을 얻은 것이다.[64]

남태평양에서의 작전을 단계적으로 축소하기 시작한 미 해군은 1944년 7월, 닉슨에게 본국으로 돌아가라고 명령했다. 그는 우선 캘리포니아주 앨러미더로 이동해 건물 및 부지 관리 장교로 근무했다. 4개월 후 해군은 그를 동부 해안으로 보내 군수 계약 해지 감독 업무를 맡겼다. 1945년 10월 닉슨은 소령으로 진급했지만, 그때 이미 하원의원 출마를 노리고 있었다. 닉슨은 1945년 12월 31일 자로 명예 전역했다.[65]

*

1943년 5월 리처드 닉슨이 태평양에 도착한 때와 같은 시기에, 대위로 막 진급한 제럴드 포드도 마침내 소원을 이루어 전투 지역의 한 해군 함선에 배치되었다. 그 함선은 미국과 멕시코 사이의 전쟁 중에 있었던 1846년 몬터레이전투에서 이름을 딴 USS 몬터레이로, 몬터레이전투는 후에 미국의 12대 대통령이 된 재커리 테일러 장군이 정규군과 텍사스 레인저*로 구성된 혼성 부대를 이끌고 멕시코군을 상대로 승리를 거둔 전투였다.

이 시점에서 이르러 미 해군은 원거리 공군력 행사의 중요성을 깨닫고 클리블랜드급 순양함을 인디펜던스급 경항공모함으로 개조하기 시작했다. 경항공모함이 정규 항공모함보다 건조 시간도 짧고 기동성도 더 좋았기 때문이다.[66] 처음에 포드는 경항공모함으로 개조된 몬터레이호가 항해에 적합하고 모든 장비가 제대로 작동하는지 시험 운항하는 예비 취역조의 일원이었다. 6월에 취역한 몬터레이호는 1500명의 승조원을 수용했으며, F6F 헬캣 전투기 스물네 대와 TBM 어벤저 뇌격기 아홉 대 등 총 서른세 대의 항공기를 탑재했다.

몬터레이호 함장은 포드에게 세 가지 임무를 맡겼다. 첫 번째 임무는 90명의 병사 및 부사관과 두 명의 하급 장교를 지휘하는 제2부대장으로, 접안 및 정박 시 밧줄을 다루고 해상 연료 주입을 책임졌다. 두 번째는 포술 장교로서 함미의 40밀리 대공포를 관리하는 것이었다. 그리고 당연하게도 운동부장으로 임명되었다. 진주만에서 태평양으로 항해하는 동안 포드는 승조원들에게 맨손체조를 지도했고, 함장을 설득해 하갑판에 농구장을 만들기도 했다. 그는 농구가 "장교와 병사들이 짧은 시간에 더 많은 운동 효과를 거둘 수 있는 최고의 체력 단련 스포츠"라고 생각했다.[67]

---

* 텍사스주에서 국경 지역 순찰, 인디언 부족과의 전투, 무법자 소탕 등을 주요 임무로 수행했던 준군사 및 준경찰 조직. (옮긴이)

11월 몬터레이호가 길버트제도에 도착할 무렵 미군은 일본을 격파할 작전을 세워놓고 있었다. 태평양 중앙으로 진격해 일본이 외곽 방어선으로 삼고 있는 길버트제도와 마셜제도를 뚫고 캐롤라인제도와 마리아나제도로 침투하는 작전이었다. 그와 동시에 더글러스 맥아더는 필리핀과 포모사(현재의 대만)를 향해 이동하여 거기서 일본 본토를 겨냥한 공습을 감행할 계획이었다.[68]

몬터레이호는 제5함대의 신속항공모함 기동부대 소속이었다. 약 700대의 항공기와 열한 척의 항공모함을 거느린 이 부대는 아마도 역사상 가장 많은 항공모함이 집결한 부대였다. 이후 몇 달 동안 이 기동부대의 항공모함, 순양함, 구축함들은 트루크, 팔라우, 홀란디아, 사이판, 티니언, 괌 등의 일본군 시설들을 계속해서 공격했다. 취역 후 첫 13개월 동안 몬터레이호는 끊임없이 교전을 벌였다.

몬터레이호의 첫 번째 임무는 11월 19일 육군의 마킨섬 상륙작전을 지원하는 것이었다. 이후 몬터레이호의 전투기와 폭격기들은 나우루섬과 뉴아일랜드섬에 있는 일본군 진지를 공격했다. 몬터레이호가 이러한 공세를 펼치자, 말벌 집을 건드린 것처럼 일본 전투기들이 파도처럼 밀려와 미군 함선들에 계속 보복 공격을 가했다. 포드는 항공모함 선미에서 대공포 사격을 지휘하며 전투의 한복판에 있었다. 그는 "일본 항공기들이 복수심에 불타 우리를 공격했습니다. 전투 준비 경보가 수없이 울렸죠. 제가 항상 보고 싶던 그런 실전이었습니다."라고 회상했다. 크리스마스 저녁 7시, 경계 근무 중이던 포드는 일본군 폭격기가 몬터레이호를 향해 곧바로 다가오는 것을 발견했다. 다행히 아군 함선들이 적 폭격기가 치명적인 폭탄을 투하하기 전에 가까스로 격추시켰다.[69]

포드 휘하의 포병들은 그를 매우 칭찬했다. 2급 수병 로널드 스미스가 말했다. "어떤 일에도 동요하는 법이 없었어요. 어느 날 제가 공습을 피해 해치로 급히 몸을 숨겼는데, 고개를 들어 보니 포드 대위가 서 있었어요. '대체 뭐가 그리 급한가?' 대위님이 묻더군요." 스미스는 덧붙였다. "대위님은 정말 인기가 많았습니다. 언제나 편한 마음으로 대할 수 있는 사람이었어요. 식사하러 앉으면서 부하들은 먹었는지 먼저 확인하는 그런 장교였죠. 그랬기 때문에 부하들의 충성을 얻으려 계급을 내세우거나 위세를 부릴 필요가 전혀 없었습니다."[70]

포드의 상관들도 그의 임무 수행에 찬사를 보내며 인사 평정 시 리더십 부문에서 최고 점수를 주었고, 동급 장교들과의 비교에서도 "탁월"로 평가했다. "매우 훌륭한 성품과 특별히 뛰어난 군인의 자세를 가졌"다고 결론지은 보고서도 있었다. 스튜어트 잉거솔 대령은 포드에 관해 이렇게 썼다. "내가 본 장교 중 최고였다. 언제 어디서 무슨 일을 맡겨도 좋을 친구로 우리 항공모함에서 최고의 '갑판 당직 장교'였으며, 절대 잊을 수 없는 친구다."[71]

포드는 함께 일하는 부하들도 좋았고 대공포 사격을 지휘하면서 짜릿함도 맛보았지만, 선미에서 수행하는 임무라는 점이 늘 아쉬웠다. "포대에서 다소 답답함을 느낀" 그는 "더 도전적인 일을 하고 싶었"다고 고백했다. 항해사가 곧 전보된다는 사실을 안 포드는 그 보직에 지원해 임명되었다. "위치 측정법도 전혀 모르고 지원했죠." 포드는 나중에 토로했지만, 금방 배웠다. "그 결과 전투 준비 경고 발령 시 갑판 당직 장교가 되었는데, 이는 전투가 시작되면 함장, 항해사, 항공 장교와 함께 함교에 머문다는 뜻입니다."

1944년 여름과 가을 내내 몬터레이호는 태평양에서 벌어진 거의 모든 주요 해전에 참가했다. 6월에는 미 해군 역사상 가장 일방적인 승리를 거둔 필리핀해해전에도 참여했다. "마리아나제도에서의 위대한 칠면조 사냥"이란 별명이 붙은 이 필리핀해해전에서 미 항공모함 전단은 전투기 열여덟 대와 폭격기 열두 대를 잃었지만 무려 300대가 넘는 일본 항공기를 격추시켰다. 이 해전은 태평양에서 힘의 균형이 어떻게 바뀌었는지를 보여주었다. 태평양전쟁 첫해에는 더 잘 훈련된 조종사들이 모는, 성능이 더 우수한 일본 전투기들이 하늘을 지배했다. 하지만 이 시점에 이르러서는 일본의 숙련된 조종사들이 전투 중 대부분 사망해, 이들을 대체하여 젊고 훈련이 부족한 조종사들이 이제는 구식이 되었고 그나마도 그 수가 점점 줄어드는 항공기를 조종해야 했다.[72]

7월에 몬터레이호는 다른 항공모함들과 함께 괌을 공습했다. 이후 진주만에서 24일간 정박한 항공모함 전단은 계속 진격하며 필리핀, 오키나와, 포모사를 공격했다. 몬터레이호와 그 승조원들은 일본군의 폭탄과 어뢰, 그리고 절망에 빠진 일본군이 펼친 가미카제 조종사들의 공격을 피해가며 지속적으로 교전을 벌였다. 포모사 공격 중에는 포병들이 24시간 연속으로 각자의 전투 위치를 지켜야 했다.[73]

포드는 1944년 10월 포모사 공격을 성공적으로 마치고 철수를 준비하던 몬터레이호에 일본 전투기들이 떼로 달려들던 상황을 묘사했다. 그는 몬터레이호에서 발사된 대공포 소리를 "포성에 귀가 먹을 정도였"다고 기억했다. "일본 뇌격기에서 발사된 어뢰가 우리 배를 아슬아슬하게 비껴가더니 순양함 캔버라호의 옆구리를 강타했습니다. 또 다른 순양함 휴스턴호도 어뢰에 맞았습니다. 그렇게 몇 분간 일본군의 공습이 이어졌죠." 두 순양함은 너무 심하게 손상되어 예인되었으나 다음 날 아침까지도 해안에서 13킬로미터 정도밖에 벗어나지 못했다. 그들은 "일본군에게는 앉아 있는 표적"이나 다름없어 일본군이 "하루 종일 우리를 공격했"다고 회상했다. "우리 포들도 불을 뿜었고 마침내 그들을 물리쳤습니다."[74]

항해사로 복무하던 포드는 일본군 전투기가 아닌 미군 함대가 경험한 최악의 태풍에 의해서 목숨을 잃을 뻔했다. 그 태풍으로 몬터레이호는 수리할 수 없을 정도로 손상되었고, 포드도 부상을 입었다.

*

1943년 6월 9일 수요일, 텍사스주 코퍼스크리스티에서 열린 간소한 의식에서 조지 허버트 워커 부시는 금색 소위 계급장을 받았다. 그는 이제 미 해군 예비군의 장교가 되었다. 열아홉 번째 생일을 사흘 앞둔 18세의 부시는 해군항공대 임관 조종사 중 아마도 가장 어린 조종사였다.[75]

실전 투입은 아직 멀었지만, 부시는 항공학교 졸업 며칠 후 포트로더데일로 파견되어 뇌격기(어뢰 폭격기) 조종법을 배웠다. 바로 여기서 부시는 곧 실전에서 조종하게 될 항공기와 처음 만나게 된다. 그루먼사가 제작한 어뢰 폭격기인 TBM 어벤저는 길이 약 12미터, 높이 약 5미터, 날개폭이 약 16미터에 달해 다른 항공기들이 왜소해 보이는 위용을 자랑했다. 부시의 전기 작가 조 하이암스는 "1톤의 폭탄을 적재해 터질 듯이 거대하게 배가 부푼 어벤저가 지상에 있는 모습은 농가 마당을 뒤뚱거리며 걷는 가금류처럼 보였다."라고 기록했다. 크기와 독특한 외관 때문에 해군 조종사들은 이 뇌격기를 "임신한 칠면조"라고 불렀다.[76]

부시는 즉시 그 항공기와 사랑에 빠졌지만, 계기비행은 만만치 않다고 느꼈다. "계기비행은 정말 어려워요." 그는 부모에게 편지를 썼다. "모든 계기를 주시하여 제대로 보지 않으면 똑바로 가는지 거꾸로 가는지도 알 수 없어요." 그러나 조종석에 설치된 현기증 날 정도로 많은 스위치와 다이얼 사용법을 익히고 나자, 부시는 그 항공기가 크기에도 불구하고 조종하기 쉽고 가벼운 조작에도 반응하며 힘들이지 않고 하늘을 난다는 점을 깨달았다.[77]

다음 한 달 동안 부시는 항공모함 갑판과 비슷한 크기로 개활지에 만든 활주로를 이용해 연습하며 항공모함 위에 착륙하는 법을 배웠다. 8월이 되자 실제 항공모함에 착륙할 기회가 찾아왔다. "항공모함에 착륙하는 걸 육지에서 아무리 연습한다 해도, 바다 위를 움직이는 배 위로 실제 착륙할 때의 짜릿함은 절대 알 수 없습니다." 부시는 당시를 떠올렸다. "하늘에 떠 있다는 고립감, 아래 보이는 대양, 그리고 그 위에 떠 있는 작은 항공모함 같은 것들에는 아드레날린을 솟구치게 만드는 무언가가 있죠."[78]

같은 달, 부시는 항공기 착륙 자격을 취득하고서 단기 휴가를 얻었다. 그와 바버라는 메인주 케네번크포트에 있는 부시 가문 소유의 별장에서

17일을 함께 보냈다. 바버라는 그곳에서 부시의 고모, 삼촌, 사촌들을 포함한 가족 전체와 만났다. 바버라의 회상이다. "저는 그의 가까운 친척들과 함께 비좁게 생활했어요. 우리는 수영하고, 자전거를 타고, 테니스를 치고, 소풍을 가고, 달빛 아래를 걷고… 그리고 사랑에 빠져 있었죠!" 두 사람은 사랑에 빠졌을 뿐만 아니라, 비밀 약혼까지 했다.[79]

휴가를 마친 부시는 버지니아주 노퍽에 있는 해군기지로 이동해 활강 폭격과 야간 비행, 그리고 편대 비행법을 배웠다. 11월 1일, 부시는 착륙 시도 중 다른 항공기와 충돌을 피하려고 급격히 방향을 틀다가 목숨을 잃을 뻔했다. "비행기의 한쪽 날개와 배 부분만 땅에 닿은 채 반쯤 옆으로 누워 위태롭게 미끄러졌어요." 그는 부모님에게 편지에 이렇게 썼다. 항공기는 "완전히 파손"되었지만 다행히 그와 승무원들은 아무도 다치지 않았다.[80]

부시는 비록 최연소자였지만 동료 조종사들의 존중을 받았다. 동료들은 부시의 말투에서 그가 좋은 교육을 받았다는 사실을 눈치챘지만, 부시는 자신의 부유한 성장 과정에 대해서는 언급하지 않았다. 부시는 그들과 자연스럽게 어울렸다. 부시가 뉴욕에 있는 가족 소유 아파트에 몇몇 친구를 초대해 함께 주말을 보내고 난 후에야 친구들은 부시가 특권층 출신이라는 사실을 깨달았다. 세탁소를 운영하는 아버지를 둔 부시의 친구 밀트 무어는 깊은 인상을 받았다. 그는 이렇게 회상했다. "조지는 제 생각보다 훨씬 대단한 집안 출신이었어요. 하지만 우리가 소개받은 부시의 가족들은 정말 소탈한 사람들이었죠."[81]

1943년 12월 부시는 자신이 배속될 항공모함의 취역식에 참석하기 위해 필라델피아로 향했다. 몬터레이호와 마찬가지로 USS 샌저신토도 진주만공격과 뒤따른 해전에서 파괴된 미 함선들을 대체하기 위해 급하게 항공모함으로 개조한 순양함이었다. 샌저신토호는 가볍고 빨랐으며 전투기 스물다섯 대와 뇌격기 아홉 대, 총 서른네 대의 항공기를 탑재했다. (이 함선의 이름은 1836년 4월 텍사스혁명 중 샘 휴스턴이 샌저신토에서 멕시코 독재자 안토니오 로페스 데 산타안나에게 거둔 승리를 기념해 따온 것이다.[82])

샌저신토호는 1944년 3월 25일 필라델피아를 떠나 파나마운하를 통과하여 샌디에이고에 잠시 기항한 후, 1944년 4월 20일 진주만에 도착했다. 샌저신토호가 진주만에 입항하는 순간 부시는 물에 가라앉은 유타호와 애리조나호의 선체를 보았다. 이는 일본의 진주만 공습 소식을 듣자마자 해군에 입대했던 젊은 부시에게는 매우 강렬한 장면이었다. 죽음과 파괴를 직접 목격한 그 순간, 부시는 위험을 무릅쓰고라도 전투에 참여하겠다는 의지를 더욱 굳혔다.

*

태평양에서 이러한 일들이 벌어지는 사이, 유럽에서는 힘의 균형이 변화하기 시작했다. 1943년 봄부터 히틀러의 제국은 연합군의 지속적인 압박을 받아 붕괴 조짐을 보이기 시작했다. 전투 초기에는 몇 번의 작전 실패를 맛보았으나, 연합군은 북아프리카에서 거대한 협공 작전을 펼쳐 히틀러 휘하 최고 장군으로 평가받는 "사막의 여우" 에르빈 로멜 독일 육군 원수를 고립시키는 데 성공했다. 마침내 1943년 5월 13일, 연합군은 독일군 12만 5000명을 포함하여 추축군 25만 명을 포로로 잡았다. 히틀러는 이미 동부 전선에서 상당한 병력 손실을 입은 상태였다. 1943년 2월 스탈린의 군대가 스탈린그라드에서 벌어진 6개월간의 사투 끝에 대규모 독일군을 물리쳤던 것이다.

이러한 승리에도 불구하고 영국해협을 건너 프랑스 해안을 침공하는 작전의 타당성을 두고 연합군 지도자들은 여전히 의견을 대립했다. 1943년 1월, 처칠과 루스벨트는 북아프리카 모로코에 위치한 도시 카사블랑카에서 만나 유럽 전쟁의 다음 단계를 논의했다. 아이젠하워와 마셜은 소련을 지원하고 또 독일군의 심장부를 타격하기 위해서는 제2전선을 펼치는 작전을 밀어붙여야 한다고 루스벨트에게 촉구했다. 그러나 영국 총리 처칠은 그보다 시칠리아 침공을 통해 지중해 작전을 계속해야 한다고 주장했고, 다시 한번 자신의 의견을 관철했다.

그리하여 그해 7월 연합군은 시칠리아섬을 공격했다. 7월 22일 조지 패튼 장군이 이탈리아군의 방어선을 뚫고 들어가 팔레르모에 진입했다. 그러자 이탈리아는 1922년 집권한 파시스트 독재자 베니토 무솔리니를 체포해 감금한 후 연합군에 항복했다. 그러나 곧 히틀러가 16개 사단을 이탈리아반도에 급파했고, 졸지에 이탈리아는 독일의 동맹국에서 독일에 점령당한 피점령국이 되어버렸다. 한 달 후인 9월, 영국군 3개 사단과 미군 4개 사단이 살레르노의 해안가에 상륙했다. 북쪽으로 진격하며 이탈리아를 통과해 독일로 향하는 길고 피비린내 나는 전투가 시작된 것이다.

이탈리아에서는 치열한 공방이 있었으나, 연합군은 기술 혁신을 통해 전체 전쟁 판도에서 확실한 우위를 차지했다. 새로운 레이더 개발로 독일 잠수함을 추적할 수 있게 된 연합군은 구축함과 항공기를 동원해 더욱 새롭고 강력해진 로켓과 폭뢰(수중폭탄)를 독임 잠수함을 향해 퍼부어댔다. 결국 1943년 5월부터 독일은 소수의 유보트를 제외한 모든 잠수함을 해전에서 철수하라는 명령을 내렸다. 한 독일군 사령관은 "우리는 대서양 전투에서 패배했"다고 인정했다. 연합군은 제공권도 장악하여 "날아다니는 요새"라는 애칭으로 널리 알려진 B-17 폭격기로 독일의 잠수함 조선소, 군수품 공장, 철도 등 전략적 목표물을 폭격했다. 1943년부터 전쟁 종료 시까지 연합군 항공기는 독일이 점령한 유럽 지역과 독일 본토에 250만 톤이 넘는 폭탄을 투하했다.

전세가 연합군 쪽으로 기우는 상황에서 루스벨트는 튀니지로 향해 처칠 및 스탈린과 일련의 회담을 가졌다. 동부전선에서 소련에 대한 독일의 압박을 완화하고 독일이 두 개의 전선에서 전쟁을 치르도록 만들기 위해, 과연 서유럽에 제2전선을 펼쳐야 하는지를 논의하기 위해서였다. 1943년 11월 20일 토요일, 아이젠하워가 주둔하고 있던 곳과 멀지 않은 튀니지의 수도 튀니스에 도착했을 때까지도 루스벨트는 누구에게 제2전선 지휘를 맡길지 결정하지 못하고 있었다. 대개의 추측은 마셜이 그 임무를 맡고, 아이젠하워가 새 육군참모총장이 되어 워싱턴으로 돌아오리라는 것이었다. 그러나 루스벨트는 갈등하고 있었다. 이론적으로 그 임무를 수행할 만한 자질과 역량을 보여준 인물은 마셜이었다. 그러나 루스벨트는 마셜이 자기 곁을 떠난다는 생각이 두려웠다. 그래서 몇 달 전 루스벨트는 그 임무를 맡길 후보자로 마셜의 이름을 언론에 흘리기까지 했다. 자기 생각을 언론에 유출해 반응을 살피는, 그가 좋아하는 전략이었다. 9월이 되자 마셜의 잠재적 미래를 다룬 기사들이 미국 신문에 등장하기 시작했다. 대중의 반응은 엇갈렸으나 군부가 마셜이 현 직책에 머물기를 원한다는 점은 분명했다. 루스벨트의 비판자들 사이에서는 그가 1944년 대선에서 승리하기 위해 군수 계약을 조작할 수 있는 인물로 마셜을 교체할 것이라고 주장하는 사람들도 있었다.[83]

아이젠하워는 자신이 마셜의 후임으로 선택될 가능성이 높다는 사실을 알고 못마땅해했다. 아이크는 루스벨트가 그런 결정을 내린다면, 자신은 "성격상 그 직책에 적합하지 않기" 때문에 "엄청난 실수"를 저지른 것이라고 루스벨트에게 말하겠다고 했다. 루스벨트와 처칠과는 잘 지내왔지만 자신은 정치인들을 상대하기를 좋아하지 않으며, 더 많은 독립성을 누릴 수 있는 지중해 지역에서 계속 근무하고 싶다고 속마음을 털어놓기도 했다. 만약 지중해 지역을 떠나야 한다면, 아이크는 마셜 밑에서 유럽 주둔 미군을 지휘하고 싶었다. 그의 부관 해리 부처는 "아이크는 참모총장직을 내켜 하지 않았어요. 자신은 정치인이 아니기 때문에 그 직책을 맡게 되면 실패할 것이라고 생각했죠."라고 말했다. 아이젠하워는 자기 주둔지를 방문하는 정치인들을 대하느라 지쳐 사령부를 전선에 더 가까운 곳으로 이전하기도 했다. 결과적으로 방문객들의 행렬을 줄이는 데 별 도움은 못 됐지만 말이다. 부처는 "그는 런던이나 워싱턴의 사령부로 돌아간다는 생각을 절대 달가워하지 않았어요."라고 덧붙였다.[84]

그 시점에 아이크의 이름이 또 다른 자리에 거론되기 시작했다. 다름 아닌 1944년 대통령 선거에서 루스벨트에 도전하는 공화당 후보였다. 그러나 아이젠하워는 성명을 발표하여 그런 소문을 일축했다. 아이크는 자신이 간직한 오직 단 하나의 원칙을 천명했다. 루스벨트 대통령을 위해 일할 것이며, "대통령이 제게 맡기는 어떤 직책에서든 대통령의 명령을 충실히 수행하겠다는 저의 다짐을 흔들 수 있는 것은 아무것도 없"다는 것이었다. 그는 다시 한번 "어떤 종류의 정치적 활동에라도 그와 연관해 제 이름을 이용한다면 절대 용납하지 않을 것"이라고 분명히 했다.[85]

루스벨트는 튀니스에서 하루만 머물 계획이었지만 결국 하루를 더 보내게 되었다. 그와 아이크는 이전에 두 번 짧게 만난 적이 있었는데, 이번 만남에서 두 사람은 금방 친해졌다. 전기 작가 진 에드워드 스미스는 이를 "이틀간의 데이트"라고 칭했다. 두 사람 모두 외향적인 성격이어서 잘 웃고 쉽게 대화를 나눴다. 고대와 근래의 전투 현장을 둘러보면서 루스벨트는 아이크에게 꼬치꼬치 캐물었다. 여행에 동행한 루스벨트의 아들 프랭클린은 이렇게 회상했다. "아이크가 모든 전투의 세부 사항까지 꿰고 있다는 사실이 아버지를 아주 기쁘게 했어요. 아이크가 아버지처럼 역사를 좋아하고 지식을 사랑한다는 점을 보여주었으니까요."[86]

그날 저녁 만찬이 끝나고 아이젠하워는 루스벨트를 공항까지 배웅했다. 비행기에 타기 전 루스벨트는 제2전선 지휘관으로 마셜을 선택할 것임을 시사했다. "아이크, 남북전쟁 마지막 몇 년 동안 누가 참모총장이었는지, 당신과 나는 알고 있지만 다른 사람들은 거의 모르지. 하지만 전장의 장군들 이름은 … 학생들도 모두 알아. 50년 후 조지 마셜이 누구였는지 사람들이 거의 기억하지 못하는 상황은 생각하기 싫네." 하지만 루스벨트는 "승리하는 팀을 함부로 건드리는 것은 위험한 일"이라고 말을 맺으며, 마셜을 유럽 전선에 보내야 한다는 게 탐탁지 않다는 속내를 비쳤다.[87]

루스벨트가 마셜을 유럽 전선으로 보내는 결정에 상반된 태도를 보였다는 사실은 루스벨트가 그 결정을 재고하기 시작했다는 것을 의미했다. 루스벨트는 이집트 카이로에서 열릴 예정인 처칠과의 회담에 아이크를 초청했고, 그 회담에서 아이젠하워 장군은 매우 인상적으로 전황을 설명했다. 전기 작가 스티븐 앰브로즈는 이렇게 기록했다. "아이크는 그 회담에서 자신이 군사적 상황을 확실히 파악하고 있고, 모든 가능성에 현실적으로 접근한다는 점을 보여주었다. 지중해에서의 임무 수행으로 이전에 남겼던 좋은 인상을 굳히는 계기가 되었다."[88]

다시 한번 가장 시급히 내려야 할 결정은 제2전선에 관한 것이었다. 처칠은 프랑스 해안을 정면 공격하는 것이 현명한 작전인지 여전히 확신하지 못했다. 영국 총리는 격한 감정을 실어 말했다. "미국과 영국 젊은이들의 피로 바닷물이 붉게 물들고, 그들의 시신으로 해변이 가득 덮이는 일이 없도록 우리는 매우 신중해야 합니다." 스탈린은 그 시점에 이르러서도 영국이 제2전선과 관련해 미온적인 태도를 보이자 결국 분노를 터뜨렸다. 루스벨트와 스탈린 모두에게 압력을 받은 처칠은 결국 고집을 꺾고 북부 프랑스 상륙작전을 지지한다고 동의하면서 "이 작전은 러시아와 미국의 군사 당국이 우리 영국에게 강요한 것"이라고 몹시 불평했다. 연합국은 전체 상륙작전에 '작전명 오버로드Operation Overlord'라는 암호명을 붙이고, 작전 실행 일정을 1944년 5월로 잡았다.[89]

1943년 11월 28일, 미국과 영국 대표단은 스탈린과 만나기 위해 이란의 테헤란으로 향했다. 루스벨트와 처칠은 여전히 오버로드 작전 지휘관을 결정해야 한다는 임박한 문제를 안고 있었다. 루스벨트 대통령의 참모장으로 근무했던 저명한 해군 제독 윌리엄 D. 리히는 이렇게 말했다. "제2전선을 둘러싼 의사 결정 문제가 테헤란회담에서 거둔 다른 모든 성과를 무색하게 만들었죠." 처칠은 미국이 인력과 물자 면에서 훨씬 많이 그 작전에 기여할 것이기 때문에 루스벨트 대통령에게 결정권을 떠넘겼다. 결정이 계속 늦춰지자 참을성을 잃어가던 스탈린은 루스벨트에게 제2전선의 최고사령관을 임명하라고 압박했다. 루스벨트가 아직 결정하지 못했다고 말하자 스탈린이 폭발했다. "이런 식이면 아무것도 못 해요. 누군가는 책임을 져야 하고, 누군가는 결정을 내려야 합니다."[90]

테헤란회담이 끝나고 워싱턴으로 돌아가는 길에 루스벨트는 다시 튀니스에 들렀다. 루스벨트를 태운 장갑차 뒷좌석에 아이젠하워가 앉아 있었는데, 대통령이 아이크를 돌아보며 무심히 말했다. "그래, 아이크, 자네가 오버로드 작전을 지휘하게." 운전병 케이 서머스비는 회상했다. "아이젠하워가 기쁨에 벅차 터질 것처럼 보였어요. 환한 웃음이 얼굴에서 떠나지를 않았죠."91

아이젠하워는 53세의 나이에 제2전선 지휘관이 되었고, 이는 이미 화려한 그의 경력에서 또 하나의 전환점이 되었다. 오버로드 작전 지휘로 얻은 인정과 찬사 덕분에 아이크는 세계에서 가장 유명하고 존경받는 인물이 되었고, 그 인기의 물결을 타고 정확히 9년 후 백악관에 입성했다.92

그렇다면 루스벨트가 아이젠하워를 선택한 이유는 무엇일까? 정치인들을 아주 싫어한다고 불평한 아이크 자신이 사실은 매우 소질 있는 정치가로서, 대단한 자의식과 자존심으로 똘똘 뭉친 관계자들을 다독여가며 복잡다기한 군사작전을 계획하고 실행하는 능력을 이미 증명했기 때문이었다. 아이크는 뛰어난 부대 통솔 능력뿐만 아니라 전략적 비전과 규율을 보여주어 모든 사람에게 깊은 인상을 남겼다. 영국 장군 버나드 몽고메리는 아이젠하워에 대해 이렇게 말했다. "그의 진정한 강점은 인간적인 자질에 있습니다. … 그에게는 자석이 쇳조각을 끌어당기듯 사람들의 마음을 자신에게 끌어당기는 힘이 있어요. 당신에게 미소만 지어 보여도 즉시 그를 신뢰하게 될 겁니다."93 한 참모도 몽고메리의 평가에 동의하며 아이젠하워가 "유머 감각과 세세한 기억력에 미래에 대한 용기까지 넘치는, 걸어 다니는 발전기 같은 사람"이었다고 기록했다.

루스벨트와 마찬가지로 아이크도 서민적인 면이 있어서, 국가원수부터 일반 보병에 이르기까지 모든 사람에게 신뢰를 주었다. 병사들 사이에서는 아이크가 부하들보다 자신의 안락함을 우선시하는 장군들을 호되게 꾸짖었다는 이야기가 돌았다. 한번은 한 부관이 지중해의 카프리섬에 아이크와 다른 장군을 위해 호화로운 별장 두 채를 따로 마련해두었다고 보고했는데, 아이크는 그런 호사를 기꺼이 누리는 대신 냅다 소리를 질렀다고 한다. "내가 책임자인 이상 어떤 장군도 그런 곳에 머물 수 없어!" 비슷한 이야기도 있었다. 카프리섬 전체가 장교들의 휴양지로 지정되었다는 사실을 알게 된 아이크가 "이 지역의 모든 영국과 미국 장병들, 특히 전투 부대원들에게도 카프리섬에서 즐길 기회를 공평하게 보장"하라고 명령했다는 것이다. 최전선 부대를 방문했을 때 그가 보여준 행보는 전설적이었다. 아이크는 최전선 방문을 사진 촬영 기회로 삼지 않고 병사들의 말을 직접 경청한 후 도움을 줄 수 있는 일이라면 도왔다. "병사들 사이에서 그의 인기가 높았던 이유는 그가 병사들의 복지에 진정한 관심을 보이고 서민적인 면모를 비쳤기 때문이다. 병사들은 아이크를 자신들과 다를 바 없는 사람으로 여겼다."라고 앰브로즈는 언급했다.[94]

아이젠하워는 자신의 운전병 케이 서머스비의 마음도 사로잡았다. 서머스비는 남편과 별거 중인 상태에서 다른 남자와 약혼한 34세의 전직 모델이었다. "훗날 유명해진 그의 환한 웃음을 처음 본 순간, 그 웃음에 빠졌어요." 그녀는 회상했다. 두 사람은 서로에게 이끌렸다. 케이는 아이크의 운전병으로 일을 시작했지만, 곧 아이크는 그녀를 승진시켜 개인 비서로 삼았다. 그녀는 전투 지역에서도 아이크를 수행했고 루스벨트 및 처칠과의 회담 등 세간의 이목을 끈 회의에도 참석했다. 아이젠하워는 처칠에게 "케이에게 숨길 일은 없"다고 말했다. 오마 브래들리 장군은 케이를 "아이크의 그림자"라고 불렀다. 아이젠하워에게 드물지만 여가 시간이 생기는 경우, 두 사람은 함께 저녁을 보내며 음악을 듣고 포커를 쳤다.[95]

케이보다 스무 살이나 많았지만 아이젠하워는 케이에 대한 애정을 숨기려 하지 않았다. 아이크와 서머스비가 친밀한 관계냐는 질문을 받은 《시카고트리뷴》의 종군기자는 "장군이 자신의 운전병과 키스하는 모습은 자주 볼 수 있는 게 아니죠."라고 대답했다. 두 사람과 함께 시간을 보낸 루스벨트는 자신의 딸에게 아이크와 케이가 잠자리를 함께하는 관계 같다고 말했다. 서머스비는 자신의 회고록에서, 두 사람 모두 서로에게 열정은 많았지만 그 관계를 완성하기에는 아이크에게 고민이 많았다고 썼다. 전기 작가

진 에드워드 스미스는 "그와 케이가 육체관계를 맺는 사이였는가는 여전히 추측의 영역으로 남아 있다. 하지만 그들이 사랑하는 관계였다는 사실은 확실하다."라고 평했다.[96]

아이크와 서머스비의 관계를 둘러싼 소문은 메이미의 귀에까지 들어갔다. 메이미는 워싱턴 D.C.의 고급 주거지인 워드먼파크 호텔에 마련된 침실 두 개짜리 아파트에서 혼자 살고 있었다. 메이미는 아이크가 타지에서 여성과 가까이 지낼 수 있다는 점은 이해했지만, 케이가 런던에서 자신을 대신하는 존재가 되었을지 모른다는 생각에 두려워했다. 《라이프》가 기사에서 케이를 "아이젠하워의 예쁜 아일랜드 출신 운전병"이라고 소개한 후에는 그런 두려움이 더욱 커졌다.[97]

아이크는 메이미를 안심시키고 자신의 사랑을 확인시키려 최선을 다했다. 1943년 2월 그는 메이미에게 편지를 썼다. "당신이 세상에서 가장 훌륭한 여자라는 말을 하고 싶어. 당신 아닌 그 누군가와 사랑에 빠지는 일은 절대 없을 거야!"[98]

마셜은 아이크에게 새 임무를 맡기 전에 짧게 휴가를 다녀오라고 종용했다. 아이젠하워는 주저했지만 마셜은 완강했다. "지금부터 자네는 엄청난 압박감 속에 지내게 될 거야. 내 관심사는 자네가 그 압박감을 견딜 준비가 충분히 되어 있도록 하는 것이지, 자네가 으레 충분히 견딜 수 있다고 대답하는 것을 들으려는 게 아니라고. 우리에게는 자네의 심적 상태가 매우 중요해. 한 가지 큰 문제를 안고 다른 문제로 넘어가면 정신적으로 힘들 거야." 마셜은 아이크에게 이렇게 충고했다. 마지못해 아이젠하워는 마셜의 말을 듣기로 하고 워싱턴으로 돌아가 휴가를 보내려 했다. 케이가 알제리의 수도 알제에 있는 공항까지 그를 데려다주었다. 그녀가 말했다. "2주란 시간이 매우 길 것 같네요. 당신이 멀리 있으니 더욱 그렇겠죠."

"12일이야." 아이크가 대답했다. "당신은 항상 내 마음속에 있을 테고." 비행기에 오르기 전, 아이크는 케이에게 종이 한 장을 건네며 부탁했다. "케이, 이거 좀 처리해주겠어?"

"물론이죠, 장군님. 잘 다녀오세요."

아이크가 비행기에 오르자 케이는 종이를 보았다. "날 생각해요. 내가 무슨 생각을 하는지 당신도 알잖아."[99]

1944년 1월 2일 새벽 1시, 아이크는 워싱턴에 도착했다. 전기 작가 진 에드워드 스미스의 기록이다. "아이크와 메이미 모두 변해 있었고, 둘 사이의 거리감은 그 어느 때보다 컸다." 메이미는 남편이 18개월 전보다 살이 쪘고 눈에 띄게 나이 들어 보였으나, 자신감은 더욱 넘친다는 점을 알아챘다. 이제 그녀의 남편은 처칠과 루스벨트의 신뢰를 받는 인물이었고, 수많은 병력을 지휘하는 사령관이었다. 아이크는 무언가 다른 생각에 빠진 듯 보였고, 말투는 퉁명스러웠으며, 잡담은 거의 참지 못했다.[100]

무엇보다 가장 크게 변한 점은 아이크의 마음속에 다른 여자가 자리하고 있다는 사실이었다. 런던으로 돌아온 아이크는 케이에게 털어놓았다. "계속 메이미를 케이라고 불렀어. 메이미에게 뭔가 말하려고 입을 열 때마다 케이라고 불렀지. 메이미는 무척 화를 냈고 말이야." 그때마다 아이크는 얼굴을 붉히며 케이는 자신에게 아무것도 아니라고 아내를 안심시켰다. 그러나 메이미는 아이크의 말을 믿지 않았다.[101]

아이크는 자신이 군 역사상 가장 위대한 작전을 앞두고 있다는 사실을 알았다. 처칠은 그 작전을 "유사 이래 가장 복잡하고 어려운 작전"이라고 묘사했다. 아이크가 유럽에서 전쟁을 준비하는 동안 훗날 대통령이 될 세 사람, 즉 케네디와 닉슨과 포드는 태평양전쟁에 참여하며 전쟁의 참혹함을 뼈저리게 느꼈다. 케네디의 경험이 가장 극적이었지만, 포드와 닉슨도 동료 병사들을 돕고 전투에서 승리하기 위해 목숨까지 거는 커다란 용기를 보여주었다. 전쟁 경험은 그들의 기억에 오래도록 남아 인품을 형성했으며, 거기서 얻은 교훈은 훗날 백악관 집무실까지 이어졌다.

4장

"좋소, 갑시다."

드와이트 D. 아이젠하워

1944년 6월 6일

프랑스 노르망디

1944년 1월 드와이트 아이젠하워는 런던으로 돌아와 오랫동안 기다려 온 제2전선 지휘를 맡았다. 아이젠하워는 임박한 유럽 침공을 "위대한 성전"이라 부르며 군사작전 이상의 의미를 부여했다. 전장에서 승리하는 것도 중요했지만, 나치즘을 붕괴시켜 유럽 대륙을 산산조각 내고 수천만 명의 목숨을 앗아간 잔혹한 전쟁을 종식하는 것이 목표였기 때문이었다.[1]

엄청난 규모의 침공 작전은 군수 관리에 엄청난 어려움을 초래했다. 이는 아이젠하워의 조직력과 지도력을 시험하는 과제이기도 했다. 군사 계획가들은 적의 점령 지역에 있는 80킬로미터 길이 해안에 15만 명의 병력을 동시에 상륙시키는 방법을 찾아야 했는데, 이는 거의 불가능한 과제였다. 그러나 이후 몇 달 동안 아이젠하워 장군은 영국과 미국 공군의 뿌리 깊은 관행에 맞서는 한편 여러 복잡한 문제들을 해결하면서 그의 탁월한 전문성을 인상 깊게 보여주었다.[2]

　그즈음 작전 계획관들은 이미 노르망디를 침공 지점으로 선택하고 있었다. 연합군 공군력으로 독일군 보급로를 차단할 수 있을 만큼 외지면서도 영국군 스핏파이어 전투기가 상륙군을 공중에서 엄호할 수 있는 280킬로미터 작전 반경 안에 드는 곳이었기 때문이다. 노르망디 해안은 엄청난 수의 병력과 차량이 상륙할 수 있을 정도로 넓기도 했다. 이에 못지않게 중요한 부분은 노르망디가 예상 밖의 선택지였다는 점이다. 독일군은 연합군의 침공 계획을 알고 있었으나 침공 지점이 노르망디보다 훨씬 북쪽인 칼레 인근이 될 것이라고 예상했다.[3]

　오버로드 작전의 원래 계획은 3개 사단 정도만 우선 상륙시키고 양 측면을 확보하기 위해 공수부대원들을 몇 차례 낙하시키는 것이었다. 그러나 아이젠하워도, 초기 침공을 지휘할 영국군 사령관 버나드 몽고메리도 그 계획이 마음에 들지 않았다. 더 야심 찬 작전을 선호한 두 사람은 작전 계획관들에게 5개 사단이 동시 상륙해야 한다고 주장하며 작전 계획을 다시 짜라고 지시했다. 그들은 또 독일군의 보급로를 차단하고 노르망디 해안에 독일 병력이 보강되는 것을 막기 위해, 독일군 후방에 3개 공수 사단을 동시에 낙하시키는 방안도 검토하라고 요구했다.[4]

　아이젠하워가 그렇게 정교한 작전의 세세한 부분까지 감독할 수는 없었지만, 전기 작가 스티븐 앰브로즈에 따르면 아이젠하워는 "모든 것이 통과하는 깔때기"였다. 아이젠하워는 노르망디 상륙작전에 투입될 모든 병력을 돌봐야 했다. 1944년 봄에 이르러 170만 명의 미군을 포함해 거의 300만 명에 달하는 연합군이 영국 남부에 집결했다. 코닐리어스 라이언은 그의 고전 《가장 긴 하루》에 이렇게 적었다. "어떤 미국인도 그토록 많은 나라에서 온 그렇게나 많은 병사들을 지휘하거나, 그토록 엄청난 책임을 양 어깨에 짊어진 적이 없었다."[5]

　그 모든 병사가 자고, 훈련하고, 먹어야 했다. 그들의 식사를 준비하는 데만 5만4000명의 취사병이 필요했고 조립식 막사, 천막, 기관차, 탄약, 지프차, 심지어 치과용 봉까지 온갖 것들이 뒤섞인 1500만 톤이 넘는 보급품을 영국의 여러 부두에서 하역해야 했다. 한 영국인의 회상이다. "어느 날 다리 위에 서서 제 인생에서 본 가장 긴 기차가 탱크를 가득 싣고 천천히 지나가는 모습을 보았습니다. 마치 영원히 지나갈 것 같더군요."[6]

연합군은 또한 상륙 부대를 지원할 기반 시설을 조성하고, 이번 침공을 위해 특별 설계된 수륙양용탱크 같은 새로운 무기도 개발해야 했다. 연합군은 지체 없이 작업에 착수했다. 상륙작전 개시 전까지 연합군은 163개의 공군기지를 새로 건설하고, 275킬로미터 길이의 철도 노선을 추가했다. 가장 혁신적인 시설은 보급품을 해안으로 신속하게 하역하기 위해 건설한 두 개의 인공 임시 항구 "멀베리"였다.[7]

하지만 이러한 모든 사전 준비도 가장 적확한 상륙 시점을 잡지 못하면 무용지물이 되고 말 터였다. 연합군은 상륙작전이 성공하려면 보름달이 필요하다고 판단했는데, 보름달이 뜨는 기간은 매달 단 엿새뿐이었다. 상륙정을 위해서는 바다가 잔잔해야 했고, 폭격기를 위해서는 하늘이 맑아야 했다. 게다가 아이젠하워는 독일군이 원자탄과 생물학무기 등 치명적인 무기를 개발하려 한다는 일급비밀 보고도 받고 있었다. 그러한 무기가 개발되고 있다고 정보 보고서가 지적한 독일 공장들을 폭격하라는 공습 명령도 이미 내려놓은 상태였다. 그러나 상륙작전이 늦어지는 만큼, 독일군이 영국 내 연합군 기지를 발견하고 치명적인 새 무기로 선제공격을 가할 수 있는 시간을 벌어주는 셈이었다. 이런 이유로 작전 계획관들은 5월 초를 침공 시기로 잡았다.[8]

하지만 한 가지 큰 문제가 이 모든 계산을 바꿔버렸다. 연합국이 영국 해협의 모항들에서 노르망디 해안으로 병력을 수송할 상륙정을 충분히 제조하지 못한 것이다. 애초 배정된 숫자에 더해 추가로 271척의 상륙정이 필요했으므로, 아이젠하워는 부득이 디데이를 6월 5일로 연기할 수밖에 없었다. 처칠은 그러한 상황을 이해할 수 없었다. "영국과 미국 같은 두 대제국이 세운 계획이 그까짓 특수 선박 백여 척 때문에 방해받고 또 제약받는 이 상황을 역사는 결코 이해하지 못할 것입니다." 처칠은 마셜에게 보낸 서

신에 이렇게 썼다.[9]

하지만 최적의 조건에서도 육·해군 공동 작전은 항상 어려웠기 때문에 이전에도 성공한 사례가 거의 없었다. 성공 가능성을 높이기 위해 작전 계획관들은 기만 작전을 쓰기로 했다. 그들은 연합군의 영국해협 횡단 침공이 노르망디 해안보다 훨씬 동쪽에서 일어날 것이라고 독일군이 믿도록 정교한 기만 작전을 짰다. 4만에서 6만 명의 가상 병력으로 구성된 11개 유령 사단까지 만들고, 이 속임수가 더욱 그럴 듯하게 보이도록 미 제7군단을 이끌고 북아프리카와 시칠리아에서 전공을 세운 최고의 장군 조지 패튼을 이 유령 군단의 지휘관으로 임명했다.[10]

오버로드 작전은 기습 공격이란 이점을 가지고 있었다. 하지만 비록 북아프리카에서는 패배했지만 여전히 무시할 수 없는 '사막의 여우' 에르빈 로멜 원수와 맞서야 했다. 1942년 12월 히틀러는 북서유럽 해안을 따라 요새화한 독일의 중무장 진지인 '대서양장벽'을 강화할 책임자로 로멜을 앉혔다. 로멜은 부하들에게 말했다. "우리의 주主전장에 도달하기 전에 적을 섬멸해야 한다. 우리는 그들을 바다에서 막아야 한다."[11]

로멜은 어디에 상륙하든 상관없이 연합군을 피투성이로 만들겠다며 계획을 세웠다. 우선 연합군이 "로멜의 아스파라거스"라고 부른 무거운 목제 기둥들을 수백 개 설치해 착륙하는 활공기를 산산조각 냄으로써 이들이 내륙 깊숙이 침투하지 못하도록 막으려 했으며, 연합군의 내륙 침공을 막기 위해 저지대를 침수시켰다. 그리고 연합군의 침공에 신속히 대응할 수 있도록 자신이 아끼는 판처 전차들을 해안 가까이 이동시켜달라고 히틀러에게 요청했다. 그러나 히틀러는 연합군이 상륙 지점을 드러낼 때까지는 이 치명적인 전차들을 파리 근처에 두는 것이 최선이라고 판단하여 로멜의 요청을 거부했다.[12]

한편 아이크는 군수 관리상의 문제들을 더욱 어렵게 만드는 정치적 과제들과도 씨름해야 했다. 가장 시급한 문제는 1940년 6월 함락되어 나치 통치하에 있는 프랑스를 어떻게 다룰 것인가였다. 아이크는 '자유프랑스운동' 지도자인 샤를 드골 장군만이 히틀러에게 대항하도록 프랑스인들을 결집시킬 수 있는 인물이라고 확신했다. 아이크는 또한 연합군에 정보를 제공하고 침공 개시 몇 주 전부터 사보타주 활동에 참여할 프랑스 레지스탕스의 도움도 필요했다. 그래서 그는 드골에게 프랑스 해방과 임시정부 수립에 도움을 달라고 간청했다. 전쟁을 수행하는 동시에 한 국가를 통치할 수 있을 만큼 충분한 병력을 보유하지 못했기 때문이었다. "당신의 도움이 필요합니다. 그래서 도움을 요청하러 왔습니다." 아이크는 드골에게 말했다.[13]

그러나 루스벨트는 연합군이 내세운 인물을 프랑스 국민들이 지도자로 절대 받아들이지 않을 것이므로, 드골을 지지하면 프랑스에 내전이 일어날 수도 있다며 드골과의 협력을 단호히 반대했다. 프랑스 국민만이 프랑스의 지도자를 선택할 수 있다는 것이 루스벨트의 주장이었다. 아이젠하워는 루스벨트가 드골을 무시하려고 해서 생긴 여러 곤란한 상황이 디데이 이전에 직면했던 가장 어려운 문제였다고 훗날 회고했다. 아이크는 몇 주 동안 루스벨트에게 재고해달라고 간청했지만 소용없었다. 그럼에도 아이크는 포기하지 않고 영국 총리 윈스턴 처칠에게 도움을 요청하기로 했다. 결국 루스벨트는 타협안에 동의했다. 드골은 레지스탕스가 아이크의 명령을 받도록 허용하고, 그 대가로 아이젠하워는 '자유프랑스군대'가 파리 해방에 참여하도록 허용하겠다고 약속했다.[14] 이 문제가 해결되는 전체 과정은 매력을 십분 발휘해 사람들을 자기 편으로 끌어들이는 아이크의 능력과, 그 방식이 통하지 않을 때는 관료의 우직함으로 의견을 관철하는 아이크의 역량을 대표적으로 보여준 사례다.

처칠이 드골을 둘러싼 뇌관을 제거하는 데 도움을 주었지만, 처칠 또한 아이크의 계획에 걸림돌이 되었다. 아이크는 독일군이 노르망디 지역에 지원군을 보내는 것을 막기 위해 프랑스 철도 시스템을 파괴하는, 이른바 '수송계획Transportation Plan'을 실행할 수 있도록 자신이 전략폭격부대를 지휘해야 한다고 주장했다. "두 개의 전략공군부대를 포함하여 연합군의 모든 공습 자원을 상륙작전의 주요 단계마다 가용할 수 있어야 했다."라고 아이크는 회상했다. 그러나 영국의 전략공군부대 지도자들은 오버로드 작전은 불필요하며 전략폭격만으로도 전쟁에서 승리할 수 있다고 믿었다. 그들은 프랑스 교통 시스템 폭격이나 노르망디의 독일군 진지를 겨냥한 사전 폭격보다는 독일의 인구 밀집 지역과 석유정제소 공격에 집중하고자 했다.[15]

아이젠하워는 상륙작전 초기에는 연합군이 10 대 1의 수적 열세에 놓일 것이므로, 작전 성공 가능성을 높이기 위해서는 공군력이 매우 중요하다는 사실을 알았다. 그러나 처칠은 전략폭격부대 지휘권 양도를 거부했다. 교착 상태가 계속되자 아이젠하워 장군은 처칠이 입장을 바꾸지 않는다면 자신은 "그냥 집으로 돌아가겠"다고 최후통첩을 보낼 수밖에 없었다. 전쟁 기간 동안 루스벨트나 처칠과 수십 차례 의견 차이가 있었으나, 아이크가 사임하겠다며 강경한 태도를 보인 것은 이때가 유일했다. 다행히 아이크의 강경한 태도가 돌파구를 마련했다. 아이크는 나중에 자신의 전기 작가 스티븐 앰브로즈에게 '수송계획'을 고집한 것이 노르망디 상륙작전 성공을 위해 자신이 한 "가장 큰 기여"였다고 술회했다.[16]

4월에 아이젠하워는 오버로드 작전의 주요 출발지인 포츠머스 외곽으로 사령부를 옮겼다. 상륙작전의 많은 세부 계획이 정해지자 아이크는 부대원들의 사기를 북돋우는 데 집중했다. 몇 주 동안 아이크는 26개 사단과 24개 비행장을 비롯해 병원과 기타 군사 시설들을 방문했다. 운전병으로서 아이크를 수행한 케이 서머스비는 이렇게 말했다. "그의 방문에는 허식이 전혀 없었어요. 아이크는 차에서 내려 그냥 병사들 사이로 걸어 들어갔죠. 병사들 무리 사이로 이동하며 가능한 한 많은 병사와 악수를 나누었어요. 모든 병사에게 몇 마디씩 말을 건넸고, 그들의 눈을 똑바로 바라보며 행운을 빌어주었죠." 그렇게 아이크는 수백 명의 병사들을 만났고, 가능한 한 많은 병사가 최소한 그의 모습이라도 볼 수 있도록 했다. 아이젠하워는 회고록에 이렇게 썼다. "병사들은 누가 작전을 지휘하는지 보고 싶어 한다. 아무리 소심하고 겸손한 지휘관이더라도 자기 모습을 부하들에게 보이고, 그들과 대화하며, 물리적 한계가 허락하는 범위 내에서 그들과 어울리는 그러한 지휘관의 의무에 눈감아서는 안 된다." 이처럼 자신의 모습을 병사들에게 솔직히 보여준 아이크였으나, 후에 서머스비에게는 이렇게 고백했다. "병사들의 눈을 똑바로 바라보기가 정말로 어려웠어. 내가 그들을 사지로 내보내야 했으니까 말이야."[17]

작전이 임박하자 압박감은 점점 커졌다. 아이크는 제대로 잠들지 못했고 담배를 더 많이 피워댔다. 부관 해리 부처의 5월 12일 기록이다. "사령관의 얼굴에 중압감이 묻어난다. 그를 보좌한 이래 지금처럼 나이 들어 보인 적이 없다." 비록 대외적으로는 자신감을 드러냈으나, 작전 준비에 예상보다 많은 시간과 에너지가 소모되자 아이크는 사석에서 우려를 표하기도 했다. 그는 상륙작전 직전에 이렇게 썼다. "무엇을 해야 할지 최종 결정을 내리는, 구체적이고 직접적인 책임을 지는 사람이 아니라면 이러한 부담의 강도를 이해할 수 없을 것이다."[18]

아이크는 상륙작전을 앞두고 두 가지 중대한 결정을 더 내려야 했다. 5월 29일의 정보 보고에 따르면 독일군은 미군 공수부대의 착륙 예정 지역에 병력을 보강하고 있었다. 그 정보가 맞는다면 공수부대원의 70퍼센트가 사망할 것이라고 추정하는 보고도 있었다. 아이젠하워는 그 정보 보고에 충격을 받았다. 그는 나중에 이렇게 말했다. "그보다 영혼을 괴롭히는 문제를 상상하기란 어려웠을 것입니다." 그는 막사에 홀로 앉아 이 문제를 놓고 거듭 고민했다. 무수히 많은 생명이 위험에 처할 수도 있는 상황이었다. 하지만 상륙작전에 필수적인 공수부대 투입을 취소하면 오버로드 작전의 성공 가능성이 심각하게 흔들릴 터였다. 결국 아이크는 일이 잘못되면 미군 공수부대원 수백 명의 불필요한 희생에 대한 책임이 돌아오리라는 사실을 감내하며, 공수부대 투입을 진행하기로 결정했다.[19]

6월 2일 아이크는 상륙작전을 수행할 연합국 원정군 대원들에게 성명을 발표했다. "여러분은 이제 지난 몇 달 동안 우리가 준비해온 위대한 성전을 시작하려 합니다. 전 세계가 여러분을 지켜보고 있습니다. 자유를 사랑하는 모든 이의 희망과 기도가 여러분과 함께할 것입니다. … 우리에게 필요한 것은 완전한 승리뿐입니다! 행운을 빕니다! 그리고 이 위대하고 숭고한 임무에 전능하신 하나님의 축복이 있기를 기도합시다.” 아이크의 성명은 무기를 들라는 명령이 아니라 간절한 애원이었다. 한 해군 병사는 자신의 중대장이 선내 방송을 통해 아이젠하워의 성명을 읽어주던 순간을 이렇게 회상했다. “정말 위대한 순간이었죠. 듣고 있던 모두가 소름이 돋았습니다.”[20]

6월 5일 침공을 위한 모든 준비가 완료되었다. 그러나 날씨가 문제였다. 6월 4일 이른 아침, 아이젠하워 장군은 “맥 빠지는” 기상 보고를 받았다. 낮은 구름과 강풍으로 항공 지원이 불가능하며, 파도가 높아 상륙이 위험하다는 보고였다. 작전 연기와 관련해 참모진의 의견이 나뉘었다. 아이젠하워가 어떤 결정을 내릴지 모두 지켜보아야 했다. 아이젠하워와 참모진이 다시 만난 6월 5일 새벽 3시 30분, 거센 바람에 폭우까지 쏟아졌다. 기상관은 아이크에게 계획대로 상륙을 강행하면 재앙으로 끝날 것이라고 말하면서, 다음 날에도 바람이 잠잠해지지 않으면 노르망디 해안의 조수가 낮아져 상륙이 가능해질 때까지 작전을 2주 연기해야 한다고도 했다. 이처럼 비관적인 보고를 받은 아이크는 다음 날인 6월 6일로 침공을 연기할 수밖에 없었다.

그러나 마지막 순간에 기상관이 “놀라운 발표”를 했다. 다음 날 아침부터 최대 36시간까지는 상대적으로 날씨가 좋을 것이라는 보고였다. 기상관의 말을 들은 아이크의 참모들은 환호성을 질렀다. “중년 아저씨들이 그렇게 좋아하는 모습은 처음 봤습니다.” 한 회의 참석자가 당시 분위기를 전했다. 하지만 최종 결정은 온전히 아이크의 몫이었다. 그는 참모들의 조언을 신중히 들으며 모든 참모의 의견을 저울질했다. 아이젠하워가 손깍지를 낀 채로 앉아 테이블을 응시할 때, 그 모습에 비친 “고립감과 외로움”을 본 한 장군은 깊은 인상을 받았다. 몇 분간의 침묵 후 아이크는 말했다. “작전을 개시해야 할 것 같다는 쪽으로 제 생각이 모이고 있습니다.” 다시 한번 깊은 생각에 잠긴 듯한 침묵이 흐르고, 아이크는 드디어 결정을 공식화했다. "좋소, 갑시다."[21]

그렇게 말한 다음 아이젠하워는 급히 보도 자료를 써 내려갔다. 세상에 공개되길 바라지 않으면서도 앞에 놓인 위험들에 관한 인식을 깊이 반영한 보도 자료였다. 보도 자료는 "우리의 상륙작전은 … 실패했으며 … 저는 군대를 철수시켰습니다."로 시작하여 "이번 작전에 어떤 잘못이 있다면, 그에 대한 비난은 온전히 저를 향해야 합니다."로 끝났다. 아이크는 혹시 모를 그 메모를 지갑에 넣었다.[22]

6월 5일 저녁, 아이젠하워는 프랑스에 가장 먼저 상륙할 미군 공수부대들을 방문했다. 그는 두 손을 주머니에 넣고 서서 거대한 대형을 갖추고 늘어선 항공기 편대를 음울히 바라보았다. 마지막 항공기가 이륙하는 순간, 한 기자가 아이젠하워를 흘끗 보았다. 아이크의 두 눈에 눈물이 가득했다.[23]

1944년 6월 6일 디데이 이른 아침, 연합군은 마침내 오래 지연되었던 제2전선 침공을 개시했다. 오버로드 작전은 함선 5000여 척, 항공기 1만 1000여 대, 그리고 17만5000명 이상의 병력이 투입된 역사상 가장 큰 규모의 상륙작전이었다. 암호명을 붙인 해변들을 향해 상륙정 선발대가 미군, 캐나다군, 영국군을 실어 날랐다. 골드, 주노, 소드 해변에 상륙한 영국군과 캐나다군, 그리고 유타 해변을 급습한 미군은 가벼운 저항에 부딪혔을 뿐이지만, 오마하 해변을 공격한 1만4000명의 미군 병사는 운이 좋지 않았다. 로멜 원수의 치밀한 계획에 따라 배치된 독일군의 기관총 사격과 포탄 공격이 장벽처럼 미군들을 가로막았고, 전투 개시 두 시간 만에 2000명 이상의 사상자가 발생했다. 한 참전자는 "뒤집혀 떠다니는 수천 개의 헬멧이 바다를 덮었다."라고 회상했다. 하지만 세 시간 후에는 몇몇 미군 병사들이 가까스로 해변 절벽을 기어올라 독일군 진지를 파괴하는 데 성공했다.

비록 노르망디 침공 계획의 모든 측면에 관여했지만, 작전이 일단 개시되고 난 후에는 전황이 어떻게 전개되는지 지켜보는 것 외에는 달리 할 수 있는 일이 없었다. 아이젠하워는 오전 내내 사령부를 이리저리 서성거리며 노르망디에서 보고가 올라오기만을 기다렸다. 9시 30분, 상륙에 성공했고 연합군이 다섯 개 해변 모두에 비록 불안정하나 교두보를 확보했다는 소식이 들어왔다. 그 소식을 듣고 아이크는 보도 담당 참모에게 신중하게 성명을 발표하라고 지시했다. "연합국 해군은 강력한 공군력의 지원 아래 오늘 오전 프랑스 북부 해안에 연합군을 상륙시키기 시작했다."[24]

해 질 녘이 되자 연합군은 히틀러가 구축한 대서양장벽에 8킬로미터가량의 틈새를 뚫어 다섯 개 해변 모두를 장악했다. 하지만 그 과정에서 1만 549명이란 엄청난 숫자의 병사가 희생되었다. 미군 6603명, 영국군 3000명, 캐나다군 946명이었다. 미군 역사상 남북전쟁의 앤티텀전투 이후 가장 큰 희생을 치른 하루였다.[25] 다음 날 아침 아이젠하워는 전황을 직접 파악하기 위해 교두보를 방문했다. 그는 "해변을 따라 순시하면서 주요 지휘관들과 협의할 기회를 가졌"다고 술회했다.[26]

노르망디 상륙작전의 성공으로 연합군은 처음으로 서유럽에 진입할 수 있었으나, 여름이 다 지나고 나서야 독일군의 방어선을 무너뜨릴 수 있었다. 9월에 파리를 해방한 연합군은 벨기에를 향해 진군했지만 전황은 다시 교착 상태에 빠졌다. 아이젠하워는 유럽에서의 전쟁이 크리스마스 전에 끝나기를 바랐지만 6개월을 더 질질 끌어야 했다.

1944년 12월의 독일군 공세를 일컫는 '벌지전투'는 아이젠하워의 지도력을 시험하는 마지막 무대였다. 히틀러는 연합군이 허술한 방어 전선을 치고 있던 아르덴숲으로 병력 25만 명을 투입했다. 연합군의 승리 가능성은 매우 낮았지만, 아이젠하워의 냉철한 지도력이 다시 한번 빛을 발했다. 전기 작가 스티븐 앰브로즈에 따르면 벌지전투는 "군사 지휘관 아이크에게 최고의 순간"이었다. 아이크의 참모장 월터 베델 스미스 중장은 아이크가 "엄청난 활력을 보이며 머뭇거리지 않고 행동했"다고 회상했다.

독일군의 공세는 연합군의 방어 전선에 돌출부bulge를 만들어냈지만 이 돌출부로 인해 오히려 독일군이 연합군의 역습에 취약해졌고, 그 결과 아이크는 히틀러를 상대로 전세를 뒤집을 수 있는 기회를 잡았다. 아이젠하워는 부관 해리 부처에게 이렇게 말했다. "독일군이 콘크리트 요새에 틀어박혀 있을 때보다 이렇게 공격해올 때 없애기가 더 쉽고, 우리 측 희생도 적다. 지금 쳐들어오는 독일군을 보다 많이 죽일수록, 파낼 독일군 콘크리트 요새가 그만큼 줄어들 것이다." 아이크의 판단은 옳았다. 전쟁 승리를 위한 히틀러의 최후 발악은 참담한 실패로 끝났다. 역사학자 윌리엄 히치콕은 이렇게 지적했다. "노르망디에서의 승리로 프랑스가 해방되었다면, 아르덴에서의 승리는 제3제국나치 독일을 몰락시켰다."[27]

연합국 측이 확실한 우위를 점하기 시작했을 때, 비극이 닥쳤다. 전쟁 기간 동안 나라를 이끌어온 지도자가 전쟁이 끝나는 것을 보지 못하고 세상을 떠난 것이다. 1945년 4월 12일 정오 무렵, 건강이 매우 좋지 않던 프랭클린 루스벨트가 조지아주 웜스프링스에 있는 자택에서 사진을 찍으려 하다가 갑자기 의자에 털썩 기대며 쓰러졌다. "머리가 너무 아파." 그가 중얼거렸다. 몇 시간 후 루스벨트는 부통령직을 맡은 지 3개월도 안 된 그의 후임자 해리 S. 트루먼에게 전쟁을 마무리하고 전후 세계 안보의 복잡한 과제들을 해결해야 할 거대한 임무를 남기고 숨을 거두었다.

루스벨트가 사망하고서 사흘 후, 연합군은 독일 수도에서 서쪽으로 약 80킬로미터 떨어진 엘베강까지 진격해 동쪽에서 진격해온 러시아군과 합류했다. 소비에트군이 베를린을 포위해오자, 히틀러는 4월 30일 연인 에바 브라운과 결혼식을 올린 후 그녀를 먼저 총으로 쏘고 자신도 쏘았다. 히틀러가 마침내 사라지자 새 독일 정부는 연합군 사령부에서 무조건 항복한다는 문서에 서명할 수밖에 없었다. 아이크는 그 역사적 순간을 알리려 워싱턴에 전보를 보냈다. 평소와 다름없는 담담한 어조였다. "연합군의 임무는 1945년 5월 7일 현지 시각 오전 2시 41분에 완수되었습니다."

아이젠하워는 중간급 장교로 제2차 세계대전에 참여했지만, 전쟁이 끝날 때는 그가 보여준 승리를 위한 결단력과 헌신으로 전 세계적으로 찬사를 받는 세계적 지도자로 부상했다. 전쟁을 치르면서 아이젠하워는 가장 어려운 상황에서도 자신감을 보이고 침착함을 유지하면서, 전략적 우선순위를 설정하고 까다로운 인물들을 관리하며 어려운 결정을 내리는 방법을 터득했다.

아이젠하워 장군은 존경받는 국가적 영웅이 되어 고국으로 돌아왔다. 6월 19일, 아이젠하워가 뉴욕 5번가를 따라 색종이 테이프 세례를 받으며 카퍼레이드를 펼칠 때는 400만 명이 넘는 사람들이 그를 환영하기 위해 거리로 쏟아져 나왔다. 뉴욕 시장은 이날을 "아이젠하워의 날"로 선포하고 시 공무원들의 휴일로 정했다. 축제 분위기에도 불구하고 아이젠하워는 시청에서 연설을 하며 사뭇 침울한 어조로 말했다. "정규군 장교만큼 평화주의자는 없을 것입니다. 전장의 참혹함을 목격할 수밖에 없는 사람, 그리고 시신 매장팀이 처리해야 하는 전장에 남겨진 섬뜩한 형체들을 살펴야 하는 사람이라면 전쟁을 원하지 않을 것입니다. 절대로 말입니다." 그가 백악관까지 가져갈 메시지였다.[28]

*

1944년 5월 아이젠하워가 오버로드 작전 개시를 앞두고 있을 때, 해군 소위 조지 부시가 배속된 샌저신토호는 할시 제독이 지휘하는 제3함대의 신속항공모함 기동부대TF-38에 편제되어 연합군의 태평양 도서 점령 작전에 합류했다. 샌저신토호가 속한 제3함대는 함대항모, 전함, 중순양함, 구축함을 포함하여 거의 80척의 함선으로 구성된, 일부 추정에 따르면 한 곳에 집결한 역사상 가장 큰 규모의 함대였다. 부시는 하와이 서쪽 4000킬로미터 지점에 있는, 진주만 공습 당시 일본군에게 점령된 웨이크섬을 탈환하기 위한 연합군 작전에 투입되어 초기 비행 임무를 수행했다.[29]

부시에게 주어진 첫 번째 비행 임무는 태평양 상공을 낮게 비행하며 적 잠수함을 찾아내는 것이었으나, 그 첫 임무 이후 몇 주 동안은 일본군 통신소를 폭격하는 작전에 참여했다. 부시는 '바버라'라고 이름 붙인 항공기를 몰며 근래에 시작한 사진 정찰 임무도 수행했다. 부실한 정보를 받은 미 해병대가 요새화된 일본군 진지를 제대로 파악하지 못해 일본군에게 계속 큰 피해를 보자, 같은 참상이 반복되지 않도록 더 정확한 사진 자료를 요구했던 것이다. 부시는 버지니아주 노퍽에서 항공사진 촬영의 기초를 배운 바 있었고, 그의 비행 임무 중 일부는 항공사진을 촬영하여 진주만에 있는 합동정보센터로 보내는 것이었다.[30]

자신의 스무 번째 생일이던 6월 12일, 부시는 두 동료 승무원인 기총수 리오 W. 나도와 통신수 존 딜레이니와 함께 사이판 남쪽 해안에 있는 일본군 공군기지를 폭격하는 작전에 참여했다. 사흘 후 예정된 상륙작전에 대비해 일본군의 방어 능력을 약화시키기 위한 것이었다. 부시에게 주어진 명령은 연료 저장소와 무선 지휘소에 220킬로그램가량의 폭탄 네 발을 투하하는 것이었다. 대공포 사격을 가까스로 피해 모든 폭탄을 투하했으나 목표 지점에 정확히 떨어뜨리지는 못했다. 무선 전선 일부가 일시적으로 끊겼지만 일본군은 그날 중으로 복구해냈다. 부시는 자신의 폭격기를 호위한 열두 대 전투기 중 한 대가 일본군의 대공포에 피격당해 산산조각 나는 모습도 무력하게 지켜봐야 했다.[31]

부시의 사령관은 생일을 축하하라고 부시에게 그날 오후 근무를 빼주었지만, 부시는 다음 날 새벽 사이판의 일본군 요새들을 공습하는 작전에 참여하기 위해 조종석에 다시 앉았다. 그러나 항공기에 유압 문제가 발생하여 작전에 참여할 수 없었다. 이처럼 연속된 불운에도 굴복하지 않고 며칠 후 부시는 다시 하늘로 올라가 일본이 괌 기지에 보급품을 수송하는 데 사용하던 로타섬 공습에 참여했고, 사이판에 대한 또 다른 폭격 작전도 수행했다.[32]

이즈음 일본은 주력 항공모함 전단을 보내 미군 함대를 추적해 파괴하려 했다. 6월 19일 아침, 샌저신토호를 향해 날아오는 약 400대의 적기가 레이더에 포착되었다. 부시와 그의 동료 승무원들은 이륙하기 위해 급히 갑판으로 달려갔다. "우리 항공기는 캐터펄트항공기 사출 장치에 고정되어 있었

으므로 갑판 이륙 대신 캐터펄트의 도움을 받아 이륙해야 했습니다." 나도
가 회상했다. 그들이 이륙을 기다리는 동안 일본 제로기들이 상공에서 떼
를 지어 몰려들었다. 샌저신토호의 선수가 바람 방향을 향하지 않았기 때
문에 캐터펄트의 도움을 받아 이륙할 때까지 부시와 승무원들은 바버라
안에 앉아 기도할 수밖에 없었다. "아찔한 순간이었습니다." 나도가 회상했
다. 일본의 전투기 편대가 지나간 후 샌저신토호는 바버라를 하늘로 사출
했다.[33]

약 460미터 고도로 상승하던 중, 날아다니던 파편 조각이 바버라의 오
일 라인을 끊어버렸다. 부시가 인터콤으로 알렸다. "오일 압력이 떨어지고
있다. 오일 라인에 파편이 박힌 것 같다." 모함으로 돌아갈 여유가 없었으므
로 부시는 승무원들에게 바다에 불시착하겠다고 말했다. "몇 초 뒤 부시가
멋지게 수상 착륙을 했습니다." 나도의 회상이다.[34]

바버라가 바다 위에 떠 있는 동안, 부시는 날개 위로 기어 나와 항공기
짐칸에서 구명보트를 꺼냈다. 세 사람은 구명보트에 올라타 가라앉는 바버
라에서 멀어지기 위해 노를 젓기 시작했다. "우리는 고무 구명보트에 올라
탔고, 딜레이니와 나는 〈오버 더 바운딩 메인〉을 부르기 시작했죠." 나도의
기억이다. 그러나 부시는 재미있어하지 않았다. "너희들 좀 조용히 해. 우리
가 여기서 놀고 앉았다고 생각할지도 모르잖아." 한 시간 후, 근처에 있던
구축함이 그들을 구조했다. 며칠 후 그들은 항공모함으로 돌아갈 수 있었
다.[35]

연합군이 시시각각 본토를 향해 다가오자, 도쿄 당국은 치치지마를 마
지막 저항선으로 설정하고 결전을 벌이기로 했다. 치치지마는 이오지마에
서 북쪽으로 240킬로미터, 본토에서는 불과 800킬로미터 떨어진 소규모 전
초기지였다. 8월까지 1만5000명의 일본군이 치치지마섬에 집결했다. 연합
군의 공격에 맞서기 위해 일본군 지휘부가 황실 대공포부대까지 보내면서
치치지마는 사실상 요새가 되었다.[36]

8월 1일 화요일 아침, 부시는 다음 임무를 통보받았다. 부시의 폭격 목

표는 도쿄에서 남태평양 공군기지들로 향하는 조종사들을 안내하는 고주파 무선 시설이자 요아케산의 전체 군사 시설을 위한 전력 생산기지인 아사히기지 6이었다. 무선 송신탑은 해발 300미터가 넘는 요아케산에 있었다. 산 정상과 경사면을 덮은 고출력 안테나 탑들을 수십 개의 대공포와 레이더 시설이 보호하고 있었다. 부시의 임무는 미 해병대가 펠렐리우섬 상륙 작전을 개시하기 전에 그 송신 시설을 파괴하는 것이었다. 그날 아침, 부시는 맹렬한 대공포화를 피하려 애쓰며 폭탄을 투하했지만, 모두 목표를 빗나가고 말았다. "그 섬의 대공포화는 정말 최악이었습니다." 나도는 회상했다.[37]

다음 날인 8월 2일 수요일 새벽, 부시는 샌저신토호의 작은 대기실로 다시 들어갔다. 그에게 내려진 지시는 간단명료했다. "주 목표는 아사히기지 6이다."[38]

작전 지시가 끝나자, 윌리엄 가드너 "테드" 화이트 중위가 부시에게 다가왔다. 부시보다 여섯 살 많은 예일대 졸업생 테드는 바버라에 탑재된 무기 정비 담당이었다. 실제 전투에서 무기들이 어떻게 작동하는지 직접 보고 싶었던 그는 지난 몇 주 동안 부시에게 다음 비행에는 원래 기총수인 나도 대신 자기를 데려가달라고 간청하고 있었다.[39]

"오늘 목표는 뭔가, 조지?" 화이트 중위가 물었다.

"치치지마에 있는 무선 기지입니다."

"우리가 오늘 늦게 여길 떠날 예정이거든. 이번 비행이 아니면 자네랑 영영 함께 비행하지 못할 것 같은데…." 화이트 중위가 물었다. "오늘 같이 가는 거 어때?"

"오늘 임무는 상당히 위험할 텐데요." 부시가 경고했지만 화이트 중위가 계속 조르자 결국 부시도 동의했다.

오후 7시 15분, 220킬로그램가량의 폭탄 네 발을 탑재한 어벤저가 네 대의 F6F 헬캣 전투기와 함께 항공모함에서 이륙해 목표 지점을 향해 114킬로미터 거리 비행에 나섰다. 부시는 필요 시 재빠르게 참조하기 위해 목표 접근 지도를 끈으로 묶어 무릎에 고정해놓았다. 비행 중 부시의 편대는 USS 엔터프라이즈에서 출격한 열두 대의 헬캣 전투기가 호위하는 편대와 합류했다.[40]

옅은 안개와 연기를 뚫고 한 시간을 날아간 폭격기들이 목표 지점에 도달했다. 먼저 편대장 돈 멜빈과 그의 윙맨 더그 웨스트가 목표를 향해 급강하해 무선 기지와 인근 건물들에 폭탄 여덟 발을 모두 투하했다. 그러나 부시의 차례가 되었을 때는 일본군 대공포들이 바버라를 조준하고 있었다. 부시는 바버라의 속도를 높여, 마치 거꾸로 서 있는 듯한 느낌이 들 정도로 가파르게 곧바로 송신탑을 향해 급강하했다. 대공포에서 나오는 검은 연기가 때때로 시야를 가렸지만, 부시는 자신의 목표를 잃지 않았다. "사방에서 폭발이 일어나 무시무시한 검은 연기 덩어리들이 떠다녔죠." 부시는 작가 제임스 브래들리에게 이렇게 말했다. "몸은 바짝 긴장되지만 어쩔 수 없어요. 피할 수 있는 상황이 아니니 그냥 익숙해질 수밖에요. '내 임무이니 해내야 한다.'라고 속으로 되뇌죠." 그리고 부시는 덧붙였다. "맞아도 누군가 다른 사람이 맞을 것이라고 항상 생각했죠."[41]

갑자기 섬광이 번쩍하더니 폭발이 일어났다. "비행기가 앞으로 밀려났고 불길에 휩싸였습니다." 부시가 회상했다. "우리는 아마 시속 305킬로미터 속도로 추락하고 있었을 겁니다. 엔진에서 연기가 올라왔고 계기판도 볼 수 없었어요. 불길이 날개를 따라 연료 탱크까지 번져갔죠. '이거 정말 큰일인데.'라고 생각했습니다. 하지만 제가 해야 할 일이 무엇인지 생각했죠. 그건 바로 폭탄을 투하하고 거기서 빠져나오는 것이었습니다."[42]

연기로 인해 거의 앞을 볼 수 없었지만 부시는 폭탄 네 발을 모두 투하하는 데 성공했다. 그의 편대장은 이렇게 기록했다. "부시는 계속 급강하하여 무선 기지에 폭탄을 투하해 상당한 타격을 가했다. 이후 치치지마섬을 벗어나기 위해 동쪽으로 급선회했는데, 엔진을 감싼 연기와 불길이 기체 뒤쪽으로 번져갔고 기체는 고도를 잃어갔다."[43]

항공모함까지 돌아갈 수 없다는 것을 직감한 부시는 포로가 되지 않기 위해 가능한 한 그 섬에서 멀리 벗어나야겠다고 생각했다. 바다에 불시착하는 것도 고려했으나 불길이 너무 빨리 번지고 있어서 낙하산을 타고 비상착륙하는 수밖에 없었다. 탑승한 세 명 모두 각자의 공간에 갇혀 서로를 볼 수 없었기 때문에 인터콤으로 소통해야 했다. 부시는 인터콤에 대고 소리치며 화이트와 딜레이니에게 탈출하라고 명령했다. "낙하산 탈출! 낙하산 탈출!"[44]

응답이 없자 부시는 두 사람이 이미 탈출했다고 생각했다. 기체가 거대한 불덩어리가 되어 폭발하기 전에 이제 자신이 빠져나올 차례였다. 그는 침착하게 기체를 수평으로 맞추고, 헤드셋을 벗고, 안전벨트를 풀고 밖으로 몸을 내던졌다. "안전벨트를 풀고 꼬리날개에 부딪히지 않으려고 제 몸을 멀리 아래쪽으로 힘껏 던졌어요. 그런데 줄을 너무 빨리 당겨서 꼬리날개에 머리를 부딪히고 말았죠." 그러면서 낙하산도 일부 찢어졌다.[45]

부시는 빠른 속도로 바다를 향해 추락했지만 정신을 잃지 않고 해수면 약 6미터 상공에서 낙하산을 펼쳤다. 그는 물로 떨어지는 순간에도 조종사들이 종종 낙하산에 얽혀 익사한다는 사실을 기억했다. 부시는 옷과 신발의 무게 때문에 몸이 물에 가라앉자 구명조끼를 부풀릴 수 있을 때까지 물 위에 떠 있으려고 필사적으로 발버둥 쳤다. 머리 상처에서 피가 흘러내렸다. 구명보트가 비행기에서 함께 떨어져 지금 있는 곳에서 15미터 떨어진 수면 위에 떠 있다는 사실은 알 수 없었다. 헬캣 전투기 한 대가 급강하하여 한쪽 날개로 큰 소파 쿠션 크기의 노란색 1인용 구명보트를 가리켰다. 부시는 그쪽으로 헤엄쳐 가서 구명보트를 부풀린 후 힘겹게 올라탔다.[46]

그 순간 부시는 잠시 자신이 처한 상황을 평가해보았다. 희망적인 상황은 아니었다. 치치지마섬에서 북동쪽으로 약 6킬로미터 떨어진 곳에 추락했고, 구명보트에 부착된 작은 물통은 깨져 있었다. 바람이 치치지마섬 쪽으로 구명보트를 밀어내고 있었지만 자신은 그저 노도 없는 구명보트에 무력하게 앉아 있을 뿐이었다. 그러나 "섬이 제 눈에 들어오는 순간 손으로 노를 젓기 시작했어요. 구명보트 앞쪽으로 몸을 기울여 있는 힘껏 저었습니다.”

부시는 침착하려 노력했지만 상황은 끔찍했다. 당시 일본군의 잔혹 행위에 관한 소문이 함대 전체에 퍼져 있었는데, 그중에는 격추된 비행기에서 탈출한 연합군 조종사의 인육을 먹는다는 얘기도 있었다. 조종사들이 그러한 운명을 겪는 것을 막기 위해 미 해군은 공습 목표로 삼은 각 섬 근처로 잠수함을 보내 조종사들을 구조하는 임무를 수행하기도 했다. 설상가상으로 부시는 구명보트로 헤엄쳐 가면서 바닷물을 여러 차례 삼켰고, 고깔해파리에게 팔이 물려 욱신거리기까지 했다. “울었습니다.” 부시는 후에 인정했다. “저는 당시 스무 살이었고, 엄청난 충격에 빠져 있었어요. 불타는 비행기에서 탈출해 살아남았지만 망망대해에서 완전히 혼자였고, 과연 살아남을 수 있을지 자신도 없었어요.”[47]

자기 목숨이 위태로운 상황에서도 부시는 화이트와 딜레이니를 생각하지 않을 수 없었다. 다른 구명보트가 없는지 주변을 살펴보았지만 흐린 하늘과 일렁이는 파도가 시야를 가렸다. 자신이 탈출 명령을 내리기 전에 이미 두 사람이 탈출했을 것으로 생각했지만 확신할 수는 없었다.

한편 상공을 선회하며 공중엄호를 하던 더그 웨스트는 해변의 일본군이 부시를 잡으려고 보트에 올라타는 모습을 보았다. “그 작은 보트들이 부시를 향해 가는 것을 보고 ‘아, 이제 부시는 끝이구나.’라고 생각했습니다.” 기총수 찰스 바이넘은 그때를 기억했다. “하지만 바로 그 순간 내가 탔던 폭격기의 조종사 밀트 무어와 옆에 있던 또 다른 폭격기 조종사 멜빈이 나섰습니다. 두 비행기가 급강하하여 일본군 보트들을 향해 기총소사해서 그들을 쫓아냈죠.” 기록에 따르면 두 조종사는 1460발의 기관총 탄환을 발사해 일본군을 가까스로 물리쳤다. 그러나 그들도 마냥 그렇게 부시를 보호할 수는 없었다. 연료가 떨어지고 있었으므로 항공모함으로 돌아가야 했던 것이다. 편대장 멜빈은 그러한 비상사태에 대비해 대기 중이던 구조 잠수함 USS 핀백에 부시의 위치를 무선으로 전달하고 모함으로 돌아갔다.[48]

두 항공기가 모함으로 돌아가자 다시 한번 적지에 혼자 남은 부시는 물결을 따라 흔들리는 작은 구명보트에 몸을 맡기고 있었다. 갈증으로 죽거나, 아니면 일본군에게 붙잡힐 상황이었다. 하지만 부시는 살아남겠다는 일념으로 몰려오는 공포를 몰아냈다. 살아남겠다는 일념은 해안으로 휩쓸려가지 않기 위해 있는 힘껏 손으로 노를 젓는 행동으로 나타났다.[49]

그렇게 거의 세 시간 동안 사투를 벌인 부시의 시야에 기적처럼 무언가가 들어왔다. 구조 잠수함 핀백호의 함교였다. 100미터에 달하는 길이에 두 개의 강력한 디젤엔진을 자랑하는 핀백호는 미 함대를 통틀어 가장 크고 빠른 잠수함이었다. "처음에는 제가 헛것을 본 건 아닌지 의심했어요." 수년이 흐른 후 부시는 이렇게 회상했다. "잠수함이 맞다는 결론에 이르자 이번에는 일본 잠수함일지도 모른다는 두려움이 밀려들더군요. 정말 운 좋은 상황이 아니라면 미국 잠수함일 것이라고 믿기 어려운 상황이었으니까요." 그러나 갑판에 선 미군 병사들을 본 부시는 자신이 구조되었다는 사실을 깨달았다. 네 명의 수병이 물에 뛰어들어 부시를 향해 헤엄쳤다. 그들은 깡마르고 키가 큰 미래의 대통령을 구명보트에서 끌어내 핀백호로 올렸다.[50]

잠수함 전속 사진사 빌 에드워즈 소위가 시네코닥 8밀리 무비카메라를 들고 갑판에 서서 후세에 남길 그 역사적인 순간을 촬영했다.[51]

"승선을 환영합니다." 어뢰병 2급 부사관 돈 콜러가 말했다.

"승선하게 되어 기쁩니다." 부시가 답하자 다시 콜러가 말했다.

"아래로 빨리 내려가시죠. 함장님이 여기서 빨리 벗어나고 싶어 하십니다."[52]

부시는 포로로 잡히거나 죽을 수도 있던 위기를 가까스로 모면했다. 몇 군데 작은 상처와 멍만 남았을 뿐이나 정서적으로는 불안했다. 두 명의 동료 승무원 모두 항공기 추락 시 사망했다는 사실을 알게 된 것이다. 다음 날 부시는 부모에게 "육체적으로"는 괜찮지만 "마음은 괴롭"다며 "그럴 만한 일이 있었"다고 편지를 썼다. 부시는 실종된 동료들의 죽음에 대해

"고통스러울 정도로 커다란 책임감"을 느꼈다. 부시는 편지에 이렇게 썼다. "시간이 흘러 모든 것이 바뀌면, 그때나 다른 시각으로 바라볼 수 있겠죠." 이 죄책감은 수십 년간 부시를 따라다니며 그에게 전쟁의 참혹함을 일깨워주는 역할을 했다. 부시는 수십 년이 흐른 후에도 "항상 그 두 사람을 생각"한다고 전기 작가 제프리 엥겔에게 말했다.[53]

핀백호가 임무를 수행하는 동안 부시는 30일을 그 잠수함에 갇혀 지내야 했다. 그 20세 청년은 겉으로는 밝고 유쾌한 척했지만 혼자만 생존했다는 죄책감에 시달렸다. 그는 사고 순간을 머릿속에 계속 떠올리면서, 자신이 두 동료를 구하기 위해 할 수 있는 모든 일을 했는지 끊임없이 자문했다.

잠수함에 갇혀 지내는 동안에도 부시는 계속 위험한 순간을 맞았다. 일본 함선들이 핀백호에 두 차례나 치명적인 폭뢰를 투하했던 것이다. "우리는 그냥 배 안에 조용히 앉아 있었어요." 부시는 회상했다. "그 경험이 폭격 비행보다 훨씬 무서웠어요. 적어도 비행기에서는 어느 정도 스스로 운명을 결정할 수 있거든요. 연기 덩어리가 날아오는 걸 볼 수도 있고, 문제가 뭔지도 알 수 있죠. 그러나 물속에서는 적이 우리 머리 위로 폭탄을 떨어뜨리지 않기만을 간절히 기도하는 일 말고는 할 수 있는 게 없어요. 잠수함 승무원들은 그리 두려워하지 않더군요. 이미 여러 번 겪어본 일이었기 때문이겠죠. 하지만 저는 어떤 무력감 같은 걸 느꼈어요. 맡은 임무가 없어서 더욱 그랬을지도 모르죠. 폭발이 있고 나면 다음 폭발을 기다리는 것밖에 할 수 있는 일이 없었으니까요. 때로는 폭발로 잠수함이 산산조각 날 것 같은 느낌도 들었어요. 갇혔다는 느낌 때문에 늘 두려웠습니다. 제 비행기가 총격을 당할 때보다 훨씬 무섭더군요."[54]

핀백호에서 30일을 보낸 부시는 휴가를 받아 집에 갈 수도 있었으나 비행대로 다시 돌아가기를 원했다. 추가 훈련을 받은 부시는 해군 수송기를 타고 괌으로 향했고, 거기서 자기가 배속된 항공모함에 합류할 예정이었다. 그런데 샌저신토호가 필리핀 레이테섬 근해에서 작전을 수행하고 있었기 때문에 11월 2일이 되어서야 합류할 수 있었다. 그때부터 부시와 그의 새 승무원들에게는 마닐라만 주변의 일본군 군사 거점들이 폭격 목표가 되었다.

1944년 11월 13일 월요일에 마지막 비행 임무를 수행한 부시는 30일간의 휴가를 받아 집으로 돌아갔다. "1944년 12월 24일 크리스마스이브에 집에 도착했어요. 그보다 더 완벽한 각본 아래 이루어진 가족과의 재회는 없었을 거예요."라고 부시는 회상했다. "눈물과 웃음, 포옹, 기쁨, 가족의 사랑과 온기가 크리스마스 분위기 속에 가득했습니다." 크리스마스 이후에도 축하 분위기는 계속되었다. 2주 후, 그와 바버라는 뉴욕 라이에 있는 제1장로교회에서 결혼식을 올렸다.[55]

버지니아주 버지니아비치에서 일본 본토 침공에 대비한 훈련을 받던 중, 부시는 바버라와 함께 전쟁이 끝났다는 소식을 들었다. "집으로 돌아가는 길에 근처 교회에 들렀는데, 전쟁 종료에 감사하고 전쟁에서 목숨을 잃은 이들을 기리는 사람들로 가득했어요. 4년 만에 드디어 전쟁이 끝났으니까요." 부시는 1945년 9월 18일 자로 해군에서 공식 전역했다. 1228시간의 비행, 126회의 항공모함 착륙, 58회의 비행 임무를 기록한 후였다.[56] 부시는 용맹함을 인정받아 비행공로십자훈장을 받았다.

부시는 그다지 사색적인 사람이 아니어서 전쟁이 끝나자 자기 생활을 이어 나갔다. "조지 오빠는 인생을 장章별로 살아가요." 그의 여동생 낸시가 말했다. "전쟁이 끝났으니 지나간 장처럼 전쟁을 뒤로했죠. 어떤 사람들은 그렇게 하는 데 어려움을 겪지만 오빠는 그렇지 않았어요."[57]

제2차 세계대전에서의 군 복무는 케네디를 변화시킨 것처럼 부시도 변화시켰다. 조종사로서 보낸 시간과 핀백호에서 지낸 시간은 부시의 향후 인생을 결정지은 중요한 순간들이었다. 부시는 수년 후 회상했다. "나이가 들어가면서 지금의 나를 만든 지나온 발걸음을 되짚어보면, 특별한 통찰의 순간들이 이정표가 됩니다. 핀백호에서 보낸 낮과 밤들이 제게는 그런 순간들이었어요. 아마 가장 중요한 순간이었을 겁니다." 부시는 그 경험 덕분

에 "전쟁과 평화를 냉철하게 이해"하게 되었다고 인정했다.[58]

해군에 입대하기 전 자신의 삶을 "보호받은 삶"으로 규정한 부시는 "세상을 보는 눈이 좁았고" 18세의 나이에 어울리지 않게 "사람들을 다소 도덕적으로 재단하는 경향이 있었"다고 고백했다. 하지만 전쟁은 그를 한 사람의 남성으로 성장시켰고, 다양한 계층과 상이한 지역 출신 사람들과 어울리도록 했다. 전쟁의 시련을 겪으면서 부시는 연합군이 내건 대의의 정당성과 유비무환의 중요성을 더욱 확신했지만, 동시에 전쟁으로 치러야 하는 고통스러운 대가가 무엇인지도 깨달았다. 부시는 훗날 군 복무를 통해 "죽음이란 것이 진정으로 무엇인지" 배웠다고 밝혔다.[59]

백악관에 입성한 후에도 전쟁에서 얻은 고통스러운 교훈들은 부시의 뇌리에 남았다. 아이젠하워와 케네디처럼 부시 역시 전쟁의 참상을 너무나 잘 이해하고 있었으므로, 때로는 미국의 국가 이익 수호에 대한 의지를 굽혀야 했다. "우리의 자녀들을 파나마로, 그리고 후에는 중동으로 보내야 하는 결정을 해야 했을 때 저는 전투에서 직접 겪은 경험과 총격을 당하는 느낌이 어떠했는지를 떠올렸습니다." 부시는 회상했다. "우리가 군대 파병을 논의하고 예상되는 인명 피해를 추산할 때, 그런 기억들이 끊임없이 제 머릿속을 맴돌았죠." 부시가 제2차 세계대전 이후의 세계를 인간적으로 이해하는 데 도움을 준 것은 다름 아닌 전쟁의 비인간성이었다.[60]

*

부시가 마지막 비행 임무를 수행한 지 얼마 되지 않은 1944년 12월, 불 할시 제독이 이끄는 항공모함 기동부대는 필리핀 동쪽 해역에 정박한 채로 일본이 점령한 레이테섬을 탈환하는 작전을 벌이고 있는 더글러스 맥아더 장군의 부대를 공중엄호하고 있었다. 조지 부시가 근무했던 샌저신토호와 제럴드 포드가 근무했던 몬터레이호 모두 이 대함대에 배속된 경항공모함들이었다. 당시 부시는 30일간 휴가를 얻어 고향에 있었지만, 포드는

역사상 가장 강력한 태풍의 눈 속에 있었다.[61]

12월 17일 오전, 기상이 악화하였으나 할시 제독은 "열대지방의 대기 요란" 정도로 가볍게 생각하고 크게 걱정하지 않았다. 당시의 기상예보관에게는 태풍을 식별하고 추적할 방법도 없었지만, 그 태풍은 특히 예보관들을 현혹했다. 강하지만 소형이었던 그 태풍은 얼마나 무서운 태풍으로 변할지 사전 징조를 거의 보여주지 않았다. 제독은 혹시 모를 위험에서 함선들이 벗어나도록 몇 차례 시도했지만, 오히려 함선들은 20미터 높이의 거대한 파도와 시속 233킬로미터의 강한 바람을 동반한 태풍의 진로상에 놓이고 말았다. 오후가 되자 승무원들과 전투기들이 함선 갑판에서 휩쓸려 나가고 있다는 보고가 제독에게 올라오기 시작했다.[62]

그러한 상황은 아이들 장난감처럼 거대한 파도에 제 몸을 맡긴 채 위아래로 까닥거리는 몬터레이호와 같은 경항공모함들에는 특히 치명적이었다. 몬터레이호의 함장 스튜어트 잉거솔은 할시 제독에게 연락하여 태풍을 피해 항로를 변경하도록 허가해달라고 요청했지만, 할시 제독은 오히려 거친 바다가 항해술을 연습할 기회를 줄 것이라며 잉거솔의 요청을 묵살했다.[63]

저녁을 거쳐 밤을 지내면서 상황은 계속 나빠졌다. 자정부터 새벽 4시까지 함교에서 당직 장교로 근무한 포드는 바다에서 보낸 18개월 동안 그렇게 큰 파도를 본 적이 없다고 술회했다. 근무 시간이 끝나자 포드는 갑판 아래로 내려가 자기 침대로 들어갔다. 한 시간도 채 지나지 않아 함장이 전투 준비 명령을 내렸고, 연기 냄새를 맡은 포드는 벌떡 일어났다. 포드가 함교로 달려가는 중 거대한 파도가 함선을 강타하여 배가 좌현으로 25도 기울었다. 포드는 갑판에서 넘어져 "마치 썰매를 타듯" 약 20초 동안 33미터 너비 갑판 위를 가로질러 미끄러졌다. "정말 간담이 서늘했어요." 포드는 후에 고백했다. "바다로 떨어지고 있었으니까요."[64]

천만다행으로 포드는 갑판 주위를 둘러싼 5센티미터 높이 강철 턱 덕분에 살 수 있었다. 도구들이 바다로 미끄러져 떨어지는 것을 방지할 목적으로 설치된 그 턱이 그날 밤 미래 대통령의 생명을 구한 것이다. 그 턱에 걸려 가까스로 멈춘 포드는 균형을 되찾고 무릎을 세워 일어나 힘겹게 갑판 위 좁은 통로로 향했다. 위험천만한 상황이었지만 포드는 개의치 않으며 몸을 돌려 다시 함교로 조금씩 전진했다. 포드는 수년 후 이렇게 회상했다. "사실 좁은 통로를 따라 두 번째로 함교로 갈 때는 정말 조심했습니다."[65]

포드가 함교에 도착하자마자 잉거솔 함장이 상황을 설명해주었다. 격납고 갑판에 있던 일부 항공기들의 고정 장치가 풀려 항공기끼리 부딪치면서 불이 나고 있었다. 전날 밤 잉거솔 함장이 모든 항공기의 연료를 빼내라는 현명한 명령을 내렸음에도 남은 연료에 불이 붙었던 것이다. 설상가상으로 엔진실과 보일러실에 신선한 공기를 공급해야 할 환기 시스템이 오히려 치명적인 검은 연기를 내뿜어 엔진실과 보일러실에서 근무하던 수병 한 명이 사망했고, 나머지 서른세 명도 질식당할 위험에 처해 있었다. 네 개의 보일러 중 세 개가 돌볼 인원이 없어 작동을 멈춘 상태였다. 나머지 한 개의 보일러마저 멈춘다면 화재 진압에 필요한 호스의 수압도 떨어질 상황이었다.[66]

몬터레이호가 그 상황을 견뎌낼 수 있을 것 같지는 않았다. 인근 함정의 관측병이 화염과 짙은 연기에 휩싸인 몬터레이호를 보고 "몬터레이호는 끝난 듯하다."라고 무선으로 보고했다. 마침내 상황의 심각성을 인지한 할시 제독은 잉거솔 함장에게 함선을 포기하라고 지시하면서, 생존자 구조를 위해 순양함 두 척과 여러 구축함을 몬터레이호 옆으로 이동시키라고 명령했다. 그러나 잉거솔 함장은 아직 포기할 생각이 없었다. 포드는 잉거솔 함장이 무전기에 대고 하는 소리를 들었다. "시간을 더 주십시오. 문제를 해결할 수 있을 것 같습니다." 그리고 포드를 향해 돌아서더니 몬터레이호를 구조해낼 힘에 겹고 벅찬 임무를 맡겼다.[67]

포드는 일말의 주저함도 보이지 않고 방독면을 착용한 후 소방대를 이끌고 함교 아래로 내려갔다. 그의 첫 번째 임무는 부상자들을 구출하는 것이었다. 그중 일부는 의식도 잃은 상태였다. 포드는 불타는 항공기들이 "새장에 갇혀 공포에 질린 새들처럼 격납고 갑판 위에서 이리저리 움직이고 있었"다고 묘사했다. 포드와 소방대원들은 그 아수라장을 정리하기 위해 끈질기게 싸웠다. 연기에 질식하거나 화상을 입은 소방대원은 다른 대원으로 교체됐다. 약 40분 후 소방대원들은 화재를 진압하고 네 번째 보일러를 살려냈다. 오전 4시 41분, 잉거솔 함장이 무전을 보냈다. "화재 진압 성공."[68]

그렇지만 몬터레이호는 아직 위험에서 완전히 벗어나지 못한 상태였고, 그 이후로도 일곱 시간 동안 태풍을 버텨내야 했다. 다음 날 아침 폭풍이 가라앉았을 때는 몬터레이호에 실린 서른네 대의 항공기 중 절반 이상인 열여덟 대가 사라지고 없었다. 승조원 세 명이 사망하고 40명이 부상을 입었으며, 그중 열 명은 중상이었다. 함대 전체로는 구축함 세 척, 항공기 146대, 그리고 거의 800명이 목숨을 잃었고 부상자는 80명이었다.

해군은 몬터레이호가 입은 피해를 감안해 워싱턴주로 가서 수리를 받으라는 명령을 내렸다. 그래서 휴가를 얻게 된 포드는 사이판에서 하선하여 비행기를 타고 고향인 그랜드래피즈로 돌아갔다. "저는 그냥 배에 남아 있고 싶었어요." 몇 년 후 포드는 회상했다. "집에 갈 이유가 없었어요. 가족도 없고 뭐 특별한 게 없었으니까요. … 자신의 대의를 믿고 조국을 믿는다면 무슨 일이 벌어지는 현장에 있는 편이 낫잖아요."[69]

얼마 지나지 않아 포드는 다시 현장으로 가게 되었다. 그랜드래피즈에서 몇 주 휴가를 보낸 포드는 캘리포니아주 세인트메리대학에 개설된 예비조종사 양성 과정의 신병 훈련 책임자 보직을 받았다. 거기서 포드는 소령으로 진급했다. 1945년 4월에는 시카고 근처의 글렌뷰 해군항공기지로 전보되어 해군 예비군 훈련 사령부의 참모로 일했다. 하지만 그의 마음은 늘 전투 현장의 부하들과 함께 있었다. "다시 그곳으로 돌아가고 싶었어요. 시카고는 지루했거든요." 포드는 해상 근무를 신청했지만 받아들여지지 않았다.

포드가 본토에서 근무하는 동안 연합군은 도쿄를 향해 집요하게 진격했다. 1945년 2월 미군은 이오지마섬을 점령했다. 바다 위의 한 점에 불과한 그 섬을 차지하는데 4189명의 미군이 희생당했다. 두 달 후에는 오키나와 침공 전투에서 승리했지만 1만1260명의 미군이 전사했다. 이오지마와 오키나와를 지키기 위해 일본군이 보인 광적인 저항은 연합군에게 분명한 메시지를 전했다. 일본 본토를 점령하려면 오랜 시간 동안 피비린내 나는 전투를 치러야 하리라는 것이었다. 작전기획관들은 1945년 11월 1일을 기해 개시 예정인 일본 점령 작전이 1년은 족히 걸릴 것이고 최대 100만 명의 미군 사상자가 발생할 것이라고 예상했다. 그처럼 암울한 전망을 받아들일 수 없던 새 대통령 해리 트루먼은 국가 간 힘의 균형을 영원히 변화시킬 운명적인 결정을 내렸다. 그전까지 한 번도 사용된 적이 없는 새롭고 파괴적인 무기 사용을 승인한 것이다.

1945년 8월 6일, '에놀라게이'라는 이름을 가진 B-29 폭격기가 히로시마에 최초의 원자폭탄을 투하했다. 원자폭탄이 폭발하면서 하늘에 버섯 모양의 구름이 피어났다. 1만2000톤의 TNT 폭탄이 한꺼번에 터지는 것과 같은 위력으로 폭발한 원자폭탄은 55만 명의 히로시마 시민 중 약 8만 명을 즉사시켰고, 수천 명은 화상이나 방사능 중독으로 훗날 사망했다. 이틀 후인 8월 8일, 소련이 일본에 선전포고를 하고 만주와 한국을 침공했다. 다음 날 미국은 나가사키에 두 번째 원자폭탄을 투하해 또다시 4만 명을 태우고 도시 대부분을 파괴했다.

제2차 세계대전은 일본에 원폭이 투하되고 얼마 지나지 않은 9월 2일에 끝났지만, 포드는 1946년 1월까지 군에 남아 있었다. 32세의 나이로 해군을 떠나면서 포드는 열 개의 전투 성장星章뿐만 아니라 눈에 보이지 않는 무언가도 얻었다. 바로 전쟁이 제시하는 약속과 전쟁이 초래하는 위험을 동시에 체험하면서 얻은 그만의 관점이었다.[70]

*

제2차 세계대전은 20세기 역사에서 세계를 가장 근본적으로 변화시
킨 사건이었다. 국가를 황폐화시켰고, 사회를 마비시켰으며, 국제 관계는 알
아볼 수 없을 정도로 산산조각 났다. 6000만 명이 목숨을 잃었으며, 그중
절반 이상인 3600만 명이 유럽인이었다. 윈스턴 처칠은 특유의 강렬한 어
조로 전후 유럽을 "잔해 더미이자 시체 안치소로, 전염병과 증오의 온상"이
라고 묘사했다. 전후 유럽의 이 같은 비참한 상황이 미국 외교정책의 역사
적 전환을 촉발했다. 제2차 세계대전 이전의 500년 동안 국제 관계를 지배
한 쪽은 유럽이었다. 그러나 유럽의 패권은 이제 종언을 고했다. 독일, 영국,
이탈리아, 프랑스 등 전쟁 이전의 유럽 강대국들은 전쟁에서 패하거나 다시
일어설 수 없을 정도로 심각한 타격을 입었다. 자국민 부양도 어려웠던 이
들 국가에 광활한 식민 제국을 유지할 자원은 더더욱 부족했으므로, 중동
과 아시아에서 일어난 민족주의 운동은 과거 식민 지배국의 통치에서 벗어
날 절호의 기회를 맞았다. 이러한 국제 환경 변화 속에서 미국은 세계 유일
의 초강대국으로 부상했다. 2000만 명 이상의 자국민을 잃은 소련을 포함
한 다른 연합국들은 모두 전쟁을 치르느라 궤멸 상태에 놓여 있었다.[71]

비록 다른 나라들이 겪은 막대한 인명 피해는 면했지만, 미국 사회는
제2차 세계대전을 치르면서 주요한 변화를 겪었다. 가장 두드러진 변화는
연방정부의 외형적 규모와 연방정부가 관여하는 범위의 극적 확대였다. 뉴
딜정책 시행과 함께 시작된 워싱턴으로의 권력 집중화 현상은 제2차 세계
대전을 거치면서 더욱 빨라졌다. 미국이 제2차 세계대전에 쏟아부은 전쟁
비용은 3300억 달러 이상이었는데, 이는 제2차 세계대전 이전까지 모든 미
국 정부가 지출한 비용 합계의 두 배에 달하는 금액이다. 비교하자면 1938
년의 경기 침체에 대응하기 위해 루스벨트 대통령이 뉴딜정책을 통해 공공
사업에 지출한 금액은 고작 30억 달러였다.[72]

제2차 세계대전은 또한 대통령이 이끄는 행정부의 권력을 입법부나 사

법부보다 강화시켰다. 루스벨트 대통령이 재임한 12년 동안 다양한 위기들이 행정부의 강력한 대응을 요구했다. 그 기간에 루스벨트는 대중의 기대가 대통령에게 집중되도록 만들었다. 그는 라디오를 능숙하게 활용하여 도움과 희망을 간절히 원하는 수백만 명의 미국인과 직접적인 유대를 형성했다. 미국인들은 거실에 모여 앉아, 어려운 시기에 자신들을 어떻게 이끌지 설명하는 대통령의 낭랑하고 성량 풍부한 목소리를 집중하여 들었다.

제2차 세계대전은 정부가 무엇을 성취할 수 있고 국민에게 어떤 기회를 제공할 수 있는지에 대한 기대를 높임으로써, 부분적으로 전후에 일어날 사회적 변화의 토대를 마련했다. 전쟁에 참여해서 미국의 승리에 기여한 사람들은 이제 정부가 자신들의 고충을 해결해달라고 요구했다. 한 참전 군인은 "전쟁터에서 돌아온 후로, 앞으로 어떠한 삶을 살기를 원하는지 우리의 전체적인 생각이 바뀌었다."라고 설명했다. 전쟁에서 싸운 미국인들은 "좋은 일자리와 품위 있는 삶"을 누릴 자격이 있다고 느꼈다. 제2차 세계대전 중 새로운 고용 기회를 얻은 여성들은 전후에도 그러한 고용 기회가 주어지기를 바랐고, 전쟁 기간 동안 파업 활동을 자제했던 노동조합은 이제 조합원들이 누릴 수 있는 혜택을 확보하기 위해 세력 과시에 나섰다. 타국민의 자유를 수호하기 위해 해외에서 목숨을 걸고 싸운 아프리카계 미국인 참전 용사들은 그 누구보다도 이제 자신들의 자유를 보장하라고 나라에 요구했다. 시인 마이아 앤절로는 1945년 전쟁이 끝나자 흑인 군인들이 "뒷마당 울타리에 널려 있다가 잊힌 빨래"와 같은 대우를 받으며 고국으로 돌아왔다고 묘사했다. 놀랍지 않은 일이었다. 그렇지만 이번에는 그동안 지속적으로 받아온 부당한 대우에 항의할 힘이 더 많이 축적된 듯이 느껴졌다. 간단히 말하자면, 제2차 세계대전을 거치면서 미국 사회는 미래의 대통령들이 해결해야 할 고질적인 문제들을 더욱 선명히 노정시켰다.[73]

제2차 세계대전은 국내외 정치를 구조적 차원에서 변화시켰을 뿐만 아니라, 전쟁에서 살아남은 사람들의 마음과 생각까지 바꿔놓았다. 미래의 대통령들도 예외는 아니었다. 레이건을 제외한 이 미래 대통령들은 제2차 세계대전을 자유와 압제 사이의 승패를 판가름할 중요한 시험대로 보았고, 전장에 가까이 다가가야 한다는 책임감에 사로잡혔다. 존슨은 단 몇 분간만 전투를 경험했지만 케네디, 닉슨, 포드, 부시는 모두 최전선에 가까이 가기 위해 끈질기게 요청하는 대단한 용기를 보여주었다. 매일 전쟁과 함께 생활한 아이젠하워는 유럽에서 연합군의 승리를 이끈 중요한 결정들을 내렸다.

제2차 세계대전은 아이크와 JFK가 정치적 정체성을 확립하고 대중에게 소구할 수 있는 결정적 계기가 되었다. 두 사람 모두 전쟁 영웅으로 부상했고, 전쟁과의 연관성은 그들이 백악관에 입성하는 데 일조했다. 제2차 세계대전이 없었다면 대통령 아이젠하워도, 대통령 케네디도 없었을 가능성이 매우 높다.

1939년 아이크는 뛰어난 조직력과 기획력으로 동료들에게 인정받는 49세의 중령이었으나 태평양에서 그다지 전망 없는 직책에 머물러 있었다. 그러나 제2차 세계대전이 끝날 무렵, 아이크는 유럽 주둔 연합군의 최고사령관으로서 세계에서 가장 널리 알려지고 존경받는 인물로 우뚝 섰다. 같은 세대의 많은 남성과 마찬가지로 뜨거운 애국심과 전쟁에 대한 낭만적 시각을 가졌던 케네디는 나치 독일에 맞선 연합군의 싸움에 참전해 진정한 전쟁 영웅의 면모를 보여주었고, 특히 PT-109 침몰 이후 보인 행동들은 그에 대한 대중적 이미지 형성에 결정적으로 작용하여 1960년 백악관 입성에 큰 도움이 되었다. 작가 윌리엄 도일은 "PT-109 사건이 존 F. 케네디를, 인간 케네디와 신화로서의 케네디 모두를 만들었"다고 언급했다.[74]

제2차 세계대전에 참전한 다른 미래 대통령들도 자신들의 전쟁 경험에 편승하여 정치적 이득을 얻으려 시도했지만 그다지 성공적이지 못했다. 린든 존슨은 일본 제로기를 짧게 목격했던 경험을 부풀려 과장된 이야기를 지어냈다. 일본 제로기들을 격추하는 데 자신이 어떤 역할을 했는지 자랑하는 존슨의 선거 유세를 듣노라면, 아무도 그것이 단 몇 분에 불과한 경험이었다는 사실을 알 수 없었다. 그가 전쟁을 직접 경험했는지에 관해서는 의문을 품을 수 있지만, 존슨이 전쟁에서 한 가지 귀중한 교훈을 얻었다는 사실은 틀림없다. 민간 정부는 군부의 주장을 끊임없이 의심해야 할 필요성이 있다는 깨달음이었다. 그러나 안타깝게도 베트남 문제가 자신의 책상 위에 올라왔을 때, 존슨 대통령은 그 교훈을 잊고 말았다.

존슨과 비슷하게 리처드 닉슨도 1946년 하원의원 선거 기간 중에 해군 제복을 입고 유세에 나섰으나, JFK와 달리 특별한 전쟁 무용담이 없어 유권자들의 관심을 끌지 못했다. 이것이 일부 이유가 되어 닉슨은 대중을 자극할 다른 쟁점을 찾아 나섰다. 바로 반反공산주의였다. 닉슨이 반공산주의란 대의에 쏟아부은 열정의 상당 부분은 그가 태평양전선으로 향하기 전 워싱턴에서 겪은 짧은 경험에서 비롯되었다. 워싱턴에서 근무한 그 짧은 기간에 닉슨은 "기득권층", 즉 루스벨트의 국내외 정책 의제를 실행한 아이비리그 출신 진보주의자들과 좌파 성향 유대인 변호사들을 경멸하게 되었고, 그 적대감은 좀처럼 누그러들지 않았다. 백악관에 입성한 이후에도 닉슨은 여전히 그들에게 악감정을 품었고, 결국 그 감정 때문에 몰락했다.[75]

제2차 세계대전 발발 이전까지 제럴드 R. 포드는 미 대륙 양쪽에 있는 두 대양이 아시아와 유럽 대륙을 집어삼키고 있는 적대 행위들로부터 미국을 보호해줄 것이라고 확신했다. "저는 고립주의자였습니다." 포드는 고백했다. "그러나 저는 이제 열렬한 국제주의자가 되었습니다. 전쟁을 경험하며 완전히 새로운 관점이 생겼기 때문입니다." 그는 미국이 "더 이상 타조처럼 모래 속에 머리를 박고 있을 수는 없"다며 "독일과 일본이 준동했던 이유는 2차대전 이전에 우리가 군사적으로 준비되지 않았기 때문"이라고 확신했다. 백악관을 차지한 모든 제2차 세계대전 참전 용사들과 마찬가지로, 포드 또한 "우리 군대가 세계 최고가 아닌 상황을 다시는 용납하지 않겠"다고 맹세했다.[76]

전쟁이 끝나자 로널드 레이건은 전쟁 전처럼 매일 할리우드 스튜디오로 출근하는 것만으로, 자신 역시 전장에서 돌아오는 참전 용사들이 느끼는 감정과 같은 감정을 공유할 자격이 있다고 생각했다. 레이건은 1965년 자서전에 이렇게 썼다. "육군항공대에서 전역하면서 내가 정말 하고 싶었던 일은, 다른 참전 용사들과 마찬가지로 잠시 휴식을 취하고 아내와 사랑을 나눈 후 새로운 마음으로 이상적인 세상에서 더 좋은 직업을 구하러 나서는 것이었다." 그러나 실제로 레이건은 제2차 세계대전 내내 거의 매일 밤을 자기 집에서 편안히 보냈다. 레이건이 자기 아내를 자주 보지 못했을 수는 있다. 그러나 그 이유는 레이건이 아내와 멀리 떨어진 곳에 배치되어서가 아니라, 그의 아내 제인 와이먼이 영화 촬영과 전쟁 공채 모금 활동에 참여하느라 집을 비웠기 때문이었다.[77]

그러나 중요한 점은, 전쟁 기간 동안 레이건이 수행한 역할 덕분에 대중이 그를 바라보는 시각이 완전히 바뀌었다는 사실이다. 전기 작가 밥 스피츠는 "로널드 레이건이 전쟁 기간 내내 캘리포니아를 떠나지 않았을 수도 있지만, 그가 했던 군 복무는 그를 전쟁 영웅으로 미국 사회에 투영시켰다."라고 평했다. 현실에서는 항상 군복을 입고 대중 앞에 나타났으며, 스크린 속에서는 엄청난 용기로 적과 싸워 물리쳤다. 전기 작가 H. W. 브랜즈는 "수백만 미국인이 군복을 입은 그를 영화에서 보았고, 그의 목소리를 적의 침략에 맞서 미국을 수호하는 인물의 목소리로 인식했다. 미국인들은 레이건을 보면서 미국의 힘과 미국의 애국주의를 떠올렸다."라고 말했다. 대중은 레이건이 영화 속에서 보여준 영웅적 행위와, 지미 스튜어트나 클라크 게이블이 실제 전투에 참여해 보여준 영웅적 모습을 구별하지 못했다. 전기 작가 스티븐 본은 "20세기 대통령 중에서 드와이트 아이젠하워를 제외하고 레이건만큼 많은 사람에게 군복 차림으로 목격된 대통령은 없었다."라고 언급했다.[78]

레이건의 군 경력은 1945년 9월 12일 공식 제대와 함께 끝났다. 그의 스튜디오 워너브러더스는 다시 그의 급여를 전액 지급하고, 알맞은 각본을 받는 대로 주요 영화에 주연으로 출연시키겠다고 약속했다.[79] 집을 떠나지 않고 1940년대에 자신이 출연한 할리우드 영화 속의 배역을 통해서만 전쟁을 경험한 레이건은 전쟁을 실제 전투의 참상과는 유리된 추상적 개념으로 받아들였다. 레이건은 태평양에서 일본 조종사들과 교전하는 〈후방 기총수)의 에임즈 중위나 〈일본군 제로 전투기 식별법〉의 잘나가는 조종사 같은 인물들을 통해 전쟁을 경험했다. 아이러니하게도 레이건은 어떻게 전쟁이 치러졌는가를 목격해서가 아니라 어떻게 전쟁을 끝냈는가를 보고 전쟁의 참상을 깨달았다. 원자폭탄은 핵 재앙이라는, 그전까지 상상할 수 없던 공포의 유령을 레이건에게 불러왔다. 레이건은 많은 진보주의자들처럼 핵무기의 국제적 통제를 주창했다. 그 이후 수십 년 동안 레이건은 자신이 지녔던 진보주의적 신념 대부분을 버렸지만 핵무기의 파괴력에 대한 깊은 개인적 두려움은 떨치지 못했고, 핵무기 통제를 위한 국제적 협력의 필요성도 잊지 않았다. 종종 호전적인 수사를 펼쳤던 레이건이 사실은 핵 아마겟돈에 대한 두려움을 가졌다는 이 모순적인 사실을 깨달아야 대통령 레이건이 왜 소련을 그런 방식으로 다루었는지, 어찌하여 레이건이 냉전을 평화적으로 종식하는 데 핵심적 역할을 할 수 있었는지를 이해할 수 있다.

전임 대통령 레이건과 달리 부시는 전쟁의 고통과 괴로움을 직접 경험을 통해 이해했다. 비록 부시는 숭고한 대의를 위해서는 희생이 필요하다는 믿음을 계속 간직했지만, 제2차 세계대전의 기억은 그를 무겁게 짓눌렀다. 이라크가 작은 이웃 국가인 쿠웨이트를 침공한 지 거의 5개월이 지난 1990년 12월 31일, 부시는 가족에게 편지를 썼다. 사담 후세인이 1월 15일까지 이라크 점령군을 쿠웨이트에서 철수하지 않는다면, 그 이라크 독재자를 응징하기 위해 미군을 파견한다는 자신의 결정을 설명하는 편지였다. 부시는 그 편지에서 다소 수사적으로 물었다. "1930년대 후반이나 1940년대 초반, 좀 더 일찍 무력시위가 유화정책을 대신했다면 얼마나 많은 생명을 살릴 수 있었을까? 얼마나 많은 유대인들이 가스실을 면할 수 있었으며, 또 얼마나 많은 폴란드 애국자가 지금까지 살아남았을까?"[80]

전쟁에 참전한 모든 대통령이 고난을 견뎌내면서 엄청난 용기를 보여주었지만 가장 뜨거운 경험을 한 이들은 아이젠하워와 케네디, 그리고 부시였다. 그리고 이 세 명 중에서 전쟁의 참상을 가장 깊이 깨달은 사람은 아마도 아이젠하워였을 것이다. 노르망디 상륙작전 이후, 아이젠하워는 전선을 시찰하며 자신이 전투에 내보낸 젊은이들의 고통스러운 표정을 직접 보면서 그들과 얘기를 나누었다. 케네디와 부시 역시 자신이 지휘하던 부하들을 잃는 것이 어떤 고통인지 알았다. JFK의 PT 보트가 태평양에서 침몰했을 때 두 명의 수병이 함께 사라졌고, 그들의 시신은 끝내 찾지 못했다. 이와 유사하게 부시도 비행기가 격추되었을 때 두 명의 승무원을 잃었고, 그 사건은 평생 부시를 괴롭혔다.

케네디와 부시 두 사람 모두 조지 미드의 죽음을 애도했다는 사실은 전쟁의 흔적이 곳곳에 스며든다는 사실을 엄중히 상기시킨다. 조지 미드는 부시의 먼 친척인 동시에 JFK의 케이프코드* 절친이었다. (당시에는 두 사람 모두 조지 미드와 상대방의 인연은 알지 못했다.) 미드는 1942년 8월 미군이 과달카날 해변을 급습했을 때 첫 번째로 희생된 이들 중 하나였다. 과달카날에 머물렀던 케네디는 미드의 무덤을 방문했다. 그는 여자 친구에게 보낸 편지에 이렇게 적었다. "조지는 그들이 처음 상륙한 해변 근처에 묻혀 있어. 그의 죽음은 내가 이제껏 겪은 일 중에 가장 큰 슬픔이야. 눈물이 날 정도로 말이야." 한편 부시는 노스캐롤라이나주 채플힐에서 조종사 훈련을 받던 중 어머니가 보낸 편지를 통해 미드의 죽음을 알았다. 부시는 담담하게 "조지는 때가 오면 우리 모두가 죽고 싶어 하는 방식으로 죽었어요."라고 어머니에게 답장했다.[81]

전쟁 경험으로 성숙해진 미래의 대통령들은 이제 전후 세계의 새로운 현실에 적응해야 했다. 전쟁을 통해 그들은 경계심을 늦추면 안 되고, 국제 질서에 대한 위협을 인지하면 강력히 대응해야 한다는 점을 배웠다. 나치즘과 일본 제국주의에 맞선 거대한 투쟁에서 승리한 이들은, 많은 미국인과 마찬가지로 미래에 대한 원대한 기대로 가득 찼다. 그들은 저명한 출판업자 헨리 R. 루스가 "미국의 세기"라고 명명한 개념을 수용했다. 미국의 세

---

* 매사추세츠주의 지역 이름. (옮긴이)

기에서 미국은 "인간들처럼 형제애를 발휘하여 세계 여러 나라의 맏형 노릇을 해야 한"다는 것이었다.

그러나 이처럼 승리주의자적인 미국의 미래 비전에는 중대한 장애물 하나가 있었다. 1945년 루스가 발간하는 《라이프》지는 소련이 "미국인들에게 제1의 골칫거리가 될 것이다. 그 이유는 진리와 정의, 그리고 좋은 삶에 대해 우리가 가지고 있는 개념에 도전할 역동적인 힘을 가지고 있는 세계 유일의 국가가 소련이기 때문이다."라고 경고했다. 미래 대통령 모두 이 새로운 위협에 대응하여 또 다른 세계대전을 피하기 위해 제2차 세계대전에서 각자가 배운 교훈을 소환했다. 그러나 불행하게도, 그들은 훨씬 복잡해진 세계에 "뮌헨의 교훈"을 강요하고 말았다.

제2부

정치 무대로 나서다

5장

"제 어머니 역시
아들을 잃었습니다."

존 F. 케네디

1946년 1월 23일
매사추세츠주 찰스타운

뼈만 남은 듯 앙상한 28세의 존 F. 케네디는 매사추세츠주 찰스타운의 재향군인회 회의장을 가득 메운 골드스타 어머니들, 즉 제2차 세계대전에서 전사한 아들을 둔 어머니들 앞에 서 있었다. 중위로 제대한 케네디는 보스턴 제11선거구의 연방하원의원 자리를 노리고 선거운동 중이었다. 보스턴 제11선거구는 하버드대학과 매사추세츠공과대학이 있어 케네디에게는 표밭이나 다름없는 케임브리지뿐만 아니라 노동자 계급 사람들이 주로 살아 다소 거친 찰스타운, 가난한 이탈리아계나 아일랜드계 사람들이 모여 사는 서머빌 같은 동네들이 포함된 지역구였다. 민주당 지지세가 아주 강한 선거구였으므로 민주당 예비선거에서의 승리가 곧 11월에 있을 본선거 승리를 의미했다.[1]

그러나 여러 면에서 케네디는 그 선거구에 어울리지 않는 인물로 보였다. 하버드를 졸업한 백만장자의 아들이 매사추세츠주에서 가장 가난한 지역구의 민주당 후보로 나섰기 때문이다. 케네디는 그 선거구에서 살지 않았으므로 주의회 의사당 건너편에 있는 벨뷰 호텔에 할아버지가 소유하고 있는 방 두 개짜리 스위트룸을 임시 거처로 사용했다. 게다가 그의 예비선거 경쟁자들은 그 지역에 깊은 뿌리를 둔 사람들로 열 명이나 되었다. 선거운동 시작 전날 밤, 케임브리지의 한 저명한 정치인은 케네디에게 "당신은 이 싸움에서 이길 수 없을 겁니다. 이 지역에 연고가 없는 뜨내기 후보자이니까요."라고 말하며 케네디가 그 선거구에서는 이방인이라는 사실을 상기시켜주었다.[2]

많은 전기 작가가 케네디의 오지랖 넓은 아버지가 그에게 하원의원 출마를 강권했다고 주장하지만, 사실은 전쟁 경험을 곰곰이 돌이켜본 JFK 본인이 스스로 내린 결정이었다. 케네디는 제2차 세계대전이 끝나갈 무렵, 전쟁에서 벌어진 야만적 행위를 목격하고 무력 충돌은 최후의 수단이 되어야 한다고 확신했다는 내용의 편지를 초트고등학교 은사에서 썼다. "저는 인생의 목표로서 어떤 식으로든, 그리고 어느 시점에서든 또 다른 전쟁을 방지하는 데 도움이 되는 일을 하고 싶습니다."[3]

정치는 케네디가 이러한 이상을 실현할 수 있는 장場을 제공했다. 1946년 케네디의 선거운동에 합류하여 1963년의 불운한 댈러스 여행까지 그의 곁을 지킨 찰스타운의 유명 정치인 데이브 파워스는 다른 참전 용사들과 마찬가지로 JFK가 정치에 이끌린 이유는 "또 다른 전쟁을 방지하기 위해 개인이 가장 많은 일을 할 수 있는 곳이 좋든 싫든 정치라는 깨달음" 때문이었다고 믿었다. 이는 케네디가 참전 용사들에게 자신의 선거운동에 참여해달라고 호소할 때 사용한 논거이기도 했다. "마땅히 바뀌어야 할 방향으로 세상을 바꾸려면, 우리 모두는 하고 싶지 않은 일도 해야만 합니다."[4]

이는 케네디가 선거 유세를 하면서 수없이 되풀이한 메시지였다. "다른 길을 택할 수도 있었습니다." 케네디는 군중에게 말했다. "그러나 전쟁이 저에게 명확하고 분명하게 가르쳐준 교훈은, 미국적인 삶의 방식을 지키기 위해 모든 시간과 노력을 바치는 것이 우리 모두의 의무라는 깨달음이었습니다." 그는 태평양에서 PT 보트 함장으로 있을 때 스스로에게 한 "약속"을 자주 언급했다. "배들이 침몰하고 젊은 미국인들이 죽어가는 모습을 보면서 … 전쟁에서 조국을 위해 봉사하려고 노력했던 것처럼 평화가 찾아와도 조국을 위해 봉사하리라 굳게 다짐했습니다."[5]

케네디는 훗날 그의 세대에서 가장 유능하고 영감을 주는 정치인으로 성장하지만, 그의 정치 경력이 처음부터 그렇게 시작되지는 않았다. 정치 입문 초기 케네디는 어색하고 수줍어했으며, 원고에 쓰인 내용 그대로를 높은 톤의 목소리로 읽기도 했다. 후에 보스턴 제11선거구의 하원의원이 되어 1977년 하원의장까지 오른 팁 오닐은 케네디를 처음 만난 순간을 그다지 인상적으로 기억하지 않았다. "깡마른 데다 얼굴이 희멀건 어린애 같은 친구가 뭐가 됐든 후보로 나섰다는 사실 자체를 믿을 수 없었어요!"[6]

케네디의 첫 선거 연설은 1945년 9월 하이애니스의 로터리클럽에서 있었다. 이 행사를 취재한 한 기자는 케네디가 "정치 경력의 문턱에 선 젊은이라기보다는 … 청소년 대상 정치 교육과정에 선발된 고등학교 3학년생에 가까워 보였다. 체중이 줄어서인지 흰 셔츠의 깃이 헐렁하게 목을 감쌌고, 넓지만 약해 보이는 어깨에 축 늘어져 걸린 양복은 마치 아버지 옷을 차려입고 나온 어린 소년을 보는 듯했다."라고 기사에 썼다. 그 기자에 따르면 케네디는 "어색한 자기 모습을 감추기 위해 진지하고 심각한 태도를 보이려 애썼다. 그의 연설에는 어떠한 유머도 가미되지 않았다. 마치 언제라도 떠들썩하게 난리 칠 학생들로 가득한 교실 칠판 앞에 서서 연설하는 학생처럼 준비된 원고를 거의 그대로 읽어 내려갔다."[7]

설상가상으로 케네디는 자신을 유권자들과 가깝게 만들어줄 수 있는 주제, 즉 전쟁 중 그가 보여준 영웅적 행위에 관해 이야기하기를 꺼렸다. PT-109에 대해 질문을 받으면 그는 보통 우스갯소리처럼 대답했다. "선택의 여지가 없었어요. 보트가 침몰됐으니까요." 케네디는 자신의 한 보좌관에게 "침몰한 PT 보트와 아픈 허리를 정치적 이익을 위해 활용할" 의도가 없다고 알렸다. 그러나 조 케네디 시니어가 의뢰한 비공개 여론조사에 따르면, 대부분 유권자는 "정치인 잭 케네디"보다 "PT-109의 영웅 잭 케네디"에게 흥미를 느꼈다. 심지어 보비 케네디의 절친이던 케네스 오도널도 이렇게 고백했다. "하원의원 선거에 출마한 보비의 형보다는 전쟁 영웅인 보비의 형을 만나는 데 훨씬 관심이 많았죠."[8]

재향군인회 회의장에서 선거 유세가 있었던 그 1월 밤, 케네스 오도널의 말이 진실이었음이 적나라하게 드러났다. 파워스에 따르면 케네디는 준비된 원고를 밋밋하게 읽기 시작했다. "제2차 세계대전에서 아들을 잃은 그 훌륭한 여성분들 앞에서 연설을 시작했는데, 그 당시 케네디는 연설을 잘하는 편이 아니었어요." 그러나 약 10분 후, 케네디는 연설을 멈추고 슬픔에 찬 어머니들의 얼굴을 응시하더니 마음에서 우러나오는 말을 하기 시작했다. "제 어머니 역시 골드스타 어머니입니다. 때문에 저 역시 여기 계신 어머니들의 마음을 잘 알 수 있습니다." 파워스는 케네디가 그 문장 하나로 회의장 안에 있던 모든 사람과 곧바로 "마법처럼 깊은 유대"를 형성했다는 것을 알아차렸다. 비록 안쓰러울 정도로 수줍어했지만, 잭은 마침내 자신의 전쟁 경험을 소환하여 그 낯선 사람들과 마음으로 연결될 수 있었다. "갑자기 어머님들이 무리를 지어 연단으로 막 올라오더니 케네디 주위를 둘러싸고 행운을 빌어주기 시작했어요. 그리고 서로에게 '정말 훌륭한 청년 아닌가요? 우리 존이 생각나네요.'라거나 '우리 밥이 생각나네요.'라는 말들을 하기 시작했죠." 파워스가 생전 처음 보는 장면이었다.[9]

그날 밤 이후로 선거운동은 전쟁 영웅 케네디를 적극적으로 홍보하는 데 집중했다. 아침부터 밤까지 JFK와 함께 다닌 친구 빌리 서턴은 이렇게 말했다. "PT-109가 우리 선거운동의 핵심 주제였습니다. 우리는 잭이 제2차 세계대전 중 솔로몬제도에서 복무한 공로로 해군해병대훈장뿐만 아니라 퍼플하트훈장까지 받았다는 사실을 선거구의 모든 유권자에게 알리기 위해 최선을 다했습니다." 선거일이 되자 "'전쟁 영웅 케네디'와 'PT-109'는 제11선거구에서는 누구나 아는 말이 되었"다.[10]

개인적으로는 전쟁 영웅이라는 꼬리표가 따라다니는 것이 불편했지만, 케네디는 전쟁에서 돌아온 참전 용사가 지니는 정치적 힘을 이해했다. 대략 전체 미국인 중 10퍼센트가 제2차 세계대전에 참전했다. 실제로 전투를 경험한 사람은 훨씬 적지만, 1919년부터 1929년 사이에 태어난 남성의 75퍼센트가 제2차 세계대전 기간 중 군 복무를 했다. 많은 참전 용사가 고향으로 돌아온 후 JFK와 같은 길을 선택했다. 군 간행물인 《아미타임스》에 따르면 제2차 세계대전 참전 용사 183명이 예비선거에서 승리한 후 소속 정당을 대표해(민주당 110명, 공화당 73명) 1946년 총선에 나섰고, 이 중 69명이 당선되었다. 새 의회 의원 일곱 명 중 약 한 명이 참전 용사였던 셈이다.[11]

케네디는 새 세대 참전 용사들에게 직접 호소했다. 케네디의 1946년 선거운동 책임자였던 마크 돌턴은 나이가 든 참전 용사들은 대개 케네디가 너무 경험이 부족하다고 느꼈지만, 케네디는 그들보다 젊은 2차대전 참전 용사들과 "진정한 유대"를 형성했다고 말했다. "전쟁 후에 온 나라가 들끓었죠." 돌턴의 회상이다. "새 시대가 왔으니 새 세대가 나서야 한다는 생각이 사회 전반에 강하게 깔려 있었습니다. 무언가를 하고 싶은 젊은 참전 용사들은 당연히 존 케네디에게 끌렸죠."[12]

JFK는 정확히 이 집단을 겨냥해 자신의 선거운동 메시지를 관리했다. 케네디는 "내게는 참전 용사들이 겪는 문제를 안다고 말할 수 있는 권리가 있다고 생각한다."라고 말했다. 케네디가 가장 먼저 내놓은 메시지는 주택 정책과 교육 정책에 더 많은 재원을 투자해야 한다는 것이었다. "국내외에서 전쟁의 고난과 희생을 경험한 사람들은 국가가 제공할 수 있는 최고의 주택에서 살 자격이 있습니다." 케네디는 참전 용사들에게 소액의 생활비와 저리의 주택 담보 대출과 학교 등록금을 지원하는, 일반적으로 '지아이빌 GI Bill'로 알려진 1944년 참전군인재적응법Servicemen's Readjustment Act, 1944을 지지했으나, 그 법이 집행되는 과정을 보면서 좌절했다. 그는 교육 지원에 투입된 자금은 "공허한 생색내기에 불과"하다며, "시설 부족 문제로 수많은 참전 용사에게 학교와 대학의 문이 여전히 닫혀 있"다고 불만을 토로했다.

그뿐만 아니라 케네디는 고향으로 돌아온 참전 용사들을 위한 병원 시설 개선과 확충을 요구했다. 케네디는 이러한 프로그램들이 "미국 국민에게 무거운 세금 부담을 지울 것"이라고 인정했지만, "생산이 증가하고 국민소득이 치솟는 번영하는 미국은 이러한 부담을 감당할 수 있"다고 주장했다.[13]

케네디의 외교정책 기조는 그가 선거운동을 시작하기 이전 1년 동안 발생한 유럽의 상황 변화에 대응하여 진화했다. 대학교 4학년이었을 때, JFK는 무장을 꺼리는 영국의 태도를 비판하며 영국의 전쟁 준비 부족이 히틀러의 팽창 야욕을 부추겼을 뿐이라고 주장했다. 그러나 이제 케네디는 또 다른 군비 경쟁은 또 다른 세계대전을 불러올 수 있다고 우려하며 군비 축소를 호소하는 정반대 주장을 펼쳤다. 많은 미국인과 마찬가지로 케네디는 소비에트연방과의 경쟁에서 비롯된 대규모 국방 지출이 미국의 민주적 제도에 미칠 수 있는 위험성을 걱정했다. 케네디는 만약 미국이 "러시아와 같은 독재국가와 경쟁하기 위하여 대규모 군대를 무기한 유지하려 한다면 우리의 민주주의는 안에서부터 붕괴할 것입니다. 무장한 진지에서 민주주의는 편히 잠들 수 없습니다."라고 썼다.[14]

동서 간의 긴장이 증가하자 케네디는 초기의 낙관주의는 경계하게 되었지만, 소련과 일정 정도 타협이 가능하리라는 희망은 버리지 않았다. 1945년 2월, 프랭클린 루스벨트는 윈스턴 처칠과 이오시프 스탈린을 만나 유럽 역내 패권이라는 까다로운 문제를 담판 짓겠다는 희망을 품고 흑해 연안의 휴양지 얄타로 향했다. 세 지도자는 여러 쟁점에서 타협점을 찾았으나, 종전 후 폴란드의 정치적 위상을 둘러싼 문제가 회담의 가장 큰 논란거리로 대두했다. 폴란드 문제로 화합의 분위기를 망치지 않기 위해, 연합국들은 상당한 이견이 있던 폴란드 문제를 모호하고 다양한 해석이 가능한 언어로 덮어버리는 합의를 도출했다. 스탈린은 폴란드에서 "자유롭고 제약 없는 선거"를 실시한다는 데에는 동의했지만 구체적인 선거 일자 제시는 거부했다.

루스벨트는 얄타를 떠나면서 평화로운 전후 세계의 토대가 마련되었다고 확신했다. 그러나 1000만 명의 붉은군대로 동유럽 대부분을 장악하고 있던 소련은 무력으로 자신들의 의지를 관철하기 시작했다. 스탈린은 폴란드에서 "자유롭고 제약 없는 선거"를 실시하겠다는 약속을 저버리고 얄타회담 몇 주 만에 폴란드에 친소련 괴뢰정부를 세웠다. 폴란드를 확고히 손에 넣은 소련 지도자는 동유럽의 나머지 지역들도 옥죄기 위해 움직였다.

케네디는 미국과 영국과 소련의 '대동맹'이 얄타회담 이후 7월 17일부터 8월 2일까지 독일 포츠담에서 다시 가진 회담을 전체적인 관점에서 조망할 수 있었다. 당시는 독일이 항복한 이후였지만, 미국이 일본의 의지를 꺾어버린 원자폭탄 시대를 열기 몇 주 전이었다. 케네디는 당시 미국의 군 통수권자 해리 트루먼, 미래의 행정부 수반 아이젠하워와 함께 그 회담에 참여한 세 명의 미국 대통령 중 하나였다.

유럽 주둔 연합군 최고사령관을 역임한 아이젠하워는 은퇴하여 조용히 살려고 계획했다. 그러나 세간의 관심에서 벗어날 수 있으리라는 그의 생각은 오판이었다. 전쟁이 끝난 직후 아이크는 연합국이 점령한 독일의 총독으로 임명되어 유럽으로 돌아갔다. 그는 곧 자신이 얼마나 어려운 과제를 맡았는지 깨달았다. 아이젠하워는 이렇게 기록했다. "나라 전체가 황폐해졌다. 모든 도시는 흔적도 없이 파괴되었고, 수백만 명에 달하는 전쟁 전의 강제 노역자들은 말할 것도 없이 독일 인구 대부분이 집을 잃었다. 암울한 광경이다. 내 가장 끔찍한 악몽 속에서도 지금 눈앞에 펼쳐진 이런 모습을 본 적이 없다."[15]

포츠담으로 간 트루먼은 아이크에게 회담에 합류하라고 요청했다. 미국 대표단의 공식 구성원은 아니었지만, 아이젠하워는 그 덕분에 트루먼 및 조지 마셜 장군과 협의할 기회를 가질 수 있었다. 어느 날 아이크는 오마 브래들리 장군과 함께 베를린의 황폐한 상황을 둘러보는 트루먼 대통령의 일정에 동행했다. 당시 급락하는 지지율로 고생하던 민주당 출신 대통령 트루먼이 1948년 대통령 선거에서 자신을 지지하겠다고 제안하자 아이크는 깜짝 놀랐다. "자동차 안에서 대통령이 갑자기 내게로 몸을 돌리더니 말했어요. ‘장군, 당신이 원한다면 무엇이든 도와주겠어요. 분명하고 구체적으로 말하자면 1948년 대통령직도 포함해서 말이에요.’” 아이크는 너무도 놀라운 제안이라 웃어넘기고 말았다. “대통령님, 다음 선거에서 누가 대통령님의 상대가 될지는 모르겠지만, 저는 분명 아닐 것입니다.”[16]

그즈음 아이젠하워는 운전병 케이 서머스비와의 관계를 굳이 숨기려 하지 않았다. 트루먼에 따르면, 아이크는 메이미와 이혼하고 케이와 결혼하려고 하니 총독직에서 물러나게 해달라고 요청하는 편지를 마셜 장군에게 보냈다. 아이크의 편지를 본 마셜은 크게 분노하면서 그런 짓을 한다면 “군대에서 아예 내쫓아버리겠”다고 말했다고 트루먼은 전했다. 트루먼은 또 1953년에 퇴임할 때 “국방부에 있던 아이젠하워의 파일에서 그 편지들을 가져와서 내가 직접 폐기했”다고 회상했다. 일시적으로 보인 약한 모습이었겠지만, 아이크는 케이와의 결혼은 선택지가 아니라는 것을 곧 깨닫고 그녀와의 관계를 끝냈다.[17]

한편 잭은 해군부 장관이자 가족의 친구이기도 한 제임스 포레스탈을 수행해 회담에 참석했다. 공식 회의에는 참석하지 않았지만, 케네디에게는 아이젠하워를 비롯한 주요 인물들을 만날 수 있는 좋은 기회였다. 8월 1일자 일지에 케네디는 아이크를 “편안한 성격과 엄청난 자신감을 가졌으며, 독일의 현 상황을 매우 잘 설명한 출중한 인물”이라고 기록했다. 그 당시 아이젠하워와 케네디는 짧은 만남도 가졌다. 케네디가 포레스탈의 프랑크푸르트 출장을 수행하여 비행기 사다리에서 내려왔을 때 아이젠하워가 활주로에서 그들을 기다리고 있었다. 아이젠하워가 포레스탈을 반기는 장면을 한 사진기자가 포착했는데, 그 사진의 배경 속에 28세의 JFK가 서 있다.[18]

포츠담회담은 두 가지 충격적인 사건으로 요동쳤다. 영국 유권자들이 윈스턴 처칠과 그의 보수당을 실각시켰고, 뉴멕시코주의 과학자들이 원자폭탄 실험에 성공했다. 원자폭탄이란 무기를 알고 큰 충격을 받은 아이크는 그 무기를 사용하는 것과 관련해 “심각한 우려”를 표명했다. “나는 이 새 무기를 두고 묘사하는 것처럼 끔찍하고 파괴적인 무언가를 전쟁에 도입하는 데 미국이 앞장서는 것을 보고 싶지 않습니다." 아이크는 이미 전쟁에서 패한 일본에 원자폭탄을 터뜨리는 것은 불필요한 일이며, 그렇게 무지막지한 무력 사용에 대해 나머지 세계가 부정적으로 반응할 가능성이 높다고 생각했다.[19]

이러한 상황 전개에도 불구하고 트루먼과 스탈린은 회담이 끝날 무렵 잠정적인 타협에 이르렀다. 러시아는 서방 시찰단의 동유럽 참관을 허가하고, 이란의 아제르바이잔에서 소련 군대를 철수하기로 합의했다. 그 대가로 서방은 소련의 독일 영토 점령을 마지못해 인정했고, 동부 폴란드를 러시아의 통제 아래 두는 일도 수용했다. 트루먼은 "나는 스탈린과 협상할 수 있다"라고 일기에 쓰면서 스탈린이 "지독하게 영리하지만 솔직하다."라고 적었다.

아이젠하워는 트루먼의 신중한 낙관주의를 공유했다. 포츠담회담이 끝난 직후인 8월, 아이크는 모스크바를 방문해 엄청난 예우를 받았다. 스탈린은 전 연합군 최고사령관에게 매우 깊은 인상을 받아 그를 "군사적 업적뿐만 아니라, 인간적이고 친근하며 친절하고 솔직한 성격"을 갖춘 위대한 인물이라고 평했다. 아이젠하워도 스탈린에게 따뜻한 정을 느꼈고, 그의 성품이 "온화하고 자상하"다고 평했다. 아이크는 "러시아와 미국은 상호 우호 정신으로 협력해야 한"다는 확신을 갖고 모스크바를 떠났다.[20]

그러나 불행히도 트루먼과 아이젠하워의 그러한 희망은 근거 없는 낙관이었음이 판명되었다. 합의서의 잉크가 채 마르기도 전에 스탈린은 불가리아와 헝가리, 그리고 루마니아에 모스크바에 종속된 정부를 세웠다. 스탈린은 포츠담회담에서 한 약속을 깨고 서방 시찰단의 동유럽 접근을 거부했으며, 아제르바이잔도 계속 점령했다. 폴란드와 독일에서 스탈린이 취한 조치가 특히 트루먼을 불안하게 했다. 이 소련 독재자는 얄타협정을 무시하고 폴란드의 민주 정당들을 잔혹하게 탄압했다. 소련은 독일 내 점령 지역에서 산업 시설들을 탈취해 갔고, 미국과 영국이 점령한 지역의 공장과 발전소와 장비들도 넘겨달라고 강력히 요구하기 시작했다. 트루먼 행정부는 소련이 독일을 무력화해 독일에 광범위한 기근이 발생하게 되면 미국의 자원을 대규모로 투입해야 하는 상황이 오지 않을까 우려했다.

이제 동서 양 진영은 설전을 벌이며 긴장을 고조시켰다. 1946년 2월 9일, 스탈린은 공산주의와 자본주의는 양립할 수 없으며 공존할 수도 없다고 선언했다. 몇 주 후에는 윈스턴 처칠이 "발트해의 슈테틴에서 아드리아해의 트리에스테에 이르기까지, 유럽 전역에 걸쳐 철의 장막이 쳐 있"다고 선언하며 맞불을 놓았다. 그리고 처칠은 이러한 소련의 위협에 맞서기 위해 "영어권 민족들의 형제애적 결속"으로 항상 경계해야 한다고 촉구했다. 여론조사에 따르면 미국인 대부분이 처칠의 평가에 동의했다. "철의 장막" 연설 직후 실시된 여론조사를 보면 미 국민의 60퍼센트가 러시아에 대한 미국의 대응이 "너무 무르다"고 생각했고, 네 명 중 한 명은 소련의 팽창 야욕을 저지하기 위해 미국이 당장 소련과 전쟁을 벌이는 것에 찬성했다.

선거운동에 나서기 이전 1년간 있었던 이러한 정세 변화를 고려하여, 케네디는 외교정책에 관해서는 다소 양면적인 태도를 보였다. 소련과도 건설적인 관계 구축이 가능하다고 믿었던 원래의 낙관주의는 퇴색할 수밖에 없었지만, 케네디는 여전히 군비 경쟁이 가져올 수 있는 결과를 두려워했다. 케네디는 이들 문제에 관해 지속적으로 매우 깊이 생각했으므로 자신의 입장을 간단히 정리할 수 없었다. 다행히 유권자 대부분도 케네디와 같은 양면적 태도를 공유했다. 그의 선거구에는 "무신론적 공산주의"에 적대적이어서 트루먼 행정부가 소련의 요구를 지나치게 수용한다고 생각하는 유럽계 가톨릭 신자들이 많았다. 그들은 미국이 더 강력한 군대를 보유해야 한다고 목소리를 높였지만, 최근 설립된 유엔을 통해 국제 분쟁이 해결될 수 있으리라는 희망도 함께 품었다.

국내 정책에 관한 케네디의 공약은 선거구 유권자들의 "먹고사는 문제"를 강조하는 것이었다. 유권자 대다수가 빈곤층 또는 노동조합에 소속된 노동자들이어서 공공 주택 공급 확대, 임대료 통제, 최저임금법, 실업급

여, 단결권과 파업권, 그리고 사회보장 혜택 확대와 같은 진보주의적 경제 정책을 선호했기 때문이다.[21]

케네디는 다른 후보들에 비해 유리한 점이 많았다. 본인이 전쟁 영웅이었을 뿐만 아니라 아들을 당선시키기 위해서라면 얼마든지 돈을 쓸 수 있는 아버지도 있었다. "내가 쓰고 있는 돈이면 내 운전사도 당선시킬 수 있을걸." 케네디의 아버지는 농담 삼아 이렇게 말하기도 했다. 케네디는 대규모 선거 참모진의 지원을 받았고, 여론조사를 실시하고 선거 포스터와 전단지로 선거구를 도배할 정도로 선거운동을 펼칠 수 있는 자금도 충분했다. 선거운동 막바지에 이르러서는 조지프 케네디가 잭과 PT-109에 관한 《리더스다이제스트》 기사를 10만 부 복사해서 선거구 내 모든 등록 유권자에게 발송했다. 파워스는 그것이 "매우 효과적"인 조치였다고 평했다. 그 조치를 "결정타, 녹아웃 펀치"로 묘사한 참모도 있었다. 데이브 파워스가 지적했듯이 JFK 외에는 자랑할 만한 군 이력을 가진 경쟁 후보가 없었으며, "남태평양에서 그가 보여준 믿을 수 없는 용기가 널리 알려진 덕분에 지역 연고도 없는 뜨내기 후보자를 돈 많은 아버지가 돈으로 당선시키려 한다는 비난"을 잠재울 수 있었다.[22]

선거운동은 1946년 6월 17일 벙커힐데이 축제와 함께 절정에 달했다. 그날은 보스턴의 공휴일이었고, 파워스의 말에 따르면 "보스턴에 사는 아일랜드계 주민들에게 벙커힐데이 축제와 비견될 만한 행사는 사우스보스턴의 성패트릭데이 행진밖에 없었"다. 그날 아침 케네디는 귀환한 참전 용사들을 직접적으로 염두에 둔 연설에서, 연방정부가 그들에게 일자리와 주택, 그리고 기타 지원책을 제공하기 위해 더 큰 노력을 기울여야 한다고 촉구했다. 오후 1시에 케네디는 참전 용사들을 포함한 대규모 지지자들과 함께 찰스타운에서 열린 8킬로미터 행진에 참여했다. 참모들은 행진 경로를 따라 한 집 걸러 한 집마다 케네디의 현수막을 걸었고, JFK는 자신과 참전 용사 친구들이 근래에 조직한 "해외참전용사회 제5880지부"의 "조지프 P. 케네디 주니어 중위" 대리인 자격으로 행진에 참여했다.[23]

치열한 예비선거 운동 끝에 참여한 벙커힐데이 행사는 JFK의 건강을 해쳤다. 행진이 끝나자 케네디는 탈진했고, 참모들은 급한 대로 지역 정치인의 집으로 케네디를 데려갔다. 그 정치인은 이렇게 회상했다. "잭이 아팠습니다. 얼굴색이 누렇고 퍼렇게 변하더니 쓰러지고 말았어요. 심장마비인 줄 알았죠. 2층으로 데려가서 속옷을 벗기고 몸을 닦아주었습니다. 케네디의 아버지에게 전화했더니 의사가 갈 때까지 기다리라고 하더군요. 그리고 케네디가 약을 가지고 있냐고 물어봤어요. 약을 가지고 있길래 우선 그 약을 먹였습니다. 그러고 나서 몇 시간 후 케네디가에서 잭을 데려갔습니다."[24]

건강 문제로 놀라기는 했으나, 케네디는 다음 날 치러진 예비선거에서 확실한 승리를 거두었다. 민주당 후보 지명을 놓고 열 명의 경쟁자가 벌인 혼전 속에서도 케네디는 41퍼센트의 득표율을 기록했다. 두 번째로 많은 표를 얻은 경쟁자의 득표율은 20퍼센트가 채 안 됐다. 예상대로 케네디는 11월 본선에서도 손쉽게 승리를 거두었다. 공화당이 매사추세츠주를 거의 석권한 선거였지만, 케네디는 73퍼센트의 득표율을 기록하여 공화당 후보를 압도했다. 케네디는 자기 선거구에서 공화당 도전자에게 패배한 유명 민주당 주지사보다 1만3000표 더 받았다.[25]

*

같은 시기 미 대륙 건너편에서는 또 다른 해군 참전 용사인 리처드 닉슨 소령이 하원의원 선거에 출마했다.

로스앤젤레스 동쪽에 있는 캘리포니아 제12선거구는 전통적으로 공화당 텃밭이었으나, 호러스 제러마이아 "제리" 보어히스가 1936년 민주당 후보로 출마해 당선된 이후 계속 의원직을 지키고 있었다. 사회주의자였으나 루스벨트의 뉴딜정책을 열렬히 지지하며 민주당에 둥지를 튼 보어히스는 종종 구겨진 옷차림에 파이프 담배를 피우는 모습으로 선거구민들에게 사랑받고 인기가 있었으며, 워싱턴에서도 동료 의원들과 언론계로부터 존경을 받았다. 의회 출입 기자들은 그를 "가장 진지한 의원"이자 "가장 열심히 일하는 의원"으로 뽑았고, "지역 문제보다 국가적 문제를 우선시하는" 인물로 평가했다.[26]

보어히스는 대부분의 쟁점에서 진보적인 성향을 보였지만 공산주의를 맹렬히 비판하는 것으로도 명성을 얻었다. 보어히스는 1940년, 외국 자금을 받는 정치 단체들의 등록을 의무화하는 체제 전복 방지 법안인 '보어히스법'을 발의했다. 이 입법 활동으로 그는 공산주의 문제에 관해서는 확실히 우파적 입장을 보여주었다. 보어히스는 또한 통화 개혁, 독점적 관행 억제, 대형 은행 규제 등을 주창했다. 이처럼 어려운 과제들을 의욕적으로 다루려는 행보를 보여 좌파로부터는 존경을 받았으나, 공산주의를 반대하는 그의 진정성에도 불구하고 우파로부터는 분노를 샀다.[27]

1940년 공화당이 장악한 주의회는 보어히스가 압도적인 표차로 승리했던 두 노동 계층 지역을 선거구에서 떼어내 재획정하는 게리맨더링을 시도해 그의 재당선을 막으려 했다. 그러나 이 시도는 실패해 보어히스는 1942년 1만3000표 차이로 이겼고, 1944년에도 비슷한 표차로 승리했다.[28]

그러자 성공한 기업인과 산업계 및 전문직 인사들로 구성된 모임인 '100인위원회'가 나섰다. 그들은 1946년 선거에서는 보어히스를 낙선시키기로 뜻을 모은 후, 지금껏 공화당이 신뢰할 만한 후보를 내세우지 못했으니 자신들이 직접 그 선거구에서 승리할 가능성이 있는 공화당 후보를 발굴하기로 결정했다. 이 모임의 지도자 중 한 명으로 닉슨 가족의 오랜 친구이자 영향력 있는 은행가였던 허먼 페리는 위원회에 닉슨을 면접해보자고 천거했다. 얼마 후 페리는 닉슨에게 "1946년 선거에서 공화당 후보로 하원의원 선거에 출마할 의향이 있는지" 묻는 전보를 보냈다.[29] 그때 닉슨은 볼티모어에서 군수 계약 해지 업무를 마무리하고 있었다.

1945년 10월 1일 닉슨은 페리에게 전화를 걸어 자신이 선택받아 "영광"이라고 전했다. 그 말을 들은 페리는, 닉슨의 표현에 따르면 "내 열정에 찬물을 끼얹으며" 최종 결정은 자기 혼자가 아니라 전체 위원회가 내릴 것이라고 설명했다. 다음 날 아침 닉슨은 페리에게 자신의 출마 의지를 확인시키는 편지를 보냈다. "제리 보어히스는 물리칠 수 있는 상대라고 굳게 믿으며, 그에게 도전할 기회가 주어지기를 기대합니다. 보어히스 특유의 뉴딜식 진보주의를 대체하려면 실용적 진보주의를 기치로 내건 공격적이고 활기찬 선거운동으로 유권자들이 찾고 있던 해독제를 제공해야 합니다." 그는 "워싱턴에서 관료들과 함께한 짧은 경험과 해군에서 보낸 3년 반이 워싱턴에서 일어나는 일들이 얼마나 엉망인지 알게 해주었습니다."라고 편지를 마무리했다.[30]

100인위원회는 캘리포니아로 와서 간단한 면접을 받는 데 필요한 비용 300달러를 닉슨에게 보내주었다. 1945년 10월 31일, 32세의 닉슨은 해군 제복을 입고 그들 앞에 서서 이렇게 말했다. "두 가지 관점으로 미국의 경제적 미래를 바라볼 수 있습니다. 하나는 뉴딜정책이 주장하는 것으로, 정부의 통제를 중요시하여 우리의 삶까지 규제하는 것입니다. 다른 하나는 개인의 자유를 중요시하여 그 진취성이 만들어내는 모든 것을 믿는 것입니다. 저는 두 번째 견해를 지지합니다. 제가 참호에서 많은 얘기를 나누어본 바에 의하면, 귀환한 참전 용사들은 구호금이나 정부 지원금에 만족하지 않을 것입니다."[31]

100인위원회는 닉슨에게 깊은 인상을 받았다. 한 참관자는 닉슨에게 "상대를 전율시키는 매력"이 있다고 칭찬했다. 위원회 위원으로 공화당 중앙위원회 위원장이기도 했던 로이 O. 데이는 후보자를 결정하는 투표가 예정된 11월 28일을 2주 앞둔 11월 12일에 닉슨에게 편지를 써서 "당신에게 압도적으로 표가 몰릴 것 같"다고 전했다. 그의 말이 맞았다. 11월 28일 닉슨은 63표를 얻었고, 2위 득표자는 겨우 12표를 얻는 데 그쳤다. 위원회는 두 번째 투표에서는 만장일치로 결정하기로 했다. 새벽 2시 한 위원이 닉슨에게 전화를 걸어 결과를 알려주었다. "딕, 자네가 후보로 지명되었네." 그 전화에 너무 흥분한 나머지 딕과 팻은 다시 잠들지 못했다.[32]

후보 지명을 공식적으로 수락한다고 데이에게 쓴 편지에서 닉슨이 한 말은 케네디의 주장과 놀랍도록 비슷하다. "제2차 세계대전 참전 용사로서 저는 미래의 모든 전쟁을 피하는 것을 주된 목적으로 하는 실용적이고 현실적인 대외 정책 수립이 절박하다고 생각합니다." 닉슨은 국내 정책에 관해서도 뚜렷한 견해를 밝혔다. "무책임한 정부 기관들의 경제적 독재가 우리 미국의 통치 체계 원칙으로 받아들여지는 것을 절대로 용납하지 않을 것입니다." 닉슨은 며칠 후 다시 데이에게 편지를 써서 "저는 민주당이 하지 못한 것을 말하는 대신, 우리가 무엇을 할 것인지를 얘기하는 긍정적이고 진보적인 연설들을 구성하는 데 노력을 집중하고 있습니다."라고 알렸다. 상대방을 비판하는 것이 아니라 변화를 위한 구체적인 계획을 제시함으로써, 닉슨은 "제리 보어히스라는 거위의 요리가 끝날 때까지 꺼지지 않을 불을 지필 수 있"다고 믿었다.[33]

캘리포니아로 돌아가기 전에 닉슨은 워싱턴으로 향해 공화당 의원들을 만났다. 그들은 닉슨의 전략에 공감하면서, 보어히스는 "뉴딜정책을 가장 급진적으로 지지하는 세력들과 일관되게 보조를 맞춰 법안에 투표한"다고 지적하며 그의 투표 기록에 초점을 맞추라고 조언했다. 그러나 그들은 또한 보어히스가 "정직하고 양심적이며 유능한" 인물이라며, "선거운동이 제리 보어히스 개인을 **공격해서는 안 되며**" 닉슨에게 주로 자신을 "알리는 데" 집중하고 "제리의 이름은 거론도 하지 말라"고 제안했다.[34]

100인위원회는 닉슨을 알리기 위한 노력의 일환으로 닉슨에게 전쟁 중 수행한 활동의 배경 자료를 달라고 요청했다. 닉슨은 부건빌과 그린아일랜드에서 전투 항공 수송 시설을 구축한 공로와 군수 계약 해지 업무를 성공적으로 수행해 받은 표창장들을 보냈다. 닉슨은 자신의 군 복무 내용을 정확하게, 그리고 과장 없이 기술했다.

1946년 1월 닉슨 부부는 캘리포니아로 돌아왔다. 한 달 후 첫 아이의 출산을 앞두고 있었다. 그들에게는 전쟁 중 팻이 번 돈과 닉슨이 군 복무 중 포커로 딴 돈을 모아 만든 비상금 1만 달러가 있었다. 원래는 그 비상금 전체를 집 계약금으로 쓸 계획이었지만 리처드는 그 돈을 반으로 나누어 절반은 집 구매에, 나머지 절반은 자신의 정치적 도전에 투자하기로 했다. 닉슨은 자신의 첫 선거운동을 "부부가 운영하는 동네 가게"에 비유했다. 부부는 자신들의 돈으로 휘티어 시내에 작은 사무실을 임대해 빌려 온 가구들로 사무실을 채웠다. 팻은 옛 학교 동창 한 명과 함께 선거 사무실을 운영하면서 모든 선거 홍보물을 직접 타이핑하고, 인쇄하고, 봉투에 넣어 우편으로 발송했다.[35] 캘리포니아주의 오픈프라이머리국민참여경선 제도 때문에 닉슨은 공화당과 민주당 양쪽에 예비선거 후보 등록을 했다.

"싸우고, 흔들고, 두들기는 선거운동"을 약속한 닉슨은 매우 빡빡한 일정을 소화하며 하루 종일 거의 쉬지 않고 선거운동을 하면서 선거구 내 각종 시민단체 행사에 빠짐없이 참석하려 노력했다. 그의 홍보 담당자는 "제복 입고 말없이 가만히 서 있기만 하세요. 당선시켜서 의회로 보내드릴게요!"라고 다짐했다. 정치 초년생이던 닉슨은 실제로 그가 하라는 대로 해군 제복을 입은 채로 행사에 참석하기도 했다. 닉슨의 선거 홍보물은 그를 "악취가 진동하는 진흙탕과 정글로 뒤덮인 솔로몬제도에서 조국을 위해 싸운 깨끗하고, 솔직하며, 젊은 미국인"으로 추켜세웠다. 닉슨은 상대 후보인 보어히스가 자신처럼 참전하지 않았다는 점을 강조했지만, 미국이 제2차 세계대전에 참전했을 당시 보어히스의 나이가 이미 마흔 살이었던 점은 언급하지 않았다. 닉슨은 "저는 제2차 세계대전 참전 용사입니다. 출마한 후보 중 유일한 참전 용사입니다."라고 주장했다. 보어히스가 자신도 참전 용사들을 강력히 지원했다고 밝히는 전단을 배포하자, 닉슨 캠프는 **보어히스 의원은 그 어떤 전쟁에도 참전한 적이 없다.**"라고 맞불을 놓으면서 "전쟁 중 군 복무를 위해 의원직을 내려놓은 의원들도 있지만, 보어히스 의원은 그렇게 하지 않았"다며 공격했다.[36]

전쟁 경험 유무는 두 사람을 구분 짓는 기본적인 사실이긴 했으나, 닉슨의 전략은 실패했다. 우선 그가 들려주는 남태평양에서의 전쟁 경험담에는 극적인 반향을 일으킬만한 영웅적인 요소가 부족했다. 닉슨은 자신의 전쟁 경험을 술회하면서 존 F. 케네디처럼 유권자들에게 감정적인 울림을 전달하지 못했다. 제복 착용도 역효과를 불러왔다. 선거 참모 중 한 명이 "이 선거구에는 병사 출신 유권자들이 많은데, 그들은 그다지 장교들을 좋아하지 않습니다."라고 말하자 닉슨은 곧바로 제복을 벗고 회색 줄무늬 양복을 사 입었다. 그 이후로 그의 선거 홍보물에는 "해군 소령 리처드 M. 닉슨"이라는 이름은 사라지고, 대신 "딕 닉슨"이란 이름이 등장했다.[37]

다행히도 닉슨에게는 경쟁 상대인 현직 민주당 의원을 공격할 수 있는 충분한 탄약이 있었다. 당시 정치 환경은 민주당 정권에 대체로 적대적이었다. 전쟁이 끝난 지 한 달 만에 정부는 350억 달러 규모의 군수 계약을 취소하고, 전쟁 관련 생산량도 60퍼센트나 삭감했다. 이러한 감축 조치로 대규모 해고가 발생했다. 일본이 항복한 지 열흘 만에 270만 명의 남녀가 일자리를 잃었다. 동시에 참전 군인들이 물밀듯이 귀환하여 민간 부문에서 일자리를 찾았다. 여기에 인플레이션까지 더해져 경제 불안이 고조되었다. 스테이크 가격이 파운드당 55센트에서 1달러로 치솟았다. 《뉴욕데일리뉴스》의 머리기사는 〈물가 폭등으로 소비자 고통 증가, 소고기 값 천정부지!〉라며 비명을 질렀다. 치솟는 물가와 실업으로 생활에 쪼들리자 노동자들은 임금 인상을 요구하며 사상 최대 규모 파업에 나섰다. 1945년 10월까지 50만 명의 노동자들이 피켓라인에 섰다. 실업과 인플레이션에 노동 불안까지 겹쳐 트루먼의 인기는 큰 타격을 입었다. 한때 87퍼센트를 기록했던 트루먼의 지지율은 1946년 봄에 이르면서 32퍼센트까지 곤두박질쳤다.[38]

이 같은 경제 혼란 속에서 기회를 감지한 닉슨은 새로운 발상에 기초한, 원칙 있고 미래지향적인 선거운동을 펼치겠다고 약속했다. 그는 "집권당에 반대 목소리를 높인다고 해서 우리가 승리할 수 있는 것은 아닙니다. 그것이 우리 선거운동의 전부라면 우리는 승리할 자격도 없습니다."라고 말했다. 닉슨은 연방정부가 현대사회에서 일정한 역할을 해야 한다는 점은 인정하면서도, 관료주의에 물든 정부 기관들이 보다 효율적으로 운영되어야 한다고 주장하며 자신을 중도온건주의자로 자리매김했다. 그는 유권자들에게 이렇게 말했다. "오늘날 미국에서는 경제가 너무 복잡해져서 정부가 산업을 통제해야 한다고 믿는 세력이 점점 힘을 얻고 있습니다. 반면 현재 우리가 겪는 문제는 정부의 지나친 간섭과 통제에서 비롯된 것이라고 보는 이들도 있습니다.” 닉슨은 자신이 “이 양극단 사이 어딘가에 서 있”다고 말했다.[39]

대외 정책에 있어서 닉슨은 소련과의 긴장 고조를 대수롭지 않게 여겼다. 자신의 회고록에서 닉슨은 처칠의 ‘철의 장막’ 연설을 듣기 전까지 자신은 공산주의 문제에 대해 “대체로 무관심”했다고 밝혔다. 닉슨은 “나는 그 연설에 큰 충격을 받았다. 처음에는 처칠의 발언이 지나치지 않나 생각했다.”라고 고백하면서, 냉전의 긴장이 고조되기 시작한 1947년에 이르러서야 “히틀러와 일본을 물리쳤다고 지속적인 평화가 보장되는 것은 아니며 이제 새로운, 그러나 훨씬 더 위험한 적이 자유를 위협한다는 사실을 깨달았다.”라고 말했다. 그러나 선거 출마 당시에는 전시 동맹 관계를 계속 유지하면서 국제연합UN을 통해 문제를 해결해야 한다고 믿었다. 그는 재향군인회에서 “우리는 평화를 믿습니다. 그리고 반드시 국제연합을 통해 평화를 실현해야 합니다.”라고 말했다.[40]

캘리포니아주의 오픈프라이머리 제도로 인해 공화당과 민주당 양쪽 후보 용지에 이름이 오른 닉슨은 1946년 6월 4일에 치러진 예비선거에서, 공화당 후보로는 큰 차이로 승리했지만 민주당 표에서는 더 큰 격차로 패배했다. 이 결과를 받아 본 닉슨은 낙담했으나 상대 후보가 얻은 총득표율이 1944년의 60퍼센트에서 하락한 53.5퍼센트에 불과하다는 사실을 전해 듣고 나서는 생각을 바꾸었다. 보어히스가 꺾을 수 있는 상대라는 것을 깨달은 닉슨은 예비선거에서처럼 신중한 선거운동을 펼쳐서는 본선에서 승리할 수 없다는 판단을 내렸다. 선거판을 뒤흔들 방법이 필요했다. 닉슨은 “예비선거 결과는 우리가 분명 승리할 수 있다는 사실을 보여”준다며, 그러나 본선 승리를 위해서는 “지금부터 11월 5일까지 모든 기회를 활용하여, 보어히스가 일관되게 지지했으나 신뢰를 잃은 뉴딜 행정부의 각종 정책에 환멸을 느끼는 유권자들을 빼앗아 와야” 한다고 지지자들에게 편지를 썼다. 닉슨의 선거운동 책임자 로이 데이 역시 닉슨의 메시지를 강조하며 지지자들에게 이렇게 말했다. "이 순간부터 여러분은 닉슨이라는 이름의 후보가 두 주먹을 불끈 쥐고 뉴딜정책을 지지하는 현직 의원의 약점을 강력히 파고들며 싸우는 모습을 보게 될 것입니다."[41]

총선 기간에 접어들자 평소의 고매한 성품 닉슨은 술집 싸움꾼 닉슨이 되어 대부분 백인 중산층으로 이루어진 지역사회의 불만을 거칠게 대변했다. 선거운동의 전반적인 분위기와 성격이 완전히 달라졌다. 이전까지 닉슨은 공산주의가 국제사회에 가하는 위협에 거의 관심을 두지 않았지만, 이제는 반공산주의를 자신의 핵심 메시지로 활용하기로 했다.

제2차 세계대전 기간에는 많은 공산주의자들과 진보주의자들이 '인민전선' 산하의 여러 노동 및 정치 조직에서 함께 활동했다. 그러나 냉전 긴장이 고조되면서, 일부 반공주의 성향 진보주의자들은 전후 세계에서는 양 이념의 목표가 양립할 수 없다고 확신하며 공산주의자들을 자신들의 조직에서 축출하기 시작했다. 특히 보어히스는 줄곧 캘리포니아주의 연합 조직인 '산업조직회의 정치행동위원회Congress of Industrial Organizations Political Action Committee, CIO-PAC'가 공산주의 세력의 영향을 받고 있다고 강하게 비판해왔으므로, CIO-PAC 집행부는 보어히스를 제외한 모든 민주당 하원의원 후보를 지지하기로 결정했다. 보어히스는 친구들에게 쓴 편지에서 이렇게 밝혔다. "나는 공산주의자들이 상당 부분 CIO를 장악하고 있다고 생각해. 솔직히 말해서 내가 그들의 지지를 받지 못한 이유도 바로 그 때문이지." 그렇지만 CIO와 연계된 조직의 남부캘리포니아 지부에서는 반공주의 성향의 진보주의자들이 보어히스를 위해 지역 차원의 지지를 끌어냈다.[42]

하지만 이러한 미묘한 구분은 상대 후보를 공산주의자라고 중상모략하며 공격적으로 빨갱이 딱지를 붙이는 선거운동을 펼친 닉슨에게는 큰 의미가 없었다. 닉슨의 새로운 선거 전략은 8월 29일 휘티어에서 열린 본선 첫 집회에서 드러났다. 닉슨은 이렇게 연설했다. "제가 여러분의 후보로 이

자리에 설 수 있던 주된 이유가 제가 누구의 조종도 받지 않는 후보이기 때문이라는 사실을 여러분이 알아주셨으면 합니다. 저는 특별한 이익집단이나 압력단체의 지지를 받고 있지 않습니다. 오히려 공산주의 원칙으로 무장하고 거대한 비자금을 굴리는 PAC가 저를 반대한다는 사실을 환영합니다.” 보어히스는 자신이 CIO의 심부름꾼이라는 혐의를 부인하는 데 급급하며 남은 선거운동 기간을 무력하게 보냈다. 그해 출마한 공화당 후보 중 닉슨만이, 한 언론인이 “당시 유행하던, 상대 후보에게 공산주의자 딱지를 살짝 붙이는 기법”이라 부른 전략을 사용한 것은 아니었다. 그러나 닉슨은 곧 미국 전체에서 가장 노련한 빨갱이 사냥꾼임을 증명해 보였다.[43]

닉슨은 보어히스의 법안 투표 기록을 보면 그가 CIO-PAC을 지지한다는 사실을 알 수 있다고 주장하면서 그 문제를 끈질기게 물고 늘어져 보어히스의 명성을 깎아내렸다. 닉슨은 현직 의원인 보어히스의 표결 중 상당수를 중복으로 집계했고, 심지어 남부의 인두세 폐지 법안 찬성과 영국에 대한 전후 차관 제공과 같이 공산주의자들이 격렬히 반대한 법안 찬성 이력까지도 보어히스가 CIO-PAC를 지지하는 증거라며 포함시켰다. 닉슨은 보어히스가 공산주의자들의 지지를 받을 뿐만 아니라 지난 4년간 단 한 건의 법안, 그나마도 연방 부처 간의 소관 업무 조정에 관한 미미한 법안만을 발의해 통과시킨 무능한 의원이었다고 공격했다.[44]

닉슨은 전후 보수주의자의 필승 공식, 즉 진보주의와 공산주의 모두를 비미국적un-American이라고 몰아붙이면서 둘 사이의 구분을 모호하게 만드는 전략에 의존했다. “지체 높은 자리를 차지하고 있는 사람 중에도 우리의 자유로운 제도들을 사회화하여 헌법 원칙들을 파괴하려 하는 자들이 있습니다.”라고 닉슨은 선언했다. 닉슨의 말에 따르면, 그의 경쟁자는 쟁점들과 관련해 단순히 틀린 견해를 가진 것에서 더 나아가 미국이란 국가에서 자유를 거세시키는 반역을 도모하는 공산주의자의 앞잡이였다. “국민의 삶에 대한 연방정부의 통제 강화를 옹호함으로써, 의도적이든 아니든 반미국적 요소들을 앞세우는 사람들이 있습니다. … 오늘날 미국 국민은 정부의 두 가지 통치 철학 중 하나를 선택해야 하는 상황에 직면해 있습니다. 하나는 급진적 PAC와 그 추종자들이 지지하는, 규제를 통해 국민으로부터 자유를 뺏으려는 철학이고 다른 하나는 헌법의 보장 아래 정부의 통치 권한을 국민에게 되돌려주려는 철학입니다. 저는 의원이 되면 두말할 필요도 없이 후자를 위해 제 힘이 닿는 데까지 싸울 것입니다."[45]

불운한 상대 후보는 자신이 어떤 공격을 당하는지조차 몰랐다. "보어히스는 일찍이 닉슨 같은 사람을 선거에서 만나본 적이 없었어요. 닉슨을 상대로는 완전히 역부족이었죠."라고 스티븐 앰브로즈는 말했다. 보어히스가 하나의 공격에 대응하기도 전에 닉슨은 이미 다른 공격을 퍼부었다. 앰브로즈는 닉슨의 선거운동이 "상대를 향해 악랄하게 으르렁거리는 방식이 특징"으로 "반쪽 거짓, 완전한 거짓, 그리고 각종 험담을 빠르게 퍼부어대는 통에 보어히스는 어찌 대처해야 할지도 몰랐"다고 설명했다. 매카시즘이 위세를 떨치기 훨씬 전부터 닉슨의 선거운동은 정치적 승리를 거둘 목적으로 체제 전복에 대한 공포를 불러일으켰다.[46]

마침내 선거일이 왔다. 닉슨은 예비선거 결과를 뒤집고 57퍼센트의 득표율로 43퍼센트 득표에 머문 보어히스에게 승리했다. 그는 세 곳을 제외한 모든 지역에서 승리했고, 심지어 보어히스의 지역구에서도 더 많은 표를 얻었다. 선거에서 승리한 원인이 무엇인지 질문을 받은 닉슨은 "정부의 통제, 노동 관련 법안, 주택 문제, 그리고 외교"가 선거 결과를 가른 가장 중요한 쟁점이었다고 답했다. 공산주의나 CIO-PAC에 대해서는 일절 언급하지 않았고, 자신이 상대 후보를 비방하거나 음해했다고 인정하지도 않았다.[47]

닉슨의 승리는 훨씬 큰 정치적 지형 변화를 보여준 축소판이었다. 반공주의, 그리고 높은 물가와 노동 불안에 피로를 느끼는 국민을 겨냥해 유사한 공약을 내걸고 출마한 공화당 후보들이 전국적으로 승리를 거둬, 1930년 이후 처음으로 공화당이 상하 양원을 모두 장악했다.

*

비록 서로 방식은 달랐지만, 닉슨과 케네디는 모두 자신들은 직접 전쟁을 경험했으므로 참전 용사들이 겪는 구체적인 문제들과 미국이 해외에서 직면한 일반적인 과제들을 잘 파악하고 있다고 주장했다. 두 사람 모두 소련과 일정 정도 타협할 수 있다는 희망을 버리지 않았으며, 국내 문제에 관해서도 수사적 표현과는 달리 그리 큰 견해 차이를 보이지 않았다. 닉슨은 본인을 "진보적 공화주의자"이자 "실용적 진보주의자"라고 묘사했고, 케네디는 스스로를 "싸울 줄 아는 보수주의자"라고 명명했다.

정부가 미국인들의 삶에서 어떤 역할을 해야 하는지에 관한 두 사람의 견해는 제2차 세계대전을 경험하면서 형성되었다. 당시 케네디는 아직 케인스주의자가 아니었다(케네디는 대통령이 된 후 케인스주의자가 되었다). 그러나 전시의 미국 경제가 보여준 엄청난 생산성을 목격한 케네디는, 연방정부가 광범위한 경제성장이 이루어지는 과정에서 낙오하는 소수의 미국인을 도와야 한다고 확신했다. 이 점이 전후 민주당과 공화당 간의 핵심적인 차이로 부상하게 된다. 전시의 경제 번영에 깊은 인상을 받은 케네디 같은 인물들은 미국 경제의 잠재력이 충분하기 때문에 더 높은 세금을 거둬 필수 불가결한 사회복지 비용을 감당할 수 있다고 확신했다. 반면 닉슨과 아이젠하워 같은 공화당원들은 미국 경제가 여전히 취약하므로 연방정부의 과도한 지출은 경제성장을 억제할 것이라고 우려했다. 많은 공화당원은 또한 대규모 상비군 유지나 사회복지 비용 충당을 위해 정부 지출이 확대될 경우, 개인의 권리가 국가권력에 종속될 수 있다고 걱정했다. 그러나 진보주의자들은 이러한 우려와는 정반대로 해외의 자유를 보호하기 위해서는 미국의 강력한 군사력이 필요하고, 국내에서의 평등한 기회 보장을 위해서는 연방정부의 강력한 개입이 필요하다고 믿었다.

두 사람 모두 각자의 선거구에 맞추어 자신들의 메시지를 조율했다. 닉슨은 보수적인 유권자들에게 호소하기 위해 우익 성향의, 케네디는 노동

계층 유권자들의 지지를 끌어내기 위해 좌익 성향의 메시지를 냈다. 그들이 내건 주요 의제는 1946년에 이르러 사회 전반에 팽배해진 숨 막히는 반공산주의 정서에 영향을 받았다(반공산주의 정서는 이후 대통령이 된 두 사람이 행사할 수 있는 선택권까지 제한하게 된다). 유럽계 이민자들이 많은 선거구에 출마한 케네디는 소비에트 팽창주의의 국제적 위협을 강조했지만 국내 공산주의의 위험에 대해서는 거의 언급하지 않았다. 닉슨은 국제 공산주의의 위협에 대해서는 거의 관심을 보이지 않았지만, 전쟁으로 인한 사회적 혼란 때문에 중산층 유권자들이 공공연히 느끼는 좌절감을 적절히 파고들었다. 닉슨은 정부의 경제 규제가 계속되어야 한다고 주장하는 정치인은 공산당의 명령을 수행하는 인물일 뿐이라고 유권자들을 설득하려 했다.

국내외 공산주의에 대한 강조점이 달랐던 것을 넘어, 사실상 닉슨과 케네디는 사는 세계가 달랐다. 평범한 환경에서 자란 닉슨은 과거 자신을 배척한 동부 기득권층의 인정을 받고 싶어 했다. 그는 절제할 줄 알고, 집중력도 있었으며, 야심으로 가득 찬 인물이었다. 케네디 역시 야심이 있었으나, 부유한 집안에서 태어난 그는 아버지가 제공하는 돈과 인맥의 보호 아래 순탄한 인생을 살 수 있었다. 두 사람이 소구한 집단도 달랐다. 닉슨은 인플레이션, 정부 규제, 그리고 증가하는 노사 분쟁에 대해 중산층 백인 유권자들이 느끼는 우려를 대변했고, 케네디의 선거구민들은 주로 정부의 지원이 필요한 1세대 또는 2세대 이민자들이었다.

두 사람의 나이 차는 몇 년밖에 나지 않지만, 닉슨은 소년 같은 케네디보다 성숙해 보였다. 항상 단정하게 차려입고 진중한 태도를 보인 캘리포니아 하원의원 닉슨은 실제보다 더 나이가 들어 보였다. 구겨진 옷차림에 헝클어진 머리, 그리고 소년처럼 웃음 짓는 케네디는 의원이라기보다는 의원 보좌관처럼 보였다. 어느 날 아침 케네디는 자신의 의원 사무실로 들어오며 재미있는 일이 있었다는 듯 말했다. "글쎄, 누가 엘리베이터를 타서는 나더러 4층 좀 눌러달라고 하던데!"[48]

두 사람 모두 공화당이 장악한 새 의회의 풋내기 의원들이었다. 평소 자신을 아웃사이더라고 여기던 닉슨은, 트루먼 행정부를 추궁하고 적극적으로 보수적 의제를 추진하려고 벼르던 새 의회에서 공화당 지도부와 워싱턴 기득권층 모두에게 깊은 인상을 남길 수 있는 절호의 기회를 잡을 수 있겠다고 생각하고 그 기회를 적극 이용하려 했다. 그러나 기득권 가문에서 태어난 케네디는 자신이 기득권층에 속한다는 사실을 증명해야 할 필요를 느끼지 않았다. 더욱이 인기 없는 대통령을 떠안은 소수 정당 소속이었으므로 자신이 갈망하던, 전국적으로 주목받는 지도자 역할을 맡을 기회도 거의 없다고 생각했다. 따라서 케네디는 하원의원으로서 수행해야 하는 여러 책무에 지루함을 느꼈고, 선거구민들과 악수하며 교감을 나누거나 그들의 수많은 요구에 응답하는 데도 별다른 관심을 두지 않았다. 케네디는 재정 정책에 있어서 자신이 대표하는 사람들보다 보수적이었으므로, 끊임없이 더 많은 정부 지원을 요구하는 그들의 태도에도 싫증을 냈다. 선거구민들의 온갖 요청과 부탁에 하루 종일 시달린 케네디는 보스턴 참모들에게 이렇게 불평했다. "내가 할 수 있는 일들이 아니야. 자네들이 저 사람들 좀 말려줘." 다행히 JFK의 아버지는 자기 아들을 위해 궂은일을 맡아 처리해 줄 유능한 참모진을 대규모로 고용했다. 여러 건강 문제와 의회 업무에 대한 전반적인 관심 부족으로 케네디의 의회 출석률이 저조했음에도 불구하고, 그의 아버지는 언론계 인맥을 이용해 《뉴욕타임스》와 《보스턴글로브》를 포함한 주요 신문들에 케네디에 관한 호의적인 기사들이 계속 실리도록 조율했다. 팁 오닐은 "일도 거의 하지 않는데 그렇게 언론에 이름이 많이 오르내리는 의원은 처음 보았"다며 투덜댔다.[49]

건강이 좋지 않던 케네디는 의회에 많은 시간을 투자할 수 없었고, 따라서 효과적인 의정 활동을 펼칠 수 없었다. 1947년 그를 만난 한 동료 하원의원은 JFK를 "허약하고, 아프고, 야윈 사람"으로 묘사했다. 그러나 사교 생활에는 여전히 적극적이던 케네디는 마땅히 여성들에게 인기가 있다는 평판을 얻었다. 동료 하원의원 조지 스매더스는 "잭은 여자들을 좋아했죠."라고 절제된 표현으로 말했다.[50]

그러나 이러한 차이들에도 불구하고 두 사람은 서로를 존중했다. 닉슨은 사적으로는 케네디가 누리는 기득권을 원망하고 그의 하버드 학위를 시기했으나, 그보다는 두 사람의 유사점을 강조했다. 닉슨은 회고록에 이렇게 썼다. "우리 둘 다 등을 두드리며 인사하는 괄괄한 성격도 아니었고, 깊지도 않은 동지애를 시끌벅적하게 표시하는 데도 불편함을 느끼는 부류였다. 케네디는 수줍음을 많이 탔다. … 하지만 그것은 사생활을 지키고 속내를 숨기려는 본능에서 나오는 수줍음이었다. 내게도 그런 면이 있기 때문에 케네디의 그런 모습을 이해할 수 있었다." 닉슨은 "서로의 배경, 세계관, 그리고 성격이 너무 달라서 가까운 친구가 될 수는 없었"다고 인정하면서도, "우리는 정치 경력 초기에 늘 함께 엮여 있었으므로 우호적인 관계를 맺지 않을 수 없었다."라고 회상했다. 요컨대 두 사람은 서로를 "정치적 경쟁자가 아닌, 정치적으로 상대 진영에 있는 사람"으로 여겼다.[51]

닉슨은 케네디의 우아함과 매력에 감탄했고, 케네디는 닉슨이 박식하고 공손한 사람이라고 생각했다. JFK는 그의 보좌관에게 이렇게 말했다. "그 친구 말 잘 들어보라고. 크게 될 사람이니까."[52]

*

지금은 널리 알려진 1960년의 닉슨·케네디 토론회가 있기 훨씬 이전에, 두 사람은 노동 문제를 놓고 처음으로 맞붙었다. 1947년 4월, 29세의 케네디와 34세의 닉슨은 피츠버그 외곽에 위치한 작은 철강 도시인 펜실베이니아주 매키스포트로 갔다. 당시 펜실베이니아주의 민주당 의원이 하원 교육노동위원회 소속 신참 의원이던 두 사람을 초청하여, 노동조합의 권한을 강력히 제한하는 공화당의 새 법안인 1947년의 노사관계법(또는 태프트·하틀리법)에 관해 토론하는 자리를 마련한 것이다. 향후 사반세기 동안 미국 정치를 지배하게 될 이 두 인물을 보러 토론회에 참석한 관중은 소수에 불과했다. 닉슨은 다소 온건한 입장을 취하며 노동자들을 지지한다고 말하면서도, 지난 수십 년간 노동의 조직화가 "비약적으로" 이루어진 것은 불편한 사실이라고 인정했다. 그는 더 나아가 제2차 세계대전 종전 이후 계속되는 파업이 경제성장을 위협하는 요소라고 주장했다. 반면 케네디는 노조에 유화적인 자세를 보이며 해당 법안이 노동자들의 노조결성권을 지나치게 제한하고 있으므로, 만약 입법이 이루어진다면 노동자와 경영진 간의 "전쟁"을 불러일으킬 것이라고 주장했다. 법안을 둘러싼 입장은 확연히 달랐지만, 두 사람 모두 노조 내 공산주의 침투에 대해서는 우려를 표명했다.[53]

토론이 끝난 후 닉슨과 케네디는 현지 식당에서 함께 식사하며 야구 이야기를 나누다가, 워싱턴으로 돌아가는 긴 밤샘 여행을 위해 자정에 출발하는 캐피털리미티드 열차를 탔다. 열차에 탑승한 두 사람은 동전을 던져 누가 아래쪽 침대를 차지할지 결정했다. 닉슨이 이겼으나, 두 사람은 잠을 자지 않고 밤새도록 대화를 나누었다. 그들은 남태평양에서 보낸 시절의 얘기를 주고받다가, 두 사람이 같은 시기에 벨라라벨라에 주둔했다는 사실을 알고 어쩌면 서로 마주쳤을 수도 있겠다고 생각했다.[54]

두 사람은 전쟁 경험과 직결된 문제인 외교정책을 두고 가장 많은 대화를 나눴다. "우리는 서로 할 이야기가 많았습니다." 닉슨은 회상했다. 두 사람은 모두 제2차 세계대전의 참혹함을 겪은 미국과 소련이 평화롭게 공존할 수 있으리라는 희망을 품고 정치에 입문했으나, 1947년 봄에 이르러서는 실망스러운 결론에 도달했다. 소련은 세계를 지배할 생각에 골몰해 있으므로 미국이 이에 대한 경계를 늦춰서는 안 된다는 것이었다.[55]

두 사람의 토론회로부터 한 달 전인 1947년 3월 12일, 트루먼 대통령은 소련이 지원하는 반군에 맞서 싸우는 그리스와 튀르키예에 미국이 경제적·군사적 지원을 제공하겠다고 발표했다. 트루먼은 "저는 무장한 소수집단이나 외부 세력의 체제 전복 시도에 맞서 저항하는 자유 시민들을 지원하는 것이 미국의 정책이어야 한다고 믿습니다."라는, 이후 트루먼독트린으로 알려진 대의회 연설을 했다. 두 사람 모두 대통령의 연설에 박수를 보냈고, 트루먼의 요청안에 찬성표를 던졌다. 이는 고립주의 정서가 강한 선거구를 둔 닉슨이 취하기에는 정치적으로 위험한 입장이었지만, 닉슨은 선거구민들의 의견에 개의치 않고 민주당 출신 대통령의 편에 서는 용기 있는 결정을 내렸다. 반면 반소련 성향이 강하고 고립주의에 반대하는 유권자들이 많은 선거구를 둔 케네디에게는 어렵지 않은 결정이었다. 케네디는 노스캐롤라이나대학 학생들에게 유화정책을 펼쳤던 1930년대의 실수를 미국이 되풀이해서는 안 된다고 말했다. 스탈린에 대해 강경한 입장을 취하는 것이 도덕적으로 옳다는 본인의 신념에 더해, 케네디는 그 기회를 빌려 아버지인 조 시니어는 여전히 지지하지만 이미 여론의 지지를 잃은 정책인 고립주의와 완전히 결별하고자 했다.[56]

6월이 되자 새 국무장관 조지 C. 마셜은 그리스와 튀르키예에서는 군사적 지원만으로도 소련의 팽창을 억제할 수 있지만, 전쟁으로 폐허가 된 서유럽을 경제적 재앙에서 구하려면 소련을 견제하는 군사 원조로는 충분하지 않다고 깨닫고 유럽을 경제적으로 원조하겠다는 새롭고 대담한 구상인 마셜플랜을 발표했다. 다시 한번 닉슨은 이러한 대통령의 정책을 지지하려 했지만, 자신의 선거구로부터 거센 저항에 부딪혔다. 마셜플랜을 뉴딜정책의 연장이라고 폄훼하는 허먼 페리를 포함한 닉슨의 여러 동지가 지지하지 말라는 경고를 보냈다. 페리는 닉슨에게 공화당이 국내 정치에서 성공하려면 "위험할 정도로 실행 불가능하고 심각한 인플레이션을 유발할 수 있는 대외 정책을 지지하는 함정에 빠지지 않을 만큼 현명해야 한다."라는 내용의 편지를 썼다. "초당적 국제주의를 내세운 민주당이 우리 공화당을 분열시켜 더 이상 누가 공화당원인지 구별할 수 없게 만드는 전략"에 말리면 안 된다는 주장이었다.[57]

페리의 경고가 있었지만, 닉슨은 자신이 먼저(그리하여 자신의 선거구민들까지) 유럽의 실제 상황을 정확히 알 필요가 있다고 판단했다. 그리하여 닉슨은 마셜플랜에 대한 권고안을 마련하기 위해 구성된, 매사추세츠주 크리스천 허터 하원의원이 이끄는 열아홉 명의 특별위원회 위원으로 임명되어 유럽을 방문하게 되었다. 유럽의 상황을 목격한 닉슨은 충격에 빠졌다.

"위원회 위원들은 여러 설명도 들었고 연구 자료들도 보았지만, 그 누구도 유럽에서 그런 현실을 목도하게 될 줄은 몰랐다." 닉슨은 휴대해 간 메모지에 이렇게 적었다. "사우샘프턴에 도착하여 우리가 타고 온 호화로운 배에서 내린 순간부터, 우리가 온 곳은 기아와 혼돈의 벼랑 끝에서 비틀거리는 대륙이라는 사실이 분명해졌다. 방문한 모든 나라의 상황이 똑같았다. 미국의 원조가 없다면 수백만 명이 겨울이 끝나기 전에 굶어 죽거나 영양실조로 인한 질병으로 죽을 터였다. 정치적 현실도 마찬가지로 명백했다. 미국의 식량 지원과 도움이 없다면 유럽은 무정부 상태와 혁명, 궁극적으로는 공산주의로 빠져들 수밖에 없는 지경이었다."[58]

유럽의 참상을 목격한 닉슨은 케네디와 마찬가지로 1930년대의 실수를 되풀이해서는 안 된다고 확신하게 되었다. 닉슨은 자신의 일기에 이렇게 적었다. "우리는 제2차 세계대전으로 치달은 일련의 사건들을 통해 전체주의 침략자에게 시도한 유화정책이 결국 전쟁으로 이어졌다는 슬픈 역사적 교훈을 얻었다. 또 다른 전체주의 침략자와 상대하는 이 순간, 같은 실수를 저질러서는 안 된다." 어느 순간에는 이런 메모를 끄적였다. "러시아인들을 상대할 때의 기본 원칙: 끝까지 밀어붙일 준비가 되어 있지 않다면 절대로 허세를 부리지 말 것. 그들은 매번 우리를 시험할 테니까."[59]

그러나 닉슨의 이런 입장은 유럽에 대한 시혜성 원조가 아닌, 낮은 세금과 작은 정부를 원하던 그의 선거구민들에게는 쉽게 수용될 수 없었다. 10월에 미국으로 돌아온 닉슨은 여론조사를 실시했는데, 선거구민의 75퍼센트가 마셜플랜에 반대하는 것으로 나타났다. 그럼에도 닉슨은 "유럽의 참상을 직접 보고 깨닫게 된 나로서는 양심에 따라 법안에 투표하고, 그다음 최선을 다해 선거구민들을 설득할 수밖에 없었다."라고 술회했다. 10월 말까지 닉슨은 자신의 선거구 곳곳을 돌며 마셜플랜을 지지하는 연설을 50차례나 했다.

결국 젊은 하원의원 닉슨은 두 마리 토끼를 모두 잡았다. 용기를 내 인기 없는 정책을 지지한 후 자신의 선거구 여론까지 바꾸려 노력하는 닉슨에 대한 지지율은 도리어 올랐고, 1948년 4월 2일 하원은 318 대 75라는 압도적 표차로 마셜플랜을 승인했다. 상원도 압도적인 구두 표결로 승인했다.[60]

마셜플랜이 법으로 선포되고 나서, 케네디는 마셜플랜의 집행 상황을 살펴보고 노동조합 내 공산주의 침투 정도를 파악하기 위해서 유럽을 방문했다. 또한 런던에 살고 있던 여동생 캐슬린과 함께 시간을 보낼 계획도 있었다. 하지만 건강이 나빠져 일정을 단축해야 했으며 시찰 활동에도 참여할 수 없었다. 9월, 런던에 머물던 케네디는 서 있기도 힘든 상태가 되어 런던병원에 입원해 매우 위험하고 종종 치명적일 수도 있는 부신 기능 부전, 즉 애디슨병 진단을 받았다. 진단했던 의사는 케네디의 상태를 매우 비관적으로 바라봤다. 의사는 당시 JFK와 함께 있던 가족의 친구 패멀라 처칠에게 "당신의 저 미국인 친구는 1년도 살기 힘들 것"이라고 말했다.[61]

케네디의 가족은 위기관리에 나섰다. 잭이 심각하게 아프다는 소문을 불식시키기 위해 전쟁 중에 걸렸던 말라리아가 재발한 것뿐이라고 설명하면서, 10월에는 케네디를 대양 여객선 RMS 퀸엘리자베스호에 태워 선내 의무실에서 꼬박 닷새를 보낼 수 있도록 하며 미국으로 데려왔다. 케네디의 한 친구는 "등을 대고 누워 있었고 얼굴은 꿀단지처럼 노랬지만, 잭은 놀랄 정도로 쾌활했고 다시 이런저런 질문을 해대기 시작했"다고 회상했다.[62]

10월 18일 케네디를 태운 배가 미국에 도착했을 때, 잭의 건강 상태가 너무도 급격히 나빠져 가족들은 신부를 불러 가톨릭교회의 종부성사를 집전토록 했다. 케네디는 들것에 실린 채 배에서 내려 전세기편으로 보스턴으로 향했고, 레이히클리닉에서 몇 주를 보내며 기력을 회복했다.[63]

케네디가 하원의원 첫 임기 중에 겪어야 했던 개인적 고통은 애디슨병 진단뿐만이 아니었다. 1948년 5월 13일, 캐슬린이 탄 전세기가 사나운 폭풍우에 휘말려 프랑스의 한 산등성이 측면에 충돌했다. '킥'이라는 애칭으로 불리던 캐슬린은 형제자매 중 케네디와 가장 친한 존재였다. 두 사람은 유머 감각도 비슷했고, 서로의 생각을 읽어 종종 상대의 말을 마저 해주기도 했다. 캐슬린의 죽음에 충격을 받은 케네디는 하이애니스포트에 있는 자신의 방에 며칠 동안 틀어박혀 누구와도 말하지 않았고, 의회로 돌아간 후에도 마음을 다잡지 못해 의정 활동에 집중하지 못했다.[64]

그러나 병명을 진단받은 데다 캐슬린의 죽음까지 경험한 케네디는 자신도 언젠가는 죽는다는 사실을 더욱 실감하면서, 의정 활동을 위한 귀한 시간을 허비하지 않겠다는 결심을 굳혔다. 케네디는 한 동료 의원에게 말했다. "요점은 하루하루가 인생의 마지막 날인 것처럼 살아야 한다는 거예요." 그런데 케네디는 하원에서의 의정 활동에 전념하는 것이 아니라 상원의원 출마를 위한 기반을 다지는 계획을 세웠다. 국가를 대표하는 정치인이 되고자 하는 자신의 꿈을 실현하려면 상원의원이 더 좋은 발판이 된다고 생각했기 때문이었다.[65]

상원의원이 될 계획을 세운 케네디는 매사추세츠주 전역에 걸쳐 자신의 인지도를 높이기 위해 거의 매주 주 곳곳을 방문하는 왕성한 활동을 펼치기 시작했다. 그는 주내 39개 도시와 312개 마을을 방문했으며, 해외파병재향군인회VFW와 미국재향군인회American Legion 지부를 포함한 각종 시민단체에서 연설하며 때로는 하루에 열두 개 행사에도 참석했다. 데이브 파워스에 따르면 "잭은 매주 금·토·일요일에 여기 찰스타운에 와서 연설하려고 노력했"다. 케네디는 애초 1948년 상원의원 선거에 출마하려 했지만, 비공개 여론조사 결과 승산이 없어 보이자 다음 기회를 노리기로 했다.[66]

케네디가 상원의원 출마를 대비해 지지세를 모으고 있는 동안, 닉슨은 체제 전복 활동 의혹을 조사하기 위한 목적으로 1938년 구성된 '하원 반미국활동조사위원회House Un-American Activities Committee, HUAC'에서의 활동으로 언론에 이름이 오르내렸다. 하원의장 조 마틴은 닉슨을 위원으로 임명하면서 그에게 말했다. "그 위원회가 제대로 굴러가려면 자네 같은 젊은 변호사가 필요하다네." HUAC 위원들은 솔직히 말해 출중한 의원들이 아니었다. 반유대주의자들과 인종차별주의자들이 위원회를 주도했기 때문에 '큐클럭스클랜KKK'에 대한 조사조차 제대로 하지 않았다. 미시시피주 출신

위원 존 랭킨의 말을 따르자면 큐클럭스클랜은 "미국의 오랜 단체"일 뿐이었다. 훗날 린든 존슨의 백악관 공보비서관이 된 기자 조지 리디는 "그 위원회는 5월 1일 모스크바 붉은광장의 레닌 무덤 앞에 모인 사람들 가운데서도 공산주의자를 찾아내지 못했을 것"이라고 우스갯소리를 했다. 위원회의 평판을 높이려는 의도로 닉슨을 위원으로 임명했지만, 전기 작가 존 A. 패럴의 표현을 빌리면 닉슨은 "악당들의 소굴에 몸을 담갔기 때문에 오명을 피하기 어려웠다."[67]

1948년 봄, 닉슨은 사우스다코타주의 칼 먼트와 함께 미국 공산당원 명부의 정부 등록을 의무화하는 법안을 발의했다. 이 법안은 논란이 많아서, 공화당 출신 주지사로서 1948년 대선 후보로 나선 토머스 듀이마저도 분노하며 "히틀러와 스탈린이 썼던 수법과 다름없다."라고 맹렬히 비난했다. 《뉴욕타임스》는 이 법안이 "미국인들이 150년 동안 경험하지 못했던 방식으로 자유에 대한 제약을 가하는 데 악용될 수 있다."라고 예견했다. 결국 의회 통과는 실패했지만, 이 법안을 둘러싼 논쟁으로 닉슨이라는 이름은 대중의 눈에 계속 노출되었다.[68]

그러나 닉슨이라는 이름을 미국인 대부분에게 알리고, 또 닉슨을 미국 정계에서 가장 논란이 많은 인물로 대두시킨 것은 앨저 히스 사건이었다. "히스 사건 덕분에 전국적으로 유명세를 탔다." 닉슨은 훗날 회고하며 이렇게 적었다. 8월, 《타임》지 편집자인 휘터커 체임버스는 얄타회담에서 프랭클린 루스벨트를 보좌한 고위 보좌관이자 정부의 여러 관리와도 일한 앨저 히스가 공산주의자들과 연관이 있다고 고발하는 기사를 썼다. 히스에게 씌워진 혐의가 성립할 가능성은 희박해 보였다. 체임버스는 본인이 공산주의 간첩이었다고 자백한 동성애자였다(FBI 국장 J. 에드거 후버는 그를 "변태"라고 불렀다). 반면 명문 권세가 출신으로 존스홉킨스대학과 하버드 로스쿨을 졸업한 히스는 아이비리그 출신 외교정책통의 전형이었다. 그러나 닉슨은 이 사건을 끈질기게 추적했다. 1948년 8월 3일부터 12월 15일까지 134일 동안, 자신은 공산당원이었던 적이 없다는 히스의 주장을 거듭 탄핵하는 닉슨의 이름이 언론의 머리기사를 장식했다. 닉슨은 훗날 "나도 변호사고 그도 변호사였는데, 그가 미꾸라지처럼 빠져나가는 증언을 한다는 느낌을 받았다."라고 말했다. 한 차례 미결정 심리가 있었으나, 1950년 두 번째 재판에서 히스는 유죄 판결로 5년 징역형을 선고받았다. 그 어떤 사건보다도 히스 재판은 많은 미 국민에게 루스벨트와 트루먼 행정부가 공산주의자들의 첩보 활동에 둔감했다는 인식을 심어주었다.[69]

닉슨은 의회에 입성한 첫 2년 동안 일벌레처럼 일했고, 트루먼 행정부의 두 가지 주요 외교정책 구상인 트루먼독트린과 마셜플랜을 지지하기 위해 자신의 선거구 여론에도 굽히지 않는 상당한 용기를 보여주었다. 그러나 1946년 선거운동 중 자행한 공산주의자 딱지 붙이기와 히스에 대한 끈질긴 추적은 대중에게 그가 무자비하고 파렴치한 정치인이라는 이미지를 심어주었다. 이런 행동들로 닉슨은 공화당 우파의 찬사를 얻었으나, 그가 그토록 간절히 인정받고 싶었던 기득권층에게서는 분노를 샀다.

한편 케네디는 하원의원으로서의 첫 임기 동안 아무런 성과도 내지 못했다. 그는 입법 활동의 세부 사항이나 선거구민의 요청 사항에 별반 관심을 보이지 않았다. 건강상의 이유로 오랫동안 의회에 참석하지 못한 이유도 있었다. 그러나 케네디의 하원의원 당선에 결정적 역할을 한 그의 아버지는 케네디가 민주당의 떠오르는 스타 정치인으로 묘사되면서 언론에 줄곧 노출되도록 이번에도 비슷한 역할을 했다.

닉슨과 케네디가 공유한 것은 야망이었다. 두 사람 모두 하원에 오래 머물 계획이 없었으므로, 일찍이 더 높은 목표를 향해 눈길을 돌렸다.

*

케네디와 닉슨 모두 1948년 선거에서 손쉽게 승리하면서 각자 소속 정당의 간판스타로서 명성을 쌓아갔다. 같은 해, 해군 소령 출신인 제럴드 포드는 미시간주 제5선거구에서 하원의원직에 도전하기로 했다. 그의 상대는 같은 공화당원인 63세의 바텔 J. "바니" 존크먼으로 여전히 인기 있는 4선 의원이었다.

대중 사이에서 반소련 정서가 형성되는 분위기가 포드를 선거에 나서도록 만들었다. 고립주의자였으나 회심하여 확고한 국제주의자가 된 포드에 반해, 존크먼은 1940년 자신의 선거구에 팽배한 고립주의 정서에 편승해 처음 당선된 인물이었다. 그는 아메리카퍼스트위원회의 영웅이었고, 1940년 발의된 선별징집훈련법에 반대했으며, 하원 외교위원회 소속으로서 마셜플랜을 명백한 세금 낭비라며 일축했다.[70]

존크먼이 전국적으로 확산되고 있는 반소련 정서를 깨닫지 못하고 있었을 수는 있으나, 자신의 선거구에서는 여전히 인기가 있었고 공화당 지도부의 지지도 탄탄했다. 역사학자 아이제이아 벌린은 존크먼을 "미시간주의 공화당 진영을 대표하는" 인물로 묘사했다. 그런 존크먼을 선거에서 이기려는 포드의 시도는 실현 가능성이 희박했다. 케네디와 마찬가지로 포드도 양당의 경쟁이 치열하지 않은 선거구에서 출마할 예정이었기 때문에, 공화당 후보로 지명되는 것이 곧 11월 본선에서의 당선을 의미했다. 포드의 법률 회사 동료였던 필립 부첸조차도 포드의 출마에 거의 가능성이 없다고 보고서 정치 초년생 포드에게 이렇게 말했다. "아마 이기기는 어려울 거야. 이번엔 기반을 다진다고 생각하고 상황을 지켜보라고."[71]

포드는 존크먼을 물리치기 위한 전략으로 대외 정책을 자신의 핵심 공약으로 삼으면서, 유럽 원조는 곧 자유 수호를 위한 노력이라고 강조했다. 미국이 "도움이 필요한 자국민은 도외시하면서 해외에 막대한 자금을 써도" 괜찮으냐는 질문을 받은 포드는 미국은 "우리의 자유까지 위협할 수 있는 공산주의의 영향력을 억제하기 위해 유럽에 돈을 써야 하며, 유럽의 일반 시민에게도 자유 정부에 대한 진정한 믿음의 토대를 제공해야" 한다고 응답했다. 포드는 마셜플랜이 유럽의 경제적 불평등을 악화시킬 것이라는 우려를 단호히 배격하며, 마셜플랜은 "부자를 더 부유하게 만들고 가난한 자를 더 가난하게 만들기 위한 것이 아"니라고 주장했다. 더 나아가 포드는 강력한 군을 육성하기 위한 투자는 새로운 세계 질서 수호를 위해 필요하다고 역설했다. "우리가 군사적 관점에서 적절히 준비하지 않는다면, 러시아라는 불한당에 맞서 자유의 횃불을 자신 있게 들고 나아갈 수 없을 것입니다."[72]

포드는 공격적이고 열정적인 선거운동을 펼쳤다. 암 퇴치 운동과 기금 마련 행사를 도왔고, 심지어 전미유색인종 지위향상협회NAACP 지부에도 가입했다. 그는 가능한 한 많은 행사에 참석했고, 행사마다 시대에 뒤떨어진 고립주의 견해를 고집하는 상대 후보를 겨냥한 연설을 펼쳤다. 포드는 자신의 참전 경력과 함께 귀환 참전 용사를 위한 주택 공급 부족을 부각하기 위해 백화점 옆 주차장에 "하원의원 후보, 제리 포드 주니어"라는 문구를 선명히 새긴, 불용 처리된 해군의 퀀셋 막사를 빌려 설치해놓았다. 제2차 세계대전 중 미군 기지에서 흔히 볼 수 있던 그 막사는 포드의 참전 경력을 상기시키기 위한 소품이었다.[73]

포드는 국내 정책을 토론할 때는 종종 공화당원이라기보다는 민주당 당원처럼 이야기했다. 그는 참전군인재적응법을 통해 교육 혜택 제공을 더욱 확대해야 한다고 주장했고, "사회보장제도에 생계를 의존하는 사람들에게 충분한 급여를 제공하는 데 소홀한" 정부의 현 정책 기조를 지속하기보다는 "현실적으로 가능한 범위 내에서 사회보장 적용 범위를 확대하여" 사회보장제도를 강화할 것을 요구했다. 포드는 중앙 정치 무대인 워싱턴을 의식한 선거운동에는 전혀 관심을 두지 않고 "누군가가 적극적으로 우리의 필요를 전면에 내세우지 않는 한, 연방정부가 나서서 우리를 위해 일할 리는 없다는 걸 명심해야 합니다."라고 말하며, 자신의 선거구에 보다 많은 연방 예산을 끌어오겠다고 약속했다.[74]

포드의 선거 공약이 상대적으로 중도적이었던 이유는 제2차 세계대전 중 그의 고향인 그랜드래피즈에서 일어난 변화 때문이었다. 그랜드래피즈에는 지역 경제를 주도하던 가구 산업에 더해 다른 산업들이 유입되었다. 제너럴모터스와 몇몇 자동차 부품 제조업체들이 제조 공장을 열었고 노동조합도 뒤따라 조직되었다. 닉슨은 반공산주의 정서를 이용해 민주당과 노동조합 사이를 갈라놓았지만, 포드는 CIO의 지역 대표와 전미자동차노조 UAW 위원장의 지지를 받았다. 이와 대조적으로 존크먼 하원의원은 정부 내 공산주의자들을 공격하고 국무부가 공산주의에 무르게 대처한다고 비판하는 등 닉슨과 비슷한 주장을 펼쳤다. 포드는 JFK와 마찬가지로 국내 공산주의 문제는 전혀 언급하지 않았으며, 대신 해외에서의 소련 팽창 위협에 초점을 맞추었다.[75]

포드는 예비선거 기간 중 유권자들에게 한 가지 비밀을 숨겼다. 1947년 가을 포드는 댄서였던 베티 블루머 워런을 만났는데, 그녀는 당시 이혼 절차를 밟고 있었다. 그들은 몇 달간 데이트를 했고 1948년 2월 포드는 그녀에게 청혼했다. "그는 매우 수줍은 사람이었어요." 베티의 회상이다. "저를 사랑한다는 말은 하지 않고, 그저 저와 결혼하고 싶다는 말만 했죠." 그러나 포드는 결혼식은 가을에나 올릴 수 있다고 고백했다. 베티에 따르면 "그 전에 해야 할 일이 있기 때문"이었다. 베티조차 포드의 예비선거 승리 가능성을 회의적으로 보았다. "이 네덜란드 마을이 현역 의원에게 등을 돌리리라고는 상상할 수 없었어요. 의원 자신이 네덜란드계로 8년 동안 의원을 지냈고, 5선거구 유권자 대부분도 그만큼 보수적이었거든요."[76]

미시간주 서부에서는 보수적인 네덜란드 칼뱅주의의 두 교파가 득세하고 있었으므로, 포드와 그의 참모들은 이혼녀와의 결혼이 가져올 정치적 파장을 우려했다. 한 선거 참모는 이렇게 말했다. "무슨 일이 벌어질지 충분히 예상할 수 있었죠. 예비선거가 있는 화요일 직전 일요일에 상대 진영 선거운동원들이 모든 네덜란드 교회로 가서 '포드에게 한 표를'이라고 적힌 전단지를 뿌려댔을 거예요. 거기에는 포드가 이혼녀이자 전직 댄서와 결혼할 생각이라는 흥미진진한 소식도 담겼을 테고요."[77]

다행히 그러한 우려는 현실화되지 않았고, 포드는 예비선거에서 완승을 거두었다. 강경한 대외 정책과 온건한 국내 정책을 내건 그의 공약이 민주당원들의 마음을 움직였고, 그들이 공화당 예비선거로 넘어와 투표함으로써 현역 의원을 상대한 포드에게 놀라울 정도로 일방적인 승리를 안긴 것이다. 예비선거 개표가 끝났을 때 포드의 득표율은 62퍼센트였다.

예비선거가 끝나자 제럴드와 베티는 결혼 준비를 할 수 있었고, 마침 내 10월 15일 그랜드래피즈 시내에 있는 그레이스성공회교회에서 결혼식을 올렸다. 그리고 몇 주 후, 포드는 60.5퍼센트의 득표율로 민주당 후보를 압도적으로 물리쳤다.[78]

*

린든 존슨은 1946년 텍사스 주지사 출마 카드도 만지작거렸으나 하원 의원 재선에 도전하기로 결정하고서, 훈장을 수상한 육군 대령이자 변호사인 45세의 하디 홀러스를 쉽게 물리쳐 재선에 성공했다. 존슨은 선거구 내 열 개 카운티 모두에서 승리하면서 4만2672표 대 1만7628표라는 큰 차이로 상대를 이겼다.[79]

JFK와 마찬가지로 존슨 역시 1948년 상원 선거 출마를 염두에 두고, 자신의 오스틴 선거구 밖에 있는 보수적 유권자들에게도 소구력을 갖출수 있도록 정치적 입장을 정리하기 시작했다. 뉴딜정책과도 거리를 두려 하였고, 자유로운 기업 환경과 정부 역할 축소의 중요성을 과장하면서 더욱자주 거론했다. 반노조적인 태프트·하틀리법을 지지하였으나 대통령이 거부권을 행사하자 공화당 의원들과 함께 거부권 무력화를 위해 투표하기도했다. 존슨은 "텍사스에서 노조의 힘은 팝콘 터지는 소리만큼 약하지."라고 우스갯소리를 했다. 그는 또한 인두세 폐지와 사형 불법화 같은 민권 법안들에도 반대했다. 동시에 부유층 감세에는 반대했고, 주택 보조금 지급과 같은 민생 지원책은 지지했다.[80]

닉슨과 마찬가지로 소련의 위협을 바라보는 존슨의 관점은 전후 유럽의 상황을 직접 목격한 경험에서 비롯되었다. 1945년 5월 독일 항복 일주일 후, 존슨은 미 해군의 자산 평가를 위한 5인 소위원회의 일원으로 유럽을 방문했다. 그의 첫 번째 유럽 대륙 방문이었다. 독일 폭탄에 파괴된 런던 거리들, 파리의 극심한 식량 및 주택 부족 문제 등을 본 존슨은 충격에 빠졌다. 존슨은 소련이 유럽의 불안정에 편승하여 영향력을 확대할 수도 있다고 우려했지만, 처음에는 루스벨트가 추구했던 협력적 대소련 접근 방식이 유럽 상황을 해결하는 방안이 될 수밖에 없다고 생각했다. 1946년 1월 그는 오스틴의 여성유권자연맹에서 미국은 러시아와 잘 지내야 한다고 말했다. 존슨은 심지어 원자폭탄의 비밀을 소련에 공개하는 것에도 찬성했다.[81]

하지만 그의 생각은 점차 변화했다. 미국과 소련 간의 긴장이 고조된데 더해 선거구민들이 가지는 두려움에 응답할 필요를 느꼈기 때문이었다. 보수적인 텍사스에서는 대외적으로는 소련에, 대내적으로는 공산주의에 강경한 태도를 보이는 것이 정치적으로 타당한 선택이었다. 1948년에 이르러 존슨은 트루먼의 대소련 강경 노선을 열렬히 지지하며 트루먼독트린과 마셜플랜에 찬성표를 던졌다. 훗날 아이젠하워가 "도미노이론"이라고 부른 상황을 예견한 듯 존슨은 다음과 같이 주장했다. "이탈리아를 잃으면 그리스는 단절되고 터키현 튀르키예도 고립될 것입니다. 루마니아, 유고슬라비아, 체코슬로바키아에는 이미 조종이 울렸습니다. 지금은 핀란드, 노르웨이, 스웨덴을 향해 그 종이 울리고 있습니다. 종소리가 울릴 때마다 그들이 당신과 나를 부를 날이 앞당겨지고 있는 것입니다." 존슨은 같은 논리를 마셜플랜에도 적용하면서 이를 "인류 역사상 처음으로 한 위대한 국가가 평화를 촉구하며 나서는 시도"라고 지칭했다. 소련의 침략을 저지하기 위한 적극적인 조치를 취할 때 비로소 미국이 주도적인 세계 초강대국으로 자리매김할 수 있다는 것이 그의 믿음이었다. 존슨은 선언했다. "절망 속에 신념이 싹트고, 폐허 위에 건물이 올라가고, 배고픔에 식량으로 답하려면, 그리고 이 모든 것을 이루려면 그 싸움의 감독은 우리가 되어야 합니다."[82]

존슨은 1930년대 미국 정책의 근간이 되었던 고립주의로 회귀할 경우의 위험을 경고하며, 재정 정책에 보수적인 공화당원들이 또 다른 전쟁을 막는 데 필요한 정부 지출조차 꺼리는 태도를 비난했다. "군비 예산을 향한 히스테리가 번져 우리의 함선을 침몰시키고, 항공기를 땅에 묶어두고, 군대 규모를 줄이려 합니다." 존슨은 바로 그런 분위기가 제2차 세계대전을 불러왔다고 주장했다. 존슨이 보기에 미국 앞에 놓인 문제는 "앞으로 4년 동안" 비교적 적은 돈을 써서 "공산주의 확산을 저지하느냐, 아니면 3000억에서 4000억 달러를 퍼붓고도 승패를 결정짓지 못할 전쟁을 또다시 치르느냐"였다. 존슨은 뮌헨회담의 교훈을 상기시키며 유권자들에게 "카이저와 히틀러에게 적용해야 했던 원칙을 독재자 스탈린에게도 적용해야" 한다고 강조했다. 참전 군인으로서 존슨은 강력한 군대가 없던 탓에 제2차 세계대전 참전 초기에 얼마나 많은 미국의 젊은이가 희생되었는가를 잊지 말아야 한다고 경고했다. "저는 돈보다 목숨을 구하겠습니다. 여러분 아들의 목숨과 백만장자들에게 환급해주는 세금 중 무엇을 선택하시겠습니까?"[83]

존슨은 한 걸음 더 나아가 국내의 번영과 대외 군사적 대비를 연결 지었다. 그는 중요한 국내 정책을 집행하기 위해서뿐만 아니라 "세계에서 가장 강력한 공군과 어떤 임무든 수행할 수 있는 육군과 해군"을 육성하는 데 기꺼이 예산을 투입할 강력한 연방정부가 필요하다고 주장했다. 미국이 국제적 의무를 수행하는 데 필요한 투자를 아끼면 국내 안정도 장담할 수 없다고 역설하며, 연방정부의 권한 확대를 반대하는 이들을 케케묵은 고립주의자로 묘사했다.[84] 그러나 존슨 역시 연방정부의 국내 지출 확대를 지지하면서도 연방정부는 자유기업과 각 주의 권리를 존중해야 한다고 주장함으로써 상반된 입장을 동시에 취하려 했다.

1948년 7월 상원 예비선거에는 열한 명의 후보가 출마했지만, 텍사스 주의회 하원의장을 역임한 후 1942년 텍사스 주지사 선거에 출마해 당선된 텍사스 정계의 거물 코크 로버트 스티븐슨이 존슨의 주요 경쟁자였다. 스티븐슨은 루스벨트의 뉴딜정책 대부분에 반대한 재정 보수주의자이자 주권州權 옹호론자로, 1944년 주지사 선거에서는 무려 85퍼센트의 득표율로 재선에 성공한 인물이었다. "미스터 텍사스"라는 별명으로 불린 스티븐슨에게는 적수가 없는 듯이 보였고, 예상대로 7월 예비선거에서 40퍼센트를 득표해 34퍼센트를 얻은 존슨을 크게 앞섰다. 나머지 아홉 명의 후보가 모두 사퇴하면서 8월 28일 스티븐슨과 존슨의 결선투표가 성사되었다. 텍사스는 민주당의 아성이었으므로, 민주당 예비선거 결선에서 승리한 후보가 가을에 있을 본선 승리를 예약하는 것이나 다름없었다. 존슨이 스티븐슨을 꺾고 본선에 나가려면 사퇴한 예비선거 후보들에게 갔던 표의 약 3분의 2를 끌어와야 했다. 매우 어려운 과제였다. "우리는 가까스로 이기거나 최소한 접전은 될 줄 알았어요." 레이디 버드는 회상했다. "그런데 압도적으로 아주 많이, 끔찍할 정도로 뒤처져 있었어요. … 전혀 가망이 없어 보였죠."85

존슨은 팽배한 반공산주의 또는 반노동조합 정서에 호소하지 않고는 결선에서 이길 수 없다고 생각했다. 따라서 결선투표가 실시되기 몇 주 전부터 "공산주의자들의 위협"을 거세게 공격하기 시작했고, 스티븐슨을 공산주의자들인 미 북부 노동조합 지도자들의 손에 놀아나는 꼭두각시로 묘사했다. 농촌 유권자에게 배포한 선거 홍보물인 〈존슨저널〉에는 이러한 경고가 담겨 있었다. "스스로 공산주의자라고 인정한 인사들을 포함한 북부의 대형 노동조합 지도부들은 … 린든 존슨은 배격하고 코크 스티븐슨을 지지하기 위해 연대하고 있습니다."86

존슨은 정교한 여론조사 기법을 활용하고 헬리콥터를 타고서 주 전역을 누비는 현대적인 선거운동을 펼친 반면, 스티븐슨은 지역 축제에 참여하고 자동차로 이동하는 전통적인 방식에 의존했다. 헬리콥터 덕분에 존슨은 하루에 무려 스무 개 가까운 마을을 방문할 수 있었다. 존슨은 건물 옥상이나 야구장 또는 넓은 목초지에 착륙하여 자신의 연설을 듣기 위해 모인 군중들에게 확성기로 메시지를 전달했다. 선거운동을 마치기 전까지 존슨은 불과 60일 동안 350번의 연설을 했다. 신장결석으로 인해 극심한 통증을 겪기도 했으나, 유세 현장을 오래 떠나 있지는 않았다.87

존슨은 비록 보다 보수적인 유권자층에 호소하는 계산된 선거 전략을 내세웠지만 인종 갈등을 부추기지는 않았다. 존슨은 오히려 처음으로 투표권을 행사할 수 있게 된 흑인 유권자들의 지지를 얻어내는 데 성공했다. (미연방대법원은 1944년 스미스 대 올라이트 판결에서 백인만 예비선거에 참여하도록 규정한 텍사스주의 예비선거법은 위헌이라고 판시했다.) 반면 공공연한 인종차별주의자였던 스티븐슨은 뉴딜정책과 노동조합, 그리고 스미스 대 올라이트 판결과 같은 시민권 확대에 반감을 품은 백인우월주의자들과 보수적인 민주당 당원들로 구성된 단체인 '텍사스레귤러스'의 지지를 받았다.[88]

훗날 대통령이 되는 다른 참전 용사들과 마찬가지로 존슨은 제2차 세계대전에 참전한 자신이 소련과의 긴장 고조에 더 잘 대처할 수 있다고 주장하며, 귀환한 참전 군인들과 그들의 가족에게 직접적으로 지지를 호소했다. 그리고 미국이 전후 세계에서 적극적인 역할을 해야 한다는 점을 받아들이려 하지 않는 스티븐슨도 맹렬히 비난했다. 이미 많은 참전 군인들이 군 복무 중인 텍사스 주민들을 위한 인두세 폐지 법안을 거부한 스티븐슨에게 등을 돌렸으며, 스티븐슨의 고립주의적 견해는 당시 텍사스주뿐만 아니라 전국에서 힘을 얻어가고 있던 대소련 강경론과도 동떨어져 있었다.

존슨은 자신의 "전투" 경험을 강조하기 위해 우스꽝스러운 연출도 마다하지 않았다. 전기 작가 로버트 카로가 지적했듯이 존슨은 참전 용사의, 그것도 가급적 전쟁 중 부상을 입었거나 팔다리를 잃은 참전 용사의 소개를 받은 후 유세 연단에 서려고 했다. 카로는 이렇게 기록했다. "이 역할을 맡아줄 친존슨 성향의 팔다리를 잃은 참전 군인을 찾아내는 데 존슨의 선거 캠프가 뛰어난 역량을 보여주어서, 존슨을 소개하는 사람 중 팔다리가 온전한 사람의 비율은 놀라울 정도로 적었다."[89]

존슨은 자신의 군 경험을 거침없이 부풀려 얘기하는 방식으로 전쟁 중 아들을 잃은 유권자들과 유대를 맺으려 했다. 존슨은 반복해서 말했다. "저 역시 여러분의 아드님들과 같은 경험을 했습니다. 전쟁이 선포되면 함께 전쟁터로 가자고 말했고, 실제로 함께 갔습니다." 존슨은 쉽게 눈에 띄도록 늘 상의 옷깃에 은성훈장을 달고 다녔고, 자랑할 기회가 있으면 절대 놓치지 않았다. 때로는 마치 처음으로 그 훈장을 단다는 듯 누가 그의 가슴에 은성훈장을 달아주는 의식을 시작으로 행사를 진행하기도 했고, 때로는 모든 사람이 그 훈장을 볼 수 있도록 일부러 상의를 벗어 공중에 들어 올리며 옷깃을 펼치기도 했다. 그리고 외쳤다. "이것이 맥아더 장군께서 제게 수여해주신 은성훈장입니다!"[90]

선거 당일에는 스티븐슨이 승리한 것으로 보였다. 하지만 텍사스 남부의 제13선거구 개표가 집계되면서 상황이 바뀌었다. 그 선거구에서 202명의 멕시코계 미국인들이 존슨에게 표를 던짐으로써(이상하게도 그들은 자신들 이름의 알파벳 순서대로 투표했다) 존슨이 결국 87표 차로 승리할 수 있었다. 많은 관심이 존슨을 최다 득표자로 끌어올린 불법 투표에 쏠렸지만, 사실 텍사스주는 부정 선거로 이미 악명이 높았다. 존슨이 상대방보다 많은 선거 부정을 저질렀을 뿐이었다. 스티븐슨은 선거 결과에 이의를 제기하며 텍사스주 민주당 집행위원회에 제소했으나 28 대 29의 한 표차로 기각되자 다시 연방법원에 제소했다. 그러나 그 시점에서는 모든 투표 기록이 의문스럽게 사라졌고, 결국 연방대법원은 재판권이 없다고 판결했다. 11월 본선에서 존슨은 압도적 표차로 공화당 후보를 누르고 상원의원에 당선되었다.[91]

*

이렇게 1948년까지 훗날 미국 대통령이 되는 네 사람, 케네디와 닉슨, 포드, 그리고 존슨이 전시 군 복무라는 이력을 등에 업고 의회 진출에 성공했다. 전쟁의 잔혹함을 가까이에서 목격한 네 사람 모두 미국이 과거의 고립주의로 회귀해서는 결코 안 된다는 믿음을 갖고 전역했다. 제2차 세계대전은 그들 인생에서 가장 힘겨운 경험이었고, 그들 모두 제2차 세계대전이 세계 속에서 미국이 수행할 역할을 근본적으로 바꾸어놓았다고 확신했다. 이들 중 세 명, 케네디와 닉슨과 포드는 전후에 유럽을 방문하여 나치가 초래한 파괴 현장을 직접 목격할 기회를 가진 까닭에 그 믿음을 더욱 굳혔다. (물론 아이젠하워는 전쟁 기간 대부분을 유럽에서 보냈기 때문에 전쟁의 파괴성을 누구보다 잘 알았다.) 소련의 침략에 맞설 군사적 방패를 구축하는 트루먼독트린과 유럽의 민주적 제도를 육성하는 데 필요한 경제적 원조를 제공하는 마셜플랜은, 그들이 백악관에 입성한 후 재현하려 노력한 정책들의 커다란 틀거지였다. 하지만 그들은 곧 강력한 민주적 제도를 갖춘 서유럽에서는 작동했던 방식이 세계의 다른 지역, 특히 동남아시아에서는 적용되지 않는다는 사실을 깨닫게 된다.

6장

"당신들 제정신입니까?"

드와이트 D. 아이젠하워

1952년 9월 23일

클리블랜드

공화당 대통령 후보 드와이트 아이젠하워는 소수의 측근 참모와 함께 클리블랜드 퍼블릭오디토리엄 위층에 있는 관리자 사무실에서 대기하고 있었다. 아이크는 그날 저녁 그곳에 모인 수많은 공화당원 앞에서 연설할 예정이었다. 약 스무 명의 친구와 참모진들에 둘러싸인 채 아내인 메이미와 함께 소파에 앉아 있던 전 연합군 최고사령관은 천장을 향해 뻗은 토끼 귀 모양 안테나가 달린, 목재 보관함에 들어 있는 텔레비전을 뚫어져라 쳐다보고 있었다.

일주일 전 《뉴욕포스트》는 아이크의 러닝메이트로서 부통령 후보로 나선 캘리포니아주 상원의원 리처드 닉슨이, 돈 많은 기부자들이 선거운동에 기부하도록 하여 개인 비자금을 조성했다고 폭로했다. 이러한 기금 조성은 완전히 합법적이었고 민주당 대통령 후보 아들라이 스티븐슨 2세를 포함한 다른 후보들도 비슷한 방식으로 선거 자금을 조달했지만, 닉슨의 행위는 워싱턴 정가의 부패를 척결하겠다는 아이젠하워의 주요 메시지 중 하나를 훼손하는 결과를 초래했다. 아이크는 이런 질문을 던졌었다. "우리 스스로가 흠잡을 데 없이 깨끗하지 않다면, 워싱턴에서 벌어져왔던 추잡한 일들에 맞서는 우리의 성전이 무슨 소용이 있겠습니까?"[1]

아이크가 대통령 후보로 나섰다는 사실은 워싱턴 정가를 놀라게 했다. 전쟁 영웅인 그의 위상 때문에 민주당과 공화당 모두 1948년 대통령 선거에서 그를 후보로 추대하려 했지만, 정치를 혐오한 전 연합군 최고사령관은 어떤 공직 출마에도 전혀 관심이 없다는 태도를 유지하며 거절했다. 아이크는 컬럼비아대학 총장으로 잠시 재직한 후, 트루먼 대통령의 요청을 받아들여 1950년 10월 새로 창설된 북대서양조약기구North Atlantic Treaty Organization, NATO의 최고사령관직을 맡았다. 하지만 아이젠하워의 대통령 출마를 촉구하는 초당적 요구는 끊이지 않았고 "아이크를 대통령으로"라는 독자적 단체가 전국 곳곳에서 생겨났다. "나는 아이크가 좋아."라고 선언하는 자동차 범퍼 스티커를 어디서든 볼 수 있었다.

정당에 가입해본 적도 투표한 적도 없던 아이크는 그러한 요구에 처음에는 별다른 관심을 보이지 않았지만, 자신이 출마하지 않으면 오하이오 상원의원 로버트 태프트가 공화당의 대통령 후보로 지명될 수 있다는 점은 우려했다. 태프트는 공화당 원로 그룹 사이에서 커다란 지지 세력을 확보하고 있었지만, 그의 고립주의적 견해와 영감을 주지 못하는 말과 행동은 주류 유권자들에게 호소하는 데 한계가 있었다. 1952년 2월 태프트가 유럽 주둔 미군 철수를 주장하자 아이젠하워는 마침내 출마를 결심했다. 그는 NATO 사령관직을 사임하고 공화당 후보 지명전에 자신의 이름을 올렸다.

후보 지명을 위한 치열한 전당대회를 치른 끝에 공화당 대통령 후보가 된 아이젠하워는 러닝메이트 선택에 관심을 돌려야 했다. 선거 참모장인 허버트 브라우넬 2세가 누구를 부통령 후보로 생각하고 있냐고 묻자, 아이젠하워는 놀란 표정을 지으며 말했다. "부통령 후보도 전당대회에서 결정하는 줄 알았네. 내가 결정할 일인 줄은 몰랐는걸." 아이젠하워가 생각나는 대로 성공한 기업인의 이름을 몇 명 대자, 브라우넬이 아이젠하워의 말을 끊으며 전당대회장에서 대의원들의 지지를 끌어낼 수 있는 인물이 필요하다고 말하며 한 이름을 제안했다. 리처드 닉슨이었다. 브라우넬은 닉슨이 "부통령 후보로 거의 이상적인 인물"이라고 설명했다. "젊고, 출신 지역도 적합하며, 하원과 상원 모두에서 경험을 쌓았고, 투표 기록도 좋으며, 아주 뛰어난 연설가입니다."

"좋아요." 아이젠하워가 짧게 대답했다. 다음 날, 브라우넬과 두 명의 참모가 전화기 주위에 모여 닉슨에게 전화를 걸었다. "당신을 부통령 후보로 선택했습니다." 닉슨은 "너무도 놀라 말문이 막혔다."라고 그 순간을 회상했다.[2]

2년 전, 닉슨은 치열한 선거전을 치른 끝에 캘리포니아주의 상원의원이 되었다. 상대는 3선의 민주당 하원의원으로 진보적인 여배우였던 헬렌 게헤이건 더글러스였는데, 닉슨은 1946년 하원의원 선거 때와 똑같이 상대 후보에게 공산주의자 딱지를 붙여 상대 진영을 초토화하는 전술을 사용했다. 닉슨은 헬렌 더글러스가 "속옷까지 빨간" 완전한 공산주의자라고 중상모략했다. 닉슨은 반공산주의와 유권자의 애국심을 교묘히 결합한 선거운동을 펼치며, 유권자들에게 "공산주의자에게 표를 주지 말고 성조기에 투표"하라고 호소했다. 그의 가차 없는 선거 방식은 히스 사건에서 그가 맡았던 역할에 더해져, 보수 우파에게는 찬사를 얻었지만 동시에 언론과 많은 민주당 당원의 미움을 샀다. 할리우드 스타 멜빈 더글러스를 남편으로 둔 헬렌 더글러스는 닉슨을 "교활한 딕"이라고 불렀고, (필명인 허블록으로 더 잘 알려진) 인기 정치 풍자만화가 허버트 L. 블록은 그를 음흉하고 파렴치한 인간이자 시민 자유를 위협하는 인물로 그렸다.[3]

하지만 닉슨은 아이젠하워의 백악관 입성에 다양한 도움을 주었다. 트루먼독트린과 마셜플랜을 모두 지지한 국제주의자였지만, 닉슨은 공화당의 태프트 계파와도 가까운 관계를 유지하고 있었다. 아이젠하워가 대외 외교 정책 전문가였던 반면, 닉슨은 주로 국내 정치 문제로 잘 알려져 있었다. 닉

슨은 선거인단이 많은 서부의 캘리포니아주 출신으로 뉴욕 거주자인 아이
젠하워에게 지역적 균형도 더해주었다. 또 아이젠하워가 초당파적 인물이
었던 데 반해 닉슨은 철저히 당파적이었다. 39세로 상원에서 가장 어린 공
화당 의원이던 닉슨의 젊음은 62세였던 아이젠하워에게는 특히 도움이 되
는 요소였다.[4]

두 사람은 서로를 잘 아는 사이는 아니었다. 닉슨은 1945년 유럽승전
기념일에 아이젠하워를 처음 보았다고 기억했다. 당시 닉슨은 맨해튼 시
내의 한 건물 20층에서 해군 군수 계약 해지 업무를 마무리하고 있었는
데, 아이젠하워는 그 건물 아래 맨해튼 거리에서 개선장군으로서 시민들
의 환영을 받고 있었다. "눈보라처럼 날리는 색종이 조각들"이 허공을 가득
채워서, 닉슨은 아이젠하워를 간신히 볼 수 있었다. 닉슨은 그 이후 두 차
례 더 아이젠하워 장군을 가까이서 볼 기회가 있었지만, 두 사람이 공식적
으로 만난 것은 1951년 5월 파리에서였다. 한 회의에 참석 중이던 닉슨이
NATO 본부에서 아이젠하워 장군을 만난 것이다. 그 공식적인 첫 만남에
서 닉슨은 아이젠하워 장군이 "꼿꼿한 자세에 활력이 넘쳤으며, 흠잡을 데
없이 단정한 옷차림이었"다고 회상했고, 아이젠하워는 히스 사건에서 닉슨
이 보인 활동과 외교정책에 대한 국제주의적 시각을 칭찬했다. "우리가 지
금 벌이고 있는 이런 종류의 싸움에서는 군사적으로 강한 것만으로는 충
분하지 않습니다." 아이크는 닉슨에게 이렇게 말했다. 닉슨은 대화의 내용
만큼이나 아이젠하워 장군의 태도에도 깊은 인상을 받았다. 닉슨은 "진정
한 정치가와 마주하고 있다는 느낌을 받았다."라고 결론 내렸다.[5]

하지만 서로에게 가졌던 초기의 호의적인 감정은 곧 긴장으로 바뀌었
다. 비자금 문제를 알게 된 아이젠하워는 자신의 부관으로 생각한 닉슨에
게 부통령 후보에서 사퇴하기를 기대한다는 명확한 신호를 보냈다. 하지만
닉슨은 사퇴를 거부했고, 그 대신 선거일을 불과 6주 앞둔 9월 23일 화요
일 황금 시간대에 생방송으로 텔레비전 연설을 강행하는 선택을 했다. 공
화당은 가장 인기 있는 텔레비전 프로그램 중 하나인 〈밀턴 벌 쇼〉가 끝나

는 직후인 동부 표준시 오후 9시 30분부터 30분의 시간을 잡아두었다. 할리우드에 있는 엘카피탄극장 무대는 전형적인 교외 주택 거실처럼 꾸며졌다.[6]

6000만 명이 지켜본 닉슨의 이 연설은 초기 텔레비전 역사상 가장 많은 사람이 시청한 프로그램이 되었다. (덧붙이자면 이 연설은 후에 "체커스" 연설로 불리게 된다. 연설 중 닉슨이 자신의 여섯 살 난 딸 트리샤가 체커스라고 이름 지은 흑백 얼룩무늬 코커스패니얼 강아지만은 돌려주지 못하겠다고 말하며 어설프게 시청자의 동정을 구하려 했기 때문이다.) 닉슨의 연설을 지켜본 대중은 압도적으로 긍정적인 반응을 보였으나, 아이젠하워는 자신의 러닝메이트가 물러나라는 자신의 지시를 거부한 사실에 격분했다. 닉슨이 자신의 사퇴와 관련해 아이젠하워의 결정을 따르는 대신 공화당 전국위원회의 당원들 결정에 맡기겠다고 발표했기 때문이다.[7]

아이젠하워는 곤경에 처한 닉슨을 돕지 않고 며칠 더 방치하다가, 결국 닉슨을 부통령 후보로 삼아 함께 선거를 치르기로 결정했다. 하지만 전기 작가 존 A. 패럴이 기록한 바와 같이, 이 사건은 "쐐기를 박아 넣듯" 두 사람의 관계를 갈라놓았다. 그때부터 8년 동안 아이젠하워 대통령은 늘 닉슨 부통령과 일정 거리를 유지했다. 중요 정책을 결정할 때 닉슨과 거의 상의하지 않았고, 닉슨이나 그의 부인 팻을 백악관 사교 모임이나 자신의 게티즈버그 농장에 초대하지도 않았다. 아이젠하워가 닉슨에게 취한 냉담한 대우는 명령 체계가 신성시되는 군대에서 인생의 대부분을 보낸 아이젠하워로서는 어쩌면 당연한 처사였다. 군에서는 부하가 상사의 명령을 무시하거나 회피하는 법이 없었다. '아이젠하워 장군'은 자기 '부하'가 선거운동 과정에서 맞은 첫 번째 주요 위기를 스스로 헤쳐 나가도록 내버려둔 것은 자기 실수였음을 내심 인정하고 '부하' 닉슨의 투지도 존중했지만, 다시는 그를 진정으로 신뢰해서는 안 되겠다고 생각했다. "나의 능력과 성실함, 그리고 비슷한 정치적 신념 때문에 그가 어느 정도는 나를 존중했다고 생각한다." 닉슨은 훗날 회상했다. "우리 사이에 개인적인 감정이 있었던 것은 아니다. 나는 사령관에게 신임받는 부관이었으나, 나이와 기질 차이로 사령관의 친구가 되지는 못했다."[8]

반감은 양방향으로 흐르기 마련이다. 닉슨은 자신과 아이크 사이에 신분 차이가 있다는 것을 날카롭게 의식하고 있었다. 제2차 세계대전 중 아이젠하워가 루스벨트와 처칠과 협상을 벌이고 있을 때, 닉슨은 태평양의 무더운 정글에서 수송기에 화물을 싣고 내렸다. 닉슨은 공개적으로 자신에게 힘을 실어주지 않아, 결국 전 국민이 보는 텔레비전에 나와 가족의 재정 상태를 공개하는 굴욕을 당하게 만든 아이젠하워를 절대 용서하지 않았다. 팻 역시 그 경험을 매우 모욕적으로 받아들였다. 팻은 남편에게 애원했다 "왜 사람들에게 우리가 가진 알량한 자산과 엄청난 빚에 대해 말해야 해?"

닉슨이 대답했다. "정치인의 삶은 어항 속에 사는 금붕어의 삶이나 다름없으니까."

팻도 지지 않았다. "우리에게도 최소한의 사생활을 누릴 권리는 있지 않아?"[9]

비자금 추문은 아이젠하워 대통령과의 관계를 넘어 닉슨의 세계관에도 깊은 영향을 미쳤다. 그는 6년 후 그 사건이 "결코 완전히 치유되지 않을 깊은 상처를 남겼"다고 인정했다. 비자금 추문으로 인해 피해의식과 편집증이 깊어진 닉슨은 공화당 기득권층이 더 이상 자신을 받아들이지 않으리라고 판단했다. 또한 트루먼 행정부 내의 "공산주의자들과 사기꾼들"을 밝혀냈다는 이유로 복수심에 불타는 민주당 당원들이 자신을 무고한 희생양으로 만들었다고도 생각했다. 닉슨은 한때 친구라고 여겼던 언론인들에게도 배신감을 느꼈다. 하지만 닉슨이 보인 이러한 자기 연민적인 언행은 동부의 여론 주도층과 아이젠하워의 측근들에게, 권력을 위해서라면 어떤 일도 마다하지 않는 냉혹한 기회주의자라는 이미지만 강화시킬 뿐이었다.[10]

*

　민주당 당원 대부분은 닉슨이 비자금 추문에 빠져 허우적대는 모습을 즐겁게 바라보았지만, 매사추세츠주 상원의원 자리를 노리고 있던 존 F. 케네디는 그러지 않았다. JFK는 언론과 항상 긴밀한, 때로는 유착으로도 보일 수 있는 관계를 유지했다. 본인의 재치와 매력으로 기자들에게 깊은 인상을 주기도 했지만, 케네디와 그의 아버지는 의식적으로 기자들에게 구애했다. 케네디는 닉슨을 잘 알고 있었기 때문에 비자금 사건 폭로가 이어지는 동안 닉슨이 언론으로부터 공정한 대우를 받지 못했다고 생각했다. 그는 한 이웃에게 닉슨이 "이 나라 정치인 중 최악의 언론 피해를 당했"다고 말하며, 그에 대한 언론의 태도가 "역겹다"고 이야기했다.[11]

　두 사람은 친근한, 심지어 우호적인 관계를 유지했다. 1950년 닉슨이 상원 선거에 출마했을 때, (평소에도 자주 그랬듯) 케네디는 닉슨의 사무실에 들어가 의자에 앉더니 가슴 주머니에서 봉투를 꺼냈다. "딕, 꽤 힘든 선거가 될 겁니다. 아버지가 당신께 도움을 주고 싶어 하세요." 케네디는 떠나려고 일어서며 말했다. "물론 제가 당신을 공개적으로 지지할 수는 없지만, 민주당이 상원에서 한 석을 뺏겨도 할리우드에는 도움이 될 테니 제 마음이 그리 아프지는 않을 거예요." 케네디가 떠나고 닉슨이 봉투를 열어보니 1000달러 수표가 들어 있었다.[12]

　1952년 7월 닉슨이 공화당 부통령 후보 지명을 받자, 케네디는 닉슨에게 두 쪽 분량의 손 편지를 썼다. "전당대회에서 부통령 후보로 선출된 것을 보고 정말 기뻤습니다. 당신이 정상을 향해 나아갈 것이라고 항상 믿었지만, 그 순간이 이렇게 빨리 올 줄은 몰랐습니다. 당신을 부통령 후보로 지명한 것은 매우 이상적인 선택으로, 공화당 대통령 후보의 백악관 입성에 큰 힘을 실어줄 것입니다."[13]

　하지만 1952년 케네디에게는 닉슨의 비자금 사건에 관심을 기울일 만한 시간이 거의 없었다. 그 자신이 매사추세츠주에서 치열한 상원의원 선거를 치르고 있기 때문이었다. 친구인 플로리다주 하원의원 조지 스매더스는 케네디가 인기 있는 현직 상원의원 헨리 캐벗 로지 2세에게 도전할 계획이라는 것을 알고, 그것은 정치적 자살행위라고 생각해 케네디를 말리러 갔다. 스매더스는 극심한 고통에 시달리며 하원 휴게실 소파에 누워 있는 JFK를 발견하고는 케네디의 다리를 잡고 일으켜 세우며 소리쳤다. "맙소사 이 친구야, 앉고 일어서기도 힘든 판에 어떻게 상원 선거에 출마할 생각을 해!"14

케네디와 마찬가지로 키 크고 잘생겼으며 귀족적 풍모의 로지는 유서 깊은 보스턴 가문 출신이었다. 그의 할아버지 헨리 캐벗 로지 1세는 상원에서 20년간 활동했으며, 미국을 국제연맹에 가입시키려는 우드로 윌슨 대통령의 시도에 반대하는 투쟁을 이끌어 국제연맹 가입을 좌절시킨 것으로 유명했다. 로지는 가문의 인맥을 이용해 제2차 세계대전 참전을 피할 수도 있었지만 자원입대하여 훌륭히 복무했다. 린든 존슨과 달리 로지는 상원의원직을 포기하고 미 제6군단의 소령으로 임관했으며, 용기 있는 행동을 보여 동성훈장까지 받았다. 그는 남북전쟁 이후 조국을 수호하기 위해 상원의원직을 자발적으로 포기한 첫 번째 상원의원이었다.15

아이러니하게도 케네디는 로지가 전쟁 중에 보인 행동 때문이 아니라, 로지가 미국의 제2차 세계대전 참전 이전 몇 년간 케네디 본인의 아버지처럼 고립주의적 관점을 지지했다는 이유로 그를 공격했다. 로지는 히틀러의 위협을 과소평가했으며, 독일이 이미 폴란드를 기습 침공하여 점령한 이후인 1939년 10월까지도 "어떠한 유럽의 강국도 미국을 점령하거나 패퇴시킬 수 없으며, 그럴 수 있다고 주장하는 것 자체가 허황된 상상이다."라고 주장했다. 이러한 믿음에 따라 로지는 미국의 대영국 원조를 허용하는 1935년 중립법 개정에 반대했다. 진주만 공습 한 달 전에도 이 상원의원은 미국 선박이 전쟁 지역에 있는 영국의 항구에 군수품을 운송하는 것을 허용하는 법안에도 반대표를 던졌다. 케네디는 "이것이 과연 정치가의 선견지명인가?"라고 물었다.16

로지도 빛나는 군 복무 경력을 가졌지만, 케네디 역시 전쟁 영웅이라는 자신의 위상을 열심히 부각시켰다. 아버지의 감독 아래, 그리고 아버지가 지원하는 거의 무제한에 가까운 자원의 도움을 받아 케네디의 선거 캠프는 매사추세츠 전역의 인기 신문과 잡지에 광고를 게재했다. 그리고 주요 일간지에도 PT-109의 이야기를 들려주는 광고를 싣고 "전쟁 영웅 미 해군 예비역 중위 존 F. 케네디, 연방상원의원 선거 출마"라는 문구로 마무리했다. 조 케네디는 태평양에서 자기 아들의 활약상을 고급 용지에 인쇄한 8쪽짜리 간행물 120만 부를 인쇄했고, PT-109에 관한 존 허시의 1944년 《리더스다이제스트》 기사를 다시 인쇄해 주 내 모든 가정에 발송했다.[17]

한편 케네디의 어머니와 누이들은 여성 유권자들을 위한 다과회를 마련했고, JFK의 매력은 거기서 유감없이 발휘되었다. 《뉴욕타임스》는 "미혼에 부유한 데다 하버드대학 학생 같은 일상복 차림을 하고, 그가 이룬 다른 성취들에 더해 출중한 전쟁 이력까지 갖춘 케네디는 여성들로만 구성된 집단에 모든 감정적 관심사를 제공할 수 있는 최적의 인물이다. 한쪽 끝은 모성애, 다른 쪽 끝은 로맨스다."라고 기록했다. 선거운동이 끝났을 때, 축제와도 같던 다과회에 참석한 여성은 약 7만5000명에 달했다.[18]

로지와 케네디 간의 선거전은 제2차 세계대전이 남긴 중요한 유산이 무엇인지 여실히 드러냈다. 미국의 제도는 근본적으로 건전하고 미국은 뮌헨의 실수를 되풀이해서는 안 된다는 전후의 이념적 합의가 광범위하게 형성되어 있었으므로, 두 후보는 상대방에게서 명확한 이념적 차이를 찾기가 어려웠다. 케네디의 전기 작가 제임스 맥그리거 번스는 "실제 정치에서 사냥꾼과 사냥감이 이토록 닮은 경우는 거의 없었다."라고 평했다. 두 사람 모두 냉전이라는 대략적 윤곽만 지지하는 국제주의자였고, 국내 문제에서는 중도적인 입장을 취했다. 두 사람 모두 연방사회보장제도에 대한 지출 확대, 최저임금 인상, 임대료 통제, 그리고 교육과 주택에 대한 연방정부의 지원을 지지했다.

따라서 케네디는 로지와 차이를 만들기 위해 대외 정책에서 보수적인 방향으로 선회했다. 아이러니하게도 케네디는 공화당원인 로지를 퇴임하는 민주당의 트루먼 대통령과 연결시키며, 로지가 소련과 중국의 공산당에게 나약하게 대처한다고 비판했다. 케네디는 자신의 이전 입장을 뒤집어, 이 제는 미국이 소련과의 군사적 대결에서 "승리"할 수 있다고 주장하면서 또 다른 세계대전이 발발할 가능성까지 경고했다. 케네디는 폴리버에 모인 청 중에게 "유럽인 대부분은 소련과 전면전을 펼치는 일은 없을 것이라고 믿 고 있지만, 나약함을 보이며 보내는 시간은 전쟁을 더 가까이 부르는 초대 장이 될 것입니다."라고 말했다. 케네디는 로지가 국내 공산주의의 위협을 심각히 받아들이지 않는다고 맹렬히 비난하며 공산주의자 딱지 붙이기도 서슴지 않았다.[19]

케네디는 로지의 행적도 심각하게 왜곡했다. 여러 면에서 현직 상원의 원 로지의 국내 공산주의와 냉전에 대한 입장은 케네디 자신이 이미 밝힌 입장과 크게 다르지 않았다. 그러나 케네디에게는 유권자의 표와 언론의 머 리기사가 절실히 필요했고, 공산주의에 대해 미온적이라는 비난만큼 대중 의 관심을 빠르게 끌 수 있는 것도 없었다.

전후에는 인물 중심의 정치가 강화되었다. 후보자들 사이에 실질적인 정책 차이가 거의 없었기 때문에 후보자 개인의 매력과 개성이 종종 선거 결과를 좌우했고, 미국인들이 정치 뉴스를 접하는 주요 매체로 텔레비전이 자리 잡으면서 그러한 경향은 더욱 심해졌다. 카리스마가 넘치는 인물이던 케네디는 잘생긴 외모와 성적 매력으로 청중을 사로잡았다. 케네디의 개인 적 매력에 끌린 유권자들은 그가 자신들과 같은 꿈과 두려움을 공유한다 고 믿었다. 피츠필드의 한 전직 시장은 "잭에게는 뭔가가 있어요. 그를 믿고 싶게 만드는 무언가가요."라고 말했다. 반면 50세의 로지는 차갑고 거리가 느껴지는 인물이었다. 한 선거운동 참모는 "쉽게 다가갈 수 있는 유형의 사 람은 아니었죠."라고 회상했다.[20]

게다가 케네디의 선거운동은 구체적인 내용보다는 일반적인 주제를 주 로 다루었기 때문에 다양한 집단의 구미에 맞춰 메시지를 조율할 수 있었다. 매사추세츠주의 한 유력 민주당 당원은 "케네디는 모든 사람에게 모든 것이었습니다."라고 회상했다. 끝없는 매력을 바탕으로 케네디는 거의 모든 환경에 완벽하게 적응해냈다. 아침에는 공장 정문 앞에서 출근길 노동자들과 악수하며 그들에게 관심이 있다는 것을 보여주었고, 같은 날 밤에는 보수적인 기업인이나 정당 실세들과 자연스럽게 어울렸다. 특히 여성들은 그의 존재만으로 매혹되었다. 역사학자 로런스 리머는 이렇게 적었다. "잭은 손수건을 흔들며 환호하는 젊은 여성들에게는 꿈같은 연인이었고, 어머니들에게는 하나님의 영광이 깃든 아들이었다."[21]

박빙의 여론조사 결과가 나오는 상황에서 10월 19일 《보스턴글로브》에 보도된 한 통의 편지는 케네디에게 커다란 힘이 되었다. 편지를 보낸 이는 1943년 케네디의 PT 보트를 두 동강 냈던 일본 구축함의 함장 하나미 고헤이였다. "그 전투에서 보여주신 대담하고 용기 있는 행동에 깊은 경의를 표하며, 그러한 상황 속에서도 기적적으로 탈출하신 데 축하합니다." 하나미는 케네디가 "귀국의 다가오는 선거"에서 성공하기를 "기원"한다고 덧붙였다. 매사추세츠주 주요 여섯 신문 중 다섯은 로지를 지지했고 《보스턴글로브》는 자사의 전통에 따라 특정 후보를 지지하지는 않았지만, 과거의 적이 보낸 그 편지는 선거의 중요 국면에서 케네디의 전쟁 영웅 이미지를 강력하게 부각시키는 계기가 되었다.[22]

로지는 승리를 지나치게 자신한 나머지, 가을 내내 아이젠하워의 대선 캠프 주요 책임자로 전국을 돌며 활동하느라 오랜 시간 매사추세츠를 비웠다. 케네디는 이 틈을 타 선거구의 현장 조직을 효율적으로 가동하는 한편, 선거구민들에게 로지는 매사추세츠를 대표하는 일보다도 아이크를 대통령에 당선시키는 데 더 관심이 많다는 점을 끊임없이 상기시켰다. 이에 로지는 케네디의 의회 출석률이 높지 않았다는 사실을 공개하며 반격에 나섰다. "근무 시간의 3분의 1만 출근하는 직원이 있다면 고용하시겠습니까?" 로지는 이렇게 물으며 공격했지만, 이는 그다지 효과를 거두지 못했다. 초반 여론조사에서 뒤졌던 케네디는 빠르게 그 차이를 좁혀나갔다.[23]

반면 그해 가을 백악관을 향한 대선 경쟁은 처음부터 접전이 아니었다. 민주당 후보였던 일리노이 주지사 아들라이 스티븐슨 2세는 뛰어난 언변으로 지식인층을 사로잡았지만 뉴딜정책의 핵심 지지 기반인 노동자 계층, 흑인, 소수민족, 대도시 거주민들과는 공감대를 이루지 못했다. 무엇보다 그에게 큰 부담이 된 것은 교착 상태에 빠진 한반도 전쟁이었다. 1950년 6월, 인기 없던 민주당 소속 트루먼 대통령이 중국의 지원을 받은 북한군이 38선을 넘어 민주주의 체제인 남한을 침공하자 북한군을 몰아내기 위해 미군을 파병했던 것이다. 그에 반해 아이젠하워는 침착하고 자신감 있는 태도, 그리고 한 기자의 표현을 빌리자면 "자연스럽게 피어나는 미소"로 대중의 호감을 샀다.

공화당은 1952년 대선의 핵심 쟁점으로 한국전쟁, 공산주의, 그리고 부패를 정확히 짚어냈다. 이들은 민주당이 "국내에선 약탈, 국외에선 실책"을 저지르고 있다고 비판하며 "워싱턴의 혼란을 청산하겠"다고 약속했다. 선거운동 기간 동안 닉슨이 모든 궂은일을 마다하지 않고 처리해주었으므로, 아이젠하워는 치열한 선거판에서도 더럽혀지지 않고 전쟁 영웅으로서의 이미지를 유지할 수 있었다. 하지만 처음부터 두 사람이 그렇게 역할 분담을 했던 것은 아니었다. 선거 초반 닉슨은 자신의 지지층을 넓히기 위한 노력으로 민주당의 정·부통령 후보에 대한 비난을 자제하며 점잖게 선거에 임했다. 그러나 9월 12일, 아이젠하워가 명확한 지침을 내렸다. 칼춤을 추는 "과거"의 닉슨으로 돌아오기를 원한다는 것이었다. 닉슨의 회고에 따르면 아이젠하워는 이렇게 말했다. "물론 다들 자네가 요즘 점잖게 선거운동을 한다는 걸 알고 있지. 하지만 트루먼 행정부와 나를 싸잡아 가하는 공격에는 자네도 좀 신경 써야 한다고 생각하네." 아이젠하워는 닉슨이 그런 공격에 대응해주길 원했고 "나를 꼭 칭찬해야 한다면 그렇게 해도 괜찮네."라고 덧붙였다. 심지어 아이크는 다음과 같은 문구도 여럿 제시했다. "경제 번영이 좋다고 민주당 정권 아래서 또 전쟁을 치르고 싶으십니까? … 사상자 명단을 또 받아 보고 싶으신가요?" 닉슨은 훗날 이렇게 회상했다. "아이젠하워는 더러운 선거판에서 한발 물러나 있으려면 모든 싸움에 나서줄 러닝메이트가 필요하고, 제가 그런 역할에 능하다는 것을 알고 있었습니다. 어떤 의미에서 그는 돌격대장이 필요한 영웅이었던 것이죠."[24]

닉슨은 아이젠하워를 실망시키지 않았다. 그는 스티븐슨을 "유화주의자 아들라이"라고 부르며 "비겁한 '공산주의 봉쇄 대학'"에서 "박사 학위"를 받은 것이냐고 조롱했다. 더 나아가 트루먼 대통령과 민주당 지도부 인사들을 가리켜 "이 나라의 수많은 민주당원이 믿는 고귀한 원칙을 배반한 자들"이라고까지 비난했다. 트루먼은 닉슨의 이 발언을 절대 용서하지 않았고, 사석에서 "눈빛이 더러운 거짓말쟁이 자식"이라고 닉슨을 맹비난했다.

자신의 러닝메이트가 민주당을 공격하는 동안, 아이젠하워는 균형 잡힌 정치가로서의 면모를 보이며 선거를 불과 열흘 앞두고 "한국에 가겠"다고 선언했다. 한국에 가서 구체적으로 무엇을 할 것인지는 밝히지 않았지만, 그 선언이 탁월한 한 수였음은 틀림없었다. 대부분의 대통령 선거가 국내 문제를 둘러싼 논쟁으로 판가름 났던 것과 달리, 1952년 선거에서는 유권자의 절반 이상이 미국이 직면한 가장 중대한 문제로 한국전쟁을 꼽았기 때문이다. 게다가 국민 대다수는 군 경력을 지닌 아이젠하워가 그 전쟁을 끝낼 적임자라고 믿었다.

선거 당일, 아이젠하워·닉슨 후보가 국민 투표popular vote에서 55.1퍼센트를 얻고 선거인단 투표에서는 442 대 89라는 압도적인 차이로 승리한 결과를 보고 놀란 사람은 거의 없었다. 공화당은 상원에서 48 대 47(무소속 1), 하원에서 221 대 211로 상하 양원 모두를 석권해 1930년 이후 처음으로 백악관과 의회를 동시에 장악했다.[25]

한편 케네디는 아이젠하워의 압승 분위기 속에서도 고군분투하여 7만 표 차이로 가까스로 승리했다. 많은 평론가가 여성 유권자들의 발길을 투표장으로 이끈 '다과회'에 그 공을 돌렸다. 《보스턴아메리칸》은 선거 당일 기사에서 "여성들이 처음으로 자신들의 정치적 해방을 만끽했다는 증거"라고 보도했다.[26]

1953년 1월 3일, 서른다섯 살의 케네디는 연방상원의원으로 취임해 상원회관 362호실을 배정받았다. 몇 주 뒤, 마흔 살의 닉슨도 부통령으로서 취임 선서를 했다. 상원의장을 겸하는 부통령 닉슨은 케네디의 사무실 바로 맞은편인 361호실을 배정받았다.[27]

*

1953년 1월 21일, 아이젠하워는 일기장에 이렇게 적었다. "대통령 책상 앞에 앉은 첫날이다. 걱정거리도 많고 어려운 과제들도 산적해 있다. 하지만 이런 일은 오랫동안 나의 몫이었다. 결론은 오늘도 1941년 7월부터, 아니 어쩌면 그 이전부터 내가 계속 살아온 날들의 연장으로 보인다는 것이다!"[28]

일기에서 "1941년 7월"을 언급하며, 아이젠하워는 텍사스주 포트샘휴스턴에서 제3군 참모장으로 승진했던 순간을 떠올렸다. 훗날 유럽연합군 총사령관이라는 자리까지 오르는 긴 여정의 출발점이었다. 그가 백악관 집무실에서의 첫날을 그 순간과 연결 지었다는 사실은 많은 것을 시사한다. 군 경력과 군 생활에서 터득한 리더십은 아이젠하워가 대통령직을 수행하는 방식을 결정했을 뿐만 아니라, 그가 대통령으로서 마주할 수많은 문제를 해결하는 데 필요한 역량의 원천이었다. 아이크는 군에서 갈고닦은 다양한 관리 방식을 백악관 운영에 적용했고, 군에서 쌓은 폭넓은 현장 경험과 지식은 복잡한 전후 세계에서 미국의 위상을 설정해야 했던 그에게 큰 자산이 되었다.

아이젠하워는 행정부를 구성하면서 진주만 공습 직후 조지 마셜 장군이 자신에게 해준 조언을 떠올렸다. "아이젠하워, 이 부서에는 문제를 잘 분석하는 유능한 인재들이 많아. 그러나 그들은 언제나 내가 최종 결정을 내려주기를 바라지. 내게 필요한 참모는 스스로 먼저 문제를 해결하고 나중에 내게 와서 보고하는 참모야." 대통령이 된 아이젠하워는 마셜이 조언해준 대로 유능하면서도 독자적으로 일할 수 있는 인물들을 임명했다. 배관 공 노조위원장 출신의 노동부 장관을 제외하고, 백만장자 기업인과 대기업 변호사들이 내각을 장악했다. 진보주의자들은 아이젠하워가 "백만장자 여 덟에 배관공 하나"로 내각을 채웠다고 비난했다.[29]

아이젠하워는 매주 금요일 아침 내각 회의를 열면서, 제2차 세계대전 중 오마 브래들리와 조지 패튼 장군이 그랬던 것처럼 치열한 토론이 오가 기를 기대한다고 분명히 밝혔다. 그는 회의 중에는 말없이 앉아 종이에 낙 서하며 토론을 경청했고, 논의가 끝나면 투표를 요청해 그 결과를 바탕으 로 자기 입장을 밝히거나 집무실로 돌아가 신중히 검토한 뒤 결정을 내렸 다.[30]

놀랄 일은 아니지만, 아이크는 백악관을 군대식 정확성과 규율로 운영 했다. 아침 6시에 하루를 시작해 정보 보고서와 주요 신문 몇 부를 읽었고, 정확히 7시 15분에 아침 식사를 한 후 8시에는 어김없이 집무실 책상에 앉 았다. 그는 하루에 두 번 휴식을 가졌는데 한 번은 점심시간, 또 한 번은 오 후에 백악관 남쪽 잔디밭에서 골프 스윙을 연습하는 시간이었다. 아이젠하 워는 참모진에게도 비슷한 규율을 요구했다. 모두가 백악관의 위계 속에서 자신의 위치를 정확히 알았다. "권한의 경계는 분명했고, 국가 이익은 넓게 정의되었으며, 책임 전가는 없었다." 전기 작가 진 에드워드 스미스는 이렇 게 기록했다.[31]

그렇다면 아이크의 부통령은 백악관 조직도에서 어떤 위치를 차지했을 까? 아이젠하워는 닉슨을 동료가 아닌 일개 참모로 여겼다. 두 사람의 관계 는 따뜻함과는 거리가 멀었다. 백악관 보좌관 브라이스 할로는 이렇게 회고 했다. "성격상 두 사람은 잘 어울리지 못했어요. 아이젠하워가 닉슨을 브리 지 게임 상대로 고를 일은 없었을 겁니다." 닉슨은 지나치게 예민하고 불안 정한 성격 탓에, 부유하고 자신감 넘치는 기업인들이 주축을 이룬 아이크 의 핵심 측근 모임에 속할 수 없었다. 닉슨은 훗날 이렇게 기록했다. "아이 젠하워는 친근하게 대하는 능력은 탁월했지만 동시에 곁을 주지 않는 성격이었다. 본인은 의식하지 못했겠지만 자기를 찾아온 사람에게 '사령관에게 보고하러 온 하급 장교' 같은 느낌을 받도록 만들었다."[32]

그렇지만 아이젠하워는 루스벨트 대통령이 새 부통령 해리 트루먼을 맨해튼프로젝트와 같은 행정부의 주요 계획에서 배제했던 그런 실수는 반복하고 싶지 않았다. 평생 담배를 피워왔고 각종 건강 문제를 겪고 있던 아이젠하워는 예순두 살로, 심한 뇌졸중으로 사망한 당시의 루스벨트 나이보다 겨우 한 살 적었다. 그래서 아이크는 부통령의 조언을 항상 귀담아듣지는 않더라도, 닉슨을 행정부 관료들이나 의회 지도자들과의 주요 회의에 빠짐없이 참석시켰다.[33]

아이젠하워만큼 대외 정책과 국방 문제를 다룰 준비가 잘된 상태로 대통령직에 취임한 인물은 거의 없었다. 그는 두 분야 모두에서 풍부한 경험을 쌓았고, 세계 여러 나라의 지도자들과도 개인적인 친분을 유지하고 있었다. 군사적 세부 사항에 밝았으며, 군사 장비 및 무기 체계의 발전 동향도 잘 파악하고 있었다. 이처럼 폭넓은 경력과 거기서 비롯된 자신감으로 무장한 대통령의 등장은, 제2차 세계대전 이후 현기증이 날 정도로 쏟아지는 온갖 문제들에 시달리던 미국 국민에게 큰 안도감을 주었다.[34]

대통령으로서 아이젠하워의 최우선 과제는 한국전쟁을 끝내는 것이었다. 1952년 12월, 아이젠하워는 대통령 당선인 신분으로 한국을 방문함으로써 선거 기간 중 했던 약속을 지켰다. 제2차 세계대전 중에도 여러 차례 전선을 직접 방문한 바 있는 아이젠하워는, 자기들을 위험 속으로 몰아넣은 최고 지휘관을 직접 만나면 병사들의 사기가 높아진다는 점을 익히 알고 있었다. 두꺼운 외투를 입고 모피 안감이 달린 모자를 쓰고 방한화를 신은 아이젠하워는 병사들과 대화를 나누고, 함께 식당에서 식사하면서 전쟁 현장의 실태를 직접 점검했다. 현장에서 보고 들은 어떤 것도 그 전쟁을 가능한 한 빨리 끝내야겠다는 그의 판단을 바꾸지 못했다. 1953년 7월 아이젠하워는 거침없이 말하는 국무장관 존 포스터 덜레스를 포함해 많은 공화당 인사들의 불만에도 불구하고, 한반도를 전쟁 이전의 경계선이던 북

위 38도선을 기준으로 분단하고 양측 사이에 비무장지대를 설치하는 휴전 협정에 동의했다.[35]

한국전쟁을 끝내야만 다른 중요한 과제들에도 집중할 수 있었다. 선거 운동 기간 동안 아이젠하워는 세계가 공산 독재 진영과 자유 진영으로 양분되어 있다고 묘사하며, 미국이 소련의 모험적 팽창주의로부터 자유국가들을 방어해야 한다는 자신의 신념을 분명히 했다. 그는 취임 연설에서 "빛이 어둠에 맞서듯이, 자유는 예속에 맞서야 합니다."라고 선언했다. 그러나 아이젠하워는 방위비 지출이 억제되지 않으면 경제에 심각한 타격을 입히고 미국을 "병영국가"로 전락시킬 것이라고 우려했다. 해외에서 민주주의를 확산시키려는 노력이 오히려 미국의 국가 기능을 마비시킬 수 있다고 두려워한 것이다. 따라서 아이젠하워의 목표는 "국가파산이라는 대가를 치르지 않고 안보를 달성하는 것"이었다. 그는 경제력과 군사력은 불가분의 관계이므로 "이 둘이 서로 보조를 맞추지 않으면 군사력이 약해지거나 경제력이 위태로워져 군사적 입지가 끊임없이 위협받는 상황을 낳"는다는 결론에 이르렀다. 또한 과도한 군비 지출이 인플레이션으로 이어지면, 이는 다시 정부 통제 및 사회 규율을 강화할 필요로 이어진다고도 생각했다. 역사학자 존 루이스 개디스는 아이젠하워의 이러한 사고가 "그가 대통령으로 지내는 동안 공적인, 또는 사적인 자리에서 가장 지속적으로 언급한 주제였을 것"이라고 말했다.[36]

아이젠하워는 미국의 경제적 역량을 해치지 않으면서 군사적 대비를 확고히 할 수 있는 한 가지 방법은 미국이 가진 핵무기의 압도적 우위를 활용하는 것이라고 믿었다. 그는 소량의 핵폭탄으로 적을 공격하거나, 필요시에는 침략의 근원지인 모스크바나 베이징까지도 직접 타격할 수 있다고 생각했다. 재래식 전력보다 저렴한 핵무기가 "투자 대비 효과가 크다"는 인식이었다. 아이젠하워 행정부는 이러한 방위 전략을 "뉴룩New Look"이라고 불렀다. 종종 거침없는 발언으로 유명한 덜레스는 1954년 한 잡지 기사에서 이 접근법을 자세히 설명하며 "자유 진영"은 강력한 핵전력을 "창의적으로 사용해야 한”다고 촉구하면서 “잠재적 침략자는 자신의 침략으로 얻을 수 있는 것 이상으로 고통을 당할 수 있고, 또 당하게 될 것이라는 사실을 사전에 알아야 할 것이다.”라고 말했다. 핵무기 사용 위협이 허언이 아니라는 것을 증명하기 위해 아이젠하워 행정부는 핵무기 비축량을 대폭 늘렸다. 1952년부터 1959년 사이 미국의 핵탄두는 약 1500기에서 6000기 이상으로 증가했으며, 그 가운데는 히로시마에 투하된 원자폭탄보다 천 배나 강력한 가공할 신무기 수소폭탄도 있었다.[37]

그러나 아이젠하워는 국제적 목표를 추구하기 위해 핵 억지력에만 의존하지는 않았다. 국무장관인 존 덜레스의 동생 앨런 덜레스는 중앙정보국 CIA을 단순한 정보 수집 기관에서 외국 정권 전복과 요인 암살 시도, 사보타주 실행 등 소련의 야욕을 저지하고 해외에서 미국의 이익을 수호하는 데 필요한 모든 일을 수행하는 비밀 정부 조직으로 탈바꿈시켰다. 제2차 세계대전 당시 프랑스 레지스탕스에 의존해 디데이 전 독일군의 병력 이동 정보를 입수하는 등 정보 역량을 효과적으로 활용한 경험이 있는 아이젠하워는 CIA의 비밀공작 수행을 기꺼이 수용했다.[38]

아이젠하워 대통령은 연간 국방 예산이 500억 달러 이상으로 급격히 늘어난 까닭은 트루먼 행정부가 한국전쟁이라는 승산 없는 싸움에 빨려 들어갔기 때문이라고 보고 다른 접근법을 택하기로 했다. 적이 선택한 시간과 장소에서 싸움에 응하는 대신 뉴룩은 “비대칭적 대응”으로 선회했다. 협상, 동맹 구축, 비밀공작, 심지어 핵무기 사용까지 다양한 수단을 동원해 적의 가장 약한 지점을 정밀하게 압박하는 방식이었다. 따라서 한국과 같은 분쟁 지역에 지상군을 파병하는 대신 핵무기 사용으로 위협하거나 동유럽에서 소련을 자극하는 방법을 택할 수도 있었다.[39]

아이젠하워의 목표는 전쟁에서 승리하는 것이 아니라, 핵에 의한 공멸이라는 공포를 내세워 전쟁 자체를 막는 것이었다. 미국인의 생명을 구하고, 해외에서 국익을 보호하며, 비용 측면에서도 훨씬 효율적인 전략이었다. 아이젠하워는 자신의 군 경험을 바탕으로 이렇게 강조했다. “나는 40년 동안 군에 몸담으며 한 가지 일만 했습니다. 어떻게 하면 보병 소대를 전쟁터에서 빼낼 수 있을지 연구하는 것이었습니다. 전쟁에서 가장 끔찍한 임무는 전쟁터에서 소대를 이끄는 소위가 되는 것입니다."[40]

아이젠하워는 뉴룩의 선제적 전쟁 억지 전략도 중시했지만, 궁극적으로 방위비 지출을 줄이는 최선의 방법은 냉전의 긴장을 완화하는 것이라고 생각했다. 아이젠하워가 당선된 지 불과 121일 만인 1953년 3월 소련 지도자 이오시프 스탈린이 사망하자, 양국 관계에 해빙 분위기가 조성되어 진정한 평화의 기회가 오리라는 희망이 고조되었다. 아이젠하워는 국무장관과 국방부 장관 모두가 반대했음에도 불구하고 "평화의 기회"라는 제목의 연설을 하기로 결정했다. 그는 연설에서 "총 한 자루가 만들어질 때마다, 군함 한 척이 진수될 때마다, 로켓 한 발이 발사될 때마다, 이것이 궁극적으로 의미하는 바는 굶고 있으나 먹지 못하고, 추위에 떨고 있으나 입지 못하는 이들에게 제공할 수 있는 식량과 옷을 빼앗는다는 것입니다."라고 선언했다. 전쟁에 대한 혐오와 군비 경쟁에 대한 두려움을 대담하게 드러낸 연설이었다. 그러나 소련은 아이젠하워가 보낸 화해의 손짓에 거의 관심을 보이지 않았고, 아이크가 내민 올리브 가지는 곧 시들고 말았다.[41]

1955년 7월, 아이젠하워와 소련의 신임 지도자 니키타 흐루쇼프는 영국과 프랑스 대표들과 함께 스위스 제네바에서 만났다. 1945년 포츠담회담 이후 제2차 세계대전 연합국 정상들이 처음으로 한자리에 모인 최고위급 회담이었다. 아이젠하워는 소련 측에 "미국은 결코 침략 전쟁에 참여하지 않을 것"이라고 약속했다. 그 약속을 뒷받침하기 위해 아이크는 양국의 핵 시설을 상호 항공 정찰하자는 '오픈 스카이' 제안을 내놓았다. 그 제안으로 미국이 선전전에서 승리했다는 평가가 뒤따랐으나, 당시 많은 사람들이 생각했듯 그 제안 자체가 대담하거나 혁신적인 것은 아니었다. 미국의 영공은 이미 개방되어 있었기 때문에 사실상 아이젠하워는 소련에 일방적인 양보를 요구한 셈이었다. 소련은 이를 거부했고, 흐루쇼프는 아이젠하워에게 이렇게 말했다. "우리 눈에는 당신 제안이 노골적으로 우리를 염탐하려는 행위로 보입니다. … 우리가 이를 진지하게 고려할 것이라는 기대는 하지 않았으리라 생각합니다.”

비록 제네바 정상회담에서 눈에 띄는 성과는 거두지 못했지만, 아이젠하워는 미국과 러시아가 공존하는 새로운 시대를 향한 중요한 첫발을 내디뎠다고 자평했다. 그는 미국 국민에게 “지속적인 평화를 향한 전망은 더 밝아졌고, 현대 전쟁이 가져올 압도적인 비극의 위험은 그만큼 줄었습니다.”라고 말했다. 유권자들은 그의 노력을 높이 평가했다. 1955년 8월, 그의 지지율은 무려 79퍼센트까지 치솟았다.

그러나 제네바회담에서 오간 우호적인 발언과 미소 띤 얼굴로는 두 나라를 가르는 심각한 차이를 감출 수 없었다. 두 나라 사이의 해빙 분위기는 1956년 10월 29일, 20만 명의 소련군과 4000대의 전차가 헝가리 부다페스트로 진격해 민중 봉기를 진압하면서 끝장나고 말았다. 소련군은 4만 명의 헝가리인을 학살했고, 15만 명은 박해를 피해 헝가리를 떠났다. 소련의 헝가리 침공은 전 세계를 충격에 빠뜨렸다. 아이젠하워는 이 사태에 개입하라는 목소리에 끝내 응하지 않았다. 자기가 이끄는 행정부의 인사들까지 나서서 개입을 촉구했으나, 소련을 자극해 더 큰 전쟁으로 확대할 수 있다고 우려했기 때문이었다.[42]

아이젠하워는 일촉즉발의 다른 국제적 사태에서도 비슷한 자제심을 발휘했다. 1954년 가을 포모사의 영토인 진먼섬과 마쭈섬에 주둔한, 서방의 지원을 받는 중국국민당군을 중국공산당이 도발했을 때도 아이젠하워는 미국의 개입을 요구하는 목소리를 외면했다. 대신 미국은 국민당 정부와 안보 협정을 체결해 전략적으로 중요한 포모사섬 방어는 약속하면서도, 전략적 가치가 제한적이라고 여긴 진먼과 마쭈에 대한 개입 여부는 모호하게 남겨두었다. 이듬해 봄 공산 중국이 다시 진먼과 마쭈를 폭격하자, 아이젠하워는 공산주의 침략을 저지하기 위해서는 핵무기를 사용할 수 있음을 암시하는 공개 성명을 발표했다. “전술핵무기를 오롯이 군사적 목적과 군사적 의도에 맞도록 사용한다면, 우리는 그것을 총알이나 다른 무기처럼 사용하지 않을 이유가 없다고 생각합니다." 아이젠하워가 허세를 부리는 것인지 확신할 수 없던 중국 지도부는 즉시 폭격을 중단했다.

*

전면전과 완전한 승리에 익숙한 세대가 어떻게 '제한전limited war'이라는 새로운 도전에 적응할 것인가? 제2차 세계대전 이후 세대는 탈식민화의 물결이 전 세계 남반구를 휩쓸고 있는 상황에서 이 질문에 대한 답을 찾아야 했다. 1945년부터 1960년 사이, 8억 명에 달하는 인구가 속한 40개에 달하는 국가들이 식민 지배국들에 대항하여 반제국주의 투쟁을 벌였다. 그렇게 탄생한 아시아, 중동, 라틴아메리카, 아프리카의 신생 독립국들은 냉전의 새로운 싸움터가 되었다. 이들 국가의 지도자들은 워싱턴과 모스크바 양측으로부터 지원과 양보를 얻어내기 위해 초강대국 간의 긴장을 교묘히 이용하려 했다. 상원 선거에서 JFK에게 패배한 뒤 유엔 주재 미국 대사가 된 헨리 캐벗 로지는 제2차 세계대전 이후 미국의 외교정책가들을 괴롭혀 왔던 질문을 정확히 던졌다. "미국은 전쟁에서 승리할 수 있다. 그렇지만 혁명에서도 승리할 수 있는가?"

베트남은 현실에서 이 역설을 시험하는 주 무대가 될 터였다. 1950년대 내내, 아이젠하워와 그를 이은 두 명의 대통령 닉슨과 케네디는 인도차이나에서 점증하는 위기에 미국이 어떻게 대응해야 할지를 둘러싼 논쟁의 중심에 서 있었다. 세 사람 모두 뮌헨의 교훈을 잘 알고 있었지만, 동시에 해외 여러 국가를 방문했던 경험을 통해 오래된 식민의 사슬을 벗어던지기 위한 투쟁 속에서 민족주의 혁명이 어떤 힘을 발휘하는지 직접 목격하기도 했다. 그러나 어떤 미래의 미국 대통령도 프랑스 식민 지배 초기의 베트남에 머문 경험은 없었다. 따라서 그들은 베트남 현지 시민들이 갖는 열망에 대한 감수성도 모자랐고, 민족주의와 공산주의의 복잡한 상호작용에 대한 인식도 부족했다.[43]

제2차 세계대전 중 루스벨트 대통령은 파리와 모스크바에서 수학한 공산주의자 호찌민이 이끄는 베트남 민족주의 세력에 지지를 표하며, 프랑스에는 베트남 식민 통치를 종식하라고 촉구했다. 그러나 1949년 마오쩌둥이 이끄는 공산주의 세력이 중국에서 집권하자 미국의 정책은 선회했다. 미국은 인도차이나에서 공산주의가 "승리"하면 그 여파가 동남아시아를 휩쓸어 세계의 권력 균형이 깨질 것을 두려워해 프랑스의 아시아 정책을 공개적으로 지지했다. 1950년 소련과 중국이 호찌민 정부를 외교적으로 인정하자, 해리 트루먼은 프랑스에 대한 군사 원조로 대응했다.

그러나 전쟁은 프랑스에 불리하게 전개되었다. 막대한 사상자를 낸 프랑스군은 새로운 전략의 일환으로 라오스 국경 인근의 외딴 밀림 요새 디엔비엔푸에 병력을 집결시켰다. 그러나 1954년 3월에 이르자 공산주의 베트민Vietminh군이 그 요새를 완전히 포위했다. 함락은 시간문제인 것처럼 보였다. 프랑스는 자국 병력을 구출하기 위해 미국이 직접 개입해달라고 간청했다. 아이젠하워는 "그런 요청에 동조하는 군인이라면 정신 감정을 받아봐야 한다."라며 프랑스의 요청을 일축했다.[44]

아이젠하워는 프랑스가 베트남에서 승리할 수 있는 유일한 길은 "이 싸움이 자유와 공산주의의 대결임을 분명히 하는 것"이라고 믿으며, 그러려면 프랑스는 두 가지를 달성해야 한다고 말했다. "첫째, 전 세계가 그것을 믿게 만들고 둘째, 베트남 사람들이 그것을 믿게 만들어야 한다." 아이젠하워는 이어서 강조했다. "베트남 사람들이 자기들의 정부를 세우고 스스로 그 정부를 운영하리라는 점을 깨닫기 전까지는 그 누구도 베트남에서 승리할 수 없을 것이다."[45]

수 주 동안 미 행정부는 향후 대응 방안을 두고 논쟁을 벌였다. 아이젠하위의 생각은 양쪽으로 갈렸다. 그는 베트남전쟁을 공산주의에 맞서는 전 세계적 투쟁의 일부로 보았지만, 제2차 세계대전이 발발하기 전 4년간 필리핀에서 근무한 경험을 통해 민족주의의 힘이 얼마나 강한지 대부분의 참모들보다 잘 이해하고 있었다. 전쟁의 공포에 민감했던 아이크는 최후의 수단이 아닌 이상 미국을 또다시 전쟁으로 이끌지 않겠다고 결심했다. 그러나 전쟁에 개입하지 않고서 미국의 신뢰성을 어떻게 유지할 수 있을까? 후임자들과 마찬가지로, 아이젠하워는 그 아슬아슬한 줄타기에서 균형을 잡으려 거듭 노력해야 했다.

1954년 1월 8일 국가안전보장회의에서 아이젠하워는 미군을 베트남전투에 파병하지 않겠다고 단호히 선언했다. "미국이 지상군을 동남아시아 어딘가에 투입한다는 것은 도저히 상상할 수 없는 일이다. … 인도차이나에 프랑스를 대신해 미군을 투입하는 문제를 우리가 논의한다는 것 자체가 말이 되지 않는다. 그렇게 한다면 베트남인들은 프랑스를 향한 증오를 우리에게로 돌릴 것이다. 내가 그러한 방안에 얼마나 강력히 반대하는지 여러분께 말로써 표현할 수 없다." 한국전쟁을 막 끝낸 아이젠하워로서는 베트남의 반란을 진압하기 위해 육군 추산 27만5000명의 병력을 보내는 일을 도저히 상상할 수 없었다.[46]

베트남에 미군을 파병하지 않겠다는 결심은 확고했지만, 아이젠하워는 공산주의의 승리를 결코 받아들일 생각이 없었으므로 프랑스를 지원하기 위해 가용한 모든 수단을 동원할 계획을 세웠다. 베트남전쟁을 바라보는 아이젠하워의 관점은 다소 복잡했지만, 그는 제2차 세계대전에 참전했다가 훗날 대통령이 된 다른 이들과 마찬가지로 '유화정책은 결국 더 큰 희생을 낳는다'는 과거의 교훈은 망각할 수 없었다. 제2차 세계대전 이후에는 파시즘을 대신해 공산주의가 미국의 이익을 위협하는 주된 세력으로 떠올랐고, 전후 세대는 1930년대에 서방이 저질렀던 치명적인 실수를 되풀이하지 않겠다고 각오하고 있었다.

아이젠하워는 미국의 자원을 베트남에 투입하기를 원하지 않는다는 입장을 분명히 밝혔으나, 한편으로는 영국이 미국의 개입을 지지한다면 그렇게 할 것이라고 강조했다. 1955년 초, 아이젠하워는 6년간의 공백 끝에 1951년 총리로 복귀한 윈스턴 처칠에게 전보를 보내 1930년대의 뼈아픈 교훈을 상기시키며 영국의 지지를 요청했다. "우리가 제때 단결해 행동하지 않은 탓에 히로히토, 무솔리니, 히틀러를 막지 못했습니다. 우리 두 나라가 그 교훈을 통해 무언가를 배웠다고 생각할 수는 없을까요?" 아이크는 계속해서 이렇게 적었다. "현재의 불편한 사실들을 직시하고, 1940년대 우리의 대동맹이 적을 함께 무찔렀던 것처럼 지금도 함께 대응할 필요가 있습니다." 그러나 당시 일흔아홉 살에다가 여러 차례 뇌졸중을 겪어 건강이 좋지 않던 처칠은 아이크의 요청에도 요지부동이었다. 처칠은 몇 년 전 인도의 독립을 허용한 영국 국민이 프랑스가 제국을 유지하도록 도와줄 의향은 없을 것이라고 답했다.[47]

영국의 지원을 기대할 수 없게 되자, 아이젠하워는 4월 6일 국가안전보장회의를 급히 소집하여 미국의 인도차이나 개입을 반대한다는 입장을 거듭 천명했다. 회의록에 따르면 그는 "미국의 일방적인 인도차이나 개입은 어떠한 가능성도 없다."라고 다시 한번 강조했다. 군사 참모들과 국무장관은 최후의 수단으로 군사 행동의 가능성을 열어두려 했지만, 아이젠하워는 마음을 굳힌 후였다. "인도차이나를 잃는다면 동남아시아 전역도 잃게 될 것이라는 단순한 생각은 받아들일 수 없습니다."[48]

하지만 인도차이나의 몰락이 동남아시아 권역 내에서 미국의 이익을 심각하게 해치는 일은 없을 것이라고 사적인 자리에서 참모들을 안심시킨 바로 다음 날, 대중 앞에 선 아이젠하워는 전혀 다른 말을 했다. 매주 열리는 기자회견에서 한 기자가 인도차이나의 전략적 가치를 묻자, 아이젠하워는 그 유명한 '도미노이론'을 발표했다. "도미노를 한 줄로 세워놓고 첫 번째 도미노를 쓰러뜨리면 마지막 도미노도 곧 넘어지리라는 것은 주지의 사실입니다. 일단 붕괴가 시작되면 그 영향은 엄청날 것입니다." 아이젠하워는 이러한 '사태의 연쇄 가능성' 때문에 인도차이나뿐만 아니라 동남아시아 전체를 잃을 수 있다고 경고했다. 아이젠하워는 "그 상실이 자유 진영에 초래할 잠재적 결과는 계산할 수조차 없습니다."라고 말하며, 전날 참모들에게 전했던 메시지와는 정면으로 배치되는 결론을 내렸다.[49]

아이젠하워는 미국의 지상군을 베트남에 파병하지 않았다는 사실로 지금은 인정받는 대통령이지만, 당시 그는 베트남전쟁이 가지는 다양하고 복잡한 의미를 국민에게 제때 설명할 기회를 놓치고 개입과 자제 사이에서 오락가락하는 듯한 행보를 보였다. 만약 그가 사적인 자리에서 밝힌 것처럼 베트남이 미국의 이익에 필수적인 나라가 아니라고 국민에게 말했더라면, 베트남전쟁의 성격을 상당 부분 재규정하여 미국의 개입을 제한함으로써 후임자들에게도 숨 쉴 수 있는 공간을 제공했을 것이다. 여론조사를 보더라도 다수의 미국인(68퍼센트)이 지상군 파병을 반대했고, 의회도 대중의 정서에 동조하는 입장이었다. 전 연합군 최고사령관이었던 대통령이 이미 다수가 공유하고 있던 인식을 재확인해주었더라면 당시의 긴장 상황을 진정시킬 수 있었을 것이다. 그러나 아이젠하워는 자신뿐 아니라 후임자들까지 옭아매는 수사적 함정을 만들고 말았다. 한 지역의 분쟁을 초강대국 간 대결로 확대하는 허술하기 짝이 없는 이론에 자신에 대한 국민의 신뢰를 건 것이다.

결국 아이젠하워가 취한 이러한 입장은 위험한 전례가 되었다. 이후의 모든 대통령은 동남아시아의 승산 없는 전쟁에 미국이 개입하는 것이 현명한지 비슷한 의문을 품었지만, 모두 그럴 수밖에 없다고 생각했다. '뮌헨의 교훈'이란 함정에 빠진 미국의 정책 결정자들은 단순한 지역 분쟁에 세계적 의미와 상징을 부여하면서, 현지의 민족주의 운동과 소련에 영감을 받은 세력의 대외 침략을 혼동했다. 이러한 미국의 태도는 멀리 떨어진 나라의 내부 문제까지도 미국의 힘으로 좌우할 수 있고, 또 그래야 한다고 믿는 '힘의 오만'을 드러내는 것이었다. 그리고 시간이 흘러 미국은 그 잘못된 믿음 때문에 혹독한 대가를 치르게 된다.[50]

베트남에서의 상황이 계속 악화해 공산주의의 승리가 불가피해 보이자, 미국의 개입을 피하려는 아이젠하워의 결심은 어느 때보다 굳어 보였다. 제네바에 있던 덜레스는 1954년 4월 29일에 열린 격렬한 국가안전보장회의에 전문을 보내 강력한 조치가 필요하다고 촉구했지만, 아이젠하워는 이를 단호히 거부했다.[51] 국무장관 덜레스는 미국이 프랑스와 영국을 이끌고 베트남에 개입하는 리더십을 보여야 한다는 의견을 피력했지만, 아이젠하워는 연합국가들*의 요청을 받아 다른 국가들과 함께 개입하지 않는 한, 어떻게 미국이 단독으로 프랑스와 함께 인도차이나에 무력 개입을 할 수 있겠느냐고 말했다. 아이젠하워는 그러한 무력 개입을 납득할 수 없었다. 이후 두 시간 동안 아이젠하워는 만장일치로 미국의 개입을 주장하는 국가안전보장회의 위원들과 논쟁을 벌였다. 군사 경험이 풍부한 아이젠하워는 안보 전문가들을 상대로 거침없이 자신의 의견을 개진했다. 아이젠하워는 해외원조국장 해럴드 스타센에게, 베트남에서 프랑스가 무너지고 그 자리에 미국이 들어선다면 많은 아시아인의 눈에는 프랑스의 식민주의가 미국의 식민주의로 바뀌는 것으로 보일 뿐이라고 말했다.

그는 이어서 몇 가지 실질적인 질문을 던졌다. 미국은 베트남에 투입할 병력을 어디에서 구할 것인가? 병력이 있다면 전면 동원 준비는 되어 있는가? 우리의 개입에 대응하여 중국과 소련도 베트남전쟁에 뛰어들면 어찌할 것인가? 아이젠하워는 계속해서 인도차이나 또는 전 세계 곳곳의 분쟁 지역에 미국이 일방적으로 개입하려 든다면, 이는 사실상 미국이 전 세계의 경찰을 자처하는 일과 다름없다고 말했다. 해당 분쟁 지역의 의사와 관계없이 미국이 군대를 이용해 개입하려 든다면, 미국은 자유세계의 지지를 모두 잃게 될 것이라고도 덧붙였다.[52] 물론 아이젠하워는 자신의 입장이 불과 몇 주 전에 목소리를 높여 주장했던 도미노이론과 정면으로 배치된다는 사실은 함구했다.

---

* 1949년 프랑스가 인도차이나 정책을 바꾸면서 기존 식민지였던 베트남, 라오스, 캄보디아에 제한적인 자치권을 부여하고 프랑스연합Union Française의 일원으로 편입했는데, 이 세 나라를 통틀어 인도차이나 연합국가Associated States of Indochina라고 불렀다. (옮긴이)

*

부통령 리처드 닉슨은 인도차이나를 방문한 적은 있었지만, 그 지역을 휩쓸고 있던 거대한 민족주의 물결에 대해서는 거의 이해하지 못했다. 1953년 10월, 리처드와 그의 아내 팻은 두 달간 아시아와 중동을 순방했다. 닉슨은 베트남의 시골 지역까지 가서 프랑스군이 중국과의 국경 인근에 있는 공산주의자들의 거점을 공격하는 장면도 목격했다. 귀국길에 오른 닉슨은 프랑스가 그들의 오만함 때문에 인도차이나에서 펼친 그들의 노력을 결국 수포로 돌릴 것이라고 확신했다. 그러나 닉슨은 그 지역을 포기해야 한다고 생각하지 않고, 오히려 미국이 프랑스를 군사적·경제적으로 지원해야 할 필요가 절실하다고 믿었다. 베트남을 떠나기 전 닉슨은 "당신들이 홀로 싸우게 두지 않겠습니다."라고 약속했다.

"나는 그들에게 말했다." 훗날 닉슨은 이렇게 회고했다. "여러분은 자유의 최전선에서 싸우고 있습니다. 미국 국민은 여러분의 대의를 지지하고, 여러분의 영웅적 행동을 존경합니다."[53]

그 이후에도 닉슨은 프랑스가 베트남에서 실패하도록 미국이 방치해서는 절대로 안 된다는 입장을 견지하며, 아이젠하워 행정부 내에서 대표적인 강경파 중 한 명으로 부상했다. 위기 당시 프랑스가 패배하면 미 행정부는 어떻게 대응할 것이냐는 질문을 받은 닉슨은 "우리 젊은이들을 보내서라도 싸워야 합니다."라고 대답했다. 훗날 닉슨은 "만약 프랑스가 철수한다면 베트남뿐만 아니라 라오스와 캄보디아까지도 공산주의라는 광풍에 휩쓸려 무너질 것"이라고 확신했다고 당시를 회고했다. 아시아에 대한 관찰과 경험이 일천했음에도 불구하고, 닉슨은 "공산주의 세력이 패배할 때까지 미국은 어떻게든 프랑스를 베트남에 붙잡아두기 위해 가능한 모든 방법을 동원해야 한"다고 믿었다. 그가 보기에 인도차이나에 걸려 있는 사안은 프랑스의 이름 모를 전초기지 하나가 공산주의 세력에 넘어가느냐 마느냐의 문제가 아니라, 자유와 민주주의를 지키기 위한 전 세계적 투쟁이 시험대에 오른 것이었다. 공산주의자들은 "그들의 이른바 해방전쟁도 우리의 판단에 따라 군사적인 저항에 부딪힐 수 있다는 것"을 확실히 알 필요가 있었다. "그러지 않으면 그들은 동유럽에서 했던 것처럼 동남아시아 전체를 장악할 때까지 멈추지 않을 것이기 때문이다."[54]

대통령이 된 후 그의 생각을 미리 보여주듯, 닉슨은 동맹국의 굴욕적인 패배를 미국이 방관한다면 전 세계에서 미국의 명성과 신뢰가 타격을 입을 것이라고 우려했다. 4월 29일 국가안전보장회의에서 닉슨은 프랑스의 지상전을 지원하기 위해 베트남 공습을 개시하자고 제안했다. 그는 공중전을 통해 전쟁의 결과를 바꾸지는 못하더라도 "미국의 공습이 자유세계 전체의 여론 지형에 미치는 효과는 결정적일 수 있"다고 주장했고, 이어서 "그것은 또한 미국이 공산주의자들에게 '여기까지다. 더 이상 선을 넘으면 안 된다.'라고 선언하는 것과 다름없"다고 말했다. 아이젠하워와는 확연히 대조적으로 닉슨은 프랑스를 지원하기 위한 지상군 투입에도 찬성하며 "미국은 인도차이나나 중국 내전과 같은 전복적 침략에 맞서 동맹국들과 함께 싸운다는 원칙을 채택해야 한"다고 주장했다.[55]

아이젠하워는 닉슨 부통령의 제안을 강하게 반대했다. 필리핀에서 근무한 경험이 있는 아이젠하워는 동남아시아에서는 공중 전력만으로 전쟁에서 승리할 수 없고, 핵무기 사용도 불가능하다는 사실을 잘 알고 있었다. "나는 미국이 일방적으로 원자폭탄을 사용할 수 있다고는 전혀 생각하지 않습니다. 당신들 제정신입니까? 10년도 채 되지 않아 그 끔찍한 무기를 아시아인들에게 또다시 쓸 생각을 하다니, 맙소사." 개입을 주저하는 아이젠하워에게 실망한 닉슨은 일기장에 이렇게 적었다. "동맹국과 미 국민이 지지하지 않는 한 어떤 제안도 고려하지 않겠다는 듯 체념한 모습이었고, 그들의 지지를 끌어내기 위해 압박할 생각도 없어 보였다."[56]

*

놀랍게도 아이젠하워의 첫 번째 임기 동안 상원의원 린든 존슨은 아이젠하워 대통령의 대외 정책 대부분을 지지했다. 종종 그래왔듯 존슨이 아이젠하워에게 협력하기로 한 데는 여러 이유가 있었지만, 그의 표현을 따르자면 "무엇보다도 미국의 대외 관계를 고려할 때 당파성은 뒤로해야 한다는 강한 믿음을 아이젠하워와 공유했기 때문"이었다. 제2차 세계대전과 초기 냉전을 경험한 텍사스주 상원의원은, 대통령에게는 해외에서 미국의 국익을 지킬 수 있도록 충분한 지지와 재량이 필요하다고 믿었다. 게다가 여론의 흐름을 예민하게 감지한 존슨은 한 가지 근본적인 사실을 간파했다. "미국인들은 아이크를 사랑한다." 존슨이 보기에 아이젠하워를 공격하는 것은 "아이들에게 그들의 아버지가 나쁜 사람이라고 말하는 것과 같았다." 그래서 존슨은 어차피 아이크가 거부권을 행사할 민주당 법안을 위한 순교자가 되기를 거부했고, 이념적 선을 명확하게 그으라는 동료 민주당 의원들의 조언에도 귀 기울이지 않았다. 물론 존슨의 이러한 유화적 접근에는 정치적 속셈도 깔려 있었다. 아이젠하워에게 협력함으로써 존슨은 공화당 내부의 국제주의자와 고립주의자 간의 균열을 밖으로 드러낼 수 있었다.[57]

그러나 존슨은 인도차이나 정책에 관해서는 그간 유지하던 전략에서 벗어났다. 상원 소수당 원내대표였던 그는 베트남 현지의 복잡한 상황을 제대로 파악하지 못했고, 프랑스의 지배에서 벗어나려는 베트남인들의 열망도 거의 이해하지 못했다. 닉슨과 마찬가지로 존슨도 판에 박힌 냉전 수사에 기댔다. 디엔비엔푸가 함락되기 전부터 존슨은 "미국의 대외 정책 역사상 이렇게 충격적인 후퇴를 한 적은 없었"다며 행정부를 비난했다. 그는 이어 "미국은 적대적인 세계에서 벌거벗은 채 홀로 남겨질 명백한 위험"에 처해 있다고 덧붙였다.[58]

존슨이 베트남 위기를 이용해 정치적으로 득점을 쌓으려 했다면, JFK

는 백악관의 베트남 정책에 신중히 접근함으로써 가장 사려 깊은 비평가로 부상했다. 케네디의 문제의식은 전반적으로 재정 균형을 중시하는 아이젠하워가 그에 맞춰 미국의 방위 태세를 정하려 한다는 데 있었다. 대신 케네디는 미국이 "우리의 적에 대해 명백한 우위를 확보할 만큼 충분히 방위비를 써야 한"다고 강조했다. 그 외의 다른 접근은 "위험하며, 자칫 치명적일 수도 있"다는 것이 케네디의 주장이었다. 케네디는 방위비를 절약하려는 아이젠하워 행정부의 계획이 미국 대외 정책의 실효성을 제한할 것이라고 경고하면서 방위 예산 증액을 위해 적극적으로 로비했다. 케네디는 아이젠하워 행정부가 대규모 보복이라는 거친 수사를 사용하고 있지만, 실제 접근 방식은 군사적 효율성을 떨어뜨리고 동맹국들을 불안하게 만들고 있다고 확신했다.[59]

1951년 10월, 케네디는 동생 보비와 여동생 팻과 함께 인도차이나에서 열흘을 보내고 돌아오며 그 지역의 분쟁을 군사적으로 해결하기는 쉽지 않겠다고 전망했다. 그는 일기에 "현지인들의 눈에 우리는 점점 더 식민주의자로 비치고 있다."라고 적었다. 케네디는 미국이 무너져가는 유럽 제국들의 실수를 되풀이하지 않으려면 진짜 적은 공산주의가 아니라 "빈곤과 결핍", "질병과 병폐", 그리고 "불의와 불평등"이라는 사실을 인식해야 한다고 경고했다. 그는 호찌민 같은 공산주의자들이 민족주의 정서를 이용해 어떻게 자신들의 목표를 달성하는지 이해했다. 무엇보다 그는 프랑스가 베트남에 자치권을 주겠다는 약속을 지킬 것인지 회의적이었으므로, 향후 미국의 원조는 베트남인들에게 더 많은 권한을 부여하는 구체적인 개혁과 연계되어야 한다고 주장했다.[60]

닉슨과 달리 케네디는 인도차이나 여행을 통해 미국의 동남아시아 정책은 그 지역의 민족주의 정서에 맞춰 조율되어야 한다는 확신을 얻었다. 1954년 4월 6일 상원 연설에서 케네디는 아이젠하워가 베트남전쟁의 해법을 모색할 때 전제로 삼는 기본 가정에 의문을 제기했다. 그는 미국이 그 지역에서 어떤 행동을 취하든 영국 및 프랑스와 협력해야 한다는 행정부의 입장에는 동의했지만, 과연 그 협력이 효과를 낼 수 있을지에 대해서는 회의적이었다. 그리고 프랑스가 베트남에 독립을 부여하겠다는 약속을 이행하지 않는 한, 미국의 지원이 있더라도 승리는 불가능하다고 판단했다. "승리의 가능성이 거의 없는 상황에서 인도차이나의 정글에 돈과 물자와 병력을 쏟아붓는 것은 위험할 정도로 무익하며 자기 파괴적인 일이 될 것입니다." 케네디는 또한 미국의 원조가 지리적으로 그렇게 멀리 떨어진 곳에서도 결정적인 역할을 할 수 있을지 의심했다. 그는 이렇게 단언했다. "미국의 군사적 지원이 아무리 많아도, 어디에나 있지만 어디에도 없는 '인민이라는 적' 즉 인민의 동정과 은밀한 지원을 받는 적에게는 결코 승리할 수 없습니다."[61]

설사 1945년의 한반도처럼 베트남을 남북으로 분단하는 데 미국이 동의하더라도, 호찌민의 높은 인기를 고려할 때 베트남은 곧 공산주의의 지배 아래에 놓이게 될 터였다. 케네디는 승리할 수 있는 유일한 방법은 인도차이나 병사들로 구성된 "현지 군대"를 조직하는 것이라고 제안했다. 그는 프랑스도 미국도 전통적인 방식으로는 베트남에서 승리할 수 없다고 확신했다. 상원 연설로부터 일주일 뒤, 케네디는 지상군 파병을 제안한 닉슨을 비판했다. 케네디는 "스스로 구원받지 않으려는 사람들을 구원할 수는 없습니다."라고 재차 강조하며, 아시아 국가들은 스스로의 독립을 쟁취하는 데 주요한 역할을 해야 한다고 덧붙였다.[62]

그렇다고 케네디가 베트남을 공산주의의 수중에 넘기려고 했다는 뜻은 아니다. 케네디가 "현지 군대" 창설과 대對게릴라전에 많은 관심을 가졌다는 사실은, 어떤 면에서 그가 미국이 프랑스와 다른 전략과 전술을 채택한다면 남베트남에서 비공산주의 정부를 유지할 수 있다고 믿었을 가능성을 보여준다. 또한 이는 케네디가 가진 근본적인 인식도 함께 드러낸다. 케네디는 제2차 세계대전의 경험이 핵무기로 전쟁하는 시대에는 거의 도움이 되지 못하고, 미국의 군사력에도 분명한 한계가 있다는 점을 서서히 깨닫고 있었다. 미래의 어느 대통령보다도 케네디는 이 문제들을 깊이 생각했고, 전 세계 곳곳에서 공산주의와 싸우고자 했던 미국의 열망과 각 지역의 현실에 제한적인 영향밖에 미칠 수 없는 미국의 역량 사이의 본질적인 충돌과 기꺼이 씨름하려 했다.

케네디는 같은 메시지를 수많은 연설과 인터뷰에서 거듭 강조했다. 케네디 상원의원은 미국의 병력을 파병해 프랑스를 지원하는 행위는 무의미하며, 미국의 원조도 프랑스가 베트남에 민주적 개혁을 실행하는 것을 전제로 이루어져야 한다고 말했다. "저는 미국이 인도차이나에 노골적으로 군사 개입을 한다 해도 성공할 수 없다고 생각합니다." 그는 또한 미국의 개입이 중국을 자극할 수 있으며, 그렇게 되면 "우리는 한국전쟁 때보다 훨씬 나쁜 상황에 놓이게 될 것"이라고 지적했다.[63]

그해 같은 달, 케네디는 행정부가 무슨 생각을 하고 있는지 알아보기 위해 닉슨에게 전화를 걸었다. 딕터벨트에 녹음된 두 사람의 대화를 JFK가 기억하는 바에 따르면 부통령 닉슨은 "영국을 매우 신랄하게 비판"했으며, 프랑스의 패배를 막기 위해 충분한 조치를 취하지 않으면 미국 역시 나약해 보일 것이라고 걱정했다. 닉슨은 미국이 프랑스를 지원하고, 그 지원을 받은 프랑스가 자기들 영토를 스스로 방어할 수 있기를 바라는 것 외에 실질적인 선택지는 없다고 보았다. 두 사람은 연립정부 구성을 포함해 직접적인 개입에는 못 미쳐도 고려해볼 수 있는 여러 방안을 논의해보았지만, 닉슨은 모두 현실성이 없다고 일축했다. 닉슨은 당장은 프랑스를 지원하는 것 외에 미 행정부가 할 수 있는 일은 없고, 결국 그 노력도 실패할 것으로 보인다고 케네디에게 말했다. 그 말을 듣고 케네디는 닉슨에게 이렇게 경고했다. "만약 당신 말이 맞는다면, 우리는 곧 정글로 들어가 호랑이와 싸우게 될 겁니다."[64]

프랑스군이 항복할 때쯤인 1954년 5월 7일, 디엔비엔푸의 프랑스군 주둔지는 미식축구장만 한 크기로 축소되어 있었다. 그 직후 중국, 소련, 미국, 영국, 프랑스의 외무장관들이 제네바에 모여 해결책을 논의했다. 호찌민은 처음에는 회담에 참여하기를 꺼렸으나 아이젠하워가 핵무기 사용 가능성을 내비치며 협상장으로 끌어냈다. 제네바협정에 따라 열강들은 베트남을 북위 17도 선을 기준으로 분단하기로 합의했다. 북부는 공산주의 지도자 호찌민이, 남부는 강경한 반공주의자이자 독실한 가톨릭 신자인 바오다이 황제와 응오딘지엠 총리가 이끄는 정부가 통치하게 되었다. 협정은 또한 1956년 7월에 남북베트남이 동시에 자유선거를 실시하여 단일 정부를 구성함으로써 베트남을 재통일하기로 결정했다. 한편 존 포스터 덜레스는 동남아시아에서 소련과 중국의 영향력을 억제하기 위해 반공산주의 군사동맹인 '동남아시아 방위조약기구SEATO'를 결성했다. SEATO는 공산주의 침략에 맞서 미국이 호주, 뉴질랜드, 태국, 파키스탄, 필리핀을 방어할 것을 약속하는 군사동맹이기도 했다.

아이젠하워 행정부는 베트남을 남북으로 분단하는 결정을 내림으로써 베트남에서 공산주의가 승리하는 것을 절대 용인하지 않겠다는 점을 분명히 했다. 1955년 10월, 응오딘지엠은 남베트남 정부가 통제한 국민투표에서 바오다이에 승리한 후 남베트남의 대통령으로 취임했다. 이후 미국은 남베트남 정권의 안정을 기대하며 막대한 경제·군사 원조를 쏟아부었다. 그러나 북베트남에서 군사력 증강이 있고 난 뒤인 1956년, 응오딘지엠은 제네바협정에서 약속된 남북베트남 동시 자유선거에 남베트남은 참여하지 않겠다고 선언했다. 표면적으로는 북베트남 정부의 억압적 성격 때문에 자유선거가 불가능하다는 주장이었지만, 실제 이유는 북베트남 측이 압도적인 승리를 거둘 것이 분명하기 때문이었다.[65]

응오딘지엠은 능숙하게 미국을 이용하며 1954년부터 1961년까지 총 20억 달러에 달하는 원조를 받아내면서도, 남베트남 정부의 기능을 확대하고 통치 방식을 민주화하라는 미국의 요구는 무시했다. 이후 몇 년 동안 미국은 탄압과 공포정치를 일삼는 응오딘지엠을 사실상 방관했다. 제네바협정은 응오딘지엠 정권에 외형상의 정당성을 부여했지만, 미 행정부의 베트남 정책을 가장 가혹하게 비판한 인물까지 침묵시킬 수는 없었다. 케네디는 이렇게 선언했다. "베트남은 이제 동남아시아 자유세계의 초석이자 방주의 용골, 그리고 제방의 틈새를 막는 손가락 같은 존재가 되었습니다. 우리의 자식이 된 것입니다. 이제 버릴 수도 없고, 필요 없다고 외면할 수도 없습니다."[66]

*

대공황을 결정적으로 끝낸 것은 뉴딜정책이 아니라 제2차 세계대전이었다는 주장들이 종종 있다. 그런 의미에서 제2차 세계대전은 영국의 경제학자 존 메이너드 케인스가 그의 기념비적 저서 《고용, 이자 및 화폐의 일반 이론》에서 제시한 경제사상을 입증한 것처럼 보였다. 1950년대에 접어들면서 케인스의 논지에 영향을 받은 젊은 경제학자들이 주요 대학에 자리를 잡았고, 정부 관료로도 들어갔다. 그들 역시 스승과 마찬가지로 자유 시장에는 스스로 조정하는 메커니즘이 있다는 당시의 지배적인 경제학 정설에 의문을 제기했다. 그들은 경제성장을 촉진하기 위해 재정 적자도 감수하고 경기가 과열되면 정부 지출을 줄이는 등 정부가 더욱 주도적으로 경제를 운용해야 한다고 믿었다.

케인스주의는 제2차 세계대전 이후 진보 진영에서 힘을 얻었지만, 본격적으로 정책에 반영된 것은 케네디와 존슨 행정부에 이르러서였다. 그사이 아이젠하워는 작은 정부를 신봉하는 보수주의와 연방정부의 적극적 역할을 중시하는 진보주의 사이에서 접점을 찾으려 애썼다.[67]

대다수 보수주의자와 마찬가지로 아이젠하워도 연방정부의 권한 확대와 높은 세금은 반대하였지만, 공화당의 정책이 허버트 후버 대통령 시절로 돌아갈 수 있으리라고 기대하지도 않았다. 뉴딜정책은 국민과 국가의 관계를 재편했고, 제2차 세계대전을 거치면서 그 밀접한 관계는 더욱 제도화되었다. 아이젠하워가 말한 것처럼 "어떤 정당이 사회보장제도를 없애고 노동법과 농촌 지원 정책을 폐기하려 한다면, 우리 정치사에서 그 정당의 이름을 다시 들을 일은 없을 것"이었다. 아이젠하워는 정부 지출 제한과 균형

재정 유지라는 보수주의의 교조적 원칙을 조금이나마 허무는 자신의 접근 방식을 '중도' 또는 '현대적 공화주의'라고 불렀다.[68]

실제로 아이젠하워의 정책은 뉴딜의 경제·사회 프로그램을 공고히 하고 또 강화했다. 그의 재임 기간 동안 연방정부의 사회복지 지출은 꾸준히 증가했으며, 대통령과 의회는 두 차례에 걸쳐 사회보장 급여를 인상하고 사회보장제도의 적용 대상을 확대하여 약 1000만 명의 노동자를 새로이 제도에 편입시켰다. 또한 의회와 아이젠하워는 최저임금을 시간당 75센트에서 1달러로 인상하는 새 법률에 합의했고, 빈민가 정비와 공공 주택 건설을 위한 연방 지출 확대에도 동의했다. 더 나아가 제34대 대통령은 정부 규모를 축소하는 대신 '보건교육복지부'라는 장관급 조직도 신설했다.[69]

아이젠하워의 국내 업적 중 가장 두드러진 것은 연방 고속도로망 구축으로, 이는 전후 미국 사회에서 정부가 긍정적인 역할을 할 수 있다는 그의 믿음을 잘 보여준 사례다. 대도시들과 작은 마을들을 고속도로로 연결하는 교통 체계를 만들겠다는 그의 발상은 1919년으로 거슬러 올라간다. 당시 그는 워싱턴에서 샌프란시스코까지 미 육군 최초의 대륙 횡단 호송 작전을 지휘하라는 임무를 받은 여섯 장교 중 하나였다. 약 5킬로미터 길이의 호송 행렬은 7월 초 워싱턴을 출발해 9월이 되어서야 샌프란시스코에 도착했다. 이 원정 호송대는 "적지敵地를 통과"한다고 가정했기 때문에 "전체 구간을 자급자족하며" 이동해야 했지만, 그 점을 감안하더라도 작전 결과는 그다지 고무적이지 않았다. 전체 도로의 절반 이상이 흙길, 산길, 사막 모랫길이었고 그중 약 800킬로미터는 중장비 차량이 "사실상 통과할 수 없는" 구간이었다. 아이젠하워는 이 경험으로 인해 효율적인 교통 체계를 구축해야만 미국이 번영할 수 있다는 확신을 갖게 되었다.[70]

제2차 세계대전 중 아이젠하워는 독일의 고속 아우토반을 직접 목격하며 그 생각을 더욱 굳혔다. 냉전의 불안도 도로망 개선 필요성을 증대시켰다. 핵 피습 시 대도시 주민들을 신속히 대피시키기 위해서라도 고속도로가 필요하다는 논리였다.[71] 게다가 수백만 대의 새 자동차들이 도로 위로 쏟아져 나오면서, 미국인들은 더 나은 도로와 고속도로를 요구했다.

이 모든 요인을 고려하여 아이젠하워는 전국을 연결하는 4차선 고속도로망 건설을 지지했고, 의회는 이에 화답해 1956년 '연방정부지원 고속도로법Federal-Aid Highway Act'을 통과시켰다. 이 법은 6만6000킬로미터 길이의 고속도로를 건설하는 미국 역사상 최대 규모 공공사업을 위해 320억 달러의 예산을 책정했다. 고속도로망 구축으로 더 쉽고 빠르고 편리한 여행이 가능해졌다. 1950년대 말에 이르면 미국은 총연장 480만 킬로미터 이상의 도로를 갖추게 되는데, 그중 거의 75퍼센트가 포장도로였다.

그러나 아이러니하게도 아이젠하워의 국내 정책은 보수와 진보 양 진영 모두에게서 불만을 샀다. 한창 떠오르던 애리조나주 출신 보수 정치인 배리 골드워터 상원의원은 아이크가 "싸구려 뉴딜정책"을 실시한다고 불평했다. 동시에 루스벨트의 책임지는 리더십에 익숙했던 진보 진영은 아이크가 대통령직에 충분히 헌신하지 않는다며 투덜댔다. 진보 성향 언론인 I. F. 스톤은 "아이젠하워가 투사형 정치인이 아니라는 점은 익히 알고 있지만, 그는 브리지와 골프를 즐기며 지나치게 방해받는 것을 싫어하는 꽤 단순한 사람처럼 보인다."라고 평했다. 이처럼 비평가들이 종종 아이젠하워를 과소평가했지만, 그들은 아이젠하워가 미국 국민과 맺고 있는 끈끈한 유대감을 제대로 이해하지 못했다. 아이크가 대중의 사랑을 받은 이유는 특정 정책 때문이 아니라 그의 사교적인 성격과 압도적인 존재감, 그리고 겸손함과 진정성 때문이었다.

그러나 아이크의 온화한 성품과 높은 인기도 공산주의자로 의심되는 정부 인사들을 축출하기 위해 위스콘신주 공화당 상원의원 조지프 매카시가 집요하게 벌여온 대對공산주의 성전의 기세를 꺾는 데는 아무런 도움이 되지 않았다. 아이젠하워가 취임하기 2년 전부터 호전적 성격의 매카시는 터무니없는 책략과 근거 없는 주장으로 트루먼 행정부를 괴롭혀왔다. 공화당 소속 대통령이 백악관에 입성했지만 매카시는 아랑곳하지 않았다. 아이젠하워는 정부 관료의 충성도를 검증하는 새로운 프로그램을 강력히 시행하여 매카시의 공세를 누그러뜨리려 했으나, 상원의원 매카시는 "징징대고 우는 듯한 유화책"을 쓴다며 아이젠하워 행정부의 대외 정책을 맹비난했다. 매카시와의 당내 싸움에 직접 휘말리면 대통령의 격을 떨어뜨린다고 생각한 아이젠하워는 부통령 닉슨에게 매카시를 상대하는 곤욕스러운 일을 맡기고 자신은 뒤로 물러섰다. 사석에서 아이크는 이렇게 투덜댔다. "내가 저 스컹크 같은 자식이랑 더러운 싸움을 할 순 없잖아."[72]

조지프 매카시를 상대하는 데 어려움을 겪은 대통령은 아이젠하워만이 아니다. 사실 뮌헨의 교훈을 기억한 그 세대의 정치인들은, 미국은 국내 공산주의 세력의 체제 전복 시도를 뿌리 뽑으면서 동시에 소련의 침략에 맞서 해외에서 싸워야 하는 사명을 지니고 있다고 확신했다. 위스콘신주 상원의원 매카시는 미래 대통령들의 선거구 유권자 다수에게 정치적으로 인기가 있었다. 존슨은 자신에게 선거 자금을 대면서도 동시에 매카시도 지지하는 텍사스주 석유업자들과의 관계가 소원해질까 우려했다. JFK의 처지는 특히나 곤혹스러웠다. 매카시는 케네디 선거구의 강경 반공 성향 가톨릭 신자들에게 인기가 있었을 뿐 아니라 케네디 가문과 가까운 관계여서 하이애니스포트의 케네디가 별장에서 함께 휴가를 보내기도 했으며, 심지어 JFK의 여동생인 팻과 진 각각과 데이트를 하기도 했다. 존슨과 JFK 모두 개인적으로는 매카시의 수법을 혐오했지만, 그의 분노를 샀을 때 맞이할 정치적 후과는 두려워했다.[73]

아이젠하워가 자신의 정치적 자본을 써서 매카시를 공격하려 하지 않고 민주당의 주요 인사들마저 방관하는 가운데, 결국 그 위스콘신주 상원의원을 상대해야 하는 임무는 아이러니하게도 이미 오래전 매카시처럼 공산주의자 딱지 붙이기 수법을 사용한 바 있는 리처드 닉슨의 몫이 되었다. 마지못해 매카시 공격에 나선 닉슨은 한 연설에서 다소 기이하게 쥐를 사냥하는 비유를 들어 자신이 말하고자 하는 바를 전했다. "쥐 사냥을 나가면 정확히 조준해 쏴야 합니다. 마구잡이로 난사하면 오히려 그 쥐가 쉽게 도망갈 수 있도록 도와주는 꼴이 되죠."[74]

매카시가 아이젠하워 행정부를 겨냥한 공격을 멈추지 않자, 아이젠하워 대통령은 한 육군 보고서를 언론에 흘렸다. 그 보고서에는 매카시와 그의 보좌진이 육군에 징집된 매카시의 과거 보좌관이 특별 대우를 받도록 손쓴 정황이 기록돼 있었다. 육군의 이 같은 폭로에 곤혹스러워진 상원은 진상 조사를 위한 청문회를 열기로 결정했고, 결국 이는 매카시의 몰락으로 이어졌다. 1954년 12월 상원은 매카시가 의회의 명예를 실추시켰다는 이유로 그를 "비난"하는 결의안을 채택했고, 그로부터 3년 후인 1957년 한때 미국에서 가장 두려운 인물로 꼽혔던 조지프 매카시는 겨우 마흔여덟의 나이에 알코올의존으로 인한 간염과 기타 건강 문제로 사망했다.

아이젠하워는 매카시에 의해 진창에 끌려 들어가지 않고도 그를 몰락시켰다는 사실에 흡족해했다. 그러나 진실은 조금 더 복잡하다. 어쩌면 매카시에게 맞서서 그의 터무니없는 주장을 설득력 있게 반박할 만한 신뢰를 갖춘 미국 내 유일한 정치인은 아이크였을 것이다. 그러나 아이크는 자신이 큰 관심을 두지 않는 국내 문제에는 자신의 엄청난 정치적 자본을 쓰려 하지 않았다. 그렇게 그가 방관하는 동안 수백 명의 미국인이 악의적이고 부정확한 공격에 희생당했고, 그중 많은 이들은 연방정부에서 자신들의 일자리를 잃었다.

*

베트남이 아이젠하워의 세계관에 가장 큰 도전 과제를 안겼다면, 국내 민권 문제는 '현대적 공화주의'라는 아이크의 노선이 가진 한계를 그대로 드러냈다. 두말할 필요도 없이 제2차 세계대전에 참전했던 대통령들 모두에게 인종 문제는 복잡한 과제가 될 터였다. 그들 모두 제2차 세계대전이 초래한 거대한 사회적·인구학적 변화의 여파 속에서 살아가야 했다. 제2차 세계대전은 기존의 사회질서를 재편하고, 특히 주변부로 밀려났던 집단들을 포함하여 사회 전반에 미래에 대한 기대를 불러일으켰으며, 시민과 연방정부의 관계를 근본적으로 변화시켰다. 전쟁 이전까지만 해도 대통령은 보통 미국인들의 삶에서 중심적인 위치를 차지하지 않았으나, 대공황과 그에 이은 제2차 세계대전 기간에 프랭클린 루스벨트가 보여준 리더십은 그 모든 것을 바꾸어놓았다. 이제 사람들은 전통적으로 주州정부의 몫이던 문제들도 대통령이 해결해주기를 기대했다. 특히 흑인들은 참전 경험을 통해 '사회계약'에 담긴 의미를 더욱 확실히 깨달아, 연방정부가 권한을 행사해 좀처럼 사라지지 않는 짐 크로 체제의 유산을 조속히 청산하라고 요구했다.

매일 아침 그의 옷을 챙겨주던 흑인 하인을 제외하면 아이젠하워는 아프리카계 미국인과 접촉할 기회가 거의 없었고, 따라서 그들이 직면한 어려움에 대해서도 거의 알지 못했다. 그는 캔자스에서의 어린 시절부터 인종이 분리된 군대에서 보낸 세월에 이르기까지 철저히 백인들만의 세상에서 살았다. 제2차 세계대전 중 흑인 병사들은 백인 병사들과 분리되어 별도 부대에 배속되었고, 대부분 지원 임무를 맡았다. 군대 역시 아프리카계 미국인들은 백인들과 다른 동네에 살고 백인들과 분리된 학교에 다니라고 강요한 짐 크로 체제가 강고하던 미국 남부 사회의 축소판이었다. 아이크의 친구들은 대부분 성공한 남부 출신 백인 남성들이었다. 따라서 인종 분리를 당연시한 아이젠하워는 인종 분리 정책에 의문을 품지도 않았고, 이의를 제기할 필요성도 거의 느끼지 못했다. 오히려 아이크는 깊이 뿌리 내린 인종적 관습과 습속을 없애는 것은 자신의 헌법상 권한을 넘어서는 일이라고 생각했다. 아이젠하워는 중립적으로 이렇게 말했다. "나는 미국인들이 이런 중대한 문제에 직면했을 때, 인내심과 이해심을 가지고 영리하게 접근하여 결국 해결책을 찾을 것이라는 믿음을 한 번도 버린 적이 없습니다."[75]

1954년 5월 브라운 대 캔자스주 토피카교육위원회 사건에서 연방대법원이 만장일치로 공립학교에서의 인종 분리를 불법이라고 판결하자, 인종 문제에 대한 아이젠하워의 태도가 시험대에 올랐다. 개인적으로 아이젠하워는 그 판결에 반대했으며, 비서에게 우선 대학원부터 시작해 그다음은 대학, 중고등학교, 그리고 마지막으로 초등학교 순으로 인종 분리를 철폐하는 점진적인 접근법이 더 낫다고 생각한다고 말했다. 그러나 공개적으로는 그 판결에 대해 아무런 언급도 하지 않았다. 전기 작가 스티븐 앰브로즈는 이를 두고 "책임 방기"라고 적절히 표현했다.[76]

예상대로 이 역사적인 판결은 남부의 주들과 각 지역을 대표하는 정치인들의 '대대적 저항'을 촉발하는 동시에 민권 시위 움직임도 가속화했다. 1955년 12월, 앨라배마주 몽고메리에서 흑인 여성 재봉사 로자 파크스가 인종분리법에 대한 공개적인 반대 의사의 표시로 공공 버스에서 백인에게 자리를 양보하기를 거부했다. 경찰이 법률 위반으로 파크스를 체포하자, 흑인 지도자들은 공공 버스 승차 거부 운동을 펼치기로 하고 아프리카계 미국인 공동체의 최전선에 있는 흑인 목회자들의 지지를 구했다. 그때 26세의 덱스터애비뉴침례교회 목사 마틴 루서 킹 주니어가 이 승차 거부 운동을 홍보하고 지원하기 위해 설립된 '몽고메리인권향상협회MIA'의 대표를 맡기로 했다.

민권운동 지도자들이 브라운 판결의 여세를 몰아 그들의 대의에 힘을 싣는 동안, 남부의 정치인들도 '대대적 저항'을 강화했다. 1956년 3월, 연방 상원의원 19명과 하원의원 77명이 이른바 '남부선언Southern Manifesto'에 서명하며 "모든 합법적 수단을 동원해 판례에 어긋나는 이 판결을 뒤집고, 이 판결을 집행하는 과정에서 무력이 사용되지 않도록 막겠다."라고 맹세했다. 결국 브라운 판결의 여파는 1957년 9월, (훗날 '리틀록 나인'으로 불리게 되는) 아홉 명의 흑인 학생들이 백인 학생들만 다니던 아칸소주 리틀록의 센트럴고등학교에 입학 신청을 하면서 최정점에 달했다. 주지사 오발 포버스는 아칸소주 방위군을 동원해 학교를 포위하고 그 흑인 학생들이 학교로 들어가지 못하도록 막았다. 결국 아이젠하워는 공수부대 1100명을 리틀록으로 보내라는 연방정부 차원의 명령을 발동하여 아칸소주 방위군을 무력화시켰다. 분노한 리틀록의 백인들을 상대하기 위해 디데이에 사용했던 전략과 본질적으로 동일한 전략을 사용한 셈이었다. 아이크는 이렇게 말했다. "제 경력을 통해 배운 것이 있다면, 힘을 써야 할 때는 압도적인 힘을 써서 희생을 줄이라는 것입니다." 아이크의 선거운동 책임자이자 법무부 장관이었던 허버트 브라우넬 2세는 "아이젠하워는 마치 한창 전쟁 중에 자기를 실망시킨 부하를 대하는 군사령관처럼 포버스를 대했"다고 평했다.[77]

아이젠하워는 한 기자에게, 디데이를 제외하면 리틀록에서 발생했던 소요 사태를 진압하기 위해 연방 군대를 동원한 것이 자신이 내린 결정 중 가장 힘든 결정이었다고 털어놓으며 "빌어먹을, 대통령인 내가 할 수 있는 일은 그것뿐이었다네."라고 말했다. 아이젠하워에게 그 결정은 인종 분리 철폐 지지 여부와는 거의 관계가 없는 별개의 문제였다. 포버스 주지사는 헌법을 준수하겠다고 맹세한 장군에게 항명한 셈이었다. 아이크는 덧붙였다. "간단히 말해, 그건 단순히 이 나라의 법을 집행하는 것이었네."

민권 문제에서 보인 아이젠하워의 애매모호한 태도는 닉슨과 뚜렷이 대비되었다. 닉슨도 아이젠하워처럼 인종이 분리된 세상에서 성장했지만, 그에게는 아프리카계 미국인 친구들이 있었다. 그의 친구 중에는 1947년 프로 야구에서 피부색의 벽을 허문 브루클린 다저스의 스타 재키 로빈슨도 있었다. 닉슨은 전미유색인종 지위향상협회의 명예 회원이었으며, 1957년 3주간 친선 사절단으로 아프리카를 방문하여 흑인 지도자들에게도 깊은 인상을 남겼다. 인종차별에 반대하고 아이젠하워보다 흑인들의 바람을 더 잘 이해했지만, 닉슨 역시 인종 문제에 관해서는 점진적인 해결책을 선호했다. 숙련되지 않은 아프리카계 미국인들이 노동 현장에서 백인들과 경쟁하려면 수십 년은 걸릴 것이라고 믿었기 때문이다. 느리겠지만 변화는 불가피할 것이고, 따라서 연방정부가 굳이 적극적으로 개입할 필요는 없다는 것이 닉슨의 생각이었다.[78]

조지 H. W. 부시와 로널드 레이건이 브라운 판결에 대해 어떻게 생각했는지 추적하기는 한층 더 어렵다. 1952년 부시는 텍사스에서 아이젠하워를 위해 선거운동을 펼쳤지만, 그의 진짜 관심은 아버지 프레스콧 부시가 출마해 결국 당선된 코네티컷주 연방상원의원 선거에 있었다. 그러나 그 당시 정치는 조지 부시의 삶에서 중심적인 위치를 차지하고 있지 않았다. 그 이유 중 하나는 모든 것을 의미 없게 만드는 개인적인 비극을 겪었기 때문이었다. 1953년, 조지와 바버라는 세 살 난 딸 로빈을 백혈병으로 잃고 비탄에 빠졌다. 바버라는 당시의 심정을 이렇게 회상했다. "조금 전까지 거기 있던 아이가 다음 순간 사라져버렸어요." 이후 몇 년 동안 부시는 로빈을 잃은 슬픔을 잊으려 석유 사업을 일구는 데 전념했다. 그는 자파타석유회사를 공동 설립했고, 서부 텍사스에서 새로운 유정들을 시추했다.[79]

한편 1954년 로널드 레이건은 영화계를 떠나 CBS 방송국의 〈제너럴일렉트릭 시어터〉의 진행자로 상당한 수익을 올리는 역할에 안착해 있었다. 이 시점에 레이건은 민주당 지지에서 이미 멀어지고 있었다. 6년 전만 해도 그는 해리 트루먼을 공개적으로 지지했고, 미니애폴리스의 진보적이고 열정적인 시장으로 1948년 상원의원 선거에 출마해 당선된 휴버트 험프리의 찬조 연사로 나서기도 했다. 그러나 1952년 레이건은 처음으로 공화당 대통령 후보에게 투표했다. 레이건은 아이젠하워는 지지했지만 닉슨은 매우 경멸하여, 그를 "겉모습만 번지르르하고 속은 텅 빈, 아이젠하워가 직접 고른 심부름꾼"이라고 부르며 무시했다. 더 나아가 "정직하지 못하고 야심만 가득한 기회주의자라서 부통령 자리의 영예가 가당치 않은 자"라고까지 말했다. 닉슨에 대한 레이건의 반감은 부분적으로 닉슨이 1948년 상원의원 선거에서 상대 후보였던 헬렌 더글러스에게 퍼부은 악랄한 선거 공세에서 비롯되었다. 헬렌 더글러스는 레이건의 영화계 친구인 멜빈 더글러스의 아내였다.[80]

〈제너럴일렉트릭 시어터〉 프로그램의 진행을 맡는 것 외에도 레이건은 제너럴일렉트릭사GE의 홍보 대사로서 전국을 종횡무진 누볐다. 수많은 연설과 강연 일정 때문에 전국적인 정치 문제에 집중할 여유는 없었지만, 그의 연설은 그가 급격히 우경화되고 있다는 사실을 드러냈다. 제2차 세계대전 동안 연방정부의 대대적인 경제 개입이 높은 세금과 각종 규제로 이어지자 보수 세력과 기업들이 이에 반발하던 시점이었다. 레이건은 GE의 홍보 대사로서 자유 시장의 중요성을 강조하고 정부 개입을 악마화하는 GE의 선전과 주장을 꾸준히 받아들였다. 1950년대 중반에 이르자 레이건은 미국 사회에 스며드는 사회주의와 높은 세금, 그리고 국제 공산주의의 위협과 싸우기 위해 출정하는 전사가 되어 있었다. 레이건의 사상적 궤적이 우경화로 치우친 점을 고려하면, 연방정부가 주와 지방 문제에 개입한 대표 사례인 브라운 판결에 그가 반대했을 것이라고 가정하는 편이 합당할 것이다.[81]

공화당 출신의 미래 대통령들 가운데 연방대법원의 브라운 판결이 "도덕적으로도 헌법적으로도 옳다"며 확실한 지지를 표명한 사람은 제럴드 포드가 유일했다. 포드는 제2차 세계대전 참전 경험으로 얻은 국제주의적 교훈과 더불어 냉전의 관점에서 그 판결을 보았다. 브라운 판결이 있은 후 그는 "이제 더 이상 미국이 공립학교에서 인종차별을 합법화하고 있다고 공산주의자들이 고래고래 소리 지르지 못하게 되었"다고 말했고, "양쪽의 극단 세력은 입을 다물고 중도파가 그 대법원 판결을 집행하도록 맡겨두면" 평화로운 변화가 이루어질 것이라고 순진하게 믿었다.[82]

점증하는 민권 확대 요구에 존슨과 케네디가 보인 반응은 이상주의에 근거한 것이라기보다는 정치적 계산의 결과였다. 인종 문제는 전후 민주당에서 특히 민감한 사안이었다. 루스벨트 대통령의 지지 기반은 북부의 진보주의자들과 남부의 백인 분리주의자들이었다. 루스벨트가 대공황기의 계급적 갈등 속에서 이 두 집단을 모두 민주당이라는 우산 아래로 끌어왔기 때문이었다. 그러나 제2차 세계대전을 거치면서 많은 아프리카계 미국인들이 국가에 거는 기대가 커졌다. 특히 파시즘과 맞서 싸운 참전 용사들은 자신들이 2등 시민 취급을 당하는 것을 더 이상 참으려 하지 않았다. 변화를 요구하는 아프리카계 미국인들의 목소리가 커지자 주요 민주당 인사들은 곤란한 처지에 놓였다. 이성적으로는 그들의 요구를 지지했지만, 전국 단위 선거에서 승리하려면 남부 백인들의 표도 필요하기 때문이었다. 따라서 국가적 공직, 즉 대통령직을 염두에 둔 존슨과 케네디는 양쪽 사이에서 줄타기를 시도했다. 남부 출신인 존슨은 북부 진보주의자들이 수용할 수 있는 인물이 되어야 했고, 북동부 출신인 케네디는 남부의 인정을 받아야 했다.

*

케네디가 상원의원으로 당선된 이후 내린 거의 모든 주요한 결정은 자신이 유력한 대선 후보가 될 수 있다는 것을 보여주고 싶은 욕망에서 비롯되었다. 결혼 결심도 예외는 아니었다. 그의 아버지는 "20대에는 독신이어도 괜찮지만, 서른이 넘어도 총각으로 지내면 사람들이 동성애자인지 의심할 것"이라고 경고했다. 유권자들도 당시의 시대적 기준에 따라 주요 정치인들이 결혼하고 가정을 꾸리기를 기대했다. 1952년 상원 선거에서 승리한 뒤 잭은 참모들에게 결혼해야겠다고, 그것도 빨리해야겠다고 말했고 얼마 지나지 않아 한 만찬 모임에서 22세의 조지워싱턴대학 졸업생 재키 부비어를 만났다. 케네디의 기억에 따르면 그는 "아스파라거스 너머로 몸을 기울이며 그녀에게 데이트를 신청했다." 재키의 미모와 스타일에 반한 케네디는 데이브 파워스에게 "이런 여자는 처음이야. 만나본 어떤 여자와도 달라."라고 털어놓았다. 재키 역시 존의 잘생긴 외모, 유머 감각, 재치, 매력에 끌렸다. (그가 엄청난 부자라는 점도 나쁘진 않았다.) 두 사람은 1953년 9월 12일, 로드아일랜드 뉴포트에서 세간의 이목을 끈 결혼식을 치르고 부부가 되었다.[83]

케네디는 자기 가문의 이미지를 그대로 간직한 채 잠재적 대통령 후보자로서 위치를 설정하기 시작했다. 의회에서 보낸 9년 동안 케네디는 민권 법안에 늘 찬성표를 던지기는 했지만 민권 법안을 지지하는 목소리를 낸 적은 없었다. 이제 케네디는 인종 문제에 있어서는 자신이 중도온건파로 비칠 수 있도록 신중하게 이미지 변신을 꾀했다. 인종 문제에 관한 그의 입장은 아이젠하워와 비슷했다. 인종 평등은 지지하나, 남부 지역 민주당 세력의 자발적 지지를 얻어가며 느리고 점진적인 변화를 추구하자는 것이었다. 인종 문제와 관련해 입장이 모순된다는 추궁을 받을 때마다, 전기 작가 프레드릭 로게발에 따르면 케네디는 "이리저리 피하며 명확한 목소리는 내지 않았지만" 인종차별 철폐의 속도를 결정하는 데는 법원이 최종 결정권을 가져야 한다는 점은 분명히 했다.[84]

이전에도 흔히 그러했듯, 이번에도 건강 문제가 케네디의 발목을 잡았다. 잭은 1954년 대부분을 극심한 허리 통증에 시달리며 보냈고, 목발에 의지해 의사당을 오갔다. 결국 잭은 여름 휴회 기간에 위험한 수술을 받기로 결정했다. 훗날 그의 어머니 로즈 케네디는 이렇게 말했다. "잭은 어떻게든 수술을 받겠다고 마음먹었어요. 아버지에게도 '설령 성공 확률이 반반이라해도, 이 고통 속에서 평생 목발을 짚고 절뚝거리며 사느니 차라리 죽는 게 낫겠어.'라고 말했죠."[85]

10월, 케네디는 수술을 받기 위해 입원했다. 수술 전날 그는 친구에게 이렇게 말했다. "이번 수술이 마지막이야. … 치료되거나 죽거나 둘 중 하나지." 케네디는 수술 성공 가능성이 희박하고, 애디슨병 치료로 감염 저항력이 약해져 있어 사망 위험이 크다는 점을 알고 있었다. 수술 사흘 후 열이 급격히 치솟으며 잭은 혼수상태에 빠졌고, 의사들은 급히 가족을 불렀다. 가족들이 잭을 둘러싼 가운데 두 번째로 신부님의 종부성사 집전이 치러졌다. 의회에는 케네디가 죽음의 문턱에 있다는 소문이 돌았다. 심지어 닉슨은 케네디가 살지 못할 것이라는 소식에 울음을 터트렸다. "아, 용감한 잭이 죽어가고 있다니. 오 하나님, 그가 죽도록 내버려두지 마세요." 닉슨은 소리내 울었다.[86]

하지만 이전에도 여러 차례 그랬듯이 케네디는 다시 일어섰다. 수술 후상태가 위중해져 몇 주간 병상에 누워 움직이지 못했지만 완전 회복 가능성은 높아졌다. 케네디는 회복 기간을 이용해 베스트셀러가 될 또 한 권의 책을 썼다. 《용기 있는 사람들Profiles in Courage》이란 제목의 266쪽짜리 책으로, 재직하는 동안 용기를 보여준 상원의원들에게 바치는 헌사였다. 이 책은 《뉴욕타임스》 베스트셀러 목록 최상위에 올랐고, 1957년 전기 부문 퓰

리처상을 수상하기도 했다. 마침내 상원 사무실로 다시 출근했을 때, 케네디는 카드가 꽂혀 있는 과일 바구니를 발견했다. "집에 돌아온 것을 환영합니다. 딕 닉슨." 부통령 닉슨은 또한 병약한 JFK가 상원 자기 사무실에서 본회의장까지 오가는 수고를 덜어주기 위하여, JFK에게 상원 본회의장 가까이에 있는 부통령 공식 사무실을 사용하라고 제안하기도 했다.[87]

아이젠하워의 외교정책을 신랄하게 비판하고 남부 유권자들에게도 호감을 얻기 위해 정치적 입장을 유연하게 가져간 데다 비평가들로부터 찬사를 받은 책까지 내놓은 케네디의 노력은 1956년 결실을 보았다. 언론이 케네디가 사실상 민주당 대선 후보로 예상되는 아들라이 스티븐슨의 유력한 부통령 후보가 될 수 있다는 추측을 내놓기 시작한 것이다. 케네디 본인은 당의 대선 후보로 린든 존슨이 가장 적합하다고 생각했지만, 동시에 어떤 민주당 후보가 나오더라도 아이젠하워에게 패할 것이라고 판단했다. 그러나 케네디의 아버지는 운에 맡기고 싶어 하지 않았다. 그는 존슨에게 접근해 케네디를 러닝메이트로 하여 민주당 대선 후보로 출마하라고 제안하면서, 본인이 선거 자금 전액을 지원하겠다고 약속했다. 하지만 존슨은 이 제안을 거절했다. 케네디의 아버지가 자신을 '들러리 후보'로 이용하려 한다고 생각했기 때문이었다. 존슨은 자신과 케네디가 각각 민주당 정·부통령 후보로 나서더라도 결국 아이젠하워에게 패배할 것이고, 그 결과 1960년 대선에서는 케네디가 유력한 민주당 대통령 후보로 부상하게 되리라고 예상했다.[88]

예상대로 아들라이 스티븐슨이 다시 한번 민주당 대통령 후보로 지명되었다. 그런데 뜻밖에도 스티븐슨은 자신의 러닝메이트를 전당대회에서 뽑도록 했다. 처음에 JFK는 망설였다. 스티븐슨이 패배할 경우 가톨릭 신자인 자신에게 패배의 책임을 씌울까 두려웠던 것이다. 그러나 경쟁심 강한 성격상 도전을 피할 수 없었기에, 케네디는 부통령 후보로 자신의 이름을 올렸다. "올해는 이거 하나밖에 없어." 잭은 연설문 작성자 테드 소런슨에게 이렇게 말했다. 그러나 케네디의 아버지는 케네디가 스티븐슨의 부통령 후보로 나서는 것에 완강히 반대했다. 어차피 질 것이라고 생각했기 때문이었다. 케네디가 부통령 후보로 나선다는 소식을 들은 조는 수화기 너머로 케네디의 동생 로버트에게 고함쳤다. "니 형은 완전 바보 자식이야!"[89]

케네디는 민주당 전당대회에서 인종 문제에 대한 그의 온건한 태도에 끌린 많은 남부 대의원의 지지를 얻는 데 성공했다. 그러나 목표를 달성하기에는 역부족이었다. 개표 결과 JFK는 테네시주의 에스테스 키포버 상원의원에 이어 2위에 그쳤다. 비록 민주당 부통령 후보 자리를 차지하지는 못했지만, 개회 순간부터 폐회 시점까지 처음으로 전 과정을 텔레비전 중계한 전당대회를 통해 케네디는 민주당의 새로운 스타로 떠올랐다. 당시 스티븐슨의 연설문 작성자이자 측근이던 역사학자 아서 슐레진저 주니어는 케네디에게 편지를 보냈다. "당신은 이번 전당대회에서 가장 많은 것을 얻은 사람입니다. … 당신이 보인 전반적인 태도와 능력 덕분에 당신은 단 일주일 만에 전국적인 정치인으로 부상했습니다."[90] 케네디가 전국 정치 무대에서 겪은 첫 번째 패배는 사실상 패배를 위장하여 다가온 축복이었다.

*

그러나 1956년의 정말 흥미진진한 사태는 공화당 쪽에서 발생했다. 1955년 9월 23일 저녁, 콜로라도에서 휴가를 보내던 64세의 아이젠하워가 심각한 심장마비를 일으켰다. 이 소식은 전국을 충격에 빠뜨렸고, 주식시장은 대공황 이후 가장 큰 폭으로 하락했다. 백악관은 그의 상태가 얼마나 심각한지 대중에게 알리지 않았다. 아이크가 두 발로 다시 설 수 있게 된 것은 10월 23일이 되어서였으며, 사흘 후에 걸을 수 있었다. 아이크는 덴버의 한 병원에서 49일을 보낸 후에야 워싱턴으로 돌아갈 수 있을 만큼 건강을 회복했다.[91]

대통령의 불안정한 건강은 닉슨에게 빛날 기회를 제공하는 대신, 오히려 그가 배제당하고 있다는 사실만을 부각시켰다. 아이크가 덴버에서 건강을 회복하는 몇 달 동안 백악관 보좌진은 닉슨과 거리를 두고 그의 권한도 제한했다. 그들은 부통령 닉슨이 정부를 이끌기에는 아직 경험이 부족하다고 보았다. 대통령이 사망하거나 직무를 수행할 수 없게 되면 헌법상 부통령이 대통령 권한을 승계하게 되어 있지만, 보좌진은 아이젠하워가 여전히 살아 있고 정신도 또렷하며 단지 휴식이 필요할 뿐이라고 강조했다. 내각은 덴버에서 요양 중인 대통령 옆에서 상황을 책임지고 아이크에게 전해지는 정보를 관리하며 "아이젠하워와 세상을 잇는 유일한 공식 소통 창구" 역할을 할 사람으로, 닉슨이 아닌 백악관 비서실장 셔먼 애덤스를 보내기로 했다.

아이크의 심장마비 소식에 안도감을 느낀 사람은 린든 존슨이 유일했다. 불과 석 달 전, 존슨 역시 심각한 심장마비를 겪었다. 처음에는 위중한 상태여서 6주 동안 베데스다해군병원에 입원해 있었고, 그 뒤로 4개월간 텍사스 목장에서 요양해야 했다. 심장마비를 겪은 존슨은 깊은 우울감에 빠졌다. 가까스로 살아남았지만, 정치 인생은 끝났다고 생각했기 때문이었다. 그러나 이제 존슨은 아이젠하워가 심장마비를 겪고도 계속 대통령직을 수행할 수 있다면 자신 역시 상원의 유력 정치인으로 남을 수 있고, 더 나아가 대통령직에도 도전해볼 수 있으리라고 생각하게 되었다.[92]

아이젠하워는 건강이 안 좋아지자, 1956년 대통령 선거에서도 닉슨을 러닝메이트로 삼아야 할지 재고해야 했다. 아이크는 닉슨의 충성심을 높이 평가하고 능력 또한 인정했지만, 그가 대통령직을 수행할 만큼 성숙한 인물이라고는 생각하지 않았다. 아이젠하워는 닉슨이 여전히 국가를 위한 큰 비전 없이 당파 싸움에만 몰두한다고 보았다. 아이크의 눈에 닉슨은 정치적 위상을 높이고 싶어 하면서도 여전히 사소하고 전술적인 문제들, 즉 의회 의석을 더 확보하려면 어떻게 핵심 지지층을 결집시키고 상대를 공격할지 등에만 골몰하는 것처럼 보였다. 게다가 부통령이란 점을 제외하면 특별히 정치적 매력이 있는 것 같지도 않았다.

결국 아이크는 닉슨이 부통령직을 내려놓고 내각의 요직으로 옮기기를 원했다. 그렇게 하면 닉슨이 연방정부의 행정을 경험하면서 대통령직을 사전에 준비할 수 있으니 닉슨의 이익에도 부합한다고 스스로를 설득하며 그 결정을 합리화하려 했다. 그 제안을 들은 닉슨은 충격을 받았다. 닉슨은 아이크가 심장마비를 겪은 직후 그런 제안을 했다는 사실은 자신을 온전히 신뢰하지 않는다는 의미라는 것을 정확히 이해했다. "그 제안에 정말 당황했습니다."라고 그는 회고했다.[93]

두 사람은 1952년 비자금 추문 당시와 비슷한 상황에 놓였다. 닉슨은 부통령 자리를 내놓으려 하지 않았고, 아이크도 억지로 자기 뜻을 관철시키려 하지 않았다.

1952년과 마찬가지로 아이젠하워는 닉슨을 한동안 곤란한 처지에 내버려두었다가, 마지못해 자기 뜻을 접었다.

그 과정 내내 아이젠하워의 처신은 불공평했고, 심지어 잔인하기까지 했다. 애초에 아이젠하워가 닉슨을 러닝메이트로 선택한 이유는 자신을 대신해서 투견처럼 거칠게 난잡한 당파 정치에서 싸워주기를 기대했기 때문이었다. 그런데 상황은 자신에게 요구된 일을 정확히 해낸 부하를, 그 일을 해냈다는 이유로 상사가 해고하려는 형국이었다. 아이젠하워 대통령이 닉슨 부통령을 대하는 태도를 본 JFK는 분노했다. 케네디는 "아이젠하워는 누구의 편도 들지 않는 사람이다. 끔찍하게 냉정하고, 끔찍하게 오만하다. 아주 형편없는 인간이다."라고 불평했다.[94]

하지만 실제로 아이크의 러닝메이트가 누가 되는지는 중요하지 않았다. 아이크 자신의 인기가 여전히 엄청났기 때문이었다. 1956년 공화당 정·부통령 후보는 국민 투표에서 57.4퍼센트를 얻었다. 이는 1936년 루스벨트가 획득한 60.8퍼센트에 이어 역사상 두 번째로 높은 득표율이었다. 아이크는 시카고와 저지시티 같은 민주당 강세 지역에서도 승리를 거두었을 뿐만 아니라 가톨릭 유권자 과반수의 지지를 받았고, 민권 문제에 대한 온건한 입장에도 불구하고 아프리카계 미국인들 사이에서도 선전했다. 그러나 이는 모두 아이젠하워 개인에 대한 지지였지 그가 속한 정당에 대한 지지는 아니었다. 민주당은 의회 의석과 주지사 수에서 기존의 과반에서 숫자를 늘려 '새로운 개척지new frontier'의 가장자리로 한 걸음 더 가까이 다가갈 수 있었다.[95]

아니었다. 민주당은 의회 의석과 주지사 수에서 기존의 과반에서 숫자를 늘려 '새로운 개척지new frontier'의 가장자리로 한 걸음 더 가까이 다가갈 수 있었다.[95]

7장

"난 이제 마흔세 살이에요.
임기 중에 죽을 일은 없을 겁니다."

존 F. 케네디

1957년 10월 4일
펜실베이니아주 게티즈버그

아이젠하워 대통령은 펜실베이니아주 게티즈버그에 있는 200만 제곱미터 규모 농장에서 시간을 보내기를 매우 즐겼다. 그 농장은 남북전쟁 당시 가장 치열했던 전투 현장 옆에 있었다. 그와 메이미는 자신들 소유의 집 없이 결혼 생활한 지 34년 만인 1950년에 그 농장 땅을 샀다. 메이미의 고집으로 낡고 허름한 기존 집을 철거하고 새집을 지어 은퇴 후에 살 집으로 마련해둔 것이다. 백악관의 압박에서 벗어나 사우스마운틴의 그림 같은 경치를 즐기며 휴식을 취할 수 있는 평화로운 공간이었다. 아이크는 대통령 재임 8년 동안 총 365일을 그곳에서 보내며 블랙앵거스 소 떼를 돌보고, 퍼팅 연습을 하고, 트랩사격을 하고, 친구들과 바비큐 파티를 즐겼다. 아이크가 그 집에서 가장 좋아한 장소는 유리로 둘러싸인 뒷방이었는데, 그곳에서 메이미가 텔레비전을 보는 동안 자신은 장미 정원을 내다보거나 몇 시간씩 그림을 그리며 시간을 보냈다.[1]

1957년 10월 4일 금요일, 아이크는 골프를 치며 편안하고 긴 주말을 보낼 기대를 품고 게티즈버그 농장으로 향했다. 그러나 그날 저녁 6시 30분, 소련이 우주로 인공위성을 발사했다는 전화 보고를 받으면서 기대했던 평온한 주말은 깨져버렸다. '스푸트니크'라고 불리는 85킬로그램 무게의 그 장치는 배구공 크기의 알루미늄 표면 위로 네 개의 금속 안테나가 튀어나온 "지구 주위를 도는 인공 동반 여행자"였다. 사실 스푸트니크는 무선송신기, 배터리, 온도 측정기를 조합해서 만든 기본적인 장치에 불과했지만, 소련은 최대한의 홍보 효과를 거둘 목적으로 스푸트니크를 설계했다. 885킬로미터 상공에서 지구를 궤도 비행하는 모습이 보이도록 반짝이는 알루미늄으로 표면을 처리했고, 아마추어 무선통신사들에게도 뚜렷이 들리도록 독특한 '삐삐삐' 소리를 녹음해 설치했다.[2]

물론 큰 뉴스이긴 했지만, 아이젠하워는 그 소식에 크게 당황할 이유가 없다고 생각했다. 그래서 농장에 그대로 머물면서 평소 치던 시간에 맞춰 골프도 치고, 국민을 안심시키는 일은 다른 행정부 인사들에게 맡기기로 했다. 백악관 대변인 제임스 해거티는 스푸트니크 발사를 "미국의 안보나 국방에 크게 중요하지 않은" 사건이라고 일축했고, 해군 연구소장도 "누구나 발사할 수 있는 쇳덩어리"를 두고 왜들 모두 야단인지 모르겠다며 백악관의 반응과 궤를 같이했다.[3]

그러나 그들과 아이젠하워는 국민의 정서를 완전히 잘못 읽었다. 소련의 스푸트니크 발사는 미국의 과학자들을 경악시키고, 온 나라를 충격에 빠뜨렸다. 미국의 영공은 제2차 세계대전 기간까지 포함하여 단 한 번도 침해당한 적이 없었다. 그러나 이제 소련의 위성이 시간당 2만9000킬로미터의 속도로 90분마다 미 국민의 머리 위를 날아다니고 있었다. 스푸트니크는 미국의 모든 주요 신문 1면을 장식했다. 비명을 지르는 듯한 머리기사와 함께 미국 상공을 지나는 스푸트니크의 궤도를 보여주는 도해와 지도가 실렸다. 《뉴욕타임스》는 스푸트니크가 "세계에서 가장 위대한 과학적 성과일 뿐만 아니라 선전전의 승리"라고 선언했다. 시사 주간지 《타임》은 〈미국 상공 위에 떠 있는 붉은 달〉이라는 제목 아래 스푸트니크 발사 소식을 표지 기사로 다루면서, 소련은 "우주 정복을 향한 첫걸음을 내디뎠다."라고 경고했다. 진보 성향의 《뉴리퍼블릭》은 스푸트니크 발사를 "콜럼버스의 아메리카 발견"에 비유하며, 소련이 "세계 과학기술 패권 경쟁에서 확실한 우위를 보여주었다."라며 조바심을 드러냈다. 수소폭탄의 아버지인 물리학자 에드워드 텔러는 미국이 "진주만보다 더 중요하고 큰 패배를 당했다."라고 논평했다.[4] 종합적으로 볼 때, 이 같은 모든 평가는 미국 행정부의 공식 입장과 극명히 대비되었다.

가장 우려스러운 부분은 많은 미국인이 소련이 위성을 우주로 쏘아 올릴 만큼 강력한 로켓을 가지고 있다면, 머지않아 미국을 향해 핵탄두를 발사할 능력도 갖추게 될 것이라고 여겼다는 점이었다. 논평가들과 정치인들은 미국의 안보를 위협할 "미사일 격차"가 예상된다며 초조함을 드러냈다. 평소 좀처럼 수선을 떨지 않는 제럴드 포드마저 이런 성명을 냈다. "우리 중서부 사람들은 때때로 고립주의자라고 불립니다만, 저는 그 명칭에 동의하지 않습니다. 우주에서 발사된 열핵탄두가 극초음속의 속도로 비행해 발사 후 몇 분 안에 지구상 어느 지점이든 타격할 수 있는 시대에, 고립주의자란 존재할 수 없습니다."[5]

주말 휴식을 마치고 백악관으로 돌아온 아이젠하워는 국민의 불안을 진정시키려 했다. 스푸트니크 발사 이후 가진 첫 기자회견에서 아이크는 소련의 과학적 성과를 "하늘에 작은 공 하나를 올려놓은 것에 불과"하다며 거듭 의미를 축소했다. 아이젠하워는 스푸트니크 발사로 소련이 크게 심리적 승리를 거둔 사실은 인정했지만, "지나치게 불안해해야 할 이유는 없어 보"인다고 말했다. 더 나아가 소련의 위성 발사가 자신의 우려를 "티끌만큼도" 키우지 않았다고 덧붙였다. 아이크는 소련이 위성을 정찰 목적이나 전쟁 무기로 사용할 수 있으려면 아직 멀었다고 주장했고, 스푸트니크가 "미국 안보에 어떤 추가적인 위협도 가하지 않는"다는 말로 기자회견을 마무리했다.

군 출신인 아이젠하워는 수천 킬로미터 떨어진 특정 목표를 향해 로켓을 발사할 수 있으려면 금속으로 만든 동그란 물체를 우주로 쏘아 올리는 것보다 훨씬 복잡한 기술이 필요하다는 사실을 잘 알았다. 그는 또한 미군 U-2 정찰기가 입수한 최고 기밀 정보를 통해 미사일 격차는 존재하지 않으며, 거의 모든 무기 체계에서 소련이 미국보다 한참 뒤처져 있다는 사실도 알았다. 소련은 로켓을 더 많이 만들고 있기는 했지만, 그것들을 효과적인 무기로 바꿔줄 정교한 유도 장치는 개발하지 못한 상태였다. 이런 정황을 알고 있던 아이크는 도리어 곤혹스러웠다. 미소 간 '미사일 격차'는 근거 없는 공포라는 사실을 알고 있음에도 진실을 공개할 수는 없었다. 정보 수집을 위한 미국의 핵심 비밀 작전을 위태롭게 할 수 있기 때문이었다. 사실 미사일 격차가 없기 때문에 아이젠하워는 재정 운용의 보수 기조를 유지하고 과도한 국방비 지출을 피하려 했고, 미국의 우주 프로그램에 더 많은 예산을 투입하자는 군사 고문들의 말도 듣지 않았다.[6]

아이젠하워가 제2차 세계대전에서 성공적으로 임무를 수행할 수 있었던 이유는 그가 뛰어난 전략가인 동시에 노련한 정치인이었기 때문이다. 그러나 스푸트니크 사태에서는 그의 정치 본능이 제대로 발휘되지 못했다. 군사적 관점에서는 아이젠하워가 옳았다. 스푸트니크 발사는 두 나라 간 힘의 균형을 변화시키지 못했다. 그러나 아이젠하워는 당시의 정치 역학을 심각하게 오판했다. 한 백악관 참모는 스푸트니크 사태 이후 민주당이 마침내 "초점과 주제를 찾았다."라고 기록했다. 아이젠하워의 안이한 대응을 본 민주당은 드디어 인기 있는 대통령을 공격할 틈을 발견했다. 민주당은 아이젠하워를 위기에 무감각하고 현실과 동떨어진 인물로 묘사하기 시작했다. 린든 존슨은 경고했다. "아이들이 고속도로 육교 위에서 아래를 지나가는 차들에 돌을 떨어뜨리듯, 소련이 우주에서 우리에게 폭탄을 떨어뜨릴 겁니다." 존슨은 분명 정치적 기회라고 생각하고 그렇게 강한 메시지를 던졌다. 공보비서 조지 리디는 상원 원내대표였던 존슨에게 스푸트니크를 "잘만 다루면 공화당을 완전히 박살 내고 민주당을 결집시켜, 의원님이 대통령이 될 수 있습니다."라고 귀띔했다.[7]

백악관 자체 조사도 스푸트니크 발사를 통해 소련이 막대한 정치적 이득을 챙겼음을 확인시켜주었다. 조사 결과에 따르면 발사 후 일주일이 지나자 러시아가 "서방, 특히 미국에 대해 과학적·기술적 우위를 확보"했다는 인식이 "매우 널리 자리 잡았다." 더욱 중요한 점은 미국의 국제적 위상이 "심각한 타격을 입었으며", 그 결과 미국의 동맹국들 사이에서 "군사적 균형이 이미 소련 쪽으로 기울었거나 머지않아 기울 수 있"다는 우려를 불러일으켰다는 것이다.[8]

존슨이 1960년 민주당 대통령 후보로 지명될 가능성을 잡으려면 지금껏 보였던 아이젠하워 행정부와의 협조 노선을 버리고 외교정책 분야에서 독자적인 업적을 쌓아야 했다. 이러한 전략의 일환으로 존슨은 미국의 우주 프로그램 개발과 육성을 주창하는 전국적 대변인이 되고자 했다. 그가 이끈 상원 소위원회는 200명이 넘는 증인들의 증언을 들은 뒤, 1958년 1월 대형 로켓 개발과 미국항공우주국NASA의 전신 조직 설립을 권고하는 보고서를 발표했다.[9] 존슨은 동료 상원의원들에게 이렇게 선언했다. "우주를 지배하는 자가 세계를 지배할 것입니다."

한편 닉슨은 스푸트니크 사태로 행정부뿐 아니라 자신의 1960년 대선 승리 가능성도 타격을 받았다고 인식했다. 그는 소련이 군비 경쟁에서 앞서가고 있다고 우려하는 많은 민주당 비평가와 같은 생각이었다. 닉슨 부통령은 "이것을 소련의 깜짝쇼로 본다면 그보다 큰 실수는 없을 것"이라고 경고하면서, "우리는 정신을 바짝 차리고 분발해 우리의 지도력을 반드시 유지해야 합니다."라고 촉구했다. 아이젠하워와 달리 강력한 대응이 필요하다고 생각한 닉슨은 대통령의 미온적인 반응에 좌절했다. 아이젠하워 내각의 한 인사는 이렇게 회상했다. "내각 회의 후 자리에서 일어서는 닉슨의 이마에 땀방울이 맺혀 있었다. 1960년 대선 출마 시에 필요한 자신의 정치적 기반을 잠식할 것이 뻔한 결정이 내려지는 데도, 아무 말도 못하고 입을 다물고 있어야 했기 때문이다."[10]

아이젠하워에게는 스푸트니크 사태나 민주당의 공세에 과잉 반응하지 않고 버틸 수 있는 위상이 있었지만, 닉슨의 경우는 달랐다. 따라서 닉슨은 아이젠하워 행정부가 1960년 대선 선거운동이 본격화되기 전에 무기 기술 개발을 위한 과감한 조치를 발표해주기를 간절히 바랐다. 그러나 그는 기자들에게 문제의 책임은 기초 과학 연구에 투자하지 않은 이전 행정부에 있다고 주장하며 공개적으로는 아이크의 대응 방식을 변호했다. 하지만 닉슨의 주장은 아이젠하워 행정부 역시 미사일 기술을 발전시키기 위한 체계적인 노력을 기울이지 않았다는 사실 때문에 설득력이 떨어졌다. 닉슨은 개인적으로 아이젠하워에게 맨해튼프로젝트와 유사한 무기 연구 개발을 총괄할 중앙 집중식 기관을 만들자고 건의했지만, 예상대로 아이젠하워는 거부했다. 스티븐 앰브로즈는 이렇게 평가했다. "그렇게 '아니오'라고 말하면서도 무사할 수 있는 사람은 아이젠하워밖에 없었다. 국민이 그에게 가지는 독특한 믿음 때문에, 국가 안보 문제에서는 누구도 그를 공격할 수 없었다."[11]

그러나 미사일 격차에 대한 아이젠하워의 소극적 대응을 두고 민주당이 점점 비난의 수위를 높이자, 닉슨도 자신의 입장을 한층 더 강하게 밀어붙이기 시작했다. 닉슨은 자기가 "행정부 일부 인사들보다 인공위성 문제에 대해 더 강경한 입장을 가졌"다는 점을 기자들에게 조심스럽게 흘렸다. 닉슨이 말한 '일부 인사들'이란 명백히 대통령을 가리키는 것이었다. 그는 또 아이젠하워의 연설문 작성자에게도 다음과 같은 강경한 문구를 포함하라고 촉구했다. "얼마나 많은 돈이 들고 얼마나 큰 노력이 필요하더라도, 저는 미국이 우월한 힘을 유지하여 예속과 타협하지 않고 우리의 자유를 방어할 수 있는 위치에 항상 설 수 있도록 할 작정입니다." 하지만 아이젠하워는 정반대 입장을 취하며 군사비 증액 요구를 "정당화될 수 없는 일"이라고 비난했다.[12]

존 F. 케네디는 대중의 우려를 활용하여 가장 강력하고도 효과적인 정치 공세를 펼쳤다. 그는 오랫동안 누적된 민주당 지지자들의 불만들을 담금질하여 만들어낸 하나의 강렬한 메시지로 아이젠하워의 정치적 갑옷을 꿰뚫었다. 1958년 8월 14일, 케네디는 상원 연단에 올라 자신의 상원의원 경력에서 가장 중요한 연설이자 1960년 대선의 시작을 알리는 포문을 열었다. 다른 이들이 거의 미사일 격차 문제에만 집중하던 그때, 케네디는 아이젠하워의 대對세계 정책의 기본 전제를 겨냥하여 폭넓고 정교한 비판을 가했다. 히로시마 이후 미국 대외 전략의 기본 가정 중 하나는 미국이 "엄청난 보복 능력을 보유하고 있어서 어떤 잠재적 침략자도 우리를 직접 공격할 엄두를 내지 못한"다는 믿음이었다. 그러나 케네디는 그 가정은 "더 이상 유효하지 않게 될 것"이라고 경고했다. 소련이 미국의 보복 능력을 무력화할 수 있는 선제공격 역량을 갖추었기 때문이었다.

그러나 더 시급한 위험은 소련이 핵 공포를 이용한 위협을 통해 저개발 지역에서 자국의 이익을 확대하려는 '스푸트니크 외교'에서 비롯되었다. 케네디는 "자유세계의 주변부가 서서히 잠식당할 것"이라고 선언했다. 그는 또 이렇게 경고했다. 소련이 세계의 외곽으로 침투해가며 지배력을 확대하면 "힘의 균형은 점차 우리에게 불리한 쪽으로 기울 것입니다. 그리고 소련이 그러한 시도를 할 때마다 서방 세계를 약화시키는 결과를 낳겠죠. 그러나 소련의 그러한 시도 중 어느 것도 우리를 파괴할 수도 있는 핵전쟁을 우리가 먼저 일으킬 만큼 심각한 도발로 보이지는 않을 것입니다."

이처럼 위험한 전망을 고려해 케네디는 균형재정보다 군사적 필요성을 우선시하는 새로운 접근법을 요구했다. 소련의 모험주의를 저지하기 위해 미국은 비핵전력, 예컨대 공중에서 폭격기에 급유하는 공중급유기, 공대지 미사일, 대륙 방어 체계, 그리고 제한전쟁에 개입할 수 있는 해상 및 공중 수송 능력 등을 확충할 필요도 있지만, 무엇보다 중요한 것은 미국이 현재의 우위를 활용해 저개발 지역에서 새로운 동맹을 확보하고 우호적인 관계를 맺는 것이라는 주장이었다. 즉 저개발 지역에서 제국주의 세력에 도전하는 이들이 펼치는 민족주의 운동에 반대할 것이 아니라, 그들에게 "미국 독립선언서의 혁명적 사상”을 전파해 그들을 고무하는 방식으로 미국의 “이념적 우위”를 활용해야 한다고 강조한 것이다.[13]

이처럼 공세적인 입장을 표명하면서, 케네디는 다가오는 대통령 선거에서 주목해야 할 인물이 자신임을 분명하게 보여주었다.

*

1960년 대통령 선거에는 제2차 세계대전 참전 용사 다섯 명이 등장했다. 존 F. 케네디, 린든 존슨, 리처드 닉슨, 헨리 캐벗 로지, 그리고 퇴임하는 대통령 드와이트 아이젠하워였다. 이는 제2차 세계대전 당시 초급 장교였던 세대가 정치의 주역으로 등장하고 있음을 의미했다. 닉슨과 케네디는 20세기에 태어나 젊은 나이에 제2차 세계대전에 참전하여 비슷한 교훈을 얻고 돌아온 세대 중 첫 주자로 백악관을 차지하기 위한 경쟁에 나섰다.[14]

1958년 상원의원 선거에서 케네디가 거둔 재선 승리는 1960년 대선 결과를 예고한 것이나 다름없었다. 그해 상원 선거의 관심사는 케네디의 승리 여부가 아니라, 얼마나 큰 표차로 승리하느냐였다. 케네디는 그 선거를 대통령직으로 향하는 디딤돌로 보았고, 압도적인 승리를 통해 강력한 메시지를 남기고 싶어 했다. 그리고 실제로 그렇게 했다. 잭은 매사추세츠주 역사상 가장 큰 표차를 기록하며 73.6퍼센트의 득표율로 재선에 성공했다. 다른 후보들을 위해 유세하고, 인맥을 쌓고, 미래의 지지를 확보하느라 선거 기간의 상당 부분을 전국을 돌며 보냈음에도 불구하고 잭은 그토록 큰 승리를 거뒀다. 그해 7월 《뉴욕타임스》는 케네디를 “매사추세츠 출신의 잘생기고 부유한, 젊은 작가이자 정치가”라고 묘사하며, 민주당 당원들은 케네디를 “‘1960년에는 닉슨을 저지하라’는 민주당 대선 캠페인의 가장 확실한 승부수”로 생각한다고 논평했다. 더욱 고무적인 부분은 케네디의 재선 승리가 그해 민주당이 거둔 거대한 승리 물결의 일부였다는 점이다. 의회 선거에서 민주당은 전국적으로 득표율 56퍼센트를 기록했는데, 이는 1936년 뉴딜 전성기 이후 최고의 성적이었다. 민주당은 하원에서 47석, 상원에서 13석을 추가로 확보했다.[15]

아이젠하워 대통령 재임 마지막 몇 년 동안 벌어진 사건들은 1960년 대선에서 민주당에게 추가적인 공격 소재를 제공했다. 국내에서는 1955년부터 1957년까지 4퍼센트 수준을 유지하던 실업률이 1959년에는 8퍼센트로 치솟았다. 일하는 사람이 줄어들면서 세수도 감소했고, 침체된 경제는 정부의 막대한 재정 적자로 이어졌다. 그러나 미국의 위신에 가장 큰 잠재적 위협이 될 사건은 플로리다 해안에서 불과 몇 킬로미터 떨어진 작은 섬 쿠바에서 벌어졌다. 1959년 1월 1일, 변호사 출신의 젊은 혁명가 피델 카스트로가 미국의 지원을 받던 풀헨시오 바티스타 독재 정권을 상대로 반란을 일으켜 성공했다. 이후 카스트로는 대규모 목장과 사탕수수 농장을 해체하기 시작했고, 이는 그들 사업에 이권을 가진 미국 기업들의 우려로 이어졌다. 미국이 경제 원조를 중단하겠다고 위협하자 카스트로는 공산주의 지지를 선언하고 약 10억 달러 규모의 미국 자산을 몰수하며 맞대응했다. 1960년 2월, 카스트로는 소련과의 무역 협정에 서명하며 미국에 대한 도전 의사를 더욱 확고히 했다. 이러한 사태 전개는 그해 대선 기간 동안 가장 뜨거운 쟁점으로 떠올랐다.

1960년 대선에서 닉슨이 자신의 상대가 될 것이 분명해지자, 닉슨에 대한 케네디의 감정은 크게 식었다. 두 사람은 거의 8년 동안 복도를 사이에 두고 마주한 사무실에서 일했으므로 가끔 사적으로 어울리기도 했지만, 이제 케네디는 기자들에게 닉슨 부통령을 "거의 알지 못한다."라고 말했다. 1958년 10월에는 한발 더 나아가 닉슨을 직접 비판했다. 그는 기자들에게 이렇게 말했다. "아이젠하워 대통령이 미래의 정당을 말할 때는 리처드 닉슨의 공화당을 말하는 것이겠죠. 그러나 저는 미국의 유권자 다수가 나라의 미래를 닉슨 씨에게 맡기기를 원하리라고 믿을 수 없습니다." 두 사람 모두와 함께 일한 경험이 있는 조지 스매더스 상원의원은 그들을 "친근한" 사이라고 묘사하며 "닉슨이 케네디를 존경하는 정도가 케네디가 닉슨을 존경하는 정도보다 컸습니다."라고 말했다. 스매더스는 케네디가 닉슨을 "강한 성품의 소유자"라고 보지 않고 오히려 "철저한 기회주의자"로 여긴다고 느꼈다.[16]

케네디는 닉슨의 지적 능력을 높이 평가했지만, 그의 성격에 대해서는 의구심을 표시했다. 두 사람이 경쟁 상대가 될 시간이 다가오자 케네디의 의구심은 더욱 커졌다. 케네디는 비공개 자리에서 이렇게 말했다. "개인적으로는 괜찮은 친구이고 매우 유능하죠. 의회에서 오랫동안 함께 일했는데, 성격이 이중적으로 보일 때가 있어요. 특히 여러 사람이 있는 데서는 제대로 어울리지 못해 아무도 그를 좋아하지 않는답니다." 두 사람의 기질은 명백히 달랐지만, 흥미롭게도 케네디는 자기 당의 진보주의 성향 의원들보다 닉슨과 이념적으로 더 가까웠다. 케네디는 친구 찰스 바틀릿에게, 자신이 민주당 대통령 후보 지명을 받지 못하면 본선에서는 닉슨에게 투표할 것 같다고 말하기도 했다.[17]

민주당 대통령 후보로 지명받기 위해 케네디가 세운 전략은 몇몇 예비선거에서 압승을 거둔 다음 뒤집을 수 없을 정도로 대의원 수에서 압도적인 우위를 확보하여, 7월 로스앤젤레스에서 열리는 전당대회에 나서는 것이었다. 그러나 이는 위험한 도박이었다. 예비선거를 치르는 주는 손에 꼽을 정도였고, 대의원 대부분은 여전히 당 지도부가 결정했기 때문이다. 케네디의 연설문 작성자 리처드 굿윈은 당시의 예비선거가 "대개 상징적인 절차였"다고 회고했다. "그러나 존 케네디에게 필요한 게 바로 그거였죠. 상징 말입니다. 기존의 통념과 달리 젊고 경험이 부족한 가톨릭 신자 대통령 후보에게도 유권자들이 표를 던진다는 걸 보여주어야 했으니까요." 예비선거에서의 승리는 가톨릭 신자를 후보로 내세워야 하는지 여전히 회의적이던 당 지도부를 설득하는 데 큰 힘이 되었다.[18]

케네디의 예비선거 경쟁자는 진보주의 성향의 미네소타주 상원의원 휴버트 험프리였다. 그는 1948년 민주당 전당대회에서 강력한 민권 강령을 지지하는 열정적인 연설로 가장 잘 알려진 인물이었다. 미네소타주 출신인 험프리에게 인접한 위스콘신주는 그에게 유리한 지역이어야 했지만, 케네디 캠프의 조직력에 완전히 제압당하고 말았다. 케네디 가문의 사람들은 마치 메뚜기 떼가 습격하듯이 위스콘신주를 휩쓸고 다니며 주민이 300명 이상 되는 모든 카운티를 방문했다. "거대 프랜차이즈와 경쟁하는 동네 가게가 된 기분이에요." 험프리는 이렇게 하소연했다. 케네디는 위스콘신주 예비선거에서 56퍼센트를 득표하며 승리했지만, 개신교 인구가 많은 서부 지역의 세 카운티에서는 이기지 못했으므로 아주 만족할 만한 결과는 아니었다. "다시 시작합시다." 케네디는 말했다. "우리는 모든 예비선거를 치르고 모두 이겨야 합니다. 웨스트버지니아, 메릴랜드, 인디애나, 오리건까지 전당대회에 이르는 길에 있는 모든 예비선거를 이겨야 합니다."[19]

1960년 5월, 예비선거 무대는 개신교 인구가 압도적으로 많아 가톨릭 신자인 케네디에게 불리한 웨스트버지니아주로 옮겨 갔다. 험프리는 버스를 타고 주 전역을 다녔지만 케네디는 매일 밤 텔레비전 방송 시간을 사들여 선거 방송을 했고, 이후 그의 딸 이름을 따 '캐롤라인'이라고 부른 38만 5000달러짜리 콘베어사 제작 터보프롭 항공기를 타고 주를 누볐다. 웨스트버지니아는 진주만 공습 이후 인구 대비 가장 높은 비율로 남성들이 군에 입대하고 한국전쟁에도 비슷한 비율로 참전한 주였기 때문에, 케네디가 자신의 영웅 이미지를 부각하기에 더없이 좋은 무대였다. 선거운동원들은 주 전역에 PT-109 기념품을 뿌렸고, 해군 참전 용사로 훈장까지 받은 프랭클린 D. 루스벨트 2세를 선거전에 합류시켜 유권자들에게 케네디의 군 이력을 상기시켰다. 루스벨트 2세는 이렇게 물었다. "왜 제가 오늘 웨스트버지니아에 있는지 아십니까? 잭 케네디와 저는 태평양에서 함께 싸웠기 때문입니다. 잭은 PT 보트에, 저는 구축함에 있었죠."[20]

하지만 케네디 일가는 루스벨트 2세가 또 다른 메시지도 전해주기를 원했다. 그가 험프리의 용기와 애국심에 의문을 표하는 발언도 해주기를 바란 것이다. 험프리가 제2차 세계대전 중 징집을 면제받은 것은 그가 결혼해 아들이 있고 이중 탈장으로 고통받았기 때문이지만, 그런 사정은 케네디 일가에게 중요하지 않았다. 루스벨트는 이렇게 회상했다. "매일 밤 보비에게서 전화가 왔습니다. '언제 험프리를 혼내줄 건가요?'라고 말예요." 마지못해 루스벨트 2세는 그 계획에 따랐고, 언론이 기사화하기 시작하자 케네디는 왜 루스벨트가 험프리를 공격하는지 아는 바가 없다고 부인했다. 루스벨트 2세는 수년 후 이렇게 털어놓았다. "물론 잭도 알고 있었습니다. 저는 제가 한 일을 후회합니다. 험프리는 제 오랜 동지였는데, 그 일로 끝내 저를 용서하지 않았죠."[21]

다른 지저분한 술책들도 있었다. 케네디 선거 캠프는 한 인물을 고용해 반가톨릭 전단지를 배포하게 한 뒤 험프리 측의 짓이라고 비난하며, 험프리를 종교적 편견에 사로잡힌 인물로 보이도록 만들었다. 케네디 일가는 또한 막대한 재산을 이용한 매표 행위도 서슴지 않았다. 한번은 지역 실력자가 투표소까지 유권자들을 실어 나르는 사람들에게 뿌리겠다며 3500달러를 요구했는데, 케네디 캠프는 요구 액수를 잘못 알아듣고 두 개의 대형 여행 가방에 3만5000달러를 담아 보냈다. 당시의 3만5000달러는 2024년 화폐가치로 약 36만 달러에 해당하는 금액이다.[22]

결국 케네디의 선거 조직은 험프리를 압도하며 득표율 20퍼센트 차이로 승리했다. 험프리는 경선을 포기했지만 끝내 케네디에 대한 지지 표명은 하지 않았고, 이후 평생 JFK와 그의 동생 보비에게 앙심을 품었다.

케네디의 전략은 순조롭게 실행되는 듯 보였다. 케네디는 대통령 후보 지명에 필요한 대의원 761명 중 600명을 확보한 채 7월 민주당 전당대회에 나섰다. 그러나 막판에 린든 존슨이 대선 출마를 선언하리라고는 예상하지 못했다. 존슨은 케네디가 경험도 부족하면서 집안 배경만 믿고 설친다고 조롱하며 그를 '애송이'라고 불렀고, 대통령 경선에 나선 케네디와 그의 야망을 평가절하했다. 존슨은 케네디의 지적 능력과 연설 실력은 인정했지만, 상원의원들의 노고를 가볍게 여기는 그의 태도에는 불만이 많았다. 존슨은 상원에는 "일하는 말들workhorses"과 "전시용 말들show horses"이 있다고 말한 바 있는데, 물론 케네디는 "전시용 말"이었다.[23]

케네디 일가는 존슨의 막판 개입에 배신감을 느꼈다. 1959년 늦가을, JFK는 다가오는 대선에서 제기될 여러 사안에 관해 존슨의 속내를 알아보기 위해 동생 보비를 존슨의 텍사스 목장으로 보냈었다. 그때 존슨은 1960년 대선에서 자신은 후보로 나서지 않을 것이며 특정 후보를 지지하지도 않을 것이라고 확실히 말했다. 그러나 이제 존슨은 케네디가 1차 투표에서 후보 지명을 확정 짓는 데 필요한 추가 대의원을 확보하지 못하도록 방해 계획을 세우고 있었다. 존슨은 상원이 굴러가는 방식대로, 영향력 있는 워싱턴의 실력자들과 거래해 그들의 지지를 확보하면 자신이 대통령 후보로 지명될 수 있다고 믿었다. 그는 예비선거를 "미인 대회"라고 비아냥거리며 "막판 진짜 승부가 되면, 케네디 곁에 남아 있는 상원 원로들은 하나도 없을 것"이라고 자신했다.[24]

1960년 7월 11일 민주당 전당대회의 막이 오르자 존슨은 대통령 후보로 지명되기 위해 케네디에게 공개적으로 도전했고, 이를 개인적인 싸움으로 끌고 갔다. 존슨은 "내가 겨우 마흔두 살 먹은 자식에게 휘둘리다니, 어떻게 참을 수 있겠어?"라며 불평했다. 그러나 자신을 지지할 대의원 수를 더 이상 확보할 수 없었던 존슨은 케네디 지지를 표명했던 대의원들을 자기편으로 끌어들이기 위해, 한 기자에게 케네디를 가리켜 "저 구루병 걸린 깡마른 자식"이라고 부르며 케네디의 건강에 관한 소문을 퍼뜨렸다. 존슨 진영 인사들은 케네디가 애디슨병을 앓고 있다고 폭로했다. 사실이기는 했지만, 케네디는 존슨 측 주장을 강력히 부인하며 성명을 내 "케네디 후보는 현재 애디슨병으로 불리는 질환을 앓고 있지 않으며 과거에도 앓은 적이 전혀 없다."라고 거짓 주장을 했다. 그러나 누군가는 케네디의 건강에 관한 소문을 입증할 증거를 찾았고, 결국 도둑들이 맨해튼에 있는 케네디의 주치의 사무실에 침입했다. 한 의사는 이렇게 회상했다. "K로 시작하는 모든 파일이 바닥에 흩어져 있었지만 아무것도 사라지진 않았어요." 다행히 케네디의 의료 기록은 "K와는 한참 떨어진 다른 알파벳"으로 시작하는 파일들 속에 보관되어 있었다.[25]

존슨은 물러서지 않았다. 그는 대의원 개개인을 찾아다니면서 케네디 지지표를 뺏어오려 노력했고, 심지어 JFK의 아버지까지 공격했다. 존슨은 워싱턴주 대의원들 앞에서 이렇게 말했다. "전 체임벌린의 우산 정책유화정책을 지지한 적이 없습니다. 히틀러가 옳다고 생각한 적도 없습니다." 존슨은 또 특권에 기대어 안락하게 살아온 케네디를 비판했다. "제게 그냥 주어진 것은 단 하나도 없습니다. 제가 무엇을 가졌든, 또는 무엇을 가지려 하든 그 모든 것은 저의 열정과 재능의 산물일 것입니다." 존슨은 선정적인 공격도 마다하지 않았다. 한 기자의 말에 따르면 존슨의 한 친구는 "신문에 실어주겠다고 약속만 하면 잭과 보비가 로스앤젤레스의 한 파티에서 여장하고 있는 사진"을 넘겨주겠다고 제안했다.[26]

텍사스주 상원의원 존슨이 최선을 다해 막판 술수를 부려보았지만, 케네디를 버릴 정도로 민주당 전당대회를 흔들 수는 없었다. 존슨에게 가장 큰 문제는 여론조사 결과였다. 민주당 유권자들이 압도적으로 선호하는 후보가, 또 닉슨에 맞설 수 있는 가장 강력한 후보가 케네디로 나타났고 민주당 지도부는 이 두 가지 사실을 무시할 수 없었다.

전당대회에서 보인 존슨의 전투적인 행보에도 불구하고 JFK가 존슨을 러닝메이트로 선택하자, 그것도 보비를 포함한 최측근들의 강한 반대에도 불구하고 그런 뜻밖의 결정을 내리자 그 충격은 대단히 컸다. 케네디의 결정은 전당대회 참석자들을 깜짝 놀라게 했고, 특히 진보주의자들에게 충격을 주었다. 그들은 케네디가 보수적인 남부인을 부통령 후보로 지명함으로써 민주당의 뉴딜 전통을 배신했다고 여겼다. 그러나 그 결정은 케네디의 실용주의와 중도 성향을 동시에 보여준 뛰어난 정치적 수였다. 케네디는 존슨을 러닝메이트로 삼으면 본선에서 승리할 가능성이 보다 높아질 것이라고 믿었다. 측근 케네스 오도널이 존슨은 정치적 술수에만 능한 자로, 그런 인물이 유사시 대통령직을 승계할 자리에 앉아 있어서는 안 된다고 반대하자 케네디는 이렇게 답했다. "난 이제 마흔세 살이에요. 임기 중에 죽을 일은 없을 겁니다. 그러니 누가 부통령이 되든 아무 의미 없어요."[27]

케네디가 존슨을 선택한 이유는 그렇다 하더라도, 존슨은 왜 그 선택을 받아들였을까? 존슨은 이미 상원 다수당 원내대표로서 편안한 자리를 꿰차고 있으면서 아이젠하워의 방임 덕분에 커다란 권력을 손에 쥐고 있었다. 존슨은 그러나 케네디나 닉슨이 대통령이 되면 그와 같은 권력 구조를 용인하지 않을 것이라는 사실을 알았다. 그리고 부통령직이 생색 나지 않는 자리이기는 하지만, 자신이 하기에 따라 변화시킬 수도 있다고 믿었다. 존슨은 한 친구에게 이렇게 말했다. "권력이 가는 곳에 권력이 있는 법이지." 게다가 자신이 그리 오래 부통령직에 머물지 않을 수 있다는 기대도 있었다. 끈질긴 야심의 소유자 존슨은 나름의 '확률 계산'을 하고 있었다. 그는 친구에게 이렇게 말했다. "내가 직접 찾아봤더니 대통령 네 명 중 한 명이 재임 중에 사망했더군. 내가 도박 좋아하는 거 알지 않나. 내게 주어진 유일한 기회라고."[28]

한편 8년 동안 아이크를 충실히 보좌했던 닉슨은 자연스레 공화당의 대통령 후보 지명자로 떠올랐다. 닉슨은 진보주의 성향의 뉴욕 주지사 넬슨 록펠러를 러닝메이트로 영입하려 시도했으나, 결국 헨리 캐벗 로지로 만족해야 했다. 유엔 대사였던 로지는 외교정책에 초점을 맞춘 선거운동을 부각시킬 수 있고 '경험'이라는 화두를 강조할 인물로 기대되었다. 그러나 로지는 닉슨에게 오히려 짐이 되었다. 그는 하루에 한 번 이상은 선거 행사에 나서지 않으려 했고, 주말에는 꼭 쉬었다. 심지어 매일 오후 꼭 낮잠을 자야 한다고 고집했다.

가을 선거운동이 시작되자 양당의 대선 후보는 각기 다른 도전에 직면했다. 닉슨은 민주당 세력이 강해진 나라에서 승리해야 했고, 가톨릭 신자인 케네디는 개신교도들을 설득해 표를 얻어야 했다. 그러나 닉슨에게는 불리한 점이 하나 더 있었다. '경험'을 대선의 핵심 화두로 내세우고 8년 동안 부통령을 지냈던 만큼 닉슨은 과거를 변호해야 했지만, 미국을 "다시 움직이게" 하겠다고 강조한 케네디는 미래에 초점을 맞출 수 있었다.

닉슨은 출발부터 삐걱거렸다. 오만함이 신중한 판단을 흐렸다. 닉슨은 자신이 직접 선거운동을 관리하겠다는 현명하지 못한 결정을 내렸다. 그는 승리에 필수적인 경합 주를 우선 방문하는 일정을 짜는 대신 미국의 50개 주 모두를 방문하겠다고 공언했다. 노동절과 선거일 사이에 고작 9주밖에 없는 상황에서 이는 거의 불가능한 과제였다. 아이크의 텔레비전 자문단이 해주는 조언에도 아랑곳하지 않고 닉슨은 이렇게 주장했다. "봐요, 나는 닉슨입니다. 텔레비전이나 광고업계의 입맛에 맞추려고 나 자신을 바꾸지는 않을 거예요. 좋든 나쁘든 현재의 내 모습 그대로 갈 겁니다." 언론인 데이비드 할버스탐은 이렇게 평했다. "닉슨은 10년 만에 꽤 말이 잘 통하는 젊은 정치인에서 정치적 과대망상증 환자로 변했습니다. 누구도 그에게 조언을 할 수 없었죠. 그는 자신이 궁극의 정치인이라고 스스로 결정한 것 같았어요." 닉슨은 결국 스스로를 지치게 했고, 자주 우울해했으며, 때로는 분노로 폭발했다. 어느 날 아이오와주의 외로운 도로 위를 달리는 자동차 뒷좌석에 앉아 있던 닉슨은 화를 주체하지 못하고 앞좌석을 마구 발로 찼다. 몇 주 후 닉슨은 또다시 화를 참지 못하고 한 보좌관을 때리고 말았다. "제가 심장 수술을 받으면서 갈비뼈 하나를 제거했는데, 바로 그곳을 치더라고요." 그 보좌관은 즉시 선거 캠프를 그만두었다.[29]

닉슨은 자신의 방식대로 선거를 치러 대통령직에 오르겠다고 결심했다. 지난 8년 동안 아이젠하워의 그늘에 가려 살아온 닉슨은 인기 많은 대통령의 도움을 받지 않고도 승리를 거두겠다고 단단히 마음먹었다. 그런데 닉슨이 대통령 후보로 지명된 지 몇 주도 지나지 않아 두 사람의 복잡 미묘한 관계가 여실히 드러났다. 이전 두 차례의 선거에서 아이젠하워는 닉슨을 부통령 후보에서 밀어내려 했고, 그럼에도 자신을 충실히 보좌한 부통령 닉슨에게 줄곧 양가적 감정을 가졌다. 그는 한 친구에게 불평하듯 털어놓았다. "사실 오랫동안 딕을 지켜보았잖아. 그런데 그는 전혀 성장하지 않았어. 그래서 솔직히 그 사람을 대통령 재목으로는 생각하지 **못하겠어.**" 아이젠하워를 가장 거슬리게 한 것은 냉담하고 거리를 두는 듯한 닉슨의 성격이었다. 아이크는 사적인 자리에서 이렇게 말하기도 했다. "어떻게 사람이 친구 하나 없는지 이해가 안 돼.”[30]

전당대회가 끝나고 열린 첫 기자회견에서 아이젠하워는 닉슨을 당선시키는 일이 자신의 최우선 과제가 아니라는 점을 분명히 밝혔다. 그는 닉슨·로지 조합을 “지원하겠”다고 약속했지만, 그 약속이 “유세 연단에 서서 당파적인 연설을 하겠”다는 뜻은 아니었다. 일주일 뒤 기자들의 거듭된 질문을 받은 아이젠하워는 공화당 후보 조합이 “괜찮다”고 말하면서도 자신은 이번 선거를 “그저 지켜보겠”다고 대답했다.[31]

거기서부터 내리막이 시작되었다. 선거 유세를 다니면서 닉슨은 부통령으로서 자신이 행사한 영향력과 자신이 관여한 수많은 중요한 결정들을 애써 강조했다. 그런데 한 기자가 아이젠하워에게 “닉슨이 내놓은 주요 아이디어 가운데 대통령으로서 당신이 채택한 사례를 하나만 들어주실 수 있습니까?”라고 묻자, 기자회견을 빨리 끝내고 싶었던 아이크는 성급히 이렇게 대답했다. “제게 일주일만 시간을 주면 하나 떠올릴 수 있을지도 모르겠군요. 지금은 생각나지 않네요.” 아이젠하워가 하려고 했던 말은 다음 주 기자회견까지 기다렸다가 그때 다시 물어봐달라는 뜻이었지만, 그 발언은 그렇게 해석되지 않았고 기자들도 그렇게 보도하지 않았다. 아이크는 즉시 닉슨에게 전화를 걸어 사과했지만 이미 돌이킬 수 없었다. 아이젠하워의 그 대답은 닉슨이 펼쳐온 선거운동의 핵심 전제, 즉 닉슨이 케네디보다 국가 지도자로서 더 훌륭한 후보인 이유는 닉슨이 쌓아온 풍부한 행정 경험 때문이라는 주장을 무너뜨리고 말았다.[32]

공화당 쪽에서 이런 일들이 벌어지는 동안, 케네디는 거의 흠잡을 데 없는 선거운동을 펼쳤다. 집중력 있고, 기강도 잘 잡혔으며, 자금도 충분했다. 게다가 케네디 본인도 시간이 흐를수록 자신감을 더해가는 뛰어난 선거운동가였다. 존슨을 부통령 후보로 선택하면서, 민주당 정·부통령 조합은 케네디의 예상대로 지역적 균형을 완벽히 갖추게 되었다. 존슨은 남부 지역에서 유세하면서, 케네디는 인종 문제와 관련해 중도적 입장을 가졌으므로 남부의 생활 방식을 위협할 계획이 없다며 남부 백인들을 안심시켰다. 동시에 그는 폭격기 조종사였던 케네디의 형 조 케네디가 결국 목숨을 앗아간 위험한 임무에 자원했을 때 누구도 그의 종교가 무엇인지 묻지 않았다고 이야기하며 종교 문제를 희석시켰다. 9월 12일 휴스턴에서 케네디는 강력한 연설로 본인의 종교 문제를 정면 돌파했다. 적대적인 백인 개신교 목사 300명이 모인 자리에서 케네디는 이렇게 외쳤다. "저는 대통령이 되고자 하는 가톨릭 신자가 아닙니다. 민주당의 대통령 후보인 제가 우연히도 가톨릭 신자일 뿐입니다."

케네디의 모든 선거운동이 그랬듯이, 케네디와 닉슨을 실질적으로 구분 짓는 차이는 거의 없었다. 제2차 세계대전은 양당의 주요 인사들 사이에 미국의 제도는 근본적으로 건전하며, 경제성장으로 사회적 갈등을 일정 정도 완화할 수 있다는 원론적인 합의를 만들어냈다. 무엇보다 두 사람은 군 복무를 하면서 뮌헨의 교훈을 더욱 깊이 새겼다. 즉 미국은 연합국이 아돌프 히틀러를 애초에 상대했어야 하는 방식으로 소련에 대응하면서 세계 초강대국의 역할을 다해야 한다고 믿었다.

또 한 번 후보의 인물 됨됨이가 결정적인 역할을 했다. 케네디는 대중이 역동적인 리더십을 요구한다는 사실을 닉슨보다 잘 이해하고 있었다. 그래서 선거운동 내내 "미국을 다시 움직이게" 하려면 적극적인 리더십, 국민적 희생, 그리고 대담한 노력이 필요하다고 호소하며 대중의 요구에 정확히 맞닿는 메시지를 냈다. "제가 대통령직에 도전하는 이유는 '우리 세대가 정치적 권력을 잡고 있을 때 미국의 위상이 떨어지기 시작했다'는 소리를 듣고 싶지 않기 때문입니다." 케네디는 보스턴 억양을 띤 카랑카랑한 목소리로 선언했다.

케네디와 함께 PT-109에서 살아남은 전우들 상당수가 유세 행렬에 동참하고 현지 기자들에게 케네디 함장에 관한 이야기를 기꺼이 들려준 것도 선거운동에 도움이 되었다. 그들의 존재는 선거운동 내내 JFK의 영웅적 이미지를 상기시켰다. 한번은 케네디가 자신을 구조한 해군 장교로 그의 고향 그랜드래피즈에서 케네디를 도와 선거운동을 해준 윌리엄 리버나우에게 이런 농담도 했다. "그날 밤 저를 구조해주었을 때 당신 배에 있었다고 주장하는 사람들 표만 다 얻어도 이 선거를 쉽게 이길 수 있을 것 같아요." 1960년에는 전쟁 영웅 케네디의 이미지가 이미 유권자들에게 각인되어 있었지만, 케네디의 선거 캠프는 기회가 있을 때마다 그 사실을 언급했다. (한편 존슨의 태평양전선 영웅담은 케네디 캠프에 의해 제동이 걸린 듯했다. 대선 공식 홍보물에 실린 10페이지 분량의 존슨 전기는 그의 전쟁 경험을 간단히 언급하며, 그를 "뉴기니 상공 비행에서 보인 용감한 행동으로 은성훈장을 받은 뛰어난 군인"이라고만 소개했다.[33])

닉슨은 해군에 복무할 당시 동료 수병들에게 인기가 많았지만, 이상하게도 전역 후 그들과 인연을 이어가지 않았다. 군 복무 시절 그를 알던 이들 가운데 닉슨의 선거운동에 참여한 사람이 있었다는 증거는 없다. 사소한 이 사실도 닉슨과 케네디 사이의 커다란 성격 차이를 드러낸다. 케네디는 자신의 매력으로 사람들을 끌어당겼고, 사람들은 그의 곁에 계속 머물렀다. 비록 사생활을 중시하는 성격이었지만, 케네디는 오랜 집안 친구들뿐 아니라 대학과 해군에서 만난 친구들까지 다양한 사람들과 우정을 쌓았다. 친근하고 외향적인 성격을 타고난 케네디와 달리 종종 침울해지고는 했던 닉슨은 낯선 이들과 어울리며 고된 선거운동 나날을 보내기보다는 혼자서 긴 고독의 시간을 갖기를 선호했고, 마이애미에서 사업을 했던 찰스 "베베" 레보조를 제외하면 가까운 친구도 없었다.[34]

참전 군인으로서가 아니라 부통령으로서의 경험을 내세워 선거에 뛰어든 닉슨은 제2차 세계대전 당시 해군에서 보낸 시절에 관해서는 거의 언급하지 않았다. 닉슨은 1946년 첫 번째 선거를 치르면서 유권자들에게 들려줄 강렬한 전쟁 무용담이 없는 이상, 태평양전선에서의 군 복무 기록으로는 그들의 마음을 움직일 수 없다는 사실을 깨달았다. 따라서 인기 있는 대통령 아이젠하워의 핵심 참모로서 수행했던 역할을 강조하는 편이 더 도움이 되리라 생각한 것이다.

케네디는 자신의 선거운동을 취재한 기자들과의 긴밀한 관계, 그리고 때로는 그들이 케네디에게 보인 아첨에 가까운 호감에 큰 도움을 얻었다. 두 후보의 선거운동을 따라다니면서 취재했고 나중에는 케네디의 절친이 된 《워싱턴포스트》의 벤저민 브래들리에 따르면 양쪽 선거 캠프의 분위기는 "밤과 낮"만큼 대조적이었다. 닉슨의 주변 사람들은 "언론과 정중히 거리를 두었고 완전히 다른 언어를 사용했지만, 케네디 주변 사람들은 진심으로 언론을 좋아하고 같은 언어를 썼"다. 기자들은 케네디 캠프의 핵심 인사 누구든 쉽게 만나 "때로는 술 한잔을 곁들이면서 허심탄회한 대화를 나눌 수 있었다." 반면 "닉슨의 주변 사람들은 하루 종일 쫓아다녀야 몇 분이라도 얘기를 나눌 수 있었는데, 그나마 그 몇 분 동안에도 기자들을 문둥병자 취급했다." 케네디는 기자들을 진심으로 좋아했고 그들과 함께 보내는 시간을 즐겼으며, 또 그들의 일에 관심이 많았다. 이러한 성향은 결국 그에게 큰 도움이 되었다. 반면 닉슨은 언론을 불편하게 생각했다. 닉슨이 기자들과 "어울리려" 할 때마다 기자들은 "닉슨이 연기를 하고 있"다는 사실을 금방 눈치챘다. 유세에 모인 군중 숫자를 부풀려 발표하는 것 아니냐고 기자들이 물어보면, 케네디는 그의 공보 보좌관이 "유세에 오신 수녀님들 숫자를 세고 거기에 백을 곱"한다며 농담으로 응수했다. 반면 닉슨에게 같은 질문을 하면 "대개 보도 편향성에 대한 훈계가 돌아왔다."라고 브래들리는 전했다.[35]

케네디의 매력에도 불구하고 선거는 접전 양상을 보였다. 닉슨은 케네디의 경험 부족, 특히 외교 분야에서의 경험 부족을 우려하는 대중의 심리를 능숙하게 파고들었다. 그리고 닉슨은 당시 많은 미국인이 가톨릭 신자 대통령 후보에게 투표하기를 여전히 주저하고 있는 상황에서, 저급한 당파적 싸움꾼이라는 자신의 평판에서 벗어나 책임 있는 국정 운영자의 모습으로 선거에 임하려고 했다. 그런 이유로 닉슨은 상대의 가톨릭 신앙을 겨냥해 자신의 트레이드마크인 '초토화 전술'을 사용하지 않았다. 케네디 캠프는 닉슨이 종교 문제와 관련해 틀림없이 "체커스 연설"과 같은 연설을 기획해, JFK가 "가톨릭을 향한 종교적 편견"을 호소하고 있다고 비난하리라 예상했다. 그러나 닉슨은 그런 공격을 하지 않았다. 역설적으로 그러한 절제는 그가 선거를 미숙하게 치르고 있다는 인식만 키웠다. 케네디는 경제학자 존 케네스 갤브레이스에게 이렇게 말했다. "저는 닉슨이 딱하다는 생각이 듭니다. 자신이 누구인지 모른 채 매 순간 어떤 닉슨이 될지 결정해야 하다니, 무척 피곤할 거예요."36

닉슨은 불운한 사고를 당해 선거운동이 한창이던 시점에 유세 현장을 떠날 수밖에 없었다. 8월 17일 수요일, 리무진 차량 문에 왼쪽 무릎을 세게 부딪친 것이다. 며칠 뒤 상처 부위가 심각하게 감염되어 입원 치료가 필요해졌고, 결국 월터리드육군병원에 입원해 2주간 치료를 받은 후 9월 9일 금요일에야 퇴원했다. 그사이 계속 선거운동을 이어가면서 전파를 장악한 케네디가 근소하게 앞서 나가기 시작했다.37

9월 26일부터 10월 24일까지 열린 네 차례의 텔레비전 토론으로 선거운동은 전환점을 맞았다. 노련한 토론가이자 경험 많은 현직 부통령과 비교해도 손색없는 품격과 식견이 있음을 증명해야 했던 케네디에게 텔레비전 토론은 특히 중요한 무대였다. 따라서 텔레비전 토론을 중대한 도전으로 받아들인 케네디는 닉슨이 지난 몇 년간 했던 발언을 모두 모아놓은, 선거 캠프에서는 "닉소피디아Nixopedia"라고 부른 책자를 읽으며 준비했다. 반면 50개 주 모두를 방문하겠다는 자신의 약속을 지키는 데 몰두했던 닉슨은 텔레비전 토론을 준비하는 데 거의 시간을 쓰지 못했다. 토론 전날 밤, 닉슨은 열이 약 섭씨 38도까지 오른 피곤한 상태로 시카고에 도착했다. 물론 텔레비전 토론 사전 연습은 하지 못했다.38

평생 건강에 문제가 없던 닉슨이 몇 주 동안 선거운동을 하지 못한 반면, 자주 아팠던 케네디가 오히려 활력이 넘치는 모습을 보인 것은 아이러니가 아닐 수 없었다. 선거운동을 치러낼 체력을 확보하기 위해 케네디는 "닥터 필굿"이라고 불린 맥스 제이컵슨 박사에게 추가적인 도움을 받았다. 첫 번째 텔레비전 토론을 열이틀 앞둔 9월 14일 수요일, 케네디는 제이컵슨의 뉴욕 진료실을 찾아가 암페타민 성분이 들어 있는 정체불명의 약물 혼합 주사를 맞았다. 제이컵슨은 이렇게 회고한다. "제 치료를 받고 난 뒤 케네디는 근육의 무력감이 사라졌다고 말했습니다. 상쾌하고, 마음도 진정되며, 정신도 또렷해졌다고 했어요. 그에게 경구용 비타민 액체가 담긴 병도 하나 건넸습니다."[39]

1960년 9월 26일 월요일 밤, 케네디는 햇볕에 그을린 얼굴에 충분히 휴식을 취한 듯한 모습으로 첫 번째 텔레비전 토론회장에 도착했다. 케네디가 분장실로 들어서자 보좌관이 뒤따라 들어와 그의 뺨과 이마에 "근처 상점에서 산 화장품"을 약간 발라주었다. 반면 닉슨은 초췌하고 창백해 보였다. 그 모습을 본 민주당 소속 시카고 시장 리처드 데일리는 이렇게 말했다. "맙소사, 죽기도 전에 벌써 방부 처리를 해놨군." 푹 꺼진 눈두덩, 도드라지게 축 늘어진 턱살, 어두운 안색 등 닉슨의 얼굴은 텔레비전 화면에 담기기에 적합해 보이지 않았다. 설상가상으로 닉슨은 스튜디오의 배경 색과 섞여 들어가는 회색 정장 차림이었다.[40]

첫 번째 토론에서 외모는 대조적이었지만 두 사람의 이념은 근본적으로 유사하다는 점이 부각되었다. 케네디가 주도권을 잡았고, 닉슨은 케네디가 뭐라고 말하든 수동적으로 동의했다. 닉슨은 이후 텔레비전 토론에서 좀 더 강경하게 케네디와 대립각을 세웠지만, 주사위는 이미 던져진 후였다.[41]

결국 이미지가 실체에 승리했다. 1960년에는 약 90퍼센트의 가정이 텔레비전을 보유하고 있었다. 두 후보 간의 텔레비전 토론은 당시까지 가장 높은 시청률을 기록하며 거의 7000만 명의 미국인이 지켜보았는데, 그중 대다수가 케네디가 텔레비전 토론에서 이겼다고 믿었다. 반면 텔레비전 토론을 라디오로 들은 사람들 사이에서는 누가 토론의 승자였는지에 대한 의견이 정확히 반반으로 나뉘었다. 언론인 러셀 베이커는 "그날 밤, 이미지가 활자를 대체하며 정치의 언어로 자연스럽게 등장했다."라고 회고했다.[42]

텔레비전 토론이 있던 무렵 케네디는 이미 "정치적 상대로서 닉슨을 존경하지 않았고, 그가 하는 어떤 말에도 관심을 두지 않았"다고 데이브 파워스는 기억했다. 정치 입문 초기에는 따뜻한 관계를 유지했지만, 시간이 흐르고 특히 선거운동의 압박이 거세지면서 케네디는 닉슨에게서 아이젠하위가 언급했던 여러 결점을 보았다. 케네디는 이제 닉슨을 품격과 진실성이 부족한, 심각한 결함이 있는 인물로 보았다. JFK는 보좌관들에게 닉슨을 "거짓말을 잘하는 더러운 개자식이고, 매우 위험한 작자"라고 언급했다. 연설문 작성자 리처드 굿윈은 케네디가 "닉슨이 진짜 위험한 인물이라는 것과, 그의 영리함과 도덕 불감증이 기묘하게 결합되면 나라에 파멸적인 결과를 가져올 수 있음을 깨달았"다고 믿었다.[43]

케네디를 가장 분노케 한 것은 닉슨이 토론 중에 한 말이 아니라 그 이후의 행동이었다. 두 사람이 날씨 얘기와 선거운동을 하느라 잠을 제대로 못 잔다는 등의 가벼운 대화를 나누고 있을 때, 사진기자가 그들의 사진을 찍으려 하는 것을 알아챈 닉슨의 표정이 갑자기 진지해지더니 마치 중요한 요점을 강조한다는 듯 케네디의 가슴께를 손가락으로 찔렀다. 그날 밤 늦게 케네디는 보좌관들에게 닉슨이 백악관을 차지하지 못하도록 자신이 선거에서 승리하는 것이 애국하는 길이라고 말했다.[44]

선거운동이 진행되면서 두 후보 모두 자신들을 지지하는 유명 인사들을 내세웠다. 케네디는 프랭크 시나트라, 딘 마틴, 새미 데이비스 주니어, 조이 비숍, 케네디의 매형인 피터 로퍼드를 포함하는 이른바 '랫팩' 멤버들을 비롯한 수많은 할리우드 배우의 지지를 받았다. 닉슨의 주요 지지자 중에는 놀랍게도 불과 몇 년 전까지만 해도 닉슨을 무시했던 49세의 로널드 레이건이 있었다. 레이건의 생각이 돌아선 계기는 부통령 닉슨이 소련 지도자 니키타 흐루쇼프와의 즉석 "부엌 논쟁"에서 보여준 활약상이었다. GE의 대변인이던 레이건은 부엌 논쟁을 보고 "침략을 교리의 핵심적 요소로 옹호하는 체제는 '공산주의나 마르크스주의'밖에 없다."라는 점을 제대로 지적했다고 축하하는 편지를 닉슨에게 보냈다.[45]

당시 레이건은 닉슨을 지지했을 뿐만 아니라 당적 변경까지 고려했다.

그에게는 쉬운 결정이 아니었다. 그의 두 번째 부인인 낸시 데이비스는 "당적을 바꾸는 것이 종교를 바꾸는 것만큼이나 어려울 수 있다는 걸 알게 되었다."라고 말했다. 하지만 닉슨은 케네디와 같은 당에 소속된 유명 인사가 자신을 지지하면 더 큰 힘이 될 수 있을 테니 그때까지는 민주당 당적을 유지하라고 레이건을 설득했다. 레이건이 닉슨을 지지한다는 낌새를 알아챈 조지프 케네디는 레이건에게 만나자고 요청했다. "그는 내가 마음을 바꿔서 자기 아들을 지지하도록 설득하려 했지만, 나는 거절했습니다."[46]

레이건은 조의 아들 케네디를 좋아하지 않았다. 레이건은 JFK를 이렇게 평했다. "소년처럼 헝클어진 헤어스타일 아래에는 한 세기 전에 등장한 카를 마르크스 사상이 여전히 가득 차 있다. 정부가 우리 모두에게 '빅 브라더'가 된다는 발상은 전혀 새로운 것이 아니다. 히틀러는 그것을 '국가사회주의'라고 불렀고, 히틀러보다 훨씬 이전에는 '자애로운 군주제'라고 불렀다." 레이건은 JFK를 위험한 인물로 여겼다. 케네디가 "감정에 호소하는 능력이 뛰어난 강력한 연설가이지만, 불행히도 잘못된 메시지를 전하고 있기" 때문이었다.

케네디가 대통령 후보로 지명된 민주당 전당대회가 끝난 직후, 레이건은 닉슨에게 이런 편지를 보냈다. "그가 말하는 '도전적인 새로운 세계'란 의심의 여지 없이 연방정부가 더 커지고 더 많은 일을 하고 … 그래서 당연히 더 많은 돈을 쓰는 세상을 의미합니다."[47]

선거운동 내내 두 후보는 흑인 표를 얻으면서도 남부 백인들의 표심을 잃지 않기 위해서, 인종 문제에 관해서는 아슬아슬한 균형을 잡으려고 애썼다. 1930년대에 아프리카계 미국인들은 링컨의 공화당에서 루스벨트의 민주당으로 지지 정당을 바꿨지만, 1956년 선거에서 아이젠하워는 그들의 표심을 크게 흔들어 흑인 유권자의 39퍼센트를 얻으면서 남부 스물한 개 도시 중 열네 곳에서 승리했다. 따라서 1960년 선거에서 흑인 표심은 양 후보 모두의 공략 대상이었다. 그러나 케네디가 남부 정치인들에게 공개적으로 구애하고 러닝메이트로 존슨을 선택하자, 흑인 사회에서는 케네디가 과

연 자기들 편인지 의심을 품었다.

두 후보가 인종 문제에 관한 입장을 분명히 밝힐 기회는 10월에 찾아왔다. 마틴 루서 킹 주니어가 애틀랜타에서 인종 분리 반대 시위에 참여했다가 체포된 것이다. 인종차별주의자였던 현지 판사는 킹이 적법한 조지아주 차량 번호판을 사용하지 않았다는 이유로 그에게 4개월의 중노동형을 선고했다. 다급해진 그의 아내 코레타 스콧 킹은 케네디의 보좌관 해리스 워포드에게 연락을 취해 "그자들이 남편을 죽일 거예요! 정말 죽일 거예요!"라고 울면서 도움을 호소했다. 킹의 체포 소식이 퍼지자 남부기독교지도자회의를 비롯한 20개 민권 단체는 두 후보에게 체포 반대 목소리를 내달라는 청원서를 보냈다. 닉슨 캠프는 정치적으로 너무 위험한 사안이므로 개입하지 않는 게 좋겠다고 결정한 반면, 케네디는 민주당 소속 조지아 주지사에게 직접 전화를 걸어 킹을 석방할 수 있는지 물었다. 더 나아가 케네디는 대담하게도 킹 부인에게 직접 전화를 걸어 그녀를 안심시키려 했다. "제가 당신과 킹 목사님을 생각하고 있다는 걸 꼭 알리고 싶었습니다. 제가 도움이 될 수 있는 일이 있다면 언제든 연락 주세요."[48]

케네디의 적극적인 노력이 효과를 발휘해, 약 30시간 뒤 킹은 자유의 몸이 되어 감옥을 걸어 나왔다. 민권운동 지도자 킹은 케네디의 도움을 "도덕적으로 현명한" 행동이었다고 평가하며 감사를 표했다. 주요 신문들은 이 사건을 거의 기사화하지 않았지만 흑인 사회에서는 들불처럼 이야기가 퍼져나갔고, 선거 당일 케네디는 흑인 표의 약 70퍼센트를 얻었다.

선거운동이 막바지로 접어들면서, 드와이트 아이젠하워는 케네디가 자신의 행정부를 공격하는 것에 점점 더 분노하며 초조해하기 시작했다. 아이크는 여전히 인기가 높았기 때문에, 대통령 임기를 두 번으로 제한하는 1951년의 제22차 수정헌법이 통과되지 않았더라면 거뜬히 3선도 가능한 상황이었다. 아이젠하워는 백악관 집무실을 찾은 한 친구에게 말했다. "이봐, 젠장! 저 잭 케네디란 친구가 이 자리에 앉지 못하도록 뭐든지 할 작정이라네." 그 말과 함께 아이젠하워는 닉슨을 돕기 위해서가 아니라 자신

의 치적을 방어하기 위해 선거 유세에 나서기로 했다.[49]

10월 28일, 아이크는 선거운동 기간 중 최고 시청률을 기록한 30분짜리 강력한 텔레비전 연설을 했다. 이 새로운 상황 전개는 케네디를 불안하게 만들었다. 그는 한 친구에게 말했다. "아이젠하워가 한마디 할 때마다 내 표가 떨어져 나가는 게 느껴져. 마치 썰물이 빠지는 모래언덕 위에 서 있는 기분이랄까. 선거가 내일이면 내가 쉽게 이기겠지만 엿새 뒤라 장담을 못하겠어."[50] 케네디는 정치적 바람이 변덕스럽다는 사실을 알고 있었다. 아이크의 선거전 참여로 그 바람의 방향이 크게 바뀔 수도 있었다.

10월 31일 월요일, 닉슨은 선거 마지막 며칠 동안 아이젠하워의 역할을 확대해 그와 함께 일리노이, 미시간, 뉴욕 등 접전 지역 돌며 막판 유세를 펼칠 계획을 세우고 있었다. 그러나 그때 메이미가 팻에게 전화를 걸어 남편 아이크의 건강이 그런 강행군을 견디지 못할 것이라고 말했다. 메이미는 리처드에게 자기 말을 꼭 전해달라고 부탁하면서도, 자신이 전화했다는 사실을 아이크에게 절대 알리지 말아달라고 덧붙였다. 아이젠하워의 주치의도 닉슨에게 연락을 취해 비슷한 경고를 전했다. "대통령이 무슨 일을 하려는지 압니다. 그리고 대개 제 말을 안 들으시죠. 대통령 건강을 생각해서 말로 설득하시든지, 아니면 그냥 못 하게 하세요." 아이젠하워가 선거 유세에 나서주면 막판 역전도 가능하다는 걸 알았지만, 닉슨은 마지못해 결심하고서 아이크에게 말했다. "대통령님, 저를 위해 그동안 충분히 하셨다고 생각합니다." 한 목격자에 따르면, 그 말을 들은 아이젠하워의 표정은 "찬물을 뒤집어쓴 사람 같았다." 뒤에서 오간 얘기들을 전혀 몰랐던 아이젠하워는 닉슨이 자신의 유세 참여 제안을 거절하자 어리둥절해하며 불평했다. "제기랄, 이미 졌다고 생각하는 모양이군."[51]

그럼에도 아이젠하워는 선거 막판 며칠 동안 두 곳에서 추가로 유세를 이어갔다. 그의 발언은 여전히 거침없었다. 퇴임을 앞둔 대통령을 보기 위해, 또 그의 육성을 듣기 위해 두 유세장에 10만 명이 넘는 것으로 추산되는 대규모 인파가 몰려들었다. 아이크는 케네디를 경험이 부족한 "젊은 천재"라고 깎아내리며, 그 매사추세츠 출신 상원의원이 나라를 "자멸"로 이끌 것이라고 경고했다. 놀랍게도 과거 닉슨이 자신을 **대신해** 해주던 인신공격성 발언을 이제 아이크 본인이 쏟아냈다. "힘이란 번지르르한 미사여구를 내뱉고 공허한 약속을 한다고 생기는 것이 아닙니다. 노동과 희생, 헌신이 빠진 안락한 삶의 환상 속에서는 힘을 얻을 수 없으며, 쉬운 대답만 가득한 주머니 속에서 어려운 문제를 풀어낼 해답을 찾을 수도 없습니다."[52]

아이젠하워의 막판 유세 참여에도 불구하고, 여러 요인이 작용하여 케네디가 결국 닉슨보다 앞서 결승선을 통과할 수 있었다. 케네디는 기강이 잘 잡힌 선거운동을 펼쳤을 뿐만 아니라, 특유의 매력과 젊은 이미지를 앞세워 유권자들을 사로잡았다. 닉슨도 만만치 않은 선거운동으로 케네디와 접전을 이어갔지만, 그의 성격과 기질과 관련한 끊임없는 의구심이 끝내 발목을 잡았다. 유권자들을 인터뷰한 《월스트리트저널》의 기자들은 "왠지 모르겠지만 그냥 그가 싫어요."라는 대답이 반복되는 것을 듣고 깜짝 놀랐다. 진보 성향의 언론인 모리스 H. 루빈은, 닉슨은 분명 재능이 많은 사람이지만 "억지로 짓는 듯한 웃음과 부자연스러운 태도 때문에 인조인간" 같은 인상을 주었다고 평했다.[53]

그래도 닉슨은 거의 승리할 뻔했다. 총투표수가 거의 6850만에 달했던 가운데 케네디는 3422만6731표, 닉슨은 3410만8157표를 얻었다. 케네디는 불과 0.2퍼센트 차이로 국민 투표에서 과반을 넘겼는데, 이는 1880년 이후 가장 근소한 차이였다. 선거인단 수에서는 303 대 219로 케네디의 승리가 좀 더 확실했다. 민주당 텃밭인 일리노이주와 텍사스주에서 부정 투표 증거가 발견되었지만, 닉슨은 나라를 혼란에 빠뜨릴 수 있는 재검표 소송은 안 하기로 결정했다. 선거 한 달 뒤 그는 참모들에게 이렇게 말했다. "우리가 이겼지만 그놈들이 승리를 훔쳐 갔어." 그러나 사실 닉슨에게 선택지는 거의 없었다. 재검표 소송은 질 가능성이 컸고, 설사 이겨서 선거 결과가 뒤집히더라도 대통령직 수행은 실질적으로 불가능했을 것이다. 정작 자신은 패배를 인정하지 않는 사람으로 비치기만 했을 것이기 때문이다.

*

선거 결과에 이의를 제기하지 않았다고 해서 닉슨이 그 결과를 받아들였다는 뜻은 아니다. 한 번도 선거에서 패배한 적이 없던 닉슨은 이후 몇 주 동안 패인을 분석하고 재대결을 위한 계획을 세웠다. 이번 패배는 그의 내면에 자리한 불안을 건드렸다. 바로 자신은 결코 기득권층에게 받아들여지지 않을 것이란 믿음으로 부풀려진 피해의식이었다. 이번 좌절은 또한 전쟁 초기 물가관리국에서 일할 때부터 형성된 워싱턴 엘리트에 대한 그의 경멸심을 다시 자극했다. 닉슨은 케네디 캠프가 자신의 선거 본부를 도청했을 것이라고 확신하며, 앞으로는 상대의 "더러운 술수"에 절대로 당하지 않겠다고 다짐했다. 그는 언론에도 분노하며 기자들을 "겉모습에만 관심을 두는 얼간이들"이라고 맹비난했다. 닉슨은 마음속에 모든 적의 이름을 새기고, 다시는 그들에게 패배를 허용하지 않겠다고 맹세했다.[54]

아이젠하워에게도 선거 결과는 큰 충격이었다. 선거 다음 날, 그는 백악관 집무실 의자에 털썩 앉아 창밖을 바라보았다. "그토록 우울해하는 아버지는 본 적이 없어요." 그의 아들 존의 말이다. 아이크는 중얼거렸다. "지난 8년 동안 내가 해왔던 모든 일이 물거품이 된 것 같군." 수년 뒤 당시를 돌아보며, 아이젠하워는 자신이 대통령 임기 동안 겪은 "가장 큰 정치적 좌절"로 닉슨의 대선 패배를 꼽았다. 이후 2주 동안 아이젠하워는 골프와 브리지 게임으로 선거 패배의 충격에서 벗어나려 애썼지만, 그 생각을 떨쳐내지는 못했다. 그는 한 친구에게 보낸 편지에 이렇게 썼다. "명치끝을 야구방망이로 한 대 맞은 기분이야."[55]

케네디 역시 선거 결과에 실망했다. 하지만 이유는 달랐다. 그는 케네스 오도널에게 물었다. "이런 자를 상대로 겨우 10만 표밖에 이기지 못하다니, 뭐가 잘못된 거지?"[56]

비록 정권 인수를 준비해야 했지만, 선거 이후 몇 주 동안 케네디에게 가장 필요한 것은 휴식이었다. 길었던 선거운동은 그의 허약한 건강에 큰 부담을 주었다. 선거 승리 후 처음 열린 기자회견에서 케네디는 손을 떨었다. 이를 본 한 기자가 건강이 좋지 않다는 소문이 사실이냐고 묻자 대통령 당선인은 대답을 회피했고, 언론의 시선에서 벗어나 요양하기 위해 플로리다주 팜비치의 가족 별장으로 물러갔다. 그러나 회복은 더뎠다. 선거가 끝나고 2주 후 팜비치를 찾은 연설문 작성자 테드 소런슨은 케네디가 "여전히 피곤해 보였으며, 인사 및 정책 결정에 관한 세부 사항을 논의할 의욕도 없어 보였"다고 기억했다.[57]

선거 부정 의혹에 관한 보도들로 대통령으로 취임하기도 전에 정권의 정통성이 훼손될 수 있다고 우려한 케네디의 아버지 조 케네디는 잭과 닉슨이 함께 등장해 통합의 메시지를 보여주도록 로비를 펼쳤다. 그는 전직 공화당 대통령 허버트 후버에게 연락해 닉슨이 회동에 동의하도록 압박해달라고 요청했다. 후버는 패배한 닉슨에게 이렇게 말했다. "이건 케네디 쪽에서 보이는 아주 관대한 제스처네. 자네는 여기에 응해야 해." 닉슨이 동의하자 조 케네디는 하이애니스포트에 있던 아들을 다시 팜비치로 보내 그곳에서 휴가 중이던 닉슨과 만나도록 했다.[58]

평소와 다름없이 케네디는 회동에 늦게 나타났다. 닉슨은 기자들과 구경꾼들 사이에서 그를 기다려야 했고, 케네디가 타고 온 컨버터블에서 내리자 두 사람은 함께 닉슨의 휴양 빌라로 걸어갔다. 해군 의전에 따라 닉슨보다 높은 지위에 오르게 된 케네디가 오른쪽에 섰다. 케네디의 공보 보좌관은 기자들에게 이번 회동의 목적은 "의회에서 14년 동안 함께 활동한 닉슨 부통령과의 우호적인 관계를 복원하기 위한 것"이라고 설명했다. 그러나 실상 케네디에게는 이전 경쟁자와의 관계를 다시 다지고픈 의향이 없었다. 그에게 필요했던 것은 자신의 선거 승리를 국민에게 입증하는 사진 한 장이었다.[59]

린든 존슨은 텍사스에 있는 자신의 목장에서 흥분해 있었다. 텍사스주를 포함한 남부 대부분을 솜씨 있게 민주당 진영으로 붙잡아두는 데 성공했다는 사실 때문이었다. 그러나 대통령에 당선된 사람이 자신이 아니라 잭 케네디라는 사실은 실망스러웠다. 그의 비서 중 한 명은 선거 승리가 확실해진 그날 밤의 존슨을 이렇게 회상했다. "마치 이 세상에서 마지막 친구를 잃은 사람처럼 보였어요. … 그렇게 불행해 보이는 사람은 본 적이 없어요."[60]

선거를 치르면서 쌓인 분노와 앙금에도 불구하고 케네디와 아이젠하워는 원활한 정권 인수인계를 위해 최선을 다했다. 현직 대통령 아이젠하워는 케네디의 승리를 축하한 뒤 그를 백악관으로 초청했고, 대통령 당선인은 곧바로 그 초청을 수락했다. 케네디는 이렇게 회상했다. "아이젠하워를 꼭 만나고 싶었어요. 정권 이양이 순조롭게 이루어지고 있음을 국민에게 보여줄 기회가 될 테니까요. 그래서 우리의 입지도 강화할 수 있고요."[61]

두 사람의 첫 대면 일정은 12월 6일로 잡혔다. 아침 9시가 조금 안 된 시각, 크림색 리무진을 타고 온 케네디가 백악관 북쪽 현관 앞에 도착했을 때 일흔 살의 아이젠하워는 계단 위에서 그를 기다리고 있었다. 아이크는 계단을 내려가 마흔셋의 후임자를 맞이할 생각이었지만, 마른 체형에 햇볕에 그을린 대통령 당선인은 차가 완전히 멈추기도 전에 내려 계단을 빠르게 올라가 아이크에게 악수를 청했다. "좋은 아침입니다, 대통령님." 케네디는 미소 지으며 인사했다.

"상원의원." 아이크는 미소 없이 그렇게 대답했다. 그 순간 사진기 셔터가 연이어 터지고, 해병대 군악대의 〈성조기여 영원하라〉가 울려 퍼졌다.[62]

백악관 안으로 들어간 아이젠하워는 케네디를 안내해 수석집사 J. B. 웨스트와 비밀경호국장 제임스 롤리를 소개한 후, 엘리베이터를 타고 1층으로 내려가 대통령 전담 진료실, 주방, 수영장을 구경시켰다. 그 후 두 사람은 대통령 집무실로 들어갔다. 아이크는 책상 뒤에 앉았으며 케네디는 그의 옆 의자에 앉았다. 이후 한 시간 45분 동안 두 사람은 라오스, 콩고, 알제리, 쿠바, 라틴아메리카 등 위기 지역에 관한 얘기부터 백악관 조직과 군축 문제에 이르기까지 폭넓은 화제를 논의했다. 아이젠하워는 대통령 당선인에게 "안보 문제를 충분히 숙지할 때까지는" 국가안전보장회의를 "재구성하지 말라고" 권고했다는 기록을 남겼다. (아이크는 이 부분에 밑줄을 그었다.) 그는 또한 "근본적인 변화를 추구하기 전에 반드시 신중한 연구와 숙고를 거치"라고 케네디에게 조언했다.[63]

케네디는 아이젠하워가 외국의 고위 인사들, 특히 프랑스 대통령 샤를 드골과 영국 총리 해럴드 맥밀런에게 어떤 인상을 받았는지 듣고 싶어 했지만 아이젠하워는 케네디가 스스로 판단을 내려야 한다고 생각해 대답을 아꼈다. 대화의 대부분은 국가 안보 문제에 집중되었지만, 아이크는 자신의 후임자에게 균형예산의 중요성을 강조할 기회도 놓치지 않았다.[64]

둘만의 대화를 마치고, 두 사람은 아이크의 핵심 각료들을 만나기 위해 내각 회의실로 걸어 들어갔다. 존 포스터 덜레스의 후임으로 1959년에 국무장관이 된 크리스천 허터는 전 세계의 "위험 지역"에 관해 이야기하며, 소련이 동독인들의 자유 서독 탈출을 막으려고 노심초사하고 있어서 베를린이 "긴박하고 위험하"다고 설명했다. 그는 또 공산주의 반군의 정권 장악을 막기 위해 미국이 우익 쿠데타를 지원하고 있는 라오스를 두고는 "그 자체로는 별로 중요하지 않지만, 동남아시아로 가는 전략적 관문"이라고 묘사했다. 국방부 개편을 요구한 케네디의 동료 상원의원들의 최근 보고서를 의식한 아이젠하워는 다시 한번 케네디에게 신중함을 촉구하며, 개선은 가능하다고 생각하지만 "무엇이든 극단적인 것"은 반대한다고 자신의 입장을 밝혔다.[65]

아이젠하워와 케네디 모두 그 만남으로 서로를 좀 더 존경하게 되었다. JFK는 "아이젠하워가 생각했던 것보다 낫더라."라고 동생 로버트에게 솔직히 말하며 "그가 왜 미국 대통령이 되었는지 이제 이해가 가."라고 덧붙였다. 케네디는 아이크가 자신의 캠프가 선거 유세 중 묘사했던 그런 혼란스러워하는 노인네가 아니라고 결론지었다. 아이젠하워 역시 케네디를 "건방진 애송이"라고 했던 자신의 가혹한 평가를 재고했다. 국무장관 허터는 세련된 은발 신사인 케네디의 정권인수팀 팀장 클라크 클리퍼드에게 대통령이 JFK에게 "압도되었"다고 알려주었다. 허터는 "대통령은 케네디의 세계정세 이해 정도, 질문의 깊이, 쟁점 파악 능력, 그리고 예리한 생각에 굉장히 깊은 인상을 받았습니다."라고 전했다. 그러나 상대에 대한 재평가도 거기까지였다. 아이크는 여전히 케네디가 건방지고 성급하며 순진하다고 생각했고, 케네디는 아이크가 국가가 직면한 문제들을 실질적으로 해결할 상상력과 에너지가 부족하다고 여겼다. 케네디의 참모들은 아이크를 더욱 혹독하게 평가했다. 클리퍼드에 따르면 그들은 아이젠하워를 "경멸에 가까운 시선"으로 바라보았다.[66]

몇 년 후, 젊은 케네디를 처음 만났을 때 어떤 인상을 받았느냐는 질문에 아이젠하워는 자신이 당시 가장 우려했던 점은 "그가 대통령직을 아주 개인적인 일로 보았을 뿐만 아니라, 여기저기서 보좌관들에게 필요한 도움만 받으면 한 사람이 충분히 감당할 수 있는 직분으로 여겼다는 것입니다. 대통령의 임무가 얼마나 복잡하고 어려운지 전혀 감도 잡지 못했지요."라고 대답했다. 장군 출신인 아이젠하워는 제2차 세계대전 중 군대를 지휘했던 방식 그대로 백악관을 조직하고 운영했다. 그는 참모들에게 권한을 위임하고, 팀워크에 의존했으며, 지휘 체계를 확립했다. 반면 조직 운영 경험이라고는 PT 보트 함장이 전부였던 케네디는 관료제를 참지 못해 백악관의 위계질서를 허물고, 그 대신 신뢰하는 소수의 측근에 의존해 백악관을 운영하려 했다.[67]

취임식 전날, 두 사람은 라오스에서 벌어지는 위험한 상황을 논의하기 위해 다시 만났다. 베트남에서 공산주의자들이 프랑스를 패퇴시키던 상황에서는 상당한 자제력을 보였지만, 아이크는 이제 도미노이론을 다시 들먹이며 라오스의 새로운 친서방 정권을 지원하기 위해 무력 사용이 필요하다고 케네디를 설득하려 했다. 그는 평소답지 않게 감정을 실어 말했다. "라오스가 넘어가도록 내버려두면 그 지역 전체를 포기해야 합니다. 공산주의자들이 그 지역을 장악하도록 허용해서는 안 됩니다." 아이크는 경고했다. 정치적 해결이 불가능하다면 미국은 "동맹국들과 협력하여 개입해야 합니다. 동맹국들을 설득할 수 없다면 미국 혼자서라도 개입해야 합니다."[68]

케네디는 궁금했다. 상황이 그렇게 심각하다면 왜 아이크는 12월 6일에 처음 만났을 때 이 문제를 언급하지 않았을까? 그날 허터가 라오스에 관해 설명할 때도 긴박함은 전혀 느낄 수 없었다. 그리고 왜 아이젠하워는 진작 군대를 투입하지 않았을까? 아이크는 자신의 행정부가 끝나기 며칠 전에 그런 중요한 결정을 내리고 싶지 않았다고 주장했으나, 새 대통령에게는 만족스럽지 않은 답변이었다. 케네디는 전임자 탓으로 돌릴 수 있는 전쟁을 물려받는 편이, 자신이 직접 전쟁을 시작하는 것보다 해가 덜 된다는 사실을 잘 알고 있었다. 그리고 더 큰 의문이 남았다. 아시아에서의 지상전 개입을 완강히 거부하던 비둘기파 아이크가 언제 매파로 변했을까? 1954년 아이크는 베트남의 공산주의 반란을 진압하기 위해 미군 자원을 투입하자고 주장하던 고위 군사 고문들과 부통령의 권고를 무시했다. 아이젠하워 대통령은 자신의 군사 전문 지식과 필리핀에서의 경험을 바탕으로 미국은 아시아에서 전쟁을 이길 수 없다고 경고했다. 그런데 임기 마지막 날, 아이젠하워는 케네디에게 정반대로 말하고 있었다. 그 순간 아이젠하워는 1960년대 내내 자신이 견지했던 입장을 예고했다. 그는 베트남에서 군사력 사용을 강력히 옹호하는 인물로 거듭났다.

클리퍼드는 그날 만남의 분위기가 암울했다고 전하며, 퇴임하는 대통령의 경고가 "케네디에게 깊은 영향을 미쳤을" 뿐만 아니라 실제로 "새 행정부에 해가 되었"다고 지적했다. 케네디는 아이젠하워를 실패한 대통령으로 생각했을 수는 있지만, 아이크가 유럽연합군 최고사령관으로서 보여준 군사적 역량은 여전히 존경하고 있었다. 케네디는 평소 신중했던 아이젠하워의 무력 사용 의지가 그토록 단호하다면 인도차이나 상황이 분명 심각한 것임이 틀림없다고 생각했다. 그 만남 이후 케네디는 이렇게 구술했다. "나는 그 만남에서 아이젠하워 행정부는 개입을 지지할 것이라는 느낌을 받았다. 그들은 라오스에서 공산주의자들이 승리하도록 놔두는 것보다 개입이 낫다고 생각했다." 결국 라오스에 대한 아이젠하워의 강경한 입장은 케네디가 베트남과 쿠바와 관련해 내린 초기 결정들에, 클리퍼드의 표현을 빌리자면 "그림자를 드리울" 것이었다. (아이크는 쿠바 문제도 거론되도록 하면서, 미국은 피델 카스트로에게 반기를 드는 믿을 만한 세력이 있다면 그들을 "최대한" 지원해야 한다고 말했다. 그는 또한 JFK에게 쿠바 독재자를 타도할 계획의 일환으로 반카스트로 게릴라들을 훈련시키고 있다는 사실도 알렸다.[69]

공식적으로 권력을 이양하기 전, 아이크는 조지 워싱턴의 1796년 연설을 본떠 국민에게 고별 연설을 하고자 했다. 미국의 초대 대통령도 아이크처럼 "자유를 위태롭게 하는 지나치게 비대해진 군사 조직"에 대해 국민에게 경고한 바 있었다. 수 주 동안 연설 초안을 검토한 끝에 아이젠하워는 퇴임을 사흘 앞둔 1961년 1월 17일, 황금시간대 텔레비전 방송을 통해 국민에게 연설할 준비를 마쳤다. 아이크는 미국은 여전히 강력하고 생산적인 국가라고 시청자들을 안심시키면서 연설을 시작했다. 그러나 미국은 "적대적인 이념"에 맞서기 위해 "거대한 규모의 영구적인 군수 산업"을 구축했는데, 이는 국내 민주주의에 "심각한 함의"를 가진다는 경고가 이어졌다. 이어서 아이크는 곧 악명을 떨치게 될 용어가 담긴 문장을 읽었다. "우리는 정부의 각급 의사 결정 기구에서 **군산복합체**가, 의도했든 의도하지 않았든 부당한 영향력을 획득하지 않도록 반드시 경계해야 합니다."[70]

어떤 면에서 그 고별 연설의 내용은 특별히 놀라운 것은 아니었다. 아이젠하워는 대통령 취임 초기 "평화의 기회"라는 연설에서 비슷한 메시지를 강조한 바 있다. 그리 멀지 않은 시점인 1958년에도 아이크는 심해지는 군비 경쟁을 한탄하며 이렇게 말했다. "우리 모두 이런 막대한 군사비 지출을 개탄하지만, 소련의 태도를 보아 그 필요성을 인정합니다." 그러나 아이젠하워가 고별 연설에 특별히 긴박함을 담았던 이유는 방위산업계가 훨씬 더 많은 연방 예산을 따내기 위해 "미사일 격차"를 과장하고 있다고 확신했기 때문일 것이다. (연설 당시 미국의 50대 산업 기업 중 30개가 방위산업 업체들이었고, 연방 예산의 50퍼센트가 국가 안보 분야에 쓰였다.) 게다가 아이크는 10여 년간 국방비 증액을 위해 노력해온 젊은 후임자가 자신처럼 국방 예산을 통제하리라고 기대하지 않았을 것이다. 아이크는 군산복합체에 대해 경고

하면서도 매파적 외교정책을 지지하는 자기모순에 대해서는 크게 개의치 않는 것처럼 보였다.[71]

백악관을 떠나기 전, 아이젠하워에게는 한 가지 마지막 요청 사항이 있었다. 아이크는 1952년 대선에 출마하면서 포기했던 자신의 5성 장군 원수 계급을 의회가 복원시켜주기를 바랐다. 그 요청을 듣고 케네디는 의아해했다. 케네디는 자신의 군사 보좌관인 테드 클리프턴 준장에게 아이젠하워가 왜 "대통령 각하"라는 호칭 대신 "장군"이란 칭호를 원하는지 물었다. 클리프턴은 아이젠하워가 거의 평생을 군복을 입고 살아온, 내심은 여전히 군인이기 때문이라고 설명했다. 그는 새 대통령에게 덧붙였다. "게다가 5성 장군이면 대통령님이나 백악관에 아쉬운 소리를 할 필요도 없을 테니까요." 케네디는 이해했고, 1961년 3월 의회는 아이젠하워가 요청한 법안을 만장일치로 통과시켰다.[72]

제3부

과거의 교훈

8장

"1930년대는 우리에게
명확한 교훈을 남겼습니다."

존 F. 케네디

1961년 4월 17일 화요일

오후 11시 58분

워싱턴 D.C.

대통령 집무실

밤 11시 55분, 의회 의원들을 비롯한 귀빈들과 백악관 만찬을 마치고 돌아오는 존 F. 케네디 대통령의 표정은 침통했다. 3분 뒤, 대통령은 긴 연미복과 흰색 나비넥타이 차림새로 집무실로 들어섰다. 케네디 행정부 "최고의 두뇌들"이 안에서 그를 기다리고 있었다. 로즈 장학생이자 MIT 경제학 교수인 안경 쓴 국가안보 부보좌관 월트 로스토, 하버드대학 학장을 지낸 공화당원으로 마흔한 살의 국가안보 보좌관 맥조지 번디, 포드자동차 회사의 전 사장으로 시스템 분석과 조직 관리에 열성적인 국방부 장관 로버트 맥너마라, 역시 로즈 장학생으로 외교관 출신인 국무부 장관 딘 러스크였다. 그들과 함께 CIA 국장 앨런 덜레스, CIA 기획 담당 부국장 리처드 비셀, 해군 작전국장 알리 A. 버크 제독, 그리고 최측근 보좌관 케니 오도널과 백악관 대변인 피어 샐린저가 있었다. 이 "신동들"은 그 누구도 예상하지 못한 대참사에 대처하기 그 시각에 모여 있었다. 팽팽한 긴장감이 방 안을 가득 채웠다.

로스토는 그 이후 이어진 시간을 "그 누구도 평생 잊지 못할 집무실 회의"였다고 술회했다. 특별보좌관 아서 슐레진저 주니어는 그 회의로 케네디 대통령에게 첫 번째 중대한 시련이 되었던 "길고도 암울했던 하루"가 비로소 끝이 났다고 전한다.[1]

케네디는 대통령 당선인 시절에 전임 드와이트 아이젠하워 대통령이 1960년 봄에 이미 승인한 비밀 계획에 대해 알게 되었다. 바로 과테말라에서 훈련 중이던 쿠바 망명자들과 미군이 협력하여 쿠바를 침공해서 공산주의 정권을 이끄는 피델 카스트로 총리를 축출하는 작전이었다.[2]

JFK는 처음부터 이 작전에 회의적이었다. 제2차 세계대전을 경험한 케네디는 군 수뇌부 대부분을 무능하다고 생각하며 믿지 않았다. 1961년 3월 11일, 케네디는 자신의 첫 세계 무대 행보가 주권 국가 침공이라는 국제법 위반 행위가 되지 않기를 바란다고 분명히 밝혔다. 케네디는 카스트로 군대를 파괴하기 위해 미군 공군력을 투입하겠다는 애초 계획을 기각하며 장군들에게 "이건 마치 노르망디 상륙작전 같군요. 좀 더 조용히 진행하는 편이 좋겠어요."라고 말했다. 케네디는 미국이 쿠바를 침공하면, 소련 지도자 니키타 흐루쇼프가 베를린 침공으로 대응하거나 그에 더해 핵무기까지도 발사할 수 있다고 우려했다. 따라서 그러한 위험을 피하려면 미국이 직접적으로 쿠바 망명자들에게 군사적 지원을 한다든가 카스트로 군대와 눈에 띄는 무력 충돌을 일으키는 대신, 쿠바 침공 작전이 마치 "쿠바 내부의 봉기인 것처럼 보이게" 해야 한다고 주장했다.[3]

CIA 작전 기획자들은 대통령의 요구를 겉으로는 받아들이면서도, 침공 작전은 성공할 것이라고 계속 주장했다. 그러나 속으로는 설사 작전이 실패하더라도 케네디가 결국 미군을 투입해 쿠바에서의 전쟁 승리를 도모할 수밖에 없으리라 믿었다. 그들은 케네디가 대통령 임기 초반에, 그것도 그토록 이른 시점에 굴욕적인 패배를 받아들이지는 못할 것이라고 예상했다. JFK의 결단력을 과소평가했던 것이다.

우려는 있었지만 케네디는 작전을 허가했다. 그 외에 다른 방법이 있었을까? 대선 선거운동 기간 동안 케네디는 플로리다 해안에서 불과 150킬로미터 떨어진 곳에 카스트로가 공산주의 국가를 세우는 동안 아이젠하워 행정부는 도대체 무엇을 했느냐며 비판했다. 따라서 공산주의에 무르게 대처한다는 비난을 받을 수는 없었다. 그와 참모들은 쿠바의 상황을 향후 펼쳐질 더 큰 전략적 구도의 향방을 가늠할 수 있는 시험대로 인식했다. 불과 몇 달 전, 흐루쇼프는 제3세계에서 일어나는 '민족해방전쟁'을 지지하겠다고 선언했다. 흐루쇼프의 연설이 미·소 초강대국 간의 경쟁이 더욱 과감한 국면으로 접어들었음을 알리는 신호라고 생각한 케네디는 두려움을 느꼈고, 미국이 베트남과 다른 아시아 지역에서처럼 쿠바에서도 물러선다면 라틴아메리카 전역에서 재앙에 직면하는 결과를 초래할 것이라고 확신했다.

케네디는 또한 아이젠하워가 이미 승인한 작전을 중단시키는 것이 내키지 않았다. 당시 상황은 그로서는 어쩔 수 없는 형국이었다. 국무부 차관 조지 볼은 훗날 이렇게 회고했다. "그는 아이젠하워를 깊이 경외했어요. 그래서 그 작전을 그대로 진행하는 것 외에는 방법이 없다고 생각했던 것 같아요." 볼과 마찬가지로 그 작전을 강하게 반대했던 아서 슐레진저 역시 케네디의 결정에 아이젠하워의 그림자가 깊게 드리워져 있었다는 점에 동의했다. 슐레진저는 후에 이렇게 기록했다. "제2차 세계대전 당시 고작 중위였던 인물이 그 전쟁에서 역사상 가장 위대한 상륙작전을 지휘했던 장군이 승인한 작전을 뒤엎는다는 것을 미국 사회가 받아들이지 않았을 것이다." 슐레진저는 결국 이렇게 결론 내렸다. "케네디는 결국 자신이 물려받은 유산에 갇히고 만 것이다."[4]

작전은 거의 시작과 동시에 잘못될 수 있는 모든 것이 잘못되었다. 1961년 4월 17일 월요일 아침, CIA가 훈련시킨 쿠바 망명자 1400여 명이 쿠바 남부 해안의 코치노스만(피그스만)에 상륙했다. 기습 작전으로 이뤄진 침공이었지만, 카스트로의 군대가 매복해 기다리고 있었다. 카스트로의 공군은 필수 통신 장비와 무기를 실은 수송선을 격침시켰고, 육군 정예 부대는 침공군에게 상륙 거점을 허락하지 않았다. 피그스만 침공은 쿠바 내에서 반란을 촉발하기는커녕 쿠바 국민의 민족주의 감정을 건드려 카스트로의 정권 장악력만 키웠고, 카스트로가 소련과 더욱 가까워지는 결과를 초래했다.

작전을 지휘하던 CIA는 그날 하루 종일 침공 작전 실패를 막기 위해 미 해군 전투기가 공중엄호를 할 수 있도록 허락해달라고 케네디에게 요청했으나, 케네디는 매번 이를 거부했다. 좁다란 상륙 지점에 고립되고 만 침공 여단의 구조 요청이 갈수록 거세고 간절해지자, CIA는 다시 한번 대통령에게 미 공군기 투입을 촉구했다.

새벽 2시, 케네디는 마침내 한발 물러서서 버크 제독에게 미 해군 전투기 여섯 대를 표식 없이 출격시켜 한 시간 동안 공중엄호를 하도록 허락했다. 그러나 너무 짧았고, 너무 늦었다. 1000명이 넘는 망명자들은 결국 항복할 수밖에 없었다. 충격에 빠진 여단 지휘관은 마지막으로 이렇게 메시지를 보냈다. "당신들, 어떻게 우리에게 이럴 수 있습니까?"[5]

작전 실패가 명백해진 새벽녘, 그 무게가 케네디를 짓눌렀다. 새벽 4시, 보좌진과 이야기를 나누던 그는 말을 멈추고 자리에서 일어나 유리문을 열고 로즈가든으로 나갔다. 케네디는 만찬 복장 그대로 45분 동안 서쪽 정원을 홀로 거닐었다. 케니 오도널은 이렇게 회상했다. "그 순간 케네디는 지구상에서 가장 외로운 사람이었습니다." 테드 소런슨도 비슷한 소회를 남겼다. "아주 침울하고 외로워 보였어요."[6]

그 후 케네디는 사저로 돌아갔다. 재클린 케네디는 훗날 슐레진저에게 이렇게 전했다. "침실로 들어오더니 울기 시작했어요. 양손으로 얼굴을 감싸고 흐느끼듯 울었죠. 정말 안쓰러웠어요. 취임 후 100일 동안 그렇게 많은 꿈과 포부로 들떠 있었는데, 그런 끔찍한 일이 벌어졌으니…."[7]

다음 날, 가까스로 생각을 추스른 케네디는 텔레비전 카메라 앞에 서서 전 국민을 상대로 상황을 설명했다. 케네디는 미국의 직접 개입은 "우리의 전통과 국제적 의무에 어긋나는 일"이었다고 말하면서 "이번 실패의 교훈이 미국의 국익에 보탬"이 되도록 하겠다고 약속했다. 연설 후 케네디의 지지율은 취임 후 최고치인 83퍼센트까지 치솟았다. 케네디 본인도 놀란 결과였다.[8]

하지만 여론이 얼마나 변덕스러운지 잘 알고 있던 케네디는 이 사안을 두고 가장 거센 비판을 할 가능성이 있는 두 사람, 즉 리처드 닉슨과 드와이트 아이젠하워의 입을 미리 막기 위해 움직였다. 4월 20일 아침, 케네디는 대선에서 패배한 닉슨을 백악관으로 초청했다. 대통령 집무실에 도착한 닉슨은 케네디가 책상에 앉아 린든 존슨 부통령과 이야기를 나누고 있는 모습을 보았다. "긴장된 분위기였다." 닉슨의 회고다. 존슨이 방을 나간 뒤 닉슨은 벽난로 옆 소파에 앉았고, 케네디는 흔들의자에 몸을 기댔다. 하지만 곧 케네디가 의자에서 일어나 주먹을 불끈 쥔 채 방 안을 왔다 갔다 하기 시작했다. "케네디는 거친 욕설을 퍼부으며 분노와 좌절감을 쏟아냈다." 닉슨은 이렇게 회고했다. "CIA, 합동참모본부, 백악관 참모진 등 자신을 보좌했던 모든 사람에게 계속해서 욕설을 퍼부었다."[9]

케네디가 물었다. "당신이라면 쿠바 문제를 어떻게 할 것 같아요?" 닉슨은 "나라면 합법적 명분을 찾아내 직접 들어갈 것"이라고 답했다. 케네디는 닉슨의 조언을 분명히 거부하며, 자신이 줄곧 해왔던 말을 되풀이했다. "우리가 쿠바에서 움직이면, 흐루쇼프도 베를린에서 움직일 겁니다." 그러자 진정한 냉전의 전사였던 닉슨은 쿠바 사태를 "전 세계를 대상으로 하는 공산주의 세력의 야욕이라는 더 큰 맥락"에서 보고 있다며, "흐루쇼프는 세계 여러 곳을 찔러보며 우리를 시험한 것이고, 우리가 약한 모습을 보이는 순간을 이용해 계속 위기를 만들어낼 것"이라고 응답했다.

이어 닉슨은 케네디에게 쿠바뿐만 아니라 라오스에서도 군사행동을 취하라고 조언했다. 그러자 케네디는 자기 생각은 다르다며 이렇게 말했다. "특히 라오스에는 개입하지 않아야 한다고 생각합니다. 정글에서 수백만 중국군과 싸우게 될 수도 있어요."10

아이젠하워도 라오스에서 공산주의가 승리하는 것을 막아야 한다고 케네디에게 경고한 적이 있지만, 케네디는 라오스에서 군사적 행동을 선택하지 않았다. 그는 케니 오도널에게 "아마 이 방 안에 있는 우리를 제외하면 라오스가 어디 있는지 아는 미국 사람은 스물다섯 명도 안 될" 것이라고 말하면서, "대통령 취임 한 달 만에 군사행동을 하고 그 배경을 설명해야 하면" 자신의 대통령직 전체가 위태로워질 것이라고 설명했다. 그렇지만 공개적으로는 강경한 입장을 유지했다. 예를 들어 케네디는 3월 23일 기자회견에서 "라오스가 중립 국가로서 독립적인 지위를 잃게 되면 동남아시아 전체의 안보가 위태로워질 것"이라고 선언했다. 그러나 막후에서는 라오스 문제를 외교적으로 해결할 방법을 조용히 모색했고, 결국 공산주의 인사가 포함된 연립정부 구성을 지지했다.11

닉슨은 케네디의 말과 행동이 이처럼 모순되는 것을 보고 매우 놀랐다. 케네디는 줄곧 공산주의의 위협은 "구분할 수 없는 것이므로, 위협이 있는 모든 곳에서 저항하지 않으면 어떤 곳에서의 저항도 의미가 없"다고 말해왔다. 그러나 취임 첫 몇 달 동안 케네디가 보인 행동은 자신이 한 말에 얽매이기를 거부하는 실용적인 인물이라는 점을 드러냈다.

1930년대 유화정책의 교훈을 되새기는 케네디의 호전적 수사와 그에 대비되는 신중한 행동은 케네디의 대통령 재임 기간을 이해할 수 있는 열쇠다. 케네디는 대통령으로서 냉전의 기본 가정들을 완전히 무시하지는 않았지만, 이미 그것들에 의문을 제기하고 있었다. 그러한 의문은 임기가 흘러가면서 더욱 깊어졌다. 세계에서 미국이 수행해야 할 역할에 대한 그의 말은 변하지 않았지만, 그의 생각은 달라졌다. 케네디는 강경한 반공산주의 언사가 자신이 추진하는 다른 의제를 향한 대중의 지지를 결집하는 감정적 힘을 가진다는 점을 잘 알고 있었지만, 그럼에도 불구하고 잠재적 대립 위험을 제거하기 위해 모스크바와 타협책을 모색했다.

서로 의견은 달랐지만 닉슨은 케네디에게 전폭적인 지지를 약속했다.

"라오스나 쿠바와 관련해서 그런 결정을 내린다면 나도 공개적으로 최대한 지지하겠고, 다른 모든 공화당원에게도 그렇게 하도록 촉구하겠습니다." 케네디는 현재 돌아가는 상황을 보아서는 자신이 1964년에 재선되기는 힘들 것 같다고 언급하면서 이렇게 덧붙였다. "대통령이 다뤄야 할 가장 중요한 문제는 대외 정책 아니겠어요? 제 말은, 이런 문제를 놔두고 누가 최저임금이 1달러 15센트인지 1달러 25센트인지 신경이나 쓰겠냐고요."[12]

회담을 마치고 케네디는 닉슨을 차까지 배웅했다. 전직 부통령은 케네디가 백악관으로 돌아가는 모습을 지켜보았다. "경쾌하게 걷던 평소와 달리 두 손을 상의 주머니에 꽂고 고개를 숙인 채 천천히 걸어가고 있었다. 그 순간, 온전히 자기 잘못도 아니면서 그 책임에서 벗어날 수 없는 쓰라린 비극에 맞서야 하는 한 남자에게 연민을 느꼈다."[13]

그러나 닉슨의 연민은 오래가지 않았다. JFK를 공개적으로 지지하겠다고 약속했음에도 불구하고, 닉슨은 5월 5일 연설에서 대통령이 공산주의에 대해 강력히 대응하지 않는다고 명시적으로 비판했다. "쿠바의 실패로 비롯될 수 있는 최악의 결과는, 너무도 많은 평론가가 집착하는 미국의 일시적인 위신 추락이 아닙니다. 그러한 실패를 경험한 우리의 정책 입안자들이 단지 실패의 위험이 있다는 이유로 향후에도 결정적인 조치를 취하는 데 머뭇거릴 수 있다는 것입니다." 베트남에 대해 본인이 취하게 될 공격적인 접근을 미리 예고라도 하듯 닉슨은 경고했다. "미국의 위신이 크게 걸린 사안이 발생할 때마다, 설사 우리가 취득한 정보가 달리 말하더라도 우리는 목표 달성을 위해 충분히 힘을 행사할 의지를 가져야 합니다. 거칠게 말하자면, 끝낼 준비가 되어 있지 않으면 애초에 시작도 하지 말아야 합니다."[14]

그러나 케네디는 닉슨의 비판에 크게 신경 쓰지 않았다. 그가 가장 걱정한 사람은 아이젠하워였다. 두 사람은 정권 인수 기간과 새 행정부 출범 초기 몇 달 동안 서로 정중하고 공식적인 관계를 유지했다. 대통령 집무실로 출근한 첫날, 케네디는 아이크에게 편지를 써서 "선거 이후 몇 주 동안 보여준 여러 후의와 지원"에 대해, 그리고 "공화국 역사상 가장 효과적인 정권 이양"에 도움을 준 데 감사를 표했다. 아이젠하워도 "귀하의 지도하에 국가가 평화롭고 번영하며 행복하기를 간절히 희망한다."라고 답신했다. 하지만 두 사람은 여전히 긴장 관계였다. 새 행정부의 젊은 법무장관 로버트 케네디의 훗날 설명에 따르면, 아이젠하워는 그의 형이 너무 젊고 경험이 부족해서 대통령의 무거운 책무를 감당할 수 없다고 생각했고 그 때문에 JFK도 "아이젠하워가 자신을 못마땅하게 여긴다고 항상 느꼈"다.[15]

그렇지만 케네디는 자신의 대통령으로서의 권위를 누구보다 빨리 무너뜨릴 수 있는 사람이 외교정책에 있어서 엄청난 영향력을 행사하는 전직 연합군 최고사령관 아이젠하워라는 사실을 잘 알았고, 그래서 아이크의 애국심에 호소하기로 했다. 아이젠하워 장군이 자신의 행정부를 지지하는 모습이 담긴 사진이 필요했던 케네디는 피그스만 대참사 닷새 후인 4월 22일, 아이젠하워와 회담을 갖기 위해 캠프데이비드로 그를 초청했다. 아이크의 손자 이름을 따 명명된 캠프데이비드는 메릴랜드주 캐턱틴산악공원에 자리한 대통령 전용 별장으로, JFK로서도 그때가 첫 방문이었다.

미국의 35대 대통령과 34대 대통령은 프라이드치킨을 먹으며 실패한 침공 작전에 대해 분석했다. 아이젠하워는 케네디에게 군 수뇌부에게나 할 법한 많은 질문을 던졌다.

"대통령이란 자리가 얼마나 힘든지 몇 달이라도 직접 해보지 않으면 아무도 모를 겁니다." 케네디가 한숨을 쉬었다.

아이크는 그 순간 작은 승리의 기쁨을 감출 수 없었다. "대통령님, 실례가 되지 않는다면 제가 이미 3개월 전에 그런 취지의 말씀을 드렸다고 생각합니다."

"맞습니다. 그 이후로 정말 많은 것을 배웠습니다." 케네디가 인정했다. "CIA와 합동참모본부에서 올린 계획을 승인한 게 전부입니다. 저는 그저 그들의 조언을 따랐을 뿐이에요."[16]

아이젠하워가 다시 물었다. "대통령님, 합동참모본부의 애초 계획에서 변경된 사항이 있었습니까?"

“네, 있었습니다. 한 차례 기습 폭격을 취소했습니다.”

“왜죠? 침공 부대가 이미 바다에 나가 있었을 텐데, 왜 합동참모본부의 계획을 변경했을까요?”

“음, 그게… 우리가 침공 작전에 관여되었다는 사실을 숨겨야 한다고 생각했습니다. 망명 반군이 아니라 우리가 그 작전을 수행했다는 게 알려지면 소련이 베를린에서 문제를 일으킬 가능성이 매우 높다고 판단했죠.”

“대통령님, 실제 일어날 일과 정확히 반대로 예상하셨군요. 소련은 자기들 계획에 따라 행동합니다. 그들은 우리가 약한 모습을 보이는 순간 우리를 가장 세게 압박합니다. 우리가 강한 모습을 보이고 우리 계획에 따라 행동하면, 그때 더욱 신중해지죠.”

그리고 아이크는 케네디가 피그스만 침공에서 보인 행동이 “소련을 더욱 대담하게 만들어 뭔가 새로운 일을 꾸밀 것”이라고 예측했고, 이에 케네디는 수세적으로 응답했다. “음, 우리가 침공 작전에 관여되었다는 것을 숨겨야 한다고 합동참모본부에 조언한 사람은 접니다.”

아이젠하워는 훗날 케네디의 응답에 “경악”했다고 주장했다.

“대통령님, 우리가 그 작전과 아무 관련이 없다고 말한다고 세상이 믿을 것이라고 기대하셨나요? 그 망명자들이 중앙아메리카에서 쿠바로 가는 배들과 무기와 통신 장비와 그 외 갖가지 것들을 어디서 구했는지 온 세상이 물어볼 텐데, 미국이 침공에 관여했다는 사실을 어떻게 세상 사람들에게 숨길 수 있겠습니까? 저는 이런 종류의 일을 할 때는 단 하나의 목표만 있어야 한다고 생각합니다. 바로 성공하는 것입니다.”[17]

케네디는 라오스 상황으로 화제를 돌려 아이크에게 “미국의 일방적인 군사행동으로 라오스를 구할 수는 없습니다.”라고 말했다. 아이젠하워는 라오스 문제에 관해서는 모호한 태도를 취하며 구체적인 조언을 하지 않았다. 단지 “회담 석상에서 유리한 입장에 서려면, 상대방에게 우리는 두려워하지 않는다는 것을 끊임없이 보여주어야 합니다. 정의를 믿고 정의를 관철시키려고 노력해야 합니다.”라는 말을 남겼다.[18]

회담을 마친 후, 두 사람은 기자들을 만났다. 아이젠하워는 기자들에게 "미국의 대외 업무 책임자에게 국민 모두가 지지를 보내야 한다는 것이 자신의 입장"이라고 확인시켜주었다. 케네디는 원하던 사진 촬영도 했다. 다음 날 《뉴욕타임스》는 〈아이젠하워, 쿠바 사태와 관련해 케네디를 지지할 것을 국민에게 촉구〉라는 머리기사 밑에 두 사람이 함께 찍은 사진을 게재했다.[19]

닉슨과 달리 아이크는 자신이 한 말을 지켰다. 그다음 주, 공화당 의회 지도부가 아이크를 압박해 케네디 행정부를 비판하라고 종용했을 때도 아이크는 기자들에게 "과거로 돌아가 타다 남은 재를 뒤적거리느니 앞으로 우리가 무엇을 더 잘할 수 있는지 살펴보는 것이 바람직"하다고 말했다.[20]

그러나 개인적으로는 케네디의 태도에 경멸감을 드러냈다. 아이크는 일기에서 "전체 이야기를 국민이 알게 되면" 엄청난 반발이 있을 것이라고 예측하며, 케네디의 쿠바 문제 처리는 "소심하고 우유부단한 사람*"의 표상이라고 결론지었다.[21]

그 후 며칠 동안 케네디는 피그스만 침공 작전에 동의한 스스로를 자책했다. 그는 친구들과 보좌진들에게 거듭 말했다. "어떻게 그렇게 멍청할 수 있었지? 어째서 그런 일을 하도록 내버려두었을까?" 태평양에서의 전쟁 경험 이후 케네디는 줄곧 군 수뇌부에게 의구심을 품고 있었지만, 취임 초기에는 그런 의심을 접어두고 있었다. 그래서 그 대가를 치르고 있던 것이다. "케네디는 그 이후 합동참모본부가 말하는 어떤 것도 다시는 믿지 않았던 것 같"다고 슐레진저는 말했다. 케네디 대통령은 친구이자 언론인인 벤 브래들리에게 솔직히 털어놓았다. "내가 후임자에게 해줄 첫 번째 조언은 장군들을 조심하라는 것이야. 그들이 군인이니까 군사 문제에 관해서는 그들의 의견을 조금은 들을 가치가 있지 않겠느냐는, 그런 생각은 절대 하지

---

*　'소심하고 우유부단한 사람Profile in Timidity and Indecision'이란 아이젠하워의 표현은 케네디의 베스트셀러 저작 《용기 있는 사람들Profiles in Courage》을 비꼰 것이다. (옮긴이)

말아야 해."[22]

피그스만 침공 작전은 굴욕적인 재앙으로 끝났지만, 대통령과 그의 동생인 법무장관의 카스트로 제거 결심은 변하지 않았다. 6개월이 지나지 않아 그들은 쿠바 정국을 불안정하게 만들 목적으로 CIA 주도의 비밀 프로그램인 "몽구스 작전"에 착수했다. 작전 요원들은 카스트로의 굴욕적인 모습을 연출하기 위해 다양한 계획들을 꾸몄는데, 그중에는 카스트로를 "마법사처럼 보이게 하는" 그의 턱수염이 빠지도록 특수 분말을 신발에 넣는다거나, 라디오 방송실에 LSD 환각제를 미리 살포해 라디오 연설을 하는 카스트로가 미친 사람처럼 들리게 하려는 시도도 포함되어 있었다. 카스트로에게 독이 든 시가를 제공하거나 리조트에서 스노클링을 할 때 작살로 공격하는 등 카스트로를 암살하려는 더욱 음흉한 음모들도 있었다. 당시에는 깨닫지 못했겠지만, 카스트로 정권을 무너뜨리려는 그들의 집요한 노력이 결국 소련이 그 섬에 공격용 무기를 보내는 결정을 한 배경이 되었다. 그리고 그러한 소련의 결정은 냉전 시대 중 가장 위험했던, 초강대국 간 일촉즉발 대결이 된 사건으로 이어졌다.

*

피그스만 침공 사건 이후 흐루쇼프는 오스트리아 빈에서 열린 정상회담에서 케네디를 거칠게 대하고 동서 베를린을 분리하는 장벽을 건설하는 등 몇 달 동안 케네디의 배짱을 시험했다.

베를린장벽 건설이 미·소의 대립을 시각적으로 극명하게 보여주었다면, 흐루쇼프의 가장 대담하고도 무모한 도발은 쿠바에서 일어났다. 피그스만 침공 시도에 이어 케네디 행정부가 지속적으로 불법적인 카스트로 암살을 시도하자, 카스트로는 소련과 중국 양쪽에 핵무기 제공을 요청했다. 결국 흐루쇼프는 카스트로의 압력에 굴복하여 1962년 7월부터 9월 사이에 준장거리, 중거리, 단거리 핵미사일과 함께 거의 4만 명에 달하는 소련군을 은밀히 쿠바에 배치했다. 흐루쇼프의 애초 계획은 11월 미국 중간선거가 끝날 때까지 쿠바 내 군사력 증강을 은폐하다가 유엔 총회에서 이를 전격적으로 발표하는 것이었다. 그다음 그 무기들을 협상 카드로 활용해 베를린과 쿠바 문제에서 미국의 양보를 받아낼 수 있기를 기대했다.[23]

하지만 케네디는 흐루쇼프가 원했던 것보다 일찍 미사일 배치 사실을 알아냈다. 1962년 10월 16일 아침, 맥조지 번디 국가안보 보좌관이 미사일 기지들의 정찰 사진을 보여준 것이다. 케네디 대통령은 내각 회의실에서 회의를 갖자고 말하며 로버트 케네디 법무부 장관에게 전화를 걸었다. "큰일 났어. 당장 이리로 와."[24]

그날 내각 회의실로 모인 회의체는 공식적으로 국가안전보장회의 집행위원회Executive Committee of the National Security Council, 즉 엑스컴ExComm이라 불렸다. 국가안전보장회의와 합동참모본부의 구성원들에 케네디가 직접 부른 인사들이 포함되었다. 그중에는 트루먼 행정부에서 국무부 장관을 지낸, 미국의 전후 봉쇄정책 설계자 중 한 명인 강경파 딘 애치슨도 있었다. 시간이 지나면서 이 회의체는 약 열여덟 명으로 확대되었다.[25]

곧 마땅한 대안이 없다는 사실이 명백해졌다. 회의 초반 엑스컴은 군사적 대응 쪽으로 기울었다. 공습으로 미사일을 파괴하고 지상 침공으로 남은 무기들을 완전히 제거하자는 의견이었다. 번디가 보여준 사진을 처음 보았을 때 JFK도 "폭격해야 할 것 같은데…"라며 군사적 대응에 동의했다. 그날 저녁 로버트 케네디도 같은 결론에 도달하며 종이 위에 "들어가려면 확실히"라고 휘갈겨 썼다.[26]

하지만 논의가 진행되면서 공습에 이은 지상 침공은 엄청난 위험을 수반한다는 점이 분명해졌다. 합동참모본부 의장인 맥스웰 테일러 장군은 공군이 정밀 타격으로 모든 미사일을 파괴할 수는 없을 것이라고 경고했다. "100퍼센트 파괴는 불가능합니다." 만약 쿠바가 미사일을 한 발이라도 발사한다면 피격당한 미국 도시 하나는 완전히 파괴될 것이며, 대규모 폭격 작전은 쿠바에 배치된 소련군 수백 명을 죽일 수도 있었다.[27]

적절한 대응책 마련에 부심하는 엑스컴의 토론에 제2차 세계대전의 교훈이 그림자를 드리웠다. 로버트 케네디와 조지 볼에게 기준점은 진주만이었다. 지상 침공을 제안한 지 24시간도 안 되어 로버트 케네디는 연설문 작성자이자 고문인 시어도어 소런슨에게 쪽지 하나를 건넸다. "도조가 진주만 공습을 계획했을 때 어떤 기분이었는지 알겠네요." 엑스컴이 교착 상태에 빠진 금요일 아침, 로버트 케네디는 다시 진주만의 망령을 불러냈다. 국무부 관리가 기록한 메모에 따르면 법무부 장관은 "기습 공격은 우리의 전통이 아닙니다. 수천 명의 쿠바인과 많은 러시아인이 사전 경고도 받지 못한 채 죽게 될 것입니다."라고 발언했다. 로버트 케네디는 미국이 대응해야 한다고, 그것도 강력히 대응해야 한다는 점은 인정했지만 "쿠바에 과도하게 발을 담근 소련이 스스로 물러날 수 있는 여지를 남겨주는 방향이어야 한"다고 생각했다.[28]

처음에는 군사적 대응을 지지했다가 마음을 돌린 볼도 진주만 공습 비유를 받아들였다. "우리가 사전 경고도 하지 않고 군사적 행동에 나선다면, 그래서 흐루쇼프에게 물러날 수 있는 명분도 주지 않는다면 … 그건 일본의 진주만 공습과 같은 짓입니다. 그런 행동은 소련이나 할 만한 짓이지, 우리 미국이 그럴 수는 없습니다." 볼은 미국이 "일본인들을 전범으로 재판했던 이유는 그들이 진주만을 기습 공격했기 때문"이라는 점을 다른 위원들에게 상기시켰다. 그러면서 미국이 기습 공격을 한다면 "우리의 도덕적 우위를 확립하기는커녕 … 우리의 전통에 어긋나는 방식으로 행동함으로써 문명 세계의 많은 국가가 우리에게 거리를 두는 결과를 초래할 것"이라고 강조했다.[29]

군사적 대응에 반대하는 논리는 이해한다 하더라도, 그렇다면 흐루쇼프를 어떻게 움직여 쿠바에 배치된 무기를 해체하고 새로운 무기 반입을 중단하도록 할 것인가? 진주만 공습 비유를 든 사람들은 국방부 장관 로버트 맥너마라가 초기에 제기한 방안으로 기울었다. 향후 추가적인 미사일 반입이라도 봉쇄하자는 것이었다. 그들에게 봉쇄는 나쁜 대안들 가운데 최선이었다. 군사적 충돌은 피할 수 있지만, 이미 쿠바에 배치된 무기들을 제거하는 데는 아무런 도움이 되지 않는 방안이었다. 기껏해야 추가 무기 반입을 늦추는 효과를 거두고, 흐루쇼프에게 다음 단계를 재고할 시간을 줄 수 있을 뿐이었다. 그리고 로버트 맥너마라는 논의 초기부터 미국이 소련에게 교환 조건을 제시해야 할 수도 있다는 점을 분명히 했다. 즉 소련이 쿠바에서 미사일을 철수하는 대가로 미국이 최근 튀르키예에 배치한 핵미사일을 철수하는 조건이 붙을 수 있었다.

그러나 전 국무부 장관 딘 애치슨과 미 공군참모총장 커티스 르메이가 보기에 당시 상황은 일본의 진주만 공습보다는 '뮌헨'에 적합했다. 늘 자신만만한 애치슨은 쿠바위기는 흐루쇼프와 케네디 간의 배짱 대결이라며 즉시, 그리고 사전 경고 없이 군사 공격에 착수하여 강한 의지를 보여야 한다고 대통령에게 조언했다.[30]

시가를 입에 문 채 씹어대는 르메이가 애치슨을 지지했다. 르메이는 제2차 세계대전 중 일본 소이탄 폭격과 1948~1949년 베를린 공수작전을 지휘하여 널리 찬사를 받은 인물이었다. 르메이는 흐루쇼프가 자신이 "질" 것을 알기 때문에 절대 미국과 핵 교전에 나서지 않을 것이라고 믿었다. 그는 엑스컴 위원들에게 미국이 "러시아 곰"의 급소를 잡은 격이라고 말하면서 "이제 그놈을 덫에 가두었으니 다리를 부러뜨려 놓읍시다. 아니, 고환까지 잘라버립시다."라고 주장했다.[31]

르메이는 10월 19일 대통령이 참석한 엑스컴 회의에서도 같은 주장을 되풀이했지만, 케네디는 미국이 쿠바 미사일 기지를 공습하면 소련이 베를린 침공으로 대응할 가능성이 높다고 설명했다. 케네디는 거의 모든 시나리오가 핵 교전으로 결말이 나니 "내가 할 수 있는 선택은 핵무기를 발사하는 것뿐인데, 그건 정말 끔찍한 선택"이라고 말했다. 그러나 르메이는 오히려 정반대 상황이 일어날 것이라며 반박했다. "우리가 쿠바 문제에 아무런 대응을 하지 않으면 소련은 우리가 **꽁무니를 뺀다**고 생각해 베를린에서 밀어붙일 것입니다. 그것도 **아주 강하게요.**" 케네디가 르메이에게 쿠바 미사일

기지를 공습하면 모스크바가 어떻게 대응할 것 같으냐고 묻자, 르메이는 아무런 대응도 없을 것이라고 답하고는 봉쇄 아이디어를 겨냥한 발언을 쏟아냈다. 그는 마치 우둔한 어린 학생을 가르치는 듯한 느릿한 어조로 이렇게 말했다. "봉쇄 시도 같은 정치적 행동은 전쟁으로 이어진다고 봅니다. 다른 해결책은 보이지 않습니다. 바로 전쟁으로 이어질 겁니다. 뮌헨에서의 유화 정책만큼이나 나쁜 시도입니다. 우리의 많은 동맹국과 중립국들은 매우 약한 대응이라고 여길 거예요."

르메이의 뮌헨회담 언급에 깜짝 놀란 회의 참석자들은 모두 침묵했다. 한 목격자에 따르면 케네디는 뮌헨 언급을 1930년대 히틀러에 대해 그의 아버지가 보인 태도를 직접적으로 거론한 것으로 받아들여 "분노한" 표정을 지었다. JFK는 공직에 진출한 이후 가급적 아버지의 고립주의적 견해와 거리를 두려 했다. 그 자신도 누구 못지않게 뮌헨의 교훈을 이해하고 있었으며, 히틀러의 침략 대응에 실패한 서방 세계를 집중 조명한《영국은 왜 잠자고 있었나?》라는 책을 쓰기까지 했다. 그러나 전후에 여러 나라를 순방하며 민족주의 혁명을 목격한 케네디는 '뮌헨 교훈'의 한계도 깨닫고 있었다. '뮌헨 교훈'은 대중을 쉽게 자극할 수 있는 강력한 수사적 도구이기는 했지만, 복잡한 현대 세계에서 쓰기에는 너무 둔탁했다. 피그스만 침공 때처럼 장군들이 국가를 전쟁으로 몰아가도록 내버려두지는 않을 작정이었던 케네디는 가장 가까운 측근, 특히 동생의 조언과 자신의 직감에 의존하기로 했다.[32]

케네디는 다시 한번 갈등에 빠졌다. 한편으로는 흐루쇼프의 대담한 행동을 자신에 대한 개인적인 도발로 받아들인 케네디는 흐루쇼프가 자신을 시험하고 있다고 확신했으므로 절대 유화론자로 보이지 않겠다고 다짐했고, 그런 이유로 강력한 대응이 필요하다고 믿었다. 그러나 다른 한편으로는 핵전쟁의 위험을 감수할 자신이 없었다. 최대 7000만 명의 미국인이 죽을 수도 있는 핵전쟁에서 승자란 있을 수 없었다. 더구나 전쟁의 참상을 직접 목격한 케네디로서는 자신이 제3차 세계대전, 게다가 핵전쟁을 일으킨다는 생각 자체를 감당할 수 없었다. 빈에서 돌아오는 에어포스원 기내에서 케네디는 속옷 차림으로 앉아 측근들에게 말했다. "나만 생각한다면 버튼을 누르겠다고 쉽게 말하겠지. 어려운 일도 아닌데 말이야. 그렇지만 나만 생각할 수는 없는 노릇이잖아. 여러 세대가 걸린 문제라고. 여러분이나 나나 살 만큼 살았으니 관계없겠지만 아이들은 어쩔 거냐고."[33]

다음 날 아침, 케네디는 게티즈버그 농장 현관에서 휴식을 취하고 있던 아이젠하워에게 전화를 걸었다. 현 대통령은 전임 대통령에게 "격리 조치quarantine"를 취할 계획이라고 설명했다. **격리 조치**는 법적으로 전쟁 상태를 의미하는 **봉쇄**blockade와는 구별되는 행위였다. 아이젠하워는 다시 한번 전폭적인 지지를 약속하며 답했다. "당신이 취할 수 있는 유일한 조치라고 생각합니다." 아이크는 소련이 베를린 침공으로 대응하지는 않을 것이라는 합동참모본부의 견해에 동조했다. "망할 소련놈들은 자신들이 원하는 것, 자신들에게 도움이 된다고 생각하는 것은 무엇이든 할 거예요. 하지만 그들이 이번 상황을 다른 상황과 연계하여 행동하지는 않을 것이라고 생각합니다."

그러자 케네디는 자신의 궁극적인 우려, 즉 소련이 핵무기를 사용해 대응할 가능성은 없겠냐고 아이크에게 물었다. 아이크는 "아, 그럴 일은 없을 거예요."라고 일축하며 케네디를 안심시켰다. 공격용 미사일이 철수되면 쿠바를 침공하지 않겠다고 약속할 계획이라고 케네디가 말하자, 아이젠하워는 함부로 그런 약속을 하지 말라며 주의를 주었다. "백지수표는 쓰지 마세요. 언제든 쿠바에 들어가야 할 다른 상황들이 생길 수도 있으니, 그런 상황을 미리 상정해놓는 편이 좋을 겁니다."[34]

일요일 저녁, 피그스만 침공 작전 실패 이후 CIA 국장직을 맡게 된 존 매콘이 부통령 존슨에게 이러한 상황 전개를 보고했다. 존슨도 엑스컴 회의에 참석했지만 거의 발언하지 않았기 때문에 당시 그가 어떤 생각을 했는지 알 수 있는 기록은 거의 없다. 한 참석자는 "부통령이 다른 참석자들의 의견에 큰 영향을 미친 발언을 한 것 같지는 않다."라고 전했다. 존슨은 매콘에게 봉쇄 작전은 "우리의 의도를 미리 드러내는 짓"으로 "소 잃고 외양간 고치는 격"이라고 불평하며, 자신은 기습 공습을 선호한다고 밝혔다. 그러나 아이젠하워도 봉쇄 작전에 동의했다는 말을 듣고는 마지못해 지지를 표명했다.[35]

10월 24일 케네디는 17분간의 대통령 집무실 연설을 통해 미국 국민에게 이 사안을 설명했다. "저녁 시간 잘 보내고 계십니까, 동료 시민 여러분."이라는 인사말을 시작으로 케네디는 1억 명의 시청자들에게 연설했다. 역사상 가장 많은 국민이 지켜본 대통령 연설이었다. "우리 정부는 국민께 약속한 대로, 소련이 쿠바에서 자행하고 있는 군비 증강을 면밀히 감시해왔습니다. 지난 한 주 수집한 명백한 증거들을 통해 이 자유를 잃은 섬에 다수의 공격용 미사일 기지가 건설 중이라는 사실을 확인하였습니다. 서반구를 겨냥한 핵 공격 능력을 갖추기 위한 목적임이 너무도 자명합니다."[36]

케네디는 쿠바에 배치된 무기의 성격을 설명한 후, 그러한 무기들이 서방 국가에 가하는 위협과 그에 대응하는 자신의 논리를 설명했다. 그 과정에서 케네디는 '뮌헨의 비유'를 정반대로 활용했다. 엑스컴 회의 내내 르메이와 같은 강경파들은 침공 작전을 옹호하면서, 케네디가 지지하는 봉쇄 작전은 1930년대 히틀러에게 펼쳤던 유화정책과 다름없다고 비판했다. 그러나 케네디는 이제 자신의 신중한 접근을 합리화하기 위한 용도로 뮌헨회담을 교묘히 끌어왔다. 미국은 적의 전술에 따라 행동하지 않겠다는 것이었다. "1930년대는 우리에게 명확한 교훈을 남겼습니다. 공격 행위를 견제하지 않고 또 공격 행위에 대응하지 않으면, 결국 전쟁으로 이어진다는 것입니다. 미국은 전쟁에 반대합니다. 미국은 또한 약속을 지키는 나라입니다. 따라서 우리의 흔들림 없는 목표는 이들 소련의 미사일이 미국이나 다른 어떤 나라를 공격하는 데 사용되는 것을 막고, 서반구에서 확실히 철수시키거나 제거하는 것입니다."[37]

케네디가 텔레비전 연설을 한 날부터 흐루쇼프가 쿠바에 있는 모든 핵무기를 해체하겠다고 합의한 10월 27일까지, 며칠 간 세계는 핵전쟁의 벼랑 끝에 서 있었다. 흐루쇼프의 합의에 대한 대가로 케네디는 쿠바를 침공하지 않겠다고 약속했다. 그리고 거의 모든 참모들의 강한 반대에도 불구하고 튀르키예에 배치된 NATO와 미국의 중거리 주피터 미사일을 모두 철수시키겠다는 비밀 협상에도 합의했다. (이 교환 거래에 관해서 케네디는 아이젠하워까지도 오도했다). 이 교환 거래는 1982년이 되어서야 대중에게 알려졌다. 케네디대통령도서관 측에서 쿠바위기 당시의 회의를 녹음한 비밀 테이프를 공개하려 하자, 케네디의 핵심 참모 몇몇이 《타임》에 먼저 기고한 것이다.[38]

쿠바 미사일 위기가 해소되면서 단기적으로는 미소 관계가 점진적으로 개선될 수 있는 발판이 마련되었다. 가까스로 핵전쟁을 모면한 양국 모두 긴장 완화의 필요성을 느낀 듯 보였다. 케네디는 1963년 6월 아메리칸대학 졸업식 연설에서 양국 간의 해빙을 제안했다. "결국 분석의 끝에 이르면, 양국의 가장 큰 공통점은 이 작은 행성에 살고 있다는 것입니다. 우리 모두는 같은 공기를 마십니다. 우리 모두는 자녀들의 미래를 소중히 여깁니다. 그리고 우리 모두 죽음을 피할 수 없는 존재들입니다." 역사학자 로버트 달렉은 케네디의 이 연설을 "20세기 미국 대통령의 어떤 연설과 비교해도 손색없는 위대한 국정 연설 중 하나"라고 평했다. 그다음 달, 미국과 소련은 대기권과 수중에서의 핵실험을 금지하는 '핵실험 금지 조약'을 체결하기로 합의했다.[39]

그해 6월, 케네디는 핵실험 금지 조약 협상에 관한 지지를 확보하고 소련의 침략으로부터 NATO 동맹국들을 보호하겠다는 미국의 변함없는 의지를 재확인시키기 위해 유럽 순방에 나섰다. 베를린에서는 200만에서 300만 명에 이르는 시민들이 케네디를 보기 위해 거리로 쏟아져 나왔다. 케네디가 그때까지 보았던 군중 중 가장 큰 규모였다. 아서 슐레진저는 그 군중이 "박수 치고, 손을 흔들고, 울고, 환호를 보내는 것이 마치 예수의 재림을 보는 듯했"다고 회상했다. 케네디는 군중을 실망시키지 않고 그의 재임 기간 중 가장 기억에 남는 명연설을 했다. 케네디는 선언했다. "2000년 전에는 '나는 로마 시민이다.'라는 말이 세계에서 가장 자랑스러운 말이었습니다. 오늘날 자유세계에서는 '나는 베를린 시민입니다.'가 가장 자랑스러운 말입니다." JFK가 공산주의라는 악을 규탄하면서 서베를린을 서구 가치의 우월성을 보여주는 사례라고 목소리를 높이자, 열광한 군중은 우레와 같은 박수로 화답했다.[40]

그 연설은 다시 한번 케네디의 말과 행동 사이의 불일치를 드러냈다. 그의 유럽 순방 목적은 미·소 양국 간의 적대감을 줄이기 위해 구상 중인 소련과의 평화 조약에 관한 지지를 확보하기 위해서였다. 그러나 군중의 열광에 휩쓸린 나머지 가장 강경한 대소련 메시지를 내뱉고 만 것이다. 이러한 양태는 케네디 대통령 재임 기간 동안 지속되었다. 청중을 사로잡는 확실한 방법은 단순하기 이를 데 없는 냉전 수사 구사라는 것을 잘 알았던 케네디는 종종 그 방식에 기댔다. 그러나 1962년에 이르면 그러한 수사는 좀 더 섬세해진 케네디의 세계관 및 미국이 가진 힘의 한계에 대한 현실 인식과 확실한 괴리를 보였다.

베를린에서 일정을 마친 그날, 케네디는 늦은 비행기 편으로 자기 조상들의 땅인 아일랜드로 향했다. 그는 여전히 베를린 군중이 보인 반응으로 들떠 있었다. "우리가 사는 동안 오늘 같은 날은 다시 없을 거야." 케네디는 아쉬운 듯 테드 소런슨에게 말했다.[41]

*

쿠바나 베를린 같은 위기 지역들과 달리, 베트남 문제는 케네디의 재임 기간 마지막 몇 달까지도 대체로 뒤로 미루어진 사안이었다. 그리고 케네디의 베트남 분쟁 개입은 산발적으로 이루어졌기 때문에 베트남에 대한 그의 전체적인 생각을 기록한 자료도 거의 남아 있지 않고, 남아 있는 자료들도 상충된다. 하지만 케네디가 직면했던 모든 주요 사안에서와 마찬가지로, 베트남 문제에서도 뮌헨의 교훈을 상기시키는 그의 공개적 발언들과 베트남의 공산화를 막기 위해 그가 취한 온건한 행동들 사이에는 괴리가 보인다.

그 결과 신중하고 모호하며 우유부단한 정책이 이어졌다.

한편으로 케네디는 미국의 개입을 확대하고, 필요하다면 군대를 투입하라는 상당한 압력을 받고 있었다. 라오스에서는 타협을 한 터라 케네디도 미국의 힘과 신뢰를 보여주어야 할 때가 되었다고 느꼈고, 베트남이 그리 할 만한 지역인 듯도 했다. 정치적 고려도 그의 마음을 무겁게 했다. 그는 트루먼이 "중국을 잃었다"는 이유로 난타당한 사실을 잘 기억하고 있었으므로, 베트남에서 낭패를 보면 행정부의 우선 과제도 헝클어지고 어쩌면 1964년 재선도 물 건너갈 수 있다고 우려했다.

무엇보다도 뮌헨의 긴 그림자가 베트남으로 가는 길에 짙게 드리워져 있었다. 케네디는 여전히 미국이 소련의 모험주의를 억제해야 한다고 확신했고, 도미노이론의 전반적 논지를 받아들였다. 즉 위험에 처한 것은 베트남만이 아니라 아시아 대륙 전체라는 것이었다. 로버트 케네디가 몇 년 후 회상했듯이 그의 형은 "베트남을 잃으면 동남아시아 전체를 잃게 될 것"이라고 두려워하며, "동남아시아 나머지 지역도 모두 무너질 것이라고 다들 생각하잖아."라고 말했다.[42]

그러나 다른 한편으로는 디엔비엔푸에서 프랑스가 패배한 이후로 케네디는 미국이 아시아에서는 전쟁을 이길 수 없다고 믿었다. 슐레진저에 따르면 JFK는 베트남 분쟁이 "백인의 전쟁이 되면, 10년 전 프랑스가 패배했던 것처럼 우리도 질 것"이라고 확신했다. 극동 문제 담당 국무부 차관보였던 로저 힐스먼은 대통령이 자신에게 "기회가 생기는 대로 철수할 수 있도록 미국의 개입을 최소한으로 유지하는 것이 당신 임무"라고 "반복해서" 말했다고 주장했다.[43]

케네디는 1955년 집권을 도왔던 응오딘지엠 정권을 미국이 계속 지지한다는 메시지를 전달할 특사로 부통령 존슨을 선택했다.

케네디는 존슨을 2주간 아시아에 파견했다. 주요 목적지는 사이공이었다. 존슨의 대변인 조지 리디는 "이번 순방의 목적은 응오딘지엠에게 정권을 유지하려면 반드시 사회적·경제적 개혁을 실시해야 한다고 설득하는 것이었"다고 회상했다. 존슨은 군사고문단 수와 경제적 지원을 늘려주겠다고 약속하는 케네디의 친서도 가져갔다. 그러나 존슨은 순방 목적에만 충실하기에는 의욕이 넘쳤다. 그는 공산주의 반란군에 맞서 싸우는 남베트남을 1930년대 히틀러에 맞선 영국에 비유했다. 사이공에서는 한 팔을 흔들어가며, 심지어 응오딘지엠을 윈스턴 처칠에 비유하는 연설까지 했다.[44]

몇 년 후 자신의 베트남 순방을 회상하며, 존슨은 응오딘지엠에게 남베트남을 더욱 민주적으로 통치하라는 미 행정부의 권고를 전하면서 공산주의 침략에 맞서 싸우는 그에게 격려 또한 전하고 싶었다고 주장했다. 존슨은 1930년대의 유럽 상황을 사례로 들어 응오딘지엠에게 이렇게 설명했다고 회상했다. 히틀러가 유럽을 위협하기 시작했을 때 "수많은 사람들이 타협과 중재로 상황을 해결하려 했습니다. 뮌헨에서 돌아온 체임벌린은 자신이 평화를 얻어냈다고 생각했죠. 그러나 결국 처칠이 … 그 상황을 떨치고 일어나 … 영국 국민이 전쟁에 나설 수 있도록 용기와 영감을 불어넣었습니다." 존슨은 아시아에서 비슷한 상황에 처한 응오딘지엠이 처칠의 본보기를 따라야 한다고 확신했다. 1940년 6월 4일 처칠 총리가 하원에서 한 연설을 본따, 존슨은 그 베트남 지도자에게 "우리는 해변에서도 그들과 맞서고, 골목에서도 그들과 맞서고, 거리에서도 그들과 맞설 것입니다. 그 모든 노력이 실패한다면 맥주병을 들고 싸워서라도 파시즘이 창궐하는 모습을 보고만 있지는 않을 것입니다."라고 말했다.[45]

워싱턴으로 돌아온 존슨은 다시 도미노이론을 꺼내며, 공산주의가 동남아시아를 잠식해가는 상황을 미국이 방치하면 "결국 태평양까지 포기하게 되어 우리 본토 해안에 방어선을 구축하게 될 것"이라고 케네디에게 경고했다. 그는 이어 "이 지역 국가들을 우리 능력이 닿는 한 최선을 다해 도울 것인지, 아니면 이 지역을 포기하고 샌프란시스코까지 방어선을 후퇴시켜 '요새 미국' 개념으로 돌아갈 것"인지 미 행정부가 결정해야 할 때라고 주장했다. 이처럼 과장된 발언에도 불구하고 존슨은 미군 병력 증파 대신 고문관 파견 수를 늘리자고 제안했다.[46]

케네디는 존슨 부통령의 권고가 너무 단순하다고 생각했다. 그는 동남아시아에서의 소극적 대응이 위험할 수도 있다고 인정했지만, 동남아시아는 유럽과 다르며 1960년대의 시대적 과제는 1930년대와 다르다는 점 또한 인식하고 있었다. 따라서 공개적으로는 공산주의라는 악에 대해 설파하고 베트남의 공산주의화를 막아야 한다고 강조했지만, 개인적으로는 존슨식 접근에 회의적이었다. 케네디는 베트남을 잃고 싶지 않았지만, 그렇다고 미군을 투입할 결심까지는 하지 않았다. 결국 그가 정치에 뛰어든 이유는 제2차 세계대전에서 사용되었던 규모의 무력이 극히 필요 없는 세상을 만들고 싶었기 때문이 아니었던가? 조지 볼은 "케네디는 전쟁에 깊이 개입하고 싶어 하지 않았습니다. 그렇지만 겁쟁이로 보이고 싶지도 않았죠."라고 회상했다.[47]

케네디는 자신이 1950년대부터 주장했던 것처럼, 공산주의 침략을 막는 유일한 방법은 현지 군대를 훈련시켜 스스로 싸우게 하는 것이라고 믿었다. 그래서 1961년 5월 JFK는 육군 특수부대 그린베레 400명을 파견하여 남베트남 군대를 훈련시키도록 했다. 1962년 말에 이르러 베트남에 보낸 군사고문관 수는 1만1500명으로 늘어났고, 케네디가 암살당하는 시점에는 대략 1만8000명으로 증가했다. 케네디는 또한 대게릴라 계획을 대대적으로 지원했다. 그중에는 베트콩으로부터 작은 마을들을 보호하는 동시에 그 마을들이 공산주의자를 축출하려는 정부의 노력을 지지하도록 설득하는 "전략촌strategic hamlet" 정책도 있었다.

그러나 미국의 대대적인 지원에도 불구하고 베트남 상황은 나아질 기미가 보이지 않았다. 응오딘지엠은 과거 나름 지도자로서 능력을 보여주었지만, 베트남 국민과 점차 소원해지며 반대 목소리는 들으려 하지 않았다. 그는 자신의 권력이 축소될 개혁 요구에 귀를 닫음으로써 민중의 분노를 돋우기만 했다. 응오딘지엠의 이러한 태도는 베트남 문제 해법을 모색해야 하는 케네디에게 또 다른 딜레마였다. 케네디는 자신에게 올라오는 베트남 현지 상황에 관한 보고가 불완전하거나 서로 모순되는 점에 대해서도 좌절했다. 베트남 분쟁과 관련해 정반대의 전망을 제시하는 두 보고서를 읽은 케네디가 "당신들 두 사람, 같은 나라 방문한 거 맞아요?"라고 빈정댄 적도 있었다. 측근들의 의견이 갈린 상황에서, 케네디는 지도력은 몰라도 군사적 판단만큼은 존경했던 더글러스 맥아더 장군에게 조언을 구했다. 보좌관 케니 오도널은 맥아더가 케네디에게 "아시아는 끝이 없어서, 설령 우리가 그 대륙에 백만 명의 미군 보병을 쏟아붓는다 해도 가는 곳마다 수적 열세에 처하게 될 것"이라고 조언했다고 기억했다. 맥아더의 견해가 "대통령에게 매우 깊은 인상을 남겼습니다. 그 이후로 맥아더의 견해가 동남아시아에 대한 케네디 대통령의 사고를 줄곧 지배했던 것으로 보입니다."라고 언급한 측근도 있었다. 남베트남을 구하려는 열망과 베트남 분쟁에 깊이 빠지지 않으려는 결심을 조화시킬 수 없던 케네디는 결국 중간 입장을 택했다. 더 많은 고문관을 보내고 더 많은 지원을 하면서, 동시에 지지 기반 확대를 위해 노력하라고 응오딘지엠 정권에 압력을 가한 것이다.

케네디는 남베트남 수호 의지를 공개적으로 표명했지만, 개인적으로는 선거 이후 베트남에서 철수하는 것이 자신의 목표라고 여러 차례 시사했다. 1962년 7월 케네디는 맥너마라에게 미군 고문관들이 훈련시킨 남베트남군이 현지에서 모든 책임을 맡도록 하면서 1965년 말까지 베트남에서 단계적으로 철수하는 계획을 세우라고 지시했다. 케네디는 다시 한번 자신의 반전 이상과 강한 반공산주의 정서라는 정치적 현실 사이에서 균형을 찾으려 했다. 그는 오도널에게 이렇게 말했다. "지금 우리가 베트남에서 완전히 철수하겠다고 하면 조 매카시식 빨간 딱지를 붙이려 할 거야. 그러나 재선 후에는 그렇게 할 수 있어. 그러니 내가 재선될 수 있게 확실히 하라고."

케네디는 자신이 베트남에서 철수하는 결정을 내리면 공화당원들이 달려들어 유화정책을 편다고 비난하리라는 사실을 잘 알고 있었다. 피그스만 사건 이후에는 아이젠하워와 닉슨을 어느 정도 자기편으로 만들 수 있었지만, 베트남에서 철수한다는 이야기를 들으면 두 사람 모두 반대 목소리를 높일 가능성이 높았다. 케네디의 대외 정책 의제 대부분을 지지했던 제럴드 포드 하원의원조차도 공산주의자들과의 타협 시도에는 반대했고, 남베트남 정권을 떠받치기 위한 미군 파견을 옹호했다. 그는 "이 세대의 미국인들은 희생을 치르지 않을 수 있다고 기대할 권리가 있단 말입니까?"라고 물었다. 문법적으로는 조금 어색하지만, 전하려는 메시지는 분명했다. '제2차 세계대전이 남긴 교훈은 세계 어디서든 유화정책은 훗날 더 큰 희생을 낳는다는 것'이라는 말을 하고 싶었던 것이다.[48]

백악관의 레이더에 포착되지는 않았지만, 정치적 야심이 가득했던 할리우드 배우 로널드 레이건은 자신의 유명세를 이용해 JFK의 뉴프런티어 국내 정책에 맹공을 퍼부었다. 연기 활동이 정체기를 맞고 있던 시점이었으므로, 레이건은 정치에 쏟을 시간이 많았다. 케네디의 당선은 그를 급격히 우파 성향으로 몰아갔다. 레이건은 베를린장벽 건설에 대한 JFK의 소극적 대응부터 식료품 구입권 프로그램, 최저임금 인상에 이르기까지 뉴프런티어의 주요 정책 거의 모두를 반대했다. 그는 전국을 다니며 자신과 같은 생각을 가진 공화당원들에게 국가사회주의의 해악을 경고하면서, 공산주의자들이 "정부의 모든 부문에 침투"했다고 주장했다.[49]

레이건이 냉전을 바라보는 시각에 미묘함 따위는 없었다. 전쟁을 경험한 미래의 대통령들은 냉전에 관해서는 일반적으로 유사한 견해를 공유하더라도, 자본주의와 공산주의 간 대결이라는 추상적 개념과 전쟁 트라우마라는 구체적 공포를 균형 있게 고려하려 했다. 하지만 레이건의 세계관은 "좋은 놈"과 "나쁜 놈"을 대비시키는 할리우드식 제2차 세계대전 묘사와 우익 선전물 탐독으로 형성되었다. 레이건은 전쟁광도 아니고 소련과의 핵 대결이 가져올 결과도 두려워했지만, 그가 구사하는 호전적인 수사에서는 그런 사실을 알기 어려웠다. 1961년 3월 그는 피닉스상공회의소 연설에서 미국은 세계를 정복하기로 결심한 마르크스·레닌주의와 이념 전쟁을 벌이고 있다고 상기시켰다. "그러나 피할 수 없는 진실은 우리가 전쟁 중이라는 것이며, 우리가 전쟁 중이라는 사실을 인식하지 못하거나 인식하려 하지 않기 때문에 그 전쟁에서 지고 있다는 사실입니다." 레이건은 공산주의 침략에 맞서지 않고 적과 타협을 시도한 JFK를 비난했다. 그는 호응하는 청중들에게 목소리를 높였다. "쿠바가 소련의 교두보가 된 지금 이 순간에도, 라오스에서 마셨던 '굴복'이라는 쓴잔을 체면치레용 단맛을 조금 첨가해 다시 마시려는 것 같습니다." 레이건에게 베트남 철수는 1930년대 유화 정책에 버금하는, 상상할 수도 없는 일이었다.[50]

이 전직 배우는 또한 국내외 사건들 사이에 명확한 연관성이 있다고 보았다. 그는 연방 권력을 확대하려는 진보주의자들의 노력이 개인의 자유를 소멸시키고 국가를 "자본주의에서 공산주의로" 밀어 넣을 것이라고 비난했다. 레이건은 고령자를 위한 의료 서비스, 교육 지원, 심지어 누진소득세까지도 자유와 민주주의를 전복시키려는 음모의 일부라고 믿었다. 당시 레이건은 주로 미국 정치의 변방에서 극단적인 우익적 견해를 펼쳤으나, 시간이 흐르면서 일부 극단적인 입장을 누그러뜨리며 주요 정치 세력으로 부상했다.[51]

케네디가에 대한 레이건의 적대감은 개인적인 연유에서 비롯되었다. 로버트 케네디가 이끌던 미 법무부가 당시 할리우드 최대 연예 기획사였던 MCA와 레이건이 한때 회장을 지냈던 전미영화배우조합 간의 특혜 거래 가능성을 조사하기 위해 대배심원단을 구성했기 때문이었다. 시청률 하락으로 〈제너럴일렉트릭 시어터〉의 진행자 자리에서 해고되었을 때도, 레이건은 자신이 하차한 원인이 시청률 하락이 아니라 로버트 케네디가 영향력을 행사했기 때문이라고 비난했다. 1962년 레이건은 민주당이 공산주의자들과 사회주의자들의 포로가 되었다고 주장하며, 공식적으로 민주당에서 공화당으로 당적을 바꾸었다.

한편 베트남 상황은 1963년 봄 로마가톨릭 세력이 주를 이루었던 응오딘지엠 정권이 이전까지는 문제 삼지 않던 종교 깃발 게양을 금지하는 조치를 전국적으로 시행하면서 악화되었다. 게다가 중요 불교 축제를 앞두고 이 단속 조치가 시행되면서 군대와 축제 참가자들 간의 충돌로 아홉 명의 시민이 사망하는 사태가 발생했다. 얼마 후 불교 승려와 비구니 들이 전국에서 시위를 조직했고, 6월 11일 한 승려가 사이공의 번화한 교차로에서 분신하면서 시위 열기는 절정에 달했다. 한 미국인 사진기자가 이 끔찍한 장면을 포착했고, 이 사진은 곧 미국 주요 신문들의 1면에 실리며 부패한 정부에 맞선 항의의 상징이 되었다. 이 사진을 본 후 케네디는 "그 사진만큼 전 세계적으로 커다랗게 감정적 반향을 일으킨 보도 사진은 일찍이 없었"다고 말했다.

미국 정부는 응오딘지엠에게 위기 상황을 해소하라고 요청했지만, 그는 정반대로 행동했다. 치안을 담당하던 그의 동생 응오딘뉴는 공산주의자들이 배후에서 시위를 조종했다고 주장했다. 응오딘뉴의 부인은 한술 더 떠 대수롭지 않다는 듯 승려의 분신을 "바비큐"라고 묘사하며 "그들이 타는 동안 우리는 박수나 치겠"다는 막말도 서슴지 않았다.[52]

응오딘지엠 정부의 비타협적인 태도에 실망한 케네디는 미국이 베트남에 쏟는 노력 전체를 회의하기 시작했다. 케네디의 비관적 시각은 8월 볼이 JFK에게 국무부 발신 전보 승인을 요청했을 때 명확히 드러났다. 그 전보는 응오딘지엠 정부가 "베트남 불교도들에게 심각한 탄압 조치를 시행했다."라고 지적하며 미국은 "그러한 탄압 행동을 개탄한다."라고 강조했지만, 마지막에서는 "우리는 베트남이 공산주의 침략에 저항하고 독립을 유지할 수 있도록 계속 지원할 것이다."라며 기존 태도로 돌아서는 내용이었다. 케네디는 "마지막 문장은 뺍시다."라고 반응했다. 도덕성과 현실 정치 사이에서 다시 한번 갈등한 케네디는 남베트남을 무조건 지지하는 태도에서 미묘하게 한 발짝 물러서는 듯 보였다.[53] 11월 1일, 응오딘지엠의 개혁 거부에 실망하고 공산주의의 승리 가능성을 우려한 케네디는 응오딘지엠을 교체하려는 쿠데타를 승인했다. 케네디는 응오딘지엠과 그의 동생이 서방으로 안전하게 피신하리라 생각했지만, 두 사람은 베트남 군 장교들에게 사살당했다.[54]

암살당하기 하루 전날인 11월 21일, 케네디는 텍사스로 떠나면서 한 보좌관에게 1964년 초에는 "우리가 베트남에서 가지고 있는 모든 선택지를, 거기서 철수하는 방법까지 포함하여 심층적으로 알아보고 싶다. 모든 사항을 처음부터 끝까지 재검토해야 한다."라고 말했다.[55]

케네디가 살아 있었다면 베트남에 대해 어떤 조치를 취했을지는 알 수 없다. 케네디가 살아 있었어도 그의 재임 기간에 사이공이 함락되는 사태 전개는 없었을 테고, 베트남 패망은 후임자들이 맞이할 상황이었을 것이다. 그러나 줄타기를 하는 듯한 케네디의 베트남 접근법은 10년 이상 놀랍도록 일관적이었다. 그는 베트남에서 공산주의자들을 물리치고 싶어 했지만, 동시에 베트남 내전을 미국의 전쟁으로 변화시키는 정책에는 반대했다. 케네디 행정부가 궁극적으로는 미국의 베트남 개입을 확대한 것은 사실이지만, 미군 전투 병력을 베트남 현지에 파병하면 안 된다는 케네디의 믿음은 매우 확고하여 흔들린 적이 없었다. 케네디 행정부의 여러 구성원, 그리고 대외 정책을 주도하는 기득권층에게 뮌헨의 교훈은 일종의 개념적 감옥이었으나 케네디는 예외였다. 그의 세계관은 경직된 이데올로기에 얽매일 정도로 단순하지 않았다. 그리하여 1963년에 이르러 케네디는 제2차 세계대전 이후 한 세대를 통틀어 자신은 물론 미국의 정책 결정자들을 이끌어온 기본 가정 중 많은 것에 의문을 품었다.[56]

*

제2차 세계대전은 미래 대통령들이 세계에서 미국이 담당해야 할 역할을 바라보는 시각 변화에 더해, 훨씬 많은 영향을 미쳤다. 특히 이 전쟁은 경제를 바라보는 관점과 경제성장을 위해 연방정부가 담당해야 할 역할에 대한 진보주의자들의 인식을 근본적으로 바꿔놓았다. 일곱 명의 대통령 모두 건강한 사회를 유지하려면 경제성장이 필수적이라는 개념은 받아들였지만, 경제성장을 달성하는 최선의 방법에 대해서는 의견이 갈렸다. 아이젠하워, 포드, 부시 같은 공화주의자들은 균형예산과 연방정부의 지출 절제를 신념화했지만, 진보주의자들은 존 메이너드 케인스의 경제 사상을 적극적으로 수용했다. 케인스는 균형예산의 중요성에 대한 고전적 믿음에 도전하여 적자 예산을 감수하는 정부 지출을 통해 경기 침체 시기에 경제를 끌어올릴 수 있고, 통화정책을 통해 인플레이션 시기에 경기를 냉각시킬 수 있다고 주장했다. 프랭클린 루스벨트가 뉴딜정책 시행 마지막 몇 년 동안 케인스의 경제사상 중 일부를 채택하기는 했지만, 제2차 세계대전 기간에 발생한 막대한 정부 지출과 그로 인한 놀라운 경제성장은 케인스 경제학의 유효성을 입증하는 듯 보였다.

1961년에 이르면 정부 개입을 통한 경제성장을 강조하는 케인스 경제학은 전후 진보 사상을 규정하는 핵심 특징으로 자리 잡았다. 계급이나 인종에 구애받지 않고 모든 사람이 경제성장으로 혜택을 입을 수 있다고 믿은 진보주의자들에게 케인스 경제학은 만병통치약 구실을 했다. 케네디는 고전 경제학의 많은 원칙을 수용하며 집권했지만, 집권 후에는 케인스 경제학의 열렬한 신봉자로 변모했다. 그리하여 잘 알려진 학자는 아니지만 많은 존경을 받던 미네소타대학 경제학 교수 월터 헬러를 경제 스승이자 정책 안내자로 삼았다.

두 사람은 JFK가 위스콘신에서 선거운동을 하는 동안 잠시 만난 적이 있다. 케네디는 헬러를 보자마자 마음에 들어 하며 자신이 행정부를 구성하게 되면 영입하고 싶은 "행동하는 지식인" 유형의 인물로 보았다. 큰 키에 호리호리한 체격을 지닌 45세의 헬러는 줄곧 미네소타대학과 정부 사이를 오가며 많은 민주당원, 특히 휴버트 험프리 상원의원의 고문으로 활동했다. 헬러에게 경제학은 단순히 추상적 이론 체계가 아니라 공공 정책을 형성하는 실용적 수단이기도 했다. 특히 당시 경제학자들의 주 관심사는 대공황의 원인을 이해하고 설명함으로써 비슷한 경기 침체가 다시 발생하지 않도록 방지할 수 있는 정책을 개발하는 것이었다.[57]

헬러는 1960년대 초 미국 경제 상황을 "성과 격차"라는 개념으로 설명하며 진단했다. 성과 격차란 완전고용 상태에서 운영되는 경제(그는 실업률 4퍼센트 미만을 완전고용 상태로 정의했다)와 특정 시점에서의 경제 상황과의 차이를 말하는 것으로, 그의 계산에 따르면 약 5.5퍼센트의 실업률을 기록했던 1961년의 성과 격차는 국민총생산 500억 달러와 500만 개의 일자리에 해당했다. 헬러는 정부의 과제는 완전고용 상태를 회복시켜 이 성과 격차를 줄이는 것인데, 균형예산에 대한 고집이 "만성적 경기 부진"을 악화시켜 경제를 둔화시키고 필요 이상의 높은 실업률을 야기한다고 주장했다. 경제의 이상적 성과와 실제 성과 사이에 존재하는 이러한 "경기 부진 상태"를 해소하는 최선의 방법은 연방정부가 세금을 인하하고 적자 예산을 감수하는 과감한 지출을 하는 것으로, 헬러는 이렇게 국민들 주머니를 두툼하게 해주면 경제가 성장할 수 있다고 생각했다.[58]

1960년 12월 16일, 케네디는 헬러를 자신의 조지타운 집으로 초대해 경제자문위원회CEA 위원장직을 제안했다. 경제자문위원회는 1946년 고용법Employment Act of 1946에 의해 설립된 소규모 기구로, 대통령에게 "최대 생산과 고용, 그리고 구매력"을 창출할 경제 정책과 관련해 조언하는 역할을 했다. JFK는 헬러에게 경제 정책 변화에 대한 자신의 의지를 확인시키며 이렇게 말했다. "제가 전임자보다 경제학에 훨씬 관심이 많고, 또 좀 더 많이 알고 있다는 걸 아시게 될 겁니다!" 케네디는 새 행정부 구성에 수반되는 위험을 분산시키기 위해 바로 전에 아이젠하워 행정부의 각료였던 더글러스 딜런에게 재무장관직을 제안했는데, 딜런은 재무장관직을 수락하기 전에 아이크와 상의해야 한다고 말하고는 다른 방에 앉아 있었다. JFK는 "딜런이 수락할 것 같습니다."라고 헬러에게 말하며 "그 사람을 견제할 균형추로써 당신이 필요"하다고 덧붙였다. "그는 보수적으로 기울어질 테고, 당신은 진보주의자니까요."[59]

그 이후 수년간 헬러는 케네디 행정부가 추진하는 경제 정책의 수석 이론가로서 부상했다. 경제자문위원회에서 함께 활동한 예일대 경제학자 제임스 토빈은 "1960년대 초 헬러가 이룬 업적은 연방정부의 거시경제 정책 집행에 일종의 혁명을 일으킨 것이었습니다."라고 평가했다. 언론은 "섬세한 조율"을 통해 경제성장 극대화를 강조하는 헬러의 접근 방식을 "신경제학"이라고 명명했다. 케네디는 헬러에게 "백악관을 대중에게 경제학을 가르치는 강단으로 적극 활용하고, 특히 경기 침체 시 연방정부의 적자 예산이 바람직한 효과를 일으킬 수 있다는 점을 부각하라고" 요청하면서도 "경기 침체가 **작년**에 시작되었다는 점도 분명히 하라고" 당부했다. 얼마 지나지 않아 평소 내성적이던 헬러는 언론의 주목을 한 몸에 받는 인물이 되어, 케네디의 재임 기간 동안 《타임》 표지를 두 번이나 장식했다.[60]

헬러가 가장 선호한 교수 기법은 메모였다. 수년간 헬러와 경제자문위원회는 케네디에게 거의 300개에 달하는, 쉽게 이해할 수 있는 메모를 보냈다. 이 메모들은 간결하고 생동감 있는 기술로 전문 용어는 배제하면서 경제 사실들을 적시했다. 메모들은 먼저 문제를 개괄한 다음 해결책을 제시하고 잠재적 비판에 반박하는 구조로 적혔다. 토빈에 따르면 헬러는 "케네디가 읽도록 하는 방법도 알고 있었다." 헬러는 켄 오도널과 친분을 쌓았고, 오도널은 종종 주말을 보내러 하이애니스포트로 가는 케네디의 서류가방에 헬러의 메모를 슬쩍 넣어주었다.[61]

케네디의 귀를 사로잡은 케인스주의자는 헬러만이 아니었다. 당시 인도 대사였던 경제학자 존 케네스 갤브레이스도 《풍요한 사회The Affluent Society》(1958) 출간 이후 줄곧 정부가 소비재에 세금을 부과하고 그 재원을 학교나 놀이터 같은 공공 수요 충족을 위해 사용해야 한다고 주장했다. 그도 재정 적자의 이점을 인정했지만, 헬러와 달리 재정 적자를 만드는 최선의 방법은 감세가 아니라 추가적인 정부 지출이라고 주장했다. 갤브레이스는 대통령에게 재치 있는 자신만의 메모를 써서 헬러를 비판하고 공공사업 지출 확대를 옹호했다. 그는 1962년 케네디에게 메모를 써 보냈다. "어떤 감세 정책도 11월까지 경제에 조금이라도 영향을 미칠 가능성은 조금도 없습니다." 갤브레이스는 진보적인 사상가들 가운데서는 이례적으로 경제성장이 아닌 부의 재분배가 연방 경제 정책의 목표가 되어야 한다고 믿었다. 그는 이렇게 비난했다. "미국인 대부분은 경제성장률이 3퍼센트인지, 6퍼센트인지, 10퍼센트인지 기억하지 못합니다."[62]

갤브레이스는 자신이 대통령뿐만 아니라 대통령 부인과도 친밀한 관계라는 점을 헬러에게 상기시키며 거리낌 없이 그를 협박하기도 했다. 갤브레이스는 "내 생각이 당신과 다르다면 당신 목을 따버리겠"다고 헬러에게 경고했다. "주저 없이 당신 목을 귀에서 귀까지 따버리고, 그 이유는 나중에 가서 설명해드리죠." 헬러의 경제자문위원회는 갤브레이스의 영향력을 우려한 나머지 갤브레이스 인도 대사가 워싱턴에 있을 때면 그가 대통령에게 무슨 말을 했는지 알아내기 위해 "갤브레이스 조기 경보 시스템"을 비공식적으로 가동하기도 했다.[63]

갤브레이스가 더 재치 있고 공격적이었을지 모르지만, 더 큰 설득력을 얻은 사람은 결국 헬러였다. 경제가 주춤거리고 주식시장이 폭락한 1962년 봄, 헬러는 대통령에게 자신의 주장을 되풀이하며 "지금까지 행정부가 취하고 제안한 조치들이 도움은 되겠으나, 실업률을 수용 가능한 수준까지 낮추기는 어려울 것"이라고 주장했다. 실제로 헬러는 케네디의 재임 기간 동안 실업률이 "전후의 다른 대통령들 임기"에 비해 더 높을 수도 있다고 예측했다. 그는 케네디에게 경기 회복이 여전히 미약하다는 점을 상기시키면서, 1964년 재선에 나설 때까지 미국이 경기 침체에 빠져 있을 수도 있다고 경고했다. 헬러는 케네디에게 이렇게 썼다. "제가 들은 바로는 닉슨이 지난겨울 (다소 씁쓸하게) 대통령님의 재선 가능성은 상당 부분 선거 기간에 경기 침체가 오지 않도록 헬러 박사가 경제 정책을 펼 수 있느냐에 달려 있다고 말했다고 합니다."[64]

케네디는 비록 복잡한 경제 이론은 이해하지 못했지만 선거에서 승리하는 방법은 알고 있었다. 헬러의 설득으로 케네디는 경기 불황과 부진이 국가 경제가 완전하게 잠재력을 실현하지 못하도록 방해하는 걸림돌이며, 더 나아가 감세를 통해 국가 경제의 잠재력이 최대한 발휘될 수 있도록 최선의 해결책을 펼칠 수 있다고 확신하게 되었다. 일전에 이미 제안했던 일시적인 감세안이 의회에서 표류하고 있던 상황에서 케네디는 세제를 개혁하고 감세를 영구화하는, 더 큰 정치적 위험을 감수하려 했다. 이는 재정 정책의 혁명적 변화가 될 터였다. 임박한 경기 침체에 **대응**하기 위해서가 아니라 미래의 경기 침체를 미연에 **방지**하기 위해 재정 정책을 사용하려는 것이기 때문이었다. 헬러는 나중에 이렇게 썼다. "이것들은 근본적인 변화이다. 이들 변화가 가져온 것은 '신경제학' 창조가 아니다. 존 메이너드 케인스가 첫 포문을 연 지 30년 만에 케인스 혁명을 완성하게 된 것이다."[65]

　1962년 6월 11일, 케네디는 예일대학교 졸업식 연설에서 이러한 새로운 경제적 메시지와 함께 그것을 뒷받침하는 사회철학을 설파했다. 그는 이전 세대들이 노예제처럼 많은 논란을 불러온 문제들과 씨름하면서 직면했던 거대한 투쟁들에 관해 먼저 언급했다. 그런 다음 "이처럼 오래되고 사회 전반에 광범위하게 영향을 미치는 문제들은 대부분 사라졌지만" 이제 국가는 더욱 교묘한 도전에 직면해 있다고 주장했다. "오늘날 우리가 직면한 주요 국내 문제는 좀 더 미묘하고 복잡합니다. 그러한 문제들은 철학이나 이념 간의 근본적인 충돌과 관계있는 것이 아니라 공통의 목표에 도달하는 방식과 절차, 다시 말해 복잡하고 집요한 문제와 관련해 정교한 해법을 모색하는 과정과 더 관련이 깊습니다." 그리고 이러한 새로운 문제들을 해결하기 위해 대중은 "통념이나 고정관념의 유산으로부터 스스로를 해방시켜야" 한다고 선언했다.

　재평가가 필요한 첫 번째 통념 중 하나는 국민에 대한 정부의 책임 범위에 관한 것이었다. 케네디에 따르면 "큰 정부는 나쁜 정부이며, 우리 정부가 지속적으로 커지면서 그만큼 더 나빠지고 있다는 생각은 그릇된 신화"였다. 사실상 케네디가 지적한 바는 지난 15년간 연방정부의 규모가 전반적인 경제성장 속도보다 느리게 성장했다는 것이었다. "큰 정부는 나쁜 정부"라는 신화는 정부 부채에 대한 두려움과도 뿌리 깊게 연관되어 있었다. 케네디는 여기서 헬러가 옹호한 핵심적인 케인스주의 원칙들을 끌어왔다. "연방정부의 재정 적자가 인플레이션을 유발하고 재정 흑자는 인플레이션을 방지한다는 통념이 지속되고 있습니다. 그러나 전쟁 후 상당한 재정 흑자가 있었음에도 인플레이션을 막지 못했고, 지난 몇 년간 재정 적자가 지속되었음에도 우리의 기본 물가는 안정세를 유지했습니다. 분명 재정 적자는 때에 따라 위험합니다. 그러나 재정 흑자 역시 위험할 수 있습니다. 경제 상황을 정직하게 평가하려면 재정 적자가 자동적으로 인플레이션을 유발한다는 오래된 고정관념에서 벗어난 더욱 정교한 관점이 필요합니다."[66]

케네디가 말한 "더욱 정교한 관점"의 핵심은 전후 세계의 새로운 현실을 고려해야 한다는 것이었다. 케네디는 "오늘날 우리가 경제적 결정을 내릴 때는 온 나라를 열정에 들뜨게 할 경쟁 이념간의 거대한 전쟁을 염두에 두지 않고, 현대 경제를 어떻게 실용적으로 관리할 것인가를 고민"한다고 주장했다. 국가는 시대에 뒤떨어진 허울뿐인 이름들에 의존하기보다 "거대한 경제 기계를 전진시키는 데 수반되는 정교하고 기술적인 문제들을 더욱 근본적으로 논의"할 필요가 있다는 지적이었다. 다시 말해 당시 세대가 직면한 경제적 과제들은 "정치적 대답이 아닌 기술적인 해법"을 요구하고, 케네디 자신은 그러한 해답을 찾는 데 주저하지 않겠다고 천명한 것이다.[67]

케네디는 약속한 대로 1963년 1월 세금 정책안을 의회에 제출했다. 개인에게 110억 달러, 기업에게 26억 달러의 세금을 감면해주는 이 136억 달러 감세안은 34억 달러의 추가 세수만을 창출해 102억 달러의 재정 적자를 남길 것으로 예상되는 막대한 규모였다.[68]

케네디의 감세안은 격렬한 반대에 부딪혔다. 자기 부처의 예산 삭감을 우려한 내각 구성원들까지도 반대 목소리를 냈다. 공화당은 케네디의 세금 정책안이 "도덕적으로, 또 재정 정책 운용 측면에서도 잘못되었"다고 맹비난했다. 제럴드 포드는 케네디가 "세제 개혁안과 감세안을 같은 법안에 담아 통과시키려 한다면 전혀 가능성이 없을 것"이라고 예봉을 날리며 "진정한 재정 지출 삭감"이 없다면 하원 공화당 의원들은 세제 개혁과 감세, 두 제안 모두 저지할 것이라고 시사했다.[69]

아이젠하워는 케네디의 외교정책에 대한 공개적 비판은 꺼렸지만, 국내 문제에 대해서는 비판을 아끼지 않았다. 그는 《월스트리트저널》과의 인터뷰에서 케네디의 제안이 "우리의 자유로운 생활 방식과 국가 안보를 위협할 수 있는 명백한 위험"을 내포하고 있으므로 이에 대해 "솔직하게 목소리를 내는 것"이 "시민으로서 내가 느끼는 의무감"이라고 말했다. 비록 감세가 "매우 바람직한" 일이기는 하지만, 그에 상응하는 연방정부 지출 삭감 없이 시행되어서는 안 된다는 논지였다. 아이크는 지출 삭감과 연계하지 않는 감세 정책은 "현명하지도 않고 바람직하지도 않으며, 달러화의 가치와 미국의 위상을 분명히 훼손시킬 것"이라고 주장했다.[70]

하지만 케네디는 반대 목소리에 꿈쩍도 하지 않았다. 그는 "밀물은 모든 배를 띄운다."라는 유명한 말로 응수하며 감세만이 광범위한 경제성장을 촉진할 것이라고 주장했다. 제2차 세계대전을 거치면서 영감을 얻은 케인스혁명은 거의 20년이 지나서야 비로소 케네디라는, 마지못해 전향한 인물을 얻었다. 반면 케네디의 후임자는 미국 사회를 근본적으로 변화시킬 담대한 새 구상을 정당화하기 위해 케인스 경제학을 거침없이 수용했다.

*

감세와 세제 개혁을 둘러싼 케네디의 투쟁은 서구의 제2차 세계대전 승리로 탄생한 몇 가지 핵심 신념들을 보여준다. 바로 이데올로기는 죽었고, 미국이 당면한 문제들은 도덕적 문제가 아닌 기술적인 문제이며, 경제성장이 대부분의 사회문제를 해결할 것이라는 믿음이다. 그러나 이러한 믿음 모두는 아프리카계 미국인들의 자유를 위한 투쟁에 의해 가장 치열하게 도전받았다.

대통령으로서 케네디는 시민권 보장을 향한 자신의 의지를 보여주기 위해 비록 제한적이기는 하지만 분명한 조치들을 취했다. 대개의 경우 케네디의 전략은 흑인 공동체를 위해 수사적 지지를 보내고 상징적 행동을 보여주는 것이었다. 케네디는 시민권을 보장하는 의미 있는 입법과 관련한 의회의 지지를 끌어낼 가능성이 희박하다는 사실을 일찍부터 알았다. 또한 자신이 시민권 보장을 위해 노력할수록 당내 세력을 분열시키고, 전반적인 국내 의제 추진이 힘들어지며, 재선 가능성이 줄어든다는 점도 잘 알고 있었다. 비록 이상주의를 내재한 케네디였지만, 그의 정치적 구상은 시민권 확대와 보장을 위한 강력한 개혁까지는 아우르지 못했다. 아서 슐레진저가 지적했듯이 "1961년의 의회 분위기에 비추어 적절한 선택이었을 수는 있겠지만, 시민권 확대와 보장을 위한 케네디의 전략은 혁명적 운동의 역동성을 미처 간파하지 못했다."[71]

케네디뿐만 아니라 그 누구도 시민권 운동이 어떻게 성장하면서 지지를 얻어갈지 예상하지 못했다. 1960년 2월부터 젊은 아프리카계 미국인들은 짐 크로 체제에 저항하기 위해 남부 전역에서 간이식당 계산대에서 벌이는 연좌시위를 조직했다. 1961년 5월부터는 "자유 승차자들freedom riders"이 행정부가 주州 간 교통수단에서의 인종 분리를 금지한 대법원 판결을 집행하려는 의지가 있는지 시험하기 시작했다. 그들은 그 과정에서 종종 분노한 백인들에게 잔혹한 폭행을 당하기도 했다.

이듬해에는 미 공군에서 복무한 28세의 흑인 퇴역 병사 제임스 메러디스가 백인만 다니던 미시시피대학 입학 등록을 시도하며 또 다른 장벽을 허물려 했다. 미시시피주의 민주당 소속 주지사 로스 바넷이 백인 폭도들을 선동하여 메러디스를 막으려 하자, 케네디는 질서 회복을 위해 3만 명의 정규군을 투입하라고 명령할 수밖에 없었다. 그렇게 주방위군은 무력화되었으나, 긴장은 거기서부터 오히려 고조되었다. 1963년 6월, 앨라배마주의 호전적인 주지사 조지 윌리스는 법원이 자신의 모교인 앨라배마대학에 인종 통합을 명령하면 "교문 앞에 서서" 막겠다는 선거 공약을 이행했다.

그러나 윌리스의 저항은 의도치 않게 케네디에게 대담한 시민권 법안을 의회에 제출할 기회를 주었다. 6월 11일 저녁, 케네디는 자신의 대통령 재임 기간 중 가장 웅변적이고 감동적이며 중요한 연설을 했다. 그 연설을 통해 케네디는 시민권을 "성경만큼 오래되고 헌법만큼 명확한" 도덕적 문제라고 언급한 미국 역사상 최초의 대통령이 되었다.[72]

케네디의 그 연설이 있고 나서 네 시간 후, 디데이 참전 용사 메드가 에버스가 미시시피주 잭슨에 있는 자기 집 진입로에 차를 세웠다. 근처 덤불에 숨어 있던 무장 괴한이 집을 향해 걸어가는 그의 등을 향해 갑자기 총격을 가했다. 에버스는 아내와 아이들 앞에서 과다 출혈로 사망했다.

잔혹한 에버스 살해 사건은 전후 번영의 힘으로 사회적 문제들을 해결할 수 있다는 케네디의 순진한 믿음을 무너뜨린 수많은 비극의 목록에서 마지막을 장식했다. JFK는 더 이상 경제성장과 점진적 개혁 약속이 미국 흑인들의 곤경을 개선할 것이라고 주장할 수 없었다. 역사적인 시민권 연설을 하고 나서 여드레 후, 케네디는 의회에 6학년까지 교육을 받은 모든 시민에게 투표권을 보장하는 법률을 제정해달라고 요청했다. 또한 직업에서의 인종차별을 금지하고. 법무부 장관의 권한을 확대하여 법원이 명령한 학교의 인종 통합을 시행할 수 있도록 요구했다. 모든 다중 이용 시설에서 인종차별을 없애라는 것이 아마도 가장 많은 논란을 일으킨 조항이었을 것이다. 마틴 루서 킹은 케네디 대통령이 요청한 시민권 보장 법안을 "미국 대통령의 제안 중 가장 포괄적이고 솔직"하다고 찬사를 보내며, 그 법안이 "모든 사람을 위한 자유와 정의라는 이상 실현을 향해 미국이 아주, 아주 멀리 나아가도록 할 것"이라고 예측했다.[73]

1963년 11월 JFK가 댈러스로 떠날 때까지도 이 법안은 의회에서 표류하고 있었다.

*

케네디의 개인적 일탈은 백악관에서 보낸 3년 동안 계속되었다. 케네디는 재키의 개인 비서 패멀라 터뉴어를 포함해 수많은 여성과 관계를 맺었다. 능력 미달에도 백악관에서 근무하던, "피들과 패들"이라고 불린 두 명의 대학 졸업생도 케네디의 불륜 상대였다. 1962년 여름에는 백악관에서 인턴으로 일하던 19세 대학생 미미 비어즐리까지 유혹했다. 데이브 파워스는 케네디를 기쁘게 하기 위해 할리우드 스타들과 콜걸들을 섭외하는 채홍사 역할을 했다. 마찬가지로 케네디의 조지타운 집에서 파티를 열 때면 언론인 조 올숍이 케네디를 즐겁게 할 목적으로 뉴욕에서까지 젊고 매력적인 여성들을 데려왔다.

몇몇 경우에는 케네디가 벌인 방종이 정치적으로 위험하게 얽히기도 했다. 케네디는 마피아의 연락책으로 일하던 주디스 캠벨 엑스너와 지속적으로 외도를 즐겼다. (1975년 그녀는 CIA의 카스트로 암살 시도에 마피아가 연루되었다는 의혹을 조사한 미 상원 정보활동 관련 특별위원회에서 증언했다.) 또한 케네디가 동독 스파이로 의심받던 엘런 로메치와 친밀한 관계를 가졌다는 소문도 있었는데, 백악관은 그녀가 위원회에 증인으로 소환되기 전에 서둘러 국외로 내보냈다. 당연히 대통령이 저지른 수많은 불륜 행각은 그의 결혼 생활에 긴장을 불러왔다. 재키는 남편의 바람기를 잘 알고 있었지만 결혼 생활 내내 그래왔듯 모른 척하기로 했다.[74]

1963년 8월 신생아 패트릭의 비극적인 죽음은 두 사람 사이를 가깝게 만든 듯했다. 37주 만에 태어나 몸무게가 겨우 2.1킬로그램에 불과하던 그 아기는 유리질막병으로 36시간밖에 살지 못했다. 패트릭의 죽음으로 케네디는 아내와의 관계에서 전환점을 맞았다. 부부의 주변 사람들은 신생아를 잃은 비극 이후 JFK가 재키를 더 애정 있게 대하고 존과 캐롤라인과도 더 많은 시간을 보낸다는 사실을 눈치챘다.[75]

그러나 대통령의 건강은 여전히 위태로웠다. 역사학자 리처드 리브스는 "케네디는 여자들보다도 의사와 약물과 더 난잡한 관계를 가졌다."라고 지적했다. 케네디의 의료 기록을 검토한 한 의사는 그가 "항상 마약성 진통제로 치료받고 있었"다고 말했다. 케네디의 의료 기록에 최초로 접근한 역사학자 로버트 달렉에 따르면, 케네디를 치료한 의사들은 그가 처방받은 수많은 약물을 추적하기 위해 의료관리기록부MAR를 사용했다. 케네디는 부신 기능 부전 때문에 경구용 코르티코스테로이드를 복용했고, 허리 통증 완화를 위해 마취제 프로카인 주사를 맞았다. 또한 설사와 복통 때문에 매

일 수많은 알약을 복용했으며 요로 감염 처치를 위해 항생제를, 수면을 돕기 위해 약물을 복용했다.[76]

사생활과 취약한 건강을 제쳐두고라도, 1963년 11월 댈러스로 떠난 JFK는 1961년 1월 취임 선서를 했던 JFK와는 매우 달랐다. 케네디는 제2차 세계대전에서 비롯된 여러 전제에 의심을 품었다. 쿠바 미사일 위기를 통해 극적으로 표출된 핵전쟁의 가능성을 깊게 깨달은 케네디는 냉전적 사고와 태도를 완화하며 새롭게 협력을 강조하기 시작했다. 월터 헬러의 지도하에 케인스 경제학을 수용하여 경제성장을 촉진하기 위해 일부러 재정 적자를 감수하는 전례 없는 조치도 취했다. 마지막으로 흑인들의 자유를 위한 투쟁과 남부 백인들의 완고함 사이의 대결을 목도한 케네디는 더 직접적인 연방정부의 개입이 있어야 모든 미국인에게 평등한 기회를 보장할 수 있다는 사실도 깨달았다.

케네디 대통령 재임 기간을 관통하는 하나의 주제는 그의 진화 능력이다. 해외 문제에서 JFK는 다른 동료들에 비해 정교한 세계관을 드러냈지만 그의 재임 기간 중 벌어진 치열한 사건들, 즉 피그스만 침공 실패, 베를린장벽, 쿠바 미사일 위기, 그리고 베트남전쟁 등은 케네디가 뮌헨의 교훈이라는 환원주의적 논리를 회의하도록 만들었다. 케네디는 여전히 미국이 소련의 침략을 억제해야 한다고 믿었으나, 1930년대의 교훈은 더 이상 그를 구속하지 못했다. 케네디는 웅변적이고 강력한 연설을 통해 냉전 공포를 자극함으로써 제한된 권한을 활용해서라도 자신의 정책 의제를 지지하는 세력을 확보하려고 노력했다. 그러나 그가 개인적으로 품었던 의심과 우려는 연설에 담지 않았다.

1963년 11월 케네디의 비극적인 죽음은 이러한 진화 과정을 중단시켰고, 미래 세대에게는 대답할 수 없는 물음을 던졌다. "만약 그가 죽지 않았다면 어떻게 되었을까?"

9장

"우리는 뮌헨회담에서 아무것도
얻은 게 없다는 것을 배웠습니다."

드와이트 D. 아이젠하워

1963년 11월 22일

오후 12시 30분, 중부 표준시

댈러스

1963년 11월, 존 F. 케네디 대통령은 중요 지역인 텍사스주 방문을 시작으로 1964년 대통령 선거운동의 기반을 다지려 했다. 케네디 일행은 22일 정오를 막 지난 시각에 댈러스러브필드공항에 도착했다. 회색 양복에 가는 줄무늬 셔츠를 멋지게 차려입은 케네디는 딸기분홍색 모직 외투와 그에 어울리는 원통형 모자를 쓰고 빨간 장미 꽃다발을 든 재클린과 함께 에어포스원에서 내렸다. 몇 사람과 악수를 나눈 후 대통령과 영부인, 그리고 텍사스 주지사 존 코널리와 그의 부인 넬리가 오픈탑 링컨 리무진 뒷좌석에 올라탔다.

대통령 차량 행렬이 댈러스 시내의 16킬로미터 구간을 이동하는 동안 길가의 구경꾼들이 친근하게 반겨주었다. 차량들이 메인가로 접어들어 딜리플라자 쪽을 향해 서쪽으로 나아가자 더욱 많은 군중이 모였다. 사무실용 건물에서 손을 흔들고, 거리를 메우고, 환호성을 지르는 환영 인파가 시내 곳곳에 있었다. 메인가와 휴스턴가가 만나는 모퉁이에서 차량 행렬은 우회전하여 북쪽으로 향했다. 엘름가로 접근할 때 넬리 코널리가 말했다. "대통령님, 댈러스가 대통령님을 사랑하지 않는다고는 말씀하실 수 없겠어요." 케네디가 답했다. "지당하신 말씀입니다." 12시 30분이었다.[1]

부통령을 태운 연푸른 1961년형 링컨 컨버터블 리무진은 대통령이 탑승한 차량 뒤를 달리던 비밀경호국 차량을 뒤따랐다. 존슨은 사람들이 많이 살지 않는 지역에서도 "길가에 늘어선 사람들이 대통령 행렬을 열정적으로 환영하며 크게 환호하는" 장면에 적잖이 놀랐다. 그러나 그날 그의 기분은 썩 좋지 않았다. 존슨과 레이디 버드와 함께 뒷좌석에 앉아 있던 텍사스주 상원의원 랠프 야버러에 따르면, 존슨은 환호하는 환영 인파에게 거의 화답하지 않고 "우울하게 정면만 응시했다." 단지 몇 차례 오른손으로 자신의 큰 흰색 중절모를 흔들며 형식적인 인사를 건넬 뿐이었다. 존슨의 침울한 처신에 관해 언급한 사람은 야버러만이 아니었다. 켄 오도널도 부통령이 "여행 일정 내내 뚱해 있었"다고 말했다. 《타임》지 워싱턴 지국장이었던 휴 사이디는 그날 일찍 존슨을 만났던 순간을 회상하며 작가 윌리엄 맨체스터에게 말했다. "존슨은 매우 무뚝뚝했고 인사도 형식적이었어요. 악수도 기계적으로 나눴죠. 존슨은 부통령이 된 후 사람이 변했습니다. 부통령으로서 특별히 할 일이 없었기 때문에 활력을 잃고 매사에 기계적으로 대응했죠."[2]

갑자기 총성이 공기를 가르며 울려 퍼졌다. "안 돼!" 재키 케네디가 소리쳤다. 대통령은 양손으로 목을 움켜잡으며 좌석에 털썩 주저앉았다. 한 발의 총알은 그의 목을 관통했고, 다른 한 발은 두개골을 산산조각 냈다. 코널리 주지사도 심각한 총상을 입었지만 치명적이지는 않았다. 운전기사는 리무진을 차량 행렬에서 빼내 인근 파크랜드병원을 향해 전속력으로 달렸다.

존슨은 "폭발" 소리를 들었다고 기억했지만, 그것이 무슨 소리인지 몰랐고 처음에는 놀라지도 않았다. "그저 폭죽이 터졌거나 자동차 역화 소리인 줄 알았습니다."라고 그는 회상했다. "평생 그런 소리를 들어왔거든요. 정치인이라면, 공직에 있는 사람이라면 누구든지 그런 소리에 익숙해지죠." 폭발 소리를 듣고 몇 초 후 존슨은 비밀경호국 요원에게 덮여 차량 바닥에 엎드렸다.[3]

존슨이 파크랜드병원에 도착하자 더 많은 비밀경호국 요원이 존슨 주위를 에워싸고서 그를 혼자 있을 수 있는 방으로 급히 데려갔다. 존슨은 그곳에서 45분을 기다린 후에야 JFK가 사망했다는 소식을 들었다. "그런 악몽 같은 일이 실제로 일어났다니 믿을 수가 없었습니다." 존슨은 회상했다. "그 사건 전체의 폭력성은 비현실적이었고, 충격적이었으며, 믿기 힘들었어요."[4]

서둘러 에어포스원으로 향한 존슨은 현지 치안판사 앞에서 취임 선서를 했다. 그의 옆에는 피 묻은 옷을 입은 케네디 여사가 서 있었다.[5]

워싱턴 정가와 미 국민 대다수는 CBS에 채널을 고정하고 사건 보도를 시청했다. CBS 뉴스 앵커였던 월터 크롱카이트의 목소리가 오후 연속극 〈세상은 흘러가고〉를 비집고 들어왔다. "텍사스주 댈러스에서 댈러스 시내를 지나던 케네디 대통령의 차량 행렬을 향해 세 발의 총격이 있었습니다. 첫 보도에 따르면 케네디 대통령이 이번 총격으로 중상을 입었다고 합니다." 몇 분 후 이번에는 크롱카이트가 화면에 나타나 댈러스 현지의 보도를 생방송으로 전하며 AP통신과 CBS 라디오의 속보를 읽어 내려갔다.[6]

이렇게 빠른 속도로 뉴스 기사가 퍼져나간 적은 없었다. 딜리플라자에서 총성이 울린 지 30분 만에 미국인 세 명 중 두 명이 암살 시도 소식을 들었다. 대부분은 친구나 동료로부터 총격 소식을 들었다. 덴버에서 실시한 조사에 따르면 라디오로 소식을 들은 사람은 13퍼센트, 텔레비전을 보고 안 사람은 9퍼센트에 불과했다. 대다수는 "친한 친구"(30퍼센트), "지인"(35퍼센트), 또는 "낯선 사람"(11퍼센트)으로부터 총격 소식을 접했다.[7]

그날 저녁 늦게 워싱턴에 도착한 존슨은 대통령 집무실을 지나쳐 행정 청사EOB에 있는 자기 사무실로 곧장 향한 후 전화기에 매달렸다. 국가적 단합 분위기를 조성하려는 노력의 일환으로, 생존해 있는 세 명의 전직 대통령에게 연락을 취해 백악관으로 초대하려 한 것이다. 해리 트루먼은 일요일에 워싱턴으로 오겠다고 약속했지만 허버트 후버는 너무 아파서 전화를 받을 수 없었다. 다음 전화는 드와이트 아이젠하워에게 걸었다. "지금 그 어느 때보다 장군님이 필요합니다." 존슨이 말하자 아이젠하워가 답했다. "대통령님, 언제든 제가 필요하면 달려가도록 하겠습니다." 존슨은 아이크에게 다음 날 아침 와달라고 요청하며 정부 전용기를 보내겠다고 했지만, 아이크는 개인 비행기를 이용하겠다고 말했다.[8]

다음 날 오전 11시가 막 지난 시각, 백악관 이스트룸에 안치된 JFK의 관을 참배한 존슨은 아이젠하워와 함께 행정청사에 있는 자신의 사무실로 걸어갔다. 그 순간을 기록할 수 있도록 사진기자들이 미리 배치되었다. 아이크와의 회담은 오후 늦게 예정되어 있었지만, 존슨은 자신이 전 NATO 최고사령관이자 JFK의 전임자와 협의하는 모습을 전 세계에 보이고 싶었다. 두 사람이 함께 있는 모습은 동맹국들에게는 안심하라는 신호를, 잠재적 적들에게는 경고를, 그리고 많은 미국인에게는 위안을 주는 초당적 메시지를 보냈다.

레이디 버드와 함께 교회 예배에 참석한 존슨은 아이크가 기다리고 있는 행정청사로 돌아왔다. 두 사람은 이미 서로를 잘 알고 있었다. 아이크가 대통령이었을 때 존슨은 상원 다수당 원내대표로서 서로 긴밀히 협력하며 일했기 때문이다. 존슨이 회고록에서 언급했듯이 그는 "대통령직의 어려움과 무게를 잘 아는, 이 현명하고 경험 많은 분의 의견을 엄청나게 존중했다." 아이크는 나중에 존슨이 자신을 얼마나 정중하게 대했는지 언급하며 새 대통령이 "나의 객관적 시각과 국가에 대한 헌신을 신뢰한다는 암묵적 표현을 여러 차례 할 만큼 나를 친근하게 대했"다고 말했다. 아이크가 함께 있으면서 안심시켜주었음에도 존슨은 여전히 불안하고 초조해 보였다. "존슨은 평소처럼 신경질적이었습니다. 이리저리 돌아다니면서 모든 사람에게 전화를 걸었어요. 그는 전화 거는 것을 좋아해서 계속 누군가에게 전화를 걸었습니다. 제가 대화에서 누군가를 언급하면 곧장 전화기를 집어 들고 그 사람에게 전화를 걸었죠."9

존슨은 아이젠하워에게 수많은 현안, 특히 외교 문제와 관련해 조언을 구하고 싶었다. "당시 제가 파악한 바로는 린든 존슨이 저를 만난 유일한 목적은 정책을 일관되게 추진하기 위해 무슨 일이 벌어지고 있는지 파악하기 위해서였습니다." 아이크는 회고했다. "새롭거나 다른 제안은 없었습니다. 라오스나 쿠바에 관해 이야기하고 싶어 했죠. 국내 정책에 비해 외교정책에 관해서는 많이 알고 있는 것 같지 않았어요." 아이젠하워의 관찰은 예리했다. 상원 휴게실에서 압력을 넣는 문제라면 존슨을 능가할 사람이 없었지만, 민감한 대외 문제를 다루는 데는 확신이 서지 않았던 것이다. 존슨은 JFK가 그랬던 것처럼 그 분야에서는 아이젠하워의 지지를 받는 것이 중요하다는 점을 이해하고 있었다. 제2차 세계대전을 경험한 미국의 대통령들은 미국의 관점에서 세계를 바라보는 데 있어 비슷한 사고방식을 공유했다. 각자 전쟁을 다른 방식으로 경험했고 전략과 전술도 달랐지만, 제3차 세계대전을 막으려면 공산주의 침략에 맞서야 한다는 점에는 이견이 없었다. 케네디는 핵무기 사용 위협에 의존하는 아이젠하워의 정책 때문에 개발도상국, 특히 동남아시아에서 끓어오르는 갈등에 미국이 제대로 대응하지 못하고 있다고 확신했다. 하지만 두 사람의 목표는 같았다. 1930년대의 실수를 되풀이하지 않는 것이었다.10

그러나 국내 정책에 관해서는 그렇지 않았다. 제2차 세계대전이 진보주의자들에게 남긴 가장 큰 국내 유산은 케인스 경제학이 작동한다는 사실을 입증한 것이었다. 케네디는 마지못해 케인스주의자로 전향했지만, 존슨은 정부가 호황과 불황의 순환을 종식시키고 모두에게 골고루 혜택이 돌아가는 경제성장을 꾸준히 보장할 힘을 가진다는 케인스 경제학의 개념을 완전히 수용했다. 이 지점에서 공화당과 민주당이 갈렸다. 존슨은 성장하는 경제가 새로운 사회정책을 시행하는 데 추가로 소요되는 정부 지출을 뒷받침할 수 있다고 믿었지만, 재정 보수주의자인 아이젠하워는 경제성장의 치유력에 대한 믿음이 상대적으로 적었고 정부 지출 절제로 균형재정을 이루어야 한다는 전통적인 신념에 여전히 매여 있었다. 11월 25일 월요일에 케네디가 알링턴 국립묘지에 안치되기 전부터 존슨은 참모들과 광범위한 새로운 국내 정책에 관해 논의했지만, 자신의 이러한 원대한 구상을 전임 대통령 아이젠하워와는 공유하지 않기로 했다.

존슨은 또한 참모진 사임 문제를 어떻게 처리할지와 관련해서도 아이젠하워와 논의했다. 존슨은 케네디의 참모진에게 계속 일해달라고 요청했지만, 참모 대부분은 존슨의 요청에 응할지 여부를 결정하지 못하고 있었다. "우리 중 새 대통령과 잘 아는 사람은 거의 없었습니다." 국무부 차관 조지 볼이 회고했다. "부통령 시절 그는 만족하지 못하고, 침울해하며, 종종 화도 내는 사람이었습니다. 부통령이 하는 일이 중요하지 않기도 했지만, 그가 폭발할까 두려워 아무도 존슨을 거스르려 하지 않았죠." 존슨이 확실히 권력을 잡은 상황에서, JFK와 마치 한 몸처럼 일하며 그를 사랑했던 참모진은 어떻게 처신해야 할지 확신이 서지 않았다. "마체테*로 정치적 가시덤불을 헤쳐나가며 그 자리에 올랐고, 지역적 태도와 편견이라는 짐을 지고 있는 텍사스인 밑에서 우리가 행복하게 일할 수 있었을까요?" 볼이 물었다. "우리가 새 대통령을 시험하고 그가 우리를 시험한 후, 우리 중 얼마나 많은 사람이 남을지 아무도 대답할 수 없었습니다."[11]

존슨과 아이크가 논의를 이어가는 동안, 한 보좌관이 사직서를 제출한 대사들의 명단을 가지고 방에 들어왔다. 아이크는 당시를 이렇게 회상했다. "대통령은 그 대사들이 필요하다며 사임하지 않기를 바란다고 말했습니다." 아이크는 존슨에게 그렇게 말하는 대신 "당분간 인사 변동은 없을

---

* 주로 열대 지역에서 덤불이나 풀을 베는 데 사용하는 길고 넓은 칼. (옮긴이)

것”이라는 메시지를 내라고 제안했다. 국가도 성찰하고 휴식할 시간이 필요했다. 아이크의 기억에 따르면 그는 존슨에게 “대통령님이 원하는 작은 변화라도 현재의 감정적 충격이 지나간 후에 시행되어야 효과적일 것입니다.”라고 말했다.

하지만 존슨에게는 아이젠하워 외에 또 다른 대통령의 지지가 필요했다. 항상 정치 책략가였던 존슨은 케네디의 죽음 이후 쏟아진 애도의 물결을 자신이 내건 대담한 진보적 의제에 대한 정치적 지지로 연결할 수 있다는 것을 깨달았다. 존슨은 케네디가 남긴 신화와 케네디에 대한 기억 모두를 자신의 정치적 야망에 활용할 계획이었다. 하지만 시간이 흐르면서 전임자의 유산은 양날의 칼임이 드러났다. 존슨은 자신을 대통령으로 만든 비극적 상황에 도리어 시달리게 되었다. “저는 늘 해리 트루먼과 그가 대통령이 된 방식이 안타까웠습니다.” 존슨은 한때 말했다. “하지만 적어도 그의 전임자는 살해당하지 않았죠.” 자신의 출신 주에서 벌어진 끔찍한 비극의 여파로 대통령이 된 존슨은 미국 국민과 케네디 참모진 다수가 자신을 대통령으로 받아들이지 않을까 두려워했다. 존슨은 역사학자 도리스 컨스 굿윈에게 이렇게 말했다. “저는 선서를 하고 미국의 대통령이 되었습니다. 그러나 수백만 명의 미국인에게 저는 사생아 같은 존재이자 대통령의 모습을 갖추지 못한 벌거벗은 인물이었습니다. 왕좌를 노린 불법적인 왕권 찬탈자였죠.”12

하지만 그러한 불안감은 일단 뒷전으로 밀려났다. 존슨이 처리해야 할 국내 문제가 시급했기 때문이었다. 케네디를 위대한 지도자로 추모하는 사후의 모든 찬사에도 불구하고, 전 대통령의 입법안은 수개월째 의회에 묶여 있었다. 케네디는 136억 달러 규모의 감세 법안을 제출했으나 의회는 이미 이를 110억 달러로 깎은 상태였고, 양원 모두 법안 통과를 서두르지 않았다. 케네디의 민권 법안 역시 하원의 해당 상임위원회들에서 계류 중이었고, 상원에서 필리버스터에 직면할 가능성도 있었다. 존슨은 대통령으로서 자신의 첫 번째 임무는 이 입법 과정을 신속히 진행시키는 것이라는 점을 잘 알고 있었다.

보좌관 잭 발렌티는 케네디가 암살당한 날 밤, 존슨이 참모진들에게 다음과 같이 말했다고 회상했다. "케네디의 감세 법안을 상원 재정위원회에서 통과시켜 우리 경제가 다시 활기차게 돌아가도록 만들겠습니다. 그다음에는 의회에 너무 오래 묶여 있는 케네디의 민권 법안을 통과키겠습니다. 그 법안에서 쉼표 하나, 단어 하나 바꾸지 않고 통과시킬 것입니다. 그런 다음 이 나라 어디서든 누구나 어떠한 장애도 없이 투표할 수 있도록 보장하는 법안을 통과시키겠습니다. 이게 전부가 아닙니다. 우리는 이 나라의 모든 소년 소녀가 아무리 가난하더라도, 또 피부색이나 출신 지역과 상관없이 연방정부의 대출, 장학금, 또는 보조금을 통해 자신이 원하는 만큼 교육을 받을 수 있도록 하는 법도 만들 것입니다."[13]

6개월 후인 1964년 5월 22일, 존슨은 미시간대학 졸업식 연설에서 자신의 야심 찬 의제에 이름을 붙였다. 자신의 연설을 스물아홉 번이나 박수로 중단시킨 8만 명의 호의적인 청중에게 존슨은 대륙을 정복한 미국인들은 경제 번영을 위한 지렛대 사용법도 터득했다고 말하면서, 이제는 빈곤과 인종차별이라는 성가신 문제를 해결할 시점이 왔다고 선언했다. 존슨은 "부유한 사회와 강력한 사회를 향해 앞으로 나아가야 할 뿐만 아니라 '위대한 사회'를 향해 위로도 올라가야 하는 것"이 미국의 과제라고 설파하면서, 이 "위대한 사회"에서 사람들의 관심사는 "얼마나 가졌는가가 아니라, 어떻게 인생의 목표를 추구할 것인가가 될 것입니다."라고 강조했다.

그날 존슨의 연설은 제2차 세계대전에서 비롯된 진보주의적 사고방식의 정수를 담았다. '위대한 사회'의 중심에는 경제성장을 통해 나이, 인종, 경제적 지위를 망라한 모든 미국인을 위한 새로운 국가적 합의를 형성하는 역사적 기회를 창출할 수 있다는 믿음이 자리했다. 그리고 존슨이 그렇게 낙관할 만한 이유도 있었다. 참전군인재적응법을 위시한 연방 법들과 전후 베이비붐, 폭발적인 소비 지출에 힘입어 미국은 제2차 세계대전 이후 수십 년 동안 전례 없는 성장을 경험했다. 국민총생산은 1940년과 1960년 사이에 두 배 이상 증가하여 2270억 달러에서 4880억 달러로 급등했다. 가구 소득, 임금, 고용 등 모든 경제 지표가 좋아졌다. 1957년 《U.S.뉴스앤드월드 리포트》의 편집진은 "지금껏 어디에서도 이렇게 많은 사람들이 이렇게 잘 살아본 적은 없었다."라고 결론지었다.[14]

존슨은 경제성장이 증세의 필요성을 없애는 동시에 새로운 사회보장 정책의 재원을 마련할 수 있는 경제적 잉여를 창출할 것이라고 믿었다. 존슨은 또한 건국 초기부터 미국 정치를 특징지어온, 노동 대 경영 그리고 흑인 대 백인과 같은 사회적 갈등들이 전례 없는 번영의 여파 속에서 고통 없이 사라질 것이라고 확신했다. 케네디 암살 1년 후 경제자문위원회 위원장 직에서 물러난 월터 헬러는 존슨이 필요로 하던 확신을 심어주었다. 헬러는 1964년 6월 존슨에게 미국 경제가 "인플레이션 조짐 없이 새로운 활력과 전망을 보여주고 있다."라고 보고했다. 진보주의적 희망이 실현될 수 있다면 바로 그때인 것 같았다.

케네디 행정부에서 시작된 케인스혁명은 존슨 대통령 재임 기간 중 절정에 달했다. 1965년 12월 《타임》은 표지 기사에서 "이제 우리는 모두 케인스주의자다."라고 의기양양하게 선언했다. 헬러의 뒤를 이어 경제자문위원회 위원장이 된 가드너 애클리는 "'신경제학'은 케인스 이론에 기반을 두고 있습니다. 재정 혁명은 그의 이론에서 비롯됩니다."라고 말했다. 양호한 경제 지표들은 스스로를 돌볼 수 없는 사람들을 이제 연방정부가 돌봐야 한다고 믿은 존슨에게 힘을 실어주었다. 존슨은 이렇게 말했다. "우리가 할 수 없다고 떠드는 사람들을 보면 이젠 지긋지긋하다. 젠장, 우리는 세계에서 가장 부유하고 가장 강력한 국가에서 살고 있는데 대체 무엇을 못 한단 말인가?"[15]

멈추지 않는 경제성장은 존슨의 '위대한 사회' 비전을 정의하는 동시에 정당화했다. 역사학자 로버트 M. 콜린스에 따르면 "그토록 거창한 개념도 합리적으로 보이게 하는 근본적 낙관주의를 부채질한 것은 경제성장이었다." 백악관 국내 정책 보조관 조지프 칼리파노는 "존슨 대통령은 물가

상승 없는 견실한 경제가 국내 정책 수행에 매우 중요하다고 생각했기 때문에, 다른 어떤 주제보다도 경제 문제에 많은 시간을 할애했"다고 회상했다. 내치 성공은 야심찬 대외 정책 구상에도 활력을 제공했다. 헬러가 나중에 평가했던 것처럼, 경제 번영은 "다른 어떤 것도 할 수 없는 방식으로 국내에서는 위대한 사회를, 해외에서는 원대한 구상을 달성하는 데 필요한 자원을 대통령의 수중에 안겨 주었다." 존슨이 미국 도시를 재건하는 동시에 세계 곳곳에서 공산주의 세력과 맞설 수 있다는 꿈을 꿀 수 있던 것은 결국 경제성장 덕분이었다.[16]

그러나 그 후 몇 년간 발생한 사건들은 표면적 합의와 달리 깊은 균열이 그 밑에 자리 잡고 있었음을 드러냈다. 전후의 장밋빛 진보주의 세계관은 미국 안에 기회균등 실현을 가로막는 심각한 구조적 장애물이 존재한다는 점을 과소평가하고, 동시에 전 세계를 미국처럼 바꿀 수 있다고 생각하며 미국의 역량을 과대평가했다. 진보주의자들이 곧 깨닫게 되는 것처럼 공산주의는 단일 세력이 아니었다. 따라서 제2차 세계대전 종전 후 소련의 진출을 막기 위해 서유럽에서 사용한 방법들은 개발도상국의 과제를 해결하는 데는 거의 소용이 없었다. 경제성장을 지켜본 존슨 행정부와 한 세대 전체의 진보주의자들은 국내의 필요를 충족하고 해외의 위협과 싸우기 위해서는 정부 운영을 자유롭게 할 수도 있다는 일종의 오만함을 보였다. 파시즘에 맞서 세계 전쟁에서 승리한 당대의 진보주의자들은, 안으로는 모든 미국인에게 동등한 기회를 제공하고 밖으로는 소비에트의 모험주의를 막을 수 있다고 자신했다. 언론인 시어도어 화이트는 "아버지들과는 세상을 바라보는 방식이 다른 새로운 세대의 미국인들"이 부상하는 모습을 관찰하면서 워싱턴의 분위기를 이렇게 포착했다. "그들은 국내에서든 해외에서든 미국인들이 바라는 일은 무엇이든 일어난다고 믿도록 길러진 사람들이었다."[17]

존슨이 대통령 취임 후 몇 달 만에 대대적인 선전과 함께 시작한 "빈곤과의 전쟁"만큼 제2차 세계대전 승리에서 비롯된 미국의 오만함을 적나라하게 보여준 국내 정책은 없다. 존슨은 "우리의 힘으로 충분히 빈곤을 정복할 수 있습니다."라고 선언했다. 그의 제안은 학령 전 아동을 위한 '헤드스타트'와 도시 청소년을 위한 '직업군Job Corps' 등 광범위한 빈곤 퇴치 프로그램에 거의 10억 달러를 지출하는 것이었다. 빈곤층 대다수가 경제성장으로부터 혜택을 받을 것이라고 확신한 행정부는 기회를 강조하고 빈곤층이 스스로를 도울 수 있도록 돕겠다고 약속하는, 즉 "베푸는 것이 아니라 손을 잡아 이끄는" 정책을 개발했다. 이 새로운 정책의 핵심에는 지역공동체 구성원들이 빈곤 퇴치 프로그램 개발에 "가능한 한 최대로 참여"하도록 하여, 빈곤층 스스로 빈곤 퇴치 운동에 지속적으로 개입할 수 있도록 유도하는 지역사회행동프로그램Community Action Program, CAP이 있었다.

1964년 경제자문위원회가 연례 보고서에서 지적했듯이, 전통적인 믿음은 세금 정책이나 소득 보조 등의 방식으로 가난한 사람들에게 돈을 이전하여 줌으로써 빈곤 문제를 간단히 해결할 수 있다는 것이었다. 그러나 존슨이 벌인 '빈곤과의 전쟁'은 이러한 경제적 사고와는 상당히 다른 인식에서 출발했다. 존슨은 자신이 피하고 싶은 형태의 정치적 반발을 부를 수 있다고 생각해 부의 재분배 방안에는 반대했다. 칼럼니스트 월터 리프먼이 논평한 바대로 '빈곤과의 전쟁'의 목표는 단순히 빈곤층에게 돈을 이전하는 것이 아니라, 그들에게 사회에 참여할 수 있는 역량을 제공하는 것이었다.[18]

그러나 궁극적으로 '빈곤과의 전쟁'은 아이러니하게도 정부의 힘에 대한 새로운 신뢰의 결과로 시작된 정책이 정부의 사회문제 해결 능력에 대한 대중의 신뢰를 훼손하는 결과로 이어졌다. 역사학자 제임스 T. 패터슨이 지적했듯이 "현대 미국 역사상 '빈곤과의 전쟁'만큼 실제 국민에게 제공할 수 있는 것보다 훨씬 많은 것을 약속한 정부 정책은 없었을 것이다." 약속과 실제 성과 사이의 간극은 많은 미국인의 분노를 샀다. 1967년에 이르면 대중의 3분의 2 이상이 존슨 행정부의 의욕이 "너무 지나쳤다"고 불평했다.[19]

'빈곤과의 전쟁'은 존슨이 내건 핵심 정책 의제였지만, 나머지 의제를 더 추진하기 전에 존슨은 우선 1964년 재선에서 승리해야 했다. 존슨은 미네소타주의 진보 성향 상원의원 휴버트 험프리를 러닝메이트로 선택했고, 공화당은 애리조나주 상원의원 배리 골드워터를 대통령 후보로 지명했다. 진보주의 개혁 정책을 노골적으로 비판하던 골드워터는 작은 정부와 공격적인 반공주의를 기치로 내세우며 남부와 서부의 수백만 보수 유권자들을 결집하려 했다. 골드워터의 극단주의는 공화당 내에서 목소리가 큰 우파에게는 활기를 주었지만, 동시에 공화당 내 온건파와 진보주의자들을 소외시키는 결과를 낳았다. 그는 "자유 수호를 위한 극단주의가 악덕이 아니듯, 정의 추구를 위한 온건주의도 미덕은 아니다."라는 악명 높은 발언을 남겼다. 골드워터는 보수 성향 유권자에게 소구하는 선거운동을 펼침으로써 존슨에게 광범위한 중도층을 내주었고, 존슨은 그 기회를 훌륭하게 이용했다. 존슨은 국가를 위해 일하다가 쓰러진 지도자의 정책을 이어나가겠다고 다짐하는, 아버지 같은 인물상을 제시했다. 존슨은 하루 열여덟 시간씩 선거운동을 하면서, 유권자들에게 민주당이 이룬 과거 성과들을 상기시키고 미국을 새로운 차원으로 이끌겠다고 약속했다.

수치만 놓고 보면 접전을 보인 선거는 아니었다. 존슨은 국민 투표의 61퍼센트를 얻어 1936년 선거에서 루스벨트가 얻은 득표율에 버금가는 기록을 세웠다. 여섯 개 주를 제외한 모든 주에서 승리한 현직 대통령은 선거인단 투표에서 486표를 얻었고, 골드워터는 52표에 그쳤다. 대통령의 여세에 힘입은 많은 민주당 의원이 선거에서 승리해 존슨 행정부는 상원 68 대 32, 하원 295 대 140으로 양원 모두에서 압도적 다수를 확보했다. 그러나 당시 아무도 눈치채지 못한 것은 골드워터가 공화당 지지층이 향후 결집할 수 있는 토대를 마련했다는 사실이었다. 그리고 곧 리처드 닉슨과 로널드 레이건이 이에 편승하게 된다.

11월 골드워터를 상대로 승리한 후, 존슨은 본격적으로 '위대한 사회' 건설에 착수했다. 그는 "이봐, 모두 서둘러, 그 법안들을 의회에 올려서 통과시키라고. 그러지 못하면 18개월 후에는 '압승을 거둔 린든'이 '레임덕에 빠진 린든'이 될 테니까."라고 재촉하며 참모진을 다그쳤다.

존슨 행정부의 최우선 과제는 트루먼의 페어딜정책* 이후 민주당의 주요 의제였으나 의회 보수파들에 의해 볼모로 잡혀 있던 두 법안, 즉 노년층을 위한 의료보험안과 젊은 층을 위한 교육 재원 조달안을 관철시키는 것이었다. 존슨과 새로 의회에 입성한 민주당 의원들은 야당을 압도했다. 의료보험안에는 사회보장제도에 편입된 수급자들에게 의료 지원을 제공하는 메디케어MediCare와 함께, 빈곤층에게 나이와 관계없이 의료비를 지급하는 메디케이드Medicaid 프로그램도 포함되어 있었다. 존슨은 또한 연방정부의 교육 지원에 반대하는 사람들의 목소리를 잠재우고 의회를 설득하여 '1965년 초중등교육법Elementary and Secondary Education Act of 1965'을 통과시켰다. 빈곤층 아동들을 위한 교과서, 도서관 자료, 그리고 특별 교육 프로그램에 10억 달러 이상을 지원한다는 제1조가 그 법의 핵심 내용이었다.

존슨의 긴 우선순위 목록에서 맨 윗자리를 차지한 것은 JFK의 민권 법안 통과였다. 존슨은 이 기념비적인 민권 법안들을 통과시키기 위해, 의회에서 수년간 갈고닦은 역량을 발휘해가며 개인적인 투쟁도 마다하지 않았다. 마침내 1964년 7월 2일, 존슨은 남북전쟁 이후 재건 시대 이래 가장 광범위한 영향을 미친 법안인 '1964년 민권법Civil Rights Act of 1964'에 서명했다. 이 법은 공공장소에서의 인종 분리를 종식시키고 인종, 피부색, 종교, 성별, 또는 출신 국가에 따른 고용 차별을 금지했다.

그러나 존슨은 거기서 멈추지 않았다. 존슨은 아프리카계 미국인들이 정치적 권력을 행사할 수 없다면 다중 이용 시설에 접근할 수 있는 권리는 별 의미가 없다는 것을 잘 알고 있었다. 제2차 세계대전 세대에 속하는 많은 미국인들은 진보주의자나 보수주의자 모두 20세기 초 유럽 이민자들이

---

* 루스벨트가 대공황 극복을 위해 제시한 '뉴딜'처럼 트루먼이 약속한 진보적 국내 정책을 일컫는다. (옮긴이)

보여준 것처럼, 흑인들에게 법적 장벽을 제거해주면 그들도 미국 사회에 통합될 수 있으리라고 희망했다. 그러나 법률을 통과시키는 것만으로는 사실상의 인종 분리, 즉 아프리카계 미국인들을 가장 가난한 도시 지역에 가두거나 일자리, 의료, 양질의 교육에 접근할 수 있는 기회를 제한하는 뿌리 깊은 인종적 태도와 관습을 완화할 수 없었다. 1964년 기준으로 투표 연령에 해당하는 남부의 500만 흑인 중 유권자 등록을 한 이들은 200만 명에 불과했다. 거의 한 세기 전에 통과된 수정헌법 15조는 흑인에게도 투표권을 보장했지만, 미국의 연방제 아래서 각 주는 인두세, 문해력 시험, 조부조항* 같은 조치들을 통해 흑인들의 투표권에 제한을 둘 수 있었다. 1965년 3월, 앨라배마주 셀마에서 헬멧과 방독면을 착용하고 진을 친 경찰관들이 투표권을 요구하는 평화로운 시위자들을 공격하자, 존슨은 그 폭력 장면을 담은 텔레비전 영상들을 활용하여 강력하고 새로운 투표권 법안의 필요성을 주장했다.

마침내 8월 6일 존슨은 '1965년 투표권법Voting Rights Act of 1965'에 서명하여, 연방 공무원들에게 유권자를 등록할 수 있는 권한을 부여하고 문해력 시험을 금지했다. 의회가 이 법안을 통과시킨 밤, 존슨은 침울한 듯 보좌관에게 이렇게 말했다. "방금 우리 생전 동안은 남부를 공화당에 넘겨준 것 같아." 존슨의 이 예측은 고통스럽게도 정확했다.

그러나 존슨이 투표권법에 서명한 지 불과 닷새 후, 로스앤젤레스의 와츠 지역에서 폭동이 발생했다. 그 폭동과 이후 4년간 여름마다 각지에서 벌어진 일련의 인종 폭동은 미국 내 인종주의가 여전히 뿌리 깊으며 그에 대한 분노 역시 매우 크다는 사실을 다시 한번 일깨워주었다. 경제가 지속적으로 성장하고 법적 장벽이 제거되면 아프리카계 미국인들이 처한 어려움

---

* 수정헌법 15조가 통과되어 흑인에게 투표권이 보장된 해인 1867년 이전에 투표권을 가졌던 사람(할아버지, 아버지)의 직계 후손이면 문해력 시험이나 기타 자격 요건을 면제해주는 조항으로, 백인들의 투표권을 무조건적으로 보장하기 위한 목적으로 사용되었다. 1939년까지 존속되었다. (옮긴이)

이 빠르게 해소될 것이라는 믿음은 착각이었음이 드러났다. 남부에서 민권 운동이 성공했다 해도 북부 빈민가에 거주하는 흑인들이 직면한 절망적인 생활 조건을 해결할 수는 없었다. 그곳에서는 많은 아프리카계 젊은 미국인들이 마틴 루서 킹의 비폭력 호소를 거부하고, 대신 스토클리 카마이클과 맬컴 엑스 같은 활동가들이 주창하는 흑인 민족주의 메시지를 받아들였다.

존슨은 자신이 젊은 아프리카계 미국인들을 위해 이룬 모든 성과에도 불구하고 어떻게 그들이 여전히 자신에게 등을 돌릴 수 있는지 이해하지 못했다. 칼리파노에 따르면 와츠 폭동이 있던 기간에 존슨은 은둔하며 전화조차 받으려 하지 않았다. "그는 그냥 그 상황을 받아들이려 하지 않았습니다." 마침내 그 문제에 직면하기로 결심한 존슨은 자기 연민에 빠졌다. "어떻게 이럴 수 있지? 그 모든 걸 이뤘는데도 어떻게 이런 일이 일어날 수 있어?" NAACP 회장 로이 윌킨스에 따르면, 존슨은 "와츠 폭동을 자신에 대한 모욕으로, 흑인 미국인들을 위해 자신이 쏟은 모든 노력에 대한 거부로 받아들이는 것 같았다."

"대체 그들이 원하는 게 뭐야?" 존슨은 애가 타는 듯 물었다. "나는 그들에게 경제 호황도 가져다주고 더 좋은 법안도 누구보다 많이 만들어주었는데, 저들은 대체 뭘 하고 있지? 나를 공격하고 비웃고 있잖아. 루스벨트가 이보다 더 잘할 수 있었을까? 누구든 이보다 더 잘할 수 있었겠냐고? 그들은 도대체 뭘 원하는 거야?"[20]

*

10년이 넘도록 두 명의 미국 대통령은 베트남 분쟁에 관해서는 본질적으로 미봉책을 써왔다. 남베트남 정부의 완전한 붕괴를 막기 위해 충분한 원조를 보내고 적당한 수의 고문단을 파견하는 정도였다. 그러나 존슨에게는 그러한 사치가 허락되지 않았다. JFK 암살 한 달 뒤, 국방장관 로버트 맥너마라는 남베트남의 상황이 "매우 우려스럽"다고 보고하며, 현재 추세가 "향후 2~3개월 내에 역전"되지 않는다면 최선의 경우는 중립화이지만 그보다 가능성이 큰 결과는 "공산주의가 통제하는 국가"가 되는 것이라고 경고했다. 케네디 행정부는 보다 협조적인 베트남 정권이 들어서기를 바라며 권위주의적인 응오딘지엠을 권좌에서 축출했지만, 그 대신 혼돈만 뒤따랐다. 1964년 한 해에만 일곱 개의 서로 다른 정권이 차례로 사이공 통치에 나섰다. 조지 볼의 표현을 빌자면, 군부 지도자들이 번갈아가며 "한여름 벌레의 수명" 정도로만 권력을 잡았다. 안정적인 정부를 수립하지 못하는 베트남의 무능력에 좌절한 존슨은 한때 사이공에 거친 메시지를 보냈다. "이제 이딴 쿠데타 놀음은 그만두시오."[21]

남베트남에 안정적인 정부가 없는 상황에서 북베트남은 진전을 거듭했다. 1964년 3월, 북베트남은 2만3000명의 신병을 남쪽으로 보내 민족해방전선NLF에 합류시킴으로써 베트콩의 수를 크게 늘리고 보급품을 남쪽으로 수송하는 도로망인 호찌민 통로를 확장하고 개선했다. 이러한 군사적 압박은 남베트남의 정치적 불안을 악화시켰다. 베트남 군대인 베트남공화국군ARVN에서 탈영하는 병사의 수가 급격히 늘어나 1964년에는 한 달에 6000명을 넘어섰다. CIA는 베트콩이 남베트남 영토의 최대 40퍼센트와 주민의 50퍼센트 이상을 장악하고 있다고 추정했다. 워싱턴은 사이공의 불안정성에 대응하기 위해 북베트남에 더욱 공격적인 작전을 전개했고, 이를 통해 남베트남 정부가 보다 효과적으로 기능하기를 바랐다. 아울러 존슨은 합동참모본부에 북베트남을 상대로 단계적인 군사적 압박을 가하는 비상계획을 마련하라고 지시했다.

베트남에서 미국의 존재감을 키우는 한편, 존슨은 미국에 적대적인 그 어떤 사건도 추가 개입을 정당화할 기회로 간주했다. 1964년 8월 2일, 북베트남의 어뢰정이 정보 수집을 위해 통킹만에서 비밀 임무를 수행하고 있던 미국 구축함 매덕스를 공격했다. 이에 존슨은 두 번째 구축함 터너조이를 해당 해역에 파견하도록 지시했다. 8월 4일, 두 함정이 다시 공격을 받았다고 전해졌다. 그러나 두 번째 공격은 실제로 일어난 것이 아니라 악천후와 음파탐지기의 오작동 결과였을 가능성이 컸다. 훗날 존슨은 농담조로 이렇게 말했다. "내가 알기로 우리 해군은 거기서 고래들을 쐈을걸."[22]

그러나 존슨은 의회나 국민에게 두 번째 공격이 실제로 일어나지 않았을지도 모른다는 의심을 공유하는 대신, 그 사건을 이용해 보수 진영의 비판을 잠재우고 의회의 전쟁 확대 지지를 확보할 목적으로 북베트남을 계속 침략자로 묘사했다. 의회는 별다른 논의도 없이 여론의 지지를 등에 업고 "미군에 대한 무력 공격을 격퇴하고 추가적인 침략을 방지하기 위해 필요한 모든 조치"를 취할 수 있는 권한을 대통령에게 주는 통킹만 결의안을 압도적인 표차로 비준했다. 통킹만 결의안은 대대적인 베트남전쟁 확대를 위한 입법적 토대를 제공했다. 존슨은 이를 두고 이렇게 말했다. "할머니 잠옷 같아. 모든 걸 다 덮어버리거든."

1964년 말에 이르러 존슨은 단계적인 전쟁 확대에 동의했지만, 새 전략을 실행할 적절한 기회를 기다렸다. 1965년 2월, 베트콩이 사이공에서 북쪽으로 약 320킬로미터 떨어진 산악 도시 쁠래이꾸를 박격포로 공격하자 백악관은 베트콩 목표물을 겨냥한 공습을 단행했다. 4월에는 베트콩이 사이공에 있는 미국 대사관을 거의 폭파할 뻔한 사건이 발생했고, 그 후 존슨은 베트남에 지상군을 추가로 파병하는 데 이르렀다.

그렇게 전쟁 준비를 강화하는 와중에도 존슨은 계속 평화를 언급했다. 같은 달, 존슨은 존스홉킨스대학 연설에서 미국은 북베트남과 "무조건적인 논의"에 착수할 준비가 되어 있다고 제안했다. 그러나 조건이 붙어 있지 않은 제안은 아니었다. 존슨은 북베트남이 남쪽에서 병력을 철수하면 미국이 폭격을 중단할 것이라고 주장했고, 민족해방전선이 남베트남 연립정부에 참여할 수 있는 어떤 계획도 거부했다.[23]

쁠래이꾸 공격 사건이 발생한 지 2주도 채 지나지 않아, 존슨은 아이젠하워를 백악관으로 다시 초청했다. 존슨이 정말로 아이젠하워의 조언을 구하려 했는지, 아니면 베트남전쟁에서 미국의 역할 확대 계획을 발표하기 전에 전직 최고사령관과 함께 사진 찍을 기회가 필요했는지는 알 수 없다. 어떤 경우였든 아이젠하워는 기대에 부응했다. 비록 자신이 대통령일 때는 베트남에 지상군을 파병하는 것에 반대했지만, 이제 아이젠하워는 과거 케네디에게 그랬듯 존슨에게 어떤 대가를 치르더라도 베트남전쟁에서 승리해야 한다며 일말의 주저도 없이 조언했다. 아이젠하워의 급격한 태도 변화는 제2차 세계대전에 참전하고 이후 대통령에 오른 이들이 서로에게 어떻게 힘이 되어주었는지를 보여준다. 아이젠하워의 군사적 지위 때문에 케네디와 존슨은 아이젠하워를 존중하고 그의 판단을 따랐다. 베트남 문제에 있어 아이젠하워가 전쟁을 확대하는 존슨의 결정에 정치적 보호막을 제공한 셈이었다. 만약 그가 대통령 재임 시절 베트남전쟁 개입에 자제력을 보였던 것처럼 퇴임 후에도 베트남전쟁에 관한 조언에 신중했더라면, 미국은 베트남에서 완전히 다른 길을 걸었을지도 모른다는 의문이 남는다.

아이젠하워는 존슨과 그의 국가안보 보좌진들과 두 시간에 걸쳐 폭넓은 논의를 나누면서, 미국 정책의 목적은 "동남아시아를 공산주의자들에게 내주지 않는 것"이어야 한다고 재확인해주었다. 아이크는 공산주의 침투를 막는 일은 베트남인들에게 맡기는 것이 최선이기는 하지만, 미국도 여전히 "적의 전쟁 지속 의지를 파괴하는 데 주요한 역할을 해야 한다."라고 주장하면서 미국의 목표는 남베트남의 사기를 북돋우는 동시에 "적의 사기를 꺾는" 것이어야 한다고 말했다. 회의록에는 다음과 같이 기록되어 있다. "아이젠하워는 북베트남 공습이 북베트남의 침투 능력을 차단할 수는 없지만 공습을 통해 북베트남을 위축시킬 수 있고, 또 침략을 계속하면 그 대가를 치러야 한다는 것을 보여줄 수 있다고 판단했다."[24]

이 회의에서 아이크는 베트남전쟁에 대한 미국의 초기 접근 방식을 좌우할, 중요하지만 잘못된 인식 하나를 강하게 심어주었다. 남베트남 정부가 북베트남에 맞서 대중적 지지를 결집하는 데 거듭 실패했음에도 불구하고, 아이젠하워는 남베트남 국민은 정작 자신들이 인식하고 있지 못하더라도 "구원받기"를 원할 것이라고 확신했다. 아이크는 당시 남베트남이 처한 곤경을 응오딘지엠을 축출한 JFK의 결정 탓으로 돌리며, 응오딘지엠은 "유능한 인물"이었다고 평가했다. 회의록에 따르면 아이젠하워는 "응오딘지엠이 족벌을 중심으로 정실 인사를 펼치긴 했지만, 여전히 미국이 효과적으로 이용할 수 있는 인물이었을 것이다. 그를 제거함으로써 우리의 대의도 큰 좌절을 겪게 되었다."라고 의견을 표명했다. 그런 다음 아이크는 존슨에게 자신이 한국전쟁을 끝내기 위해 했던 협상과 같은 방식으로 베트남전쟁을 끝내라고 제안했다. 즉 러시아와 중국에 "만족할 만한 휴전협정이 신속히 체결되지 않으면, 우리는 전쟁 지역과 사용 무기에 대해 지켜오던 제한을 해제하겠"다는 메시지를 보내라는 것이었다.[25]

아이크의 말을 한 마디도 놓치지 않으려는 듯 귀담아듣던 존슨은, 북베트남이 남쪽으로 병력과 물자 지원을 중단하겠다고 약속하는 대가로 미국은 북베트남에 대한 폭격 중단을 약속하라는 최근 영국의 평화 제안을 어떻게 처리해야 좋을지 물었다. 아이크는 1862년 에이브러햄 링컨이 노예해방선언을 어떻게 관철시켰는지를 들려주며 존슨의 질문에 답했다. 16대 대통령 링컨은 앤티텀에서 북군이 결정적인 승리를 거둘 때까지 기다린 다음, 1863년 1월 1일부로 반란을 일으킨 남부에 거주하는 모든 노예를 해방시키는 행정명령을 발표했다. 아이크는 그처럼 먼저 우위를 점한 후 나중에 협상 테이블에서 협상력을 높이라고 존슨에게 권고했다. 전직 장군은 다시한번 협상과 유화정책을 동일시하며 이렇게 언급했다. "우리는 뮌헨회담에서 아무것도 얻은 게 없다는 것을 배웠습니다." 그러면서 영국인들에게는 "친구들, 지금은 아니에요."라고 말하라고 제안했다. 왜냐하면 미 행정부는 "모든 수단을 동원해서라도 자유국가들을 지키려는 의지와 물리력이 있다는 사실을 적에게 제대로 이해시켜야 하기 때문"이었다. 아이젠하워는 "동남아시아를 자유 지역으로 유지한다는 명제에 미국의 위신이 걸려 있"다고 언급했다. 그는 그 목표를 달성하는 데 6~8개 사단이 필요하지 않기를 바란다면서도 "만약 필요하다면 그렇게 해야" 한다고 말했다.

그러자 존슨은 중국이 군대를 파병하면 어떻게 해야 하느냐고 물었다.

아이젠하워는 핵무기 사용을 권고했다. 맥너마라가 자세한 설명을 요구하자, 아이젠하워는 당연한 사실을 말하는 듯한 어조로 "핵무기는 적이 조직된 대형을 갖추고 대규모로 몰려올 때 사용해야 하는 것"이라고 확인해주었다.[26]

대통령으로서 아이젠하워가 한 행동과 그가 존슨에게 해준 조언은 놀라울 정도로 차이가 컸다. 1954년 디엔비엔푸의 프랑스 요새가 무너져가고 있을 때, 아이크는 핵무기 사용을 명시적으로 배제했다. 미국이 아시아에서 두 번째로 핵무기를 사용한다면 세계가 어떤 반응을 보일지 두려웠기 때문이었다. 그는 또한 베트남의 전략적 중요성에 대해서 개인적으로는 회의를 품으며 베트남에 지상군을 배치하는 것에도 강력히 반대했다. 그러나 후임 대통령 존슨에게는 모든 수단을 동원해서라도 베트남을 구해야 하는 것이 미국의 책임이라고 강의한 것이다.

표면적으로는 아이젠하워의 견해가 바뀐 것처럼 보이지만, 진실은 좀 더 복잡하다. 1954년 프랑스가 벌인 것은 식민지 전쟁이었지만, 제네바협정 이후 베트남에 막대한 투자를 한 미국으로서는 자국의 중요 이익을 지키기 위해서라도 이제 베트남공화국을 공산주의 침략으로부터 수호해야 했다. 아이젠하워는 동맹국을 지키지 못하면 소련은 더욱 대담해지고 동맹국들의 지지가 약화되어 또 다른 뮌헨 사태로 이어질 것이라고 판단했다. 좋든 싫든 미국이 베트남에 자국의 신뢰성을 걸었으므로 이제 "승리"하는 것 외에는 선택의 여지가 없었다. 아이젠하워는 제2차 세계대전을 통해, 적을 물리치기 위해서는 압도적인 힘을 사용해야 한다는 점을 배웠다. 가능하면 전쟁을 피하되, 싸워야 한다면 동원할 수 있는 모든 자원을 투입하여 적을 분쇄해야 한다는 교훈이었다. 아이젠하워의 전기 작가 윌 히치콕은 "아이크가 남북전쟁부터 제2차 세계대전까지는 미군에 적합했던 전략 교리가 더 이상 먹히지 않는" 베트남전쟁과 같은 제한전에도 그러한 전략을 사용하려 했다는 점이 "비극"이었다고 지적했다.[27]

아이젠하워와의 회의 2주 뒤, 존슨은 북베트남에 지속적으로 폭격을 가하는 '롤링썬더 작전Operation Rolling Thunder'을 개시했다. 작전은 1968년까지 계속되었다. 애초 미 지상군은 미 공군기지를 보호하기 위한 목적으로 파견되었지만, 곧 그들의 역할은 전투 작전을 주도적으로 수행하는 것으로 확대되었다. 미 행정부는 다시 한번 북베트남 폭격이 남베트남 정권을 안정시킬 것이라고 믿었다. 그러나 다시 한번 그 믿음은 틀렸다고 판명되었다. 존슨의 국가안보 보좌관 맥조지 번디는 사이공의 미래에 암울한 평가를 내렸다. "베트남 상황이 악화되고 있다. 미국의 새로운 조치가 없다면 패배는 불가피해 보인다." 번디는 그러한 패배가 그 이듬해 일어날 것이라고 예상했다.[28]

그처럼 암울한 경고가 있었음에도 불구하고 존슨은 아이크를 가까이하며 그에게 조언을 구했다. 의회 의원들과의 회의에서 종종 아이크의 이름을 거론하며, 전직 대통령 아이젠하워에게 "진심 어린 감사"를 직접 표하기도 했다. 존슨은 아이크에게 이런 편지도 썼다. "의원들은 우리가 대화를 나누고 있고, 이 어려운 과제와 관련해 제가 당신의 노련한 판단에 도움을 받고 있다는 사실에 기뻐하고 또 안도합니다." 아이젠하워도 전쟁을 확대하려는 백악관의 노력에 지속적으로 공개적인 지지와 개인적인 응원을 보냈다. 1965년 3월 12일, 아이젠하워는 미군 기지를 방어하기 위해 군대를 파견하기로 한 존슨의 결정에 다시 한번 지지를 보내며 "나는 당신이 우리의 중요한 기지들을 우리 군대로 보호할 모든 권리를, 사실은 의무를 지닌다고 생각합니다."라고 말했다. 그 이후 2주도 지나지 않아 아이젠하워는 한 공화당 행사에서 "베트남에서 대통령이 수행하는 작전 방식은 미국을 위해 아주 바람직합니다."라고 발언했다. 4월 30일 아이크는 자신이 베트남에 관한 질문을 받을 때마다 외교정책을 "수행하는 데 있어 미국을 대변하는 사람은 단 한 명뿐"이며, 그 한 명인 존슨 대통령이 "미국의 이익에 최대한 부합하는, 잘 계산된 정책을 구사하고 있"다고 대답하며 존슨을 다시 한번 안심시켰다.[29]

7월, 상황이 갈수록 절망적으로 변해가자 존슨은 미 지상군을 베트남에 파견하는 중대한 결정을 내렸다. 하지만 그에 앞서 아이크와 다시 상의하고 싶었다. 1965년 7월 2일 7분간의 전화 통화에서 존슨 대통령은 자신이 어떻게 그런 결론에 도달했는지 설명했다. 아이젠하워는 그러한 공격적인 결정에 거듭 지지를 표명했다. 아이크의 대화 기록에 따르면 그는 존슨에게 이렇게 말했다. "일부 지역이나 거점을 지키겠다고 들어가면 대가만 치르고 승리하지는 못할 겁니다. 한 국가에 대한 군사적 지원을 포함하는 국제적 문제에서 무력에 호소해야 할 상황이 되면 전면적으로 나서야 합니다! 이것은 전쟁이고, 북베트남이 계속 남쪽으로 병력을 투입하는 한 제가 드릴 수 있는 조언은 '해야 할 일은 하시라'는 것입니다." 그러자 존슨이 물었다. "정말로 우리가 베트콩을 이길 수 있다고 생각하십니까?" 아이젠하워는 적군 중 얼마나 많은 수가 현지 반군이고 얼마나 많은 수가 북쪽에서 내려왔는지 모르기 때문에 확실히 말하기 어렵다고 인정했다. 그러나 어떤 경우든 남베트남을 구하는 임무는 여전히 지상 과제이므로, 아이크는 "우리가 정부 수립을 도운 자유국가에서 쫓겨날 수는 없습니다."라고 단호히 말했다. 역설적이게도 아이젠하워의 이 발언은 자신이 이끌던 행정부가 베트남의 자유선거 실시를 지지하지 않았고, 또 일반 대중과 거의 연결 고리가 없는 친서방 정부를 세움으로써 제네바협정을 무시한 역사적 사실을 간과한 것이었다.[30]

사이공 상황이 위기로 치닫자, 존슨은 전쟁 확대 계획을 최종 확정하기 위해 7월 일련의 회의를 개최했다. 7월 21일 하루 종일 진행된 회의에서, 대통령의 국가안전 보좌진은 34개 대대를 파병하여 미군 총 병력을 17만 5000명에서 20만 명 사이로 늘리고, 예비군과 주방위군에서 23만5000명을 소집하자는 맥너마라 국방장관의 권고안을 논의했다. 맥너마라는 미국이 추가 병력을 파견하지 않으면 "베트콩이 베트남 정부를 소규모 거점들로 밀어낼 것이고, 베트남 정부는 점점 더 무력해질 것"이라고 주장했다. 미국은 병력을 증강하거나 아니면 "철수해야" 한다는 것이었다. 존슨의 보좌진 대부분은 맥너마라 권고안의 핵심 조항에 동의했다. 번디는 "반공산주의 사회가 산고를 겪고 있는 것"이라고 말했고, 딘 러스크 국무장관은 "미국이 베트남전쟁에 개입하는 이유와 그 진정성이 본질적으로 중요합니다. 그것이 소련에 맞서는 미국의 입장을 신뢰할 수 있게 만들기 때문입니다."라고 강조했다. 합참의장 얼 휠러 장군도 자기 입장을 분명히 밝혔다. "적과 맞서 싸워야 합니다. 엉덩이를 깔고 앉아서는 전투에서 이길 수 없습니다." 그러나 맥너마라를 포함해 존슨의 보좌진 대부분은 전쟁 확대를 지지하면서도, 전쟁이 치열할 것이고 승리는 불확실할 것이라는 점은 인정했다.[31]

오직 국무부 차관 조지 볼만이 반대했다. 그는 줄 간격 없이 빼곡하게 쓴 60쪽짜리 메모를 준비해, 미국의 남베트남 개입을 지지하는 모든 논리를 체계적으로 반박했다. 그는 특히 폭격 논리를 겨냥했다. "일단 호랑이 등에 올라타면 내릴 장소를 고를 수 있다고 확신할 수 없습니다."라고 그는 지적했다. 조지 볼은 "남베트남에 더 많은 병력을 배치할수록, 특히 전투 병력을 더 많이 투입할수록 전쟁이 잘못되는 경우 감당할 수 없는 비용을 치르고도 베트남에서 빠져나오기가 더욱 어려워질 것"이라고 주장했다. 그는 미국이 베트남에서 이길 수 있다고 믿지 않았다. 따라서 미 행정부는 더 큰 전쟁으로 치닫게 하는 "거의 저항할 수 없는" 압력에도 불구하고 지금 단계에서 "손실을 줄여야" 한다고 권고했다.[32]

볼의 주장은 분명 설득력이 있었지만 번디, 러스크, 그리고 주남베트남 미국 대사 헨리 캐벗 로지를 포함한 동료들은 이를 강력히 거부했다. 특히 로지는 회의 참석자들에게 "우리가 지금 개입하지 않으면 제3차 세계대전이 시작될 위험이 더 크다고 느낍니다. 뮌헨에서 우리가 보인 그 나태함과 유사하다고 생각하지 않습니까?"라고 말하며 볼의 주장에 노골적인 반응을 보였다. 회의 참석자 누구도 로지의 발언에 깔린 역사적 비유에 의문을 제기하지 않았다. 로지는 계속해서 미국이 남베트남 정부의 안정성에 기대서는 안 된다고 주장했다. "그 정부를 너무 심각하게 생각할 필요는 없습니다. 만약 베트남이 우리에게 중요한 지역이라면 그 정부가 어떻든 상관없이 우리는 필요한 일을 해야 합니다." 아이젠하워 대통령부터 이어져온 공식적인 미국의 대베트남 정책은 자유로운 남베트남 정부 수립에 초점이 맞춰져 있었지만, 로지는 미국이 현지 정부의 바람과는 사실상 무관한 정책을 펴도 된다고 발언했다. 제2차 세계대전의 교훈은 미국이 공산주의 확산을 막아야 한다는 것인데, 이는 베트남 국민의 바람 때문이 아니라 그렇게 하는 것이 미국의 국가 이익에 부합하기 때문이라는 논리였다.[33]

존슨은 본능적으로는 국가안보 보좌진 대다수가 권고하는 정책에 회의적인 반응을 보였다. 존슨은 외교정책 보좌관들과의 또 다른 극비 회의에서 남베트남 지도자들에게 최후통첩을 보내자고 제안했다. "'이게 마지막이야!'라고 왜 그자들에게 말하지 않는 거지?"라고 그는 소리쳤다. 암호처럼 해독하기 어려운 그 회의의 손 글씨 기록을 보면 존슨이 전쟁 확대에 반대했다는 사실을 알 수 있다. "그자들이 지금처럼 행동한다면 존슨시티*의 젊은이들을 보내 죽게 만들 수는 없다." 개인적으로 존슨은 전쟁에 대한 고뇌를 표현했다. 그는 미국이 동남아시아에서 벌어지는 군사적 투쟁에서 이길 수 있는지 종종 의문을 제기하며, 전쟁을 생각하면 "우울해"지고 "무서워 죽겠다"며 자신의 심경을 드러냈다. 레이디 버드에게 울부짖은 적도 있었다. "나는 베트남에서 빠져나올 수도 없고, 지금 내가 가진 수단으로는 상황을 끝낼 수도 없어. 도대체 어찌해야 할지 모르겠어!" 존슨은 아내에게 최선의 행동 방침을 결정해야 하는 자신의 고뇌를 두고 이렇게 말했다. "비행기를 몰고 있는데, 비상착륙을 하거나 뛰어내리거나 둘 중 하나를 선택해야 하는 상황에 빠진 것만 같아. 문제는 내게 낙하산이 없다는 거지."[34]

이 중대한 회의들 내내 존슨 대통령은 필요한 질문들을 빠짐없이 던졌다. 그는 맥너마라의 제안이 "승리할 수 있다는 느낌은 전혀 주지 않고 오히려 교착 상태가 지속될 것 같다는 인상을 주는데, 제3국 군대를 더 확보할 수는 없나?"라며 우려를 표했다. 보좌진에게도 질문 공세를 폈다. "우

---

* 텍사스주 중남부의 작은 시골 마을로 존슨 대통령의 고향이다. (옮긴이)

리가 취할 수 있는 다른 대안은 뭐지? 우리가 떠나겠다며 남베트남 정부를 협박할 수도 있겠지. 하지만 지금 이 시점에 우리가 취할 수 있는 선택일까? 만약 우리가 지금 베트남에서 철수한다면, 훗날 더 많은 병력을 소집하고 더 많은 사상자를 감수해야 하는 것은 아닌가?" 마침내 그는 이렇게 물었다. "이렇게 파병 병력을 늘린다고 해서 무엇을 성취할 수 있나? 애초에 이 모든 노력이 실패할 수밖에 없는 것은 아닐까? 정권이 그렇게 자주 바뀌는 정부와 협력하면서 미국이 효과적으로 전쟁을 수행할 수 있을까?"[35]

존슨은 진심으로 고뇌했고, 이는 뚜렷하게 드러났다. "최고 지휘부 인사들 가운데 존슨 대통령이 미국의 개입 확대에 가장 소극적이었다."라고 볼은 회고했다. 맥너마라는 자기 상관 존슨이 "심한 우울감에 빠져" "승리를 위한 계획" 또는 체면을 잃지 않고 빠져나올 방법을 찾기 위해 애쓰면서 "끊임없는 내적 혼란"에 시달렸다고 전했다. 밤이 되면 존슨은 백악관 복도를 배회하다가 종종 상황실에서 발을 멈추었고, 그곳에서 그를 보고 놀란 군사 보좌관들에게 최신 상황을 보고받곤 했다.[36]

존슨이 전쟁 확대를 주저한 이유 중 일부는 자신이 아끼던 '위대한 사회' 건설 프로그램들의 운명에 미칠 영향을 우려했기 때문이었다. 1965년 초 몇 주간을 회상하며 존슨은 도리스 컨스 굿윈에게 이렇게 말했다. "처음부터 나는 어떤 선택을 하든 십자가에 못 박히게 될 운명이란 걸 알고 있었습니다. 내가 진정 사랑한 '위대한 사회'를 떠나 지구 반대편에 있는 전쟁이란 못된 여자에게 휘말린다면 국내에서 모든 것을 잃게 되리란 걸 알았죠. 내 모든 정책, 굶주린 이들을 먹이고 집 없는 이들에게 보금자리를 마련하려던 나의 희망, 라틴계와 흑인과 장애인과 가난한 이들에게 교육과 의료를 제공하려던 내 모든 꿈이 무너지리라는 것을 말예요. 그러나 그 전쟁을 포기해 공산주의자들이 남베트남을 장악하게 둔다면 나는 겁쟁이로 보이고 내 나라는 유화주의자로 낙인찍혀, 나도 내 나라도 전 세계 어디서든 누구를 위해서 아무것도 할 수 없게 되었을 것입니다."[37] 이처럼 존슨은 제2차 세계대전 이후 새롭게 대두된 해결할 수 없는 모순, 즉 외교정책적 요구와 국내 정책 비전이 정면으로 충돌하는 상황에 직면했던 듯하다.

존슨은 본능적으로 전쟁 확대를 피하고 싶어 했고 그의 가장 강경한 참모들조차도 전쟁이 장기화되고 막대한 대가를 치르게 될 것이라고 믿었는데, 그럼에도 불구하고 왜 존슨은 베트남전쟁을 결국 '미국의 전쟁'으로 만드는 선택을 했을까?

그 이유는 1930년대 서방의 유화정책에서 얻은 교훈을 우선시한 존슨과 그의 참모들이 공산주의 침략으로부터 남베트남을 수호해야 한다고 믿었기 때문이었다. 전쟁 승리를 위한 전략적 비전을 가지고 전쟁을 확대한 것이 아니라, 과거의 무게에 짓눌려 있었던 것이다. 존슨은 훗날 도리스 컨스 굿윈에게 이렇게 고백했다. "내가 알고 있는 모든 역사가 내게 말해주었습니다. 만약 내가 베트남에서 손을 떼고 호찌민이 사이공 거리를 활보하게 내버려둔다면 제2차 세계대전 때 체임벌린이 했던 것과 똑같은 짓을 하는 것이라고요. 침략자에게 엄청난 보상을 해주는 격이라고 말이죠."

존슨은 또한 베트남을 포기하면 트루먼이 중국을 '잃고' 겪었던 것과 유사한 정치적 반발이 일어날까 두려워했다. 그는 "공산주의자들이 남베트남을 장악하도록 내버려둔다면 국내 곳곳에서 악의적이고 파괴적인 논쟁이 끝없이 이어질 테고, 그로 인해 나의 대통령직은 산산조각 나고 행정부는 붕괴하며 우리의 민주주의는 심각한 타격을 입을 것이라는 사실을 알았"다고 말했다. 미국의 전쟁 승리에 회의적인 전망을 내비친 존슨이지만, 제2차 세계대전을 경험한 세대의 많은 이들처럼 그는 미국에 대한 신뢰를 유지하기 위해서는 베트남전쟁을 확대해야 한다고 확신했다. "만약 불량배가 당신을 당신 집 앞마당에서 쫓아냈다고 합시다. 내일은 당신 집 현관에 나타날 것이고, 그다음 날에는 당신 침실에서 당신 아내를 강간할 것입니다." 그러나 이와 같은 '미끄러운 경사면' 논리를 받아들이면서도 존슨은 미국이 상상할 수 없는 수단에 기대지 않고는, 즉 핵무기 사용과 "제3차 세계대전 발발"을 불사하지 않고는 베트콩이라는 "불량배"를 물리칠 수 없을 것이라고 우려했다.[38]

존슨이 1930년대 뮌헨의 비유를 그토록 진지하게 받아들인 이유 중 하나는 케네디 행정부에서부터 남아 있던 "가장 똑똑하고 뛰어난 인재들"이 존슨 자신의 본능에 확신을 심어주었기 때문이었다. 백악관 고문 클라크 클리퍼드는 이렇게 회고했다. "존슨은 고위 보좌관들에게서 사실상 만장일치 정서를 느꼈습니다. 그들 모두 도미노이론에는 의심의 여지가 없다고 말했죠. 기억하시겠지만 만약 우리가 지금 알고 있는 것을 그때도 알았더라면 히틀러가 저지대 국가들과 체코슬로바키아, 오스트리아로 진출했을 때 그렇게 하도록 절대 내버려두지 않았을 테고, 만약 그때 히틀러를 막았더라면 제2차 세계대전을 방지할 수 있었을지도 모르고…, 이런 생각들이 그들 마음속에 깊이 자리 잡고 있었습니다."[39]

존슨이 1930년대로부터 배운 교훈은 분명했지만, 거기서 배우지 못한 교훈들 역시 뚜렷했다. 존슨은 제2차 세계대전 경험을 통해 군 고위층에 대해 깊은 회의를 품었으며, 전역하여 귀국한 직후 라디오 방송에서 그들을 "우유부단하고, 어리석고, 이기적이며, 무능"하다고 묘사하기도 했다. 이후에도 존슨은 하원 연설에서 자신은 전쟁을 경험하면서 군부가 하는 모든 말을 의심해야 한다는 점을 배웠다고 선언했다. 더 나아가 무능한 장군들과 군 고위직의 기타 인사들을 "숙청"해야 한다는 주장까지 폈다. 그러나 백악관에 입성하고 나서 세계정세에 대한 자신의 이해가 충분하지 않다고 생각한 존슨은 이전의 의구심을 대부분 버리고 군부와 케네디의 고위 보좌관들이 하는 말을 따랐다. 하지만 존슨은 제2차 세계대전에서 자신의 베트남 정책을 형성하게 될 또 다른 교훈도 배웠다. 짧지만 극적이었던 전투 경험을 개인적 영웅담으로 성공적으로 변모시킨 경험을 통해, 대중의 인식을 바꾸고 서사를 통제할 수 있다는 믿음도 함께 가졌던 것이다.

그달 말, 존슨 대통령은 베트남 내 미군 전투 병력을 7만5000명에서 12만5000명으로 늘리고, 현지 사령관 윌리엄 웨스트모얼랜드 장군이 요청하면 추가 병력도 파견하겠다고 발표했다. 존슨은 다음과 같이 대국민 연설을 했다. "제 생애에 세 번, 두 번은 세계대전 참전을 위해 한 번은 한국으로 자유를 위한 싸움을 위해 우리 미국인들은 먼 땅으로 떠났습니다. 우리는 끔찍하고 잔혹한 대가를 치르고 나서야 후퇴가 안전을 가져다주지 않으며, 나약함이 평화를 가져다주지 않는다는 사실을 배웠습니다." 존슨은 이러한 교훈이 베트남 수호는 미국의 의무라는 것을 가르쳐주었다고 주장했다. 항복은 선택 사항일 수 없었다. "왜냐하면 우리는 뮌헨회담의 히틀러를 통해 침략에 한 번 성공하면 그 욕구가 커진다는 것을 배웠기 때문입니다. 우리가 역사의 교훈에서 배웠듯이 한 나라에서 재개된 전투는 다른 나라로 번질 것이고, 그리하여 어쩌면 더욱 크고 잔혹한 전쟁을 초래할지도 모릅니다."[40]

미국이 베트남에서 겪은 군사적 실패는 결국 냉전 시대의 의사 결정을 정당화하기 위해 뮌헨의 교훈을 끌어들이는 행태에 근본적으로 문제가 있다는 점을 부각시켰다. 제2차 세계대전을 경험한 세대에게 뮌헨 언급은 무릎반사와도 같은 자동 반응을 일으켰다. 뮌헨의 교훈을 입에 올리면 정책 결정자들은 세계에서 미국의 역할은 무엇인가라는 어려운 문제를 자문하지 않아도 되었고, 일반 대중에게 전쟁의 필요성을 설명하기도 쉬웠다. 과거의 교훈을 맹목적으로 믿은 미국의 관리들은 베트남 혁명의 배후에 자리 잡은 민족주의 충동을 보지 않으려 했고, 그 결과 지역적 분쟁을 초강대국 간의 대결로 만들었다. 그 후로 30년이 지난 1995년이 되어서야 맥너마라는 자신의 잘못을 인정하며 다음과 같이 말했다. "우리는 남베트남 상실이 서방의 안보에 미치는 영향을 과대평가했고, 궁극적으로는 남베트남인들 스스로 전쟁에서 승리함으로써 그들 자신을 구해야 한다는 기본 원칙에 충실하지 못했습니다."

*

전쟁이 확대된 후에도 존슨은 아이크에게 계속 구애하며 칭찬과 애정을 아끼지 않았다. 1965년 8월 존슨은 아이크에게 이렇게 썼다. "역사는 드와이트 D. 아이젠하워 대통령이 재임 중이든 퇴임 후이든 자신이 진리라고 믿는 바에서 결코 흔들린 적이 없으며 애국자, 군인, 대통령으로서, 그리고 이제는 현명한 조언자로서 국민을 위해 용기와 열정을 아끼지 않았음을 기록할 것입니다." 1965년 12월 아이젠하워가 심각한 심장마비로 입원했을 때, 존슨과 레이디 버드는 진심 어린 메시지와 꽃, 전화로 그를 위로했다.[41]

존슨이 아이젠하워에게 그렇게 공을 들인 이유는 선의 못지않게 정치적 계산도 작용했기 때문이었다. 존슨은 아이젠하워를 자신의 실책을 방어하는 방패막이로 이용할 수 있다고 여겼다. 존슨은 한 기자회견에서 베트남 정책을 추진함에 있어 케네디와 아이젠하워 두 사람의 과거 공약을 존중할 수밖에 없었다고 주장했다. 존슨은 아이크가 1954년 응오딘지엠에게 보낸 편지를 인용했는데, 그 편지에서 아이크는 "남베트남인들이 스스로를 도울 수 있도록 돕겠다."라고 약속하고 있었다. 이에 대해 아이젠하워는 공개적으로 완곡하게 반박하며 "군사 지원 계획이 아니라 대외 원조를 말한 것"이라고 밝혔다. 그러나 아이크는 개인적으로 존슨에게 더 큰 문제의식을 상기시켰다. 아이크는 존슨에게 이렇게 썼다. "역사를 다시 언급하자면 우리가 히로히토, 무솔리니, 히틀러를 막지 못한 이유는 적시에 단결하여 행동하지 않았기 때문입니다. 그것이 수년간 이어진 가혹한 비극과 절망적 위기의 시작이었습니다. 우리 서방 국가들은 그 교훈에서 무언가를 배우지 않았을까요?"[42]

아이젠하워는 비록 겉으로는 행정부를 지지했지만, 사적인 자리에서는 존슨이 베트남전쟁을 공격적으로 수행하지 않는다고 불만을 토로했다. 그는 한 측근에게 말했다. "조금씩 행동해서는 안 돼. 최소한의 필요에 따라 행동하거나 적을 약하게 공격해서는 승리를 거둘 수 없다고. 압도적인 힘으로 북베트남을 몰아붙여야 해." 아이크는 또한 동남아시아에서 "공산주의를 패퇴시키기 위해 필요한 모든 일을 하겠"다는 미 행정부의 의지를 국제사회에 반드시 알려야 한다고 강조했다.[43]

존슨이 아이젠하워에게 구애한 까닭의 일부는 아이젠하워가 적어도 다른 공화당원들을 제어하는 조정자 역할을 할 수 있으리라는 기대 때문이었다. 존슨이 아무리 베트남전쟁을 확대해도 훗날 대통령이 될 리처드 닉슨, 제럴드 포드, 로널드 레이건을 포함한 공화당 주요 인사들은 존슨의 전쟁 노력이 충분하지 않다고 공격했다. 자신들이 주장하는 행동에 대한 책임을 지지 않아도 되는 그들은 더 많은 폭격에 이어 더 많은 병력을 파견하라고 요구했다. 그들 모두 존슨의 베트남 정책을 이끈 것과 동일한, 결함 많은 가정들을 받아들였다. 베트남전쟁은 전 세계적인 공산주의 음모의 일부라는 것, 협상은 유화정책과 다름없다는 것, 미국은 남베트남을 "구원"해야 할 의무가 있다는 것, 커다란 고통이나 희생 없이 목표를 달성할 수 있다는 것, 그리고 미국의 군사력이 북베트남을 결국 굴복시키리라는 것 등이었다. 본질적으로 그들은 존슨이 하고 있는 일을 자신들은 더 잘하겠다고 약속하고 있었다.

처음에 포드 하원의원은 존슨을 "매우 효율적인" 상원 다수당 지도자이자 유능한 부통령으로 기억하며 그의 대통령직 수행을 낙관적으로 전망했다. 포드는 "이 어려운 시기에 존슨 대통령이 나라를 잘 이끌 수 있으리라고 확신합니다."라고 말했다. 취임 직후, 존슨은 포드에게 케네디 대통령 암살 사건을 조사하는 초당파적 특별위원회에서 활동하라는, 중요하고 정치적으로도 민감한 업무를 맡겼다.[44]

골드워터의 대선 참패 이후, 공화당 하원의원들은 포드를 하원 소수당 대표로 선출했다. 포드는 자신을 당내 "열성분자들"의 영향력에 반대하는 중도파로 자리매김했지만, 곧 존슨의 가장 강력한 비판자로 부상했다. 포드는 존슨이 추진한 두 차례 민권 법안은 모두 지지했지만, 위대한 사회 정책 대부분은 비용이 너무 많이 든다는 이유로 반대하면서 국가가 총과 버터를 동시에 책임질 수 없다고 선언했다. 포드는 베트남 정책을 두고 존슨을 가장 신랄하게 비판했다. 그는 존슨이 베트남전쟁을 "충격적으로 잘못 관리"하고 있다고 맹비난했다. 통킹만 사건이 있고 나서 포드는 기자들에게 미국은 즉시 "베트남에서 군사작전을 직접 지휘해야지, 단순한 군사고문 역할에 머물러서는 안 된다."라고 말했다.[45]

포드는 존슨이 무슨 일을 하든 충분하지 않다며 그를 공격하고 비판했다. 베트콩의 쁠래이꾸 공격 이후 존슨이 북베트남 공습을 명령하자, 포드와 의회 공화당 지도부는 존슨 대통령이 "통킹만 결의안 비준 이후부터 더 자주" 공습했어야 한다고 불평하는 성명을 발표했다. 1965년 6월 포드는 존슨 행정부가 "권력에 미친 동남아시아의 공산주의 지도자들과 지정학적 희롱을 일삼고 있다."라고 비난했다. 그는 "행정부가 북베트남의 모든 주요 군사 목표물을 겨냥해 우리의 가공할 공중 및 해상 전력을 쏟아부어 동남아시아에서 우리의 군사력에 채워진 족쇄를 즉시 풀어야 한다."라고 요구했다. 동시에 그는 공중 및 해상 전력만으로도 베트콩이 침략을 단념하도록 만들 수 있다고 주장하며, 지상군 파병 계획은 "비논리적"이라고 평가했다.[46]

같은 달, 포드는 젊은 공화당원들에게 미국이 왜 베트남에 개입했는지 설명했다. 그 이유는 미국이 "노르망디 해안에서, 이오지마에서, 과달카날에서, 미드웨이에서, 그리고 라인강을 건너서, 또 북아프리카에서" 싸웠던 이유와 같으며, 그때나 지금이나 미국은 "자유의 편에 서서 정의로운 싸움을 하며 지구의 평화를 추구하고 있"다는 것이었다. 그는 미국이 베트남에서 철수해야 한다고 주장하는 이들의 요구를 거부하며, 그렇게 하면 미국은 "훨씬 더 어렵고 훨씬 더 위험한 방어선을 지키느라 더 많은 희생이 따르는 더 큰 규모의" 또 다른 전쟁을 치르게 될 수밖에 없다고 주장했다. 포드의 연설은 젊은 세대에게 유화정책의 실패에 관해 가르치는 역사 강의가 내용의 주를 이뤘다. "오늘날의 베트남 상황은 뮌헨회담 직전과 많은 유사점을 보입니다. 그때도 평화를 외치는 학생들의 시위가 있었습니다. 상원과 하원 모두에서 협상을 촉구하는 결의안을 발의했습니다. 대통령은 절대 전쟁에 참여하지 않겠다고 공약하며 선거운동을 펼쳤습니다." 그러면서 포드는 윈스턴 처칠이 "스스로를 통제하지 못하는 침략자를 상대로 하는 유화

책은 결국 더 큰 야욕을 부추겨 전쟁 가능성만 높일 뿐"이라는 사실을 이해했다고도 설명했다.[47]

여러 면에서 포드는 아이젠하워가 사적인 자리에서 말한 것을 공개적으로 주장했다. 미국이 공군력을 사용해 남베트남 국경을 봉쇄함으로써 미군의 위험도 줄이고 베트남전쟁에서 더욱 결정적인 역할을 해야 한다는 주장이었다. "국경 봉쇄가 효과가 없다면, 북베트남의 보급선과 기지들을 찾아내서 폭격해야 합니다." 7월, 지상군 파병 계획 발표를 준비하던 존슨은 하원 소수당 대표 포드가 어떻게 반응할지 두려운 나머지, 아이크가 본질적으로 포드와 같은 생각이라는 것을 모른 채 아이크에게 중재를 해달라고 직접 부탁했다. 아이젠하워는 7월 2일 전화 통화에서 존슨이 "지속적인 공습은 지지하지만 지상군 투입은 반대하는 포드 같은 사람들을 자극하지는 않을까" 걱정하고 있으며, "존슨 대통령은 지상군을 투입하지 않고는 우리의 공군기지 방어도 어렵다고 말했다."라고 기록했다.[48]

포드의 맹렬한 비판은 이어졌지만, 아이젠하워를 향한 구애 공세는 효과가 있는 듯 보였다. 아이젠하워는 비록 개인적으로는 우려하더라도 공개적으로 행정부를 비판하는 일은 삼갔다. 8월, 존슨의 파병 결정 이후 포드와 하원 공화당은 케네디와 존슨이 "공산주의자들의 오판을 야기할 근거를 제공한 불확실한" 정책을 추구해왔다고 비판하는 백서를 발표했다. 포드는 아이젠하워에게 하원 공화당과 함께 비판의 목소리를 내달라고 요청했지만, 전 대통령은 "국가가 위기 상황에 있을 때는 침묵을 지키는 것"이 자신의 방침이라고 답했다.[49]

존슨이 비판의 목소리를 잠재우려 했던 공화당원은 포드만이 아니었다. 리처드 닉슨 전 부통령은 1962년 캘리포니아 주지사 선거에서 민주당의 에드먼드 "팻" 브라운에게 굴욕적으로 패배한 이후 일반 시민의 삶에 제대로 적응하지 못하고 있었다. 닉슨은 선거 패배 당일 밤 "이것이 제 마지막 기자회견입니다. 여러분은 더 이상 저를 괴롭힐 수 없을 거예요."라는 유명한 발언을 남기고 정치 일선에서 물러났다. 그러나 그는 곧 일반인의 삶에 싫증이 났다. "하루라도 더 오후에 골프를 쳐야 한다면 미쳐버릴 것 같아." 그는 친구에게 이렇게 불평했다. 다시 정치를 시작하기로 결심한 닉슨은 뉴욕으로 이주해서 월스트리트의 유명 법무법인 수석 파트너가 되었고, 그 기회를 이용해 여행하고 인맥을 만들고 설득력 있는 메시지를 다듬으며 새로운 닉슨으로 거듭났다.[50]

그 후 몇 년 동안 닉슨은 포드와 마찬가지로 전쟁 "승리"를 위해 충분히 노력하지 않는다며 반복적으로 존슨을 맹비난했지만, 그의 비판은 선제적이기보다는 반응하는 수준에 그쳤다. 전기 작가 존 A. 패럴은 "닉슨은 지정학적 천재가 되고 싶어 했지만, 1960년대 초 베트남에 대한 그의 식견은 평범한 수준을 넘어서지 못했다."라고 평가했다. 또 다른 전기 작가 스티븐 앰브로즈도 패럴의 평가에 동의했다. "존슨이 베트남에서 확전 방향으로 어떤 조치를 취하든, 닉슨은 항상 존슨보다 한 걸음 더 나아가 보다 강력한 조치를 요구했다."[51]

존슨을 반사적으로 비판했지만, 닉슨 역시 존슨과 마찬가지로 1930년대 서방의 유화정책이라는 왜곡된 렌즈를 통해 베트남전쟁을 바라보았다. 닉슨은 회고록에 이렇게 썼다. "1938년 체코슬로바키아를 히틀러에게 넘겨준 것이 체코슬로바키아에 대한 배신이었듯이, 공산주의자들에게 남베트남을 넘긴다면 그 역시 남베트남에 대한 배신이었다. 자유 베트남이 외부 침략에 무너졌다면 아시아 전역을 충격에 빠트렸을 것이다." 닉슨은 전장에서 이기지 못하고 하노이와 협상하는 것은 "독일군이 프랑스에서 쫓겨나기도 전에 히틀러와 협상하는 것"과 같다고 비유했다. 그는 "공산주의 침략을 패퇴시키는 것이 목적일 때는 승리 외에 다른 대안은 없다."라고 지나치게 단순한 주장을 폈다.[52]

포드는 베트남에서 사용한 전술에 국한해서 존슨을 비판한 반면, 닉슨은 미국의 신뢰성이라는 더 큰 문제에 집착했다. 1964년 봄 사이공 경유를 포함해 아시아를 순방한 후, 닉슨은 자신이 가는 곳마다 "미국의 위신이 떨어지고 있다는 얘기"와 "세계에서 가장 강력한 국가가 적극적인 리더십을 거의 보여주지 못한다는 절망적인 표현"을 들었다고 주장했다. 워싱턴이 베트남 현지 병력의 행동을 지나치게 **제한**하는 것이 문제라며 닉슨은 이렇게 선언했다. "북베트남 공습은 물론 호찌민 통로로 알려진 베트콩의 무기 및 보급품 공급로를 차단하기 위한 라오스 지상 공격 작전까지 워싱턴이 막고 있어, 베트남 현지 미군과 남베트남 군사 지도자들 모두 괴로워하고 있었다."[53]

포드와 마찬가지로 닉슨 역시 미국이 공중 및 해상 전력을 이용해 적을 "격리"하면서 라오스와 북베트남으로부터의 외부 개입을 차단하면 전쟁에서 승리할 수 있다고 확신했다. 닉슨은 승리의 열쇠는 공중폭격을 실시하고 "북베트남이든 라오스든 문제의 근원지"로 전쟁을 확대하는 것이라고 주장했다. 쁠래이꾸 공격이 있은 후, 닉슨은 존슨에게 "남베트남으로 무기와 병력이 추가로 침투되는 것을 막기 위한 여러 결정적 조치와 함께" 그 "후속 조치"로 공습도 실시하라고 촉구했다. 필라델피아에서 열린 당 기금 모금 행사에서 닉슨은 공격적으로 "불철주야" 공중폭격을 퍼부으라고 반복하며, 그러지 않으면 "제국주의적 공산주의에게 … 패배할 것이며 … 우리의 선택은 '전쟁이냐 전쟁이 아니냐'가 아니라 '이 전쟁이냐 아니면 또 다른 훨씬 더 큰 전쟁이냐'"가 될 것이라며 목소리를 높였다.[54]

결국 닉슨이 보기에 가장 큰 장애물은 워싱턴의 결단력 부족이었다. 닉슨은 정부가 "승리하려는 의지"만 있다면 "승리는 우리 손안에 있"다고 주장했다. 존슨의 지상군 투입 결정도 닉슨을 만족시키지 못했다. 닉슨은 존슨이 "확실한 승리도 아니고 확실한 패배도 아닌 아슬아슬한 균형점을 찾으려" 한다고 계속 불평했다. 닉슨은 존슨의 베트남 정책에 격렬하게 반대하면서 후에 자신이 펼칠 베트남 정책의 토대가 될 신념을 드러내기 시작했다. 그는 전쟁을 끝내려는 미국 지도자들은 단호함을 보여주어야 하고 전쟁 확대도 주저하지 않아야 한다고 믿었다.[55]

한편 존슨은 닉슨이 다가오는 1966년 중간선거를 1968년 대선 재도전의 발판으로 삼을 가능성이 있다고 우려해, 보좌관 제이크 제이컵슨에게 잠재적 경쟁자 닉슨의 동향을 예의 주시하라는 임무를 맡겼다. 제이컵슨의 11월 4일 기록에 따르면, 존슨 대통령은 "개인적으로는 닉슨을 꽤 좋아하지만, 닉슨이 베트남전쟁을 정치적 쟁점으로 활용해 어떤 때는 '전쟁 확대'를 또 다른 때는 '평화 추구'를 말하는 식으로 이중적인 발언을 하고 있다."라고 불평했다. 닉슨은 또한 텔레비전 시청자들에게 "공화당은 대체로 민주당보다 베트남에서의 침략 행위에 대해 더 강경하게 저항해야 한다는 입장입니다."라고 말했다. 그러므로 하원에서 공화당 의원이 40명 이상 추가로 당선된다면 "10년 전 프랑스가 했던 것처럼 미국이 싸움을 포기하고 도망치는 일은 없을 것이라는 점을 베트남의 적에게 명백히 알리는 신호가 될 것"이라는 주장이었다. 이 발언으로 닉슨은 대외 정책에 관해서는 초당적으로 협력한다는 전후 양당의 합의에 당파적 색채를 입히며, 민주당의 대외 정책은 유화적이고 공화당의 대외 정책은 단호하다는 인식을 심었다.[56]

아이젠하워 역시 선거가 다가오자 베트남 문제를 정치 의제 전면에 내세우기로 결심했다. 1966년 10월 3일 존슨 대통령과의 전화 통화에서 전임 대통령 아이젠하워는 빈곤 퇴치 프로그램이나 기타 위대한 사회 정책보다는 베트남전쟁 승리를 우선시하라고 제안하면서, 자신이 행정부를 공개적으로 비판하지는 않겠지만 다른 이들의 비판까지 막을 수는 없다고 거듭 강조했다. 실제로 이 통화 직후 보낸 편지에서 아이젠하워는 닉슨에게 베트남전쟁 수행과 관련해 백악관의 "망설임, 우유부단함, 심지어 소심함"을 계속 "때리라고" 촉구했다.[57]

한편 제럴드 포드는 공화당 의원들의 선거운동을 지원하기 위해 전국을 순회하면서 존슨 행정부의 국내외 정책을 비판하는 목소리에 힘을 보탰다. 9월 26일 포드는 "이제 미국 국민은 린든 존슨 식의 '위대한 사회'가 사실은 '위대한 환상'에 불과하다는 사실을 깨닫고 있습니다."라고 말했다. 며칠 후에는 코네티컷주 리지필드에서 "존슨 행정부 아래서 전쟁은 우리 미국인의 일상적인 단어가 되어버렸"다고 선언하며. 미국은 "오리건주 정도 크기의 나라와 전쟁하면서 수렁에 빠져, 승리도 명예로운 평화도 기대할 수 없는 상황에 처해 있"다고 일갈했다. 여기에 더해 "여러 도시의 거리에서 벌어지는 게릴라전"과 실패한 빈곤과의 전쟁도 공격했다. 포드가 지속적으로 비판을 가하자, 예상했던 대로 이는 존슨의 신경을 거슬렀다. 어느 날 존슨은 기자들에게 "제리 포드는 헬멧도 안 쓰고 너무 오래 미식축구를 한 것 말고는 아무 문제 없는 사람"이라며, 그 때문에 이 미시간주 하원의원은 "방귀 뀌면서 동시에 껌을 씹지 못한"다며 비아냥거렸다.[58]

존슨이 그렇게 거친 반응을 보인 이유는 공화당 비판자들이 그가 이끄는 행정부를 공격할 충분한 무기를 갖고 있다는 사실을 너무도 잘 알고 있기 때문이었을 것이다. 국내에서는 연방정부의 권한 확대, 특히 존슨의 시민권 정책에 대한 반발이 점점 거세지고 있었다. 1966년 7월 실시된 1만 2000명 대상 설문조사에 따르면 응답자의 90퍼센트가 시민권 법안 추가 발의에 반대하는 것으로 나타났다. 이는 놀랄 만한 여론이 아니었다. 불과 2년 전인 1964년, 압도적 표차로 존슨을 대통령으로 당선시켰던 캘리포니아주의 유권자들은 주의 새로운 '공정주택법'을 폐지하는 내용을 담은 '제14호 주민투표안'도 2 대 1의 비율로 찬성한 바 있었다.[59] 폐지 운동을 주도했던 한 인사는 "자유의 본질은 차별할 권리에 있다."라고 목소리를 높이기도 했다.

1964년부터 미국은 인종 갈등이 고조되는 일명 '길고 뜨거운 여름' 시기를 연이어 겪었다. 상점을 약탈하는 흑인 청년들의 모습은 백인 사회 전체에 큰 충격을 주었다. 경찰과 시위대가 충돌하는 폭력적 장면이 거의 매주 뉴스 화면을 장식했다. 긴장은 1967년에 절정에 달해 수십 개 대도시에서 아프리카계 미국인들이 봉기를 일으켜 막대한 재산 피해를 냈고, 수십 명이 목숨을 잃었다. 많은 백인 미국인에게 이러한 도시 폭력은 1960년대에 전염병처럼 전국을 휩쓴 범죄의 일부처럼 보였다. 그들의 두려움은 일부 사실에 근거한 것이기도 했다. 실제로 그 10년 동안 재산 범죄와 폭력 범죄가 모두 급증했다. 문제는 많은 백인 미국인들이 역사적 맥락은 고려하지 않은 채 이들 범죄를 인종 문제와 결부하여 인식했다는 점이다. 이처럼 불안한 사회 상황 속에서 1966년 중간선거가 치러졌고, 결국 선거의 향방을 가른 것은 국내 문제였다.[60]

그러나 민주당에게 참패를 안긴 결정적 요인은 사실상 대외 문제였다. 《뉴욕타임스》 사설이 지적했듯이, 존슨 행정부는 "베트남전쟁의 현황과 전망에 대한 대중의 광범위한 불만과 불안"에 직면해 있었다. 1966년 갤럽 여론조사에 따르면 베트남전쟁이 실수였다고 생각하는 미국인의 비율이 3월 25퍼센트에서 6월에는 36퍼센트로 급등했다. 같은 달 실시된 다른 조사에서는 공화당 지역 지도자의 44퍼센트가 1966년 중간선거에서 민주당에게 가장 취약한 선거 쟁점은 베트남 문제가 될 것이라고 응답했다. 앨라배마주의 한 카운티 의장은 "공산주의 세계 지배에 대항해 분연히 일어나야 하며, 베트남은 그럴 만한 가치가 있는 곳"이라는 의견을 내며 공화당의 전반적인 정서를 대변했다. 공화당 지역 지도자의 거의 절반(47퍼센트)이 존슨 행정부가 보다 공격적으로 베트남전쟁을 수행해야 한다고 생각했다.[61]

이처럼 거센 역풍 속에서 민주당은 1966년 중간선거에서 참패했다. 공화당은 하원 의석 47석과 상원 의석 3석을 추가로 차지했다. 그해 민주당이 잃은 의석은 1964년 존슨이 대선에서 압승하며 추가로 확보한 의석수보다 많았다. 전국적으로 공화당은 주 의회 의석 557석을 추가로 확보했고, 국민 투표에서는 민주당보다 400만 표를 더 얻었다. 공화당이 전국 정당으로서 수명을 다한 것 아니냐고 유력 정치 평론가들이 공공연히 의문을 제기한 지 2년 만에, 공화당은 미국 정치에서 새로운 다수를 형성할 준비를 마친 듯 보였다. 공화당은 중간선거 결과를 '위대한 사회' 정책을 되돌리라는 유권자의 명령으로 해석했다. 포드는 "이번 선거를 대통령의 국내 정책에 대한 국민의 거부로 본다."라고 선언했다. 민주당 지도부도 선거 결과의 정치적 함의를 읽을 수 있었다. 상원 다수당 원내대표였던 몬태나주의 마이크 맨스필드는 새 의회의 표어는 "멈추고, 살피고, 경청하라"가 될 것이라고 말했다. 하원 다수당 원내대표였던 오클라호마주의 칼 앨버트는 이렇게 경고했다. "우리는 지난 30년간 논의해온 법안들을 대부분 통과시키고, 온갖 새로운 정책을 시행했다. 이제는 속도를 늦출 때다."[62]

1967년에 이르면 존슨의 유토피아적 희망은 심각한 공격을 받는다. 이미 그의 기대는 경제성장이 복잡한 사회문제를 해결할 수 있다는 잘못된 믿음에 의해 약화되었고, 연방 권한이 급격히 확대되는 데 반발하는 보수 세력에 의해 산산조각 났다. 베트남전쟁은 이러한 전국적인 불만을 더욱 악화시켰다. 베트남전쟁은 대통령의 에너지를 소모시켰고, 대통령에 대한 대중의 지지를 약화시켰으며, 미국인들을 '매파'와 '비둘기파'라는 상호 경쟁 진영으로 더욱 분열시켰다. 1960년대는 케네디가 아이젠하워를 공산주의 침략과 싸우는 데 충분히 적극적이지 않다고 비판하며 시작되었다. 이제 베트남 문제를 두고 민주당이 내부적으로 분열한 상황에서, 공화당은 자신들을 자유의 수호자로 자리매김하고 민주당을 유화정책 정당으로 몰아붙였다. 아이러니하게도 제2차 세계대전은 파시스트 위협에 대항해 국가를 단결시켰지만, 그 전쟁에서 생긴 가정들로 인해 이제 정책 입안자들은 동남아시아에서 벌어지는 승산 없는 전쟁에 갇히고 말았다.

10장

"이건 반역이야!"

린든 B. 존슨

1966년 1월 4일

캘리포니아, 로스앤젤레스

1966년 1월 4일 저녁, 거친 매력을 지닌 54세의 잘생긴 할리우드 배우 로널드 레이건은 10여 개 이상의 지역 방송국이 방영한 30분 분량의 사전 녹화된 텔레비전 방송을 통해 캘리포니아 주지사 출마를 선언했다. 지난 몇 년간 레이건의 행보를 지켜본 사람들에게는 그다지 놀라운 발표가 아니었다. 출마의 변 역시 놀랍지 않기는 마찬가지였다. 자유기업에 대한 확고한 신념, 증가하는 범죄율과 치솟는 세금에 대한 신랄한 비판, 대중 영합적 정부를 향한 경멸 등이 주요 발언 주제였다.

레이건은 목재 패널로 장식된 서재 안을 편안하게 걸어 다니며 잠시 책상에 앉기도 하고, 케첩 병 같은 소품을 사용해 "사회적 땜질"이 어떻게 이러한 제품을 만드는 데 필요한 농장 일자리들을 없앴는지 강조했다. 베트남 전쟁에 반대하는 대학가 시위가 한창인 때였으므로, 레이건은 대학에서는 학생들에게 "자기 존중, 자기 수양, 그리고 법과 질서에 대한 존중"을 가르쳐야 한다고 촉구했다. 레이건은 존슨 행정부의 잘못된 정책들을 겨냥하며 "위대한 사회는 자유로운 사회여야 합니다. 그리고 진정으로 위대하고 정말로 자유로운 사회가 되려면, 국민의 천재성과 역량을 불러일으키는 창조적인 사회여야 합니다."라고 선언했다. 또한 진보주의자들의 문제는 "행정명령을 통해 우리의 경제와 삶을 점점 더 많이 통제하고 규제하려는 통치 신념에 매몰된 것"이라며 진보주의자들을 비난했다.[1]

레이건은 제2차 세계대전 중 자신의 군 복무 이력을 소환해, 그에게 주 정부를 운영하는 데 필요한 행정 경험이 부족하다고 비판하는 사람들에게 응수했다. 텔레비전 화면 속의 레이건은 시청자들에게 말했다. "제2차 세계대전 중에 저는 미 육군 기병 예비군 소위로 현역에 소집되어 한 공군 부대에서 부관으로 복무하며 대위로 전역했습니다. 많은 분이 아시겠지만, 그것은 행정직이었습니다." 그러나 레이건은 자신의 집에서 편안히 전쟁을 치렀다는 사실은 명확히 밝히지 않았다. 그리고 계속해서 1947년부터 1952년까지, 그리고 1959년부터 1960년까지 여섯 차례에 걸쳐 전미영화배우조합 SAG 회장을 역임한 경험을 포함한 다른 경력들에 관해 이야기했다. SAG 조합장 초기 시절에 "뉴딜 자유주의자"라고 자처했던 레이건은 확고한 반공산주의 보수주의자로 변신했다. 1960년 SAG 파업을 주도한 자신의 지도력과 할리우드에서 "체제 전복" 분자들을 찾아내려는 FBI 요원들을 위해 수행한 비밀 정보원 역할 사이에서, 레이건은 어떤 갈등도 느끼지 않았다. 그의 발언을 종합하자면 전시에 수행했던 임무와 SAG 회장 경력이 레이건의 주지사 자격을 입증하는 것처럼 보였다.[2]

레이건은 1964년 10월, 혜성처럼 전국 정치 무대에 등장했다. 그때 그는 로스앤젤레스 앰배서더더호텔의 코코넛그로브 서퍼 클럽을 가득 메운 800명의 로스앤젤레스 유력 인사들에게 연설을 했다. 그의 말에 따르면 "이전에도 수백 번" 그런 연설을 했지만 그날은 주목을, 그것도 엄청난 관심을 받았다.[3]

레이건이 보기에 미국이 당면한 모든 사회적 병폐는 도덕성 쇠퇴와 권위에 대한 불신에서 비롯되었다. 그는 증가하는 범죄, 높은 세금, 캠퍼스와 도시의 소요 사태 등 수많은 문제에 관한 논의를 더 큰 문화적 비판으로 끌어올려 자신들의 가치관과 특권이 공격받고 있다고 느끼고 있던 백인 중산층 교외 거주자들의 불안감을 공략했다. 레이건은 또한 주와 연방을 괴롭히는 모든 문제에 책임이 있는 장본인도 지목했다. 바로 거대하고 몰개성적인 정부와 이를 운영하는 자유주의적 관료들이었다. 연설 중간중간에 레이건은 여러 차례 강조했다. "이것이 이번 선거의 쟁점입니다. 우리가 우리의 자치 능력을 믿느냐, 아니면 미국의 혁명 정신을 포기한 채 저기 먼 수도에 앉아 있는 소수의 엘리트들이 우리의 삶을 보다 잘 계획해줄 수 있다고 인정하느냐 하는 것입니다."

주로 캘리포니아 주정부와 관련된 문제를 이야기했지만, 레이건은 자신이 비대한 관료제만큼이나 국제공산주의를 혐오한다는 점도 분명히 밝혔다. 그는 청중들에게 미국이 동유럽을 소련으로부터 해방시키지 않은 것은 비도덕적인 행동이었다고 지적했다. 그들에게 남은 대안은 예속일 수밖에 없기 때문이었다. 정책을 책임지는 대통령이 아니었던 레이건은 자신이 내세우는 강경한 반공산주의와 그만큼 강한 핵전쟁에 대한 두려움 사이의 명백한 모순에 크게 신경 쓸 필요가 없었다. 레이건은 미국은 절대 "철의 장막 뒤에서 노예로 살고 있는 10억 인류에게 '우리 목숨을 구하기 위해 당신들의 주인과 거래할 테니 자유의 꿈을 포기하라'라고 말해서는 안" 된다고 선언했다.[4]

레이건의 코코넛그로브 연설은 너무도 큰 반향을 일으켜서, 이후 한 친구는 그에게 "그 연설을 텔레비전에 내보내야" 한다고 말했다. 그러나 당시 공화당 대선 후보였던 배리 골드워터의 선거 캠프는 레이건이 자기들 후보의 관심을 빼앗아갈까 봐 우려하며 반대했다. 그들의 우려는 옳았다. 공화당은 1964년 10월 27일 방송 시간을 구매했고, 레이건은 생방송 스튜디오 청중 앞에서 "선택의 시간"이라는 제목의 연설을 했다. 그 연설로 골드워터가 아닌 레이건이야말로 진정한 보수주의의 후계자라는 점이 분명해졌다. 전기 작가 밥 스피츠는 "시청자들은 코코넛그로브에 있던 사람들과 같은 결론에 도달했다. 로널드 레이건이 배리 골드워터보다 훨씬 나은 보수주의의 대변자이고, 더 합리적이고 더 정치가답다는 인상을 받은 것이다."라고 기록했다. 언론인 데이비드 브로더는 레이건의 연설을 "윌리엄 제닝스 브라이언이 1896년 민주당 전당대회에서 '황금 십자가' 연설로 사람들을 전율시킨 이래 가장 성공적인 전국 정치 데뷔"였다고 평가했다.[5]

레이건이 "선택의 시간" 연설을 한 시점은 그가 정착한 캘리포니아주의 정치적 흐름과 맞아떨어졌다. 1964년 존슨의 압승으로 끝난 대선으로부터 두 달 후, 캘리포니아의 부유한 인사들은 1966년에 전례 없이 3선에 도전하려고 하는 현직 주지사 팻 브라운에 맞설 후보를 찾기 위한 계획을 세우기 시작했다. 풀뿌리 보수 활동가들은 레이건에게 흥분했고, 몇몇 공화당 주요 인사가 그에게 출마를 제안했다.

레이건은 출마 제안에 흥미를 느꼈지만 가족을 부양하기 위해 돈을 벌어야 했다. 1962년 봄 GE는 레이건의 정치적 견해에 논란의 여지가 많다고 우려하여 기업 대변인 자리에서 해고했다. 레이건은 여전히 인기 텔레비전 서부극 시리즈 〈데스 밸리 데이즈〉를 진행하고 있었지만, 출마를 선언하면 그 자리도 포기해야 했다. 그러자 그의 부유한 후원자들이 문제 해결에 나섰다. 그들은 '로널드 레이건의 친구들'이라는 단체를 만들어 레이건을 재정적으로 지원했고, 이러한 지원에 힘입어 레이건은 주 전역을 다니며 공화당 핵심 인사들에게 자신이 얼마나 소구하는지 확인하는 동시에 공직 출마에 대한 관심 정도를 가늠해보았다.

레이건이 보수주의자들을 흥분시킬 수 있다는 점은 입증되었지만, 그가 과연 좀 더 온건한 공화당원들도 설득할 수 있을까? 레이건의 예비선거 상대는 샌프란시스코 시장을 두 차례 역임한 바 있는 온건한 중도 성향의 조지 크리스토퍼였다. 그는 예비선거 초반 레이건을 17포인트 차로 앞섰지만, 이후 몇 달 동안 레이건은 지지율 차이를 좁혀나갔다. 그리고 캘리포니아주 공화당 위원장 게일로드 파킨슨이 이른바 '제11계명'을 발표하면서 레이건은 더욱 탄력을 받았다. "다른 공화당원을 헐뜯지 말라."라는 이 비공식적인 규칙으로 인해 사회보장제도 폐지처럼 논란이 된 레이건의 과거 입장들을 크리스토퍼가 비판하기 곤란해졌기 때문이었다. 그러나 그와 같은 계명이 없더라도 레이건은 많은 유권자들에게 카리스마 있는 인물로 비쳐졌다. 카메라 앞에서의 여유로움, 스스로를 깎아내리는 유머, 친근한 태도 등의 개인적인 스타일과 듣는 사람을 안심시키는 메시지가 결합된 결과였다. 스스로를 진보적인 공화당원이라고 밝힌 한 인물은 레이건을 "따뜻함과 열정을 발산하고, 재정 문제와 관련해 단순 명쾌하게 발언해 그 뜻이 사람들에게 잘 전달되며, 골드워터처럼 독단적이지 않"다고 평했다.[6]

예비선거 결과 65퍼센트라는 인상적인 득표율을 기록한 레이건은 크리스토퍼와 다른 세 명의 군소 후보를 압도적으로 누르고 승리했다. 이후 그는 드와이트 아이젠하워의 지지를 얻기 위하여 게티즈버그로 향했다. 《워싱턴포스트》는 "이곳 그늘진 잔디밭의 벽돌집에서 레이건은 아이젠하워 장군에게 겸손하게 경의를 표했고, 정중하게 전 대통령의 말을 경청했으며, 들뜬 듯 그와 함께 사진 촬영을 하기 위해 포즈를 취했다."라고 보도했다. 레이건은 아이크와 함께 찍은 사진들과 그의 지지 발언이 얼마나 중요한지 잘 알고 있었다. 레이건은 아이크를 만나고 돌아온 후 "장군님의 너그러운 말씀과 저희의 만남으로 이곳 캘리포니아주 공화당은 장군님이 상상하실 수 있는 것 이상으로 단합해 있습니다."라고 편지를 썼다. 아이크와의 만남으로 레이건은 투지도 재충전할 수 있었다. 그다음 날, 레이건은 워싱턴의 내셔널프레스클럽을 가득 메운 인사들을 대상으로 연설했는데,《로스앤젤레스타임스》기자는 그가 "워싱턴의 주요 포럼 중 한 곳에서 재치 있고, 능숙하고, 매력적인 데뷔 공연을 했다."라고 기사를 썼다.[7]

사교적이며 구시대 정치인에 속했던 브라운은 존슨의 위대한 사회 정책을 지지했으며, 캘리포니아 주지사를 두 차례 연임하는 동안 캘리포니아주의 고속도로 시스템을 확장하고 주립대학 체계를 확대하는 데 자금과 필요 자원을 쏟아부었다. 강력한 시민권 옹호자였던 그는 주 전체에 적용되는 공정고용법에 서명했고, 사회적 약자 우대 정책과 직업 훈련 프로그램을 도입했다. 논란이 많았던, 주거 분야에서 차별을 금지하는 공정주택법도 주의회 설득에 성공해 통과시켰다. 진보적 입장으로 인해 브라운이 우파의 공격에 취약해지자, 거친 언변의 로스앤젤레스 시장 샘 요티가 예비선거에서 브라운에게 도전장을 내밀었다. 비록 패배했지만, 요티는 브라운이 범죄자들을 감싸고 캠퍼스 소요 사태를 용인한다고 공격하여 거의 100만 표에 가까운 득표를 기록했다.[8]

요티의 선거 캠페인은 브라운이 당면한 엄청난 장애물이 무엇인지 드러냈다. 캘리포니아의 분위기는 험악했고, 많은 주민이 주를 괴롭히는 수많은 문제와 관련해 주지사를 비난했다. 《월스트리트저널》에 따르면 유권자들은 "높은 재산세, 흑인 과격분자들의 요구, 캠퍼스 시위, 그리고 증가하는 복지 비용에 분노하거나 불안해하고" 있었다. 브라운이 이러한 문제들 각각을 통제할 수 있었을지는 모르지만, 이들 문제가 합쳐지자 유권자들의 분노가 끓어오른 것이다. 한 유력 민주당원은 이렇게 말했다. "팻의 문제는 그가 쟁점이 아닌 분위기와 싸우고 있다는 것이다. 쟁점에 대해서는 때로 반박할 수 있지만 분위기는 어떻게 반박하겠는가?"[9]

레이건은 그러한 분위기에 어떻게 호소해야 할지 정확히 알았던 것으로 드러났다. 그는 브라운을 향해 이념의 수류탄을 던질 능력이 있었을 뿐만 아니라, 구체적인 사안에는 끌려 들어가지 않을 만큼 기민하기도 했다. 레이건은 이미지 개선을 위해 정치 컨설팅 회사를 고용했는데, 이 회사는 그의 거친 이념적 태도를 다듬고 일부 보수적 견해를 누그러뜨리며 "튀지 않는 선량한 인물 역할을 하라."라고 지도했다. 레이건이 그 역할을 너무나 잘 해낸 탓에 레이건을 극우주의자, 즉 "극우의 왕세자"로 낙인찍으려던 브라운의 노력은 실패로 돌아갔다. 한 기자는 "레이건은 완벽한 할리우드식 발음으로 말하며, 그의 외모는 대부분의 아내가 자기 남편이 55세가 아니라 35세 때라도 그렇게 보이기를 바랄 정도로 준수하다."라고 썼다.[10]

레이건은 단순히 잘생긴 전직 배우 그 이상이었다. 레이건은 교외에 거주하는 중산층 백인 유권자들의 불만을 반정부와 반공산주의라는 하나의 우산 아래 다양한 쟁점들로 엮어내는 수완을 발휘했다. 소규모 재산을 보유한 이들 유권자는 자기들이 거주하는 지역사회의 인종적 동질성을 유지하기 위해 분투하면서 인종 통합을 강제하려는 워싱턴에 저항했다. 한 소상공인은 "세금을 계속 올리고 흑인들에게 모든 걸 양보하는 이런 방식에 뭔가 조치를 취해야 한다."라고 말했다. 비록 연방정부가 그들이 집을 소유할 수 있도록 주택 담보 대출을 해주고 그들이 거주하는 지역사회를 연결하는 도로 건설을 지원했지만, 연방정부가 인종 문제에 개입하는 것에 격렬한 혐오감을 보인 많은 교외 거주자는 자신들의 태도에서 어떤 모순도 느끼지 못했다. 게다가 그들의 생계는 방위 계약에 크게 의존하고 있었기 때문에, 이들 유권자는 공격적인 반공산주의 입장을 지지하고 소련과의 협상 노력에도 반대했다.[11]

　　로널드 레이건의 천재성은 진보적 목표를 인정하면서도 그 실현 방법은 비난하는 능력에 있었다. 그는 정부가 가난한 사람들을 돌볼 책임이 있다는 점은 이해했지만, 빈곤과의 전쟁은 "효과 없는 낡은 아이디어들을 재탕한, 표를 얻기 위한 새로운 형태의 정부 사업에 불과"하다고 일축했다. 그는 모든 사람에게 기회가 균등하게 주어져야 한다는 생각은 지지했지만 1964년 민권법의 특정 조항들에 반대하면서, 그 법이 "잘못 작성되었고" 개인의 권리를 짓밟는다고 주장했다. 모든 사람이 투표할 권리를 가져야 한다고 말하면서도 투표권법에는 반대하며 "남부에 굴욕감을 주는" 법이라고 불렀고, 고령자를 위한 의료 지원은 필요하다고 믿으면서도 메디케어의 일부 조항들은 비판했다. 기자들이 레이건에게 주지사가 되면 그가 문제점을 지적한 사안들, 즉 민권, 빈곤, 고령자를 위한 의료 지원 등을 해결하기 위해 어떤 조치를 취할 것인지 자세히 추궁하려 하면 레이건은 구체적인 대안 제시는 거부한 채 큰 정부의 폐해에 관한 일반론에 기대어 대응했다.[12]

　　시간이 지나면서 레이건은 보수주의를 재정의하여, 아이젠하워의 균형재정 집착에서 벗어나 성장이라는 새로운 복음으로 방향을 틀었다. 제2

차 세계대전 이후 많은 진보주의자와 마찬가지로 레이건은 정부의 우선 과제는 경제성장 촉진이라고 믿었다. 그러나 1960년대에 이르러 케네디와 존슨은 그 세대의 모든 진보주의자와 함께 경제성장만으로는 충분하지 않다는 것을 깨달았다. 정부가 사회체제에서 낙오한 사람들에게 도움을 제공하는 작은 역할이라도 해야 한다는 깨달음이었다. 레이건은 정부의 그러한 인식과 함께 정부의 개입을 통하여 경기 변동을 인위적으로 조정할 수 있다는 케인스 경제학의 핵심 논지를 좌파적이라고 거부하면서, 대신 자유기업의 경이로움을 설파했다. 경제성장을 촉진하는 최고의 방법은 정부 권력을 제한하고, 균등하게 보장되는 기회를 통해 자본주의의 창조적 힘이 가난한 사람들을 끌어올릴 수 있도록 하는 것이라는 주장이었다. 레이건은 자유기업이 해결할 수 없는 문제는 없다고 확신했다.

주지사 후보로 출마했으므로 대외 정책은 가끔 언급하는 데 그쳤지만, 레이건은 대부분 미국인이 인정하려 들지 않아도 미국은 이미 국제공산주의와 이념 전쟁을 치르고 있다는 점을 분명히 했다. "이 전쟁은 1세기전 카를 마르크스가 선포했으며, 공산주의와 자본주의는 나란히 존재할 수 없다는 레닌의 발언으로 재확인된 전쟁입니다." 레이건의 냉전 묘사는 수사적으로는 케네디와 유사했지만, 전쟁을 직접 경험했을 때만 가질 수 있는 정교함은 부족했다. 그는 이념 전쟁을 치를 전략에는 거의 관심을 보이지 않았고 전쟁이 인간에게 미치는 결과에 대해서도 언급하지 않았다. 전투를 가까이서 목격하고 전장의 공포를 이해했던 대통령들, 특히 아이젠하워와 케네디에게 전쟁은 추상적인 개념 이상이었다. 그들에게 전쟁은 참혹한 상황에서 젊은이들이 목숨을 잃는 실제 현장이었다. 직접적인 전쟁 경험을 통해 그들은 미국이 세계에서 수행할 역할을 이해했고, 동시에 미국이 가진 힘의 한계도 인식했다. 그러나 레이건에게는 이러한 인식이 없었다.[13]

레이건은 베트남 문제와 관련해서는 존슨 행정부를 비판하는 다른 공화당 인사들과 동일한 입장을 내놓았다. "일단 살육이 시작되고 미국 젊은이들을 그곳에 보내 죽게 한다면, 국가는 모든 자원을 총동원해 가능한 한 빨리 전쟁을 끝낼 도덕적 의무가 있습니다." 레이건은 북베트남, 특히 무기 저장소를 겨냥해 더 많은 폭격을 하라고 요구했고, 남베트남이 주도하고 "미국이 병참을 지원하는" 북베트남 침공을 지지했다. 레이건은 미국이 비용에 상관없이, 설사 핵무기를 사용해서라도 남베트남의 주권을 수호해야 한다고 강조했다. 레이건의 주장에 따르면 존슨 정책의 문제점은 "소위 적국들이 자신들의 체제를 세계에 강요하겠다고 공언한 입장에서 단 한 발짝도 물러서지 않았다는 사실"을 고려하지 않은 채 점진적 전쟁 확대에만 매달리는 것이었다. 그런 상황에서 타협할 수 있다는 생각은 착각일 뿐이라고 레이건은 단언했다.[14]

레이건은 선거 유세에서 이 메시지를 거듭 강조하며, 존슨은 의회에 가서 베트남에 대한 공식 선전포고를 승인받아야 한다고 주장했다. 그러나 개인적으로는 여지를 남겨, 만약 베트남이 중국과 러시아와 상호방위조약을 맺고 있다면 선전포고는 "조언할 만하지 않"다고 말했다. 그런 경우에는 의회가 "선전포고에 이르지 않는" 결의안을 채택할 수 있다고, 레이건은 한 유권자에게 보낸 편지에 적었다.[15]

레이건이 추상적으로 전쟁의 필요성을 역설하자, 비평가들은 그가 추진하는 정부 축소 노력이 오히려 참전 군인들을 위한 정책에 타격을 줄 것이라고 비판했다. 레이건은 이에 방어적으로 반응하며, 한 유권자에게 보낸 편지에서 자신을 "4년간 제2차 세계대전 중에 복무한 참전 용사"라고 소개했다. 그는 선거 홍보물에서도 비슷하게 자신의 군 복무 경력을 언급했다. "제2차 세계대전 참전 용사로서 저는 캘리포니아주에서 어렵게 쟁취한 참전 용사 복지에 여러 문제점이 있다는 사실을 잘 알고 있습니다. … 저는 미 육군 기병 예비군 소위로 1942년에 현역으로 소집되어 1946년에 대위로 전역했습니다. 공군에서 복무했으며, 공군정보부 지휘하에 있었습니다." 사실이기는 했지만, 이러한 주장은 레이건의 군 복무를 과장한 것이다. 그는 대부분의 복무 기간 동안 자기 집 침대에서 잤다는 점은 절대 언급하지 않았다. 이는 대부분의 참전 용사, 특히 전투 지역에서 싸운 이들에게는 허

락되지 않은 호사였기 때문이다.[16]

　　그러나 이러한 과장은 선거운동에 별다른 해가 되지 않았다. 선거일이 다가올수록 레이건은 미국 정치에서 가장 흥미로운 이야기의 주인공이 되었다. 급기야 10월, 〈캘리포니아: 레이건 현상은 현실이다〉라는 제목의 길고 찬사 어린 특집 기사와 함께 그의 얼굴이 《타임》 표지를 장식했다. 11월 선거에서 레이건은 100만 표차로 브라운에게 압승을 거뒀고, 공화당이 주 전역의 선출직을 거의 휩쓰는 성과를 이끌었다. 유권자의 절반이 민주당 당원으로 등록되어 있었던 보수 성향이 강한 오렌지카운티에서도 무려 72퍼센트를 득표했다.[17]

＊

　　민주당에 대한 역풍이 거셌던 1966년 선거에서 승리한 미래의 대통령은 레이건만이 아니었다. 2년 전, 40세의 조지 H. W. 부시는 텍사스 상원의원 자리를 놓고 민주당의 랠프 야버러에게 도전했다. 많은 이들은 부시가 그의 아버지처럼 진보 성향을 띤 공화당원으로서 선거운동을 할 것으로 예상했다. 그러나 부시는 골드워터식 보수주의자로 선거에 나섰다. 몇 년 후 부시는 그것이 순수한 이념적 고려보다는 정치적 계산에 가까운 선택이었다고 시사했다. "나는 **텍사스인**이고, **텍사스**에서 공직에 출마하고 있었"다는 항변이었다. 골드워터처럼 부시도 주의 권리를 침해한다는 이유로 1964년 민권법에 반대했다. 후에 자기 입장을 되돌아보며 부시는 자신은 "어떤 종류의 차별"에도 반대했기 때문에 민권법은 자신에게 "어려운 사안"이었지만, 당시에는 민권법이 "보호하는 것보다 더 많은 권리를 위협"한다고 믿었다고 인정했다. 골드워터처럼 부시는 ('의료 서비스의 사회화'라고 부른) 메디케어를 포함한 존슨의 위대한 사회 구상의 주요 정책들뿐만 아니라 빈곤과의 전쟁에도 반대했다. 그렇지만 도시 빈민의 곤경에 대해서는 동정적으로 발언했고, 공화당이 소수민족 공동체에 도움의 손길을 내밀 필요가 있다고도 말했다. 부시는 실용적이고 기업 친화적인 보수주의자로서, 골드워터 주변의 우익 이념가들을 "미친놈들"이라고 맹렬히 비난하기도 했다. 한 유권자는 부시가 "골드워터와 같은 것을 원하지만 무모하지는 않다."라고 평했다.[18]

텍사스주는 여전히 민주당의 텃밭이었지만, 부시는 승산이 있다고 생각했다. 부시는 민권 지지를 표명함으로써 남부에서 인기가 급락한 존 F. 케네디가 대통령 재선에 도전하리라고 예상했다. 하지만 댈러스의 비극으로 인해 텍사스주에서 널리 인기가 있던 존슨이 민주당 대통령 후보로 나서는 상황이 벌어졌다. 존슨은 야버러를 좋아하지 않았지만, 텍사스주 상원 의석 한 자리마저 공화당에 넘겨주고 싶지는 않았다. (1961년 공화당의 존 타워가 존슨이 부통령이 되면서 공석이 된 한 자리를 차지했다.) 선거일 밤, 부시는 공화당 대선 후보 골드워터보다 20만 표를 더 얻었지만, 56.2퍼센트의 득표율을 기록한 야버러를 이기기에는 역부족이었다.[19]

부시는 선거운동 기간 중 자신이 옹호했던 일부 보수적 입장들을 즉시 후회했다. 1965년 그는 다니던 교회 목사에게 "선거에서 이기려고 몇 가지 극우적 입장을 취했습니다. 다시는 그렇게 하지 않을 것입니다."라고 고백했다. 선거 직후, 부시는 리처드 닉슨에게 편지를 써서 자신을 위해 선거 유세에 나서준 데 대해 감사를 표했다. 그는 98.5퍼센트가 상대방을 지지한 아프리카계 미국인들의 대규모 투표 참여가 선거 패인이었다고 닉슨에게 불평했다. 그리고 텍사스주에서 골드워터 선거운동을 이끈 "미친놈들"을 탓하기도 했지만, 골드워터를 비방하지는 않았다. "골드워터의 철학이 거부당한 것이 아니라, 사람들이 골드워터에 대해 잘못된 이미지를 가지고 있어 패배한 것입니다." 닉슨도 부시의 평가에 동의한 듯하다. 그의 답장은 이러했다. "흑인 유권자 거의 100퍼센트가 우리에게 반대표를 던졌기 때문에, 흑인표가 승부에 결정적인 영향을 미치는 여러 주에서는 사실상 승리가 불가능했습니다."[20]

1966년 부시는 다시 출마했는데, 이번에는 자신이 거주하던 휴스턴 서부 부유층 지역을 대표하는 새로 신설된 하원의원 자리에 도전했다. 그가 펼친 선거운동은 다른 정치인들과 상당히 달랐다. 제2차 세계대전 직후 공직에 출마한 참전 1세대, 즉 아이젠하워, 케네디, 포드, 존슨, 닉슨은 자신들의 전쟁 경험을 부각하여 유권자들과 유대감을 형성했다. 그러나 1966년에 이르러서는 이런 선거운동 방식이 예전만큼 유권자들로부터 큰 호응을 얻지 못했다. 부시는 자신의 참전 경력을 선거 유세에서 거의 언급하지 않았고 전단지나 유인물에서도 간단히 언급하는 데 그쳤다. 대신 그는 자신의 이미지를 워싱턴에서 무언가 일을 성사해낼 "행동력" 있는 인물로 가꾸고, 이념보다는 개인적 야망과 열정을 선거운동의 중심 메시지로 삼았다. 한 텔레비전 광고에서는 부시가 휴스턴 거리를 걸어가는 장면 위로 "우리는 열심히 노력하는 사람에게 공감합니다."라는 내레이션이 흘렀다. 부시는 골드워터의 경직된 이념적 언어를 피하면서, 감세와 규제 완화라는 전통적인 공화당 메시지에 더 관심이 많은 지역구 내 번영하는 재계에 호소했다.[21]

레이건과 마찬가지로 부시도 권위와 전통적 가치를 존중하지 않는 경향을 사회 혼란의 주요 원인으로 보았다. 반전시위, 인종 폭동, 성 관념 해이 등 1960년대에 일어난 사건들은 부시의 우려를 심화시켰다. 부시는 특히 변화하는 성 윤리에 경악했다. 1960년대는 성적 표현에 대한 반문화적 포용이 주류 사회로 스며든 시기였다. 언론은 "사랑의 여름" 축제들을 광범위하게 보도했고, 한때 데이트의 즐거움을 찬양하던 음악들이 이제는 노골적으로 성적 행위를 언급했다. 1964년 비틀즈는 〈당신 손을 잡고 싶어요 I Want to Hold Your Hand〉로 음악 순위 1위를 기록했지만, 1968년에는 〈길에서 하는 건 어때?Why Don't We Do It in the Road?〉를 부르고 있었다. 1960년에 개발된 (곧 그냥 "그 약the pill"이라고 불리게 되는) 피임약은 여성들에게 이전의 그 어떤 피임 방식보다 더 큰 성적 해방감을 주었다. 피임약 덕분에 원치 않는 임신의 위험으로부터 자유로워진 여성들은 언제 어디서든 원할 때 성관계를 가질 수 있었고, 따라서 피임도 널리 받아들여지게 되었다.

　부시에게 성도덕 문란은 제2차 세계대전 참전 당시 자신이 근무하던 기지 근처에 살던 여성들과 기혼 남성들이 어울리는 모습을 보고 비판했던 때부터 이어져온 주제였다. 부시는 쇠퇴하는 미국의 도덕적 기준에 대해 자주 불평했다. "너무 많은 젊은이가 전쟁을 핑계로 법을 어기고, 자유롭게 성관계를 하고, 마약을 복용하며, 어떤 종류의 책임도 지지 않으려 한다고 느꼈다. 어린 시절 내가 배운 가치관들이 위협받고 있었고, 적어도 한동안은 상실된 듯 보였다."라고 부시는 회상했다. 레이건과 마찬가지로 부시도 점점 강력한 정치 세력으로 부상하던 뉴라이트New Right에 대한 두려움을 지적했던 것이다.[22]

　부시는 베트남전쟁을 지지하고 위대한 사회 정책 예산 삭감을 요구하는 등 대부분 쟁점에서 보수적 입장을 취하면서도, 아프리카계 미국인 유권자들의 마음을 얻기 위하여 열심히 노력했다. 그의 노력은 결실을 맺었다. 선거 결과 부시는 아프리카계 미국인 표의 34퍼센트를 포함하여 공화당과 민주당의 전통적 지지자 양쪽에서 지지를 받아, 상대 후보인 민주당 소속 지방검사 프랭크 브리스코에게 압승했다. 조지 H. W. 부시는 총 투표수의 57.1퍼센트를 얻어 재건 시대 이후 휴스턴을 대표하는 첫 번째 공화당원이 되었다.[23]

　선거일 밤 가장 큰 승리자는 아마도 공화당 후보들을 위해 지칠 줄 모르고 유세를 다닌 리처드 닉슨이었을 것이다. 닉슨은 회고록에서 1966년 선거가 "나 자신의 재기를 위한 시험 무대"였다고 말했다. 실제로 백악관도 주목하고 있었다. 존슨의 한 보좌관은 닉슨을 이렇게 평가했다. "한 정당의 직업 정치인들 사이에서 차지하는 위상은 그 어느 때보다 높다. 골드워터 지지자들 사이에서 그의 입지는 매우 탄탄하다. 중도온건파들은 닉슨을 좋아하지 않지만 받아들이지 못할 정도는 아니다."[24]

*

1967년에 이르면 45만 명이 넘는 미군 전투 병력이 베트남에 주둔하고 있었음에도 미군 사상자가 계속 늘어나면서 베트남 상황은 악화일로에 있었다.

전쟁이 지지부진하며 장기화되자 규모가 큰 주립대학교들과 명문 사립대학들의 일부 학생들은 대규모 시위를 벌이고 징집 카드를 불태우며 "이것 봐, 존슨, 오늘은 얼마나 많은 아이들을 죽였지?"라고 분노에 찬 구호를 외쳤다. 이들의 시위는 상당히 언론의 관심을 끌었지만, 실제로 시위에 참여한 학생들은 전체 대학생 가운데 소수에 불과했다. 한 연구에 따르면 1965년과 1968년 사이에 반전시위에 참여한 대학생의 비율은 20퍼센트 수준이었다. 그러나 시간이 지나면서 이처럼 공개적인 반전운동은 미국의 반공산주의 강박에 대한 광범위한 회의론을 불러일으키면서, 전 세계적으로 공산주의를 봉쇄한다는 미국의 정책을 서서히 약화시켰다. 곧 미국의 가치관이 보편적인 것은 아니며 미국의 자원이 무한하지도 않고 공산주의는 단일 세력이 아니라는 "베트남의 교훈"이, 여전히 명맥을 유지하고 있던 '뮌헨의 교훈'과 경쟁하게 되었다.

뮌헨의 교훈은 제2차 세계대전 이후 성년이 된 많은 젊은이에게는 별다른 의미가 없었다. 그들은 공산주의가 1930년대의 파시즘과 동의어가 아니고, 호찌민은 히틀러와 다르며, 거위걸음 행진으로 체코슬로바키아 수데텐란트 지역을 유린하는 저화질 영상 속 나치 군인들과 식민지 속박에서 벗어나려고 애쓰는 개발도상국들이 직면한 복잡한 문제는 서로 동떨어진 사안이라고 주장했다. 이 새로운 세대는 또한 시간이 흐르면서 베트남전쟁과 해결하기 어려워 보이는 국내의 사회문제들이 서로 연관되어 있다는 사실을 깨달았다. 미시간대학의 일간신문은 "베트콩을 사살하라고 수천 명의 군인은 파견하면서도 … 남부 민권운동가 살해를 막기 위해서는 수백 명도 동원하지 못하는 국가는 어딘가 병들었음에 틀림없다."라고 논평했다.

기득권 인사들도 미국의 베트남 개입과 관련해 날카로운 의문을 제기하기 시작했다. 1966년, 민주당 상원의원으로 상원 외교위원회의 막강한 위원장이었던 J. W. 풀브라이트는 행정부의 베트남 정책을 혹독하게 비판하는 청문회를 개최했고, 이는 전국에 생중계되었다. (존슨은 풀브라이트Fulbright 의원을 '절반만 영리한 상원의원Senator Halfbright'이라고 불렀다.) 역사학자 찰스 드베네데티는 그 청문회를 계기로 "전쟁 반대가 명분 있는 주장으로 보다 널리 인식되었고, 미국의 베트남전쟁 정책에 대한 공개적인 문제 제기도 더욱 자유로워졌다."라고 평가했다.[25]

청문회에서 풀브라이트는 미국이 "힘의 오만"에 빠져 "문명국가의 세계적 모범으로서 그 역량과 약속에 부응하지 못하고 있"다고 비난했다. '봉쇄 정책의 아버지'로 여겨지던 조지 케넌은 존슨 행정부가 미국의 전쟁 개입을 정당화하기 위해 사용한 뮌헨 비유의 적절성을 공격하며 청문회의 스타 증인으로 떠올랐다. 케넌은 "현대사에서 뮌헨회담만큼 많은 사람을 오도한 사건은 없었을 것"이라며 "그 회담은 너무 많은 사람에게, 어떤 상황에서도 어떤 형태의 정치적 타협도 시도해서는 안 된다는 생각을 심어주었다. 물론 이는 치명적으로 불행한 결론이다. 하늘에 감사하건대, 히틀러는 매우 독특한 현상이었다."라고 주장했다.[26]

1967년 봄에 이르면 한때 베트남 개입을 강력하게 주장하며 조지 볼과 같은 인물들이 주장한 신중한 접근을 일축했던 로버트 맥너마라조차 미국이 전쟁에서 승리할 수 있다는 희망을 잃었다. 그는 존슨 대통령에게 "매력적인 행동 방안"을 찾을 수 없다며 추가 확전은 전 세계에 미국의 이미지를 영원히 훼손시킬 수 있다는 우려를 전했다. "세계 최강의 초강대국이 그 가치를 두고 뜨거운 논란이 있는 사안에서 작은 후진국 하나를 굴복시키려 매주 1000명의 민간인 사상자를 내는 것은 결코 좋은 그림이 아닙니다."[27] 합동참모본부도 맥너마라의 비관론에 동조하며 "북베트남 폭격 작전은 북베트남을 협상 테이블로 끌어내는 데 성공하지 못했고, 앞으로도 성공할 수 없으며, 우리가 승리를 거둘 수 있을 만큼 남베트남으로 향하는 병력과 물자 유입을 줄이는 데도 실패했다."라고 인정했다. 그러나 신임 국가안보 보좌관 월트 로스토에게 승리가 눈앞에 있다는 보고를 받고 고무된 존슨은 물러서려 하지 않았다. 로스토는 6월 28일 "하노이가 협상하는 방향으로 움직이고 있습니다."라며 대통령을 안심시켰다.[28]

설상가상으로 존슨은 미국의 베트남전 개입 실상과 승리 전망을 반복적으로 왜곡함으로써 국민의 신뢰를 더욱 훼손시켰다. 언론인들은 이제 존슨의 "신뢰 격차"를 언급하기 시작했다. 《로스앤젤레스타임스》에 의하면 신뢰 격차란 "공직자를 대놓고 거짓말쟁이라고 부르고 싶지 않았던 워싱턴 기자들이 만들어낸 표현"이었다. 1967년 대통령 연설문 작성자이자 고문이던 해리 맥퍼슨은 "대통령은 신뢰받지 못하고 있다."라고 개탄했다.[29]

그와 동시에 국내에서는 빈곤과의 전쟁을, 해외에서는 공산주의와의 전쟁을 세금 인상 없이 벌이기로 한 존슨의 결정으로 불과 몇 년 전 그가 의기양양하게 찬양했던 케인스주의 혁명이 위기에 처했다. 광범위한 진보적 의제를 법제화하려는 존슨의 야심을 부채질한 것은 물가 상승 없이도 지속적인 경제성장이 가능하다는 믿음이었다. 그러나 1966년에 이르자 과열된 경제로 물가가 폭등해 경기 침체로 이어질 상황에 직면하게 되었다. 이제 민간인으로 돌아간 월터 헬러는 경제를 진정시키기 위해 세금 인상이 필요하다고 주장했다. 그러나 대통령은 헬러의 주장에 귀 기울이지 않았다. 물가 상승의 징후가 뚜렷했음에도 존슨은 세금 인상을 거부하고 자신의 정책 의지도 굽히려 하지 않았다. 경제자문위원회의 아서 오쿤은 "속도를 조금 늦춰 가자고 말하는 사람은 모두 흥을 깨는 사람 취급을 받았"다며 위원회의 분위기를 전했다. 세금 인상을 제안하면 위대한 사회 정책 축소를 주장하는 이들에게 좋은 공격 무기를 제공하게 된다는 점을 존슨은 잘 알고 있었다.

그러나 존슨은 더 버티지 못하고 1967년 1월 법인세 및 개인소득세를 임시로 6퍼센트 인상하는 안을 고려했다. "그렇지만 존슨은 여전히 세금 인상을 주저했고, 전쟁 비용에 대해서는 얼버무렸다."라고 역사학자 로버트

M. 콜린스는 기록했다. 존슨은 8월이 되어서야 의회에 세금 인상안을 보냈지만, 이미 늦은 후였다. 의회는 세금 인상보다는 연방정부의 국내 지출 삭감을 선호한다는 입장을 분명히 밝혔다.[30]

1967년 10월 무렵에는 전 국민의 31퍼센트만이 존슨의 베트남 정책을 지지했다. 문제들이 쌓여가자 대통령은 더욱 위축되고, 피해망상에 빠졌으며, 방어적인 태도를 보였다. 한 목격자에 따르면 어느 기자가 미국이 베트남에서 싸우는 이유를 다그쳐 묻자 "존슨은 바지 지퍼를 내리고 자신의 거대한 성기를 꺼내며 '이것 때문이야!'라고 말했다."[31]

존슨의 피해망상(과 상스러운 언행)은 대부분 뉴욕주 상원의원인 로버트 F. 케네디를 향한 것이었다. 존슨이 두려워한 것은 로버트 케네디 본인보다는 그의 형 잭을 둘러싼 신화였다. 존슨은 암살당한 자기 전임자를 모방하려 하면서도 그를 원망했다. 1966년, 영화제작사 유나이티드아티스츠의 대표이자 민주당의 주요 후원자인 아서 크림과 ABC와 NBC를 운영하다가 행정부에 합류해 특별보좌관이 된 로버트 킨트너와 함께 저녁을 하며 1968년 선거운동에 관해 논의하던 중, 존슨은 자신의 제2차 세계대전 경험을 바탕으로 할리우드 대작 영화를 제작하는 아이디어를 꺼냈다.

'PT-109에서 JFK가 겪었던 모험이 영화화된 마당에, 내가 태평양에서 겪은 경험도 영화로 만들 수 있는 것 아닌가?' 하는 것이 존슨의 생각이었다. 당시 대화록에 따르면 존슨은 "내가 해군 항공기를 타고 다양한 임무들을 수행하는 모습을 보여주는 영화를 왜 아무 제작사도 만들지 않는지 이해할 수 없다."라고 말했다. 존슨은 이어서 그런 영화를 만들면 "현재 베트남에서 복무하고 있는 군인들이 … 대통령이 전쟁을 게임처럼 보고 그냥 '말로만' 떠드는 게 아니라 실제로 전쟁을 경험했기 때문에 병사들이 직면하는 위험과 희생을 이해하고 있다는 것을 알리는 데 도움이 될 것"이라고 밝혔다. 킨트너와 크림 모두 처음에는 그 아이디어에 관심을 보였지만, 결국 영화 제작 시도는 없었다.[32]

한편 로버트 케네디는 카멜롯 유산의 계승자로서, 그를 따라다니는 취재진에 둘러싸인 채 열성적인 군중을 대규모로 끌어모으며 전국 각지의 신문 머리기사를 장식하고 있었다. JFK가 자신의 대통령직에 드리운 그림자로 인해 이미 불안을 느끼고 있던 존슨은 상원의원 케네디에게 쏟아지는 관심을 혐오했다. 두 사람 사이는 너무도 공공연히 적대적이어서 서로를 정중하게 대하기도 힘들었다. 로버트 케네디는 한 측근에게 "그 개자식은 참을 수가 없어."라고 말했고, 이에 질세라 존슨은 로버트 케네디를 "그 조그만 새끼"라고 부르며 무시했다. 케네디 가문의 "신화 제조 능력"에 지나치게 집착한 존슨은 그것이 다시 발휘되어 자신과 자신의 대통령직 수행을 망치고 로버트 케네디를 위한 공간을 만들고 있다고 믿었다. 그러나 존슨이 곤경에 처한 이유는 스스로에게 있었다. 본인의 '위대한 사회' 의제에 대한 지지를 끌어내기 위해 바로 존슨 자신이 JFK를 순교자로 만드는 데 일조했던 것이다.[33]

존슨 대통령과 자신을 차별화하기 위해 로버트 케네디는 존슨보다 좀 더 진보적인 입장을 취했다. 그는 베트남 문제에 관해서는 자기 형이 라오스 사태에서 전례를 보여준 것처럼, 설사 공산주의자들이 결국 권력을 잡게 되더라도 협상을 통한 해결책을 지지한다고 발표했다. 이에 대해 존슨은 자신의 지지자들에게 로버트 케네디를 공격하라고 지시하면서, 베트남 연립정부에 민족해방전선이 참여하는 것은 "닭장에 여우를 집어넣거나 방화범을 소방서에 배치하는 것"과 같다고 맹비난했다. 하지만 로버트 케네디는 존슨의 외교정책 실수와 국내 정책 실패를 연관시키며 반격했다. 존슨이 베트남전쟁에 지나치게 사로잡힌 나머지 사회적으로 시급한 문제들을 해결하지 못하고 있다고 비판한 것이다.[34]

케네디 암살에 관한 윌리엄 맨체스터의 책《대통령의 죽음The Death of a President》출간이 임박하면서, 암살당한 대통령 및 그의 동생과 존슨 사이의 경색된 관계에 일촉즉발의 위기가 찾아왔다. 존슨은 그 책이 자신의 지지를 약화시키려는 로버트 케네디의 노력의 일환으로 발간된다고 생각했다. 맨체스터는 존슨에 대한 경멸을 숨기려 하지 않았다. 하지만 원고 초안을 읽은 재클린 케네디는 저자에게 개인적인 세부 사항들, 특히 그녀가 암살 당일을 생생히 묘사한 내용을 삭제하고 존슨에 대한 비판 어조도 조금 누그러뜨릴 것을 요구했다. 맨체스터가 사소한 부분만 수정하자 재클린은 출간을 막기 위해 소송을 제기했고, 결국 양측은 합의에 도달했다. 맨체스터는 재클린의 요구 대부분을 받아들여야 했지만, 이런 논란에도 불구하고 맨체스터의 책은 전국적인 베스트셀러가 되었다.[35]

존슨은 효과적으로 운영되는 케네디 가문의 홍보 조직과 경쟁하기가 버겁다고 불평하면서도, 그들이 한 것처럼 자신에게 우호적인 작가의 글을 통해 케네디 암살을 보는 자신의 관점을 이야기하려 했다. 존슨은 인기 작가 짐 비숍을 섭외했고, 그의 책 《케네디가 총에 맞은 날The Day Kennedy Was Shot》은 맨체스터의 책과 정반대되는 시각을 반영했다. 비숍의 서술에 따르면 케네디 가문 사람들은 "태도와 말투가 나약한 유럽인들"인 반면, 존슨 가문 사람들은 "투박한 미국인들"이었다. 하지만 비숍의 책은 큰 성공을 거두지는 못했다.[36]

*

격동의 1968년, 미국은 존슨의 대통령직 수행에 종말을 고하고 제2차 세계대전에서 비롯된 기본 가정들에 도전하는 일련의 충격을 경험했다.

1968년 1월 31일, 베트남어로 "텟"이라고 부르는 음력 설날에 베트콩은 사이공의 미 대사관 영내를 침략하고 남베트남의 성도省都 대부분에서 유혈 전투를 벌였다. 6만7000명의 베트콩이 남베트남의 100개 이상 도시와 마을로 쏟아져 들어갔다. 군사적 관점에서 보면 '텟 공세'는 북베트남에게는 재앙과 같은 결과를 가져왔다. 막대한 사상자를 냈고, 새로운 영토도 확보하지 못했으며, 미국에 대한 민중 반란 선동도 실패했다. 그러나 군사적으로는 패배였을 수 있는 텟 공세는 그와 동시에 놀라운 **심리적** 승리를 거두었다. 대사관 영내를 필사적으로 방어하는 미 해병대의 모습을 텔레비전으로 지켜본 미국인들은 충격에 빠졌다. CBS 뉴스 앵커 월터 크롱카이트는 많은 미국인들의 충격을 대변하며, 미국은 이제 "교착 상태에 빠지고 말았"다고 선언했다. 그 순간 존슨은 보좌관을 돌아보며 이렇게 말했다. "이제 모든 게 끝났군." 크롱카이트를 잃었다면 "평균 시민" 모두를 잃은 것과 다름없기 때문이었다.[37]

텟 공세는 존슨의 신뢰도에 최종적인 치명타를 가했다. 텟 이후 한 달 동안 자신을 "매파"라고 묘사하는 미국인의 비율은 60퍼센트에서 40퍼센트로 떨어졌다. 처음으로 자칭 "비둘기파"(42퍼센트)가 매파보다 많아졌다. 존슨의 베트남 정책을 비판하는 매파와 비둘기파 모두를 결집시켜 3월 12일 뉴햄프셔 예비선거에서 존슨에게 심리적 승리를 거둔 미네소타주 민주당 상원의원 유진 매카시가 이러한 여론 변화의 주요 정치적 수혜자였다. (매카시는 48퍼센트 대 42퍼센트로 존슨에게 패배했지만, 기대 이상의 놀라운 선전을 펼쳤다.) 나흘 뒤 숙적 로버트 케네디가 민주당 대선 후보 경선에 뛰어들면서 존슨으로서는 최악의 악몽이 현실이 되었다.

대중의 지지를 기대했던 마지막 희망마저 텟 공세 때문에 사라졌지만, 베트남 정책 앞에 놓인 길은 여전히 불투명해 보였다. 웨스트모얼랜드 장군은 대통령에게 20만6000명의 추가 병력을 요청하면서, "증원이 없으면 패배할 수도 있고 다른 지역에서도 밀릴 가능성이 높습니다."라고 경고했다. 존슨은 마치 함정에 빠진 기분이었다. 출구를 찾던 그는 최근 맥너마라를 대신해 국방장관으로 임명한 클라크 클리퍼드에게 대안을 검토하고 권고안을 마련하라고 지시했다. 일주일 후 클리퍼드는 "우리가 현재 추구하는 군사적 방안은 끝도 없고 희망도 없다고 확신합니다."라고 보고했다. 그는 존슨에게 현재의 베트남 정책을 고수하라고 지금까지 촉구했던 원로 정치인 "현자들"을 다시 소집해 의견을 들어보자고 제안했다. 한 달 후인 3월, 그들은 대통령에게 "지난 회의 이후 우리 대부분의 입장에 매우 중대한 변화가 있었"다고 알리면서 "우리는 베트남에서 철수하기 위한 조치를 시작해야 한다고 생각"한다고 권고했다. 그들은 존슨이 당면한 모든 과제를 고려할 때 불과 몇 달 전만 해도 상상할 수 없던 것, 즉 협상을 통해 해결책을 추구하는 방안 외에는 다른 선택이 없다고 보았다. 클리퍼드는 "늪에 빠진 것 같"다고 심경을 밝혔다. 내키지 않았지만, 존슨도 그의 말에 동의했다.[38]

며칠 후인 3월 31일, 존슨은 새로운 베트남 정책을 발표했다. 뮌헨이나 유화정책에 대한 언급은 없었다. 대신 그는 "베트남과 동남아시아의 평화"에 대해 이야기하고자 했다. 미국이 북베트남 폭격을 즉시 중단한다는 의미였다. 수년간의 긴장으로 인해 야위고 지친 얼굴을 한 존슨은 재선에 도전하지 않겠다고 선언하며 연설을 마무리했다. 몇 주 후 휴버트 험프리 부통령이 경선에 뛰어들었다.[39]

베트남전쟁에 대한 반대가 격화되자, 공화당 강경파들은 그들의 발언을 완화하기 시작했다. 1968년 대통령 선거의 해로 접어들자, 닉슨은 그간의 호전적 입장에서 한발 물러나면서 북베트남이나 라오스로 전쟁을 확대해야 한다는 자신의 이전 발언들도 뒤집었다. 그는 베트남을 일반적인 용어처럼 언급하며 구체적인 정책은 제시하지 않으려 했다. 비둘기파의 지지를 얻어내기 위해 평화를 향한 자신의 의지를 강조했고, 반공산주의 남베트남을 수호하겠다고 약속하며 매파를 다독였다. 1968년 2월 15일 보스턴에서 한 연설에서 닉슨은 "무력 침략이 보상받는 일은 결코 없을 것"이라는 자신의 신념을 재확인하면서, "사면초가에 놓인 그 나라 국민을 위해 절실한 마음으로 평화의 길을 닦는 작업을 추진해야 한다는 입장 역시 단호합니다."라고 주장했다. 한 달 후 뉴햄프셔 집회에서는 "전쟁을 끝내고 평화를 쟁취하겠"다고 다짐하며 자신의 입장을 재차 강조했다. 닉슨은 베트남에 대한 자신의 모호한 태도를 "명예로운 평화"라는 구호로 포장했다. 아이러니하게도 뮌헨의 교훈에 그토록 경도되었던 닉슨은 자신의 "명예로운 평화" 촉구가 1930년대 네빌 체임벌린의 "우리 시대를 위한 평화" 메시지를 상기시킨다는 사실은 깨닫지 못했다.[40]

닉슨의 보좌진조차 베트남전쟁에 대한 그의 접근 방식에 명백한 모순이 있다는 점을 알아차렸다. 한 연설문 작성자는 닉슨의 전략이 베트남 위기에 대한 진지한 해결책을 제시하려는 것이 아니라 "가장 공격하기 어려운 중간 지점을 찾아내는 것"이라고 말했다. 또 다른 닉슨의 보좌관 윌리엄 새파이어는 닉슨의 공개 발언은 "청중들 각자가 원하는 대로 일반적인 결론을 끌어낼 수 있도록 잡다한 문구들을 늘어놓은 것"에 불과하다고 일축했다.[41]

하지만 보다 근본적인 문제가 있었다. 닉슨은 연설문 작성자 리처드 웨일런에게 "전쟁에서 승리할 방법이 없다."라고 자신도 개인적으로 결론 내렸다고 고백했다. 그러면서 닉슨은 이렇게 덧붙였다. "물론 그렇게 말할 수는 없잖아. 사실은 어느 정도 협상력을 유지하기 위해서 정반대로 말하는 것일 뿐이지." 마음 깊은 곳에서는 베트남전쟁이 "성공적인 군사적 결론에 도달할 수 없"다는 것을 닉슨은 알고 있었다. 닉슨의 고백은 미국의 베트남전쟁 개입의 향방을 결정했던 중요한 순간마다 대통령들이 개인적인 자리에서 한 말과 대중을 상대로 한 말 사이에 분명한 차이가 있었다는 사실을 드러낸다. 닉슨의 입장은, 개인적으로는 참모들에게 베트남이 미국의 국가적 이익에 필수적이지 않다고 말하면서도 바로 다음 날 세계를 상대로 "도미노이론"을 설파하며, 베트남을 상실하면 공산주의에 대한 일련의 패배로 이어질 것이며 이는 용납할 수 없는 일이라고 주장했던 1954년의 아이젠하워를 연상시켰다. 마찬가지로 케네디와 존슨 모두 내심 미국의 전쟁 승리 가능성에 회의적이었지만, 그들의 우려를 대중과 공유하지 않았다.[42]

제럴드 포드 역시 1968년에 이르면 확전보다는 평화를 많이 언급하며 발언 수위를 낮추기 시작했다. 존슨이 북베트남 폭격 중단 결정을 내리자 "타당한" 결정이라고 평가하며 드물게 존슨에게 동의를 표했고, "베트남의 조속하고 명예로운 평화"를 촉구하는 대통령의 발언을 지지했다. 포드는 병력 증강이 필요하면 "남베트남의 인력으로 충당되어야 한다."라고 말했지만 자신의 매파적 견해를 완전히 버리지는 못했다. 포드는 북베트남과의 화해를 주장하면서도, 평화 회담 개시는 "텟 공세 결과 남베트남 시골 지역 대부분이 공산주의자들의 손에 넘어간 시점에 미국이 협상 테이블에 다가가는 것”을 의미한다고 지적했다. 그러나 포드는 자신의 협상 지지 입장과 협상력을 높이기 위해 계속 싸워야 한다는 주장 사이의 모순을 해결하기 위한 어떠한 노력도 기울이지 않았다.[43]

포드와 닉슨이 베트남전쟁이 불리하게 전개되고 있다고 인식한 반면, 조지 부시는 지나치게 낙관적인 견해를 유지했다. 1967년 12월 26일, 그는 2주간의 베트남 방문길에 올라 사이공, 다낭, 그리고 마흔네 개의 성 중 열한 군데와 스물한 개 마을 및 촌락을 돌아보았다. 부시는 현지의 미 육군과 해병대 병사들, 미국의 고위 군 관리, 외교관들, 그리고 남베트남군 병사들과 현지인들을 두루 만나보았다. 베트남 현지에서 보고 들은 것은 그에게 깊은 인상을 남겼다. 부시는 1968년 1월 11일, 텟 공세가 시작되기 3주도 채 남지 않은 시점에 다음과 같은 순진한 발언을 했다. “우리가 교착상태에 빠져 있지 않다고 진정으로 확신합니다. 나아가 우리가 승리하고 있다고 확신하며, 더 나아가 우리의 ‘승리를 향한 진전’은 더욱 빨라지고 있다고 확신합니다.” 부시는 군인들의 사기도 높고, 베트콩의 “손실이 훨씬 크기” 때문에 “점점 더 우리가 전쟁의 주도권을 잡고 있”다고 주장했다. 미국으로 돌아온 부시는 존슨 대통령의 베트남 정책에 전반적으로 **지지를 보내면서,** 좀 더 인내하자는 의견을 피력했다. 부시가 베트남의 전투 지역을 시찰하면서 제2차 세계대전 중 자신의 전투 경험을 떠올리며 두 전쟁 간의 연관성에 대해 고민해보았는지는 알 수 없다. 그러나 그가 과거의 교훈을 현재에 적용하는 데는 오랜 시간이 필요하지 않았다. “우리의 입장이 확고하다면 하노이는 미국 내 반전 여론을 오독하지 못할 것이며, 그렇게 되면 제가 오늘 밤 여러분께 말씀드리고 있는 ‘승리를 향한 진전’은 하노이가 크고 분명하게 읽을 수 있는 메시지, 즉 그들의 침략 계획은 성공할 수 없다는 메시지로 바뀔 것입니다.” 그는 준비된 연설문에 이렇게 적었다. 그리고 “그러면 전쟁이 끝날 것입니다.”라고 손 글씨로 덧붙였다. 다음 날, 부시는 한 지역구 유권자에게 보낸 편지에서 그 연설 요지를 되풀이했다. “베트남의 현지 상황은 여기 신문에서 이야기하는 것보다 낫다고 생각합니다.”[44]

　　3월에 부시는 예일대 동창이자 예일대 4학년생들의 비밀 학생회 스컬 앤드본즈에서 함께 활동한 리처드 맥과 매우 흥미로운 서신 교환을 했다. 그때쯤 베트남전쟁에 대해 회의적으로 변해 있던 맥은 부시에게 쓴 긴 편지에서 자신이 베트남전쟁에 대해 느끼는 환멸을 설명했다. 맥은 젊은이들이 부시를 포함한 선출직 지도자들을 더 이상 신뢰하지 않는 이유는 베트남전쟁 때문이라고 주장했다. 그는 "우리나라 젊은이들은 너를 신뢰하지 않고, 너를 믿지 않으며, 어쩌면 더 나쁘게도 너에 관해 조금의 관심도 없"다고 썼다. 이어서 맥은 다음과 같은 수사적 질문을 던졌다. "젊은이들의 신뢰와 영감 없이 한 나라가 얼마나 오랫동안 생존할 수 있을까?" 맥은 베트남을 잃는 것은 그에게 걱정거리가 아니라고 옛 친구에게 말하면서, 그 이유는 자신이 "공산주의를 무서워하지 않기" 때문이라고 설명했다. 그는 또 자신의 의지를 받아들이려 하지 않는 다른 나라에게 이를 강요하려는 국가의 도덕성에 의문을 제기했다. 베트남전쟁은 "내가 미국인이라는 사실을 부끄럽게 만든다."라며 맥은 편지를 끝맺었다.[45]

　　몇 주 후 부시는 베트남전쟁을 전면적으로 옹호하는 답장을 썼다. 그는 베트남전쟁이 부도덕하다는 맥의 주장을 반박하며, 그러한 주장은 "베트콩이 저지른 테러와 호찌민이 자행한 과거 학살은 완전히 간과하면서" 남베트남 정부의 실정만을 비판하려는 "맹목적 의지"의 산물이라고 회신했다. 많은 역사학자가 후에 평가하듯, 부시는 텟 공세가 북베트남에게 심리적 승리를 안기기는 했으나 군사적으로는 사실상 패배였다고 지적했다. 그리고 존슨 행정부가 내세운 여러 주장을 되풀이했다. 북베트남은 곧 평화 협상 테이블에 나올 수밖에 없으며, 언론인들은 베트남 현지 상황을 왜곡하여 비관적인 보도를 하고 있고, 남베트남군은 용감하고 전쟁 승리에 전념하고 있으며, 국내의 반전시위는 "분명히 하노이의 의지를 강화"시키고 있다는 등의 주장이었다. 놀랍게도 부시는 "나는 대통령이 인명을 소중히 여기지 않는다는 주장에 혐오를 느"낀다며 비평가들의 "비열한" 비판으로부터 존슨을 옹호했다.[46]

부시는 전쟁을 끝내기 위한 "쉬운 답은 없"다고 지적하는 것 외에 자신은 어떻게 달리 행동할지에 관해서는 아무런 언급도 하지 않았다. 부시는 "나는 '공산주의가 단일 세력'이라고 믿지는 않는다. 그러나 공산주의자들이 명백히 천명한 세계 혁명이나 세계 정복이라는 그들의 목표를 포기했다고 믿지도 않는다."라며 편지를 끝맺었다.

공산주의에 관해서는 좀 더 자세한 견해를 가지고 있던 부시였지만, 전쟁을 끝낼 현실적인 해결책은 제시하지 못했다. 그러나 뮌헨의 교훈과 도미노이론이 동남아시아에도 적용될 것이라고 계속 믿었다면, 부시도 베트남에서의 공산주의 승리를 결코 받아들일 수는 없었을 것이다. 그가 할 수 있는 최선의 제안은 제네바협정의 규정에 따라 남북베트남을 통일하라고 요구하는 것이었다. 그는 "나는 남북베트남 모두에서 제삼자의 감시하에 자유로운 선거가 치러지기를 촉구한다."라고 편지에 썼다. 그러나 아이러니하게도 부시의 이 말은 남북베트남의 자유선거를 1956년에 거부한 쪽은 미국의 지원을 받는 남베트남이었고, 그 이유는 호찌민이 압도적으로 승리할 것을 두려워했기 때문이라는 사실은 간과했다. 남베트남에 사는 사람들 대부분이 공산주의로부터 "구원받기를" 원한다는 미국의 낭만적 생각과 달리, 1956년에 선거가 실시되었다면 아마도 공산주의자들이 승리했을 것이다. 부시는 '공산주의자들의 승리가 예상되더라도 자유선거의 결과를 지지할 것인가?'라는 중요한 쟁점에 관해서는 언급하지 않았다.[47]

베트남 전황이 좋지 않게 흘러가도 기존 입장을 바꾸거나 완전한 승리를 촉구하는 목소리를 낮추지 않은 유일한 미래 대통령은 레이건이었다. 레이건은 현지 세부 상황에 관해서는 거의 관심이 없었고, 동남아시아에서 벌이는 게릴라전의 복잡한 성격도 알 바가 아니었다. 1967년 11월 레이건은 "우리가 지금 베트남에 있는 이유는 그곳에서 경계를 서는 일이 우리의 국익에 도움이 되기 때문"이라며, "그래야만 나중에 우리의 해안에서 경계를 서야 할 일이 없을 것"이란 점을 선출된 정치 지도자들이 받아들여야 한다고 주장했다. 레이건은 베트남전쟁은 "승리할 때까지 싸워야 하는 전쟁"이

라고 선언했다. 베트남 공산화는 반드시 막아야 한다는 의미였다.[48]

레이건의 완고한 태도는 베트남전쟁 승리에 대한 결의에 한 치의 흔들림도 보이지 않은, 퇴임 후 아이젠하워가 보인 입장을 상기시켰다. 많은 비평가가 평화 논의로 방향을 바꾸는 동안에도 아이크는 존슨에게 "이제 우리의 전투 노력을 증가시킬 때가 온 것 같습니다."라고 말했다. 아이크는 "만약 어떤 공화당원이나 민주당원이 베트남에서 철수하여 그곳에서 자유의 대의를 위해 죽은 1만3000명이 넘는 미국인들에게 등을 돌리자고 제안한다면, 그들은 나와 맞서야 할 것"이라고 분명히 의사를 표시하며 "굴복과 남베트남 포기"를 입에 올리는 후보는 누구든 반대하겠다고 약속했다.[49]

아이젠하워는 백악관에도 이 같은 매파적 메시지를 전했다. 제2차 세계대전에 참전했고 아이젠하워 행정부에서 고문을 지냈으며 후에 NATO 사령관으로 임명된 앤드루 굿파스터 장군이 1968년 1월 22일 자신에게 개인적으로 보고하는 자리에서 아이젠하워는, 여러 진보적 인사가 행정부를 비판하며 주장하는 베트남 연립정부 구상은 "바람직하지도 않을뿐더러 위험하기 때문에 반대해야 한다."라고 의사를 밝혔다. 그는 더 나아가 지금은 후퇴할 때가 아니라 적을 더 강하게 "타격할 때"라고 권고했으며, "남베트남 내 적군과 적 기지" 폭격을 위한 B-52 사용도 제안했다. 그리고 나서 아이크는 굿파스터에게 "존슨 대통령이 전쟁에서 승리하는 모습을 보고 싶다."라고 솔직하게 말했다.[50]

베트남전쟁을 둘러싼 논쟁이 점점 격렬해지던 시기에 국내에서 벌어진 상황들은 불에 기름을 부었다. 4월 4일, 한 명의 총격범이 멤피스에서 환경 미화원들의 파업을 지지하고 있던 마틴 루서 킹을 암살했다. 킹의 사망 소식을 들은 존슨은 "지난 몇 년간 우리가 이룬 모든 것을 오늘 밤 잃게 될 것"이라며 개탄했다. 흑인 공동체가 충격에 빠진 가운데, 백 곳이 넘는 전국의 도시와 마을에서 폭동이 일어났다. 폭도들은 시카고에서 스무 개 블록을 불태웠고, 데일리 시장은 경찰에게 "발포해서 죽"이라고 명령했다. 가장 심각한 폭력 사태는 워싱턴 D.C.에서 발생했다. 700건의 방화가 일어났고,

아홉 명이 목숨을 잃었으며, 남북전쟁 이후 처음으로 무장한 군인들이 의회의사당 계단을 지켰다. 이 워싱턴 폭력 사태는 그전 해 뉴어크와 디트로이트에서 일어났던 대규모 폭동을 포함하여 4년 연속 이어진 여름철 소요 사태의 정점을 찍었다.

인종 간 화해에 대한 희망과 다수의 백인에게 가난한 흑인들이 처한 곤경을 책임지라고 설득할 수 있다는 기대는 그날 밤 사라졌다. 킹의 죽음 이후 이어진 폭력 사태를 목격한 많은 백인 미국인은 인종 정의를 호소하는 목소리에는 덜 공감하고, 그 대신 닉슨과 레이건과 부시가 자신들의 핵심 공약으로 삼게 되는 "법과 질서"를 요구하는 목소리에 더 큰 공감을 보였다.[51]

킹 목사 암살 사건이 있은 후, 존슨 행정부는 존슨이 1966년에 처음 입안했던 공정주택법 통과를 다시 추진했다. 민주당과 공화당 양측의 보수주의자들이 그 법안에 반대했다. 성경을 인용하는 헌법 보수주의자이자 몇 년 후 상원 워터게이트위원회의 위원장으로서 명성과 존경을 얻게 되는 노스캐롤라이나주 상원의원 샘 어빈은, 공정주택법안은 "모든 미국인이 사유재산에 대하여 갖는 기본권을 박탈함으로써 평등을 추구하려고" 고안되었다고 주장했다. 그 법안에 대한 미래 대통령들의 입장은 엇갈렸다. 포드는 주저 없이 이 법안에 찬성표를 던졌다. 닉슨은 처음에는 반대했지만 이후 미온적인 지지를 표명했으며, 대선 유세에서는 교외에 거주하는 백인 유권자들을 의식해 그 법안에 대해서는 거의 언급하지 않았다.

인종 문제는 공정주택 정책에 대한 지지가 거의 없는 딥사우스* 지역의 공화당 하원의원이던 부시에게는 특히 어려운 사안이었다. 그러나 그는 많은 정치적 대가를 치를 것을 알면서도 양심에 따라 투표하는 용기 있는 결정을 내렸다. 부시는 그 후 자기 사무실로 분노한 편지들이 쇄도했다고

---

* 노예제도와 인종차별이 가장 뿌리 깊었던 미국 남부의 핵심 지역을 지칭하며 보통 조지아, 앨라배마, 미시시피, 루이지애나, 사우스캐롤라이나 등을 일컫는다. (옮긴이)

기록했다. "그 법안에 찬성표를 던진 후 아주 난리가 났다. 유권자들의 증오가 드러났다. 그 일로 받은 편지가 베트남, 세금, 그리고 성 문제와 관련해서 받았던 편지들을 합친 것보다 많았다." 미래의 공화당 대통령들 중에서는 오직 레이건만이 개인의 자유라는 논거를 들어 그 법안에 반대했다. 캘리포니아 주지사였던 레이건은 "누가 자기 집을 팔거나 임대할 때 흑인이나 다른 사람들을 차별하고 싶다면, 그에게는 그럴 권리가 있다."라고 말했다.[52]

충격은 계속되었다. 킹 목사 암살 두 달 후, 캘리포니아 예비선거에서 중요한 승리를 거둔 로버트 케네디가 암살범의 총탄에 쓰러졌다. 케네디가 사라지고 존슨이 경선 불출마를 선언하면서 험프리가 민주당 대선 후보로 급부상했지만, 민주당은 당 강령에 합의하지 못했다. 그해 8월 시카고에서 열린 민주당 전당대회에서 매파와 비둘기파는 존슨 대통령의 베트남 정책을 지지하는 내용을 당 강령에 포함시킬지를 두고 격돌했다. 매파가 박빙의 투표에서 승리했지만, 진짜 드라마는 전당대회장 밖에서 벌어졌다. 전국의 언론이 지켜보는 가운데 경찰이 평화적으로 반전시위를 벌이고 있던 학생들을 무자비하게 폭행한 것이다. 《뉴욕타임스》 칼럼니스트 톰 위커는 눈앞에서 펼쳐지는 폭력 사태를 보며 "얘들도 우리 아이들이다!"라고 외쳤다.

공화당 쪽에서도 흥미진진한 일들이 많았다. 닉슨이 공화당 대선 후보 지명전에서 선두 주자로 부상했지만, 레이건은 순순히 양보하려 하지 않았다. 레이건은 회고록에서 캘리포니아주 대의원단이 "가장 총애하는 향토 후보"로서 자기 이름을 공화당 전당대회에서 올렸을 뿐이라고 주장했지만, 이는 사실이 아니다. 1966년 주지사 선거에서 승리한 지 채 2주도 되지 않아 레이건은 자신의 정치 자문단과 대선 출마를 논의했다. 그의 보좌진은 세부적인 계획까지 수립해 레이건이 전국을 돌며 대선 출마 지지를 확보하도록 했다. 레이건의 전략은 1차 투표에서 닉슨의 지명을 저지할 만큼의 표를 얻어내는 것이었다. 그런 다음 전당대회 연설을 통해 대의원들의 지지를 불러일으켜 1964년의 마법을 재현할 수 있기를 바랐다.[53]

그러나 닉슨은 레이건이 무엇을 노리고 있는지 알아차리고 선제적으로 제압했다. 닉슨은 레이건을 가장 강력히 지지하는 남부 보수주의자들을 직접 공략했다. 보수적인 인물을 부통령 후보로 지명하겠다고 약속해 그들의 지지를 확보한 것이다. 8월 5일 마이애미비치에서 전당대회가 개막했을 때, 닉슨은 자신이 지명을 확보할 때까지 레이건이 전당대회 연단에 설 기회를 주지 않았다. 1차 투표에서 지명을 확보함으로써 당의 기수가 되려 했던 레이건의 희망을 무너뜨린 것이다. 닉슨은 후보 지명을 확고히 한 **후에야** 자신의 경쟁자에게 연설할 기회를 주었다. 레이건은 대의원들에게 자신에 대한 지지를 호소하는 대신 닉슨을 만장일치로 지명하자고 제안했다.[54]

포드 하원의원은 닉슨이 남부 보수주의자들과의 협상에서 약속한 부통령 후보로서 검토한 인물 중 하나였다. 대통령 후보로 지명된 날 밤, 닉슨은 포드를 포함한 공화당 인사 열두 명을 자기가 묵고 있던 호텔 스위트룸으로 불러 러닝메이트 가능성을 논의했다. 닉슨은 포드에게 물었다. "제리, 이전에는 부통령이 되려는 생각이 있었다고 기억하는데 올해는 어떤가요?" 그러나 포드는 자신을 부통령 후보로 지명하는 아이디어를 아이젠하워가 이미 거부했다는 사실을 몰랐다. 아이젠하워는 포드가 유권자들에게 영감을 줄 수 있는 인물이 아니라고 판단했다. 따라서 닉슨은 잘 알려지지 않은 인물이었지만 '법과 질서'를 강조하며 강경한 발언을 쏟아내는 메릴랜드 주지사 스피로 애그뉴를 부통령으로 지명하는 깜짝 발표를 하여 전당대회 참석자들을 놀라게 했다. 닉슨이 자신의 결정을 알려주자 포드는 폭소를 터뜨렸다. 그는 애그뉴가 부통령 후보로는 턱없이 부족한 사람이라고 생각했다. 한 목격자에 따르면 포드가 웃음을 터뜨리자 닉슨의 한 측근은 포드를 "마치 교회에서 방귀를 뀐 사람 보듯" 쳐다보았다. 반면 조지 부시는 애그뉴 지명을 "꽤 합리적인 선택"이라고 평했다.[55]

*

　닉슨의 본선 전략 중 하나는 존슨이 선거운동에 참여하지 않도록 하는 것이었다. 험프리와 존슨이 서로 호감이 전혀 없는 사이라는 것을 알았던 닉슨은, 자신이 존슨 대통령의 유산을 지키겠다고 약속하면 특히 공략 대상으로 삼고 있는 민주당 텃밭인 남부에서는 존슨이 선거 유세에 나서지 않을 것이라고 계산했다. 그래서 자신의 말이 대통령 귀에 들어가리라는 사실을 알면서, 기자들에게 존슨 대통령은 "모든 시민의 존경을 받아야" 하며, "저는 대통령을 향한 존경을 해치는 일은 아무것도 하지 않을 것"이라고 말했다.[56]

　닉슨은 9월 8일에도 같은 주제를 언급했다. 빌리 그레이엄 목사를 통해 존슨에게 "개인적이고 비밀스러운 메시지"를 전달한 것이다. 닉슨이 구술한 내용을 그레이엄이 받아 적은 그 내용은 선거 후에도 존슨을 "절대 곤혹스럽게 하지 않"을 것이며, 자신은 존슨을 "한 인간으로서, 그리고 대통령으로서 존경한"다는 것이었다. 닉슨은 더 나아가 존슨과 "협력 관계"를 원한다고 말하면서 "지속적으로 조언을 구할" 계획이라고도 했다. 닉슨은 베트남전쟁이 끝나면 존슨에게 "주요 공로"를 돌리고, 존슨이 마땅히 누려야 할 역사적 위상을 지키기 위해 "최선을 다하겠"다고 약속했다.[57]

　9월 15일 그레이엄 목사는 워싱턴으로 날아가 존슨에게 직접 그 메시지를 전달했다. 존슨과 짧은 만남을 가진 후, 그레이엄은 존슨이 닉슨의 호의에 "감동했으며" "따뜻함과 고마움"으로 응답했다고 보고했다. 존슨은 그레이엄에게 "험프리를 충실히 지지할 생각이지만, 만약 닉슨이 대통령에 당선된다면 그와 협력하기 위해 모든 힘을 다하겠다."라고 말했다. 험프리를 지지하겠다는 말은 했지만, 사실상 닉슨의 아첨에 넘어간 것이다. 자신이 여전히 인기가 있는 주요 경합 주에서 험프리를 위해 선거운동을 해달라는 요청을 받았을 때, 존슨은 이를 거절하며 측근에게 이렇게 말했다. "자네도 알잖아. 닉슨이 험프리보다 내 정책을 충실히 따르고 있다고."[58]

궁지에 몰린 민주당 행정부에 맞서 대통령 선거에 나선 닉슨은 행정부를 향한 강경한 수사를 누그러뜨리면서, 그 대신 "우리를 하나로" 단결시키겠다는 자신의 열정을 강조했다. 그는 "연기와 화염에 휩싸인 도시들"과 "머나먼 전장에서 죽어가는 미국인들"에 대한 책임을 거론하며 민주당을 거듭 공격했다. 닉슨은 절제된 듯하지만 대중에 영합하는 포퓰리즘적인 메시지로 분노한 백인 중산층에 소구하면서도, 제3당 후보로 나선 앨라배마 주지사 조지 월리스와는 달리 노골적인 인종적 호소는 피했다. 자신을 항상 기득권층의 아웃사이더로 여긴 닉슨에게 포퓰리즘은 자연스러운 것이었다. 스스로를 아웃사이더로 여기는 닉슨의 생각은 제2차 세계대전 초기에 물가관리국에서 일하면서 더욱 굳어진 것으로, 닉슨은 또한 태평양에서 복무하는 동안 '닉의 스낵 오두막'을 운영하면서 자신이 다양한 배경과 상이한 지역 출신의 사람들과 잘 교감할 수 있다는 점을 깨달았다. 이제 닉슨은 "위대한 다수의 미국인들, 잊힌 미국인들, 소리 내지 않는 사람들, 그리고 시위하지 않는 사람들의 목소리"에 귀 기울이겠다고 약속했다. 닉슨은 미국이 당면한 문제들을 해결할 방안에 관해서는 의도적으로 모호하고 애매한 태도를 유지하면서도 "새로운 시작"을 촉구했다.

존슨의 베트남 정책을 비판했던 닉슨의 과거 행적을 고려하면, 이제 와서 전쟁보다 평화를 자주 언급하는 행보는 아이러니였다. 닉슨은 평화가 "의지의 힘, 무기의 힘, 그리고 목적의식의 힘"을 필요로 한다고 말하며 미국의 군사력과 국제적 위상을 유지할 필요성을 계속 주장하면서도, 긴장 완화를 위해서라면 소련과 중국 모두와 대화에 나설 의지가 있음을 시사했다.[59]

존슨의 백악관 공보관이었던 조지 리디는 닉슨의 엇갈린 메시지가 말하는 바를 알아차렸다. 리디는 험프리에게 보낸 메모에서 닉슨은 "자신을 변화를 가져올 사람으로 유권자들에게 알리고 있지만, 그 변화의 본질이 무엇인지는 깊고 어두운 비밀에 부치고 있다."라고 지적했다. 닉슨은 청중에게 절대 "베트남에서 철수하지 않을 것"이라고 말하면서, 동시에 전쟁을

"빨리 끝내겠"다고 약속했다.[60]

하지만 베트남 문제에 관해 계속 애매모호한 태도를 보이기가 점점 어려워졌다. 9월 30일, 선거운동에 고전하던 험프리는 존슨과 극적으로 결별하기 위해 일방적인 북베트남 폭격 중단을 지지한다고 발표하면서 "그것이 협상 성공으로 이어져 전쟁을 단축할 수 있으리라고 믿"는다고 말했다. 닉슨은 험프리가 새로운 행정부 정책을 발표하는 것인지, 아니면 단순히 개인적인 견해를 밝히는 것인지 알아보기 위해 즉시 백악관에 전화를 걸었다. 존슨은 험프리가 자신을 대변하여 말한 것이 아니라며 닉슨을 안심시켰다. "그 친구 연설은 읽어보지도 않았습니다. 그 연설과 관련해 저와 논의한 적도 없고요."[61]

10월이 되자 닉슨은 여론조사에서 넉넉히 선두를 유지했다. 백악관 입성을 향한 그의 행보에는 거칠 것이 없는 듯 보였다. 그러나 10월 16일 존슨은 전화 회의를 통해 3대 주요 후보인 닉슨, 험프리, 월리스에게 5월부터 시작된 미국과 북베트남 간의 파리 평화 회담에서 극적인 진전이 있었다고 알렸다. 닉슨의 대통령 당선을 우려한 소련이 북베트남에 압력을 가해 존슨 행정부가 회담 개시를 위해 설정한 모든 조건에 동의하도록 한 것이다. 1965년부터 남베트남을 이끌어온 육군 장성 출신 남베트남 대통령 응우옌반티우도 그 모든 조건에 "전적으로 동의"했다. 세부 사항이 해결되면 존슨은 10월 31일 폭격 중단을 발표하고 11월 4일, 즉 선거 하루 전부터 평화 회담을 개시할 예정이었다. 평화의 가능성이 험프리의 당선 가능성을 높일 수 있었지만, 닉슨은 그 소식을 담담하게 받아들이는 것처럼 보였다. 닉슨은 존슨에게 "저는 협상을 저해할 어떤 발언도 하지 않겠다는 점을 분명히 해왔습니다."라고 말하며, "이 일이 잘 해결되기를 바랍니다."라며 통화를 끝냈다.[62]

닉슨은 그 소식에 놀라지 않았다. 무언가 일이 일어나고 있다고 귀띔해준 백악관 첩자가 있었기 때문이다. 아이젠하워 정부에서 근무했다가 닉슨의 고문이 된 브라이스 할로는 자신이 "백악관에 이중 첩자"를 두고 있다고 자랑했다. 할로는 "그들이 어떤 회의를 하는지, 누가 회의에 참석하는지, 그들의 다음 수가 무엇인지 모두 알고 있었"다라고 주장했다. 그리고 할로는 닉슨에게 모든 세부 내용을 알려주었다. 닉슨은 또한 하버드대학 교수이자 존슨의 협상팀 일원인 헨리 키신저와도 직접 연락하고 있었다. 키신저는 누가 다음 대통령이 되든 상관없이 백악관에서 고위직을 차지하기 위해 양다리를 걸치고 있었다. 할로와 마찬가지로 키신저도 닉슨에게 "뭔가 큰일이 진행 중"이라고 알려주었다.[63]

10월 25일 닉슨은 평화 회담을 지지한다는 성명을 발표했다. 성명에서 닉슨은 먼저, 일부 사람들은 "이 급작스러운 움직임이 존슨 대통령이 험프리 후보를 대통령으로 당선시키려는 불순한 동기에서 비롯된 막판 시도"라고 믿고 있다고 지적했다. 이런 비판을 언급한 후 닉슨은 "하지만 저는 그렇게 생각하지 않습니다."라고 마음에도 없는 말을 하면서, "미국인의 생명을 구하고 베트남과 동남아시아 전체의 안정과 정당한 평화의 토대를 마련할 합의를 추구하는 대통령의 노력을 지원하겠습니다."라고 약속했다.[64]

평화 협상이 진전되면서 닉슨의 공개 발언은 그의 개인적 생각, 그리고 은밀한 행동과 점점 더 배치되었다. 10월 31일 오후 존슨은 닉슨에게 전화를 걸어 폭격 중단 발표를 할 예정이라고 알려주었다. "분노와 좌절감이 치밀어 올랐"다고 닉슨은 수년 후 회고했다. "존슨은 선거 결과를 좌우할 수 있다고 내가 생각한, 바로 그 조치를 취하고 있었다. 내가 어떻게 해서 여기까지 왔는데, 재선에 나서지도 않은 현직 대통령의 힘에 발목을 잡힌단 말인가!"[65]

공개적으로 닉슨은 베트남 평화를 위한 존슨 대통령의 구상을 지지했다. 존슨에게 전화를 받은 그날 밤 뉴욕시에 신축된 매디슨스퀘어가든에서 열린 집회에서, 전 부통령 닉슨은 자신뿐만 아니라 자신의 러닝메이트도 "평화의 기회를 파괴하지 않을 것이며, 평화를 원합니다."라고 약속했다. 그러나 닉슨은 존슨의 막판 책략으로 그토록 갈망해왔던 대통령 자리를 두 번째로 놓칠 생각은 전혀 없었다. 그는 1960년 자신의 대선 패배는 주요 경합 주들, 특히 텍사스와 일리노이에서 민주당이 벌인 더러운 속임수 때문이라고 확신했다. (텍사스에서 일부 부정행위가 있었던 것은 사실이나, 그것이 선거 결과를 바꿨을 가능성은 적다.) 케네디 가문이 한 번 선거를 훔쳐 갔으니, 다시 그런 일이 일어나도록 놔둘 수는 없었다. 험프리가 일방적 폭격 중단을 요구한 이후 민주당 지지를 철회했던 사람들이 다시 민주당 쪽으로 돌아서면서, 한때 커다란 차이를 보였던 지지율은 이미 줄어들고 있었다. 닉슨은 평화협정 체결이 발표되면 자신의 대통령 당선 가능성은 사라지리라는 사실을 너무나 잘 알고 있었다.

이렇게 해서 미국 정치사상 가장 추악한 사건 중 하나가 시작되었다. 닉슨의 보좌관 톰 휴스턴은 "닉슨 개인에게는 매우 중요한 일이었습니다."라고 회고했다. 닉슨은 저명한 공화당 로비스트(이자 제2차 세계대전에 참전했던 한 유명 장군의 중국 태생 미망인) 애나 셔놀트와 주미 남베트남 대사였던 부이디엠과 공모하여 평화 협상에 참여하지 말라고 티우 대통령을 설득했다. 그들은 티우 대통령에게 닉슨 행정부가 들어설 때까지 기다려주면 남베트남이 더 좋은 조건을 얻을 수 있도록 하겠다고 약속했다.[66]

하지만 양측 모두 게임을 하고 있었다. 닉슨 팀은 자신들이 비밀리에 작전을 수행하고 있다고 생각했지만, 존슨은 이러한 음모 가능성에 관해 귀띔을 받고 FBI에 셔놀트와 디엠의 전화를 도청하라고 지시했다. FBI는 셔놀트가 디엠 대사에게 "상사로부터 메시지를 받았어요. 우리가 이길 것이니 대사님께서 계속 애써달라고 합니다."라고 말하는 통화를 엿들었다.[67]

당연히 존슨은 닉슨의 협잡에 분노했다. 그는 그 사실을 오랜 친구인 일리노이주 공화당 상원의원 에버렛 더크센에게 알려주며 "이건 반역이야!"라고 일갈했다. "맞아." 오랫동안 상원 소수당 대표를 맡고 있던 더크센도 동의했다. 더크센은 그 후 닉슨에게 연락했다. 며칠 후인 11월 3일, 닉슨은 존슨에게 전화를 걸어 자신이 협상을 방해하려 한다는 보고들은 사실이 아니라고 맹세했다. "맙소사, 제가 협상 테이블에 나오지 말라고 … 사이공을 부추기는 일은 없을 겁니다. 그들을 파리로 보내야죠. … 그러지 않으면 대통령께서 평화를 성취하실 수 없습니다." 닉슨의 이 말에 존슨의 분노는 어느 정도 누그러진 것 같았다. 닉슨이 직접적으로 그 모의에 가담했다는 구체적인 증거가 부족했기 때문이다. 그러나 일부 전언에 따르면 닉슨은 전화를 끊고서 배를 잡고 웃었다고 한다.[68]

당시 존슨은 닉슨을 평화 회담 방해 공작에 직접적으로 연결시킬 구체적 증거가 없는 상황에서, 선거일을 불과 며칠 앞두고 유력 대통령 후보를 향해 반역죄를 저지르고 있다고 비난하는 것은 지나치다고 생각했다. 그 증거는 훨씬 나중에야 나타났다. 닉슨이 81세의 나이로 사망하고서 3년이 지난 1997년, 애나 셔놀트는 닉슨과 닉슨의 선거본부장 존 미첼은 모든 것을 알고 있었다고 인정했다. "저는 미첼, 그리고 닉슨과 계속 연락을 취했습니다." 그로부터 수년 후, 역사학자들은 1968년 선거운동 당시 닉슨의 보좌관이었던 H. R. 홀더먼의 메모에서 결정적 증거를 발견했다. 그 메모는 닉슨이 외국과 불법적인 협상을 벌여 평화 노력을 방해하는 작업을 직접 지휘했다는 사실을 보여주었다. "애나 셔놀트가 남베트남에 계속 작업하도록 해라."라고 닉슨이 홀더먼에게 지시하는 내용도 있고, "방해할 다른 방법은 없나? RN리처드 닉슨이 할 수 있는 일은 없나?"라고 묻는 닉슨의 질문도 적혀 있었다.[69]

닉슨의 움직임을 어떻게 처리해야 할지 확신이 서지 않았던 존슨은 험프리와 그의 선거 캠프에 그 정보를 알려주어 그들이 직접 처리하도록 했다. 그러나 민주당 대선 후보 험프리는 치명적인 실수를 저지르고 말았다. 자신에게 대선 승리를 가져다줄 가능성이 가장 높았던 정치적 폭탄을 터뜨리지 않기로 선택한 것이다. 부통령 험프리는 그 폭로로 인해 이미 분열된 국가가 더욱 분열될 수 있다고 우려했다. 게다가 닉슨이 평화 회담을 방해하려 했다는 의심을 폭로하면, 존슨 행정부도 그 정보를 어떻게 알아냈는지 공개하라는 압박을 받게 되어 오히려 역효과가 날 수도 있었다. 닉슨이 바랐던 대로 티우는 평화 협상 참여를 거부했고, 평화의 가능성은 순식간에 사라졌다. 전기 작가 존 A. 패럴은 이 사건에서 닉슨이 수행한 역할을 가장 잘 요약했다. "베트남전쟁으로 위험에 처한 많은 인간의 생명과 고통, 그리고 미국을 갈가리 찢고 있던 내부 갈등을 고려할 때 닉슨이 정치 인생에서 했던 모든 행동 중에서 가장 비난받을 일이었다고 결론 내리지 않을 수 없다."[70]

선거 전 주말, 험프리는 많은 여론조사에서 동등한 지지율을 보이며 닉슨을 바싹 따라 붙었다. 그러나 선거 결과는 닉슨의 종이 한 장 차이 승리였다. 국민 투표에서 닉슨은 3177만222표, 험프리는 3126만7744표를 얻었다. 두 후보의 득표 차이는 0.7퍼센트도 안 되었다. 닉슨이 차지한 43퍼센트의 득표율은 1912년 우드로 윌슨 이후 대통령 당선자 중 가장 낮은 수치였다. 하지만 선거인단 투표에서는 301표를 확보해 191표를 얻는 데 그친 험프리를 큰 차이로 이겼다. 조지 월리스는 다섯 개 주에서 승리하여 선거인단 46표와 국민 득표의 13.5퍼센트를 얻었는데, 이는 제3당 후보가 44년 만에 거둔 최고의 성과였다.

이러한 박빙의 선거 결과는 제2차 세계대전이 남긴 복잡한 유산과 씨름하면서 미국이 얼마나 분열되어 있었는지를 보여주었다.

*

1968년까지 제2차 세계대전에 참전한 일곱 명의 대통령이 모두 정치 무대에 뛰어들었다. JFK는 이미 세상을 떠났지만 그의 신화는 계속되고 있었다. 아이젠하워는 더 이상 공직에 있지 않았지만 여전히 외교정책을 결정하는 데 상당한 영향력을 행사했다. 제2차 세계대전 직후 정치에 입문한 1세대에 속하는 포드와 닉슨은 이제 정치 경력의 절정기를 맞고 있었다. 1960년대가 되어서야 정치에 뛰어든 레이건과 부시는 전후 1세대가 전쟁을 경험하면서 수용한 여러 전제에 도전하는 일련의 새로운 문제들과 곧 마주하게 된다.

그 두 그룹 사이에는 중요한 세대 차이가 있다. 아이젠하워, 케네디, 닉슨, 그리고 존슨은 제2차 세계대전 승리의 후광 속에서 미국이 세계 초강대국으로 부상했을 때 이미 원숙한 장년이었다. 뮌헨의 교훈과 도미노이론이 드리운 억압적인 그림자 속에서 살아온 그들은 전 세계에 공산주의 확산을 가속화할 어떤 유화책도 수용할 틈을 보이지 않겠다고 결심한 세대였다. 그러나 베트남전쟁이 승리의 기약도 없이 장기화되자, 뮌헨에 대한 기억이 없는 더 젊은 세대는 미국이 가진 힘의 한계를 강조하고 국제공산주의가 단일 세력으로서 전 세계를 상대로 음모를 꾸미고 있다는 믿음에 도전하는 대안적 세계관을 분명하게 표출하기 시작했다.

격동의 1960년대는 제2차 세계대전 경험을 통해 이전 세대가 품은 경제성장의 치유력에 대한 무제한적인 신념에도 의문을 제기했다. 아이젠하워와 닉슨은 연방 지출 제한과 균형재정 유지를 고수한 반면, 케네디와 존슨은 (천천히, 그리고 열정적으로) 경제성장에 관한 케인스주의 경제학을 수용하여 경제 번영이 이념적 차이를 약화시키고 사회적 불안도 해소시킬 것이라고 확신했다. 그러나 존슨 대통령이 세금 인상 없이 베트남전쟁 확대를 결정함으로써 물가가 치솟았고, 미국은 스태그플레이션이라는 전례 없는 경제 상황으로 빠져 들었다. 스태그플레이션은 경기 침체와 물가 상승이 결합된 경제 현상으로, 케인스 경제학은 이에 대해 어떠한 해결책도 제시하지 못했다. 단기적으로 볼 때 케인스 시대의 종말은 아이젠하워 시대의 재정보수주의로의 회귀를 의미했지만, 닉슨의 경제철학은 유연하나 종종 예측 불가능한 것임이 드러났다.

1960년대에 정치권력을 잡은 부시와 레이건, 그리고 1960년대에 정계로 복귀한 닉슨은 훨씬 더 복잡한 세상과 마주했다. 중국과 소련의 분열은 단일 세력으로 뭉친 공산주의 진영이라는 신화를 깨뜨렸고, 미국의 젊은이들은 미국이 국제공산주의와 싸울 사명이 있다는 의심스러운 전제에 반기를 들기 시작했다. 닉슨은 이러한 이념적 변화를 수용하려 하면서도, 동시에 미국의 베트남전쟁 개입을 확대하며 다시 한번 줄타기를 시도했다. 그러나 종국에 닉슨은 자신의 내부에 있던 악마들로 인해 몰락하고 만다. 한편

1966년이 되어서야 정치에 뛰어든 레이건은 연령상 제2차 세계대전 참전 1세대에 가까웠고, 1960년대의 모든 격변에도 불구하고 제2차 세계대전 이후 등장한 기본 가정들 대부분을 고수했다. 그러나 8년간 레이건의 부통령을 지낸 부시는 매우 다른 지도자였다. 국내에서는 공화당 내 레이건 세력에 맞서 균형재정을 위해 싸웠고, 해외에서는 뮌헨의 교훈과 베트남의 교훈 사이의 균형을 도모하는 대외 정책을 추구하면서 냉전 시대 말기 미국의 전 세계적 신뢰를 유지하려 노력했다.

아마도 1960년대를 정의하는 동시에 향후 수십 년간 미국 정치를 결정짓는 특징은 '역풍'이었을 것이다. 제2차 세계대전은 파시즘에 맞선 공통의 대의 아래 전 미국인을 하나로 단결시켰다. 이제 국내의 사회 불안과 해외에서 벌이는 어설픈 전쟁이 미국인들을 서로 대립하는 집단으로 분열시켰다.

분열의 한쪽에는 과거의 진리에 의문을 제기하고 새로운 권리를 요구하는, 기존 질서에 도전하는 사람들이 있었다. 그들은 이후 몇 년간 지속해서 격화될 문화혁명을 주도하게 된다. 시간이 흐르면서 1960년대의 사회운동은 삶을 살아가는 방식에 대한 각 개인의 선택 범위를 확장시켰다. 민권운동은 아프리카계 미국인들이 내건 대의를 진전시켰을 뿐만 아니라 다른 권익 신장 운동들, 특히 여성과 LGBTQ 공동체 구성원들에게 영감을 불어넣어 사회 전반의 문화적·정치적 지형을 변모시켰다.

한편 반문화적 가치들이 정상인 것처럼 받아들여지면서 기존의 제도와 신성한 권위에 대한 존중이 훼손되고 있다고 믿는 전통주의자들은 이러한 극적인 변화에 분노했다. 대도시 주위로 뻗어나간 수많은 교외 거주 백인 중산층 미국인들은 학생들이 대학 캠퍼스를 급진적 사상의 온상으로 바꾸어놓고, 흑인들이 거리에서 폭동을 일으키고 있다는 사실에 경악했다. 이러한 현상에 불만을 품은 민주당 지지자들, 특히 남부 민주당 지지자들의 마음을 얻으려 갈망하던 공화당은 문화적 포퓰리즘의 언어를 사용하여 진보적 엘리트와 큰 정부가 사회를 괴롭히는 문제들에 책임이 있다고 비난하면서 그들이 느끼는 좌절감을 파고들었다. 닉슨은 1966년 공화당 후보들을 위한 선거운동을 벌이면서 민주당은 "역풍의 정당이 되었다."라고 주장했다. 그리고 더 나아가 이렇게 말했다. "그러나 역풍에 편승하는 공화당 후보를 나는 한 명도 알지 못합니다." 그러자 백악관 참모 한 명은 "팻 브라운에게 그런 후보 한 명만 대보라고 물어봐야 할 것"이라고 언급하며 닉슨의 발언을 비웃었다.[71]

실제로 1970년대가 시작되면서 반문화 세력보다는 전통주의자들로부터 불어오는 역풍이 거세지고, 보수주의 부흥이라는 주요 흐름이 더욱 뚜렷이 전개되었다. 닉슨, 포드, 레이건은 전통주의자들의 향수에 호소하면서, 미국이 강력한 힘으로 세계에서 우뚝 서고 전통주의자들의 사회적 지위가 도전받지 않았던 제2차 세계대전 직후로 돌아가자고 주장했다. 이들 세 대통령은 성공적인 반혁명을 이끌었지만, 그들의 승리는 그 자체로 해결하기 힘든 유산을 남겼다.

11장

"침묵하는 위대한 다수"

리처드 M. 닉슨

1969년 11월 3일

오후 9시 30분

대통령 집무실

    리처드 M. 닉슨 대통령은 집무실 책상에 앉아 3대 주요 텔레비전 방송사의 카메라에서 나오는 밝은 불빛을 침울하게 바라보았다. 7000만 명이 넘는 미국인들이 그가 베트남전쟁과 국내의 반전시위에 대해 무슨 말을 하는지 듣기 위해 시청하고 있었다. 지난 1월 취임 선서를 할 때 베트남에는 53만6000명의 미군이 주둔하고 있었다. 이미 3만 명 이상이 사망했으며 그중 거의 절반이 지난 1년 사이에 목숨을 잃었다. 베트남전쟁은 전임 대통령의 정치적 몰락을 초래했고, 닉슨은 같은 운명을 겪지 않으리라고 결심했다. 닉슨은 한 측근에게 말했다. "나는 존슨처럼 되지 않을 것이네. 백악관에 틀어박혀 얼굴 내밀기도 두려워하는 꼴은 안 보일 거야. 전쟁을 끝내겠어. 그것도 빠르게."[1]

    명예로운 평화를 거듭 언급하고 장기화하는 전쟁을 신속히 끝내겠다고 누차 약속했지만, 닉슨 역시 존슨이 처했던 곤경에서 빠져나오지 못하고 있었다. 1969년에 이르면 도미노이론은 시대에 뒤떨어진 언사처럼 들렸고, 대신 "미국의 신뢰"라는 개념에 대한 강박과 집착이 대두했다. 이제 미국이 당면한 위협은 이전보다 훨씬 큰 듯했다. 동남아시아 대륙 전체를 공산주의에 넘겨주게 될 전쟁 패배에 그치지 않고 전 세계에서, 특히 아프리카와 라틴아메리카에서 동맹국을 잃고 적국들을 대담하게 만들 위험에 직면한 것이다. 헨리 키신저 국가안보 보좌관은 "세계의 한 지역에서 미국의 무력함을 보여준다면 … 필연적으로 다른 지역에서 우리의 신뢰를 약화시킬 것"이라고 경고하며 그러한 위험에 대한 두려움을 표명했다. 키신저도 닉슨처럼 베트남전쟁을 미국의 전쟁으로 만든 것은 실수라고 인정했지만, 이제 베트남전쟁의 승패는 미국의 위신이 걸린 사안이기 때문에 반드시 승리해야 한다고 주장했다. 키신저는 회고록에서 이렇게 기술했다. "거의 한 세대 동안 자유국가 국민들의 안전과 진보는 미국을 향한 믿음에 의존해왔다. 따라서 미국의 두 행정부와 다섯 개의 동맹국이 관련되어 있고 이미 3만1000명이 목숨을 잃은 사안을 마치 텔레비전 채널을 돌리듯 쉽게 단념할 수는 없었다."[2]

그러나 어떤 명분을 내세우든 과제는 동일했다. 닉슨은 하나의 전쟁을 두 전선에서 치르고 있었다. 어떤 대가를 치러서라도 승리하겠다는 미국의 의지를 하노이에 재확인시키는 동시에, 베트남전쟁을 서서히 끝내는 것처럼 보여 국내의 반전운동을 진정시켜야 했다. 키신저는 그러한 상황 인식을 뒷받침하기 위해 닉슨에게 이렇게 조언했다. "우리는 미국 국민에게는 우리가 전쟁을 끝내기를 간절히 원한다는 것을 확실히 보여주어야 하고, 하노이에게는 그들이 오래 버틴다고 해서 우리가 조급해하지 않는다는 것을 확실히 보여주어야 합니다."[3]

닉슨은 동남아시아 전역으로 폭격을 확대함으로써 베트남에서 승리할 수 있다고 믿었다. 이 결론은 적어도 부분적으로는 닉슨의 태평양전쟁 경험에서 영향을 받은 것으로 보인다. 전쟁 당시 닉슨은 일본의 폭격이 어떻게 미군의 사기를 꺾어놓았는지를 목격했다. 닉슨은 미국이 베트남전쟁의 수렁에 빠진 것은 잘못된 가정이나 공산주의에 대한 지나친 두려움 때문이 아니라 린든 존슨이 폭탄을 충분히 투하하지 않았기 때문이라며, 이제 결정적인 군사행동을 취할 때가 왔다고 주장했다. 닉슨은 자신의 접근 방식을 "광인이론"이라고 설명하며, "내가 전쟁을 끝내기 위해서라면 **무엇이든** 할 수 있는 지경에 이르렀다는 것을 북베트남이 알았으면 좋겠다."라고 털어놓았다. 키신저는 다시 한번 대통령의 말에 공감하며 자신의 참모들에게 "북베트남 같은 4류 국가에 붕괴점이 없다고는 믿을 수 없다."라고 말했다.[4]

닉슨은 백악관에 입성한 지 몇 주 만에 자신의 새로운 정책을 실행에 옮겨, 공군에 '메뉴 작전Operation Menu'의 일환으로 중립국인 캄보디아에 있는 공산주의자들의 진지와 보급로를 폭격하라고 명령했다. 4개월에 걸쳐 미군 조종사들은 3875회 출격해 10만8823톤의 폭탄을 투하했다. 동시에 닉슨은 전쟁을 확대했다는 사실을 국민들이 알면 뒤따를 반발을 우려해, 공군에 항공기의 항법 시스템을 조작하여 캄보디아 폭격 사실을 은폐하라고 명령했다. 또한 초기 폭격이 북베트남을 협상 테이블로 끌어내지 못할 경우에 대비해, 닉슨은 NSC 참모들에게 '덕훅 작전Operation Duck Hook'을 준비하자고 지시했다. 이 작전은 전술핵무기 사용, 하노이와 하이퐁 항구 봉쇄, 발전소·교량·철도 폭격, 그리고 베트남 국민의 식량 생산지인 논에 물을 대는 홍강 제방 시설 파괴 등 대대적으로 전쟁을 확대하려는 시도였다.[5]

닉슨은 폭격 작전을 대폭 확대하는 한편 미군 전투 병력을 줄이면 본토에서의 반전시위를 부추기는 사상자 수를 줄일 수 있다고 믿고 '베트남화' 정책을 발표했다. 6월 백악관은 대규모 병력 감축 계획의 첫 조치로 2만 5000명의 미군을 베트남에서 철수시킨다고 발표했다. "이전 행정부에서는 베트남전쟁을 '미국화'했습니다. 이번 행정부에서는 평화를 찾는 노력을 '베트남화'하고 있습니다."[6]

닉슨의 전략에는 하노이가 전쟁을 끝내도록 소련이 영향력을 행사하게끔 설득하는 작업도 포함되어 있었다. 전쟁을 수행하는 과정에서 기만적인 면이 없지 않았지만, 닉슨은 미국과 세계 다른 나라들 사이에 새로운 관계를 구축했다. 그는 뮌헨의 교훈에 깊이 경도되어 있었지만, 미국이 더 이상 제2차 세계대전 종전 이후처럼 타의 추종을 불허하는 핵전력이나 경제력을 가진 초강대국이 아니라는 새로운 현실을 받아들였다. 소련은 핵전력에서 미국과 대등한 수준에 도달했고, 유럽은 전쟁 폐허에서 회복했으며, 아시아는 세계 경제의 한 축으로 부상하고 있었다. 미소 두 초강대국이 상대를 파괴할 수 있는 능력을 지니게 되면서 양국은 '자기 보호'라는 공통의 이해관계를 가지게 되었다. 닉슨은 소련과의 긴장을 완화하는 이 전략을 '데탕트détente'라고 부르며, 취임 연설에서 "우리는 협상의 시대로 접어들고 있습니다."라고 선언했다. 동시에 닉슨 행정부는 심화되는 중·소 간 갈등을 교묘히 이용해 중국과의 화해를 끌어내기도 했다.[7]

닉슨은 취임 후 첫 기자회견에서 미국의 목표는 "우월함이 아닌 충분함"에 기초해 막대한 비용이 드는 군비 경쟁 가능성을 줄이는 것이라고 밝혔다. 몇 달 뒤인 1969년 10월, 미국은 핀란드 헬싱키와 오스트리아 빈에서 군비 통제 협상을 갖기로 소련과 합의했다. 2년간 이어진 협상은 결국 "개념적 돌파구"를 만들어냈고 두 가지 획기적인 조약, 즉 전략무기제한협정SALT과 대탄도미사일조약ABM으로 이어졌다. 조약에서 규제하는 미사일은 극히 일부에 불과했지만, 이는 양국 간 화해를 위한 향후 노력의 토대가 되었다.[8]

닉슨 대통령은 또한 미국이 또다시 소모적인 해외 분쟁에 휘말리지 않도록 방지하기 위한 새로운 전략, 이른바 "닉슨독트린"을 제시했다. 미국은 미국 안보에 필수적이라고 여겨지는 국가들이 다른 핵보유국의 위협에 노출되면 그 국가들을 보호할 것임을 확인하면서도, 베트남과 같이 "다른 형태의 침략일 경우에는" 군사적·경제적 지원은 제공하겠지만 전투 병력을 파견하지는 않을 것이므로 해당 국가들은 자국 방어에 책임을 져야 한다는 것이었다. 어떤 면에서 닉슨의 접근법은 군사고문단은 파견했으나 지상군 투입은 거부했던 아이젠하워와 케네디의 대베트남 정책을 연상시켰다.[9]

미국의 대외 정책을 재조정하는 데는 놀라운 역량을 보여주었지만, 닉슨과 키신저는 좀처럼 쉽지 않은 베트남에서의 전쟁 승리에 여전히 집착했다. 그러나 그들이 시도한 그 어떤 방법도 효과가 없었다. 캄보디아 폭격은 북베트남을 위협하는 데 실패했을 뿐만 아니라 남베트남군의 사기 진작이나 전투력 향상에도 아무런 도움이 되지 않았다. 하노이에 어느 정도 영향력을 행사할 수 있던 모스크바도 결국 동맹국을 통제하지는 못했다. 가장 큰 장애물은 북베트남이 '공산화된 통일 베트남'이라는 하나의 단순한 목표 아래 전혀 흔들리지 않았다는 사실이었다.[10]

게다가 잠잠했던 평화운동이 1969년 가을로 접어들면서 다시 활발해질 조짐을 보이면서 닉슨을 더욱 곤혹스럽게 했다. 그해 9월 여론조사에 따르면 미 국민의 57퍼센트가 대통령의 정책에 반대했으며, 지지하는 국민은 35퍼센트에 불과했다. 10월 15일, 민주당 유진 매카시 상원의원의 1968년 대선 캠페인에서 활동했던 젊은 운동가들이 결성한 베트남 모라토리엄위원회가 주도한 시위에 200여 개 도시에서 2400만 명 이상이 참가해 베트남전쟁 종식을 요구했다. 가장 큰 집회는 보스턴에서 열렸는데, 10만 명의 시위자들이 보스턴코먼을 가득 메웠다. 위싱턴에서는 2만 명 이상이 촛불을 들고 백악관을 지나며 행진했다. 각계각층의 시민이 시위에 참여했다. 담배를 피우러 백악관 남서쪽 문 밖으로 나갔던 키신저의 한 보좌관은 아내와 세 딸이 자기 앞을 지나 행진하는 모습을 목격하기도 했다.[11]

언론은 모라토리엄 시위를 보도하며, 텔레비전 화면에 담기에 적합한 집회와 기도회에 중산층 시민들이 평화롭게 참여하는 모습을 강조했다. CBS 〈이브닝뉴스〉의 진행자 월터 크롱카이트는 "역사적 규모의 시위로, 이렇게 많은 사람이 평화에 대한 바람을 보여준 적은 일찍이 없었"다고 평했다. 《라이프》는 "이 나라에서 일찍이 볼 수 없던 가장 큰 규모의 공개적 반대 의사 표출"이라고 묘사했고, 《타임》은 "리처드 닉슨에게 더 빨리, 그리고 더 많은 조치를 취해 전쟁을 끝내라고 보내는, 오해할 수 없는 분명한 신호"라고 썼다. 닉슨은 그 메시지를 정확히 받아들였다. 백악관 고문 대니얼 패트릭 모이니핸은 대통령에게 이렇게 적어 보냈다. "형식과 내용 면에서 주최 측이 기대했을 모든 것을 이룬 시위였습니다. 젊은 백인 중산층 군중은 온화하고 사려 깊었으며, 때로는 빛이 나기까지 했습니다. … 행정부의 위신이 손상당했다고 여겨지며 … 우리가 이 시기를 헤쳐 나가려면 이전보다 훨씬 현명하게 행동해야 할 것입니다."[12]

11월 15일로 예정된 두 번째 모라토리엄 시위를 앞두고, 닉슨은 베트남전쟁에 관한 논의의 주도권을 되찾아야 했다. 그는 대통령 연설이 최선의 방법이라고 믿었다. 닉슨은 이 연설이 자신의 정치 경력에서 가장 중요한 연설이 될 것이라고 생각해, 백악관과 캠프데이비드를 오가며 "하루 12~14시간씩" 연설문 작성에 공을 들였다고 술회했다. 그는 영국 총리 윈스턴 처칠의 아들이자 전기 작가인 랜돌프에게서 들은 이야기를 종종 인용했다. "아버지는 가장 좋은 시간을 이용해 즉흥 연설에 대비한 문안을 작성하십니다." 실제로 닉슨은 온종일 혼자서 메모지에 십여 개에 이르는 초안을 끄적거리며, 가장 가까운 보좌관들에게조차 연설에서 무슨 말을 할지 가르쳐주지 않았다. 마침내 11월 1일 오전 8시, 그는 한 보좌관에게 전화를 걸어 "이제 막 아기가 태어났다."라고 말했다. 닉슨은 연설문 암기를 위해 하루를 더 은둔했다.[13]

"우리를 하나로 만들겠다."라고 약속하며 대통령에 취임한 지 9개월이 지난 11월 3일 밤, 닉슨은 미국 대통령이 행한 연설 중 가장 의도적으로 분열을 조장하는 대국민 연설을 했다. 닉슨은 베트남전쟁에 미국이 개입하게 된 경위를 간략히 설명한 후, 존슨이 전쟁을 미국화한 것이 "잘못"이었다고 선언했다. (그러나 자신 역시 존슨 행정부가 전쟁을 공격적으로 수행하지 않는다고 반복적으로 비판했던 사실은 편리하게 무시했다.) 하지만 이제 베트남전쟁의 승패에 미국의 신뢰가 걸려 있기 때문에 베트남에서 철수하는 문제는 결코 간단하지 않으며, "성급한 철수"는 "재앙"이 되어 남베트남에서 필연적으로 "피의 공포 통치"가 이어질 것이고 미국은 "역사상 첫 번째 전쟁 패배"를 맛보게 될 것이라고 웅변했다. 그는 시점을 밝힐 수는 없으나 언젠가는 베트남에서 미군을 철수시키겠다고 약속하면서도 지금 당장은 아니라고 했다. 그러면서 "쉬운 길은 아니"나 "올바른 길이고, 전쟁을 끝내고 평화의 대의에 기여할 수 있는 계획"이라고 덧붙였다.[14]

연설 끝부분에서 닉슨은 "요즘은 애국심이나 국가의 운명을 거론하는 것이 유행이 아니라는 것을 잘 압니다."라고 인정하면서도 바로 그 이야기를 꺼냈다. "세계 평화와 자유가 지속될 수 있는가는 우리 미국인이 자유세계를 선도할 과제를 감당할 도덕적 끈기와 용기를 갖고 있는가에 달려 있습니다. 미국이 세계에서 가장 강력한 국가였던 시절, 평화와 자유에 대한 수백만 명의 마지막 희망이 전체주의 세력에 의해 질식당하는 것을 보면서도 우리 미국인들이 건너편 길로 지나갔다고 역사가들이 기록하지 않도록 합시다." 그런 다음 닉슨은 "침묵하는 위대한 다수"에게 자기의 방침을 따르고 지지해달라고 직접적으로 호소했다. "평화를 위해 단결합시다. 패배에 맞서 단결합시다. 그리고 이 점을 분명히 이해합시다. 미국을 패배시키거나 미국에 굴욕을 줄 수 있는 이는 북베트남이 아니고, 바로 우리 자신이라는 것을."[15]

방송사들이 장비를 철수하기 시작하자, 닉슨은 한 보좌관에게 연설에 대한 언론 보도를 비판하는 공화당 지도자들의 편지 100통을, 그것도 언론사 사설들이 나오기 전에 준비하라고 지시했다. 이후 닉슨은 링컨응접실에서 혼자 식사하면서 텔레비전도 보지 않았다. 그러나 그의 가족들은 시청했고, 닉슨의 회고에 따르면 그들은 "격분했다." 뉴스 해설자들은 닉슨의 연설에 호의적이지 않았다. ABC 앵커 프랭크 레이놀즈는 닉슨의 연설이 "새로운 구상도, 새로운 제안도, 새로운 철군 발표도 전달하지 않았"다고 평했다. 레이놀즈의 평가는 다른 방송사의 뉴스 해설자들과 다르지 않았다. 언론의 부정적인 보도를 본 트리샤가 응접실로 들어와 아버지에게 말했다. "아버지가 하신 연설과 완전히 다른 이야기를 들은 사람들 같아요."[16]

사실 레이놀즈를 비롯한 정치 비평가들은 닉슨의 연설에서 중요한 점을 놓쳤다. "침묵하는 다수"에 대한 절박한 호소를 통해 대통령은 "침묵하는 다수"가 베트남전쟁과 반전시위자들에게 가지는 깊은 문화적·계급적 반감을 건드리는 데 성공했다. 미국인들은 55 대 31의 비율로 따수가 자신들을 "비둘기파"라고 생각했고, 거의 80퍼센트가 "전쟁에 진절머리가 난"다고 말했다. 그러나 미국인들은 전쟁에 좌절한 것 이상으로 반전시위자들을 싫어했다. 여론조사에 따르면 베트남에서 즉각적이고 완전한 철수를 선호하는 사람 중 절반 이상이 같은 입장을 공개적으로 지지하는 반전시위자들에게 부정적인 감정을 갖고 있었다. 대부분 미국인은 조직화된 평화운동의 **공개적인** 이견 표출에 반감을 가졌을 뿐만 아니라, 베트남전쟁 자체를 다른 시각으로 보았다. 반전시위자들은 도덕적 이유로 전쟁을 반대했고, 정치의 작동 체계 전체가 망가진 증거라며 전쟁을 규탄했다. 그러나 대부분의 미국인은 전쟁을 더 좁은 관점에서 보면서 외교정책 실수이자 소중한 자원을 낭비하는 일이라고 여겼다.

베트남을 둘러싼 양극화된 논쟁은 제2차 세계대전 동안 형성된 미 국민의 총의에 가려져 있던 미국 사회의 균열을 드러냈다. 그 총의는 본래 취약한 것으로, 1930년대의 실수를 반복하면 안 된다는 다짐과 경제성장의 위력에 대한 순진한 낙관론이 결합해 지탱되고 있었다. 닉슨의 천재성은 그 균열을 드러내 자신의 정치적 이익을 위해 이용하는 능력에 있었다. 백인들의 반감을 직접적으로 자극함으로써 닉슨은 현대 공화당의 중요 토대 중 하나를 구축했다. 하룻밤 사이에, 그는 공화당 기성세력의 충직한 일원에서 분투하는 백인 중산층의 불만을 대변하는 분노한 포퓰리스트로 변신했다. 한번은 이렇게 말하기도 했다. "내 힘의 원천은 월스트리트보다 메인스트리트에 가깝다." 닉슨은 "교육받지 못한 유권자 집단"이라고 부른, 미국 인구의 3분의 2에 해당하는 사람들에게 접근하려 했다. 이들은 1968년 대선에서 조지 월리스의 반기득권 포퓰리즘에 환호한, 분노한 유권자들이었다. 닉슨은 이렇게 말했다. "이들이 내 사람들이다. 우리는 같은 언어를 쓴다."

뉴딜 시절 이래로 경제적 포퓰리즘의 언어를 사용해온 쪽은 민주당이었다. 그들은 경제 엘리트들이 일반 유권자들과 동떨어진 관심사에만 집중

한다고 비난하며 노동계급의 지지를 다져왔다. 그러나 백인 중산층에 전례 없는 경제적 기회를 제공한 제2차 세계대전을 거치면서 역설적으로 그들의 계급적 연대 의식은 약해졌고, 그 틈을 타 공화당 출신 대통령이 민주당과 관련 있는 문화 엘리트들이 보통 미국인이 소중히 여기는 주류 가치와 동떨어진 행태를 보인다고 주장하며 새로운 포퓰리즘 언어를 구사하기 시작한 것이다.

"침묵하는 다수" 연설을 한 다음 날, 닉슨은 기자들을 대통령 집무실로 불러들여 자신의 연설에 화답하는 "만 통에 가까운" 전보 더미를 보여주었다. 이는 사실 백악관이 전국의 공화당 관계자들을 중심으로 대규모 편지 쓰기 운동을 벌인 결과로, 교묘한 눈속임에 불과했다. 그러나 실제로도 대중은 닉슨의 메시지에 호응했다. 갤럽 전화 여론조사에 따르면 연설을 시청한 사람들 가운데 77퍼센트가 닉슨의 정책을 지지했고, 그의 지지율도 52퍼센트에서 68퍼센트로 치솟았다. 또 다른 조사에서는 75퍼센트에 가까운 미국인이 자신이 '침묵하는 다수'에 속한다고 생각했다.[17]

그러나 닉슨이 새로 규정한 그 유권자 집단이 지지 세력으로 완전히 포섭된 것은 아니었다. 닉슨의 호전적인 연설문 작성자 패트릭 뷰캐넌은 그 기세를 유지할 또 다른 아이디어를 내놓았다. 바로 언론을 공격하자는 것이었다. 뷰캐넌은 이렇게 제안했다. "애그뉴에게 그자들을 상대하라고 하세요!" 그때까지 백악관에서 두드러진 역할이 없던 부통령 스피로 애그뉴는 이제 침묵하는 다수에게 보내는 닉슨의 호소를 전달하는 강력한 메신저가 되었다. 11월 13일 아이오와에서 애그뉴는 언론인들을 가리켜 현실을 조작하는 "선출되지 않은 엘리트"라고 평가절하하며 이렇게 비판했다. "뉴스 앵커, 해설자, 담당 제작자 등 기껏 십여 명의 사람들이 대중에게 전달할 영상과 논평을 결정합니다. 그들이 매일 미국과 세계에서 일어나는 사건 중 4000만에서 5000만에 이르는 미국인에게 무엇을 알릴지 정하고 있죠."

단기적으로는 닉슨과 애그뉴의 공세가 효과를 발휘했다. 11월 15일에 예정된 모라토리엄 시위의 기세가 꺾인 것이다. 비록 50만 명이 시위에 참가했지만, 방송 허가를 취소하겠다는 닉슨의 으름장에 위축된 언론은 집회에는 거의 관심을 두지 않고 유리창을 깨고 폭동을 일으키는 소수의 시위대만을 부각시켰다. 닉슨은 흡족해하며 이렇게 말했다. "이제 저 진보주의 자식들을 궁지로 몰아넣었군. 계속 몰아붙여야 해."[18]

*

그렇게 국내에서 전술적 승리를 거둔 닉슨은 이제 북베트남을 향해 새로운 메시지를 보낼 준비를 했다. 전황이 나빠지고 평화 회담도 교착 상태에 빠지자, 닉슨은 캄보디아를 대상으로 "대담한 조치"를 취하는 방안을 구상하기 시작했다. 미군 지휘부는 하노이가 남베트남 공격 거점으로 캄보디아를 이용하고 있다고 믿고 있었다. 닉슨은 미국이 무자비한 공세로 언제든 적을 굴복시킬 수 있다고 믿던 제2차 세계대전식 사고방식을 버리지 못했다. 닉슨이 말하는 "대담한" 조치란, 미국이 남베트남에서 승리하고 있다는 사실을 미 국민과 세계에 입증할 수 있는 결정적인 군사 공격이었다. 그는 키신저에게 확실히 지시했다. "다들 거기로 들어가야 해요. 진짜로 들어가야 한다고요. 무장 항공기든 헬리콥터든 날아다닐 수 있는 건 모두 투입해서 놈들을 박살 내세요. 작전 기간도, 예산도 신경 쓰지 말고요. 알겠습니까?" 키신저는 대통령의 지시를 자신의 보좌관 알렉산더 헤이그 장군에게 충실히 전달했다. "대통령은 캄보디아를 대대적으로 폭격하기를 원합니다. … 날거나 움직이는 것들을 모두 동원해서 말예요."[19]

캄보디아 폭격 준비가 막바지에 이르자 닉슨은 술을 들이붓기 시작했다. 그는 어두운 집무실에서 술병과 메모지를 옆에 두고 또 다른 텔레비전 연설문을 쓰며 하루의 대부분을 보냈다. 키신저와 통화할 때 닉슨은 혀 꼬부라진 소리를 냈다. 며칠간 잠도 자지 않았다. 캄보디아 침공을 앞둔 며칠을 키신저는 이렇게 회고했다. "리처드 닉슨은 사실상 혼자였습니다. 행정 청사의 어두운 방에 앉아 전축에서 흘러나오는 잔잔한 신고전주의 음악을 들으며, 사색하고 원망하며 생각과 분노를 가다듬었죠."[20]

1970년 4월 30일, 미군과 남베트남군은 국경을 넘어 캄보디아 내 공산주의자들의 은신처를 공격했다. 그날 저녁, 대통령은 눈에 띄게 긴장한 모습으로 전쟁에 지친 미 국민에게 자신의 결정을 설명했다. 닉슨은 제2차 세계대전 당시 루스벨트 대통령이 전쟁을 지휘했던 백악관 지도실에서 대국민 연설을 하겠다고 고집했고, 그 연설에서 캄보디아 공격은 범위와 기간이 제한적일 것이며 캄보디아를 점령할 의도는 전혀 없다고 강조했다. 그럼에도 그는 세상의 종말이라도 온 것 같은 어조로 말했다. 닉슨은 '침묵하는 다수' 연설에서 사용했던 수사들을 확장했다. "친애하는 미 국민 여러분, 우리는 해외와 국내 모두에서 무정부 시대를 살고 있습니다. 지난 500년 동안 자유로운 문명이 만들어온 위대한 제도들을 향해 무분별한 공격이 자행되는 광경을 목도하고 있습니다. 심지어 이곳 미국에서조차도 우리의 위대한 대학들이 조직적으로 파괴당하고 있습니다." 그리고 미 국민에 대한 경고와 함께 결론을 향해 나아갔다. "이처럼 중차대한 위기의 순간에 세계에서 가장 강력한 국가인 미합중국이 초라하고 무기력한 거인처럼 행동한다면, 전체주의와 무정부 세력들이 전 세계의 자유국가와 자유 제도를 위협할 것입니다." 국무부 청사 7층에서 이 연설을 지켜보던 윌리엄 P. 로저스 국무장관은 텔레비전을 끄며 중얼거렸다. "학생들이 구역질하겠는데."[21]

캄보디아 공습은 전략적 실패로 판명되었다. 놀랍지 않은 일이었다. 북베트남은 미국의 공습 계획을 미리 알고 북베트남 병력을 캄보디아 내륙 깊숙이 이동시켰다. 이러한 상황 전개가 캄보디아 정부를 불안정하게 흔들어 놓았고, 결국 1970년대 중후반에 크메르루주가 집단 대학살을 자행하는 여건을 조성했다.[22]

캄보디아 침공은 반전 여론에 다시 불을 지폈고, 닉슨의 정책을 향한 상원의 지지를 약화시켰다. 폭격 직후, 사우스다코타주 상원의원 조지 맥거번은 동료 의원들에게 이렇게 말했다. "상원 회의장은 피 냄새로 진동합니다." 결국 전시 대통령 권한에 대한 극적인 도전이 이어져 상원은 6월 30일

이후로는 캄보디아 작전에 대한 모든 자금 지원을 중단한다는 내용의 수정 결의안을 통과시켰다. (그러나 하원에 의해 부결되었다.) 상원은 또한 존슨 대통령에 이어 닉슨에게 의회의 승인 없이 전쟁을 수행할 수 있는 권리를 부여한 1964년의 통킹만 결의안을 폐지했다.[23]

국무장관 로저스가 예상한 대로 대학 캠퍼스는 행진과 시위로 들끓었다. 5월 4일, 오하이오주의 켄트주립대학교에서 당황한 주 방위군이 학생 시위대에 발포해 네 명이 사망하고 아홉 명이 부상당했다. 일주일 뒤 미시시피주의 잭슨주립대학에서는 경찰이 기숙사에 무차별적으로 총격을 가해 흑인 학생 두 명이 숨지고 열한 명이 부상당했다. 이후 몇 주 동안 학생 시위는 극에 달했다. 최소 440개 대학이 파업하거나 휴교했고, 일부 대학은 수업 진행이 불가능하다고 판단해 남은 학사 일정을 중단했다.《워싱턴포스트》는 이렇게 보도했다. "끓어오르는 학생들의 감정을 억누르기란 거의 불가능해 보인다. 미국은 지금 젊은 대학생들이 벌이는, 사전 계획하지 않은 사실상의 총파업을 목격하고 있다." 닉슨은 5월 1일 국방부를 거닐다가 시위대를 향해 "캠퍼스를 폭파하는 부랑아들"이라고 비난해 학생들을 더욱 자극했다.[24]

공개된 자리에서 닉슨은 자기 정책에 대한 불만이 커지고 있다는 신호에 무관심한 듯이 보이려고 의도적으로 노력했다. 자신의 정책에 대해 확신이 서지 않을 때마다 닉슨은 제2차 세계대전 중 가장 희생이 컸던 전투를 지휘한 논란 많은 장군을 다룬, 1970년 초에 개봉한 영화 〈패튼〉을 보며 패튼 장군에게서 영감을 얻으려 했다. 하지만 자신만만한 겉모습과 달리 닉슨은 점점 더 고립되고 궁지에 몰린 나머지 의회와 언론, 그리고 반전운동 세력 등 자기 적들이 자신을 파멸시키기 위해 공모하고 있다는 편집증에 시달렸다. 닉슨의 한 측근은 이렇게 회상했다. "백악관 철문 안쪽으로, 우리는 포위되었다는 심리가 부지불식간에 자리 잡았습니다. '우리'와 '그들'의 대결 구도였죠. '우리'를 둘러싼 원은 점점 좁아지고, '그들'의 대열은 부풀어 오르기 시작했습니다." 키신저는 캄보디아 사태 이후 닉슨 행정부의

심리를 '폭격에 놀라 어찌할 줄 모르는' 상태라고 묘사했다.[25]

그러나 반전시위에 대한 전반적인 대중의 반응은 닉슨의 '침묵하는 다수'를 향한 호소가 장기적으로는 효과를 거두고 있다는 점을 보여주었다. 갤럽 여론조사에 따르면 미국인의 50퍼센트가 켄트주립대 발포 사건에서 시위대에게 책임이 있다고 보았고, 주 방위군을 비난한 사람은 11퍼센트에 불과했다. 한 지역 주민은 지역 신문에 방위군이 "더 일찍, 더 오래 발포했어야 했다."라고 말하기까지 했다. 5월 8일에는 일군의 건설 노동자들이 맨해튼 시내의 반전시위대를 향해 돌진하며 "끝까지 가자, 미국!"과 "사랑하지 않으면 이 나라를 떠나라!"라고 외쳤다. 이들은 성조기로 감싼 쇠파이프로 시위자들뿐만 아니라 몇몇 구경꾼들까지 구타했다. 닉슨은 폭력을 규탄하기는커녕 자신이 불 지르는 데 일조한 문화적 분열상을 즐겼고, 심지어는 그 건설 노동자들을 백악관으로 초청하기까지 했다.[26]

맨해튼에서 충돌이 일어난 바로 그날, 닉슨은 평소보다 훨씬 늦은 시각인 밤 10시에 백악관에서 기자회견을 열었다. 기자회견이 끝나고 가족 거주 구역으로 돌아온 그는 "초조하고 불안해했"다. 닉슨은 이후 몇 시간 동안 50통의 전화를 걸었다. 새벽 4시가 다 되도록 잠을 이루지 못한 닉슨은 시종에게 시위자들이 모여 있는 워싱턴기념탑으로 가겠다고 말했다. 닉슨은 몇몇 긴장한 비밀경호국 요원들과 시종만을 대동하고 백악관을 나서서, 워싱턴기념탑 대신 백악관 남서쪽 포토맥 강변에 있는 링컨기념관으로 차를 돌려 그곳에 모여 있던 군중들과 직접 대화를 나누었다. (핵무기 발사를 위한 서류 가방 '풋볼'을 든 군 참모들도 닉슨을 따랐다.) 닉슨은 비록 개인적인 교류에 늘 서툴렀지만, 학생들에게 어디서 왔는지 묻기도 하고 대학 미식축구 얘기도 꺼내며 가벼운 담소를 시도했다. 비록 어색한 대화가 이어지긴 했지만, 그 만남은 당시 미국 사회에서 커지고 있던 세대 간 극명한 의식 차이의 일단을 엿볼 수 있게 해주었다.

백악관으로 돌아온 닉슨이 구술한 내용을 받아쓴 긴 메모에 따르면, 닉슨은 학생들에게 베트남 정책을 포함한 그의 세계관은 제2차 세계대전 당시의 경험으로 형성되었다고 말했다. "아마 여러분은 대부분 저를 '개자식'이라고 생각할 테지만, 저도 여러분의 심정을 이해한다는 것을 알아주었으면 합니다. 제가 여러분보다 조금 더 나이가 많을 때였을 겁니다. 로스쿨을 막 졸업하고 결혼할 준비를 하고 있던 시절이었죠. 체임벌린이 뮌헨에서 돌아와 '우리 시대를 위한 평화'라는 그 유명한 성명을 발표했을 때 얼마나 흥분했던지…. 라디오로 그 소식을 들었죠. 그때 저는 가진 게 너무 없어서 군대를 간다는 생각은 참을 수 없이 괴로운 일이었고, 따라서 미국이 어떤 전쟁에도 휘말리지 않을 수 있다면 어떤 대가를 치러도 괜찮다고 생각했습니다." 퀘이커교도이자 평화주의자로서 자신은 "체임벌린이 세상에서 가장 위대한 사람"이라고 생각했고, "처칠이 체임벌린을 전면적으로 비판하는 글을 읽었을 때는 미친 사람이라고 생각했"다고 닉슨은 말을 이어갔다. 하지만 이후 전개된 사건들은 자기 생각이 틀렸음을 입증했다고 닉슨은 인정했다. "지금 생각해보니 체임벌린은 선량한 사람이었지만 처칠은 현명한 사람이었습니다. 비록 그가 보인 '반평화' 입장으로 영국과 전 세계에서 극도로 인기가 없었던 때도 있지만, 처칠에게는 현명함에 더해 자신이 옳다고 믿는 정책을 시행할 용기도 있었습니다. 그 덕에 지금 우리가 더 나은 세상에서 살고 있다고 생각합니다."[27]

그러나 열정적인 젊은 시위자들은 닉슨의 역사 교훈을 귀담지 않았다. 닉슨이 떠난 후 학생들은 그의 발언을 폄하했고, 언론은 그들의 비판만을 열심히 부각했다. 한 학생은 "대통령의 말에는 일관성이 없었어요."라고 언론에 전했다. 하지만 학생들은 닉슨이 한 말의 핵심을 놓쳤다. 학생들의 삶과는 무관하게 들렸을지도 모를 닉슨의 믿음은 비록 시대에 뒤떨어졌을 수는 있었어도 매우 일관된, 제2차 세계대전에 참전한 미래의 모든 미국 대통령이 공유한 세계관이었다. 그들은 미국적 가치의 미덕을 의심한 적도, 미국의 군사력을 의심한 적도 없었다. 자유와 민주주의를 위한 투쟁이란 대의를 고결하게 여겼던 그들에게 베트남은 한국과 마찬가지로 자신들의 신념을 확인할 또 하나의 시험대였다.

그러나 그날 링컨기념관에 모인 젊은이들은 매우 다른 경험을 하며 성장한 세대였다. 그들에게는 히틀러에 대한 기억도 없었고, 닉슨 세대를 특징짓는 공산주의에 대한 두려움도 없었다. 그들이 보기에 베트남전쟁에서 미국은 침략자였고, 내전에 휩싸인 먼 나라에 자국의 가치를 무력으로 강요하는 글로벌 초강대국에 지나지 않았다. 뮌헨의 교훈에 맞설 대안적 패러다임을 구체적으로 제시할 수는 없었지만, 그 시점에서 그들의 요구는 단순했다. 전쟁을 끝내라는 것이었다. 한 학생은 자신들의 결심을 강조하며 닉슨에게 이렇게 말했다. "우리의 신념을 위해 기꺼이 죽을 각오가 되어 있다는 것을 알아주셨으면 합니다." 닉슨은 노련하게 응답했다. "우리 세대의 많은 이들도 여러분 나이였을 때 신념을 위해 기꺼이 죽을 각오가 되어 있었습니다. 지금도 저희는 여러분이 신념을 위해 죽을 필요가 없는 세상을 만들기 위해 노력하고 있다는 점을 알아주셨으면 합니다."[28]

젊은 비판자들을 달래려 노력하는 한편, 닉슨은 우익 진영도 주시해야 했다. 보수주의자들은 그에게 더욱 적극적으로 전쟁을 수행하라고 계속 압력을 가했다. 그들 중 한 사람이 바로 캘리포니아 주지사 로널드 레이건이었다. 모라토리엄 시위가 끝나고 몇 주 후, 레이건은 뉴욕주 세네카폴스에 있는 아이젠하워대학을 방문하여 베트남전쟁에 대한 자신의 견해를 밝혔다. 그는 닉슨의 베트남 정책을 지지하는 입장을 표명하면서 전쟁 승리를 위한 대통령의 노력을 치하했고, 상황에 대한 이해가 얕다며 반전시위대를 비난했다. 레이건은 "이 나라를 이끌어갈 막중한 책임을 맡은 이들은 우리의 지지를 받을 자격이 있을 뿐만 아니라, 게임에 쓰는 카드조차 본 적이 없으면서 건방지게 훈수를 두려는 일부 무리를 단호히 배격할 권리도 가지고 있습니다."라고 선언했다.[29]

정치적 관점에서 평화운동을 바라보며 때때로 시위대에 공감을 표하기도 했던 닉슨과 달리, 레이건 주지사는 도덕적 시각에서 반전운동을 바라보았다. 그가 보기에 반전시위는 미국의 도덕적 기준을 공격하는 훨씬 광범위한 책동의 일부가 표출된 결과였다. 레이건은 시위 참가자들을 가리켜 "평화보다는 적의 안녕에 관심이 많은", 하노이의 공산주의자들에게 이용당하는 꼭두각시들이라고 주장했다. 레이건은 고대 로마를 멸망시킨 원인 중 하나인 도덕적 타락을 연상시키는 징후들이 미국 사회 곳곳에서 발견된다고 생각했다. 레이건은 로마 제국이 "우리 것과 다르지 않은 복지 제도" 때문에 몰락했다고 말하며, 생활이 풍요로워지면서 젊은 남성들이 "도시의 안락하고 타락한 삶에 머물 핑계를 찾으면서" 병역을 기피하기 시작하고 "화장품을 사용하고 여성 같은 헤어스타일에 여자처럼 옷을 입기" 시작해 "남녀 구분이 어려워졌"다며 개탄했다. 레이건은 또한 범죄가 너무 만연하여 "시골이나 도시에서 거리를 걷는 것조차 더 이상 안전하지 않"으며, "폭동이 일상화되어 도시와 마을 전체가 불타는 경우도 있"다고 이야기했다. 그러면서 레이건은 그런 징후들을 인식하고서도 막지 않는다면 미국도 로마와 같은 운명을 피할 수 없을 것이라고 경고했다.[30]

비록 닉슨 대통령에 대한 지지를 표명했지만, 레이건은 닉슨이 흔들릴 경우를 대비해 1972년 공화당 후보 지명전에 나설 채비를 하고 있었다. 한 신문 보도에 따르면, 레이건의 참모진은 "닉슨에 반기를 들어 전국적인 지도력을 확보"하는 계획 수립을 촉구하는 연판장을 돌렸다. 계획의 목적은 "당내 우익 쪽에서 닉슨 대통령에게 지속적으로 압박을 가하여 베트남에서 재앙적 상황이 발생하고 국내의 폭력 사태가 증가하면, 1972년 공화당 전당대회가 닉슨을 버리고 레이건을 선택하도록 만들기 위한" 것이었다. 주지사인 레이건은 연판장과 관련해 전혀 알지 못한다고 부인했지만, 그 소문은 닉슨에게 공화당 우익을 예의 주시해야 한다는 사실을 다시 한번 일깨워주었다.[31]

한편 닉슨은 뜻밖의 우군으로부터 지지를 받았다. 바로 린든 존슨이었다. 닉슨이 캄보디아 침공을 발표한 다음 날 밤, 존슨은 시카고에서 열린 민주당 모금 행사에서 퇴임 후 첫 연설을 했다. 그 연설에서 존슨은 캄보디아 침공 사태를 두고 닉슨 행정부의 개입을 비난할 것이 아니라 하노이에 책임을 물어야 한다고 주장했다. 존슨은 "이 나라에는 한 시점에 한 명의 대통령만이 있을 수 있습니다.”라고 말한 뒤, 모든 미국인은 “우리의 대통령”을 지지해야 한다고 촉구했다.[32]

닉슨은 취임한 이래 특별히 존슨을 세심히 배려하였다. 전임자인 존슨이 1968년 평화 협상 방해에 자신이 연루되었다는 정보를 언제든 흘릴 수 있다고 우려했기 때문이었다. 실제로 닉슨은 존슨을 너무 염려한 나머지 그를 위해 특별한 직책까지 만들어냈다. 전임 대통령들과의 연락을 담당하는 대통령 특별보좌관이라는 자리였다. 존슨은 이 새로운 역할을 십분 활용하여 정세 보고와 출장 주선을 요구하며 백악관을 성가시게 했다. 그가 워싱턴에 숙소를 구해달라며 너무 자주 요청을 하자, 백악관은 대통령 공식 영빈관인 블레어하우스 옆에 전임 대통령들만을 위한 주택을 구입하기까지 했다. 매주 금요일 닉슨은 존슨의 농장으로 비행기를 보내 국가안보에 관한 기밀 보고 자료를 전했다. 행정부 각료들도 종종 전직 대통령에게 전화를 걸어 근황을 보고했다. 심지어 헨리 키신저도 평화 협상 진전 상황을 논의하기 위해 종종 존슨을 직접 찾아갔다.

두 사람의 관계에는 감동적인 요소도 있었다. 1969년 9월 닉슨은 전임자 존슨의 61세 생일을 축하하는 성대한 파티를 열어주기 위해, 존슨을 대통령 전용 비행기로 열네 개의 방이 있는 자신의 우아한 저택으로 모셨다. 캘리포니아주 샌클레멘테의 11만3000제곱미터 대지에 자리한, 태평양이 내려다보이는 저택이었다. 행정부 고위 보좌관들로부터 국내외 정책 현안에 대한 브리핑을 받은 후, 두 사람은 다시 에어포스원에 탑승해 주지사 레이건을 태우기 위해 새크라멘토를 잠시 경유한 뒤, 최종 목적지인 캘리포니아주 크레센트시티 인근의 레드우드국립공원에 도착했다. 그곳은 존슨의 아내인 레이디 버드가 환경 보호 운동의 일환으로 헌납한 곳으로 닉슨은 그녀의 노력을 기리기 위해 1200만 제곱미터 규모의 레드우드 숲을 그녀의 이름으로 명명하는 선언문에 서명했다. 존슨은 후임자에게 감사를 표하는 짧은 연설을 했다. “제가 어렸을 때 한번은 아버지께서 저에게 이렇게 말씀하셨습니다. 아버지가 되어보기 전까지는 아버지가 된다는 것이 무엇을 의

미하는지 절대 알 수 없을 것이라고요. 마찬가지로 대통령이 되어보기 전까지는 대통령이 된다는 것이 무엇인지 누구도 결코 알 수 없습니다." 존슨은 지극한 공감을 담아 닉슨에게 말했다. "우리는 세계 평화와 국내 번영을 위한 당신의 진지한 노력을 지지하며, 당신을 뒷받침할 수 있어 매우 자랑스럽습니다. 당신이 차지하고 있는 그 자리에 앉았던 사람 중에 최선을 다하려 하지 않은 사람은 없었습니다. 어떤 이는 성공했고, 어떤 이는 그보다 못한 성과를 거두기도 했습니다. 하지만 이것만은 확신할 수 있습니다. 만약 당신의 모든 날이 전임자에게 행복을 가져다준 오늘처럼 성공적이라면, 당신은 가장 성공적인 대통령이 될 것입니다."[33]

＊

드와이트 아이젠하워는 닉슨 대통령이 취임하고 나서 10주 후인 3월 28일, 78세의 나이로 세상을 떠났다. 정오가 막 지났을 때 대통령 집무실에서 보좌관들과 회의하던 중 그 소식을 들은 닉슨은 창밖을 바라보며 "그냥 거기 서서 울기 시작했"다고 한 보좌관은 회상했다. 두 사람은 아이크의 유일한 손자인 데이비드가 1968년 12월 닉슨의 20세 딸 줄리와 결혼한 이후, 개인적으로 이전보다 가까운 관계를 유지했다. 침울해진 닉슨은 캠프데이비드로 향했고, 그곳에서 누구도 견줄 수 없는 아이크의 탁월한 지도력을 회상하며 몇 시간을 보냈다. 아이크를 남다르게 만든 것은 그의 인품이라고 닉슨은 믿었다. 닉슨은 "모든 사람이 아이크를 사랑한다."라고 말한 적도 있었다. 그는 추도사에서도 이 점을 강조하며 아이크를 "우리 시대의 거인 중 한 사람"이자 "미국이 배출한 어떤 대통령보다도 전 세계 많은 지역에서, 많은 사람들로부터 사랑받은" 인물이라고 칭송했다.[34]

아이러니하게도 닉슨 자신은 사랑받기 쉬운 사람이 아니었다. 두 사람의 전기를 모두 쓴 스티븐 앰브로즈는 아이젠하워의 접근 방식은 "위기를 진정시키는 것이었고, 닉슨의 접근 방식은 위기를 부풀리는 것이었다. 아이크는 본능적으로 정치적 분쟁이 있은 후 그 상처에 연고를 발랐지만, 닉슨은 본능적으로 그 상처에 소금을 뿌렸다."라고 평했다. 닉슨은 8년간 아이젠하워의 부통령으로 재직하면서 그로부터 많은 것을 배웠지만, 아이크가 가진 매력만큼은 흉내 내지 못했다. 아이크가 친근하고 외향적이었던 반면 닉슨은 혼자 있기를 좋아해, 취임 초기에는 보좌관들에게 "내 주위로 벽을 쌓아야겠다."라고 말하곤 했다. 그는 한 보좌관에게 "사람들과 상대하지 않아도 된다면 이 자리가 정말 쉬울 텐데."라고 속내를 털어놓기도 했다.[35]

닉슨은 사람들과의 접촉을 줄이기 위해 세 명의 보좌관에게만 의존했다. 대통령에게 무비판적인 충성을 보인 세 사람 모두 닉슨과 마찬가지로 국내에서는 연방정부 확대를, 해외에서는 공산주의 팽창을 우려했다. 비서실장 H. R. 홀더먼은 로스앤젤레스에서 광고회사 임원으로 성공한 인물로, 1956년부터 닉슨과 함께 일해왔다. 그는 닉슨의 문지기 역할을 하며 "모든 대통령에게는 악역을 맡을 사람이 필요하다. 나는 닉슨에게 그런 사람이다. 나는 닉슨을 위한 나쁜 놈으로, 그를 대신해 매를 맞는다."라고 자랑하기도 했다. 홀더먼의 UCLA 동창인 존 에를리히먼은 닉슨의 국내 정책 보좌관을 맡았다. 두 사람은 엄격한 품행과 고압적인 태도로 인해 기자들 사이에서 '독일인들', 또는 '베를린장벽'이라고 불렸다. 3인방의 마지막 인물은 닉슨의 전 로펌 동료 존 미첼로, 1968년 대통령 선거를 승리를 이끈 후 법무장관으로 임명되었다.[36]

20년 이상의 세월을 전국 정치 무대에서 활동했지만, 닉슨은 여전히 대부분 사람에게 이해하기 힘든 인물이었다. 키신저는 닉슨을 이렇게 평가했다. "진짜 닉슨이라는 것은 없었습니다. 한 사람 안에 여러 인격이 공존하면서 서로 전면에 나서려고 싸우는 형국이었죠. 한 인격은 이상적이고 사려 깊으며 관대한 성격이었고, 또 하나는 복수심에 불타고 옹졸하며 감정적이었습니다. 성찰적이고 철학적이며 냉정한 닉슨이 있었던 반면, 성급하고 충동적이며 변덕스러운 닉슨도 있었습니다." 보건교육복지부 차관보였던 제임스 파머는 좀 더 직설적인 평가를 내놓았다. "그는 아무것도 믿지 않았습니다. 도덕적이지도 비도덕적이지도 않은, 도덕관념 자체가 없는 사람이었죠. 그는 옳고 그름에 바탕을 두지 않고, 정치적으로 자신에게 어떤 영향을 미칠지를 기준으로 결정을 내렸습니다."[37]

닉슨의 삶 전반을 관통한 하나의 일관된 주제는 워싱턴의 "기득권층"이 나서서 자신을 파멸시킬 것이라는 끊임없는 두려움에 사로잡힌, 뿌리 깊은 편집증이었다. 그의 성격 깊은 곳에 자리 잡은 그 두려움은 수십 년 동안 사라지지 않고 오히려 암세포처럼 퍼졌다. "세상 전체를 상대로 나 홀로 싸우고" 있다는 것이 닉슨의 믿음이었다고, 대통령 자문위원 로버트 핀치는 회상했다.[38]

물가관리국에서 근무하던 시절, 닉슨은 워싱턴 기득권층을 구성하는 진보적인 유대인에게 노골적인 경멸과 불신을 품게 되었다. 그들에 대한 반감은 대통령 재직 시절까지도 이어져, 닉슨은 "유대인들이 정부 안에 가득하"다거나 "유대인은 대부분 충성스럽지 않"다며 불평하곤 했다. 한번은 홀더먼에게 "밥, 그 자식들은 대개 믿을 수가 없어."라고 말하기도 했다. 1971년 7월 2일, 닉슨은 최근의 실업률 하락이 단순히 통계적 요행 때문이라는 노동통계국 익명 관리의 말을 인용한 기사를 읽었다. 그 관리가 노동통계국 부국장 해럴드 골드스타인이라는 사실을 안 닉슨은, 홀더먼에 따르면 "거긴 모두 유대인인가?"라고 물었다.

"네. 모두 유대인입니다." 홀더먼이 대답했다.

"유대인이 관여하는 민감한 분야는 모두 살펴봐야겠군. … 유대인들이 정부 곳곳에 있어. 우리가 그들이 하는 일을 맡아야 해. 내 말은, 유대인이 아닌 사람으로 책임자를 임명해 유대인을 통제하라는 거야. … 알아들었나?"

몇 달 후, 닉슨은 국세청IRS이 복음주의 목사 빌리 그레이엄을 조사하고 있다는 소식을 듣고 또 한 번 유대인들을 향해 분노를 터뜨렸다. 그는 홀더먼에게 이렇게 말했다. "IRS가 목사를 족치고 있다는군. 어떤 자식 하나가 찾아와 세 시간 동안 심문을 했다는데. … 내 말 들어봐, 밥. 유대인

424

이름, 그러니까 민주당에 거액을 기부하는 유대인 놈들 명단을 파악해서 나한테 줘봐. … 좋았어, 이 자식들 중 몇 놈 좀 조사해주겠나?"[39]

그렇지만 뿌리 깊은 편견에도 불구하고 닉슨은 아이젠하워처럼 중도적 입장에서 통치하려 노력했고, 이는 닉슨의 보수파 동지들을 당혹시켰다. 닉슨의 그러한 접근은 확고한 신념보다는 정치적 계산에서 비롯된 것이었다. 닉슨은 1849년 이후 처음으로 야당이 장악한 의회와 함께 일해야 하는 대통령이었다. 의석수 차이도 상당해 상원은 57 대 43, 하원은 243 대 192로 민주당이 우위였다. 또한 닉슨은 국내 문제에는 별다른 관심을 보이지 않아 국내 문제를 "피오리아에 변소를 짓는 일"에 비유했다. 그는 한 기자에게 이렇게 말한 적도 있다. "미국은 대통령 없이도 국내적으로는 잘 돌아가는 나라라고 항상 생각해왔습니다. 대통령은 대외 정책을 위해서만 필요합니다."[40]

민주당과 타협해야 한다는 압박감에 국내 정책에 대한 상대적 무관심이 더해져, 닉슨은 집권 초기 중도진보적인 입장을 채택했다. 경제학자 앨런 그린스펀은 "닉슨 행정부하에서 정부 규모는 엄청나게 커졌습니다. 그의 논리는 항상 '우리가 하지 않으면 그들이 더 많이 할 것'이었습니다."라고 회상했다. 닉슨은 의무적인 사회복지 프로그램, 특히 사회보장제도, 메디케어, 메디케이드 지출을 늘리는 민주당 법안들에 서명하는 한편, 암과의 전쟁을 선포하여 의학 연구비를 대대적으로 투입했다. 1970년 산업안전보건법Occupational Safety and Health Act, OSHA에 서명하여 노동자들을 보호하는 연방 기관도 설립했다. 가장 혁신적이고 놀라운 제안은 모든 미국 가족에 연간 최소 1600달러의 소득을 보장하는 가족지원계획FAP이었다. 비록 이 법안은 상원에서 폐기되었지만 국내 정책 분야에서 닉슨의 혁신 능력을 보여준 사례였다.[41]

그러나 닉슨의 관심사는 입법적 성공이 아니라 공화당을 다시 다수당으로 만드는 것이었다. 1970년 8월, 그는 민주당 성향의 사회과학자 리처드 M. 스캐먼과 벤 J. 와튼버그가 쓴 《진정한 다수The Real Majority》라는 책을 읽었다. 이 책을 읽고 나서 닉슨은 문화적 차이에 따른 미국인 구분을 강화해, 자신의 "침묵하는 다수" 전략을 보완할 수 있다고 생각한 듯하다. 저자들은 선거에서 승리한다는 것은 중도층 유권자를 잡는다는 뜻이며, 중도층 유권자는 누구든 차지할 수 있다고 주장했다. 그들은 중도층 유권자로 "오하이오주 데이턴 외곽에 사는, 기계공 남편을 둔 47세 주부"라는 가상의 인물을 제시했다. 이어 민주당이 뉴딜 시대 이래 경제 문제를 부각해 그녀의 표를 확보해왔지만, 1960년대의 혼란이 사회문제를 새로운 쟁점으로 대두시켜 공화당에게 역사적인 기회를 제공하고 있다고 주장했다. 따라서 공화당이 사회적 쟁점에서는 보수적 입장을, 경제적 쟁점에서는 진보적 태도를 취한다면 데이턴의 주부를 설득하여 새로운 다수당이 될 수 있다는 논지였다. 닉슨은 그 책의 주장에 깊은 인상을 받았다. 홀더먼은 8월 28일 자 일지에 이렇게 기록했다. "대통령이《진정한 다수》에 뜨거운 관심을 보이며, 그런 사고를 우리 쪽 사람 모두에게 전해야 한다고 생각한다. 그 의미를 정확히 파악해 모든 결정을 그에 따라 내리고 … 음란물, 마약, 불량 청소년 문제 등을 그 관점에서 접근하길 바란다."[42]

닉슨은 1970년 중간선거 캠페인에서 그 전략을 처음 시험해보았다. 비록 엄정한 법질서 확립을 공약으로 내걸고 집권했지만, 닉슨은 인종 문제에 관해서는 항상 온건주의자였다. 따라서 1960년대 후반 인종 문제로 정치적 긴장이 고조된 상황에서는 자신의 선의를 보여줄 방법을 찾기도 했다. 집권 첫 2년 동안 흑인 유권자들에게 손을 내밀었고, 인종차별 철폐를 위한 정부의 행정 집행을 대폭 확대했으며, 인종할당제를 모든 정부 계약에 반영하도록 제도화하기도 했다. 그러나 닉슨은 이제 민주당을 분열시키고 백인 노동계층 유권자들을 공화당으로 끌어올 하나의 방안으로 인종 문제를 활용할 수 있다는 점을 깨달았다. 이에 닉슨은 인종할당제를 비난하고, 보수적인 남부 출신 판사들을 연방대법관으로 임명했으며, 법원 명령에 따른 강제 통학버스 배정에 반대하는 백인들의 정서에 편승했다. 언론인 토머스 에드솔에 따르면 닉슨은 그 어떤 쟁점보다도 통학버스 문제를 활용해, 백인

노동계층 민주당원들에게 이전 연방정부가 그들을 외면했다는 점을 설득할 수 있었다.[43]

그러한 대중의 정서를 교묘하게 이용하면서, 닉슨은 자신을 성조기로 둘러싸고서 자신의 정책에 도전하는 이들에게 애국심이 있는지 반문했다. 이와 같은 닉슨의 전투적인 전략은 1970년 중간선거 마지막 몇 주 동안 절정에 달했다. 민주당 의석을 빼앗아 의회 내 공화당 세력을 확대하려는 필사적인 시도로, 닉슨은 역사학자 제임스 T. 패터슨이 현대 정치에서 "가장 공격적이고 분열적"이라고 묘사한 선거운동을 펼쳤다. 닉슨은 특히 마지막 며칠 동안 23개 주에서 미친 듯이 선거운동 벌이며, 자신이 아끼는 "중산층 미국인"의 분노를 더욱 부추기기 위해 의도적으로 시위자들과의 대립을 조장했다. 그러나 이번에는 닉슨의 날카로운 언사에 대중이 반응하지 않았다. 민주당은 하원에서 아홉 석을 추가로 얻었고, 상원에서는 두 석을 잃었으며, 주지사 자리는 열한 석을 더 얻었다. 전체적으로 민주당은 공화당 후보들보다 410만 표를 더 받았다.[44]

조지 H. W. 부시는 1970년 선거에서 패배한 공화당 후보 중 한 명이었다. 닉슨의 압력을 받아 진보적인 민주당 의원 랠프 야버러를 상대로 상원 선거에 출마했지만, 애초에 부시에게는 위험한 결정이었다. 안전한 하원 의석과 하원에서의 길고 안정적인 미래를 포기해야 했기 때문이었다. 닉슨은 그러한 위험을 상쇄시키기 위해 부시가 상원 선거에서 패할 경우 행정부에 자리를 마련해주겠다고 약속했다. 상원 출마에 여전히 확신이 없던 부시는 다른 사람도 아닌 린든 존슨의 조언을 구했다. 1969년 4월 9일, 부시는 존슨을 만나기 위해 오스틴 외곽에 있는 존슨의 목장으로 날아갔다. 존슨이 야버러를 혐오한다는 사실을 알고 있던 부시는 여전히 인기 있는 그 텍사스 정치인을 존슨이 낙마시키고 싶어 할 것이라고 기대했다. 부시는 존슨에게 물었다. "대통령님, 제가 중요한 결정을 내려야 하는데 조언을 구하고 싶습니다. 제 하원 의석은 안전합니다. 지난 선거에는 상대 후보도 없었고, 현재는 세입위원회에서 활동하고 있습니다. 도전하기를 꺼리지는 않습니다만,

하원의원으로 몇 번 더 당선되면 힘 있는 위원회의 의장도 될 수 있습니다. 그래서 상원의원 출마가 그만한 가치가 있는지, 도전해볼 만한 도박인지 확신이 서지 않습니다." 존슨이 대답했다. "젊은이, 나는 하원의원으로도 일했고 상원에서도 일하는 특권을 누렸지. 둘 다 일하기 좋은 곳이야. 그러니 당신에게 어찌하라고 조언하기보다는 이것 하나만 말해주지. 상원의원과 하원의원의 차이는 치킨샐러드와 닭똥의 차이나 마찬가지야." 그 생생한 비유를 들은 부시는 답을 얻은 것 같았다.[45]

그러나 민주당의 선택은 부시의 예상을 벗어났다. 텍사스주가 점점 보수화되고 있는 현실을 고려하여, 진보 성향의 인물 대신 출중한 참전 기록과 중도적 견해를 가졌고 부시와 같은 석유업자인 로이드 벤트슨을 후보로 지명한 것이었다.《댈러스모닝뉴스》는 "두 사람의 기본 정치철학에는 2센트어치의 차이도 없다."라고 논평했다. 부시는 닉슨의 지지를 등에 업고 승리할 수 있다고 생각하면서도, 자신과 벤트슨의 법안 투표 기록이 비슷하기 때문에 백악관이 텍사스주 선거에 적극적으로 관여하지 않을 수도 있다고 우려했다. 5월에 부시는 벤트슨이 인플레이션과 베트남전쟁을 포함한 여러 쟁점에서 행정부를 공격했다고 지적하면서 "벤트슨은 대통령님 편이 **아닙니다**."라고 설명하려 대통령과의 면담을 요청했다. 그리고 자신이 대통령의 의제를 수행하는 데 가장 효과적인 인물이라고 "주요 언론인들"과 "유력 기업인들"을 설득해달라고 닉슨에게 부탁할 참이었다. 그러나 분명하지 않은 이유로 대통령과의 면담은 이루어지지 않았다.[46]

선거 당일, 예상보다 훨씬 많은 민주당 지지자들이 인구가 많은 동부 텍사스의 투표소에 모습을 나타냈다. 잔술 판매를 합법화하는 지역 법안이 함께 투표에 부쳐졌기 때문이었다. "인디언이 너무 많다고 말한 커스터* 중령의 마음을 알 것 같네요. 민주당 지지자들이 너무 많았던 것 같습니다."

---

* 1876년 리틀빅혼전투에서 인디언 연합군에게 패배해 전사한 미국 기병대 장교 조지 암스트롱 커스터 중령을 일컫는다. (옮긴이)

부시는 담담히 소회를 밝혔다. 벤트슨은 약 7퍼센트 차이로 승리했다.[47]

1970년 12월 9일 수요일, 선거에서 패배한 부시는 백악관 서관에 있는 홀더먼의 사무실을 방문했다. 닉슨이 자신에게 행정부 내 어떤 직책을 제안할지 알아보기 위해서였다. 대통령 집무실로 안내하기 전에, 홀더먼은 부시에게 대통령 보좌관으로 일할 수 있을 것이라고 알려주었다. 그러나 부시는 백악관 참모는 싫다고 분명히 밝히면서, 그 대신 유엔 주재 미국 대사로 일하고 싶다는 뜻을 피력했다. "유엔에서 일하면서 닉슨 행정부의 이미지를 개선하는 데 도움이 될 수 있을 거라고 생각합니다." 홀더먼은 이렇게 기록했다. "부시는 유엔에 관심을 갖는 이유에 대해, 너무 오랜 기간 대통령의 강력한 옹호자가 유엔에서 대통령을 대표하지 못했다고 느꼈기 때문이라고 설명했다. … 뉴욕에는 닉슨을 옹호하는 목소리가 부족했다." 닉슨도 부시의 생각에 동의하며 홀더먼에게 이렇게 반응했다. "잠깐, 밥, 이거 괜찮은 생각 같은데?"[48]

그러나 언론들은 부시가 유엔 대사로 재직할 만한 자격이 부족하다고 지적했다. 《워싱턴스타》의 사설은 "상원 선거에서 패배한 레임덕 하원의원으로서 외교 문제를 거의 경험해보지 못했고 게다가 외교 활동에는 더더욱 경험이 없는 부시를 유엔 대사로 임명하면, 닉슨 행정부가 유엔의 중요성을 매우 경시한다는 느낌을 줄 수 있다."라고 지적했다. 《뉴욕타임스》도 비슷한 우려를 표명하며 "부시의 모든 경력을 들여다보아도 이처럼 중요한 직책에 합당한 이력을 쌓은 적은 없는 듯하"다고 언급했다. 심지어 부시의 민주당 친구도 "조지, 외교에 대해 뭘 안다고 그러는 거야?"라고 물으며 놀라워했다. 부시는 그 친구에게 이렇게 답했다. "열흘만 기다려봐."[49]

*

제2차 세계대전이 불러온 엄청난 생산력 향상을 직접 목격한 동세대 인물들과 마찬가지로, 닉슨은 취임 연설에서 밝힌 것처럼 "우리는 마침내 지속적인 성장을 보장할 수 있도록 현대의 경제를 관리하는 방법을 배웠"다고 믿었다. 제2차 세계대전을 거치면서 주목을 받은 케인스주의 경제학을 수용한 JFK와 존슨 같은 진보주의자들은, 정부가 약간의 조정만 가하면 꾸준한 경제성장을 보장할 수 있다고 확신했다. 반면 제2차 세계대전 이전에 경제관이 형성된 아이젠하워는 언제든 경제가 취약해질 수 있다고 우려하여 균형재정이 필요하다고 보았다. 닉슨의 경제관은 두 관점을 절충한, 즉 경제성장이 치유 효과를 발휘한다는 진보적 믿음과 작은 정부와 감세를 통해 경제성장을 이룰 수 있다는 보수적 신념을 결합한 것이었다.

그러나 제2차 세계대전 이후 세계 경제는 극적으로 변했고 닉슨은 자신의 경제관을 뒤흔드는 새로운 골치 아픈 경제 현상, 즉 스태그플레이션에 직면하게 되었다. 베트남전쟁을 수행하면서도 국내 사회정책을 축소하거나 세금을 대폭 올리지 않기로 한 존슨의 결정이 물가를 치솟게 했다. 취임 초부터 닉슨과 그의 경제팀은 "과열된 경제를 식히는" 일이 가장 중요하다고 판단했다. 닉슨은 소위 '점진주의'라 불리는 방식으로 통화 공급을 축소하라고 연방준비제도이사회를 압박했다. 예상대로 통화 공급 축소는 경제성장을 억제했지만, 뜻밖에도 물가 상승은 막지 못했다. 1970년에 이르면 취임 초에 비해 실업률은 3.6퍼센트에서 4.9퍼센트로 올랐고, 소비자물가지수 CPI는 11퍼센트 상승했다.[50]

닉슨은 인플레이션 억제를 위한 노력이 실업률 급등으로 이어져 자신의 재선 가능성을 위태롭게 할 수 있다고 우려했다. 실제로 그는 1970년 중간선거에서 공화당이 패배한 원인을 실업률 상승에서 찾았다. 중간선거 이틀 뒤 닉슨은 홀더먼에게 "경기가 조금이라도 둔화하면 공화당 정권에게는 재앙"이라며, "경기 둔화만 없었다면 하원과 상원 모두 우리가 다수당을 차지했을 것"이라고 말했다. 홀더먼은 11월 18일 자 일지에, 대통령이 "1972년 대선을 망칠 수 있는 어떠한 위험도 감수하려 하지 않는다."라고 썼다.[51]

닉슨에게는 참고할 만한 과거 선례가 있었다. 1958년 부통령 재임 시절, 연방준비제도이사회는 경기를 침체시켜 선거에서 공화당에 타격을 준

적이 있었다. 닉슨은 "우리는 경제를 식혔고, 그와 동시에 상원의원 열다섯 명과 하원의원 예순 명을 한꺼번에 잃었다."라고 당시를 회고했다. 그는 그런 역사가 되풀이되도록 두지 않겠다고 결심했다. 그러나 이미 경기 침체가 지지율을 떨어뜨리고 있다는 징후가 나타나고 있었다. 1971년 초 닉슨의 지지율은 52퍼센트까지 내려갔고, 1972년 대선의 민주당 유력 주자인 메인주 상원의원 에드먼드 머스키가 전국 여론조사에서 닉슨과 어깨를 나란히 했다. 1971년 1월,《뉴스위크》는 "앞으로 몇 달 동안 지속적인 회복세가 이어지지 않으면 경제 문제가 리처드 닉슨의 '베트남'이 될 수 있다."라고 경고했다.[52]

중간선거가 끝나고서 석 달 뒤, 닉슨은 백발에 언변이 뛰어난 전 텍사스 주지사 존 코널리를 재무장관으로 임명하면서 자신이 경제 문제를 어떻게 다룰 구상인지를 알렸다. 코널리 임명에는 한 가지 작은 문제가 있었다. 그가 경제에 문외한이라는 사실이다. (코널리는 "나도 덧셈은 할 줄 알아."라며 농담하곤 했다.) 코널리는 경제 지식이 아닌, 노골적인 민족주의에 호소하는 인물이었다. 그는 이렇게 말한 적도 있다. "외국 놈들이 우리를 망치겠다고 나대고 있으나, 우리 임무는 우리가 먼저 그들을 망치는 것이다." 코널리는 곧 닉슨 내각에서 가장 강력하고 영향력 있는 인물로 부상했다.

1971년 8월 초, 코널리는 첫 번째 중대한 시험대에 올랐다. 경기 침체 속에서 물가 상승과 실업률 증가에 시달린 미국은 1895년 이후 처음으로 무역수지 적자를 기록하고 있었다. 한편 제2차 세계대전 이후 채택된 국제 통화 체제는 심각한 위기에 직면했다. 이 체제하에서 다른 나라들은 자신들이 축적하고 보유한 달러를 온스당 35달러의 고정 가격에 미국이 보유한 금과 교환할 수 있었다. 그런데 미국이 포트녹스*에 보관하고 있는 금 가치의 일곱 배에 달하는 달러를 유럽과 일본이 보유하고 있었으므로, 언제든

---

* 미국 켄터키주에 있는 육군기지로, 미국 금 보관소가 있는 곳으로 유명하다. (옮긴이)

그들이 미국의 금을 사들일 수 있다는 우려가 항상 있었다. 그리고 그 우려
는 1971년 봄 현실이 되었다. 벨기에, 네덜란드, 프랑스가 4억 달러를 금으
로 교환한 것이다. 8월 9일, 경제난에 시달리던 영국도 자국이 보유한 30억
달러를 금으로 교환해달라고 요구했다. 닉슨은 딜레마에 빠졌다. 다른 나
라들도 뒤따라 금을 사들인다면 대규모 금 인출 사태가 벌어질 터였다. 만
약 미국이 금본위제를 포기하고 달러의 가치가 다른 모든 나라 통화와의
상대적 가치에 따라 결정되도록 하면 달러 가치는 약세를 보일 것이고, 그
결과 수입품 가격 상승으로 인한 인플레이션이 예상되었다.[53]

8월 13일, 닉슨은 경제팀을 캠프데이비드에 소집했다. 한 참모는 이를
두고 "1933년 루스벨트가 은행을 폐쇄시킨 이후 경제 문제와 관련해 가장
중요한 주말"이라고 평가했다. 행정부 차원의 대응책 마련을 주도한 코널리
는 닉슨이 "대담한 조치"라고 묘사한 안을 제시했다. 무역수지 적자와 더불
어 금 인출 사태에 직면한 상황을 타개하기 위해, 금본위제를 포기하여 달
러 가치를 절하시켜 미국의 수출 경쟁력을 제고시키자는 주장이었다. 코널
리는 또한 인플레이션을 억제하기 위해 90일간 임금 및 물가를 동결하는
방안도 권고했다. 코널리는 이 외에도 연방정부 지출 축소, 투자 세액 공제,
자동차 판매 촉진을 위한 자동차 소비세 인하 등의 방안을 제안했다. 코널
리의 제안은 블라디미르 레닌이 한때 같은 이름을 사용했다는 사실을 알
게 되기 전까지 '신경제정책'이라고 불렸다.[54]

코널리의 경제 개혁안은 닉슨이 지금까지 주장해온 모든 신념과 배치
되는 것이었다. 우선 닉슨은 임금과 물가 통제를 강력히 반대해왔다. 제2차
세계대전 이후 출마한 의회 선거에서 닉슨은 물가관리국을 행정력 낭비와
부패를 보여주는 생생한 사례로 비판했다. 닉슨은 정부의 경제 개입이 초래
하는 폐해에 대해 목소리를 높이면서 자유로운 시장 경제를 찬양하곤 했
다. 그런데 이제 닉슨은 케네디와 존슨이 한때 지지했던 바로 그 케인스주
의적 해결책을 옹호하고 있었다. 닉슨은 "나는 이제 케인스주의자"라고 선
언했다. 닉슨의 극적인 변신을 두고 언론인 하워드 K. 스미스는 이런 우스

갯소리를 했다. "마치 한 기독교 십자군 전사가 '곰곰이 생각해보니 마호메트가 옳은 것 같아!'라고 말하는 것 같다."[55]

1971년 8월 15일 일요일 밤, 닉슨은 인기 텔레비전 서부극 〈보난자〉가 방영되던 시간에 자신의 새로운 경제 정책을 발표했다. 대중은 즉각적으로는 긍정적으로 반응해, 여론조사에서 73퍼센트의 응답자가 임금과 물가 통제를 지지했다. 월가도 호의적으로 평가하는 듯 보였다. 8월 16일 월요일, 다우존스산업평균지수가 33포인트 가까이 급등하면서 역사상 최대의 일일 상승폭을 기록했다. 그러나 미국의 동맹국들은 닉슨의 조치를 달가워할 수 없었다. 그들의 경제에 충격파를 던지기 때문이었다.[56]

단기적으로 닉슨은 이러한 비정통적 해결책을 통해 정치적·경제적 목표를 달성하는 데 성공했다. 대선이 치러진 1972년, 국내총생산GNP은 7.2퍼센트 성장했고 실업률은 6퍼센트에서 5.1퍼센트로 떨어졌다. 그러나 장기적으로 닉슨의 정책은 재앙을 초래했다. 인플레이션의 명백한 징후를 무시한 채 의도적으로 경제를 팽창시킨 결과 물가가 급등하는 악순환을 일으켜 곧 경제가 마비될 상황을 만든 것이다. 임금과 물가 통제는 처음에는 인기를 끌며 경제에 활력을 불어넣었으나, 통제를 벗어난 물가는 결국 폭등하여 1970년대 말에 이르면 물가상승률이 두 자릿수에 달하게 되었다. 닉슨은 회고록에서 자신의 "대담한" 조치가 단기적으로는 호황을 이끌었지만, 장기적으로는 실패한 경제 정책이었음을 인정했다. 그리고 이렇게 썼다. "대가는 반드시 치러야 하는 법이다."[57]

*

선거 전에 닉슨이 해결해야 했던 또 다른 과제는 베트남이었다. 1969년 50만 명이 넘었던 남베트남 주둔 미군을 1972년에는 7만 명 이하로 감축했지만, 승리는 여전히 요원했다. '베트남화' 정책이 북베트남을 억제하거나 남베트남을 고무시키는 일에 거듭 실패할수록, 닉슨의 폭격 명령은 더욱 잦아졌다.

1972년 3월 북베트남군이 남베트남을 대규모로 침공하자, 닉슨은 '라인배커 작전Operation Linebacker'을 발표하고 B-52 폭격기로 하노이에서 서쪽으로 불과 100킬로미터 떨어진 하이퐁 인근의 목표물을 폭격하라고 명령했다. 미군 폭격기들이 그렇게 북쪽 깊숙이까지 타격하기는 처음이었다. 그 작전은 미국 내 여론을 악화시킬 수 있고 러시아와 예정된 정상회담을 무산시킬 수도 있는 위험한 선택이었다. 그렇지만 그 도박은 성공했다. 미국의 폭탄이 의도치 않게 소련 함정을 공격하였으나 소련은 미온적인 항의에 그쳤고, 미국인 대부분은 대통령의 강경 대응을 지지했다.[58]

북베트남의 침공과 닉슨의 강경 대응은 마침내 협상 기회를 만들어냈다. 양측 모두 타협을 모색할 이유가 있었다. 북베트남은 미군이 가혹한 폭격을 끝내기를 원했고, 미국은 전쟁을 신속히 끝내야 했다. 1971년 초부터 헨리 키신저는 파리 교외에서 북베트남 측 협상 상대인 레둑토와 비공개 회담을 이어왔다. 그러나 협상의 가장 큰 걸림돌은 하노이가 남베트남의 티우 대통령 퇴진과 북베트남군의 남베트남 잔류를 요구한 것이었다. 1년 동안 양쪽 모두 한 발짝도 물러서지 않았다.

1972년 9월, 마침내 키신저가 북베트남군의 남베트남 잔류를 허용하며 먼저 양보했다. 이에 레둑토도 티우 대통령과 관련된 오랜 요구를 철회했다. 합의가 임박한 듯 보였다. 다음 달, 키신저는 텔레비전으로 중계된 기자회견에서 "평화가 눈앞에 와 있"다고 자신 있게 선언했다. 처음에 닉슨은 키신저를 치하했으나, 곧 키신저의 그 표현이 체임벌린이 뮌헨에서 했던 말과 기묘하게 유사하다는 점을 떠올렸다. 게다가 닉슨은 대통령 선거 전에 베트남의 평화가 성취되면 오히려 대중의 관심이 국내 문제로 옮겨 가 민주당에게 유리하게 작용할 수 있다고 우려했다. 그래서 아이러니하게도 닉슨은 키신저가 협상한 조건을 받아들이라고 티우 대통령을 압박하려 하지 않았다. 닉슨이 정치적 이유로 베트남전쟁을 지속시킨 것은 이번이 두 번째였다. 1968년에는 존슨의 계획을 방해했고, 4년 뒤인 지금은 자기 행정부

국무장관의 체면마저 훼손한 셈이었다.[59]

닉슨이 보인 편집증적인 불안에도 불구하고 그의 대선 승리는 한순간도 의심받지 않았다. 11월이 되자 모든 것이 그의 뜻대로 굴러가는 듯했다. 경제는 호황을 누렸고, 베트남전쟁은 점차 막바지로 향했다. 닉슨은 또 중·소 간의 갈등을 절묘하게 활용해 두 나라 모두와 관계를 강화함으로써 외교정책에서도 큰 성과를 거두었다.

닉슨은 또한 자신의 새로운 '분노 정치'에 완벽히 대비되는 상대와 맞붙는 행운까지 누렸다. 민주당은 거침없이 목소리를 내는 진보주의자인 사우스다코타주 상원의원 조지 맥거번을 대통령 후보로 지명했다. 그 지명은 제2차 세계대전 세대 내부에서도 그 전쟁의 유산을 두고 깊은 분열이 존재한다는 사실을 드러냈다. 맥거번은 닉슨과 마찬가지로 제2차 세계대전에 참전하기 위해 자원입대했고, B-24 리버레이터 조종사로서 나치 점령하의 유럽에서 서른다섯 차례 폭격 임무를 수행하여 비행공로훈장도 받았다. 그러나 맥거번은 베트남전쟁을 비판하는 젊은이들의 입장에 동조해, 미국의 국가 안보에 아무런 위협이 되지 않는 먼 나라의 내전인 베트남전쟁은 뮌헨의 교훈과 아무런 연관이 없는 사안이라고 주장했다. 평화운동과 연계되어 있고 '위대한 사회' 확대를 지지한 맥거번은 빨갱이 몰이의 손쉬운 표적이 되었고, 리처드 닉슨만큼 빨갱이 몰이를 잘하는 사람은 없었다.

닉슨은 선거운동 기간 내내 맥거번의 승리는 미국에게 미끄러운 내리막길이 될 것이라고 암시하며 도시 폭력과 사회 무질서에 대한 대중의 두려움을 이용했다. 그는 망설이는 민주당 지지자들에게 루스벨트의 당은 이미 반전시위대와 신좌파 급진분자들에게 포획되었다고 말했다. 닉슨은 한 선거유세에서 이렇게 선언했다. "이제 경계를 분명히 해 … 침묵하는 위대한 다수가 … 분연히 떨치고 일어나 돌 던지는 자들과 욕설을 퍼붓는 자들을 향한 유화정책에 맞서 목소리를 내야 할 때가 왔습니다." 닉슨이 침묵하는 다수에게 보낸 이 교묘한 호소에, 민주당이 더 진보적인 유권자들과 흑인들에게 경도되어 자신들을 버렸다고 느낀 다수의 백인 노동계층 민주당 지지자들이 깊이 공감했다.

거의 1000만 명에 달하는 민주당 지지자들(민주당 지지자로 등록한 유권자의 거의 3분의 1에 해당)과 백인 노동계층의 70퍼센트가 닉슨에게 투표했다. 현직 대통령 닉슨은 국민 투표에서 60.7퍼센트(4716만5234표)를 얻어 대승을 거두었다. 맥거번은 2917만774표, 37.5퍼센트 득표에 그쳤다. 닉슨은 매사추세츠주와 컬럼비아특별구를 제외한 모든 주에서 승리하여 선거인단 투표도 521 대 17을 기록했다.

압도적 승리를 거둔 후 새로운 자신감을 얻은 닉슨은 내각을 개편하기로 하고, 홀더먼에게 내각에서 "정치인들을 제거"하라는 지시를 내렸다. 부시는 예외였다. 닉슨은 부시에 관해 "대의를 위해서라면 무엇이든 할 사람"이라고 언급했다. 유엔에서 자신의 활동을 즐기고 있던 부시는 공화당 전국위원회 위원장이라는 새로운 역할을 마지못해 받아들였다. 곧 후회하게 될 결정이었다.[60]

재선에 성공한 닉슨의 취임 사흘 후인 1973년 1월 23일, 파리평화협정이 체결되며 베트남전쟁에서 미국의 개입이 공식적으로 종료되었다. 닉슨은 티우 대통령의 협정 서명을 설득하기 위해, 하노이가 협정을 위반할 경우 북베트남에 미군의 힘을 "전력으로" 사용하겠다고 비밀리에 약속했다. 그러나 이는 사실상 거짓 약속이었다. 닉슨은 미 국민도 미 의회도 그 싸움을 계속할 마음이 없다는 사실을 잘 알고 있었다.[61]

모든 사람이 닉슨에게 찬사를 보냈으나, 그에 대한 찬사는 곧 잘못된 것이었음이 드러났다. 닉슨은 전국의 텔레비전 시청자들에게 미국이 "명예로운 평화"를 달성했다고 말하면서 "이 협정으로 베트남에서 안정적인 평화가 보장되고, 인도차이나와 동남아시아에서 지속적인 평화가 유지될 것"이라고 주장했다. 그러나 이 발언은 사실과 한참 멀었다. 닉슨과 키신저는 이미 1972년 봄에 남베트남의 안정 가능성을 분석한 바 있었다. 키신저는 대통령에게 "솔직히 말씀드리겠"다고 말하면서 남베트남이 "1974년을 넘기지 못할 것"이라고 생각한다고 밝혔다. 그리고 그의 예상대로 북베트남은 몇 달 지나지 않아 휴전협정을 위반하고 남쪽을 향해 가차 없이 진격했다. 2년 후, 굴욕적인 전쟁 종식을 감독하는 임무는 닉슨의 후임자가 떠맡게 되었다.[62]

린든 존슨은 베트남전쟁 종료를 지켜보지 못할 운명이었다. 닉슨의 두 번째 취임식이 있고 (존슨이 1968년에 출마해서 승리했다면 그의 두 번째 임기가 끝나는 날이었을) 이틀 후 존슨은 텍사스 자택에서 64세의 나이로 홀로 사망했다. 후에 닉슨은 존슨이 "마음의 상처 때문에" 사망했다고 말하며, 존슨은 "끝내 그를 피해 간 대중의 인정과 애정을 끊임없이 갈망"했다고 지적했다. 몇 차례 갈등이 있었음에도, 닉슨과 존슨은 근래 몇 년간 가까운 관계를 유지하며 서로 통화도 하고 방문도 자주 했다. "대통령에게 사랑한다고 전해주시게." 존슨은 숨을 거두기 직전 이렇게 말을 남겼다.[63]

*

JFK가 죽은 지 거의 10년이 지났지만, 그의 유령은 닉슨의 백악관을 떠나지 않았다. 백악관에 입성한 닉슨이 첫 번째로 한 행동은 백악관과 행정청사에서 케네디를 연상시키는 모든 것을 없애는 일이었다. 그에게는 카멜롯의 유산을 완전히 파괴하겠다는 더 큰 목표도 있었다. 젊은이들이 닉슨보다 존 케네디와 로버트 케네디를 더 높게 평가한다는 여론조사 결과는 닉슨이 오랫동안 품어온 깊은 원한을 재차 확인시켜줄 뿐이었다. 대담하고 상상력 넘치는 지도자라는, 암살당한 그 대통령의 이미지는 언론을 잘 다루는 그의 보좌관들이 거짓으로 만들어낸 것이며 언제나 케네디에게 순응적이던 언론은 그의 수많은 결점을 간과했다고 확신한 닉슨은 이제 JFK를 "폭로"하기로 마음먹었다.[64]

1969년 9월, 닉슨은 홀더먼에게 1963년 케네디가 암살되기 몇 주 전에 사살당한 남베트남 지도자 응오딘지엠에 관한 파일들을 찾아보라고 지시했다. 닉슨은 JFK가 응오딘지엠 살해 음모를 사주했다는 증거를 찾고 있었다. 홀더먼은 전직 스파이 E. 하워드 헌트를 고용해 그 사안을 조사하도록 했다. 헌트는 그 음모를 알고 있던 CIA 요원을 찾아냈고, 자백을 유도해 녹음할 요량으로 자기 사무실로 초대했다. 헌트는 의자 쿠션 아래에 녹음기를 숨기고 그 요원의 입을 열기 위해 함께 위스키를 함께 마셨다. 그러나 요원이 떠난 후 녹음기는 몸무게에 눌려 부서져 있었고, 헌트 자신은 술에 너무 취해서 무슨 말이 오갔는지 기억하지 못했다. 헌트의 노력은 실패했지만, 닉슨의 공작원들은 JFK가 남베트남 지도자와 그의 동생의 망명을 거부했다고 주장하는 전문을 위조했다.[65]

닉슨 대통령은 1971년 6월 《뉴욕타임스》가 국방부 기밀문서에 관한 보도를 시작했을 때 케네디의 이미지를 박살 낼 또 다른 기회를 맞았다. 1967년 국방장관 로버트 맥너마라가 의뢰한 이 연구 보고서는 케네디와 존슨 행정부의 관리들이 베트남전쟁의 성격에 대해 서로에게, 그리고 미국 국민에게 어떻게 거짓말을 해왔는지를 노골적으로 기술하고 있었다. 그 보고서가 공개되는 것을 막으려 법적으로 싸우는 한편, 닉슨은 보좌관들에게 그 기밀문서 가운데 케네디 행정부 부분만을 은밀히 유포하라고 지시했다. 닉슨은 "다른 신문에 흘"리라고 말하면서 자기 말에 모순이 있다는 의식도 없이 덧붙였다. "국민은 알 권리가 있다." (결국 대법원은 언론과 표현의 자유를 보장하는 수정헌법 제1조를 인용하여 6 대 3으로 행정부 패소 판결을 내렸다.[66])

JFK에 대한 개인적인 원한 외에도, 닉슨은 1972년 대선에서 자신에게 가장 강력한 도전자가 될 수 있다고 생각해 JFK의 막냇동생인 매사추세츠 상원의원 에드워드 "테드" 케네디를 향한 대중의 지지를 약화시키려고 노력했다. 훗날 닉슨은 다음과 같이 확인해주었다. "첫 번째 임기 대부분, 저는 1972년 대선 상대가 케네디, 머스키, 또는 험프리가 될 것이라고 예상했습니다. 머스키나 험프리는 이길 수 있다고 생각했죠. 그러나 테드 케네디와의 선거전은 너무 많은 감정적 요소가 개입될 것이기 때문에 승부 예측이 어려웠습니다." 그러나 사생활이 문란했던 케네디는 1969년 7월 어느 날

한밤중에 케이프코드 채퍼퀴덕섬의 다리 아래로 차를 몰아 동승한 젊은 여성이 물에 빠져 숨지는 사건을 일으켰다.[67] 결국 케네디 가문에 대한 피해의식에 가까운 강박은 닉슨의 몰락을 재촉했다. 1970년 겨울 민주당 전국위원회가 JFK의 보좌관 출신으로 1960년 대선 캠페인 책임자였던 로런스 오브라이언을 위원장으로 선출했다는 소식을 들었을 때 닉슨의 우려는 더욱 커졌다. 닉슨은 오브라이언이 에드워드 케네디의 1972년 대선 출마를 위한 들러리 후보로 나설 것이라고 생각했다. 홀더먼은 일지에 닉슨이 "민주당 전국위원회 위원장으로 복귀한 오브라이언에게 강하게 대처하려 한다."라고 기록했다. 백악관이 오브라이언에게 불리한 정보를 찾고 있었는지, 아니면 민주당 전국위원회가 닉슨에게 치명적인 정보를 가지고 있는지 확인하려 했던 것이지는 명확하지 않다.[68]

어느 쪽이든 간에 1972년 6월 17일, 한 경비원이 워싱턴 D.C.의 워터게이트오피스빌딩 6층에 있는 민주당 전국위원회 본부로 들어가려는 불법 침입자들을 붙잡았다. 상황은 빠르게 전개되었다. 1973년 2월 침입자 중 한 명이 과거 닉슨의 대통령재선위원회에서 일했던 것으로 밝혀지자, 의회는 워터게이트사건을 상세히 조사하기 위해 초당적인 특별위원회를 구성했다. 노스캐롤라이나주 민주당 의원 샘 어빈이 이끈 이 위원회는 몇 달간 조사를 벌여 백악관 고위 참모들까지 이어지는 부패 고리를 밝혀냈다.

사태는 곧 통제 불능 상태로 빠져들었다. 6월 25일 백악관 자문위원 존 딘이 국가안보를 빌미로 범죄를 저지르는 닉슨 행정부의 비양심적인 행위에 관해 상세히 증언했다. 얼마 후 전직 보좌관 알렉산더 버터필드는 어빈 위원회에 닉슨이 자신의 사적 대화를 "후세를 위한" 기록으로 남기겠다며 백악관과 행정청사에 비밀 녹음 장치를 설치했다고 폭로했다. 그러자 닉슨이 "그 빌어먹을 하버드 교수"라고 폄하한 하버드 로스쿨 교수인 특별검사 아치볼드 콕스가 닉슨이 녹음테이프를 공개하도록 명령해달라고 법원에 요청했고, 닉슨은 그 명령을 거부했다. 1973년 10월 20일 저녁, 곧 "토요일 밤의 학살"로 알려질 사건들이 연이어 발생했다. 닉슨은 엘리엇 리처드슨 법무장관에게 콕스를 해임하라고 지시했지만 리처드슨은 지시를 거부하고 사임했다. 닉슨은 윌리엄 러켈스하우스 법무차관에게 같은 지시를 내렸지만, 그 역시 항의의 뜻으로 사임했다. 마침내 닉슨은 자신의 명령을 수행할 사람을 찾았다. 로버트 보크 법무차관보였다. 그날 저녁 NBC는 "오늘 밤 이 나라는 역사상 가장 심각한 헌법 위기 상황에 처했습니다."라고 보도했다.[69]

열흘 뒤, 하원은 1868년 이후 처음으로 미국 대통령에 대한 공식 탄핵 절차에 착수했다. 닉슨의 변호사는 그제야 백악관이 녹음테이프를 제출할 것이고, 새로운 특별검사로 1972년 대선에서 닉슨 재선을 지지한 텍사스 민주당원 모임의 위원장을 지낸 레온 자워스키를 임명하겠다고 발표했다.[70]

수사 초기, 닉슨은 하원 민주당 의원들의 탄핵 공세를 막아달라고 존슨에게 요청했다. 그러나 존슨이 거부하자, 백악관은 1968년 선거운동 당시 존슨이 도청을 했다는 사실을 폭로하겠다고 위협했다. 닉슨의 의도를 기자로부터 전해 들은 존슨은 FBI 부국장보 디크 델로치에게 전화를 걸어 이렇게 경고했다. "만약 그들이 나를 곤란하게 만들려 한다면, 나도 내가 가진 비밀 전문電文을 공개해 판을 뒤집어버리겠네." 그 통화 후 델로치는 홀더먼에게 존슨을 건드리지 않는 편이 좋겠다고 전했다. 홀더먼은 "존슨이 화가 나 디크에게 전화를 걸어 닉슨 측이 이 문제를 가지고 장난치면 자신이 [삭제됨]을 공개하겠다고 말했다."라고 기록했다. (수십 년 뒤, 그 삭제된 내용이란 1968년 대선 직전까지 닉슨이 남베트남을 설득해 평화 회담을 선거 이후로 미루게 했던 사실이라는 점이 밝혀졌다.) 결국 닉슨은 물러섰다.[71]

'토요일 밤의 학살'은 닉슨 행정부와 미국 대중을 충격에 빠뜨린 일련의 스캔들 중 하나에 불과했다. 불과 열흘 전, 부통령 스피로 애그뉴는 연방 법정에 출석해 중범죄에 해당하는 탈세 혐의에 대해 "다투지 않겠"다고 답변하고 부통령직에서 사임했다.[72]

닉슨은 이제 부통령 후임자를 선택해야 했다. 당 지도부, 의회 의원들, 내각, 그리고 백악관 참모들의 의견을 취합한 결과 두 후보가 동점으로 1위에 올랐다. 진보적 성향의 공화당 소속 뉴욕 주지사 넬슨 록펠러와 로널드 레이건이었다. 닉슨은 진보주의자인 록펠러나 보수주의자인 레이건 중 누구를 선택하든 당이 분열될 것을 우려했다. 특히 레이건에 대해 비판적이었던 닉슨은 레이건이 부통령직을 수행하는 데 필요한 직업윤리가 부족하다고 생각했고, "가벼운 사람이라 아무도 중요하게 생각하거나 두려워하지 않을 인물"이라고 묘사했다. 1971년 5월 키신저와 나눈 대화에서도 닉슨은 레이건을 "아주 얄팍하고" "정신 능력이 부족한 사람"이라고 요약했다. 따라서 키신저는 그 전직 배우가 부통령으로 지명되고 상원의 승인을 받아 닉슨을 지근거리에서 보좌하는 것은 "상상도 할 수 없는 일"이라고 여겼다.[73]

닉슨이 부통령직에 최우선적으로 고려했던 사람은 3위로 후보에 오른 존 코널리였다. 그러나 닉슨은 코널리가 5월에 당적을 바꿔 공화당원이 되었으므로 상원의 승인을 결코 받을 수 없으리라는 점을 결국 받아들여야 했다. 웨스트버지니아주 출신 상원 다수당 원내대표 로버트 버드가 닉슨 대통령에게 "코널리 승인안을 상원에 보내면 의사당 바닥에 피가 낭자할 것"이라고 경고하며 그 점을 분명히 했기 때문이었다.[74] 닉슨은 워터게이트와 관련된 모든 문제를 고려했을 때, 당파적 싸움만은 반드시 피해야 한다는 점을 잘 알고 있었다.

닉슨은 처음에는 4위로 부통령 후보에 오른 제럴드 포드에게 별다른 관심을 두지 않았다. 두 사람은 제2차 세계대전 이후부터 (닉슨에게 가능한 만큼의) 친구 사이였지만, 닉슨은 포드의 지적 능력을 높이 평가하지 않았으므로 그가 부통령직이 요구하는 업무를 감당하기 힘들 것이라고 생각했다. 그러나 현실적으로 포드를 선택할 수밖에 없었다. 하원의장 칼 앨버트는 "하원이 누구를 부통령 최우선 후보로 생각하는지 대통령이 알고 싶어 한다면, 바로 제리 포드이다."라고 백악관에 전했다. 키신저에 따르면 닉슨은 포드를 지명하면 자신에 대한 탄핵 추진이 늦춰질 것이라고 계산했다. "의회가 경험이 부족하다고 생각하는 사람에게 외교 업무를 맡기는 위험을 감수하려 하지 않을 것"이라고 판단했기 때문이었다. 한 보좌관에 따르면 닉슨이 포드를 선택한 이유는 "제리를 [부통령으로] 승인은 해주겠지만, 아무도 그가 대통령이 되는 것은 원치 않으리라고 생각했기 때문"이라고 말했다.[75]

부통령 지명은 하원의원 포드 본인에게도 놀라운 소식이었다. 그는 불과 얼마 전 아내에게 1976년에 은퇴하여 변호사 일과 골프에만 전념하겠다고 약속한 참이었다. 포드는 민주당과 공화당의 의원들 모두와 원만한 관계를 유지해왔으므로 상·하원 모두에서 압도적 지지를 받으며 신속히 승인받았고, 1973년 12월 6일 부통령으로 취임했다.[76]

하지만 포드의 부통령 임명이 자신에 대한 탄핵 추진을 늦출 것으로 생각했다면, 닉슨은 크게 잘못 판단한 것이었다. 이제 모든 관심은 비밀 녹음테이프로 쏠렸다. 대통령은 편집된 녹취본 공개만을 합의했지만, 특별검사는 모든 녹음테이프를 검토하겠다고 고집했다. 1974년 7월 24일 아침, 대법원은 만장일치로 특별검사의 손을 들어주었다. 녹음테이프는 존 딘이 주장한 내용이 모두 사실이었음을 드러냈다. 닉슨이 FBI의 워터게이트 침입 사건 수사를 저지하기 위해 개인적으로 개입했고, 워터게이트 침입범들이 행정부 고위층이 연루된 사실을 발설하지 않도록 그들에게 46만 달러가 넘는 입막음용 돈을 지급하는 일도 승인했다는 사실이 밝혀진 것이다. 사흘 후, 여섯 명의 공화당 의원이 스물한 명의 민주당 의원 전원과 합세해 워터게이트위원회는 27 대 11로 대통령에 대한 첫 번째 탄핵 조항을 통과시켰다. 이틀 후에는 더욱 차이가 커진 28 대 10으로 두 번째 탄핵 조항이 통과되었다. 과거 닉슨을 적극적으로 옹호했던 포드와 조지 H. W. 부시 모두 녹음테이프 공개로 대통령의 거짓말이 폭로되자 배신감을 느꼈다. 이른바 '결정적 증거 테이프smoking gun tape'를 접한 부시는, 닉슨이 줄곧 자신에게 거짓말을 해왔다는 것을 깨달았다. 그는 일기에 이렇게 기록했다. "이것은 대통령이 적어도 은폐 공작에 연루되었다는 증거다. 대통령이 거짓말을 했다는 증거인 것이다. 나는 이제 닉슨에 대한 믿음을 잃었다. 이번에는 그를 용서할 수 없다." 부시 못지않게 경악한 포드도 지난 몇 달간 닉슨이 반복적으로 자신의 결백을 주장했던 사실을 떠올렸다. 그는 후에 "우리는 25년간 친구였고, 서로를 위해 선거운동을 해준 사이였다. 그가 나에게 거짓말을 하고 있다고 느낀 적은 단 한 번도 없었다."라고 회상했다. 하지만 이처럼 충격적인 깨달음에도 불구하고, 포드는 부통령으로서 닉슨을 계속 지지해야 한다고 느꼈다. 그는 "내가 만약 달리 행동한다면, 사람들은 내가 대통령 자리를 차지하기 위해 닉슨의 입지를 약화시키고 있다고 비난할 것"이라고 언급했다.[77]

1974년 8월 9일 금요일, 확실한 탄핵을 앞둔 대통령이라는 불명예를 안게 된 리처드 닉슨은 대통령직에서 사임하는 최초의 미국 대통령이 되었다. 전날 저녁 닉슨은 백악관 이스트룸에서 참모들에게 매우 솔직한 감정을 담은 작별 연설을 했다. 닉슨은 윗입술의 땀을 닦아내며 자신의 부모에 관해 두서없는 이야기를 꺼낸 후 참모들에게 조언을 건넸다. "항상 기억하세요. 사람들이 당신을 미워할 수 있습니다. 하지만 당신을 미워하는 사람들을 당신이 미워하지 않는다면, 그들은 승리하지 못합니다. 그러나 만약 당신이 그들을 미워한다면, 그때는 당신도 파괴됩니다." 그 자리에 있던 부시는 대통령의 모습이 "정말 끔찍해 보였"다고 말했다. 하지만 그의 연설은 "거장다운 데가 있었"다고 묘사하며 "미움에 대한 그의 주장, 즉 당신이 당신을 미워하는 자들을 미워하면 당신도 그들과 똑같은 사람이 된다는 논리"에는 동의했다.[78]

다음 날 정오 직전, 닉슨은 백악관 남쪽 잔디밭을 가로질러 걸어가 대통령 전용 헬기에 탑승했다. 정오에 61세의 포드가 행정부의 새 수반으로 취임 선서를 하며 "국가의 상처"를 치유하고 정부에 대한 신뢰를 회복하겠다고 약속했다. 처음에 언론은 포드와 포드가 전하는 메시지 모두를 환영했다. 소탈한 포드의 모습은 고압적인 닉슨과 대비되며 신선함을 선사했다. 《U.S.뉴스앤드월드리포트》는 "포드는 아주 평범하다. 아이젠하워처럼 포드역시 확실히 기댈 수 있는 인물이라는 인상을 풍긴다."라고 평가했다. 그러나 언론과의 밀월 기간은 짧게 끝나고 말았다.

부시는 제럴드 포드가 대통령이 된 사실을 매우 기뻐했다. 그는 《U.S.뉴스앤드월드리포트》 기사에 공감하며 "그는 현대판 아이젠하워다. 아이크와 같은 영웅적 서사는 없지만, 이 시점에 이 나라가 간절히 필요로 하는 품위를 지닌 인물이다."라고 포드를 묘사했다.[79]

의회에서 함께한 4년 동안, 포드와 부시는 존중 어린 관계를 발전시켰다. 두 사람은 각각 소수당 원내대표와 공화당 전국위원장을 지낸 공화당 지도부 인사들로서 닉슨을 적극적으로 옹호했다. 두 사람 모두 닉슨을 신뢰했겠지만, 그보다는 서로를 훨씬 더 신뢰했다. 온화하고 사교적이며 정직한, 비슷한 성품과 스타일을 지녔으며 정치에도 품위와 예절이 중요하다는 깊은 신념을 공유했다. 부시는 일기에 이렇게 적었다. "나는 닉슨의 강경함보다는 포드의 품위를 택하겠다. 우리 역사의 이 시점에서 필요한 것은 일정 수준의 도덕성과 일정 수준의 품위다."[80]

닉슨 사임 이틀 뒤, 포드는 부시를 대통령 집무실로 초대했다. 부시는 포드가 부통령 후보로 우선 고려하고 있는 인물 중 한 명이 자신이라는 사실을 알고 있었다. 포드의 요청에 따라 부시는 자신의 이력을 훑어 내려갔다. "경제학 전공으로 파이베타카파* 회원이며, 예일대를 졸업했고, 동부와 서부 모두를 경험했으며, 사업가로서의 역량을 증명한 바 있고, 세입위원회에서 활동했으며, 재정 상태가 양호하고, 재계와 언론계와 정계에 다수의 인맥을 보유하고 있으며, 유엔 경력이 있습니다." 놀랍게도 부시는 자신의 참전 경력을 전혀 언급하지 않았다. 부시의 이력을 듣고도 포드는 속내를 드러내지 않은 채, 배리 골드워터와 넬슨 록펠러를 포함한 다른 부통령 후보들에 관해 의견을 물었다. 훗날 부시는 "부통령 지명으로 당의 좌우 어느 쪽에서든 분열이 생길 수 있는 상황"을 우려하여 "계속 중도적 입장을 전달

---

* 미국에서 가장 오래되고 권위 있는 명예 학술 단체. (옮긴이)

했”다고 회상했다. 부시는 “누구를 선택하시든, 그 결정을 전적으로 지지하겠습니다.”라고 포드에게 말하고 그 자리를 떴다.[81]

포드 취임 첫 주, 아이젠하워 행정부 백악관에서 근무했던 공화당의 원로 브라이스 할로가 부통령 후보 열여섯 명에 대한 분석 보고서를 제출했다. 할로는 그들을 경험, 지역적 배경, 이미지, 충성도, 연령, 그리고 포드의 정치적 기반을 확장하는 데 기여할 수 있는 능력 등 여러 기준으로 평가해 순위를 매겼다. 가장 높은 점수를 받은 사람은 부시였다. 할로는 부시를 이렇게 평가했다. “평가 기준 전체에서 가장 강점이 많으나, 국내 여러 지도층 인사들에게서 지적 능력이 ‘가볍다’는 평가를 받는 것이 최대 약점임.” 결국 할로는 부시의 부통령 임명은 지나치게 관례적으로 보일 수 있고 “대통령이 이미 알려진 여러 논란에 대해서도 과감한 조치를 망설일 수 있다는 인상을 줄 수 있”다고 최종 판단했다. 그는 좀 더 진보적인 성향의 록펠러를 보다 강력하게 추천하며 포드를 설득했다. 록펠러를 부통령으로 지명하면 닉슨과의 결별을 상징적으로 보여줄 수 있을 뿐만 아니라, 1976년 대선에서 중도 성향 민주당 지지자들의 표심을 얻는 데도 도움이 될 수 있다는 것이었다.[82]

그렇게 부통령 자리가 채워지자 부시는 행정부 내 또 다른 고위직을 차지하려 적극적으로 움직였고, 포드 역시 워터게이트 위기 내내 닉슨과 공화당을 충실히 옹호한 부시에게 보답하려 했다. 부시는 처음에는 백악관 비서실장 자리에 관심을 보였지만, 포드는 본인이 더 많은 사람들과 직접 접촉하기 위해 비서실장의 역할을 재조정하고 있다고 말했다. 그러자 부시는 외교 분야에서 일할 만한 자리가 있는지 타진했다. “내가 외교 업무에 계속 관여하다 보면 훗날, 1980년쯤 국무장관 자격을 갖출 수도 있을 것이라는 뜻을 전했죠.” 이에 포드가 영국 대사직을 제안했으나, 대사는 호화로운 모임들을 주최해야 하는데 국무부가 일부 비용만 지원하므로 자신이 감당할 수 있는 자리가 아니라며 거절했다. 부시는 결국 대중국 연락관이 되고자 했다. (두 나라가 아직 완전한 외교 관계를 맺지 않았기 때문에 연락관이라는

직책만 존재했다.) 부시는 일기에 "바버라와 나는 그 어느 때보다 변화를 갈망한다."라고 적었다.[83]

*

포드는 아무리 노력해도 리처드 닉슨이 드리워놓은 어두운 그림자에서 벗어날 수 없었다. 1973년 가을 부통령 인준 청문회에서 포드는 국민이 "용납하지 않을 것"이기 때문에 자신이 대통령이 되는 경우에도 닉슨을 사면하는 일은 없을 것이라고 말했다. 그러나 대통령이 된 포드는 닉슨에 대한 형사 기소와 재판이 결론이 나려면 수년은 아니더라도 수개월은 걸릴 것이므로, 자신이 대통령으로서 족적을 남기는 데 끊임없는 방해 요소가 되리라고 생각했다.[84]

9월 초, 취임한 지 한 달도 되지 않아 포드는 비밀리에 자신의 개인 변호사인 벤튼 베커를 샌클레멘테로 보내 닉슨과 사면 협상을 시도했다. 연방대법원은 사면을 받아들이면 이는 유죄를 인정하는 것이라고 판결한 바 있었다. 그러나 닉슨은 여전히 자신이 어리석었다는 점 외에는 어떤 죄도 저지르지 않았다고 생각했다. 포드는 닉슨이 유죄를 인정하는 성명을 내는 것이 "사면의 전제 조건은 아니지만" 자신이 선호하는 방안이라는 점을 베커에게 주지시켰다. 닉슨의 참모들은 이틀 동안 전직 대통령이 서명할 성명서를 놓고 베커와 싸웠다. 닉슨의 전투적인 언론 공보관 로널드 지글러가 선언했다. "바로 이 자리에서 말씀드릴 수 있습니다. 닉슨 대통령은 제리 포드로부터 사면을 받는 대가로 공모를 인정하는 **어떠한** 성명도 발표하지 않을 것입니다." 지글러가 포드 대통령을 "제리 포드"라고 칭한 데 분노한 베커는 그의 허세에 맞대응하기로 했다.

"여기까지 태워다 준 공군 조종사에게 연락하려면 어떻게 해야 하죠? 워싱턴으로 돌아가야겠는데요."

베커의 작전이 통했다. 양측은 계속 성명서 초안을 주고받으며 협상했

446

고, 베커는 다시 닉슨이 자신의 책임을 인정해야 한다고 압박했다. 마침내 닉슨이 "워터게이트사건을 좀 더 솔직하고 직접적으로 다루지 않은 것, 특히 사법적 단계에 이르렀을 때 그렇게 하지 못한 것은 잘못이었다."라고 인정하는 성명서가 도출되었다.[85]

성명서의 세부 내용 정리까지 끝나자, 지글러는 베커를 닉슨의 사무실로 안내했다. 그 전까지 닉슨을 만나본 적이 없던 베커는 그의 모습을 보고 충격을 받았다. 베커는 그 만남을 상세히 기록으로 남겨 회상했다. "사무실에 들어갔을 때, 닉슨은 장식이 거의 없는 방의 책상 앞에 앉아 있었다. 그의 첫인상은, 그리고 오늘날까지도 계속 남아 있는 그 인상은 불행하게도 기괴하고 흉측한 모습이었다. 두 팔과 몸이 너무나 마르고 허약해서 몸에 비해 머리가 불균형적으로 커 보였다. … 80대 노인들이 사는 요양원에서나 만날 법한 사람이 거기 있었다. 85세 정도로 생각될 만큼 … 늙어 있었다. 그 유명한 턱살은 더욱 도드라져 보였고, 주름투성이 얼굴에 머리는 헝클어져 있었으며, 자세와 행동거지 모두 노인으로밖에 보이지 않았다."[86]

1974년 9월 8일, 대통령 취임 한 달 만에 포드는 불명예스럽게 물러난 전직 대통령에게 무조건적인 사면을 허가했다. 포드는 그 결정에 따른 정치적 대가를 톡톡히 치러야 했다. 갤럽 여론조사에서 그의 지지율은 22포인트나 떨어졌는데, 이는 역사상 가장 큰 낙폭이었다.[87]

닉슨을 사면함으로써 자신의 치적을 부각시킬 수 있으리라고 바랐던 희망과 달리, 포드는 일관된 경제 메시지를 내는 데 어려움을 겪었다. 그는 치솟는 물가와 급등하는 금리, 그리고 높은 실업률을 동반한 침체된 경제를 물려받았다. 10월에 포드는 인플레이션을 "국내 제1의 적"이라고 선언하고 예산 삭감과 세금 인상을 요구했다. 포드가 증세를 고려하고 있다는 소문은, 두 번째 주지사 임기가 끝나가면서 포드가 실수하기만을 기다리고 있던 로널드 레이건을 불안하게 했다. 포드가 상·하원 합동 회의에서 경제 관련 연설을 할 예정이던 10월 7일을 하루 앞두고, 레이건은 포드에게 전보를 보냈다. "친애하는 대통령님, 내일 인플레이션 억제를 위해 증세를 제안하실 것이라는 언론 보도를 접하고 우려의 말씀을 전하고자 합니다. 1972년 대선 공약은 분명했습니다. 4년간 새로운 세금 도입은 없으며 연방정부의 규모는 줄인다는 것이었습니다."[88]

포드는 캘리포니아 주지사 레이건을 싫어했지만, 그의 말에는 동의할 수밖에 없었다. 가을 동안 실업률이 5.8퍼센트에서 7퍼센트로 급증하고 경기 선행지표들이 가파른 경기 침체를 예고하자, 포드는 정책 방향을 바꿔 경제성장 촉진을 위한 감세안을 발표했다. 포드의 공보 비서관은 기자들에게 대통령의 새 경제 정책이 10월에 발표했던 물가 억제 방침에서 "179도만 선회한 것"이라고 말하면서 상황을 가볍게 넘기려 했다. 경제 및 세금 정책에서 급작스럽게 방향을 선회하자, 포드가 대통령이라는 자리를 감당하기에는 역부족이라는 대중의 인식이 더욱 커졌다.[89]

포드 대통령의 초기 실책과 닉슨이 저지른 범죄에 대한 책임을 공화당에 물으려는 국민의 열망이 맞물려, 1974년 중간선거에서는 민주당이 압승했다. 민주당은 하원에서 43석을 추가해 대통령의 거부권을 무력화할 수 있는 3분의 2 의석을 확보했다. 기세가 오른 민주당은 다수 의석을 이용해 사회정책을 확대하는 법안들을 통과시켰지만, 포드는 물러서지 않고 여러 법안을 거부했다. 짧은 재임 기간 동안 포드는 교육과 의료 분야의 연방 지출 증가를 요구하는 법안들을 저지했다. 포드가 1975년 뉴욕시에 대한 연방 구제금융 승인을 거부하자 《뉴욕데일리뉴스》의 머리기사는 〈포드, 뉴욕시에 죽음을 선고하다〉라고 외쳤다. 재임 1년 후, 백악관 참모 도널드 럼즈펠드와 딕 체니는 포드의 가장 큰 과제가 무엇인지 직설적으로 그에게 보고했다. "일반 대중들 사이에서 대통령은 품위 있고 정직한 사람으로 인식되고 있습니다. 그들은 당신을 좋아합니다. 하지만 당신의 리더십, 역량, 그리고 능력에 대해서는 점점 의문을 품고 있습니다."[90]

포드는 또한 베트남전쟁의 어수선한 종식을 관장하는 불운을 겪었다. 1975년 1월 7일, 소련과 중국으로부터 새롭게 군수품을 지원받은 북베트남군은 캄보디아 기지에서부터 사이공을 향해 가차 없이 진격했다. 무질서하게 후퇴하는 남베트남군의 모습은 전쟁이 끝났다는 명백한 신호였지만, 포드는 여전히 남베트남 지원을 고집했다. 베트남전쟁 발발 초기부터 포드는 제2차 세계대전의 관점으로 그 전쟁을 바라봤다. 포드에게 하노이의 공산주의 정권에게 패하는 일은 나치 독일에게 항복하는 것과 같았다. 그런 일이 자신의 임기 중에 일어나도록 허용할 수는 없었다. 그는 의회를 향해 "적절한 미국의 군사적 지원만 있으면" 남베트남이 여전히 전쟁에서 승리할 수 있다고 장담하며, 이제는 상투적이 된 말을 되뇌었다. "우리가 침략 전쟁에 맞서지 않으면, 우리는 전 세계의 신뢰를 잃게 될 것입니다."

그렇지만 종전이 임박했음을 어느 정도 알고 있던 포드는 전쟁 패배의 책임을 의회에 떠넘기려 시도했다. 포드는 남베트남에 군사 및 경제 지원을 긴급히 제공하자고 의회에 간청했지만, 의회와 미국 국민 모두 마음을 돌린 뒤였다. 1975년 4월 30일, 북베트남군이 사이공을 점령했다. 미군 헬리콥터가 미국 대사관 옥상에서 직원들을 대피시키는 혼란스러운 모습은 미국의 무력함을 보여주는 영원한 굴욕의 상징이 되었다.[91]

*

미국은 베트남전쟁을 치르면서 제2차 세계대전에서 사용된 양보다 세 배나 많은 700만 톤 이상의 폭탄을 동남아시아에 투하했다. 그러나 제2차 세계대전 참전 용사들이 베트남 참사에서 과연 어떤 교훈을 얻었는지는 여전히 불분명하다. 동남아시아에 미국의 위신을 걸었던 것은 실수였을까, 아니면 비록 형편없이 치러지긴 했지만 고귀한 전쟁이었을까? 미국의 베트남전쟁 패배는 적대적인 언론과 줏대 없는 의회 때문이었을까? 아니면 세계를 바라보는 미국의 시각이 근본적으로 잘못되었음이 그 전쟁을 통해 드러난 것일까? 베트남의 비극과 그 근저에 깔린 제2차 세계대전 시대의 가정들을 제대로 직시하지 못했기 때문에, 베트남전쟁 패배는 향후 미국의 대외 군사 개입 정책에 거의 영향을 미치지 못하는 결과를 낳았다.

포드는 제2차 세계대전에서 얻은 교훈이 적절한지 의문을 제기한 적도, 베트남전쟁에 개입하는 미국의 동기를 의심한 적도 없었다. 포드는 공언했다. "저는 그 지역에 개입하기 시작했을 때부터 우리가 옳은 일을 하고 있다고 늘 생각해왔습니다. 우리의 베트남 정책은 제2차 세계대전 막바지에 우리가 내린 결정들의 자연스러운 연장선상에서 이루어졌습니다." 또한 포드는 베트남전쟁은 전술적인 실패이며, 거기서 하나의 핵심 교훈을 얻었다고도 말했다. "전쟁 참여는 승리를 위한 것이어야 합니다. 어떤 전쟁도 질질 끌어서는 안 됩니다. 승리할 수 있는 의지와 인력과 무기가 있을 때에만 전쟁에 나서야 합니다. 목표에 도달하면 승리를 선언하고 철수해야 합니다."

포드 대통령은 마지막 순간까지도, 전임자 닉슨과 마찬가지로 북베트남의 승리를 막는 길은 더 많은 폭탄을 투하하는 것이라고 믿었다. 그는 제2차 세계대전 말기에 미국이 일본에 원자폭탄 두 발을 투하한 논란 많은 사례를 비유로 들었다. "원폭 투하로 일본 국민에게 끔찍한 피해를 준 것은 맞지만, 원폭 덕분에 일본을 침공할 필요가 없어졌기 때문에 양측 모두 무수한 목숨을 구할 수 있었습니다." 포드는 남베트남 정권이 국민의 지지를 받지 못하는 약체 정부였고 국내에서 의회의 반대가 커지는 등 여러 문제가 있다는 점은 인정했지만, 그런 장애물에도 불구하고 폭격을 늘리면 결국 승리를 거둘 수 있을 것이라는 환상에 매달렸다.[92]

포드 대통령은 헨리 키신저의 조언에 크게 의존해 베트남전의 의미에 관한 자신의 견해를 정립했다. 사이공 함락 한 달 뒤, 국무장관직을 계속 맡고 있던 키신저는 대통령에게 장문의 메모를 보내 베트남전쟁 패배가 갖는 의미를 평가절하하고 제2차 세계대전의 교훈을 다시 강조했다. 그는 이렇게 썼다. "베트남은 지리적, 민족적, 정치적, 군사적, 외교적으로 모두 특수한 상황이었습니다. 우리는 아마도 그 점에 감사해야 할 수도 있습니다. 그 점을 있는 그대로 인식하여, 우리가 과거 '뮌헨의 교훈'을 모든 상황에 적용하려 했던 것처럼 베트남전의 교훈을 보편적으로 적용하려 해서는 안

될 것입니다." 키신저의 메모는 이렇게 끝났다. "저는 우리 병사들이나 국민이 베트남전쟁을 부끄러워할 필요는 없다고 생각합니다."[93]

한때는 베트남전쟁을 미국의 전쟁으로 만든 것이 실수였다고 주장했던 키신저는, 이제 전쟁 패배의 책임을 의회에 돌리며 미국은 남베트남의 비공산주의 정권을 "마지막 순간까지도" 지켜낼 수 있었다고 확신한다고 선언했다. 실제로 키신저는 미국의 베트남전 개입이 실패로 끝났음에도 불구하고, 일말의 유감 표시도 없이 베트남전을 통해 "인도네시아가 공산주의로 넘어가는 것을 막았고, 아마도 아시아에서 미국의 존재를 각인시켰을 것"이라고 주장했다. 키신저의 이런 주장은 명백한 허구지만, 베트남전이 요구하는 진지한 성찰을 피하고자 했던 많은 보수주의자가 스스로에게 했던 이야기이기도 하다.

한편 조지 부시는 중국 주재 외교관 신분으로 사이공 함락을 지켜보았다. 미래의 대통령들 가운데 가장 사려 깊은 인물로 꼽히는 부시는, 미국의 가치와 군사력의 중요성에 대한 뿌리 깊은 신념과 미국이 처음으로 전쟁에서 패배한 현실을 어떻게 조화시키면 좋을지 수년간 고민했다. 유엔 주재 미국 대사였던 부시는 신생 독립국들이 속속 등장하면서 대등한 관계를 요구하는 등 국가 간 권력 구도의 성격이 변해가는 모습을 똑똑히 목격했다. 부시는 미국이 다른 나라들에 일방적인 조건을 강요할 수 있던 시대는 끝났으며, 다자주의가 미국이 애호하는 일방주의를 대체할 때가 왔다고 생각했다. 그러나 이러한 자신의 세계관 속에 베트남전을 온전히 통합하려는 부시의 노력에는 한계가 있었다. 그는 일기에서 "나는 도미노이론이라는 것이 존재한다고 전적으로 확신한다."라고 썼다. 부시는 미국이 베트남전에 개입한 동기 자체를 의심한 적이 없었고, 미국의 베트남전 개입이 제국주의의 발로라고 비난하는 비평가들에게는 반감을 품었다.

여러 면에서 부시의 입장은 닉슨이 대통령 임기 초반에 밝힌 입장과 비슷하다. 즉 미국은 자원 사용 결정에 신중해야 한다는 것이다. 부시는 이렇게 말했다. "우리는 현실적이어야 합니다. 눈을 크게 뜨고 보아야 합니다." 부시는 우선순위를 정함으로써 "국민의 지지를 얻지 못하는, 개입해서는 안 될 전쟁에 말려드는 일"을 막을 수 있다고 주장했다. 그러나 부시는 자신의 접근이 추상적으로는 그럴듯하게 들리겠지만, 자신 역시 이를 구체적으로 실행할 방안은 없다고 인정하며 다음과 같이 솔직하게 털어놓았다. "누가 오늘 나에게 미국의 중대한 국익이 무엇인지 선언하라고 한다면, 정말이지 그걸 어떻게 정의해야 할지 모르겠습니다."[94]

로널드 레이건은 베트남전쟁을 계기로 자신의 세계관을 재고하려고 시도하지 않은 유일한 미래 대통령이었다. 민간인으로서 그는 미국의 가치관(과 그 가치를 전 세계에 확산하는 사명)은 여전히 숭고하며, 공산주의는 1970년대에도 1940년대만큼이나 위험하고, 뮌헨의 교훈 역시 여전히 유효하다고 전 국민에게 강조했다. 그는 데탕트를 거부하며 소련은 히틀러의 독일처럼 약속을 지키리라고 믿으면 안 되는 상대라고 확신했다. 사이공 함락 몇 달 뒤 참전 용사 모임에서 연설한 레이건은 미국의 베트남 철수를 "단일 사건으로서는 우리나라 역사상 가장 수치스러운 일"이라고 규정했다. 참전 용사들이 환호하자 그는 이렇게 선언했다. "다시는 … 완전한 승리가 목표가 아닌 한 우리의 젊은이들에게 조국을 위해 싸우다가 죽으라고 요구해서는 안 됩니다."[95]

레이건은 기존 가정들에 의문을 제기하는 대신 희생양을 찾았다. 베트남전쟁 패배의 책임을 편향된 언론 매체, 줏대 없는 정치인들, 특권 의식에 젖은 학생들, 그리고 전쟁을 더 공격적으로 수행하지 못한 나약한 대통령 탓으로 돌린 것이다. 레이건은 1975년 4월 닉슨에게 편지를 썼다. "저는 무책임한 의회가 200년 만에 처음으로 전 세계가 미국을 동맹국들과의 약속을 어길 수 있는, 신뢰할 수 없는 국가로 보도록 만들었다고 생각합니다." 레이건이 제시하는 해결책은 제2차 세계대전에서 얻은 교훈을 수정하는 것이 아니라, 그 교훈을 더욱 단단히 붙드는 것이었다. 아이러니하게도 레이건이 구사하는 언어는 JFK가 공산주의를 향해 맹렬히 퍼부었던 비난과 미국이 전 세계의 자유를 수호해야 한다는 호소를 연상시켰다. 그러나 케네디는 1963년 사망할 당시에는 이미 그러한 가정 중 많은 것에 의문을 품고 있었다. 10년 후, 레이건은 다시 미국의 위대함에 호소하면서 제2차 세계대전 직후 미국이 패권을 차지했던 시대로 돌아가기를 염원하던 많은 미국인의 공감을 얻었다.[96]

레이건은 베트남전쟁에 대한 자신의 비판을 과거의 향수를 일으키는 강력한 메시지로 빚어냈다. 미국은 영광스러운 과거로 돌아감으로써 다시 앞으로 나아갈 수 있다는 것이었다. 레이건은 1960년대와 1970년대 초의 정치적, 문화적 충격을 겪은 다수의 미국인이 사회 안정과 "전통적 가치"로의 회귀를 갈망하고 있음을 알고 있었다. 그들은 더 이상 베트남전쟁 패배에 죄책감을 느끼지 않았고, 법과 질서 준수 요구에 스스럼이 없었다. 레이건은 제2차 세계대전을 거치면서 성취한 목표들, 즉 인플레이션 없는 경제성장과 해외에서의 빈틈없는 자유 수호를 지금도 이룰 수 있다고 그들을 안심시켰다.

*

베트남전쟁 패배를 받아들이는 것은 1970년대 중반 미국이 당면한 여러 과제 중 하나였을 뿐이다. 1970년대 중반은 제2차 세계대전과 그 직후에 형성된 미국의 핵심 신념과 제도 중 다수가 도전받는 역사적 분기점이었다. 제2차 세계대전을 거치면서 등장한 미국의 두 사상적 기둥, 즉 미국은 경제성장을 보장할 수 있는 도구를 발견했고 전 세계의 자유를 수호할 책임이 있다는 믿음은 무너져 재가 되고 말았다. 베트남전쟁과 이를 정당화하려 했던 존슨의 부정직함, 그리고 워터게이트사건에서 드러난 닉슨의 불법 행위 등 이 모든 사안이 선출된 지도자의 도덕성에 대한 대중의 신뢰를 심각하게 훼손했다. 여론조사에 따르면 정부에 대한 신뢰는 1950년대 후반 80퍼센트에서 1976년 33퍼센트로 떨어졌다.[97]

국내에서는 광범위한 경제적, 정치적 변화들이 결합하여 경제성장에 대한 자신감을 떨어뜨렸다. 미국의 생산성은 최저치를 경신했고, 1973년 말에 이르면 물가는 거의 10퍼센트 폭등했다. 1974년에는 소매가격이 11퍼센트, 도매가격은 18퍼센트 상승했다. "값싼 석유" 시대의 종말도 미국 경제의 어려움을 가중시켰다. 미국이 1973년 10월 욤키푸르전쟁*에서 이스라엘을 지원하자 사우디아라비아가 이에 반발해 원유 생산을 축소한 결과, 휘발유를 배급받고 주유소에 긴 줄을 서야 하는 사태가 발생했다. 게다가 제2차 세계대전 종료 이후 처음으로 미국 기업들은 다른 나라의 기업들과 치열한 경쟁을 벌이게 되었다. 서유럽의 산업 국가들과 일본이 전후 경제 회복을 이루고 있었기 때문이다. 세계 무역에서 미국이 차지하는 비중은 1960년과 1970년 사이에 16퍼센트 감소했고, 1970년대에는 25퍼센트 더 떨어졌다. 외국과의 경쟁이 증가함에 따라 소비자들은 더 낮은 가격에 양질의 제품을 공급받을 수 있었으나, 동시에 수년간 미국인들에게 높은 임금과 안정적인 고용을 제공해왔던 일자리가 위협받기 시작했다.[98]

개인적 결함과 실패에도 불구하고, 닉슨은 이러한 세계적 변화에 적응하는 첫걸음을 내디뎠다. 대외적으로 미국은 베트남에서처럼 또 다른 전쟁에 끌려들지 않을 것임을 분명히 한 닉슨독트린을 발표함으로써 미국이 가진 힘의 한계를 인정하고, 국내적으로는 한계의 시대에 적응해야 할 필요성을 미국인들에게 알렸다. 닉슨은 이제 미국은 "매우 엄혹한 사실을 받아들여야 합니다. 우리는 제2차 세계대전 이후 가장 심각한 에너지 부족 사태로 치닫고 있습니다."라고 경고했다. 닉슨은 미국인들이 에너지 수요를 줄이는 희생을 감수해야 한다며, 전 국민에게 "더 적은 난방, 더 적은 전기, 더 적은 휘발유 사용"을 촉구했다.[99]

닉슨은 정치적 편의에 따라 스스로를 케인스주의자라고 선언했을지 모르지만, 최소한 새로운 경제 현실에 적응하려고 시도했다. 그러나 포드는

454

국제 환경이 변했고, 그에 따라 미국이 경제적 야망을 자제해야 한다는 사실 자체를 인정하려 하지 않았다. 의회 경력이 전부였으므로 대통령으로서 직면한 도전을 헤쳐나갈 준비도 되어 있지 않았다. 깊은 성찰가도, 정치적 비전가도 아니었던 그는 기존의 통념에 도전하려는 의지도 거의 보이지 않았다. 포드는 닉슨의 임금 및 가격 통제 정책을 자발적 프로그램인 '인플레이션 타도Whip Inflation Now, WIN'로 대체했는데, 이는 미국인들에게 소비를 줄여 인플레이션을 억제하자고 촉구하는 것이었다. 세계 석유 위기에 대처해서는 석유 수입에 관세를 부과하는 동시에 국내 석유 가격을 인하해 생산을 촉진하자는 해법을 제시했다.

외교정책에서 포드는 키신저에게 크게 의존했다. 키신저는 전략무기제한협정 II 조약의 개요에 합의함으로써 소련과의 긴장을 완화하고자 한 닉슨의 정책을 이어가려 했다. 포드는 "군비 경쟁을 억제하는 어떤 조치도 전 세계에 도움이 될 것"이라고 선언했다. 1975년 여름 그는 헬싱키협정에 서명했는데, 이 협정은 미·소 양국 간 분쟁의 평화적 해결과 과학·경제 협력 확대를 촉구하는 한편 30년 전 얄타회담에서 미국과 소련이 합의한 동유럽 국경을 '정당한 것'으로 공식 확인하는 내용을 담고 있었다. 헬싱키협정 서명 2주 전에는 미국과 소련의 유인 우주선 아폴로와 소유즈가 지상 230킬로미터 상공에서 도킹하며, 이른바 "우주에서의 데탕트"가 이루어졌다.[100]

비평가들은 헬싱키조약으로 소련이 미국보다 더 많은 핵미사일을 보유할 수 있게 되었고, 소련은 여전히 아프리카와 같은 지역에서 더욱 공격적으로 행동하고 있다고 지적했다. 키신저는 그들이 지적하는 논리를 뒤집어, 레오니트 브레즈네프와 같은 소련 지도자들이 권력을 잡고 있는 지금이 협상을 통해 군비 경쟁을 억제할 수 있는 적기라고 주장했다. 그는 "브레즈네프가 물러나면, 제2차 세계대전의 경험에 기초해 전쟁에 병적으로 두려움을 느끼는 그 세대 전체가 함께 사라질 것"이라고 주장했다.[101]

한편 레이건은 닉슨·포드 행정부의 데탕트 정책을 거부하고 미국이 군사적 우위를 점하던 영광스러운 시절로의 복귀를 내세웠다. 그는 군축 협정을 비판하며, 헬싱키조약이 "소련의 붉은군대가 제2차 세계대전을 틈타 저지른 정복 행위에 승인 도장을 찍어준 격"이라고 주장했다. 레이건은 1976년 3월 31일 라디오 연설에서 이러한 논점을 더욱 부각하며 소련이 거의 모든 군사 분야에서 미국을 앞섰다고 주장했다. "소련의 군 병력은 우리의 두 배이고 예비군은 네 배나 많습니다. 그들이 무기 생산에 지출하는 금액은 우리보다 50퍼센트 더 많고, 해군 수상함과 잠수함 숫자는 우리의 두 배입니다. 우리는 포병에서 3 대 1로 열세이고, 탱크에서는 4 대 1로 뒤집니다." 데탕트를 유지하려는 닉슨과 포드의 노력이 "2등이 되는 것이 치명적이지는 않더라도 위험한 세상에서" 미국을 "2등 국가"로 전락시켰다는 주장이었다. 레이건은 다시 한번 몰락한 제국들의 운명을 거론하며 경고했다. "제가 이 연방의 거의 모든 주에서 만난 사람들 가운데 그 누구도 자유의 마지막 섬인 이 나라가 역사의 쓰레기통에 내던져져 과거 죽은 문명들의 뼈와 함께 묻힐 준비가 되어 있다고 믿지 않았습니다."[102]

역설적이게도 오랫동안 국제적인 핵무기 통제를 옹호해온 레이건은 핵 불균형이 소련의 핵공격 가능성을 높일 것이라고 우려했다. 그는 소련이 더 의미 있는 군축 협정에 참여하도록 압박할 수 있는 지렛대를 확보하기 위해 미국의 군비 비축량을 늘릴 계획을 세웠다.

레이건의 메시지는 미국 내에서 점증하던 보수주의 운동 세력이 느끼는 좌절감을 자극했다. 미국이 당면한 문제들은 연방정부와 그를 구성하는 진보주의자들이 부추긴 '정신의 위기' 때문에 초래된 것이라고 믿은 보수주의자들은 도덕성을 강조하는 레이건에게 환호했다. 그들은 지난 10년간 벌어진 여러 사건, 즉 폭력 시위, 시민권과 여성 권리에 대한 요구, 1973년 연방대법원의 낙태 합법화 판결 등에서 커다란 정신적 충격을 받았고 이 모든 것이 미국의 도덕적 쇠퇴를 보여주는 징후라고 여겼다. 또한 그들 중 다수는 해외에서 벌어진 사건들에서도 굴욕을 느꼈다. 베트남전쟁의 결과를 지켜본 그들은 미국이 약해지고 공산주의와 싸울 용기를 잃었다고 확신했

다.[103]

포드에게 당장의 관심사는 베트남전쟁의 여파 속에서도 미국의 군사력을 대외에 과시하며, 아시아에서의 전쟁 패배에도 불구하고 미국이 국제적 책임을 회피하는 일은 없을 것이라는 명확한 신호를 보내는 것이었다. 그러나 그러한 사고방식은 큰 실수를 낳았다. 1975년 5월 12일 아침, 백악관은 크메르루주 반군이 캄보디아 연안 국제 수역에서 서른아홉 명의 선원과 함께 미국 상선 마야구에즈호를 나포했다는 소식을 들었다. 정보는 부족했고 때로는 상충되었다. "제2차 세계대전 중 해군에서의 경험으로 구체적인 정보를 얻기가 어렵다는 것은 알고 있었습니다."라고 포드는 회상했다. 사실 관계와 상관없이, 그는 이 사건을 미국의 결의를 보여주는 데 활용하기로 했다.

그날 오후 국가안전보장회의에서 대통령의 참모진은 대응 방안을 논의했다. 키신저는 두 가지 문제가 있다고 설명했다. 첫 번째는 "어떻게 배를 되찾을 것인가"이고, 두 번째는 "이 시점에 미국은 어떤 모습을 보일 것인가"였다. 그는 "무력 과시"가 필요하다고 주장하며, 심지어 미국이 "공해상에서 캄보디아 선박을 나포"할 것을 제안하기도 했다. 넬슨 록펠러 부통령은 회의에서 가장 목소리를 높인 매파였다. 그는 "강력한 대응이 필요하다고" 주장했다. "미국은 이런 일을 용인하지 않는다는 것을 보여줘야 합니다. 자칫하면 이와 유사한 일들이 반복될 수도 있습니다. 우리가 단호히 대응하지 않는다면 조금씩 갉아먹혀 죽을 것입니다. 우리는 행동할 것이며, 그것도 신속하게 행동할 것이라는 사실을 세계에 보여주어야 합니다." 회의실의 다른 참석자들도 모두 그의 말에 동조했다. 키신저는 회의 참석자들에게 "미국을 우습게 여겨서는 안 된다는 인상을 주어야" 한다고 말하며, "이 사안은 단순한 선박 나포를 넘어서서 미국의 결의와 의지에 대한 국제적 인식이 걸린 문제"라고 강조했다.

그 사건 이전에도 키신저는 "세계 강국으로서의 위치를 유지하겠다는 [미국의] 결의를 보여줄 행동을 세계 어딘가에서 취할" 기회를 찾고 있었

다.[104]

이제 키신저가 바라던 기회가 왔다. 키신저는 대통령에게 말했다. "이번 기회에 미국은 너무 거칠어서 건드리면 안 된다는 인식을 심어주어야 합니다. 무력을 사용한다면 과감하게 사용해야 합니다." 지금은 세심한 외교로 문제를 풀 때가 아니라 미국의 위신을 지키기 위해 단호한 군사 행동을 취해야 할 때라는 주장이었다. 포드도 동의했다. "우리가 진심이라는 것을 그들이 알기를 바랍니다." 포드는 1000명 이상의 해병대를 보내 인질들이 억류되어 있다고 생각한 캄보디아의 코탕섬을 침공하도록 했고, 캄보디아 본토 폭격 명령도 내렸다. 중국에서 상황을 지켜보던 부시는 포드의 조치를 지지하며 일기에 이렇게 썼다. "미국의 기개를 보여주는 조치다. 결코 밀려나지 않겠다는 미국의 의지를 보여준다."[105]

하지만 모두 불필요한 조치였다. 포드가 침공 명령을 내렸을 때는 선원들이 이미 석방된 뒤였고, 미군은 그들이 안전하다는 통보를 받은 후에도 캄보디아 본토 폭격을 계속했다. 또다시 큰 희생을 치른 작전이었다. 이틀 후 작전이 종료되었을 때는 서른여덟 명의 미군이 사망했고 세 명의 해병대원이 낙오되어 캄보디아에 남겨졌다. 미국 회계감사원GAO의 조사는 "미국의 특정 조치가 아마도" 캄보디아의 선원 석방에 기여했을 수 있으나 "막판의 해병대 침공과 캄보디아 본토 폭격은 그렇지 않았다."라고 결론지었다. 조사보고서는 이번 침공이 "무익"했으며 "마흔한 명의 미국인이 불필요하게 목숨을 잃었"다고 선언했다.[106]

그렇지만 포드는 자신이 선원들과 미국의 신뢰성, 그리고 자신의 명성을 구했다고 계속 믿었다. "많은 사람이 조국에 대한 믿음을 되찾았고, 여론조사에서 내 지지율은 11포인트나 급등했다."라고 그는 자서전에서 회고했다. 그 사건은 모든 시사 주간지 표지를 장식했으며, 《뉴스위크》는 그 작전이 "미국의 용기와 힘을 대담하게 보여주었다."라고 평가했다.[107]

　　　　　　　　　　　　　　*

　포드를 둘러싼 모든 사건을 지켜본 레이건은 우려에 잠겼다. 레이건은 1976년 공화당 예비선거에서 포드에게 도전할 것이라는 세간의 추측을 일축했다. "나는 평생 공직을 추구하거나 맡을 생각을 해본 적이 없는데, 어떻게 이 모든 일이 일어났는지 아직도 잘 모르겠습니다." 주지사에 두 번 출마했고, 1968년 닉슨으로부터 공화당 대통령 후보 자리를 빼앗으려 했으며, 닉슨이 흔들릴 경우를 대비했고, 이제는 같은 당의 현직 대통령 포드에게 도전할 생각을 하는 레이건이 했던 말이다. 그는 "대통령 출마 여부는 후보자 본인이 결정하는 것이 아니라 국민이 결정해주는 것"이라고 자서전에 썼다. 부유하고 영향력 있는 친구가 많았던 덕분에 레이건은 선거법의 허점을 이용하여 생계 걱정 없이 은밀히 대통령 선거운동을 할 수 있었다.[108]

　대선에 도전할 의사가 없다고 말은 했지만, 레이건은 새크라멘토의 주지사 관저를 떠난 후에도 왕성히 활동했다. 3개월 동안 한 달에 8~10회의 강연을 하면서 강연당 평균 5000달러의 강연료를 받았고, 174개 신문에 기고했으며, 200개 이상의 라디오 방송국에서 정치 논평을 했다. 주지사 시절 레이건은 자신의 이념적 성향을 실용주의적 자세로 상쇄했으나, 순회강연에 나선 그를 둘러싼 사람들은 이념적 위안을 얻고자 하는 열성적인 보수주의자들이었다. 레이건은 연방정부를 신랄히 비판하면서 그들을 열광시키고, 그들이 원하는 것을 제공했다. 그는 또한 자신이 받은 편지들과 엉터리 출판물들에서 가져온 다채로운, 때로는 사실 여부가 불확실한 이야기들을 가지고 강연 주제를 부각했다. 예를 들어 레이건은 뉴욕시의 주택 지원 사업을 맹비난하며 "여러분이 빈민가 거주자라면 이제 공공요금을 포함한 월 임대료 113달러 20센트만 내고 3.3미터 높이의 천장과 6미터 길이의 발코니, 수영장과 체육관, 세탁실과 놀이방이 있는 아파트에서 살 수 있습니다."라고 주장했다. 그가 가장 즐겨 사용한 이미지는 "80개의 이름, 30개의 주소, 12개의 사회보장카드를 가지고 있고, 존재하지 않는 네 명의 죽은 남편들 덕에 퇴역 군인 유족 혜택을 받고 있으며, 15만 달러가 넘는 면세 현금 소득"을 올리는 "복지 여왕"이었다. 이들 이야기 대부분이 사실이 아니라는 것은 중요하지 않았다. 그 이야기들은 한때 닉슨 주위로 결집했던 '침묵하는 다수'와 같은 사람들이 느끼는 좌절감을 파고들었다.[109]

포드는 레이건을 높게 평가하지 않았고, 따라서 그가 내놓는 "미국을 괴롭히는 모든 병폐에 대한 피상적인 처방책"도 무시했다. 훗날 포드는 "레이건을 심각하게 생각하지 않았으므로 그에 대한 경고도 심각하게 받아들이지 않았다."라고 회고했다. 포드는 "끔찍하게 복잡한 문제들에 단순한 해법을 제시하는" 레이건의 버릇을 꼽으며, 이러한 특징 때문에 그가 대통령에 당선될 가능성은 없다고 평가했다. 그는 또한 레이건이 게으르다는 얘기도 들었다. "아침 9시부터 오후 5시까지만 일하는 주지사"라는 것이었다. 포드는 "그 사실만으로도 대통령이 될 자격이 없다."라고 말했다. 전직 주지사가 유세 현장에서 시끄럽게 굴고 있었음에도, 포드는 "레이건이 출마할 것이라고는 전혀 생각하지 않았다."[110]

진실은 곧 드러났다. 1975년 11월 19일 오후, 레이건은 백악관에 전화를 걸어 공화당 예비선거에 출마하려 한다고 알렸다. "대통령님, 제가 발표할 일이 있어서 미리 말씀드리려고 합니다. 저는 대통령 선거에 출마하려고 합니다. 좋은 경쟁을 할 수 있기를 바라며, 분열로 이어지지 않기를 희망합니다."

포드가 대답했다. "선거에 나선다니 유감이군요. 저는 지금까지 잘해왔다고 믿고, 재선도 가능하다고 믿습니다. 의도가 아무리 좋더라도 당신이 출마하면 분열은 피할 수 없을 거예요."

"당에 해가 되리라고는 생각하지 않습니다." 레이건이 방어적으로 대답했다.

"글쎄, 저는 그렇게 될 것 같은데요." 그렇게 쏘아붙이고 나서 포드는 수화기를 세게 내려놓았다. 훗날 그는 "분통이 터졌"다고 털어놨다.[111]

1912년 현직 대통령 윌리엄 하워드 태프트에게 전직 대통령 시어도어 루스벨트가 도전한 이래, 레이건은 현직 공화당 대통령에게 가장 위협적인 도전을 제기한 인물이었다. 포드는 치열한 예비선거 국면에 대비하기 위해 참모진을 개편하기로 결심했다. 1975년 9월 중순, 그는 만약 록펠러가 부통령 후보가 될 경우 공화당원의 25퍼센트가 자신에게 투표하지 않을 것이라는 여론조사 결과를 접했다. 록펠러가 지나치게 진보적이라고 여겨졌기 때문이었다. 포드는 이 여론조사를 "불길한" 경고로 받아들였다. 레이건의 전기 작가 루 캐넌이 쓴 것처럼 "포드가 취한 어떤 조치보다도, 아니, 모든 조치를 합한 것보다도 록펠러를 부통령으로 지명하는 일은 전국적으로 보수주의자들 사이에서 레이건의 대선 출마에 대한 관심을 증폭시켰다."[112]

그래서 포드는 보수주의자들을 달래기 위해, 록펠러에게 1976년 부통령 후보에서 스스로 물러나라고 개인적으로 압박했다. 그는 훗날 이 결정을 "내 인생에서 저지른 몇 안 되는 비겁한 행동 중 하나"라며 후회 섞인 어조로 묘사했다.

록펠러를 부통령 후보에서 낙마시킨 데 더해, 포드는 내각을 개편하여 닉슨이 임명한 여러 인사를 자신에게 충성할 인물들로 교체했다. 10월 말, 포드는 부시에게 미국으로 돌아와 CIA 국장을 맡아달라고 요청했다. 당시 CIA는 매우 어려운 상황에 놓여 있었다. 1974년 12월 《뉴욕타임스》는 CIA가 미국 시민들을 감시하고 그들의 정치 성향을 조사해왔다고 폭로했다. 이는 정보기관이 국내 문제에 관여하지 못하도록 금지된 점을 고려하면 특히 충격적인 일이었다. 1975년 1월 상원은 아이다호주 상원의원 프랭크 처치가 이끄는 특별 위원회를 구성했고, 이 위원회는 CIA가 비밀 도청과 감청은 물론 기자와 공무원, 민간인들을 협박하기도 하고 더 나아가 민주적으로 선출된 칠레 지도자에 대한 폭력적 군사 쿠데타를 지원한 사실까지 폭로했다.[113]

부시는 포드가 자신을 선택한 사실에 다른 사람들만큼이나 놀랐다. 부시에게는 정보 분야 업무 경력이 전혀 없었다. 그 인사 조처는 대통령 보좌관 도널드 럼즈펠드와 그의 부관 딕 체니가 주도한 것으로 여겨진다. 그들은 부시를 떠오르는 인물로 여기고, 자신들의 경력을 위협할 수도 있는 부시의 경력에 흠집을 내기 위해 공모했던 듯하다. 부시 자신도 그렇게 생각했다. 그는 CIA 국장직은 보상 없는 막다른 직책이 되어, 거기서 자신의 정치 경력이 끝나게 되리라고 믿었다. 부시는 일기에 이렇게 적었다. "아직 정치를 끝내고 싶은 마음은 없지만, 이 일을 맡게 되면 나의 정치적 미래는 끝장날 것이다. 스스로 결정할 수 있었다면 그렇게 논란이 많은 자리는 선택하지 않았을 것이다. … [하지만] 우리는 국가와 대통령을 위해 봉사해야 한다. 따라서 내가 이 일을 하기를 대통령이 원한다면, 나의 대답은 단호하게 '예'이다."[114]

결국 정치적으로 임명된 인물이 정보기관을 운영하는 것에 불만을 제기한 진보 성향 민주당 의원들의 반대에도 불구하고, 부시는 64 대 27의 표결로 인준되었다.[115]

*

그 후 몇 달 동안 레이건과 포드는 공화당 예비선거에서 격돌했다. 치열한 선거전이 끝나고 1위를 차지한 포드가 1차 투표에서 대통령 후보 지명을 확보했다. 패배를 순순히 인정하지 못한 레이건은 《뉴욕타임스》에 포드가 "당 조직이 강한 주들"에서 선거를 조작해 이겼다고 주장하며, 자신의 패배를 "당 지도부 인사들" 탓으로 돌렸다. 그는 "우리에게 일어난 일부 일들은 미국 사회에서 결코 있어서는 안 될 일"이라고 일갈했다.[116]

기억에 남지 않는 수락 연설을 마친 후, 포드는 여전히 많은 대의원이 레이건에게 동정적이라는 사실을 알고 단합의 표시로 그를 단상 위로 불렀다. 지친 대의원들의 환호 속에서 레이건은 단상으로 걸어 올라가 약 6분간 극적인 연설을 했다. 패배를 인정하기보다는 투쟁을 촉구하는 연설이었다. 그는 100년 뒤 미국인들이 당시를 어떻게 평가할지 추측했다. "그들이 우리가 살던 이 시기를 돌아보며 감사의 마음으로 말할 수 있을까요? ‘하느님, 감사합니다. 1976년에 이 땅에 살던 사람들이 자유가 상실되지 않도록 막아주었습니다. 그들 덕분에 100년이 지난 지금도 우리가 자유를 누릴 수 있습니다. 그들에게 감사합니다. 우리의 세상을 핵 파괴로부터 지켜준 그들에게 감사합니다.’라고요.” 그러한 질문들에 대한 답은 “우리가 지금 여기서 무엇을 하느냐에 달려 있습니다.”라고 레이건 강조했다. 대의원들이 눈물을 흘리는 가운데, 레이건은 고故 더글러스 맥아더를 인용하며 연설을 마무리했다. “우리는 여기서 단합된 채, 결연한 의지로 나아가야 합니다. 몇 년 전 위대한 장군이 말한 것이 사실임을 보여야 합니다. ‘승리를 대신할 수 있는 것은 없’습니다.”[117]

레이건의 연설이 끝난 후, 포드는 레이건의 호텔 방을 찾아갔다. 어색한 순간이 연출되었다. 치열한 경선을 치른 사이였지만, 포드의 입장에서는 레이건을 부통령 후보로 지명하는 것이 논리적인 선택이었다. 하지만 레이건의 보좌관이 포드에게 메시지를 보내, 포드 대통령의 지명을 레이건이 거절하면 대통령에게 당황스러운 일이 될 것이기 때문에 지명받기를 원하지 않는다고 전했다. 포드는 캔자스주 상원의원 로버트 돌을 부통령 후보로 지명했다. 몇 년 후 레이건은 포드에게 그런 메시지를 보낸 적이 없다고 부인했다. 부시의 정치적 동지로 레이건 백악관의 핵심 보좌관이기도 했던 제임스 베이커 3세는 레이건에게 포드 대통령이 제안했다면 부통령 후보 지명을 받아들였을지 물었다. 레이건은 “당시 나는 정말로 부통령이 되고 싶지 않았고, 그래서 그렇게 말도 했습니다. 하지만 그 자리를 내게 제안하지 말라는 메시지를 누군가를 시켜 포드 대통령에게 전한 기억은 전혀 없어요. 만약 포드 대통령이 요청했다면 의무감에서라도 ‘예’라고 말했을 것입니다.”[118]

전당대회가 끝나고 몇 주 후, 레이건은 닉슨이 보낸 편지를 받았다. 경선 패배를 위로하는 편지였다. 닉슨은 “몇 번 이기고 몇 번 져본 경험으로 말하자면, 이기는 편이 훨씬 재미있습니다!”라는 농담으로 시작하여 레이건이 전당대회에서 "훌륭하게" 처신했다고 축하했다. "전당대회 기간 동안 텔레비전을 통해 당신을 보고 들은 수백만 명의 사람들은, 비록 경우에 따라서는 당신의 철학에 동의하지 않더라도 당신이 자기 관점을 웅변적이고 설득력 있게 전달하는 인물이라는 결론을 내릴 수밖에 없었을 것입니다." 그런 다음 닉슨은 아내 팻의 말을 인용했다. 레이건의 전당대회 연설을 지켜본 그녀가 자신에게 "로널드 레이건은 패배했을 때도 승리했을 때만큼 위대"했다고 말했다는 것이다. 닉슨에게 보낸 답장에서 레이건은 자신과 낸시가 "마음의 평화를 얻었"다고 썼다. 그러나 레이건은 여전히 자신이 조작된 경선 과정의 피해자였다고 주장하며, "대의원들이 자유롭게 투표할 수 있던 곳에서는 우리가 선전했습니다. 패배는 당 조직이 표를 통제한 동북부 3개 주 때문이었습니다."라고 지적했다.[119]

레이건은 그해 승리하지 못했지만, 장기적으로 보아 승리를 위한 토대를 다져나갔다. 전기 작가 크레이그 셜리에 따르면, 1976년 경선을 기점으로 "보수주의자들이 공화당을 장악하면서 당의 메시지와 이념을 바꿨다." 셜리의 지적은 옳다. 포드는 공화당 대선 후보 중 마지막 "중도온건주의자"로서 대선에 나섰고, 결국 조지아의 무명 주지사 지미 카터에게 패배함으로써 1980년 레이건의 두 번째 대선 도전의 발판을 마련했다.

베트남전쟁, 사회 혼란, 그리고 경기 침체는 제2차 세계대전을 거치며 등장한 제도들과 세계관에 최후의 일격을 가했다. 나치즘과 일본 제국주의에 맞선 투쟁은 미국을 하나의 공통된 대의 아래 결집시켰던 반면, 1960년대와 1970년대에 일어난 사건들은 정반대의 결과를 낳아 거의 합의점을 찾을 수 없을 정도로 경쟁하는 세력들로 사회를 분열시켰다. 지난 10년간의 사건들을 지켜본 일부 정치 지도자들은 제2차 세계대전으로부터 물려받은 가정들을 재고하고, 대신 미국의 군사적·경제적 힘의 한계를 인식해야 한다고 생각했다. 비록 많은 실책을 저질렀지만 리처드 닉슨은 이러한 변화를 인정했고, 전후 세계의 현실에 부합하는 새로운 방향으로 국가를 이끌고자 노력했다. 그러나 동시에 그는 사회 무질서와 공산주의 위협을 곳곳에서 감지한 백인 미국인들의 두려움을 교묘하게 활용하기도 했다.

레이건은 닉슨의 전철을 따라 그러한 문화적 불안감을 대변하면서, 제2차 세계대전에서 비롯된 향수 어린 비전을 제시했다. 세계를 지배하는 초강대국으로서 경제 호황을 누리고 백인 이성애자 남성들이 사회 계층의 정점에 자리 잡았던 미국에 대한 향수를 불러일으킨 것이다. 그리하여 1976년 무렵에는 문화적 반감과 향수라는 두 가지 주요 요소가 현대 공화당의 지배 정신이 되었다.[120]

"미국을 다시 위대하게"

로널드 W. 레이건

1984년 6월 6일

프랑스, 노르망디

　　로널드 레이건 대통령은 프랑스 노르망디를 찾았다. 조상들의 고향인 아일랜드를 방문하는 감회 어린 일정과 런던에서 열리는 경제정상회의 참석을 위한 열흘 간의 순방 계획에 포함된 방문이었다. 디데이 40주년과 겹쳤기 때문에, 레이건은 제2차 세계대전의 중요 전환점이 된 그 전투에서 싸운 미국인들을 기리는 연설을 할 계획이었다. 원래는 프랑스 대통령 프랑수아 미테랑의 영접을 받은 후 오후 시간에 연설할 계획이었지만, 미디어 활용에 능란한 레이건의 참모진은 미국 아침 텔레비전 프로그램에서 생중계될 수 있도록 연설 시간을 앞당기자고 주장했다.

　　미국인 대부분은 제2차 세계대전을 진주만의 비극이나 일본에 원자폭탄을 투하해 전쟁을 끝낸 해리 트루먼 대통령의 논란 많은 결정과 연관 지어 생각했다. 따라서 기념할 수 있는 더 단순한 영웅담을 발굴하려 했던 레이건의 참모진은 이미 잘 알려진 오마하와 유타 해변으로 가서 거기서 벌어진 치열한 전투를 기념하며 디데이를 기리는 대신, 레이건을 푸앙트뒤오 크Pointe du Hoc로 향하게 했다. 그곳은 1944년 6월 6일 이른 아침, 연합군의 상륙 시도에 앞서 미 육군 특수부대원들이 독일군의 수류탄과 총알을 피해가며 30미터 절벽을 기어올라 아래를 겨냥하고 있던 155밀리 포를 무력화시킨 장소였다. 만약 그들의 임무가 실패했다면 나치 독일의 포가 침공하는 연합군에게 치명적인 피해를 입혔을 것이고, 전쟁의 방향을 완전히 바꾼 노르망디 침공은 이루어지지 않았을 수도 있다.

구름이 끼고 바람이 거셌던 그날, 레이건은 영국해협을 향해 돌출된 험준한 땅 꼭대기에 세워진 기념비 앞에 섰다. 거기서 대통령 레이건은 자신이 가장 잘하는 일을 했다. 나치즘의 재앙으로부터 세계를 구하기 위해 목숨을 걸었던 용감한 병사들의 이야기를 감동적으로 들려준 것이다. 당시까지 생존한 예순두 명의 특수부대원이 짙은 색 상의와 회색 바지를 입고 그를 향해 앉아 있었다. "제 등 뒤로는 그날 특수부대원들이 절벽 꼭대기에 꽂은 단검을 상징하는 기념비가 서 있습니다." 레이건은 연설의 운율과 완벽하게 맞아떨어지는 부드러우나 단호한 목소리로 선언했다. "그리고 제 앞에는 그 단검을 꽂은 사람들이 앉아 있습니다. 바로 푸앙트뒤오크의 용사들입니다. 이 절벽을 점령한 사람들입니다." 레이건은 참전 용사들을 바라보며 고개를 끄덕였다. "이들이 바로 한 대륙을 해방시키는 데 일조한 챔피언들입니다. 이들이 바로 전쟁을 끝내는 데 도움을 준 영웅들입니다." 그의 힘찬 연설을 들으며 많은 참석자뿐만 아니라 굳은 표정의 참전 용사들과 냉소적인 기자들까지도 눈시울을 붉혔다.[1]

레이건의 연설을 시청하거나 들은 수백만 명은 분명한 교훈을 새겼다. 1980년대 미국은 소련에 유화정책을 써서 1930년대의 실수를 되풀이해서는 안 된다는 것이었다. 푸앙트뒤오크의 기념비는 미 국민에게 유화정책의 위험성과 무자비한 적에게는 강하게 맞서야 할 필요성을 시각적으로 상기시켜주었다. 레이건은 노령의 제2차 세계대전 참전 용사들을 바라보며 "바다 건너편에서 맹목적으로 숨어 있다가 자유를 잃고 난 뒤에야 서둘러 대응하기보다는, 평화를 지키려는 자세로 이곳에서 싸웠던 것이 훨씬 현명한 결정이었습니다."라고 말했다.

그러한 교훈을 염두에 둔 레이건은 "힘을 통한 평화"를 설파하고 역사상 최대 규모의 평시 국방비 증액을 주창하며 1981년 백악관에 입성했다. 심지어 그는 역사의 올바른 편에 섰던 지도자로 루스벨트를 꼽으며 놀라운 역사적 언급까지 했다. 레이건은 취임 직후 CBS 뉴스 앵커 월터 크롱카이트에게 다음과 같이 말했다. "히틀러가 무장하고 세력을 키우고 있던 때를 기억합니다. 프랭클린 델러노 루스벨트는 시카고강에 놓인 한 다리의 개통식에서 연설을 하면서, 자유세계를 향해 독일을 격리하자고 촉구했습니다. 당시를 되돌아보아 생각해봅시다. 만약 우리가 1938년 당시 루스벨트가 원했던 대로 했다면 그래도 제2차 세계대전이 일어났을 거라고 말할 수 있을까요? 저는 일어나지 않았을 가능성이 매우 높다고 생각합니다."[2]

제2차 세계대전 참전 용사 출신으로 대통령이 된 인물 중 로널드 레이건만큼 뮌헨의 교훈에 깊이 매인 사람은 없었다. 레이건은 1981년 제40대 미국 대통령으로서 가진 첫 기자회견에서 소련 지도자들은 세계 지배라는 목적을 달성하기 위해 "자신들의 대의를 증진시키는 것을 유일한 도덕으로 인식한다는 점을 공개적으로 또 공공연히 선언했는데, 이는 그 목적을 달성하기 위해서라면 어떤 범죄도 저지르고, 어떤 거짓말도 하며, 어떤 속임수도 쓸 권리를 지닌다는 뜻"이라고 주장했다. 그는 얼마 후 이 메시지를 반복하며 국가안전보장회의에서 "소련은 히틀러가 《나의 투쟁Mein Kampf》에서 말했던 것처럼 분명히 밝히고 있다."라고 말했다. 그러면서 미국과 소련 간의 대결은 "옳고 그름, 선과 악의 투쟁"이라고 주장했다. 레이건은 크렘린은 단순히 비도덕적인 정권이 아니라 미국과의 마니교적 투쟁에 사로잡힌 "악의 제국"이라고 굳게 믿었다.[3]

'데탕트'라는 단어가 미국인의 어휘 속에 들어오기 전부터 민주·공화 양당의 대통령들은 소련과 공존할 방법을 찾아야 한다는 필요성을 인정해왔다. 그러나 레이건은 달랐다. 그는 제2차 세계대전 직후, 미국이 원자폭탄을 독점하고 몰락한 유럽 제국들 위에서 군사적 골리앗처럼 군림하던 시절에 누리던 패권을 되찾기를 갈망했다. 그는 데탕트는 "러시아인들이 전 세계 어디서든 자신들이 원하는 대로 전복, 침략, 팽창 정책을 추구할 수 있는 자유로 해석한 프랑스어"라고 일축했다. 데탕트가 **아닌** 공산주의에 대한 타협 없는 반대가 레이건의 국내외 정책을 결정짓는 특징이 되었다.[4]

소련이 레이건의 호전적인 수사와 군사력 증강을 제2차 세계대전 당시 자신들의 경험에 비추어 바라본 건 어쩌면 당연한 일이었다. 한 소련 관리는 "레이건 대통령의 임기 출범은 파시스트가 권력을 장악했던 때를 떠올리게 한다."라고 회고하며, 1941년 나치의 기습 침공으로 2000만 명의 러시아인이 목숨을 잃었던 일을 상기시켰다. 아이러니하게도 소련은 진주만에서 미국이 일본에게 그랬던 것처럼, 자신들이 미국에게 방심했다고 생각하고 같은 실수를 반복하지 않겠다는 결의를 다졌다. 모스크바는 겁먹은 모습을 보이지 않기 위해 바르샤바조약에 가입한 동맹국들에게 워싱턴이 "사회체제로서의 사회주의에 대한 '성전'을 선포"했다며 경고를 보냈다.[5]

그러나 전임 대통령들과 마찬가지로 레이건 역시 대중 앞에 내놓는 단순한 발언보다는 좀 더 복잡한 견해를 가지고 있었다. 제2차 세계대전에서 실제 전투에 참여한 경험이 없는 레이건은 전쟁의 참상을 오직 영화 속 죽음 묘사를 통해서만 이해했다. 그러나 대부분의 미국인처럼 그도 전쟁을 신속히 끝낸 원자폭탄의 파괴력에는 큰 충격을 받았다. 비록 트루먼의 결정을 지지했지만, 레이건은 핵무기의 장기적인 영향을 우려해 전쟁이 끝난 뒤에는 여러 진보 인사와 함께 그 치명적인 무기를 국제적으로 통제할 것을 요구했다. 그의 여러 신념은 할리우드의 진보주의자로서 활동한 이래 변화를 거듭했지만 이 점만은 한결같았다. 미국은 핵에 의한 절멸 위협이 없는 세상을 만들어야 한다는 것이었다. 핵에 대한 두려움은 그를 개혁 성향을 지닌 '새로운 유형'의 소련 지도자 미하일 고르바초프의 접근에 화답하게 만들었고, 결국 냉전을 종식시키는 과정이 시작되었다.

*

그러나 그러한 강경한 정책들을 실행에 옮기기 전에, 레이건은 먼저 1980년 선거에서 승리해야 했다. 그는 1968년 이후 매번 대선에 도전해왔지만, 이번에는 마침내 별들이 제대로 정렬된 듯 모든 상황이 그에게 완벽하게 맞아떨어졌다. 1980년에 이르러 대중은 지미 카터의 지도력에 점점 실망했다. 1946년에 미국해군사관학교를 졸업한 지미 카터는, 1953년 이후 제2차 세계대전 참전 용사들이 연이어 백악관을 차지한 관례를 깨뜨리고 대통령이 되었다.

카터는 워터게이트사건과 높은 금리에 대한 대중의 분노를 파고들고 냉전의 긴장을 완화하겠다는 공약을 내세워 1976년 대선에서 가까스로 승리했다. 그러나 집권 후, 카터는 놀라울 정도로 무력함을 드러냈다. 국내적으로는 경제를 마비시킬 정도로 심각한 스태그플레이션에 어떻게 대처할지 일관된 메시지를 내놓지 못했고, 민주당이 상·하원 모두를 장악하고 있었음에도 법안 통과에 어려움을 겪었다. 그는 내핍의 정치를 설파하며, 미국인들에게 새로운 한계의 시대에 적응해야 한다고 훈계했다. 휘발유 가격과 난방비가 치솟자, 카터는 에너지 위기를 "전쟁에 버금가는 도덕적 도전"이라고 부르며 에너지 소비를 줄이기 위한 종합 계획을 제안했다. 그러나 의회가 이를 거부하자 카터는 1979년 7월 극적인 연설을 통해 "우리 국가 의지의 정신과 마음, 그리고 영혼을 정면으로 타격하는" 이른바 '자신감의 위기'를 언급했다. 카터는 에너지 위기를 극복하기 위해 대체 에너지원 개발, 석유와 천연가스 세금 인상, 그리고 자동차 연비 기준 강화 등을 촉구했다. 대중의 분위기를 탁월하게 간파하고 내놓은 연설이었지만, 비평가들은 (카터 대통령이 내용 중에 한 번 언급하지도 않은) "불안감malaise" 연설이라고 명명하며 막연한 불안감을 부추기는 연설이었다고 맹렬히 비난했다.

외교 분야에서 몇 가지 주목할 만한 성과를 냈음에도 불구하고, 카터는 대중에게 공격적인 소련으로부터 미국의 국제 이익을 지켜낼 수 있다는 확신을 심어주지 못했다. 카터는 냉전 초기 이래 미국 외교정책을 규정해온 '공산주의에 대한 과도한 두려움'을 떨치고 행동하겠다고 약속하며 집권했지만, 그 약속은 곧 물거품이 되고 말았다. 1979년 11월, 카터가 망명 중인 이란의 억압적인 국왕 모하마드 레자 샤 팔라비가 암 치료를 위해 미국에 입국하는 것을 허가하자, 이에 분노한 이란 민족주의자들이 쉰두 명의 미국 군인과 외교관을 인질로 잡아 테헤란에 억류했다. 그다음 달에는 소련이 무능한 친소 정권 붕괴를 막기 위해 이웃 아프가니스탄을 침공했다. 카터는 이를 "제2차 세계대전 이후 세계 평화에 대한 가장 심각한 위협"이라고 규정하고 데탕트 정책에서 과감히 선회하며 대응했다. 미 국민은 처음에는 곤경에 처한 대통령을 중심으로 결집했다. 그 덕에 카터는 민주당 예비선거에서 에드워드 케네디 상원의원의 강력한 도전을 물리칠 수 있었지만, 여전히 위험할 정도로 낮은 지지율을 안고 본선에 나섰다.[6]

카터는 명백히 취약한 적수였지만, 레이건은 그에게 도전하기 전에 공화당 후보 지명을 확보하기 위해 또 다른 제2차 세계대전 참전 용사를 물리쳐야 했다. 1976년 대통령 선거에서 현직 대통령 카터를 거의 이길 뻔했던 레이건은 선두 주자로 여겨졌지만, 조지 H. W. 부시는 전직 주지사 레이건이 총선에서 승리하기에는 너무 보수적인 인물이라고 생각했다. 1976년 CIA를 떠난 부시는 휴스턴 집으로 돌아갔지만, 곧 민간인 생활에 지루함을 느꼈다. "집으로 돌아가니 도대체 뭘 해야 할지 모르겠더라고요." 부시는 회상했다. 1960년대에 정치에 입문한 이래 부시는 늘 대통령 출마를 생각해왔고, 마침내 기회를 포착했다. 부시는 그 후 몇 년간 전국의 영향력 있는 단체들을 찾아다니며 연설을 했다. 그가 여행한 거리는 1979년 한 해에만 무려 40만 킬로미터에 달했다.[7]

워싱턴에서의 풍부한 경험과 사업가로서 성공한 이력에도 불구하고, 부시는 텍사스의 주 단위 선거에서도 두 번 패배했으며 전국적인 인지도도 낮았다. 그가 정부에서 맡았던 다양한 역할은 대부분 권력자들이 베푼 호의 덕분이었다. 부시는 여러 대통령 밑에서 일했기 때문에 본인만의 명확한 정치적 정체성이 부족했다. 그는 점점 사라져가는 공화당 기득권층에 속하는 인물로 낙태 같은 사회적 이슈에서는 온건하고, 재정 문제에서는 보수적이며, 외교정책에서는 매파적인 성향을 보였다. 이처럼 혼재된 입장은 정치 현실에서는 일리가 있다고 보일 수도 있겠지만 선거 과정에서는 호소력을 발휘하기가 힘들었다. 역사학자 티머시 나프탈리는 "출마 이유를 묻는 질문에, 부시는 출마 동기나 명분이 아닌 자신의 이력 사항을 줄줄 읊었"다고 기록했다.[8]

이와는 대조적으로 레이건의 정치적 정체성에는 의문의 여지가 없었다. 그의 메시지는 단순하면서도 설득력이 있었다. 조국에 대한 사랑, 공산주의에 대한 두려움, 그리고 정부에 대한 경멸이었다. 텔레비전에 잘 어울리는 외모에 카메라 앞에서의 풍부한 경험이 더해져, 레이건은 기술적 선거운동이라는 새로운 예술의 대가가 되었다. 개인세 대폭 감면, 불필요한 사회 지출 삭감, 국방비 대폭 증액을 포함한 "새로운 시작"을 촉구하며, 레이건은 "미국의 정신과 목적의식을 새롭게 하겠"다고 약속했다. 스태그플레이션, 연일 이어지는 이란 억류 인질들에 관한 보도, 그리고 카터의 음울한 내핍 훈계에 지친 국민에게 레이건의 밝은 낙관주의는 반향을 일으켰다. 여론조사에 따르면 1973년부터 1980년까지 미국이 "올바른 방향"으로 가고 있다고 생각하는 사람은 30퍼센트 미만이었다. 미국 역사상 처음으로 한 세대의 미국인들이 자신들의 자녀가 자신이 누렸던 것과 같은 삶의 기회를 얻지 못할 수도 있다고 걱정했다. 역사학자 개리 윌스에 따르면, 레이건은 이처럼 답답했던 당시 상황에 힘입어 "미국의 상징"이자 "우리의 선한 본성을 대변하는 천사"에 비유되는 인물이 될 수 있었다.[9]

레이건은 1970년대 미국 정치를 변화시키기 시작한 두 가지 강력한 흐름을 활용했다. 첫 번째는 기독교근본주의의 부상이었다. 1963년부터 1978년 사이에 자신이 "거듭났다"고 믿는 미국인의 비율은 24퍼센트에서 거의 40퍼센트까지 증가했다. 그들은 미국이 당면한 정신적 위기는 종교적 신념과 전통적인 기독교 가치에 대한 헌신보다 물질적 행복과 개인적 만족을 우선시하는 "세속적인 휴머니즘"이 광범위한 영향을 끼쳤기 때문이라고 설교했다. 그들이 보기에 미국의 도덕적 타락은 연방정부와 그 정부에서 일하는 진보주의자들 탓이었다. 두 번째 흐름은 거센 반세금 정서에서 비롯되었다. 1978년, 레이건의 고향인 캘리포니아주 유권자들은 세금 부과 기준이 되는 평가액을 낮추고, 재산세를 재산 가치의 1퍼센트로 제한하며, 새로운 징세안이 손쉽게 통과되는 것을 방지하기 위한 제13호 주민투표안을 압도적으로 승인했다. 감세 열풍이 각 주로 들불처럼 확산되면서 캘리포니아주 제13호 주민투표안의 의회판이라고 할 수 있는, 연방소득세 3분의 1 삭감을 요구하는 켐프·로스 세금 법안도 워싱턴 정가에서 지지자들을 얻었다. 여론조사 전문가로 카터 대통령을 위해 일했던 팻 캐델은 이렇게 주장했다. "이건 단순한 조세 저항이 아닙니다. 정부에 대한 혁명입니다."[10]

문제 중 일부는 유권자들이 정부에 대한 신뢰를 잃어, 정부가 그들이 낸 세금을 현명하게 쓸 것이라고 믿지 않았다는 데 있었다. 게다가 스태그플레이션으로 인해 기존의 경제 가정들이 도전받았고, 제2차 세계대전 이후 정책 결정자들에게 큰 영향을 끼친 케인스 경제학의 한계도 드러났다. 케인스주의자들은 정부가 과세와 재정 지출을 통해 총수요를 조절해야 한다고 주장했을 뿐만 아니라 인플레이션과 실업률은 상쇄 관계에 있다고 가정했다. 즉 하나가 내려가면 다른 하나가 올라간다는 것이었다. 그러나 1970년대에는 두 가지가 동시에 증가했다. 이 전례 없는 경제 위기를 케인스 이론이 설명하거나 해결하지 못하자, 보수주의자들은 그들의 급진적 이론인 공급 중시 경제학으로 그 공백을 채웠다.

1980년에 보수주의자들이 당면한 과제는 미국인들이 세금 감면은 요구하면서도 비용이 많이 드는 사회보장 프로그램을 여전히 선호한다는 점이었다. 세금을 삭감하면서 동시에 사회보장 프로그램은 그대로 유지하는 불가능한 과업을 달성하기 위해, 공급 중시 경제학 옹호론자들은 아무런 근거도 없이 가장 부유한 미국인들의 세금을 낮춰주면 그들에게 재투자할 유인을 제공하여 새로운 사업과 더 많은 일자리가 창출될 수 있다고 주장했다. 공급 중시 경제학자들은 세율이 낮아지면 더 많은 사람이 기꺼이 세금을 낼 것이기 때문에 실제로는 세수가 증가할 것이라는 논리를 폈다. 공급 중시 경제학을 통해 보수주의자들은 두 마리 토끼를 다 잡을 수 있었다. 그들은 세제 개혁 운동가로서 선거운동을 벌이면서 국방비 지출을 대폭 확대할 수 있을 뿐만 아니라 사회보장 정책과 같은 인기 있는 정부 지원책도 유지할 수 있다고 주장했다.

세금에 대한 레이건의 개인적 혐오는 제2차 세계대전 시절로 거슬러 올라간다. 그는 당시 주급으로 받는 3500달러의 91퍼센트를 소득세로 내야 했다. 공급 중시 경제학은 그가 오랫동안 갈망했던 해결책을 제시하는 듯 보였다. 계산이 들어맞지 않았음에도 불구하고, 레이건은 공급 중시 경제학에 대한 신념을 고집했다. 닉슨 행정부에서 경제자문위원회 위원장을 지낸 허버트 스타인은 레이건의 경제 정책 구상을 현실과 완전히 동떨어진 "기쁨의 경제학"이라며 일축했다. 스타인의 지적은 일리가 있었다. 아이러니하게도 모든 사람을 위해 무언가를 제공하겠다는 레이건의 유토피아적 꿈은 드와이트 아이젠하워의 차분한 보수주의보다 린든 존슨의 '위대한 사회' 정신을 연상시켰다.[11]

부시는 아이오와 코커스에서 놀라운 이변을 일으키며 예비선거를 시작했지만 뉴햄프셔에서 열린 토론회에서 참담히 실패하며 탄력을 이어가지 못했다. 두 사람은 《내슈아텔레그래프》 편집진이 주최하고 레이건 선거 캠프가 비용을 지불하는 토론회에 참가하기로 합의했다. 신문사는 예비선거 선두 주자인 레이건과 부시만을 초청했다. 토론회가 시작되고 두 사람은 무대에 자리했다. 그때 레이건은 무대 옆에 모여 있던 다른 후보들도 토론에 참여시키자고 주장했다. 레이건이 목소리를 높이자 토론 사회자는 음향 기술자에게 그의 마이크를 끄라고 지시했고, 이에 관중들이 야유를 보냈다. 격분한 레이건은 "이 마이크 비용을 지불하는 사람은 저입니다, 그린 씨!"라고 외쳤다. (사회자의 이름은 브린이었다.) 관중 사이에서는 고함이 터져 나왔다. 그런 상황이 펼쳐지는 동안 부시는 자동차 헤드라이트 불빛에 걸린 사슴처럼 정면만을 응시한 채 꼼짝 않고 있었다. 한 목격자는 부시가 "어머니가 엉뚱한 생일 파티에 데려다 놓은 아이처럼 보였"다고 전했다. 레이건 역시 그 토론회가 부시의 겁쟁이 같은 면모를 드러내 선거운동의 전환점이 되었다는 사실을 깨달았다. "바로 그 자리, 그 순간이 토론회뿐만 아니라 예비선거 승리, 즉 후보 지명까지 따내는 계기가 되었습니다."[12]

레이건은 토론회에 이어 뉴햄프셔 예비선거에서 압승을 거두었다. 그 후 몇 주에 걸쳐 두 사람은 서로에게 날카로운 공격을 펼쳤다. 부시는 레이건이 수용한 공급 중시 경제학을 "부두교 경제학"이라고 평가절하했으며, 69세인 레이건은 대통령직을 수행할 활력이 부족하다는 점을 거듭 시사했다. 또한 레이건의 경험 부족을 카터와 비교하는 광고를 내보내며 "같은 실수를 두 번 감당할 수 있나요?"라고 물었다. 한편 레이건은 예비선거 유권자들에게 부시는 아이비리그 출신답게 지나친 엘리트 의식에 젖어 공화당의 새로운 풀뿌리 기반 정치에 어울리지 않으며, 보수주의자로서 진정한 원칙도 없다고 강조했다. 유권자들은 레이건의 주장에 설득력이 있다고 믿었고, 이는 그가 사우스캐롤라이나, 앨라배마, 플로리다, 조지아, 일리노이에서 승리를 거두는 결과로 나타났다.[13]

봄으로 접어들면서 부시가 후보 지명에 필요한 대의원을 확보할 수 없다는 점이 점점 분명해졌다. 부시는 마지못해 경선에서 하차했고, 레이건이 자신을 러닝메이트로 지명하는 데 그 결정이 도움이 되기를 바랐다.[14]

부시를 부통령 후보로 지명하면 지역적·이념적 다양성을 더할 수 있었으므로, 레이건이 부시를 러닝메이트로 삼는 것은 논리적인 선택으로 보였다. 하지만 레이건은 확신하지 못했다. 보수적인 레이건의 참모들이 부시가 너무 진보적이라고 생각했을 뿐만 아니라, 레이건 본인도 예비선거 기간에 부시가 자신을 향해 쏟아낸 비판에 여전히 분노했기 때문이었다. "부두교 경제학" 발언과 자신이 너무 늙었다는 점을 거듭 시사한 것이 특히 레이건의 심기를 건드렸다. 거기에 더해 내슈아 토론회에서 부시가 보인 모습으로 인해 레이건은 부시가 압박받는 상황에 제대로 대처하지 못한다는 인상을 받았다. 선거 캠프의 일부 인사들이 부시가 어떻게 정·부통령 조합에 힘을 실어줄 수 있는지, 특히 경합 주와 온건한 유권자들 사이에서 어떻게 도움이 될 수 있는지 설득하려 했지만 레이건은 자신의 뜻을 굽히려 하지 않았다. 한 참모가 부시를 선택하라고 제안하자 레이건은 "그 친구는 안 돼."라고 쏘아붙이며 덧붙였다. "그 '부두교 경제 정책'이란 비난과 낙태에 관한 그 친구 입장은 옳지 않아."[15]

레이건 선거 캠프의 내부 여론조사 결과 제럴드 포드가 부시보다 높은 점수를 받은 유일한 부통령 후보였다. 그래서 레이건은 한때 정적이었던 포드를 부통령 후보로 영입하기 위해 구애를 펼쳤다.

포드는 레이건이 자신을 먼저 찾아왔기 때문에 인사 문제와 백악관 조직과 관련해 특정 조건들을 내걸고 협상할 수 있으리라고 생각했다. 포드는 중재인들을 통해 "의회에서 나의 주된 관심사는 국가 안보"였다며, 부통령이 되면 "국가 안보와 외교정책과 관련해 레이건에게 조언하고 싶다"는 의사를 분명히 전했다. 포드는 인사 요구 사항도 제시하며, 레이건이 헨리 키신저를 국무장관으로 복귀시켜야 한다고 주장했다. 그러나 레이건은 소련을 상대하는 키신저 전략의 핵심인 데탕트 정책을 공격하는 것을 선거운동의 기조로 삼았기 때문에, 이 요구는 받아들이기 어려운 것이었다. 더 나아가 포드는 자신이 사실상의 백악관 비서실장 역할을 하겠다는 구상까지 했다. 공화당 전당대회장에서는 "오전 9시 전과 오후 5시 후, 그리고 주말에는 포드가 대통령이 될 것"이라는 농담이 돌기 시작했다.[16]

레이건은 당연히 포드의 요구들을 거부했고, 포드가 CBS 앵커 월터 크롱카이트와 가진 텔레비전 인터뷰에서 한 발언을 들은 이후로는 짜증이 폭발해 포드를 노골적으로 혐오하게 되었다. 크롱카이트가 "공동 대통령 같은 역할을 해야 한다고 생각하십니까?"라고 묻자 포드는 에둘러 대답했다. "그건 레이건 주지사가 진지하게 고려해봐야 할 일일 것 같습니다." 그 인터뷰에서 레이건이 들은 것은 공동 대통령이라는 단어뿐이었지만, 그것만으로도 충분했다. "그자가 공동 대통령에 관해 한 말을 들었나?" 레이건은 믿을 수 없다는 듯 물었다.

"그 일로 로니의 생각은 정리되었습니다."라고 낸시는 회상했다.[17] 대통령이라는 자리를 부통령과 공유한다는 생각은 레이건이 도저히 받아들일 수 없는 것이었다.

포드가 선택지에서 제외되자 부시가 다시 논리적인 선택으로 떠올랐으나, 레이건은 여전히 부시를 탐탁해하지 않았다. 부시를 부통령 후보로 지지했던 레이건의 참모 리처드 앨런은 부시가 모든 공화당 강령에 동의한다면 재고할 수 있겠느냐고 물었다. 레이건이 아마도 그때까지 중 가장 보수적인 공화당 강령을 이미 승인해놓은 상태였기 때문이었다. 40년 만에 처음으로 공화당은 성별과 관계없이 모든 미국인에게 평등한 권리를 보장하는 남녀평등권 수정 헌법에 대한 지지를 철회했다. 당 강령은 낙태 반대 헌법 수정안과 공급 중시 경제학을 지지한다고 천명했는데, 이는 부시가 선거운동에서 내세웠던 입장들과 배치되었다. 레이건은 앨런의 제안을 곰곰이 생각해본 뒤 "글쎄, 자네가 그렇게 말한다면 재고해보겠네."라고 대답했다. 7월 16일 오후 11시 38분, 레이건은 자신의 새로운 러닝메이트에게 전화를 걸었다. "조지, 참모들에게 가서 내가 당신을 부통령으로 추천한다고 말하고 싶어요. 그런데 한 가지만 물어봐도 되겠습니까? 당신이 당 강령 모두를 지지한다고 내가 발표해도 될까요?" 과거에도 그랬듯이, 부시는 자신이 추구하는 정치적 대가를 얻기 위해 쟁점 사항들에 대한 입장을 어렵지 않게 바꿨다.[18]

여러 면에서 레이건과 부시는 판이한 정치인이었다. 제2차 세계대전 중 레이건은 군복을 입었으나 미국을 떠나지 않았던 반면, 부시는 실전에 참전하여 목숨을 잃을 뻔했다. 레이건은 할리우드의 산물이었고, 부시는 비록 텍사스주에 살았으나 동부 해안 특권층이라는 출신 배경을 벗어버리지 못했다. 레이건은 보수주의 이념가로서 유권자들의 표심을 움직이는 데 상징과 수사가 중요하다는 것을 이해한 반면, 부시는 정치적 실용주의자로서 언론을 불편해했고 커다란 주제와 관련해 분명한 견해를 밝히기를 주저했다. 레이건은 사석에서는 냉담하고 내성적이지만 텔레비전의 힘과 카메라 앞에서 온화함을 풍기는 방법을 알고 있었고, 부시는 외향적이고 사교적이며 다른 사람들과 잘 어울렸지만 텔레비전을 이용해 유권자들에게 영감을 주는 방법은 배우지 못했다.[19]

그러나 이런 차이점들은 선거전이 달아오르자 큰 문제가 되지 않았다. 레이건은 디트로이트에서 열린 활기차고 열정적인 공화당 전당대회에서 후보 수락 연설을 하며 다가오는 대통령 선거의 본질을 매력적으로 단순화해 제시했다. 그는 열광하는 청중에게 이렇게 말했다. "이번 선거의 가장 중요한 쟁점은 백악관과 의회를 장악한 민주당 지도부가 초래한 이 전례 없는 참사에 대하여 정치적·개인적·도덕적 책임을 직접적으로 묻는 것입니다. 그들은 이제 미국의 전성기는 끝났고, 우리의 국운이 기울고 있다고 말합니다. 그들은 여러분이 자녀들에게 더 이상 미국인은 자신들의 문제와 맞설 의지가 없으며, 우리의 미래에는 희생과 제한된 기회만 있을 뿐이라고 말해주기를 바랍니다. 국민 여러분, 저는 그러한 견해를 전적으로 거부합니다." 레이건은 쾌활한 자신감을 보이며 미국의 국제적 영향력을 회복하고 침체된 경제를 되살리겠다고 약속하며, "미국을 다시 위대하게 만들기 위한 위대한 국가적 성전"에 동참해달라고 촉구했다.[20]

1980년 대통령 선거운동 내내 레이건은 "미국을 다시 위대하게" 만들겠다는 구호를 외쳤다. 선거운동용 컵과 포스터에도 선명히 새긴 그 문구는 레이건 세계관의 핵심을 제대로 포착해 담아냈다. 그의 사명은 1960년대의 사회적 혼란을 청산하고 1940년대와 1950년대의 안정을 되찾는 것이었다. 그는 훗날 이렇게 회고했다. "내가 대통령에 당선된다면 미국에 정신적 부흥을 가져오기 위해 제가 할 수 있는 모든 일을 하고 싶었습니다." '혁명'을 언급했지만, 레이건이 실제로 원했던 것은 '복원'이었다. 1960년대의 시민권 투쟁과 1970년대의 다양한 권익 신장 운동은 기존의 사회적·인종적 질서에 대한 도전이었다. 레이건은 자신을 비롯한 보수주의 동지들이 무너졌다고 인식한 질서를 제자리로 되돌려놓고 싶었다.[21]

　7월 중순이 되자 레이건은 여론조사에서 카터를 30퍼센트 차로 크게 앞섰다. 그러나 이후 몇 달 동안 민주당이 자당 후보를 중심으로 결집하면서 격차는 좁혀졌고, 대통령의 거센 구두 공격도 레이건에게 타격을 주었다. 후보 수락 연설에서 카터는 레이건을 "반짝이는 허구로 덮인 세상에서 사는 사람"으로 묘사했다. 카터는 레이건이 "전면적인 핵무기 경쟁"을 벌일 뿐만 아니라 "지난 50년간 우리가 사회정의와 품위를 위해 이룩한 모든 것을 공격할" 것이라며, 미국은 "두 가지 미래 중 하나를 선택해야 하는 상황"을 맞고 있다고 주장했다. 하나는 "안보와 정의, 평화"를 보장하는 민주적 미래이고, 다른 하나는 "절망"과 "굴복", 그리고 "위험"이 따르는 레이건식 미래였다. 1980년 대통령 선거는 재정 보수주의자이자 문화적으로는 진보주의자인 공화당 소속 일리노이주 하원의원 존 앤더슨이 무소속으로 출마해 한층 복잡해졌다.[22]

　레이건은 16년 전 큐클럭스클랜이 민권운동가 셋을 살해했던 미시시피주 필라델피아에서 선거운동을 시작했다. 그는 모든 백인 남부인이 의미를 이해하는 암호화된 표현을 주저 없이 꺼내며, 백인만으로 구성된 떠들썩한 청중을 향해 "저는 주州의 권리를 믿습니다."라고 말했다. 《뉴욕타임스》칼럼니스트 밥 허버트는 "레이건은 할리우드 미소를 띠고 친근한 화법을 구사할 수 있는 축복을 받았지만 골드워터와 닉슨이 펼친 바 있는, 인종 딱지를 붙이는 오래된 '남부 공략 전략'에 매몰되어 있다."라고 지적했다. 레이건이 인종 문제를 건드린 방식은 골드워터와 닉슨보다 은근했을 수 있으나, 그 효과는 결코 덜하지 않았다. '주 권리'에 대한 지지와 더불어 '복지 여왕'과 학교에서의 인종 통합 정책을 공격하면서, 레이건은 시민권 신장을 반대하는 유권자들과 유대를 형성했다. 역사학자 릭 펄스타인은 그 유권자들이 자신들을 "한때 흰 피부색이 보장해주던 특권을 정부 조치로 인해 빼앗긴" 희생자로 인식했다고 적었다.[23]

　레이건 캠프는 레이건을 전쟁광이라고 거세게 몰아붙이는 카터의 공격에 대응하기 위하여, 짧은 전기 영화 한 편을 제작해 레이건의 인간적인 면모를 부각하려 했다. 영화는 '미국의 심장부, 일리노이의 작은 시골 마을'에서 자란 한 소년이 할리우드에서 성공적인 경력을 쌓는 이야기로 시작한다. 제2차 세계대전 당시의 경험을 들려줄 때는, 레이건과 그의 참모진이 레이건의 정치 활동 내내 그러했듯이 진실과 거짓을 교묘히 섞어 포장했다. 영화는 전쟁 초기 발간된 연예 잡지들과 마찬가지로 레이건이 해외 주둔 미군 병사들의 경험과 비견될 만한 전쟁 경험을 했다는 잘못된 인상을 심어주었다. 영화는 레이건이 "평시에 자원입대한 장교로, 제2차 세계대전 발발과 함께 현역 근무에 지원"했다고 소개하면서, 워너브러더스가 레이건이 캘리포니아 컬버시티에서 전쟁 영화 제작에 전념할 수 있도록 징집을 연기하기 위해 얼마나 큰 노력을 기울였는지는 전혀 언급하지 않았다.[24]

대선 경쟁은 10월 말까지도 팽팽하게 진행되었다. 전국의 관심은 선거일을 일주일 앞두고 열리는 두 후보의 텔레비전 토론에 쏠렸다. 리처드 닉슨 역시 이 토론을 주목했다. 그는 요청받지 않았음에도 레이건에게 전략적 조언과 실무적 조언을 담은 편지를 보냈다. 닉슨은 실무적 조언의 일환으로, 적어도 토론 이틀 전부터는 충분히 휴식을 취하고 토론 당일에는 속보를 챙기는 일 외에는 어떤 일정도 잡지 말라고 권했다. 그는 "내가 1960년에 뼈저리게 배운 교훈이 있습니다. 어쩌면 화면에 어떻게 보이는지가 무슨 말을 하는가보다 중요하다는 점입니다."라고 적었다.

아이러니하게도 닉슨은 자신의 숙적인 존 F. 케네디가 사용했던 방식을 따르라고 권했다. 질문에 맞는 답변을 하려고 하기보다는 하고 싶은 말을 반복하라는 것이었다. 닉슨의 조언은 이러했다. "가장 똑똑한 참모들에게 부탁해 … 당신이 꼭 말하고 싶은 요점을 여덟 개나 열 개 정도로 정리하게 하고, 질문이 그 요점과 직접 관련이 없더라도 반드시 그것들을 말하십시오." 또한 닉슨은 레이건에게 인간적인 일화를 활용해 인플레이션의 고통을 극적으로 부각하라고도 제안했다. "결국 박빙의 선거에서는 유권자들이 두 후보를 어떻게 바라보느냐가 승부를 가르는 관건이 됩니다. 당신이 텔레비전 화면에서 강렬한 인상을 풍기면, 카터가 아무리 입심 좋게 각종 수치와 사실을 늘어놓더라도 그릇이 작은 사람처럼 보일 것입니다. 내가 사람들에게 카터가 토론에서 이길 수는 있겠지만(그마저도 의문입니다만), 시청자의 마음을 얻는 건 분명 당신이라고 말하는 이유가 바로 이것입니다."[25]

10월 28일, 미국인의 거의 절반에 해당하는 1억2000만 명이 클리블랜드에서 개최된 토론을 시청했다. 방송 시간 내내 두 후보는 팽팽하게 맞섰다. 그러나 마무리 발언에서 레이건은 두 자릿수 인플레이션, 여전히 이란에 억류되어 있는 미국인들, 아프가니스탄에 주둔한 소련군 문제를 거론하며 카터의 책임을 부각했다. "4년 전보다 살림이 더 나아지셨습니까? 미국이 과거만큼 전 세계인의 존경을 받고 있나요?" 침착하고 사려 깊은 모습에 더해 카터의 여러 공격을 유머로 받아치는 여유까지 보인 레이건은, 언제든 방아쇠를 당기려는 전쟁광이라는 이미지를 사실상 불식시키며 명백히 토론의 승자가 되었다. 토론 이후 며칠간 그의 지지율은 크게 상승했다.[26]

선거일에 레이건은 51퍼센트의 득표율로 41퍼센트를 얻은 카터를 압도적으로 누르고 승리했다. 앤더슨을 선택한 유권자는 7퍼센트에 그쳤다. 민주당은 하원에서 34석을 잃었을 뿐 아니라 상원에서도 12석을 잃어, 53 대 47로 상원에서 다수당 지위도 잃었다. 선거 후 조사에 따르면 레이건은 아프리카계 미국인의 삶을 개선하기 위한 정부 정책에 반대하는 사람들로부터 압도적인 지지(71퍼센트)를 받았다. 카터가 같은 정책을 지지하는 사람들로부터 93퍼센트의 지지를 얻었고 다른 사회보장 프로그램에 대한 지지 감소도 없었던 점을 고려하면, 레이건의 승리는 상당 부분 수십 년간 억눌려 있던 인종적 반감이 표출된 결과라고 보는 것이 적절하다.[27]

*

1981년 1월 20일, 70세 생일을 불과 2주 앞둔 로널드 레이건은 제40대 미국 대통령으로서 취임 선서를 했다. 대통령 취임식 사상 처음으로 그는 내셔널몰이 내려다보이고 서쪽의 포토맥강과 그 너머 선벨트 지역을 향해 상징적으로 설치된 연단에 섰다. 그러한 정신에 맞춰 레이건은 재탄생과 새로운 방향에 대한 의식을 불러일으키는 취임사를 통해 "국가적 쇄신의 시대"를 촉구했다. 레이건은 한계를 강조한 카터의 메시지를 버리고, 그 대신 "국내외에서 평화를 지키는, 강력하고 번영하는 미국"이 주도하는 무한한 가능성의 미래를 제시했다. 국내적으로는 성장하는 경제가 "편견이나 차별에서 비롯된 장벽 없이 모든 미국인에게 평등한 기회를 제공할 것"이라고 약속했고, 대외적으로는 미국이 "다시 자유의 모범이 되어 현재 자유를 누리지 못하는 이들에게 희망의 불빛이 될 것"이라고 강조했다. 그러나 레이건은 경고도 잊지 않았다. 연방정부의 권력이 축소될 때에만 비로소 이러한 원대한 기대가 실현될 수 있다는 것이었다. 레이건은 "현재의 위기 상황에서 정부는 우리 문제의 해결책이 아닙니다. 정부가 **바로** 문제입니다"라고 선언하여 보수주의자들을 기쁘게 했다.[28]

우파 진영의 많은 이들에게 1980년 선거는 리처드 닉슨이 말한 보수적 다수가 오랫동안 기다려온 승리를 의미했다. 칼럼니스트 윌리엄 새파이어는 1980년 선거를 이렇게 평가했다. "워터게이트 폭풍이 불어닥쳤을 때 집에서 사라졌던 '침묵하는 다수'라는 큰 개가, 물에 흠뻑 젖은 채 미국이라는 집의 응접실로 뛰어 들어와 제 몸을 힘차게 털어댔다." 실제로 보수 운동은 짧은 치유 기간을 거친 후 더욱 강하게 부상했고, 그 결과 1960년대에 대한 문화적·정치적 반발의 물결을 타고 새 대통령이 곧바로 백악관으로 입성할 수 있었다. 전통적 가치와 작은 정부를 주창한 레이건의 메시지가 대통령 사임, 패전의 아픈 경험, 스태그플레이션의 시련, 이란 인질 사태의 굴욕 등으로 상처받은 미국인들에게 강력하게 소구한 것이다.[29]

소련과의 대결과 더불어 대통령 레이건의 또 다른 우선 관심사는 허덕이는 경제를 되살리는 것이었다. 이는 결코 쉬운 일이 아니었다. 레이건이 집권한 시기는 대공황 이후 가장 급격한 경기 침체를 겪던 때로, 실업률은 7.4퍼센트에 달했고 가계의 생활비는 20퍼센트 이상 치솟았다. 1981년 2월

18일, 레이건은 의회에서 자신의 경제 계획을 발표하며 "국가를 근본적으로 다른 길, 즉 인플레이션은 줄이고 성장은 키우며 모든 국민이 밝은 미래를 기대할 수 있는 길로 이끌겠"다고 약속했다. 이틀 후 《뉴욕타임스》의 머리기사는 "케인스 이론 폐기를 시도하는, 1930년대 뉴딜정책만큼 혁명적인 대통령의 계획들"이라고 선언했다. 레이건 행정부가 스스로를 역사를 만드는 주체로 여기며, 국가를 과감하게 경제 부흥으로 이끌겠다는 의지를 가진 것은 분명했다.[30]

그러나 그러한 계획들은 1981년 3월 30일 급작스럽게 중단되었다. 워싱턴힐튼호텔을 나서는 새 대통령을 총으로 쏘아 중상을 입히는 암살 시도가 벌어진 것이다. 총알은 대통령 전용 리무진에 튕겨 나와 레이건의 폐를 관통한 후 심장에서 3센티미터가량 떨어진 곳에 박혔다. 제임스 브래디 공보관은 머리에 총상을 입어 영구 장애를 갖게 되었고, 비밀경호국 요원 한 명과 경찰관 한 명도 부상을 당했다. 그러한 시련 속에서도 레이건은 용기와 기개를 보여주었다. 수술실로 이송되면서 그는 낸시에게 "여보, 몸을 피했어야 했는데 깜빡했네."라고 농담했다. 유머와는 별개로 레이건의 상태는 심각했다. 부공보관은 의사들이 참모진에게 설명한 내용을 다음과 같이 기록했다. "출혈로 사망할 수 있음. 총상 부위를 찾기 어려움. 환자를 잃을 수 있음. 생사를 오가는 상황."[31]

최고사령관이 의식을 잃고 수술대에 누워 있는 동안, 백악관은 일시적으로 대통령의 권한을 부통령에게 이양해야 했다. 하지만 레이건의 측근들은 그렇게 하면 국민과 동맹국들을 불안하게 할 것이고, 무엇보다도 사람들에게 레이건의 나이를 상기시킬 것이라고 우려했다. 텍사스에 머물다가 총격 소식을 들은 부시는 급히 워싱턴으로 돌아왔다. 그는 대통령의 책임을 떠맡는 데 지나치게 의욕적으로 보이지 않으면서도 상황을 신중하게 관리해야 한다는 점을 알았다. 부시는 헬리콥터를 백악관 남쪽 잔디밭에 착륙시키자는 제안을 거부하고, 대신 6시 30분에 부통령 관저에 착륙시킨 뒤 겸손하게 말했다. "오직 대통령만이 백악관 잔디밭에 착륙할 수 있습니다."

그런 다음 부시는 차량으로 백악관까지 이동했다. 총격 사건 발생 후 대략 네 시간 30분이 지난 7시에 부시가 상황실에 도착하자, 초조해하던 레이건 내각은 즉시 안정감을 찾았다. 그 무렵 대통령은 위험에서 벗어난 상태였다.[32]

단기적으로 암살 미수 사건은 오히려 레이건의 인기를 높이고 의회가 그의 급진적 경제 계획을 수용하도록 만들었다. 〈ABC 뉴스〉와 《워싱턴포스트》의 공동 여론조사에 따르면 암살 시도 직후 대통령 지지율은 11포인트 급등하여 73퍼센트에 달했다. 《뉴스위크》는 "레이건을 죽이려 했던 총알이 대신 그를 영웅으로 만들어, 여러 정치적 논란과 희비가 엇갈리는 뉴스들에 휘말리지 않을 수 있었다."라고 썼다. 5월에는 투지를 잃은 민주당 의원들이 공화당 의원들과 함께 사회 프로그램 대폭 축소와 군사비 증액을 요구하는 예산 결의안을 통과시켰다. 투표 후 레이건은 "의회가 국민의 목소리를 귀담아들은 결과"라고 의기양양하게 선언했다. 3개월 후 의회는 행정부의 대규모 감세안을 거의 자동적으로 승인하여 첫 해 5퍼센트, 그다음 2년 동안 각각 추가로 10퍼센트씩 전 분야에 걸쳐 감세하는 법안을 허용했다. 레이건은 또한 물가 상승 억제를 위해 통화 공급을 축소하는 연방준비제도이사회의 정책도 암묵적으로 지지했다. 이 전략으로 물가는 잡을 수 있었지만 비싼 대가를 치러야 했다. 연방기금 금리를 20퍼센트로 올린 결과 경제성장을 질식시켜 1941년 이래 최고치인 9.5퍼센트의 실업률을 초래한 것이다.[33]

숫자에 밝고 조숙한 미시간주 하원의원이자 예산국장인 데이비드 스토크먼은 레이건의 정책이 막대한 재정 적자를 낳을 것이라고 일찍부터 경고했다. "적자 규모가 엄청날 것으로 예상되어 대통령님의 경제 구상 전체를 망칠 수도 있습니다." 스토크먼은 1983 회계연도에 재정 적자가 800억 달러를 넘어서고, 1986년에는 1100억 달러에 이를 것으로 추산했다. "대통령은 충격을 받은 것 같았"다고 스토크먼은 회상했지만, 레이건은 현실을 인정하려 하지 않으며 "균형재정을 포기할 수는 없습니다. 우리를 이런 곤경에 빠뜨린 게 적자 재정 아닙니까.”라고 주장했다. 스토크먼은 국방비 증가 속도를 늦춰 균형예산을 도모하자고 권고했으나 레이건은 그마저도 듣지 않았다. 레이건은 “우리가 국방비 지출을 조금이라도 줄이려 한다는 걸 세계 누구도 눈치채서는 안” 된다고 단언했다. 레이건은 일기에 이렇게 썼다. “내가 고집을 부리고 있을 수도 있다. 그러나 나는 감세 정책이 경기를 부양해 세수 증가로 이어지리라고 생각한다. 기다리며 결과를 지켜보겠다.”[34]

레이건의 암살 위기 이후 조성되었던 호의적인 분위기는 시간이 지나며 사그라들기 시작했다. 1982년 의회는 대통령의 일부 사회 프로그램 축소안을 거부했을 뿐만 아니라 재정 적자 문제 해결을 위해 증세를 강요했다. 의회는 담배 소비세를 두 배로 늘려 3년에 걸쳐 거의 1000억 달러의 세수를 증대시키는 법안을 통과시켰다. 그러나 레이건은 자신이 세금을 인상했다는 사실 자체를 계속 부인하려 했다. “이를 … 증세라고 불러서는 안 된다고 생각합니다. 이는 세금 조정이었습니다.” 아이러니하게도 예산에 구멍을 내고 있던 바로 그 시기에 레이건은 균형예산을 강제하는 헌법 수정안을 통과시키기 위해 캠페인을 벌였다. 한 칼럼니스트는 레이건의 접근법을 “술주정뱅이가 금주를 설교하는 전형적인 사례”라고 꼬집었다.[35]

높은 금리와 급증하는 적자에도 불구하고 1984년에는 국민총생산이 4.3퍼센트라는 인상적인 증가를 보이면서 경제에 활력의 조짐이 나타나기 시작했다. 인플레이션은 12.4퍼센트에서 4.1퍼센트로 떨어졌고, 금리는 21.5퍼센트에서 12퍼센트로 하락했으며, 실업률은 여전히 7퍼센트로 높았으나 최고치였던 10퍼센트에서는 감소했다. 유권자의 거의 60퍼센트가 이러한 경제 여건 개선이 레이건의 공이라고 생각했다.[36]

이 같은 경제 희소식이 사실상 1984년 레이건의 재선을 확정 지었다. 레이건은 전직 부통령 월터 먼데일을 상대로 압도적으로 승리했다. 개인적으로, 그리고 조직적으로도 자신감이 충만해진 레이건은 “미국을 다시 위대하게 만들고, 독수리가 날아오르게 하자.”라고 촉구했다. 선거일 유권자들은 국민 투표에서는 59퍼센트, 선거인단에서는 역사상 최대인 525표를 몰아주어 레이건을 재집권시켰다. 먼데일은 국민 투표 41퍼센트와 선거인단 13표를 얻는 데 그쳤다. 레이건은 미네소타주와 컬럼비아특별구를 제외한 전국에서 승리했다. 미국 역사상 이처럼 포괄적인 압승은 없었다. 모든 지역과 연령층을 포함한, 이질적인 거의 모든 인구학적 집단 단위에서 보낸 메시지는 분명했다. 레이건에게 "4년을 더" 맡겨보자는 것이었다.

*

레이건의 두 번째 임기가 시작될 무렵, 두 초강대국 간의 관계는 최악이었다. 레이건은 지난 몇 년간 소련에 대해 강경한 발언을 해왔을 뿐만 아니라 그런 발언을 구체적인 행동으로 뒷받침해왔다. 그는 중거리핵전력INF 제한과 전략무기감축협상START과 관련된 소련과의 협상에서 강경한 입장을 취하며 소련에게 더 많은 감축을 요구했다. 게다가 1983년 3월 레이건은 전략방위구상SDI 계획을 발표하면서 문제를 더욱 복잡하게 만들었다. SDI는 이론적으로 레이저를 이용하여 적의 미사일이 목표물을 타격하기 전에 파괴하는 미사일 방어 시스템이었다. 레이건은 SDI로 핵무기를 무용지물로 만들면 세계가 핵 군축에 더 가까이 다가갈 수 있다고 생각했다. 그는 심지어 그 시스템을 소련과 공유하겠다고 약속했다. 그러나 크렘린은 비판자들에게서 이른바 "스타워즈"라고 불린 그 시스템이 미국에게 선제공격 능력을 제공함으로써 두 나라 간의 관계를 더욱 불안정하게 만들 것이라고 우려했다.[37]

이처럼 미·소 관계가 이미 긴장 상태에 있던 1983년 9월, 소련 요격기가 대한항공 여객기를 격추하여 탑승자 269명 전원이 사망하는 사건이 발생했다. 알래스카 앵커리지에서 출발해 한국의 서울로 향하던 대한항공 보잉747기가 소련 영공을 침범했던 것이다. 미국 정보당국은 이 비극이 민간 여객기를 정찰기로 오인한 소련 군 당국의 혼란과 무능에서 비롯되었다고 분석했지만, 소련의 행위에 진심으로 분노한 레이건은 그 사건을 "개인의 권리와 인간 생명의 가치를 악의적으로 무시하는 사회가 일으킨 야만적 행위"라고 규탄했다. 무기 감축 협상이 교착 상태에 빠진 상황에서 레이건이 이처럼 거세게 도덕적 비난을 퍼붓자, 소련 내에서는 미국이 전쟁을 준비하고 있는 것이 아닌가 하는 우려가 커졌다. 쿠바 미사일 위기 이후 처음으로 모스크바는 서방 각국의 소련 공관에 임박한 공격에 대비하라는 경고를 보냈다. 미국과의 협상이 부질없다고 확신한 소련 외교관들은 INF 제한 협상을 중단했다. 그러자 미국은 서독, 영국, 이탈리아에 새로운 미사일을 배치하며 대응했고, 이에 소련은 체코슬로바키아와 동독에 새로운 로켓을 이동 배치했다. 핵 아마겟돈에 대한 공포가 서유럽과 미국으로 급속히 번졌다. 한 이탈리아 신문은 "제2차 냉전이 시작되었다."라고 목소리를 높였다.[38]

1984년에 이르면 제2차 세계대전은 많은 미국인의 기억 속에서 저 멀리 사라져버렸다. 베트남전쟁이 남긴 깊은 정신적 상처가 보다 생생했고, 거기서 배운 교훈은 달랐다. 미국이 공산주의에 대한 공포를 버리고 무력 사용을 제한해야 한다는 것이었다. 역사학자 프레드릭 로게발과 케네스 오스굿이 지적했듯이, 레이건은 두 전쟁을 하나로 묶는 공통된 주제를 보았다. "한 전쟁은 약해서 시작되었고, 다른 전쟁은 약해서 패배했다. 두 전쟁 모두 동일한 교훈, 즉 침략에는 군건히 맞서야 한다는 교훈을 주었다." 베트남전쟁이 레이건에게 가르쳐준 것은 절제의 가치가 아니라 미국의 힘을 되살리고 재도덕화할 필요성이었다. 레이건이 해외파병재향군인회 모임에서 베트남전쟁이 "숭고한 대의, 소련과 그 위성국들의 팽창주의적 의도를 견제하고 미국의 국제적 위상을 군건히 하기 위해 필요했던 전쟁"이었다고 편히 말할 수 있었던 이유도 그 때문이었다.[39]

많은 보수 지지자와 마찬가지로 레이건은 "진보적 언론", 반전시위자들, 그리고 무능한 워싱턴 관료들 때문에 미군이 "한 손이 등 뒤로 묶인 채" 싸울 수밖에 없었으므로 베트남전쟁 패배의 책임은 그들에게 있다고 믿었다. 레이건은 비록 막대한 전쟁 비용은 우려했지만, 평화는 전쟁을 통해서만 보장될 수 있다고 믿었다. "만약 싸워야 하는 상황이 온다면 승리할 수 있는 수단과 결의를 반드시 갖춰야 합니다. 그러지 않으면 평화를 지킬 수 없습니다. 그리고 이 자리를 빌려 베트남전쟁에서 싸운 이들에게 말하겠습니다. 정부가 승리를 두려워하는 전쟁에 우리 젊은이들을 보내 싸우게 하고, 어쩌면 목숨을 잃게 하는 일은 다시는 없을 것입니다."[40]

레이건은 그러한 생각을 독재 정권을 전복하려는 좌파 반군들의 투쟁이 격화되고 있던 중앙아메리카에 적용했고, 이는 재앙과도 같은 결과를 낳았다. 레이건은 냉전 초기 시절로 돌아간 듯이 도미노이론을 부활시키며, 기존 질서를 뒤흔드는 이러한 새로운 움직임의 배후에 소련이 있다고 주장했다. 레이건과 그의 참모진은 라틴아메리카 어디에서라도 좌파가 승리하면 "또 다른 쿠바"의 탄생으로 이어져, 소련의 팽창 야욕이 서반구 전체로 퍼지는 발판이 될 수 있다고 보았다. 레이건은 미 국민에게 이렇게 충고했다. "우리 자신을 속이지 맙시다. 현재 벌어지고 있는 모든 불안의 배후에는 소련이 있습니다. 그들이 이 도미노 게임에 가담하지 않았다면 오늘날 이 세상에 분쟁 지역은 존재하지 않았을 것입니다."

레이건은 린든 존슨을 연상시키는 언어로, 미국이 중앙아메리카에서 추구하는 목표는 그 지역 주민들의 자유와 자결권을 지키는 것이라고 주장했다. 당시 인구의 2퍼센트가 거의 모든 부를 장악하고 있던 가난한 나라 엘살바도르에서는 좌파 게릴라 연합이 정부 전복을 시도하고 있었다. 이 반군들이 소련의 영향력 아래 있다고 확신한 레이건은 엘살바도르 정부를 지원하기 위해 막대한 군사·경제 원조 자금을 쏟아부었다. 이와 유사하게 니카라과의 산디니스타 좌파 정부를 전복시킬 목적으로 CIA를 통해 수억 달러를 투입해 '콘트라'라고 알려진 반군 게릴라 병력을 훈련하기도 했다. 레이건은 이들 콘트라 반군을 "자유의 투사들이자 미국 건국의 아버지들에 버금가는 도덕적 존재"라고 치켜세웠다.[41]

레이건은 자신이 라틴아메리카를 대하는 방식을 베트남전 당시 존슨 대통령의 정책에 빗대어 비판하는 사람들의 생각이 잘못되었다고 믿었다. 전직 배우였던 그는 이번에도 자신이 보는 현실만을 고집하며, 제2차 세계 대전의 교훈과 베트남전쟁의 교훈 사이에 존재하는 차이에는 눈을 감았다. 그러나 그의 참모들은 베트남전쟁 이후의 세계 질서에 맞는 정책을 개발해야 했다. 이러한 인식 차이로 인해 곧 참모진 사이에 분열이 일었지만, 레이건은 그 격렬한 논쟁 과정을 규율할 어떤 원칙도 세우지 않았다. 비서실장 제임스 베이커는 행정부 내 정책 결정 과정을 "음모와 기 싸움과 자존심과 각자의 이해관계가 뒤섞인, 마치 마녀가 끓여낸 비약秘藥과 같"았다고 비유하며, "국무장관과 국방장관이 서로 으르렁거리지 않는 날이 단 하루도 없었다."라고 덧붙였다.[42]

한쪽에는 제임스 베이커와 국방장관 캐스퍼 와인버거, 그리고 합참의장단과 같은 실용주의자들이 있었다. 1984년에 대중의 지지나 승리를 위한 명확한 전략 없이 미군 지상군을 베트남에 파병한 것은 실수였다고 믿는 와인버거는 "해외에 미군 전투 병력 투입을 검토할 때 적용할 기준"을 구체적으로 제시했다. 또다시 무모한 작전에 투입되어 미국 장병들이 희생되는 일을 막겠다고 결심한 와인버거는 양극단의 정책 사이에서 균형점을 찾을 수 있는 합리적인 기준을 세우려 했다. 와인버거는 (1) 미국의 중대 이익이 걸려 있고, (2) 승리를 위해 필요한 병력을 끝까지 투입할 국가적 의지가 있으며, (3) 미군이 달성해야 할 목표를 명확하고 구체적으로 제시할 수 있어야 하고, (4) 미국 국민과 의회가 지지하는 정책이며, (5) 모든 외교적 노력이 실패했을 경우에만 미군을 해외에 투입해야 한다고 주장했다. 언론은 이 접근법을 곧바로 "와인버거독트린"이라고 불렀으며, 《워싱턴포스트》는 이를 "베트남전쟁 이후 합의된 내용을 총체적으로 간추린 것"이라고 논평했다.[43]

이들 실용주의자와 반대편에 선 행정부 내의 보수주의자들은 제2차 세계대전에 영향을 받은 세계관을 여전히 간직하고 있었다. 이들은 무력 사용에 제한을 두는 와인버거독트린에 강력히 반대했다. 주유엔 미국 대사이자 신보수주의자인 진 커크패트릭, 국무장관 알렉산더 헤이그와 그의 후임 조지 슐츠, 그리고 CIA 국장 윌리엄 케이시는 와인버거독트린은 미국이 국제사회에 했던 약속을 저버린다는 의미로 권력의 공백을 만들 것이며, 소련이 이를 기꺼이 메우려 할 것이라고 우려했다. 그들은 의회와 여론을 공개적으로 무시하며, 무력 사용은 대통령의 합법적인 고유 권한이라고 믿었다. 회고록에서 슐츠 국무장관은 와인버거독트린은 "베트남 증후군이 지나치게 과장되어 우스꽝스러운 수준에 이른 것으로, 리더십을 완전히 포기하라고 종용하는 것"이라고 주장했다.[44]

아이러니하게도 레이건은 전투적인 수사를 남발했지만, 해외 군사 개입에 대한 미 국민들의 뿌리 깊은 우려를 깊이 인식해 무고한 희생이 있어서는 안 된다는 입장을 고수했다. 1982년, 그는 내전으로 피폐해진 레바논에 다국적 평화유지군을 배치하자는 애초부터 잘못된 구상에 따라 그 일원으로 미 해병대를 파병했다. 1983년 10월 23일, 자살 테러범이 폭발물을 가득 실은 트럭을 몰고 베이루트의 4층짜리 미군 막사로 돌진해 건물을 완전히 파괴했고, 그 결과 미군 241명이 사망했다. 레이건은 훗날 그 사건을 두고 "내 대통령 재임 기간 중 가장 슬픈, 어쩌면 내 인생에서 가장 슬픈 날"이었다고 회고했다. 그 기억은 레이건이 집권 8년 동안 단 두 차례만 군사력을 사용했던 이유를 부분적으로 설명하기도 한다. 가장 극적인 무력 사용은 베이루트 막사 폭탄 테러가 발생하고서 이틀 뒤에 이루어졌다. 레이건은 해병대원 1900명을 동원해 카리브해의 작은 섬나라 그레나다를 침공하라는 명령을 내렸다. "긴급분노 작전Operation Urgent Fury"이라 불리며 여드레간 진행된 이 침공의 목적은 현지에서 유학 중인 미국인 학생 약 600명을 대피시키고, 무장 마르크스주의자들에 의해 전복된 친미 정권을 복원하는 것이었다. 미군 전사자는 비교적 적은 편이었지만, 그래도 열아홉 명이 전투 중 목숨을 잃었다. 두 번째 무력 사용은 레이건의 두 번째 임기 중인 1986년 4월에 있었다. 리비아 공작원들이 미군이 종종 찾던 베를린의 한 나이트클럽을 폭파하자 레이건은 보복 공습을 명령했고, 그 결과 리비

아의 독재자 무아마르 알 카다피의 갓난아이 딸을 포함해 약 서른일곱 명의 리비아인이 사망했다.[45]

레이건 행정부는 무력 사용을 자제하기는 했지만, 반공산주의 꼭두각시 정권들을 간접적으로 지원하는 경향을 보임으로써 한편으로는 개입을 시도하고 다른 한편으로는 개입을 자제하는 혼란스러운 외교정책을 펼쳤다.

*

푸앙트뒤오크에서 연설한 1984년 여름 무렵에 이르자, 레이건은 소련에 대한 강경 노선을 재고하기 시작했다. 변화하는 정치적 흐름이 그의 노선 변경을 압박했다. 그가 군비 통제에 거세게 반대하고 거친 냉전적 수사를 거듭 구사하자 미국과 유럽에서는 평화운동이 되살아났다. 여론조사에 따르면 미국인의 거의 60퍼센트가 핵무기의 실험·생산·배치에 대한 즉각적인 동결을 지지했다. 동시에 비평가들도 레이건 행정부의 정책이 과연 현명한지 의문을 제기하기 시작했다. 봉쇄 정책의 아버지라 불린 조지 케넌은 "이 광기를 멈춰라."라고 호소했다. 레이건의 여론조사 전문가들도 그에게 호전적인 언어의 수위를 낮추라고 조언하면서, 다수의 유권자가 레이건이 1984년의 대선 상대였던 민주당의 월터 먼데일보다 "불필요한 전쟁을 일으킬 가능성이 높다"고 믿고 있다는 조사 결과를 제시했다.[46]

그와 동시에 대중문화 영역으로 전 지구적 멸망의 위협이 스며들었다. 1983년 11월 20일, 1억 명이 넘는 미국 시청자들이 ABC 방송의 〈금주의 영화〉를 불안한 마음으로 지켜보았다. 〈더 데이 애프터〉라는 제목의 이 영화는 소련과 미국 간의 핵 교전이 캔자스주 로런스에 미치는 영향을 그린, 눈을 뗄 수 없을 정도로 긴장감 넘치고 무서운 두 시간짜리 드라마였다. 레이건은 그 영화를 본 미국인들이 핵전쟁의 공포에 질려 자신의 핵무기 증강 노력에 반대하지 않을까 우려한 나머지 시사본을 요청해 1983년 10월

10일 캠프데이비드에서 미리 시청했다. 그는 일기에 영화에 대한 감상을 남겼다. "700만 달러 제작비에 걸맞은, 핵전쟁의 공포를 매우 효과적으로 그려낸 강력한 작품이었다. 나를 아주 우울하게 만들었다." 얼마 후 레이건은 미국이 어떻게 핵 공격에 대응할 수 있는지를 논의하기 위해 군 지도자들과 만났다. 레이건은 군의 브리핑이 "그 영화 속 상황과 아주 흡사하여 정신이 번쩍 들었"다고 회상했다. 레이건은 만약 소련이 핵무기를 발사할 시 자신에게 "아마겟돈을 일으킬" 시간이 단 6분밖에 없다는 사실을 믿기 어려워했다.[47]

1984년 레이건이 압도적으로 대선에서 승리한 직후 닉슨이 보낸 편지도 소련과의 협상 쪽으로 레이건의 마음이 기울도록 만들었다. 두 사람은 수년간 원만한 관계를 유지하고 있었다. 레이건은 워터게이트사건 당시 닉슨을 맹렬히 옹호했고, 진보적 언론과 당파적인 민주당원들이 부당하게 닉슨이 물러나도록 만들었다고 생각했다. 1970년대에 닉슨은 레이건을 당내 떠오르는 스타로 인정했으며, 자신의 외교정책 조언을 받아들일 인물이라고도 생각했던 듯하다.

두 사람은 따뜻한 정을 나누는 사이는 아니었지만, 레이건은 닉슨이 퇴임 후 불과 몇 달 만에 입원하여 생사의 갈림길에 놓였다는 소식을 듣고는 평소답지 않게 감성적으로 반응했다. 레이건은 닉슨의 집에 전화를 걸어 딸 트리샤와 통화했다. 트리샤의 여동생 줄리는 아버지에게 다음과 같은 메시지를 전했다. "아빠, 레이건 주지사님이 전화하셔서 언니에게 '당신 아버지를 사랑하고 응원하는 사람들이 얼마나 많은지 아셨으면 좋겠다고 전해달라.'라고 하셨어요. 주지사님과 낸시 여사가 아빠를 위해 기도하고 계신대요." 그런 다음 그녀는 "레이건 주지사님이 너무 마음 아파하시면서 말도 제대로 못 하셨대요. 정말로 우셨다고 하더라고요."라고 덧붙였다.[48]

레이건이 보인 그러한 친밀감이 닉슨으로 하여금 "집권 제2기를 맞는 새로운 접근법"이라는 제목의 다섯 장짜리 편지를 써서 보내도록 만들었을 터이다. 그 편지에서 닉슨은 미국의 현직 최고경영자에게 "압도적인 승리를 거두고 집권 2기를 맞았지만 첫 번째 임기에 비해 밀월 기간은 훨씬 짧을 것이며, 대통령의 지시 사항을 이행하는 속도는 한층 느려질 것”이라고 조언했다. 닉슨은 루스벨트 대통령까지 거슬러 올라가는 과거의 역사적 교훈을 간략히 거론한 후, 과거를 반복하지 않으려면 “세 가지 방면에서 움직여야 합니다. 새로운 인물, 새로운 사고, 새로운 추진력입니다. … 새 행정부는 위대한 새 목표를 향한 목적의식과 추진력을 확보해야 합니다. 압도적인 지지를 받아 재집권에 성공했다 하더라도 과거 정책을 고집하며 안주해서는 안 됩니다. … 성공한 대통령은 모두 스스로에게 승리했다는 점을 꼭 명심하십시오. 대통령이 누구에게 빚을 져가며 성공한 사례는 없습니다.”라고 조언했다. 닉슨은 레이건이 “소련과 새롭고 덜 위험한 관계를 수립”하기 위한 주도권을 잡으려는 야심 찬 목표를 상정해야 한다고 이야기하며, 그렇게 하면 “제2차 세계대전 이후 최고의 외교정책 지도자”가 될 수 있을 것이라고 강조했다.[49]

소련에 좀 더 부드럽게 접근하라고 레이건에게 권고한 내부 인사는 닉슨만이 아니었다. 자기 남편이 남길 정치적 유산에 대해 걱정하고 그를 전쟁광으로 묘사하는 세간의 평가에 분노한 낸시는 소련과의 공통분모를 찾아보라고 남편을 압박했다. 한 보좌관의 회고에 따르면 “무엇보다도 낸시는 남편이 평화를 추구한 사람으로 인정받을 수 있기를 바랐다.” 남편의 집권 2기 내내, 낸시의 사명은 소련과의 관계를 개선하는 것이었다. 언론인 루 캐넌은 씁쓸하게 말했다. “낸시가 평화를 실현할 실력자라고 생각하는 사람은 거의 없었지만, 적어도 백악관 내에서 그녀는 실력자였다.”[50]

되돌아보면 결정적인 요소는 시점이었다. 집권 후 첫 4년 동안 레이건은 소련 지도자들과 어떤 종류의 관계라도 만들어보려고 노력했다. 레이건은 훗날 농담조로 이렇게 말했다. “그런데 그들이 계속 죽어나가더라고요.” 그러나 집권 2기가 시작되고 2개월 만에 소련에 새로운 지도자가 등장했다. 54세의 미하일 고르바초프는 이오시프 스탈린 이후 가장 젊은 소비에트공산당 서기장이었다. 전임자들보다 이념적 색채가 옅었던 고르바초프는 소련의 경제·정치 체제를 개혁하고 소련 사회를 보다 개방적으로 만들기 위한 정책으로, 페레스트로이카(개혁)와 글라스노스트(개방)를 주창했다. 고르바초프는 또한 당시 5년째 지속되고 있던 아프가니스탄이라는 "피 흘리는 상처"를 봉합하고 냉전의 긴장을 완화하여, 국내의 필요에 자원을 돌리고 서구의 기술에도 접근할 수 있는 계기를 만들겠다는 의지를 보였다. 실제로 고르바초프가 추구한 변화는 한 가지 통계 수치에서 생생히 드러났다. 소련공산당 중앙위원회 위원들의 평균 연령이 71세에서 58세로 떨어진 것이다.[51]

고르바초프를 어떻게 상대해야 할지를 두고 미국 정보기관들의 의견이 갈린 가운데, 레이건은 자신의 직감을 따르기로 했다. 레이건과 마찬가지로 강경 보수주의자였던 영국 총리 마거릿 대처도 고르바초프는 "우리와 협상할 수 있는 인물"이라며 레이건을 안심시켰다. 그래서 레이건은 초기의 의심을 거두고 열린 자세를 유지했다. 평화를 갈망하고 핵무기를 혐오한 레이건에게 자신의 감정과 일치하는 방식으로 행동할 기회가 찾아온 것이다. 소련의 지도자와 주고받은 일련의 서신을 통해 레이건은, 그가 훗날 회상한 바와 같이 "놀라운 사실"을 깨달았다. "소련의 고위 권력층 인사 중 많은 이들이 미국과 미국인을 진심으로 두려워하고 있었습니다. 제가 그 점에 놀라면 안 되었겠지만, 사실 매우 놀랐습니다." 레이건은 소련이 미국을 두려워할 이유를 줄여줌으로써 양국 간의 긴장을 완화할 수 있다고 판단했다.[52]

고르바초프와 어떻게 상대해야 할지 고민하던 중에 레이건은 제2차 세계대전의 오랜 기억을 떠올렸다. 1985년 봄, 독일 총리 헬무트 콜이 레이건을 초청했다. 비트부르크 소재 군인 묘지를 함께 참배하면서 제2차 세계대전 종전 40주년을 기념하자는 취지였다. 그러나 곧 그 묘지에 묻힌 군인 중에 프랑스 민간인 700명과 미군 열 명을 학살했던 잔혹한 나치 무장친위대원Waffen-SS들이 있다는 사실이 밝혀졌다. 방문을 취소하라는 압력이 거셌지만 레이건은 듣지 않았다. 대신 레이건은 비트부르크를 방문하기 전에 악명 높은 베르겐벨젠 수용소를 먼저 방문하자는 콜의 타협안을 받아들였다. 이 사건은 레이건에게 자신이 얼마나 신중하게 처신해야 하는지를 재차 일깨워주었다.[53]

이 모든 상황 전개는 1985년부터 시작된 네 차례의 레이건·고르바초프 정상회담으로 정점을 맞았다. 레이건은 11월 제네바에서 열릴 첫 만남을 준비하면서 자신의 열린 마음을 담은 다섯 장 분량의 메모를 구술해 작성토록 했다. "누가 승자고 누가 패자라는 이야기는 나오지 않도록 합시다." 하지만 그처럼 화해의 언어를 구사하고 유럽의 모든 중거리 핵미사일을 제거하자는 계획은 지지하면서도 레이건은 자신이 소중히 여기는 SDI 프로그램에서는 타협을 거부했고, 결국 두 정상은 군비 감축에 합의하지 못한 채 실망하며 돌아섰다.[54]

레이건과 고르바초프가 아이슬란드 레이캬비크에서 다시 만났을 때, 냉전을 종식시킬 역사적 합의를 가로막는 유일한 의제는 SDI였다. 고르바초프는 2000년까지 모든 핵무기를 제거하자고 과감히 제안했다. 반핵 성향의 레이건은 고르바초프의 이 제안에 솔깃하면서도, SDI 배치는 안 된다는 고르바초프의 주장은 받아들이지 않았다. 협상이 결렬 위기에 이르자 소련 지도자는 레이건에게 간청했다. "우주에서의 핵실험 금지에 동의하신다면 2분 안에 이 문서에 서명하겠습니다." 이에 레이건은 "정말 죄송합니다."라고 답했다. 비록 고르바초프의 최종 제안은 거부했지만, 레이건은 고르바초프가 새로운 유형의 소련 지도자라는 점을 인정했다. 그러나 조지 슐츠를 제외하고는 부시 부통령을 포함한 대통령의 고위 보좌관 중 누구도 레이건의 낙관론을 공유하지 않았다. 소련 쪽 상황도 마찬가지였다. 고르바초프는 강경파들로부터 반체제 인사를 단호히 조처하라는 압력을 받고 있었지만, 레이건의 진정한 의도는 냉전 승리가 아니라 냉전 종식이라는 점을 감지했다.[55]

레이캬비크 회담 이후, 소련 과학자들은 SDI가 보기만큼 위협적인 무기가 아니라고 고르바초프를 설득했다. 제대로 작동하기 힘들 것이라는 게 주된 이유였다. 이에 따라 소련 지도자는 SDI 반대 입장을 철회했고, 미국과 소련은 마침내 중거리핵전력 조약에 합의했다. 양국 간 최초로 기존 미사일 파괴와 그 준수 여부를 검증하기 위한 현장 사찰을 허용하는 조약이었다. 1987년 12월 고르바초프는 성대한 환영을 받으며 워싱턴을 방문하여 백악관 이스트룸에서 그 조약에 서명했다. 레이건은 훗날 이 사건을 "위대한 역사적 순간"이라고 평가했다.[56]

역설적이게도 소련과의 협상을 시도한 전임자들을 신랄하게 공격했던 레이건은 이제 보수 비평가들의 표적이 되었다. 1974년에 설립된 로비 단체인 '컨저버티브코커스'는 신문 광고를 게재해 레이건을 체임벌린에, 고르바초프를 히틀러에 비유했다. 보수 성향 잡지 《내셔널리뷰》의 윌리엄 F. 버클리 주니어는 레이건이 고르바초프 정권이 이끄는 소련의 사악한 의도를 잘못 이해했다고 주장했다. 그는 "소련이 더 이상 악의 제국이 아닌 듯 대하는 자세는 아돌프 히틀러에 대한 우리의 견해 전체를 바꾸려는 것과 같다."라고 썼다.[57]

닉슨은 앞서 레이건에게 소련에 대해 좀 더 유화적인 정책을 개발하라고 촉구하는 편지를 보냈음에도 불구하고, 대통령의 최근 행보에는 불만을 드러냈다. 고르바초프를 깊이 불신한 그 노회한 냉전 전사는 레이건 행정부를 향해 일련의 공개적인 공격을 퍼부으며 자신의 우려를 공론화했다.[58]

닉슨의 공개적인 비판이 소련의 협상 열의를 식힐 수도 있다고 우려한 레이건은 그를 백악관으로 초대해, 새로운 비서실장인 하워드 베이커와 프랭크 칼루치 국방장관을 배석시켜 함께 회의를 가졌다. 닉슨은 그 회동의 목적을 이해하고 있었다. 그는 베이커가 "공개적인 비판 수위를 낮추려고 시도했다."라는 기록을 남겼다. 닉슨의 회담 메모에 따르면, 주로 말을 한 사람은 전직 대통령 닉슨이었다. 닉슨은 정상회담 의제를 항상 핵 군비 통제로 제한하려는 소련의 의도를 언급하며 이야기를 시작했다. "그러나 이는 우리의 이해관계와 어긋납니다. 우리는 중앙아메리카와 아프가니스탄 같은 국지적 쟁점과 분쟁을 핵 군비 통제와 같은 수준으로 고려하거나, 심지어 더 우선적으로 논의하자고 주장해야 합니다. 왜냐하면 그러한 국지적 쟁점이 무력 사용으로 이어질 수 있기 때문입니다."

닉슨은 고르바초프를 신뢰할 수 없으므로 어떤 협상이든 군비 경쟁만이 아닌 광범위한 주제를 포함해야 한다고 거듭 강조하면서 "정치적 쟁점과 국지적 쟁점, 그리고 인권 문제 등도 최우선 의제로 다루어야" 한다고 주장했다. 한편 레이건은 고르바초프는 "다른 유형의 러시아 지도자"이므로 긍정적으로 평가한다고 말하면서 자신의 행정부를 옹호했다. 레이건이 고르바초프 외에 다른 소련 지도자를 만나본 적이 있는지는 불분명하다.[59]

회담 중 레이건을 자세히 지켜본 닉슨은 레이건의 모습에 깊은 인상을 받지 못했다. 닉슨은 "솔직히 말해서 레이건은 현안들을 제대로 파악하고 있는 것 같지 않았다."라고 기록하면서 레이건이 일부 주제는 "어렴풋이" 파악하고 있고, 일부 주제는 이해도 못 하는 듯 보였다고 기술했다. "내가 전달하고자 하는 요점도 깨닫지 못하는 것 같아 우려스럽다."닉슨에 따르면 레이건은 "피곤해 보였고, 회의가 진행될수록 더 피곤해 보였다. 내가 가능한 한 단순하고 직설적으로 의견을 전달했음에도 집중하는 것 자체가 힘들어 보였다. 앞서 언급했듯이 처음부터 끝까지 예의 바른 모습이었지만, 그에게서 어떤 냉담한 분위기가 느껴졌다. … 요약하자면, 유감스럽게도 레이건을 개인적인 자리에서 보니 공개 석상에서보다 훨씬 나이가 들어 보였고, 더 피곤해 보였으며, 활력도 많이 떨어져 보였다. 그가 고르바초프와 단둘이 개인적인 자리를 갖도록 허용해서는 절대 안 될 것이다."[60]

닉슨이 레이건의 현안 파악 능력에 의문을 제기했을지도 모르지만, 그의 조언은 받아들여지지 않았다. 레이건은 대통령 임기 마지막 해에 모스크바의 붉은광장 한가운데에 서서 소련에 가했던 자신의 이전 비판을 공개적으로 철회했다. 한 기자가 소련을 "악의 제국"이라고 묘사한 이전 발언이 여전히 유효하냐고 묻자 레이건은 솔직하게 답했다. "상황이 변했습니다. … 그때는 다른 시절, 다른 시대였습니다." 그러자 다른 기자가 두 사람은 이제 오랜 친구 사이냐고 물었다. "그렇습니다!Da! Da!" 고르바초프가 대답했고,

레이건도 뒤따라 "예!"라고 답했다.[61]

*

1980년 이란의 미국인 인질 납치로 들끓은 국민적 분노의 물결을 타고 집권한 레이건은 테러리스트들과는 절대 협상하지 않겠다고 자신 있게 강조했다. "미국은 테러리스트들에게 어떤 보상도 주지 않습니다." 그는 1985년 6월에 말했다. "우리는 그들에게 양보하지 않습니다. 어떠한 협상도 없을 것입니다." 그러나 레이건은 대외적으로는 그처럼 강경한 발언을 쏟아내면서, 막후에서는 레바논 베이루트에서 납치된 미국인 인질 일곱 명을 석방하는 대가로 이란에 첨단 미국 무기를 판매하는 협상을 벌였다.

그 음모에는 또 다른 속셈이 숨어 있었다. 2월 이란에 미사일을 인도한 후, 행정부는 그 수익금 중 300만 달러에서 400만 달러 사이의 돈을 빼돌려 니카라과의 산디니스타 정부와 싸우는 반공산주의 반군 콘트라를 지원하는 데 썼다. 그러한 행위는 레이건 행정부가 니카라과 문제에 다시는 은밀히 개입하지 못하도록 1984년 의회가 통과시킨 볼랜드 수정안을 명백히 위반하는 것이었다. 그 법안이 통과되었을 때, 레이건은 자신의 국가안보 보좌관에게 "콘트라 반군들이 버틸 수 있도록 어떻게든 도와주게."라고 말했다. 늘 그랬듯 레이건은 세부 사항은 보좌관들에게 일임했다.[62]

이란에 판 무기 대금이 콘트라 반군으로 유입되는 흐름은 1986년 11월 한 레바논 시사주간지가 이를 폭로할 때까지 계속되었다. 처음에 레이건 행정부는 인질 석방을 위한 유인책을 제공하여 행정부 스스로 세운 원칙을 위반했다는 사실을 부인했다. 그러나 다음 몇 달 동안 기자들은 무기 판매와 판매 대금이 콘트라 반군에 유입되는 과정에 관한 추악한 세부 내용을 파헤쳤다. 의회가 조사에 착수했지만 백악관은 핵심 문서 제출을 거부하며 의회의 조사 활동을 방해했다.[63]

레이건의 임기 마지막 2년을 집어삼킨 이 스캔들은 유능한 지도자라는 레이건의 명성을 훼손했다. 의회 조사위원회는 레이건이 "법이 충실히 집행되도록 주의를 기울여야 할 도덕적·법적 책임"을 저버렸다고 지적했지만, 그가 의도적으로 법을 어겼다는 비난까지는 하지 않았다. 레이건에게 더 큰 타격을 가한 것은 독립검사 로런스 E. 월시의 보고서였다. 그는 백악관이 레이건을 보호하기 위해 "방화벽"을 성공적으로 쌓아 대통령이 승인한 불법 정책에 대한 책임을 하급 관리들에게 돌렸다고 결론지었다. 그렇지만 월시는 "다른 사람들이 범죄를 저지를 수 있는 여건을 조성한 사람은 레이건 대통령이었다."라고 강조했다.[64]

이란·콘트라 스캔들로 입은 타격에도 불구하고, 레이건은 프랭클린 루스벨트 이후 어떤 대통령보다도 높은 지지율을 기록하며 퇴임했다.《뉴욕 타임스》와 CBS의 공동 여론조사에 따르면 퇴임 시 그의 지지율은 무려 68퍼센트였다.[65]

레이건이 냉전 종식의 공로를 인정받을 만한지에 관해서는 의견이 분분하다. 그의 지지자들은 레이건이 강경한 수사와 대규모 군비 증강을 통해 소련을 협상 테이블로 끌어냈다고 주장한다. 실제로 소련은 군비 지출을 **늘림으로써** 레이건의 초기 정책에 대응했다. 미국이 신뢰할 만한 협상 상대라고 소련을 확신시켰던 것은 핵무기에 대한 레이건의 뿌리 깊은 두려움과 군비 통제 논의를 추진하려 했던 그의 의지였다. 더 나아가 조지 케넌이 일찍이 1940년대 후반에 예측한 바와 같이 소련은 궁극적으로 공산주의 체제의 내재적 불안정성과 트루먼독트린 및 마셜플랜으로 거슬러 올라가는, 케넌 자신이 입안한 미국의 초당적 봉쇄 정책의 압박 때문에 무너졌다. "미국이 냉전에서 승리했다기보다는 소련이 포기했다." 역사학자 제프리 엥겔은 이렇게 표현했다.[66]

레이건의 경제 정책은 국내에서 놀라운 지속 성장 시기를 만들어냈다. 1983년과 1990년 사이에 실업률은 5.2퍼센트로 떨어졌고, 경제는 3분의 1 성장했으며, 1900만 개의 신규 일자리가 창출되었고, 인플레이션도 4퍼센트 미만으로 안정세를 유지했다. 그러나 이러한 경제성장과 안정의 이면에는 급격한 연방 재정 적자 증가가 있었다. 레이건은 자신의 감세 정책을 지출 우선순위, 특히 대규모 군사비 증액과 조화시키지 못했고 그 결과 연방 재정 적자는 치솟을 수밖에 없었다. 1989년 1월 퇴임 당시 연방정부는 세수에 비해 연간 2060억 달러를 더 지출하고 있었다. 단 8년 만에 국가 부채는 9085억 달러에서 거의 2조7000억 달러로 증가했다.[67]

레이건은 대통령이란 자리에 대한 존경심을 회복시키는 동시에 대통령의 성취 역량에 대한 국민의 기대치도 높여놓았다. 1980년에는 여론조사 응답자의 단 22퍼센트만이 정부를 "대개의 경우" 신뢰할 수 있다고 대답했다. 그러나 8년간의 공화당 집권 후 그 비율은 38퍼센트로 증가했고, 거의 절반이 정부 지출 증가를 지지한다고 답변했다. 레이건은 작은 정부, 그리고 개개인의 자주성이라는 메시지를 설파하며 집권했다. 그러나 역설적으로 8년에 걸친 그의 성공은 정부에 대한 국민의 신뢰 회복에 도움을 준 동시에, 그가 만들어낸 막대한 재정 적자는 국민이 요구하는 더 많은 서비스를 제공할 수 있는 워싱턴의 능력을 제한했다. 그 역설을 해결하는 일은 후임자의 몫이 될 터였다.[68]

*

조지 H. W. 부시는 부통령으로 재직한 8년 동안 보수주의자들에게 자신이 레이건이 남길 유산의 자연스러운 계승자임을 증명하려고 노력했다. 부시의 가장 큰 자산은 대통령과 서로 존중하는 관계를 맺으며 함께 국정을 수행했다는 것이었다. 부시는 규제 완화와 마약 등 여러 국내 문제를 다루는 특별대응팀을 관장했고, 대통령 집무실에서 열리는 브리핑에도 매일 참석했다. 그와 대통령은 시간이 되면 매주 개인적으로 점심을 함께하며, 멕시코 음식을 먹고 농담을 주고받으며 스포츠 이야기도 나누었다. 다른 부통령들과 마찬가지로 부시도 대통령을 대신하여 수많은 해외 순방을 다녔다. 그는 200만 킬로미터를 비행하며 65개국을 방문했다. 부시가 장례식 참석을 위해 비행기를 타는 시간이 매우 많아지자, 제임스 베이커는 "누군가 죽으면 내가 날아간다."라는 구호까지 만들었다.[69]

하지만 두 사람 사이에 개인적인 친밀감은 거의 없었다. 역사학자 리처드 리브스는 "레이건은 다른 모든 사람을 대할 때와 마찬가지로 부통령도 일종의 고용된 일꾼처럼 대했다."라고 기록했다. 부시는 백악관에서 강력한 영향력을 행사한 퍼스트레이디 낸시의 마음도 얻지 못했다. 레이건 부부의 아들 마이클은 자기 부모의 차이점을 이렇게 묘사했다. "아버지는 반쯤 찬 물잔을 보고 '봐라! 반이나 차 있잖아!'라고 말씀하십니다. 하지만 어머니는 항상 '누가 우리 남편 컵에서 반절을 훔쳐 갔지?'라며 따지려 드셨죠." 부시가 약한 인물이라고 생각했던 낸시는 그를 부통령으로 지명하는 데도 반대했고, 부시의 아내 바버라도 좋아하지 않았다. 실제로 낸시는 부시 부부가 자신과 대통령보다 더 많은 주목을 받을까 걱정한 나머지, 1980년 선거 직후 보좌관을 통해 그들에게 메시지를 전했다. 부시가 기억하는 그 메시지는 "언론 노출을 피하고, 존재감을 줄이고, 뒤로 물러나 있어라."라는 것이었다. 두 번의 임기 내내 낸시는 부시 부부에게 따뜻하게 다가가지 않았다. 낸시는 그들에게 격식을 차리며 거리를 두었고, 심지어 냉담하기까지 했다. 일례로 백악관 비서실 차장 마이클 디버의 경고에도 불구하고 대통령 부부가 다이애나 공주와 찰스 왕자를 위해 주최한, 그 유명한 1985년 11월 만찬에서 부시 부부는 의도적으로 제외되었다. 부시 부부로서는 레이건 부부가 백악관 관저에 단 한 번 초대하고 캠프데이비드에는 아예 초대도 하지 않은 사실에 섭섭해할 수밖에 없었다.[70]

레이건 부부가 거리를 둔 것이 부분적인 이유였는지, 부시는 대통령에 대한 자신의 충성심을 증명하려고 때때로 선을 넘기도 했다. 예를 들어 부시는 행정부가 인질 석방을 위해 무기를 판매하고 있다는 사실을 잘 알고 있었다. 부시는 슐츠와 와인버거 모두가 그 계획을 강력히 반대했던 대통령 집무실에서 열린 회의를 포함해 그 계획이 논의된 여러 회의에 참석했다. 그렇지만 부시는 각본대로, 전국으로 송출되는 방송에 나가서 미국이 그런 계획에 참여한다는 것은 "상상할 수 없는 일"이라고 말했다. 한 역사학자는 부시의 그 말을 두고 "새빨간 거짓말"이라고 묘사했다. 부시는 또한 《워싱턴 포스트》의 고참 기자 데이비드 브로더에게, 만약 슐츠와 와인버거가 그 정책에 우려를 표명했다는 사실을 알았더라면 자신도 반대했을 것이라고 말하며 그를 오도했다.[71]

그 시점에 부시는 1988년 대통령 선거 출마를 준비하고 있었으므로, 그 스캔들이 자신의 이미지를 손상시킬 수 있다고 우려했다. 부시는 조사관들에게 자신의 일기 제출을 거부하며 수사를 방해했다. 전기 작가 존 미첨은 부시가 "이란과의 거래 세부 내용을 몰랐다고 부인하고 그 이후에도 무기 판매에 관해서는 아는 것이 거의 없었다고 발뺌한 것은, 정치적 충성심과 개인적 야심이 완전한 진실을 말해야 할 도덕적 의무와 충돌한 상황에서 전자가 후자를 압도한 사례"였다고 평가했다.[72]

부시는 대통령에 대한 충성심을 보여주고 야망을 실현하기 위해 자신의 원칙을 훼손했지만, 그를 항상 숨은 온건파로 여겼던 보수 충성파들로부터는 아무런 보상도 받지 못했다. 텔레비전을 통해 활동하던 복음주의 전도사 팻 로버트슨과 1945년 4월 이탈리아 전투에서 부상을 당한 제2차 세계대전 참전 용사인 캔자스주 상원의원 로버트 돌이 공화당 예비선거에서 부시에게 도전장을 내밀었다.

아이오와 코커스에서 돌과 로버트슨에 이어 3위에 그치자, 부시는 자신의 메시지와 전술을 완전히 바꾸기로 했다. 선거에서 이기기 위해 이전에도 그랬던 것처럼, 부시는 사회적 쟁점에 관한 자신의 온건한 견해를 포기하고 재정 책임성과 균형예산을 중시하는 신념을 억누르며 보수주의자들에게 자신도 그들 중 한 명이라는 점을 확신시키기 위해 총력전을 펼쳤다. 또한 그는 레이건이 남긴 유산을 전적으로 수용하겠다는 의지를 표명하기 위해 유세 연설문도 다시 썼다. 그러한 전략은 효과를 발휘했다. 부시는 슈퍼화요일Super Tuesday에서 전체 득표율 55퍼센트를 기록하여 17개 주 중 16개 주에서 승리하며 공화당 대선 후보로 지명되었다.[73]

뉴올리언스슈퍼돔에서 열린 8월 공화당 전당대회에서 부시가 대의원들에게 연설하기 전, 선거 캠프는 보수 성향의 배우 찰턴 헤스턴이 해설을 맡은 부시의 전기 영상을 공개했다. 부시의 태평양전선 경험을 부각하며 제2차 세계대전 세대의 인품과 강인함에 경의를 표하는 영상이었다. 한 선거 참모가 부시가 구조되어 USS 핀백 함상으로 끌어올려지는 장면을 담은 저화질 원본 영상을 찾아내는 데 성공했고, 그 극적인 장면이 대중에게 처음 공개되었다. 영상은 부시와 같은 세대의 또 다른 인물인 로널드 레이건이 "저는 조지 부시를 신뢰합니다. 미국도 그를 신뢰할 수 있습니다."라고 선언하는 장면과 함께 끝났다.[74]

후보 지명 수락 연설에서 부시는 온건주의자들을 소외시키지 않으면서도 레이건 지지자들의 충성심은 그대로 유지할 수 있는 메시지를 분명히 전달하려고 노력했다. 연설의 핵심은 공들인 문구를 통해 전달한, 증세하지 않겠다는 약속이었다. 그는 선언했다. "여러분, 제 입술을 읽어보십시오. 새로운 세금은 없습니다." 부통령 부시는 교육과 환경 정책에 힘을 쏟겠다며 온건주의자들에게도 호소했다. 한편 부시는 검증된 바도 없고 유력한 정치인으로 주목받은 바도 없는 인디애나주 출신의 보수 성향 상원의원 댄 퀘일을 러닝메이트로 선택함으로써, 정치 평론가뿐만 아니라 자신의 최측근 보좌관 대부분을 당혹스럽게 만들었다. 퀘일에게 첫 번째로 축하 전화를 건 사람은 닉슨이었다. 자신과 퀘일 사이에서 유사점을 발견했기 때문이었다. "부시 부통령이 아이젠하워와 똑같은 일을 했군요." 닉슨은 그에게 말했다. "외교 경험이 있는 젊은 상원의원을 골랐으니까요."[75]

그다음 달, 민주당은 매사추세츠 주지사 마이클 두카키스를 대선 후보로 지명했다. 두카키스는 선거운동이 "이념이 아닌 능력을 판단하는 과정"이 되어야 한다고 선언하며, 1960년대 이후 민주당을 분열시킨 논란 많은 여러 사회적 쟁점을 피해 가려 했다. 두카키스는 민주당 예비선거에서 소위 '매사추세츠의 기적', 즉 자기 고향 주에서 일자리 만들고 세금을 낮추었다는 치적을 자랑했다. 그는 "좋은 임금의 좋은 일자리", 깨끗한 공기,

보육 지원, 교육 부문에 대한 연방 지원 확대를 약속했지만 그러한 추가 지출이 이미 막대한 재정 적자에 어떤 영향을 미칠지는 언급하지 않았다. 두카키스는 새로운 중도적 메시지를 강조하기 위해 부시의 숙적인 텍사스 상원의원 로이드 벤트슨을 러닝메이트로 선택했다.

부시는 '사회적 진보주의'라는 낙인을 찍어 민주당에 흠집을 내기로 작정했다. 다시 말해 선거운동을 1960년대의 문화적 유산을 둘러싼 싸움으로 몰고 가려 한 것이다. 선거운동의 막이 오르자 부시의 선거 캠프는 두카키스가 범죄 대처에 미온적이고 국방에 대한 결의가 부족하며, 가족이라는 전통적 가치의 적이라고 대중을 설득하는 데 집중했다. 부시는 빨갱이 딱지를 붙이는 것으로 악명을 떨쳤던 위스콘신 상원의원 조지프 매카시를 연상시키는 언어를 구사하며 두카키스를 "ACLU미국시민자유연맹의 명함을 들고 다니는 정식 회원"이라고 불렀고, 학교에서 '국기에 대한 맹세'를 의무화하는 법안에 반대한다며 두카키스 주지사의 애국심에도 의문을 제기했다. 또한 부시는 "범죄를 대하는 마이클 두카키스의 입장은 전형적으로 철 지난 1960년대식 진보주의"라며 공격했다.[76]

부시는 큰 정부와 높은 세금에 대한 유권자들의 두려움을 자극하면서 동시에 인종 갈등도 교묘히 이용했다. 이는 닉슨의 "법과 질서" 강조에서부터 레이건의 감금 통치* 확대와 교정 시설 민영화에 이르기까지 우파가 수년 동안 공들여온 추세에 편승하는 전략이었다. 부시 캠프는 윌리 호턴을 묘사한 광고를 통해 가장 큰 선거운동 효과를 거뒀다. 윌리 호턴은 두카키스가 주지사 시절 매사추세츠 교도소에서 복역하던 중 휴가를 나와 백인 여성을 강간한 아프리카계 미국인이었다. 부시는 다시 한번 정치적 야망을 실현하기 위해 자신의 원칙을 왜곡했다. 부시가 백인 중산층의 가치관에 호소하는 동안 두카키스는 학자금 지원, 의료 서비스, 일자리 확보 정책을

---

*   원문은 Carceral state로 국가가 감시, 처벌, 감금을 통해 시민들을 통제하는 시스템이 고도로 발달한 상태를 말한다. (옮긴이)

504

상세히 제안하며 전국을 돌았다.[77]

부시는 결코 방심하지 않았다. 공화당의 내부 정치를 면밀히 관찰해온 그는 1960년 대선에서 아이젠하워가 자신의 부통령 닉슨을 미온적으로 지지하는 모습을 보여 닉슨이 당했던 낭패를 잘 기억하고 있었다. 부시는 닉슨이 저지른 실수를 반복하지 않으려 했다. 그의 선거 캠프는 마지막 몇 주 동안 레이건을 유세장 연단에 올리며 그의 인기를 최대한 활용했다. 레이건도 나름의 이유로 부시의 승리를 바랐다. 그는 측근들에게 두카키스가 백악관을 접수하면 자신이 남긴 정치적 유산이 100일도 지속되지 못할 것이라고 말했다.[78]

대통령 선거일, 부시는 1836년 마틴 밴뷰런 이후 현직 부통령이 곧바로 대통령에 당선된 첫 번째 인물이 되었다. 그는 국민 투표에서는 53.2퍼센트를 얻었고, 40개 주에서 승리하며 426개의 선거인단 표를 확보했다. 두카키스는 10개 주와 컬럼비아특별구에서만 승리하여 112개의 선거인단 표와 국민 투표 46퍼센트를 얻었다. 그렇지만 민주당은 하원에서 두 석, 상원에서는 한 석을 추가로 차지했다.[79]

*

승리를 거둔 부시는 즉시 전임자와 거리 두기에 나섰다. "저는 기꺼이 흔들어 깨울 수 있는 대통령이 되겠습니다." 부시는 선거 당일 밤 지지자들에게 말했다. 이는 내각회의는 물론 밤샘 위기 상황에서도 졸곤 했던 레이건을 우회적으로 비판한 발언이었다. 취임 선서를 하기도 전에 부시는 레이건이 임명한 정무직 인사 모두에게 사표를 요구하고, 그들을 대신하여 포드 행정부에서 일했던 경험 많은 인물들로 행정부를 구성했다. 그는 또한 더 이상 콘트라를 지원하지 않을 것이며, 비현실적이라고 판단한 '스타워즈' 구상에도 돈을 쓰지 않겠다는 뜻을 분명히 밝혔다. 부시의 과감한 행보에 주목한 《뉴욕타임스》는 〈레이건은 더 이상 여기서 일하지 않는다〉라는 머리기사를 실었다. 언론은 레이건 숭배에 대한 전반적인 반발, 즉 무지하고 게을렀으며 현실감각도 없었다고 부시 측근들이 평가한 그 인물에 관해 모든 것을 폭로하려는 욕구가 나타나고 있다고 보도하기 시작했다. 한 기사는 레이건의 여러 측근은 "수년간 레이건의 성격과 스타일을 조용히 비판해왔지만 침묵할 수밖에 없었다."라고 전했다. 이제 부시가 대통령 집무실을 차지했으니, 그들이 자신의 속내를 "자유롭게 말할 수 있다고" 느낀다는 것이었다.[80]

부시의 최우선 과제는 소련에서 일어나고 있는 극적인 변화에 대처할 방안을 마련하는 것이었다. 새 대통령은 레이건만큼 고르바초프를 좋아하지 않았다. 부시는 고르바초프의 의도를 의심하고 소련의 불안정을 우려했다. 그리고 부시는 매우 중요하지만 해결이 어려운 한 가지 문제를 걱정했다. 소련이 여러 개의 작고 독립적인 공화국으로 쪼개지면 강력한 소련의 핵무기는 누가 통제할 것인가?

부시 행정부가 이 민감한 상황에 어떻게 접근할지 논의하는 가운데, 유럽에서는 소비에트 제국 붕괴가 가속화되기 시작했다. 부시 대통령이 취임한 지 몇 달 지나지 않아, 조선소 전기 기술자이자 독립 노동조합 '솔리데러티연대'의 창립자 레흐 바웬사가 일련의 파업을 주도하며 소련이 통제하는 폴란드 정부에 항거했다. 과거였다면 소련이 신속히 보복에 나섰을 것이나 고르바초프는 폴란드 정권에게 개혁주의자들과 협상하라고 지시했다. 그 결과 68년 만에 처음으로 1990년에 폴란드에서 자유선거를 실시한다는 합의가 이뤄졌다. 곧 혁명의 씨앗이 폴란드에서 다른 소비에트 블록_{동구권} 국가들로 빠르게 번져나갔다. 헝가리에서는 개혁주의자들이 새로운 헌법을 채택하고 선거를 요구하며 공산당을 해산시켰다. 체코슬로바키아에서는 극작가이자 민중주의자인 바츨라프 하벨이 비폭력 "벨벳 혁명"을 조직하여 소련이 내세운 정권을 퇴진시키고 자유선거를 실시해 하벨 본인이 대통령으로 당선되었다.

혁명의 열기는 동유럽 공산주의 정권들에만 국한되지 않고 곧 소비에트연방 자체로 번졌다. 1939년 스탈린이 나치 독일과 맺은 독소불가침조약의 일환으로 발트해 연안 국가인 에스토니아, 라트비아, 리투아니아는 소련의 지배를 받아왔다. 그로부터 반세기가 지난 1989년 12월, 리투아니아 공산당이 공식적으로 소비에트연방과 관계를 단절했고 이듬해에는 리투아니아와 라트비아가 독립을 선언했다. 이러한 상황 전개에 앞서 소련에서는 1917년 이후 처음으로 자유선거가 실시되었는데, 공산당 간부 수백 명이 낙선하는 결과를 낳았다.

오직 중국만이 전 세계를 휩쓴 개혁의 흐름에 저항했다. 닉슨 행정부 하에서 잠시 중국 연락관으로 근무했던 부시는 자신이 중국의 지도층 인사들을 잘 알고 있으므로, 중국과 보다 긴밀한 경제적 관계를 구축하는 동시에 그들이 민주적인 개혁을 실행하도록 유도할 수 있다고 자신하며 취임했다. 하지만 중국은 사회를 개방하는 대신 반체제 활동을 탄압했다. 가장 악명 높은 사례는 1989년 봄 중국군이 베이징 천안문광장에서 벌어진 민주화 시위대를 공격한 사건이었다. 중국군은 시위대를 잔혹하게 진압하여 최대 3000명이 사망했고 약 1만 명이 부상당했다. 노골적인 무력 과시였다. 아마도 이 학살에서 가장 상징적인 장면은 한 줄로 늘어선 탱크들 앞에 홀로 서서 정면을 뚫어지게 바라본 중국 시위자의 모습일 것이다. 감동적인 저항의 상징이었다.[81]

부시는 천안문사태를 비난했지만, 그로 인해 중국 지도자들과 긴밀한 전략적 관계를 발전시키려는 노력이 방해받기를 원하지는 않았다. 따라서 부시는 중국에 각종 제재를 가하고 무기 판매를 중단시켰지만, 수 주 후 국가안보 보좌관을 중국으로 파견해 관계 정상화를 위한 점진적 행보를 시작했다. 그리고 천안문광장 학살이 발생한 지 1년도 지나지 않아 중국에 최혜국 지위를 부여했다. 이처럼 중국을 향해 상반된 태도를 보이며 줄타기하는 부시의 정책을 지지한 인물은 다름 아닌 닉슨이었다. 닉슨은 1972년 미국 대통령으로서는 최초로 중화인민공화국을 방문하여 양국 관계 해빙에 중요한 역할을 한 바 있었다. 그는 천안문사태와 관련해 "중국 당국은 지금 중국에서 일어나고 있는 일을 아주 잘못 처리하고 있으며, 이는 매우 개탄스러운 일”이라고 말하면서도, “그러나 장기적인 관점에서 생각해야” 한다고 덧붙였다.[82]

　　중국에서 전개된 상황은 부시가 고르바초프를 어떻게 다룰지 결정하는 데 도움을 주었다. 중국의 경우와 마찬가지로 어느 한쪽에 치우치지 않는 중립적인 태도를 유지하는 것이었다. 1989년 내내 미국은 난처한 처지였다. 냉전이 시작된 이래 미국은 소비에트 블록에서 일어난 민주화 운동을 수사적으로 지지해왔지만, 막상 민주화 운동이 성공을 거두고 있는 그 순간에는 그저 정치 지도자들이 미온적인 찬사를 던질 뿐이었다. 주된 이유는 고르바초프가 처한 어려운 상황을 이용한다는 인상을 주어 그와 관계가 나빠지는 것을 우려했기 때문이었다. 1989년 6월 폴란드를 방문한 부시는 다음과 같이 말했다. “우리는 거기를 … 고르바초프의 눈을 막대기로 쑤시려고 가지 않았습니다. 그가 주창하고 있는 개혁들을 응원하고 보다 많은 개혁을 추진하라고 격려하기 위해서 갔지요.”[83]

　　하지만 독일에서 일어나고 있던 극적인 변화를 고려할 때, 부시의 접근 방식은 점점 현실과 괴리되었다. 1961년 건설된 베를린장벽은 냉전의 궁극적 상징이었다. 철조망, 감시탑, 광활한 지뢰밭, 으르렁거리는 순찰견들, 그리고 중무장한 보초 등은 분단된 베를린, 둘로 나뉜 독일, 그리고 동서로 갈라진 세계를 극명하게 상기시키는 섬뜩한 모습들이었다. 그러나 1989년 11월 9일 자정이 조금 지난 시각, 동독의 공산주의 정부는 자유에 대한 요구가 거세지자 이에 굴복하여 결국 베를린장벽을 개방했다. 철의 장막이 걷히는 상징적인 모습을 보여준 이 사건은 냉전 종식에 대한 기대를 높였다.

　　부시는 세계 지도자들 가운데 거의 유일하게 통일된 독일을 NATO 회원국으로 가입시키려 했다. 부시는 독일 재통일이 냉전뿐만 아니라 제2차 세계대전의 진정한 종료를 의미한다고 보았다. 하지만 유럽인들의 생각은 달랐다. 고르바초프, 대처, 미테랑 모두 독일 통일에 강력히 반대했다. 대처는 제2차 세계대전의 트라우마가 아직 사라지지 않았다고 언급하며,

부시에게 "이곳 유럽 사람들에게 제2차 세계대전은 아직 살아 있는 역사입니다."라고 조언했다.

대처는 또한 "우리가 주의하지 않으면, 독일인들은 히틀러가 전쟁을 통해서도 얻지 못한 것을 평화시에 얻을 것"이라고 경고했다.

고르바초프 역시 제2차 세계대전에서 2700만 명의 러시아인이 희생당한 소련도 통일 독일 논의에 발언권을 갖는다고 주장하며 대처의 우려에 공감했다. 부시는 그들의 우려를 이해했지만 과거의 포로가 되고 싶지는 않았다. 그는 일기에 이렇게 썼다. "역사를 순진하게 바라봐서는 안 된다고 생각한다. 그러나 독일의 향후 운명이 과거의 역사와 제1차, 제2차 세계대전의 문제에 의해 좌우되어야 한다고 생각하지도 않는다."[84]

1989년 12월, 부시와 고르바초프는 거센 폭풍과 6미터 높이의 파도가 휘몰아치는 몰타섬 바닷가에서 선상 회동을 가졌다. 실질적인 협상이 이루어지지는 않았지만 회담을 통해 나온 발언들이 유명세를 탔다. 고르바초프는 소련이 "더 이상 미국을 적으로 여기지 않을" 준비가 되어 있다는 놀라운 선언을 했다. 부시는 "우리는 완전히 새로운 미·소 관계가 시작되는 시대의 문턱에 서 있습니다."라고 화답했다. 고르바초프는 정상회담 후에 열린 기자회견에서 "우리 두 사람 모두 세계가 냉전이라는 한 시대를 뒤로하고 또 다른 시대로 접어들고 있다고 말했습니다."라며 부시의 말에 동의를 표했다.[85]

미국과 소련이 평화로 가는 길에 나서기로 합의했으므로, 레이건 시대에 시작된 군비 통제 회담을 이어갈 기회가 생겼다. 1989년 부시는 소련을 "국제사회"에 통합시켜 "봉쇄 정책을 넘어서야" 할 시점이 왔다고 선언했다. 그는 자신의 말을 행동으로 증명하며, 유럽의 재래식 전력을 대폭 축소하는 한편 유럽 대륙에 배치된 전략핵무기 수를 절반으로 줄이기로 합의했다. 이에 더해 두 지도자는 무역 개방, 문화 교류 확대, 화학무기 축소를 위한 협정에도 서명했다.[86]

부시의 참모진 일부는 그가 고르바초프를 너무 가깝게 받아들이고 있다고 걱정했다. 닉슨도 그런 회의적 시각을 공유했다. "잔칫집에 나타난 스컹크마냥 분위기를 깨고 싶지는 않지만, 애초에 세우지 말아야 했을 벽을 다른 선택의 여지가 없어 허물고 있을 뿐인 고르바초프가 자유와 인권을 위해 헌신하겠다고 자주 말한다고 해서, 그가 꼭꼭 숨어 있던 민주주의자라고 믿는 사람들의 견해에는 동의할 수 없습니다." 닉슨은 고르바초프가 단순히 "필요 때문에 미덕을 만들어내고" 있을 뿐이며 그의 목표는 전임자들과 다르지 않다고 생각했다. 닉슨은 "고르바초프의 장기적 목표는 미국을 유럽에서 몰아내는 것"이라고 썼다. 이런 견해 때문에 닉슨은 부시가 최근 군비 통제 회담에서 이룬 진전도 못마땅해하며, 대통령은 "미국이 핵무기를 보유하는 주된 이유는 소련이 재래식무기에서 우위를 점하고 있기 때문이므로, 그 우위를 제거하는 협정이 전략무기감축협상보다 선행되어야 한다고 계속 주장해야" 할 것이라고 말했다.[87]

닉슨은 고르바초프와 상대하지 말라고 강하게 조언하면서, 그 소련 지도자의 몰락을 예견하는 선견지명도 보여주었다. 1991년 8월, 옛 소련의 부활을 희망하는 소련 강경파들이 크림반도 휴양지에서 고르바초프를 가택연금시키고 정권을 장악하려 했다. 고르바초프가 무력해진 상황에서 러시아의 신임 의회 의장 보리스 옐친은 쿠데타에 저항하면서, 장갑차 위에 올라 쿠데타를 규탄하고 고르바초프의 소련 대통령 복직을 요구했다. 군부가 물러서면서 고르바초프는 쿠데타에서 살아남았지만, 이를 계기로 옐친이 가장 강력한 개혁 세력으로 부상했다. 그해가 끝날 무렵 러시아는 소비에트연방으로부터 독립을 선포했고, 우크라이나·벨로루시아(현재의 벨라루스)와 함께 독립국가연합을 결성했다. 1991년 크리스마스, 지친 고르바초프가 소비에트사회주의공화국연방의 대통령직에서 사임하며 소련은 역사의 뒤안길로 사라졌다.[88]

옐친이 러시아의 새로운 지도자로 집권하자, 닉슨은 러시아에 충분한 경제 지원을 제공하여 옐친 정부가 성공할 수 있도록 도우라고 백악관에 간청했다. 그는 부시에게 "고르바초프가 월스트리트라면 옐친은 메인스트리트입니다. 옐친의 성공이 무엇보다도 중요합니다."라고 말했다. 닉슨은 옐친이 성공한다면 긴장 완화와 활발한 국제 무역으로 이어지겠지만, 그가 실패하면 "앞으로 50년은 전망이 암울해질 것입니다. 러시아 국민은 공산주의로 회귀할 것이고, 새롭고 더욱 위험한 전제 정권이 극단적인 러시아 민족주의에 기반해 권력을 잡을 것입니다."라고 경고했다.[89]

닉슨이 러시아에 충분한 자금을 지원해야 한다고 주장한 시점은 시기적으로 최악이었다. 브렌트 스코크로프트 국가안보 보좌관은 "우리가 지원 자금을 여기저기서 끌어모으려고 무척 애를 쓰는 와중에 닉슨은 더 많이 지원하라고 강력히, 아주 강력히 밀어붙였습니다."라고 회상했다. 백악관은 러시아가 스스로 일으킨 혁명을 자체적으로 극복할 필요가 있고, 미국이 재정을 지원하더라도 대세를 바꿀 수는 없을 것이라고 판단했다. 그렇지만 닉슨의 주장에 어느 정도 영향을 받아서인지, 부시는 결국 240억 달러의 대러시아 지원 방안을 발표했다.[90]

냉전 종식은 국제적 동맹 관계를 재편할 잠재력 측면에서 제2차 세계대전만큼이나 지각변동을 일으킬 수 있는 사건이었다. 소련 개혁에 물꼬를 튼 고르바초프가 가장 큰 공로를 인정받아 마땅하지만, 레이건과 부시도 중요한 역할을 했다. 두 사람 모두 강경파 참모들의 반대를 무릅쓰고 자신들의 직감을 따라 전례 없는 기회를 활용했다. 냉전의 긴장이 해소되자 부시는 미국과 러시아 간의 긴밀한 동반자 관계에 기초한 "신세계 질서"를 구상하기 시작했다.

*

1990년 8월 2일 목요일 오전 4시 32분, 브렌트 스코크로프트가 대통령의 침실 문을 두드려 이라크 대통령 사담 후세인이 인접국 쿠웨이트를 침공했다는 사실을 알렸다. 이란과 8년간 치열한 전쟁으로 치르느라 국고를 거의 탕진한 후세인은 전쟁 비용을 충당하기 위해 전 세계 석유 공급량의 20퍼센트를 차지하는 쿠웨이트의 막대한 석유 매장량을 탐냈다. 이라크의 쿠웨이트 침공은 석유에 의존하는 세계 경제에 심각한 위협을 제기했다. 보다 우려스러운 점은, 후세인이 쿠웨이트를 거점으로 삼아 사우디아라비아까지 침공한다면 전 세계 석유 공급량의 45퍼센트 이상을 통제하게 된다는 사실이었다.[91]

그날 아침 일찍 국가안보팀과 회의를 마친 부시는 미국 외교정책에 관한 중대한 연설을 하기로 오래전에 잡아두었던 일정을 소화하기 위해 콜로라도주 애스펀으로 향했다. 워싱턴에 남아 위기 사태를 직접 관리하고 싶었지만, 기존 일정에 영국 총리 마거릿 대처가 참석할 예정이었기에 개인적으로 그녀의 의견을 구하고도 싶었다. 대처는 후세인이 반드시 쿠웨이트에서 축출되어야 한다는 단호한 입장을 보였다. "저는 가능한 한 명확하고 직설적으로 제 결론을 전달했습니다. '침략자를 달래려 해서는 절대 안 됩니다. 우리는 1930년대에 큰 희생을 치르고서 이 교훈을 배웠습니다.'라고 말이죠." 대처의 단호한 태도에 자극을 받았는지, 부시는 기자들을 향해 위기 발생 이후 가장 강경한 발언을 내놓았다. "반드시 이라크군 철수와 쿠웨이트 정부 복원이 이루어져야 합니다."[92]

이후 몇 달 동안 부시는 "사담"을 압박하는 세계 여론을 결집시켰다. 유엔안전보장이사회가 이라크에 경제 제재를 가했지만 후세인이 쿠웨이트에서 철수하지 않자, 안보리는 한국전쟁 이후 처음으로 무력 사용을 승인했다. 유엔 결의안은 이라크 지도자에게 1991년 1월 15일까지 모든 군대를 쿠웨이트에서 철수하지 않으면 군사 행동에 직면하게 될 것이라고 최후통첩을 보냈다. 부시는 유엔 결의안을 집행하기 위해 50만 명의 미군을 파견해 다국적군을 이끌게 했다.[93]

일부 지도자들이 '뮌헨의 비유'를 들어 이라크에 대한 무력 사용을 정당화하면서도 속내로는 의심을 거두지 못했던 것과 달리, 부시는 처음부터 1930년대의 교훈에 비추어 그 위기를 바라보았다. 그는 자신의 일기와 자녀들에게 보낸 사적인 편지에서도 당시 미 국민에게 공개적으로 전하던 메시지와 같은 내용을 반복했다. 부시는 대중에게 "히틀러가 폴란드에게 저지른 일과 사담 후세인이 쿠웨이트에 한 일은 본질적으로 같습니다. … 우리가 살고 있는 이 세기에 또 다른 히틀러는 필요 없습니다."라고 말했다. 같은 시기의 일기 내용도 그러한 인식을 담고 있다. "후세인은 분명히 히틀러나 진주만을 공격한 일본의 전쟁광들만큼이나 나쁘고 악하다. 그래서 나는 말한다. 지금 그를 막아라. 지금 막아라." 만약 후세인이 히틀러와 같은 인물이라면 수많은 생명과 함께 인간의 도덕성 자체가 위험에 처한 상황이므로 비슷한 역사가 반복될 수 있다는 우려가 부시의 마음을 무겁게 짓눌렀다. 유엔안보리 최후통첩 기한으로부터 불과 몇 주 전인 1990년의 마지막 날, 부시는 자녀들에게 편지를 썼다. "1930년대 말이나 1940년대 초에 유화정책이 무력에 자리를 내주었다면 얼마나 많은 생명을 구할 수 있었을까? 얼마나 많은 유대인이 가스실을 면했을 것이며, 얼마나 많은 폴란드의 애국자들이 오늘날까지 살아 있었을까? 나는 오늘의 위기를 '선'과 '악'의 대결로 본다. 그래, 그 점은 분명하단다."[94]

청년 부시가 개인적 야망을 미루고 군에 입대해 목숨을 걸고 싸워야 했던 이유는 1930년대 유화정책의 대가를 치르기 위함이었다. 그러한 과거의 교훈은 추상적인 개념으로 머물지 않고 그의 인격과 세계관에 깊이 새겨졌다. 그렇지만 문제는 부시 역시 전임 대통령들과 마찬가지로 비판적 사고 대신 역사적 비유에 의존했다는 점이다. 후세인은 무자비하고 피에 굶주린 폭군이었지만 히틀러는 아니었고, 이란과의 오랜 전쟁으로 파산 상태에 있던 이라크는 세계 강국으로 부상할 자원도 야심도 없었다. 부시가 후세인을 쿠웨이트에서 몰아낸 것이 잘못이라는 이야기가 아니다. 사실 그의 결정이 옳았을 수도 있다. 다만 페르시아만 분쟁은 1930년대와 아무런 관련이 없었다는 점을 지적할 뿐이다.

여러 면에서 걸프전은 보수주의자들이 베트남전쟁의 낭패에서 얻은 교훈들을 시험하는 무대였다. 부시는 후세인을 향한 압박을 강화하면서 존슨이 베트남에서 저지른 실수를 되풀이하지 않을 것이라며 미 국민을 안심시켰다. 많은 보수주의자와 마찬가지로 부시도 베트남에서는 전략적인 실수가 아닌 전술적인 실수를 저지른 것이라고 믿었다. 미국이 (비록 미국이 만든 국가였지만) 독립국가를 구하려 했던 것은 잘못이 아니었고, 그 정책이 실패한 이유는 단지 정책 결정자들이 미국의 모든 군사력 역량을 동원하기를 거부하고 급진적인 학생들과 진보 언론의 압력에 굴복했기 때문이라고 생각한 것이다. 부시는 걸프전에서는 그러한 모든 실수를 바로잡으려 했다. 그는 미 국민에게 이렇게 말했다. "또다시 베트남전쟁과 같은 결과가 있지 않을까 우려하는 목소리가 있다는 것을 잘 알고 있습니다. 확실히 말씀드리지만, 만약 군사 행동이 필요하다면 베트남에서처럼은 하지 않을 것입니다. 오래 끄는 소모적인 전쟁은 없을 것입니다." 그는 이라크와의 전쟁은 베트남전쟁과는 매우 다를 것이라고 설명하며 "배치된 군사력이 다릅니다. 상대할 적도 다릅니다. 사담 군대의 군비 보충도 매우 다를 것입니다. 그에 맞서 유엔에서 뭉친 국가들도 다릅니다. 쿠웨이트의 지형도 다릅니다."라고 선언했다. 그는 미국이 추구할 전략도 다를 것이라고 약속했다. "저는 전쟁이 아닌 평화를 원합니다. 하지만 전쟁이 불가피하다면, 우리 병사들의 손을 등 뒤로 묶어 두지는 않을 것입니다. 그리고 여러분에게 약속합니다. 어중간한 결말은 없을 것입니다. 만약 미국 병사가 한 명이라도 전투에 나가야 한다면, 그 병사가 승리하여 유엔의 목표가 달성되는 즉시 신속히 철수할 수 있도록 충분한 전력 지원을 할 것입니다. 저는 결코, 절대로, 중간에 포기하지 않을 것입니다."[95]

걸프만 위기를 둘러싸고 두 가지 역사적 비유가 공론의 장에서 경쟁을 벌였다. 《뉴욕타임스》가 어떤 비유가 가장 적절하다고 생각하느냐는 여론조사를 했을 때, 61퍼센트가 "사담 후세인은 1930년대 독일의 아돌프 히틀러와 같으며, 그를 저지하는 것이 중요하다."라는 제시문에 동의했다. 33퍼센트는 동의하지 않았다. "중동의 현재 상황은 1960년대 베트남과 매우 유사하다."라는 제시문에는 42퍼센트만이 동의했고, 과반수인 52퍼센트가 동의하지 않았다. 그러나 중요한 점은 대다수 미국인이 사담 후세인과 히틀러

가 유사하다는 점에는 동의했지만, 후세인의 침략을 응징하기 위해 미국이
전쟁에 나서는 것에는 **반대**했다는 사실이다. 여론조사에 따르면 대다수 미
국인은 경제 제재로 이라크군을 쿠웨이트에서 몰아내지는 못하더라도, 경
제 제재 조치만을 계속하기를 원했다.[96]

1월에 상원과 하원은 군사력 사용을 승인하는 공동 결의안을 놓고 격
렬한 토론을 벌였다. 이라크 침공이 미국의 이익에 위협이 된다고 생각한
의원들은 많지 않았다. 영향력 있는 뉴욕주 상원의원 대니얼 패트릭 모이니
핸은 "이번 일은 작은 불량 국가가 더 작은 불량 국가를 침공한 것에 불과
합니다."라고 선언했다. 민주당 의원 대부분도 그와 마찬가지로 제2차 세계
대전과의 유사점을 주장하고 싶은 유혹을 크게 느꼈지만, 군사력 사용에는
강력히 반대했다. 미네소타주 상원의원 폴 웰스톤은 징집 연령대의 자녀를
전쟁에 보낼 의향이 있느냐는 질문을 자주 받는다며 동료 의원들에게 말했
다. "소련 출신 유대인 이민자의 아들로서 사담 후세인이 또 다른 히틀러라
고 믿는다면, 제 아이 중 한 명이 목숨을 잃는다 해도 받아들일 수 있을 것
입니다." 하지만 웰스톤은 서로 비교할 만한 사안이 아니라며 자기 아이들
을 전장으로 보낼 수 없다고 말했다.[97]

그렇지만 후세인을 히틀러와 비교하는 주장은 선제적이고 결단력 있
는 행동을 요구하는 것이었기 때문에 강력한 힘을 발휘할 수밖에 없었다.
그 비유가 과연 정확한지 더 많은 증거를 기다리다가는 자칫 때를 놓칠 수
도 있었다. 제2차 세계대전 참전 용사인 일리노이주 공화당 의원 로버트 미
셸은 후세인에 맞서야 할 긴급한 필요성을 다음과 같이 설파했다. "우리 세
대는 한 작은 국가의 침략 행위를 견제하지 않아 국제적 재앙이 초래된 역
사적 사실을 피비린내 나는 경험을 통해서 알고 있습니다. 오늘날의 사담
후세인은, 체임벌린 총리가 뮌헨에서 돌아와 '우리 시대를 위한 평화'라며
그 보잘것없는 종지 쪽지를 흔들었을 당시의 히틀러보다 많은 비행기와 탱
크, 그리고 솔직히 말해서 더 많은 병력을 보유하고 있습니다. 제 인생에서
그런 장면이 다시 연출되고 있다는 사실이 믿기지 않습니다. 지금 당장 후

세인을 막아서 영구히 저지하지 않으면, 그를 아예 막지 못하는 상황이 올 겁니다."[98]

결국 상원에서는 근소한 차이(52 대 47)였지만, 하원에서는 여유 있는 표차(250 대 183)로 공동 결의안이 통과되었다. 의회의 승인과 강력한 국제적 지지에 힘입은 부시는 미 공군에게 이라크 진지를 공습하라는 명령을 내렸다. 이라크 시간으로 1991년 1월 17일 새벽 3시, 의회가 승인한 지 불과 닷새 만에 부시는 '사막의 폭풍 작전Operation Desert Storm'을 개시했고, 미 공군과 해군은 가공할 만한 현대 군사력을 과시하며 이라크를 5주 동안 집중 폭격했다.

1991년 1월 16일 저녁, 미군 항공기가 이라크 공격을 시작했다고 발표하는 연설에서 부시는 다시 한번 그 전쟁을 베트남전쟁과 명시적으로 비교했다. "이 전쟁이 또 다른 베트남전쟁이 되지는 않을 것이라고 국민 여러분께 말씀드린 바 있습니다. 오늘 밤, 그 점을 이 자리에서 다시 한번 반복합니다. 우리 군대는 한 손이 뒤로 묶인 채 싸우라는 요구를 받지 않을 것입니다. 우리는 전 세계로부터 최대한의 지원을 받으며 싸울 것입니다. 저는 이 전쟁이 오래가지 않고 사상자도 최소한에 그치기를 희망합니다."[99]

이라크 공습 개시 3주 후, 부시는 국가안보팀과 임박한 지상 공세를 논의했다. 2월 23일, H. 노먼 슈워츠코프 미국 장군이 이끄는 연합군이 이 두 번째 작전을 실행에 옮겼다. 부시는 지상군 투입의 필요성을 인정하면서도 베트남전쟁의 실수가 되풀이되지 않을까 하는 우려를 떨칠 수 없었다. 스코크로프트는 이렇게 회상했다. "대통령은 갈등하고 있었습니다. 군사 전문가들의 판단을 의심하는 것처럼 보이고 싶지는 않았지만, 그의 머릿속에는 베트남전쟁 당시 린든 존슨이 항공 차트 위에 몸을 구부린 채 공습 목표를 하나하나 지정하던 모습이 생생히 남아 있었죠." 부시가 자주 베트남전쟁에 관해 언급한 사실을 두고 역사학자 조지 헤링은 다음과 같이 말했다. "베트남전쟁에 대한 기억을 뇌리에서 지울 수 없었기 때문에, 부시는 사담 후세인의 이라크와 싸우는 것만큼이나 베트남전쟁의 망령과 싸우는 것처럼 보였다."[100]

한편 베트남전쟁의 상처가 여전했던 군부는 미 국민의 반전 정서를 차단하기 위해 언론의 전쟁 취재를 제한하는 대신 정기 브리핑을 실시했다. 언론의 걸프전 취재는 제2차 세계대전 때보다도 훨씬 엄격한 검열을 받으며 이루어졌다. 참혹한 전장의 모습이 베트남전쟁에 대한 국민의 지지를 어떻게 떨어뜨렸는지를 기억하고 있던 군 지도부는 기자들의 전투 지역 접근을 제한했고, 기자들이 송고하는 모든 기사도 군 검열관에게 우선 제출하도록 강요했다. 심지어 전사자 유해 귀환식 취재도 제한했다. 이를 두고 칼럼니스트 제임스 매카트니는 신랄하게 말했다. "국방부의 태도는 조국을 위해 죽는 것은 괜찮지만, 그 누구도 그 사실을 알면 안 된다는 것이다." 군부는 언론에 대한 적대감을 숨기려는 노력도 없이 엄격하게 언론을 통제했다. 기자회견에서 날카로운 질문을 하거나 비판적인 기사를 쓴 기자들은 장교들과 병사들에게 접근하지 못하도록 불허되는 등 군부가 언론인들에게 제공할 수 있는 여러 편의에서 제외되었다. 베트남전쟁 당시 저녁 뉴스 진행으로 여론을 형성하며 명성을 떨쳤던 월터 크롱카이트는 정부가 "국민의 알 권리를 짓밟았"다며 목소리를 높였다.[101]

연합군이 2월 27일 쿠웨이트를 해방시키자, 부시 대통령은 지상 작전 개시 100시간 만에 공격을 중단하고 휴전을 선언했다. 이라크군은 이미 쿠웨이트에서 물러난 상태였다. 미군 사망자는 184명에 불과했지만 이라크군 사망자는 거의 10만 명에 달했는데, 대부분 폭격에 의한 희생자였다.

그런데 후세인을 히틀러에 비유한 부시의 공개적인 발언에도, 미 행정부는 바그다드로 진격하여 그 이라크 지도자를 축출하려 하지 않았다. 따라서 명백한 의문이 제기된다. 후세인이 히틀러만큼 악인이라면, 부시는 왜 그가 권력을 유지할 수 있도록 허용했을까? 그 이유는 부시가 결집한 연합국에 이라크 정권 교체를 반대하는 아랍 국가들이 포함되어 있었기 때문이다. 그들은 이라크가 붕괴되어 생기는 권력 공백을 이란이 악용할 수 있다고 우려했다. CIA는 이라크인들이 후세인 정권에 대항해 봉기하거나 후세인의 부하 장군들이 그를 처형할 것이라고 예측했다. 부시는 이라크 내부의 쿠데타를 지지한다고 구두로는 표명했지만, 막상 후세인이 헬리콥터를 동원하고 독가스를 사용하여 봉기를 진압하자 아무런 조치도 취하지 않았다. 그런 의미에서 베트남에서 벌어진 유사한 상황이 이라크에서도 재현되었다. 미국이 또 하나의 주권 국가를 파괴하고 불안으로 내몬 것이다. 결국 부시가 이라크에 초래한 결과가 장기화하면서 이와 씨름해야 했던 인물은 바로 부시의 아들이었다.[102]

그러나 단기적으로 걸프전은 군에 대한 미 국민의 신뢰를 회복키고 애국심도 불러일으켰다. 미국이 악에 맞서 승리한 것처럼 보였기 때문이다. 부시는 전쟁이 끝나자 이렇게 선언했다. "오늘은 미국에 자랑스러운 날입니다. 그리고 맹세하건대, 우리는 베트남증후군을 완전히 극복해냈습니다."[103]

*

전쟁 덕분에 부시의 인기는 하늘 높은 줄 모르고 치솟았지만(《USA투데이》의 조사에서는 91퍼센트까지 기록했다), 이는 국내 상황 때문에 다시 땅으로 곤두박질쳤다. 아이러니하게도 냉전 종식의 공은 공화당에 돌아갔지만, 그로 인한 정치적 이익은 민주당이 차지했다. 보수주의자들이 민주당에 대한 지지를 약화시키기 위해 사용해왔던 반공산주의란 무기가 소련의 붕괴와 함께 그들의 무기고에서 사라진 것이다. 냉전이 끝나면서 우려할 만한 외부의 위협이 없어지자 미국인들은 국내 문제에 보다 관심을 두기 시작했다. 1970년대와 1980년대에 득세했던 조세 저항은 수그러들고, 많은 미국인이 더 나은 의료 서비스와 교육 지원으로 이어질 수 있다면 기꺼이 더 많은 세금을 낼 의향이 있다고 밝혔다. 부시는 변화하는 대중 정서에 부응하기 위하여 두 가지 국내 법안, 즉 미국장애인보호법과 청정대기법 개정안을 지지하며 보수주의자들과 결별했다. 그러나 그는 국내 정책의 우선순위를 명확히 확립하거나 국가를 어떤 방향으로 끌고 가겠다는 설득력 있는

비전을 제시하지는 못했다.[104]

행정부가 가장 시급하게 당면한 문제는 공급 중시 경제학의 거짓 약속으로 인해 생겨난 엄청난 재정 적자였다. 그 문제를 해결하는 방법은 세금을 인상하거나 연방 지출을 삭감하는 것이었다. 아이젠하워와 포드처럼 부시 또한 책임 있는 재정 운용과 균형예산에 대한 전통적인 공화당의 신념을 지니고 있었다. 그는 케인스주의 열풍에도 휩쓸리지 않았고, 비록 공개적으로 발언하지는 않았지만 개인적으로 레이건의 공급 중시 경제 접근법을 조롱했다. 그러나 경제를 마비시킬 수도 있는 어마어마한 재정 적자와 더 많은 사회 서비스를 요구하는 국민의 목소리 사이에 갇힌 부시는 1988년 공화당 전당대회에서 "여러분, 제 입술을 읽어보십시오. 새로운 세금은 없습니다."라고 극적으로 외쳤던 공약을 포기할 수밖에 없었다. 부시는 대통령이 된 다음에야 재정 적자의 심각성을 깨닫게 되었다고 주장하며 자신의 입장 변화를 정당화했다. "제가 마침내 그 수치들을 들여다보기 시작했을 때는 이미 엄청난 규모였습니다."[105]

1990년 부시는 의회에서 다수당을 차지하고 있던 민주당이 제안한 1330억 달러의 신규 세금 도입을 포함한 재정 적자 감축 합의안에 동의했다. 자신이 소속된 공화당 보수파의 반대를 일축하고 용기 있게 초당적인 협력을 끌어내, 1990년대 경제 번영의 초석이 될 법안을 통과시킨 것이다. 예상대로 레이건주의 보수파들은 부시의 조치에 격분했고, 이를 부시가 결코 그들 편이 아니었다는 증거로 삼았다.《뉴욕포스트》는 〈제 입술을 읽어보십시오…. 거짓말이었어요!〉라고 외치는 제목의 기사로 1면을 장식했다. 역사학자 티머시 나프탈리가 지적했듯이 "부시의 문제는 모두가 레이건이 남긴 재정 혼란에 대해서 책임져야 할 당사자는 부시라고 생각했지만, 그 누구도 그가 그 혼란을 해결하려 노력했다고 인정하려 하지 않는다는 점이었다."[106]

단기적으로 부시의 노력은 침체된 경기를 부양하는 데 실패했고, 그의 임기 말에 미국 경제는 잠시 불황으로 빠져들었다. 1992년에 이르러 많은 미국인은, 부시는 괜찮은 사람이지만 일반 국민의 관심사에는 동떨어져 있는 나쁜 대통령이라는 결론을 내렸다. 지지율은 34퍼센트로 떨어졌고, 그의 경제정책을 지지하는 국민은 20퍼센트 미만에 불과했다.[107]

1988년보다 정치적으로 약해진 67세의 대통령은 46세의 젊은 아칸소 주지사 빌 클린턴이라는 더욱 강력한 민주당 도전자와 맞서야 했다. 당내 온건파인 클린턴은 스스로를 고군분투하는 중산층의 고민을 이해하는 "새로운 민주당원"으로 내세웠다. 범죄 대응에 단호하지 못하고 세금 인상과 재정 지출을 선호하는 전형적인 진보주의자라는 비판을 무력화시키고 싶었던 클린턴은 사형제 지지를 표명하며, "우리가 알고 있는 복지를 끝내고" 거리를 보다 안전하게 만들겠다고 약속하면서 문화적으로 보수적인 후보로서 선거운동을 펼쳤다. 민주당 열성 지지자들을 겨냥해서는 경제적 포퓰리즘 메시지를 전하며, 부유층에게 더 많은 세금을 부과하고 인기 있는 사회 프로그램을 유지하기 위해 노력하겠다고 약속했다. 클린턴의 전략가인 제임스 카빌은 클린턴의 선거 공약을 압축해 "바보들아, 중요한 건 경제야!"라는 문구를 선거 본부 벽에 붙여 놓았고, 이 문구는 곧 선거 캠프의 구호가 되었다.[108]

클린턴은 공적 문제가 아닌 사생활 문제로 가장 큰 논란을 일으켰다. 공직 생활 내내 그에게는 늘 여성 편력으로 인한 비난이 따라다녔다. 뉴햄프셔 민주당 경선 몇 주 전, 그 문제가 다시 수면 위로 떠올랐다. 제니퍼 플라워스라는 전 아칸소주 공무원이 자신이 수년간 클린턴의 정부였다고 폭로하며 이를 증명하는 전화 녹음테이프까지 공개한 것이다. 겨우 그 총알을 피하자 이번에는《월스트리트저널》이 또 다른 총알을 발사했다. 경선이 2주도 채 남지 않은 시점에서 베트남전쟁 징병 회피에 대한 클린턴 본인의 해명에 의문을 제기한 것이다. 클린턴은 옥스퍼드대학의 로즈장학생으로 있던 1969년 가을에 자발적으로 징병자 명단에 이름을 올렸지만 자기까지 순번이 오지 않았다고 주장했다. 그러나《월스트리트저널》은 1969년 12월 23세의 클린턴이 ROTC 과정 책임자에게 "징병에서 구해주셔서 감사합니다.”라고 쓴 편지를 공개했다. (ROTC에 지원하면 징병을 연기할 수 있었다.) 클린턴은 이후 징병자 명단에 재등록한 이유에 대해서는, 베트남전쟁에 반대하는 자신의 신념과 미래의 야망 사이에서 갈등했기 때문이라고 설명했다. “제 신념에도 불구하고 징병에 응하기로 결정한 이유는 단 하나입니다. 체제 내에서 저의 정치적 생명력을 유지하기 위해서였습니다.”《월스트리트저널》이 공개한 편지는 그가 운이 아니라 조작을 통해 징병을 피했으며, 나중에는 자신의 정치적 이미지를 위해서 징병에 응했다는 사실을 보여주었다.[109]

진실성을 둘러싼 의문이 깔끔히 정리되지 않았음에도, 클린턴은 20여 년 만에 가장 빨리 후보 지명을 확정짓고 민주당 대선 후보가 되었다. 뉴욕시에서 열린 민주당 전당대회에서 클린턴은 같은 베이비붐 세대인 남부 출신 정치인 테네시주 상원의원 앨 고어를 러닝메이트로 선택함으로써 “새로운 민주당원”이라는 화두를 강조했다.

한편 공화당 전당대회에서 후보로 지명된 부시는 절친한 친구인 제임스 베이커에게 자신의 위태위태한 선거 캠페인을 책임져달라고 부탁했다. 선거 초반 베이커는 고상한 전략을 구상했다. 세계 문제 해결에 골몰하며 첫 임기를 보낸 부시가 이제는 같은 열정으로 국내 문제 해결에 전념할 것이라고 강조하는 캠페인이었다. 그러나 그러한 메시지가 반향을 일으키지 못하자 부시는 전략을 바꿨다. 1988년 대선에서처럼 상대방을 공격하는 것만이 승리할 수 있는 유일한 방법이라고 판단한 것이다. 부시의 선거운동 관계자는 “우리는 남은 기간 동안 100퍼센트 네거티브 공세로 간다.”라고 선언했다.

부시는 공화당이 과거 민주당 지지자들을 분열시키는 데 효과적으로 사용했던 여러 “쐐기 이슈들”을 활용했다. 그는 클린턴을 “엘리트주의자”, “옥스퍼드에서 교육받은 … 사회 설계자”라고 부르며, 자신은 텍사스 유전에서 강인한 개인주의를 몸소 익혔지만 클린턴은 유럽식 사회주의를 선호한다고 주장했다. 부시와 그의 대변인들은 자원입대한 제2차 세계대전의 영웅과 징병을 회피한 베이비붐 세대 일원 사이의 뚜렷한 차이점을 부각했다. 베트남전쟁 중에 클린턴이 보인 행동에 진심으로 분노한 부시는, 클린턴을 둘러싼 징병 논란을 두 세대 간의 차이를 보여주는 대표적인 사례로 꼽았다. "나는 그가 징병 문제를 거짓말로 회피하면서 솔직하지 않은 모습을 보이는 것이 지겹다." 부시는 1992년 9월 9일 자신의 일기에 썼다. 부시가 보기에 클린턴의 징병 회피 의혹은 의심스러운 도덕성뿐만 아니라 국가가 전쟁 중일 때 싸우기를 거부한 비애국적 자세를 보여주는 사건이었다. 부시는 가문의 인맥을 이용해 제2차 세계대전 참전을 피할 수도 있었지만 자원입대를 고집했고, 태평양에서 위험한 임무도 수행했다. 자신과 자신이 속한 세대의 많은 구성원이 병역 회피를 "부끄러운" 일로 생각한 반면, 클린턴과 "신세대"는 그렇지 않는다는 점을 깨닫고 부시는 매우 씁쓸해했다.[110]

제럴드 포드 또한 이러한 메시지를 강력히 전달하려는 노력에 동참하며, 1960년대 클린턴의 행동을 1940년대 부시의 영웅적 행위와 대조시켰다. 그는 《덴버포스트》가 사설을 통해 두 후보 모두 "새로운 트루먼이 되려고 하지만, 그 점에서는 조지 부시가 더 거리가 멀다."라고 주장하자 이를 반박하는 편지를 썼다. 포드는 제2차 세계대전 중 "부시 대통령은 가장 젊은 해군 전투기 조종사로 복무하며 태평양전쟁에서 적군에 의해 격추당했다. 반면 클린턴 주지사와 그의 몇몇 친척들은 미국이 한창 전쟁 중일 때 조작과 술수를 통해 군복무를 피하려고 시도했다. 트루먼과 부시는 전시 군복무가 시민의 의무이자 애국적 행위라고 분명히 믿지만, 클린턴 주지사는 그렇지 않다."라고 지적했다. 클린턴을 겨냥한 전직 대통령의 신랄한 비난이었다.[111]

그러한 비난들은 일정 정도 사실에 근거한 것이었지만, 냉전 종식으로 인해 클린턴의 애국심에 의문을 제기하는 공화당의 공격은 귀에 거슬리는 외침으로 들렸다. 여론의 반발을 본 부시 캠프는 더 이상 그 문제를 공격 소재로 삼을 수 없었다. 예상치 못한 대중의 반응은 1988년과 1992년 사이의 커다란 차이를 부각했다. 제2차 세계대전 종전 직후 형성되었던 '쐐기 이슈들'이 이제 그 효력을 잃은 것이다. 한 중도 민주당 당원은 "'쐐기 이슈들'이 클린턴에게 통하지 않는 이유는 그가 내세운 선거 공약들이 그러한 이슈들과 무관했기 때문이다."라고 평가했다. 클린턴은 노동지향적 복지 정책을 끊임없이 언급했고, '법과 질서'를 강조하는 각종 행사에서 경찰관들과 순직한 경찰 미망인들과 함께 사진을 찍었으며, 사형제 지지를 줄곧 강조했다. 그러나 부시는 유권자들이 경제에 더 관심이 많다는 여론조사 결과가 쏟아졌음에도 불구하고 클린턴의 가치관을 고집스레 공격했다. 이에 좌절한 한 공화당원은 이렇게 말했다. "부시가 그런 공격을 되풀이할 때마다 유권자들이 중요하다고 생각하는 문제와는 동떨어져 있다는 사실을 재확인시켜줄 뿐이었습니다."[112]

선거일 밤, 클린턴은 국민 투표에서 43퍼센트, 부시는 38퍼센트를 얻었다. 클린턴은 31개 주에서 승리하며 357개의 선거인단 표를 확보해 결정적인 승기를 잡았다. (제3당 후보인 로스 페로는 국민 투표의 18.9퍼센트를 득표했으나 단 한 주에서도 승리하지 못했다.) 모두 남부 출신이었던 민주당 정·부통령 후보가 남부와 그 인근의 여덟 개 주를 확보했고, 해안 지역과 산업 중심 지대를 휩쓸었다. 클린턴은 또한 백인 유권자들로부터 1976년 지미 카터 이후 어떤 민주당 후보보다 높은 지지를 받았다. 그렇게 새로운 세대의 지도자들이 등장했음을 알리는 마지막 징표로 클린턴·고어 후보는 모든 연령층에서 공화당을 앞질렀으며, 특히 젊은 유권자들 사이에서 두터운 지지를 받았다.[113]

*

부시 대통령은 제2차 세계대전 참전 용사 중 마지막으로 백악관을 차지한 인물이었다. 그는 또한 군사행동을 직접 경험한 마지막 대통령이기도 했다. 이 두 가지 사실이 중요한 구분을 짓는다. 제2차 세계대전을 직접 목격한 모든 대통령은 모호한 교훈과 함께 공통의 경험을 공유했다. 그들은 종종 그 교훈을 확대해석하고 잘못 적용하며 각자의 개인적인 망설임에 배치되는 행동들도 용인하곤 했다. 그들은 폭력을 사용함으로써 치러야 할 대가가 무엇인지 이해하면서도 행동하지 않음으로써 초래될 위협 또한 두려워했다. 이는 핵무기의 탄생과 함께 냉전이 비등점에 달한 세계정세에서 그들이 마주한 딜레마였다.

이들 대통령은 또한 전시에 크게 확대된 연방정부가 남긴 상충하는 유산과 씨름해야 했다. 1960년대와 1970년대 내내 격렬한 과정을 거치며 한껏 고조된, 사회계약의 범위에 대한 시민들의 기대에 부응해야 했기 때문이었다. 그리고 그들은 대담해진 사회운동들에 직면해 아슬아슬한 줄타기를 해야 했다. 국제 무대에서는 막강한 힘을 과시하면서도 국내에서는 권한 행사에 신중한 모습을 보이며 나라를 이끌어야 했기 때문이었다.

제2차 세계대전이 국내외에서 강력한 반공 정책을 펼 수 있는 촉매제 역할을 했지만, 냉전 종식과 함께 반공주의에 바탕한 정책들은 그 시급성을 잃었다. 다음 세대에게는 제2차 세계대전보다 1960년대의 유산이 크게 작용했다. 1960년대 분열의 유산은 대략 다음 사반세기 동안 중도·실용·온건의 정치 시대로 인도했다. 그럼에도 불구하고 제2차 세계대전은 미 국민의 집단의식에 여전히 강력한 영향력을 행사했기 때문에, 복잡한 탈냉전 세계를 헤쳐나가려 노력하는 새로운 세대의 대통령들도 그 기억을 주기적으로 소환해야 했다.

베를린장벽 붕괴는 제2차 세계대전의 마지막 전투를 의미했겠지만, 다음 세대 대통령들도 정책을 추진하기 위해 대중의 지지를 확보할 필요가 있을 때는 여전히 뮌헨과 히틀러를 소환했다. 냉전 이후 백악관에 입성한 첫 번째 대통령인 빌 클린턴은 새로운 세계 질서 속에서 미국의 역할을 명확히 규정하는 데 어려움을 겪었다. 재임 초기, 소말리아에서 오판한 작전하에 임무를 수행하던 열여덟 명의 미군 특수부대원이 치열한 총격전에서 사망하자, 클린턴은 잔여 미군들을 철수시키면서 신속히 소말리아에서 발을 뺐다. "맙소사, 냉전이 그립군." 당시 그가 내뱉은 말은 소련과의 경쟁이 비록 결함이 있기는 했지만 미국의 국제적 역할에 관한 구조적인 틀을 제공했다는 사실을 암시하고 있다.[1]

소말리아에서 뜨거운 맛을 본 클린턴은 그 이후 구유고슬라비아를 포함한 세계의 다른 분쟁 지역에서 무력 사용을 꺼렸다. 구유고슬라비아 지역은 1992년부터 1995년 사이에 세르비아 민족주의자들이 새로 건국된 보스니아·헤르체고비나공화국을 상대로 "인종 청소" 작전을 벌였던 곳이다. 그러나 클린턴은 국제적인 연합을 결성해 세르비아의 지도자 슬로보단 밀로셰비치를 협상 테이블로 끌어내는 데 결국 성공했고, 그와 동시에 평화유지를 위한 다국적군의 일원으로 미군을 보스니아에 파병했다.

보스니아의 NATO 군대 때문에 제약을 받게 된 밀로셰비치는 이번에는 알바니아계 주민들이 독립 투쟁을 하고 있던 코소보 지역을 공격 목표로 삼았다. 그러나 이전과 달리 클린턴의 대응은 강경했는데, 여기에는 새로 임명된 국무장관의 영향이 컸다. 여성으로서 미국 최초로 최고 외교관직에 오른 매들린 올브라이트는 베이비부머 세대인 클린턴과는 세대적으로 차이가 나는 사고방식을 지녔다. 1937년 체코슬로바키아 프라하에서 외교관의 딸로 태어난 그녀는 가족과 함께 나치 점령을 피해 체코슬로바키아에서 탈출했고, 제2차 세계대전 기간의 대부분을 런던에서 보냈다. 그녀는 기자들에게 이렇게 말했다. "어떤 사람들에게는 베트남이 중요한 역사적 사건이지만, 저에게는 뮌헨입니다. 그래서 저에게 미국은 더없이 소중한 국가입니다." 클린턴은 미 국민에게 세르비아가 코소보에서 저지르는 잔학 행위를 처벌해야 한다고 호소했다. 그는 대통령 집무실에서 전국으로 방영된 텔레비전 연설을 하며 물었다. "만약 누군가가 윈스턴 처칠의 말을 듣고 아돌프 히틀러에게 좀 더 일찍 맞섰더라면 어떻게 되었을까요? 당시 지도자들이 현명하게, 그리고 신속하게 행동에 나섰더라면 얼마나 많은 생명을 구할 수 있었고 얼마나 많은 미국인이 죽지 않아도 되었을지 상상해보십시오."[2]

클린턴은 비록 뒤늦게 뮌헨의 교훈을 받아들였지만, 제2차 세계대전이 남긴 또 다른 유산인 케인스주의 경제학은 거부했다. 클린턴은 교육·의료·환경 분야의 정부 지출 증가와 중산층을 위한 세금 인하를 통해 경기 침체를 끝내겠다고 약속하며 전형적인 케인스주의자로서 대선에 출마했지만, 취임도 하기 전부터 정책의 우선순위를 재고하기 시작했다. 12월 앨런 그린스펀 연방준비제도이사회 의장은 연방 재정 적자를 축소하는 것이 소규모 감세와 연방 지출 증가보다 장기적으로 경제에 더 보탬이 될 것이라며 대통령 당선자 신분인 클린턴을 설득했다. 그린스펀의 조언은 재정 적자를 감수하면서라도 경제에 자금을 공급하면 더 많은 일자리와 생산 증가로 이어질 수 있다고 주장한 케인스의 이론과 정면으로 배치되는 것이었다. 그러나 클린턴은 재정 적자가 민간 부문의 자본을 고갈시켜 금리를 끌어올리고 경제를 질식시킨다고 주장하는 이 새로운 논리를 받아들였다. 그는 참모들에게 이렇게 투덜댔다. "내 경제정책 성공과 재선 가능성이 연방준비제도이사회와 빌어먹을 채권 거래업자들에게 달려 있다니!"[3]

1994년 공화당이 하원과 상원에서 다수당이 된 후, 클린턴은 케인스 경제학에서 더욱 멀어지며 10년 이내에 재정 균형을 맞추겠다는 공화당의 목표를 수용했다. 그는 레이건식 언어를 구사하며 "큰 정부의 시대는 끝났다."라고 발표했다. 백악관의 진보주의자들은 그러한 움직임에 반대했고, 많은 민주당 의원도 후에 대통령이 명확한 이념적 지향을 보이지 않는다며 불만을 토로했다. 그러나 클린턴의 경제 정책은 효과를 발휘했다. 1998년에 이르면 경기 활황과 재정 긴축이 결합되어 국고를 채웠고, 레이건 대통령 시절 크게 증가했던 재정 적자도 해소되었다. 연방정부는 1998 회계연도에 30년 만에 처음으로 700억 달러의 재정 흑자를 기록했다고 발표하면서, 향후 15년간 4조4000억 달러 흑자가 예상된다고 전망했다.

*

텍사스 주지사 조지 W. 부시는 새로운 "자비로운 보수주의"를 약속하며 2000년 대선에서 간신히 승리를 거두었다. 그러나 2001년 9월 11일 테러리스트들이 민간 여객기를 납치해 세계무역센터와 국방부에 충돌시키면서 행정부와 미국 전체가 큰 충격에 빠졌다. 해가 지기 전에 2813명의 민간인이 사망했다. 1862년 9월 17일 남북전쟁 당시 앤티텀전투에서 6300명의 북군과 남군 병사들이 전사하거나 치명상을 입은 이래 미국 땅에서 가장 피비린내가 진동한 하루였다.

테러 공격이 일어난 그날 저녁, 충격에 휩싸인 부시 대통령은 국제 테러리즘을 향해 전쟁을 선포했다. 미국은 오사마 빈라덴과 안전한 피난처를 제공해 그의 활동을 도운 아프가니스탄의 급진적인 탈레반 정권을 목표로 삼았다. 아프가니스탄에 대한 실제 군사 공격에 앞서 몇 주간, 부시는 그의 아버지가 했던 것처럼 군사 행동을 지원할 국제적인 연합을 인상적으로 결성하여 탈레반 정권을 신속하게 해체시켰다.

미군이 아프가니스탄에서 전투를 벌이고 있는 동안에도 부시와 그의 참모진은 이라크에 군대를 파병할 계획을 세우기 시작했다. 이라크의 독재자 사담 후세인이 "대량 살상 무기"를 보유하고 있다고 확신한 부시 행정부는 후세인 정권을 전복하고 치명적인 독성 물질 저장소를 파괴하기 위해 선제공격을 감행하기로 했다. 도널드 럼즈펠드 국방장관은 이라크 지도자 후세인을 히틀러에 비유하며 그 전쟁을 정당화했다. 럼즈펠드는 기자들에게 이렇게 말했다. "제2차 세계대전의 전조를 생각해보세요. 그 당시 '충분한 증거가 없다.'라고 말했던 모든 나라를 생각해보시기 바랍니다. 히틀러가 이미 《나의 투쟁》을 썼던 때입니다. 히틀러는 거기에 자신이 무엇을 하려고 하는지 분명히 밝혔습니다. 후세인이 공격하지 않을 수도 있습니다. 이러저러한 것들을 하지 않을 수도 있겠죠. 하지만 잘못 내려진 판단 때문에 수백만 명이 죽었다는 사실을 잊어서는 안 됩니다." 부시 행정부는 또한 미국이 제2차 세계대전 후 독일과 일본을 재건했던 것처럼 전쟁 후 이라크를 재건할 수 있다고 순진하게 믿기도 했다.[4]

그러나 부시와 그의 참모진은 두 가지 점 모두에서 틀렸다. 미국은 있으리라 예상했던 생화학 무기 저장소를 찾아내지 못했고, 심지어 부시가 2003년 5월 1일 이라크에서 "주요 전투 작전" 종료를 선언한 이후에도 미군은 매일 치명적인 공격에 시달렸다. 2006년 5월까지 이라크 전쟁으로 2400명 이상의 미군이 목숨을 잃었고 1만8000명이 부상을 당했으며, 수만 명의 이라크인들이 사망했다. 아들 부시에게서는 그의 아버지가 보여준 절제된 군사력 행사를 찾아볼 수 없었다.

부시는 취임 초기 몇 달 동안 아버지 부시가 내세웠던 재정 책임과 균형예산을 저버리는 대신 공급 중시 경제학의 달콤한 유혹에 빠져들었다. 케인스의 경제 이론에 익숙한 대부분의 어설픈 경제학자들은 케인스가 경기 침체기에는 정부가 감세나 재정 지출 확대, 또는 두 가지 모두를 통해 소비자들의 손에 돈을 쥐여주라고 주장했다는 부분은 잘 알고 있었지만, 그 영국인 경제학자가 경기 호황기에 필요한 조언도 아끼지 않았다는 점은 제대로 알지 못했다. 케인스는 경기 호황기에 정부는 돈을 **저축해** 경기 침체에 대응할 자원을 마련해야 한다고도 주장했다. 경제 호황기에 대통령으로 취임한 부시는 10년간 1조6000억 달러 규모의 감세안을 공격적으로 추진했다. 상원이 감세 규모를 일부 줄였지만, 이는 새 행정부가 거둔 주요한 입법적 승리였으며 그가 첫 임기 중에 추진한 두 차례의 대규모 감세 중 첫 번째였다.

이와 동시에 부시는 아이러니하게도 린든 존슨이 위대한 사회 정책을 폈던 시절 이래로 보지 못한, 전례 없는 연방정부 권한 확대를 주도했다. 9·11 테러가 발생한 이후 몇 주 내에, 부시는 뉴욕시에 대한 대규모 연방 구호 패키지를 포함한 550억 달러의 연방 지출을 승인했다. 또한 그는 규제 완화에 대한 보수주의자들의 전통적인 신념을 포기하고 항공업계를 살리기 위해 연방정부의 구제 금융 지원을 조율했다. 그리고 2002년 6월에는 반테러·국경 보안·사이버 보안·재난 관리 등의 분야를 감독할 국토안보부 신설을 요구했다. 이 제안은 해리 트루먼이 1947년 국가보안법에 서명한 이래 가장 큰 연방정부 조직 개편을 의미했다. 마지막으로 2003년, 부시는 재원 조달 방안도 없이 새로운 복지 혜택인 처방약 보험을 메디케어에 추가했다. 위기의 시대에는 모든 대통령이 케인스주의자가 되는 법이다.[5]

단 3년 만에 부시의 감세 정책과 연방 지출 확대가 맞물려 막대한 재정 적자가 초래됐다. 부시 행정부는 2360억 달러의 연방 예산 흑자가 연간 4000억 달러의 적자로 바뀌는 광경을 지켜보았다. 연방정부 지출은 전체적으로 16퍼센트 증가했다. 9·11 이후 국방에 필요한 지출이 전체 증가분의 대부분을 차지했지만 국내 지출도 11퍼센트 증가했다.

부시는 임기 마지막 몇 년 동안 또 다른 위기에 직면했다. 9·11 테러 이후 연방준비제도이사회는 금리를 대폭 인하했고, 이 조치에 의해 주택 경기가 과열되어 발생한 거품이 결국 2007년에 터져버린 것이다. 전 세계 주가가 급락하고 많은 은행이 대출을 중단하며 세계 금융 시스템이 붕괴될 지경에 이르렀다. 부시 행정부는 연방정부가 국내 주요 은행들로부터 부실 자산을 매입할 수 있도록 7000억 달러 규모의 계획을 제안했다. 이러한 노력이 경제적 대재앙을 피하는 데는 도움이 되었겠지만, 신용 공여 촉진이나 금융 신뢰 회복에는 실패했다.

부시는 금융 위기 수습을 전 일리노이주 상원의원이자 아프리카계 미국인 최초로 대통령에 당선된 후임자 버락 오바마에게 넘겼다. 새 대통령 오바마는 프랭클린 루스벨트가 대공황의 깊은 수렁에서 취임한 이후 최대의 경제 위기에 직면했다. 주택 시장 붕괴로 은행 시스템이 벼랑 끝으로 몰렸고, 실업률은 치솟았으며, 주요 자동차 회사 두 곳이 파산 직전까지 갔다.

전임자와 달리 오바마는 케인스주의자임을 부끄러워하지 않았다. 2009년 오바마는 경제 부양을 위해 마련한 7870억 달러의 연방 지출 법안을 통과시키도록 의회에 압력을 가했다. 그러나 부시 시절 연방 지출의 수도꼭지를 열었던 공화당원들은 오바마가 집권하자 이를 다시 잠가버렸다. 이 법안은 공화당 의원 전원이 반대한 가운데 하원을 통과했고, 상원에서는 공화당 의원 단 세 명이 찬성한 가운데 통과되었다. 오바마 행정부는 또한 어려움을 겪고 있던 제너럴모터스와 크라이슬러를 파산으로 몰아넣은 다음, 침체된 자동차 산업을 되살리기 위해 600억 달러 이상의 연방 자금을 투자했다. 궁극적으로 오바마의 정책들은 경제를 되살리는 데 도움이 되었다. 그의 두 번째 임기가 끝날 무렵 거의 모든 경제 지표가 미국 경제가 반등하고 있음을 보여주었고, 경제성장률은 다른 선진국들을 훨씬 앞섰다.[6]

외교정책 분야에서 오바마는 '뮌헨의 비유'를 조심스레 피했다. 그것이 진부한 표현이 되어버렸음을 깨달았기 때문이었다. 그러나 오바마를 비판하는 사람들은 그러지 않았다. 2008년 대선 캠페인이 한창일 때 부시는 우방뿐만 아니라 적국과도 협상하겠다고 말한 오바마 후보를 질책하며 다음과 같이 말했다. "테러리스트와 급진주의자와도 협상해야 한다고 믿는 사람들이 있는 것 같습니다. … 이런 어리석은 착각을 듣는 건 이번이 처음이 아닙니다. 1939년 나치의 탱크가 폴란드로 진격했을 때 한 미국 상원의원은 '주여, 제게 히틀러와 대화할 기회가 있었다면 이 모든 일을 피할 수 있었을 텐데.'라고 말했었습니다." 후에 오바마 대통령이 이란과 핵 협상을 벌였을 때, 사우스캐롤라이나주 공화당 상원의원 린지 그레이엄은 오바마의 순진함을 비난하기 위해 뮌헨을 다시 소환했다. "향후 15년 동안 이란의 행동이 바뀔 것이라고 믿는다면, 그는 우리 시대의 네빌 체임벌린이 되고 말 것입니다. 이 협정은 이란의 행동 변화를 끌어내기 위한 어떠한 요구도 하고 있지 않습니다."[7]

2016년 대선에서는 뉴욕의 부동산 재벌이자 텔레비전 리얼리티쇼 스타인 도널드 트럼프가 전 국무장관 힐러리 클린턴을 물리치고 충격적인 승리를 거뒀다. 트럼프는 연방정부 지출 확대에 반대하고 미국의 인구 구성이 점점 다양화되는 상황에 분개하는 백인 보수 기독교인들의 분노를 자극하여 당선되었다. 1960년대 이래 보수주의자들은 도덕적 타락을 개탄하고 개인의 책임을 강조하며 지지층을 결집해왔다. 보수 지도자들은 점점 숫자가 줄어드는 백인 중산층의 경제적 고충을 해결해야 한다고 주장했지만, 실제로 그들의 불만은 경제적 요인보다는 주로 문화적·인종적 요인에서 비롯되었다.

트럼프는 멕시코 이민자들을 강간범과 마약 밀매업자라고 비난하고 무슬림들의 미국 입국을 금지하라고 요구하며 대선 출마를 선언했다. 그런 다음 백인 유권자들의 환심을 사기 위해 인종주의자들에게는 이미 그 효과가 검증된, 일종의 암호화된 언어인 "개 호각"을 불며 유권자들과의 접촉면을 넓혀갔다. 대개의 선동정치가가 그러하듯 트럼프는 미국을 두 개의 집단, 즉 자신을 지지하는 진정한 미국인들과 상대 후보를 지지하는 타락한 경제·문화 엘리트들로 분열시켰다. 2016년, 트럼프는 청중을 향해 외쳤다. "침묵하는 다수가 돌아왔습니다. 그리고 우리는 우리의 나라를 되찾을 것입니다."[8]

트럼프는 모순으로 가득한 외교정책을 펼쳤지만, 전반적으로는 국제 협정들을 파기하고 미국의 최우방국들을 질책하면서 독재자들을 감싸는 방식으로 접근했다. 트럼프는 취임 연설에서 "이 순간부터 미국의 국익이 최우선이 될 것입니다."라고 선언하며 히틀러를 찬양하고 미국의 제2차 세

계대전 참전을 반대했던, 이미 신뢰를 잃은 고립주의 정책을 연상시키는 발언을 했다.[9]

2017년 6월 트럼프는 지구온난화를 늦추기 위해 설계된 획기적인 파리기후협정에서 탈퇴했다. 그리고 이란이 핵 프로그램을 억제하는 대가로 대이란 제재를 완화하는, 러시아를 포함한 주요 강국 대부분이 서명한 포괄적 협정도 파기했다. 또한 다른 회원국들이 국방비 지출을 늘리지 않으면 미국은 NATO에서 탈퇴할 것이라고 위협했다. 2019년 2월 북한을 방문한 트럼프는 김정은 최고지도자와 기념사진을 찍은 후 즉시 자신을 노벨평화상 후보로 추천했다. 그러나 이런 사진 찍기용 행사는 외교적 성과로 이어지지 않았고, 김정은은 미사일 프로그램을 계속 진행했다. 트럼프는 지지층에게 소구하기 위해 중국과 무역 전쟁을 벌였지만, 결국 미국 소비자들이 지불해야 할 가격만 높였을 뿐이었다. 2020년 6월 그는 유럽 동맹국들과 아무런 협의 없이 독일에서 미군을 철수시켰다. 중동에서는 미국 대사관을 예루살렘으로 이전하고, 시리아 골란고원에 대한 이스라엘의 주권을 인정하고, 이스라엘이 점령한 서안지구의 불법 이스라엘 정착촌을 지지함으로써 수십 년간 이어온 미국의 중동 정책을 포기했다. 퇴임 직전에는 다시 한번 동맹국들과의 협의 없이 이라크와 아프가니스탄에서 병력을 철수할 것을 발표했다.

대내적으로 트럼프는 페미니스트들과 이민자들, 아프리카계 미국인들, 그리고 LGBTQ 공동체 구성원들의 새로운 권리 요구가 시작되기도 전에 로널드 레이건의 "미국을 다시 위대하게" 구호를 차용하여 영웅적인 과거에 대한 향수를 불러일으켰다. 제2차 세계대전이 그러한 과거를 추억하는 데 핵심적인 역할을 했다. 그 전쟁이 미 국민이 공통의 투쟁을 위해 단결했고, 미국이 동맹국들로부터는 존경받고 적국에게는 두려움의 대상이 되었으며, 지구상의 다른 모든 나라를 압도하는 군사적 강국으로 우뚝 섰던 시대를 상징했기 때문이다. 아이러니하게도 트럼프는 그 전쟁이 만들어낸 미국민의 연대 의식을 그리워하면서도, 미국을 경쟁하는 집단들로 분열시키기 위한 정치적 술수를 의도적으로 사용했다.

2020년이 되자 트럼프의 코로나19COVID-19 대응 실패가 다른 모든 것을 압도했다. 현대에 들어 전례 없는 세계적 보건 위기였던 그 팬데믹은 거의 한 세기 만에 가장 심각한 경기 침체를 불러왔고, 트럼프가 퇴임할 때까지 45만 명 이상의 미국인이 코로나19로 사망했다.

2020년 대선에서 수십 년간 상원의원으로 활동한 후 오바마의 부통령을 지낸 민주당의 조 바이든은 트럼프를 상대로 간신히 승리했다. 그러나 트럼프는 자발적으로 백악관을 떠나지 않았다. 2021년 1월 6일, 자유롭고 공정하게 치러진 대선의 결과를 뒤집으려는 조직적 시도의 일환으로, 트럼프는 분노한 폭도들을 워싱턴으로 불러들인 다음 대선이 도난당했다는 거짓 주장을 되풀이하며 그들을 선동했다. 의회 의사당에서 폭력적인 충돌이 벌어진 후 평화로운 권력 이양이 이루어지긴 했지만, 그 의회 폭력 사태는 향후 수년간 장기적으로 커다란 후유증을 수반할 것이다.[10]

조지 W. 부시가 파탄 난 경제를 민주당 후임자에게 넘겨주었듯이, 트럼프의 팬데믹 대응 실패로 야기된 경제 위기는 바이든이 해결해야 했다. 아마도 린든 존슨 이후 바이든만큼 케인스의 이론을 적극 수용한 대통령은 없었을 것이다. 취임 직후 몇 달 동안 바이든은 몇몇 주요 개혁안을 의회에서 통과시켰다. 바이든은 팬데믹이 경제에 미친 영향에 대응하기 위한 1조9000억 달러 규모의 '2021년 미국구조계획법American Rescue Plan Act of 2021'을 통해 미국 가구의 약 90퍼센트에 수표를 지급해 경기부양을 위한 소비 진작을 유도하는 한편 일자리도 늘렸다. 바이든은 이어서 초당적 협력을 받아 1조2000억 달러 규모의 '사회간접자본투자 및 고용촉진법Infrastructure Investment and Jobs Act'에 서명함으로써 미국 역사상 사회간접자본 확충을 위한 최대 규모의 장기 투자를 법제화했다. 2022년에는 처방약 값 인하와 청정에너지 투자 증가를 통해 인플레이션을 억제하겠다는 목표로 '인플레이션감축법Inflation Reduction Act'을 의회에서 통과시켰다.

히틀러와 제2차 세계대전의 기억은 러시아 지도자 블라디미르 푸틴이 우크라이나 불법 침공을 승인한 2022년 2월, 다시 살아났다. 바이든은 우크라이나가 절실히 필요로 했던 군사적·경제적 지원을 제공하기 위해 미국과 동맹국들을 결집시켰다. 그러나 2022년 중간선거에서 하원을 장악한 트럼프와 연합한 보수주의자들이 우크라이나로 향하는 지원 물자 운송을 일시적으로 중단시켰다. 이에 바이든은 2024년 국정 연설에서 격렬한 어조로 의회에 과거의 교훈을 상기시켰다. 그가 구사했던 언어는 냉전이 절정에 이르렀던 시점 이래 가장 강경한 것이었다.

바이든은 한 시간짜리 연설을 역사적 비교로 시작하며, 히틀러의 유럽 침략이 한창이던 1941년 1월 루스벨트가 미 국민에게 한 연설을 소환했다. "1941년 1월 프랭클린 루스벨트 대통령이 대국민 연설을 하기 위해 이 의사당에 들어섰습니다. 히틀러의 진격으로 유럽에서 전쟁의 불길이 타오르던 때였습니다." 바이든은 우렁찬 목소리로 소름 끼치는 역사적 유사성에 주목하라고 말했다. "러시아의 푸틴이 진격하고 있습니다. 우크라이나를 침략하면서 유럽 전역은 물론 그 너머까지 혼돈의 씨앗을 뿌리고 있습니다." 바이든은 유화정책의 망령을 불러내며 경고했다. "이 자리에 있는 누군가가 푸틴이 우크라이나에서 멈출 것이라고 생각한다면, 나는 그에게 분명히 말할 수 있습니다. 푸틴은 멈추지 않을 것입니다."[11]

바이든은 히틀러를 소환하면서 푸틴을 규탄했을 뿐만 아니라, 히틀러를 연상시키는 선동적인 언어를 사용했다며 (푸틴을 지지한) 자신의 전임자 트럼프를 공격했다. 바이든과의 재대결을 준비하던 트럼프가 2023년 12월, 백인 지지자들로 가득 찬 집회에서 불법 이민자들을 가리켜 "우리나라의 혈통을 오염시키는" "해충"이라고 불렀던 사실을 상기시킨 것이다. 트럼프는 자신이 재당선되면 "이 땅에서 해충처럼 살면서 거짓말하고 도둑질하고 선거 부정을 저지르는 공산주의자, 마르크스주의자, 파시스트, 그리고 급진 좌파 깡패들을 뿌리 뽑겠"다고 약속했었다. 다시 한번 선거 부정으로 2020년 대선 승리를 빼앗겼다는 거짓말을 반복한 셈이다. 거기서 그치지 않고 트럼프는 국내의 정치적 반대자들을 1930년대 나치에 비교하기도 했다. "우리나라는 적국과 전쟁 중이었음에도 그들은 우리의 생활방식을 영원히 소멸시키려 했습니다. 지금 시점에 우리를 가장 크게 위협하는 세력은 나라 밖에서 오고 있지 않습니다. … 우리 땅에 사는 사람들이 보다 위험합니다." 전직 대통령 트럼프는 환호하는 종교 방송인들을 향해 이렇게 외쳤다.[12]

더욱 우려스러운 점은 트럼프의 최장수 비서실장이었던 존 켈리 장군(미 해병대 예비역)이 트럼프가 종종 히틀러를 칭찬했다고 주장했다는 사실이다. 켈리는 트럼프가 "음, 하지만 히틀러도 좋은 일을 했지. 경제를 재건하기도 했고."라고 언급했고, 이에 대해 자신이 "하지만 그 재건한 경제로 무엇을 했습니까? 자국민과 전 세계에 맞서는 데 사용했습니다."라고 반문했다는 일화를 소개했다. 켈리는 자신의 반문에 트럼프가 더 이상 반응하지 않았다고도 전했다. 히틀러를 저지하기 위해 치러진 희생에 대해 트럼프가 무지하다는 사실을 알고 켈리는 충격을 받았다. "트럼프가 홀로코스트를 언급하지 않은 것도 놀라웠고, 유럽 전선에서 전사한 40만 명의 미군 병사에 관해 언급하지 않은 점은 더더욱 이해하기 어려웠습니다."[13]

*

제2차 세계대전은 훗날 대통령이 된 일곱 명의 인생을 결정지은 사건이었다. 로널드 레이건을 제외한 그들 모두는 훌륭히 군복무를 수행했고, 그 과정에서 커다란 용기를 보여주었다. 그들의 인품을 형성하고, 정치적 야망에 불을 지폈으며, 백악관에서의 행동에 영향을 미친 것도 그 전쟁이었다. 그들 가운데 전투를 직접 경험한 이들, 특히 아이젠하워와 케네디와 부시는 전쟁의 고통을 충분히 이해했기 때문에 대통령이 되고 난 후에는 군사력을 사용하는 데 보다 신중한 태도를 보였다. 린든 존슨은 제2차 세계대전을 경험하면서 군부에 깊은 회의를 품게 되었으나, 막상 베트남전쟁에서는 그 교훈을 잊고 말았다. 닉슨은 전쟁 중 물가관리국에서 근무했던 경험으로 피해의식에 젖기도 했지만, 태평양전선에서 보낸 시간 덕분에 평범한 미국인들과 교감하는 능력을 다듬을 수 있었다. 그들 평범한 미국인이 훗날 닉슨이 말한 '침묵하는 다수'의 중추를 이루었다. 전쟁 중 본토에 머물렀다고 레이건의 경험을 가볍게 치부하기 쉽지만, 전쟁 중에 할리우드에서 했던 역할을 통해 레이건은 백악관까지 가져간 단순한 세계관을 형성했다. 미국이 일본에 원자폭탄을 투하한 사건은 레이건에게 핵무기에 대한 깊은 공포를 심어주었고, 이 때문에 소련과 새로운 관계를 구축할 당시 대부분 참모의 조언을 무시하고 자신의 직감에 따라 행동할 수 있었다.

하지만 제2차 세계대전의 완전한 승리는 그 세대에게 오만함도 심어주었다. 그것은 미국이 국내에서는 경제성장을 담보하면서 해외에서는 전 세계를 수호할 수 있다는 믿음이었다. 미국은 전쟁 후 수년간 전례 없는 경제 번영을 경험하면서 국제적 문제를 결정지을 강력한 국가로서의 지위를 유지했지만, 케인스 경제학으로는 해결할 수 없다고 판명된 스태그플레이션을 겪고 베트남전쟁을 통해 뮌헨의 교훈이 갖는 오류도 경험했다. 제2차 세계대전이 먼 기억 속으로 사라진 후에도 새로운 세대의 대통령들은 그 전쟁의 교훈을 소환해 자신들의 정책에 대한 지지를 끌어내는 데 이용했다. 참전 여부와 관계없이, 미래의 모든 대통령들은 제2차 세계대전이 드리운 긴 그림자 속에서 살았다.

이는 디데이 침공 18개월 전에 태어난 81세의 조 바이든 대통령에게도 분명히 해당하는 이야기였다. 2024년 6월, 바이든은 디데이 80주년을 기념하기 위해 제2차 세계대전의 승패를 결정지은 그 전투에서 미 육군 특수부대원 225명이 가파른 절벽을 기어올라 점령했던 푸앙트뒤오크를 방문했다. 그 자리에서 바이든은 40년 전 레이건이 그랬듯이 1930년대 나치즘에 맞선 역사적 투쟁이, 당시 벌어지고 있던 러시아의 해외 침략 및 미국 내의 고립주의 정서에 맞선 싸움과 유사하다는 점을 강조했다. 바이든은 이렇게 선언했다. "오늘 우리가 여기 모인 것은, 그날 그토록 놀라운 용기를 보여준 이들을 기리기 위해서만이 아닙니다. 메아리치는 그들의 목소리를 듣기 위해서입니다. 귀 기울여 듣기 위해서입니다. 왜냐하면 그들이 우리를 부르고 있기 때문입니다. 지금 당장 응답하라고 우리를 부르고 있기 때문입니다. 그들은 우리에게 묻습니다. 당신들은 무엇을 할 것인가? 그들은 우리에게 이 절벽들을 기어오르라고 말하고 있지 않습니다. 그들은 우리에게 미국이 지키고자 하는 바에 충실하라고 말하고 있습니다.”[14]

21세기로 접어들고서 20년 이상이 지난 현재, 미국이 당면한 매우 실제적인 위협들과 미국이 1930년대에 직면했던 도전들이 여러 면에서 유사하다는 사실은 역사의 아이러니다. 2024년 현재 많은 미국인은 미국의 대외모험주의에 지쳐 있고, 민주적 제도 장치들을 냉소하며, 정치 지도자들을 불신의 눈으로 바라보고 있다. 그들이 갖추어야 할 온당한 태도는 과거의 교훈에 귀 기울이고, 고립주의의 달콤한 유혹과 선동가들의 혐오스러운 애원을 배척하며, 미국의 지구적 책임과 미국 권력의 한계 사이에서 균형점을 찾아내 세계 속에서 미국의 역할을 새롭고 겸손하게 바라보는 관점을 채택하는 것이다. 그러지 않으면 우리는 이들 일곱 명의 대통령과 제2차 세계대전의 참전 용사 모두가 지키기 위해 싸웠던 민주주의의 가치들을 잃게 될 것이다.

감사의 말

아이 하나를 키우려면 마을 전체가 보살펴야 한다는 말이 있다. 한 권의 책을 쓸 때도 마찬가지라고 말할 수 있겠다. 나 역시 많은 사람의 노고와 헌신에 의존해 이 원고를 완성했다. 뛰어난 재능을 가진 역사학자 안드리나 트란은 모든 장을 읽고 통찰력 있는 의견과 제안을 제시해주었으며 초고를 능숙하게 편집해주었다. 릭 뢰스버그는 원고를 읽고 도움이 되는 여러 의견을 주었다. 내가 직접 갈 수 없었던 대통령 도서관들에서는 여러 연구 조교들이 수고해주었다. 릴리안 록(닉슨), 케이드 카하네크(부시), 세베리나 스콧(포드), 브래들리 갈카(아이젠하워)에게 감사를 표한다. 이들 도서관의 모든 기록 보관 담당자와, 특히 존 F. 케네디 및 LBJ대통령도서관 관계자의 도움에 감사드린다. 30년 이상의 근무를 마치고 올해 은퇴하는 LBJ도서관의 앨런 피셔에게 특별한 감사를 표한다. 지난 수십 년간 앨런은 LBJ도서관을 찾은 나를 언제나 따뜻한 미소로 유쾌하게 맞아주면서 도서관의 방대한 장서를 안내해주었다.

나의 훌륭한 편집자 질 슈바르츠만과 재능 있는 에이전트 스티브 트로하(폴리오문학매니지먼트)와 대화를 나누던 가운데 이 책에 대한 아이디어가 떠올랐다. 내가 제2차 세계대전에 관한 책의 집필을 막 끝냈을 때, 현대의 대통령들에 관한 나의 관심을 그 전쟁과 결합할 방안을 함께 논의하는 자리였다. 누가 처음 그 아이디어를 냈는지는 기억나지 않지만, 이 책이 세상에 나올 수 있던 것은 모두의 노력 덕분이었다. 이해와 인내, 그리고 실력을 보여준 질과 더턴출판사 직원 모두에게, 특히 샬럿 피터스, 존 파슬리, 스테파니 쿠퍼, 아만다 워커, 앨리스 달림플에게 감사드린다. 그리고 필립 바시

만큼 꼼꼼한 교정자를 만나본 적은 없는 것 같다. 내가 저지른 많은 당황스러운 실수를 바로잡아준 데 감사를 보낸다.

이 책을 쓰는 동안 나는 오클라호마대학교에 보낸 마지막 27년을 포함해 40년간의 교직 생활을 마치고 은퇴했다. 또한 20년 이상 맡아온 히스토리채널의 상근 역사학자 자리에서도 물러났다. 내가 꿈꿔본 적도 없고 아마 받을 자격도 없었을 기회들을 제공해준 AETN의 전 최고경영자 아베 레이븐에게는 언제나 큰 빚을 지고 있다.

지지와 격려 그리고 웃음으로 나를 지탱해주는 많은 사람이 내 삶 속에 있다는 것은 큰 축복이다. 내가 누구를 이야기하는지, 당사자들은 잘 알 것이다. 나의 배우자 반투이르 보르헤스는 셀 수 없이 많은 방식으로 내 삶을 풍요롭게 해주었다. 우리 고양이들인 잭과 리오는 모든 페이지 위에서 잠을 자며 그들만의 방식으로 내게 지지를 보냈다.

거의 40년 전, 나는 첫 번째 책을 부모님께 바쳤다. 아버지는 최근 세상을 떠나셨지만 어머니는 93세의 나이에도 여전히 정정하시다. 내 형 프래니가 69년 전에 태어난 날부터 어머니는 프래니와 나, 그리고 내 남동생 마이크와 여동생 캐런을 사랑하고, 돌보고, 키우고, 걱정하며 평생을 바치셨다. 이제 어머니는 혼자 오롯이 헌사를 받으셔도 마땅하다.

축약형 설명

DDEPL: Dwight D. Eisenhower Presidential Library
FDRPL: Franklin D. Roosevelt Presidential Library
GHWBPL: George H. W. Bush Presidential Library
GRFPL: Gerald R. Ford Presidential Library
JFKPL: John F. Kennedy Presidential Library
LBJA: Lyndon Baines Johnson Archives Collection
LBJPL: LBJ Presidential Library
RNPL: Richard Nixon Presidential Library
RRPL: Ronald Reagan Presidential Library
WCOH: Whittier College Oral History

서문

1   Richard Reeves, *President Kennedy: Profile of Power* (New York: Touchstone, 1993)과 Thurston Clarke, *Ask Not: The Inauguration of John F. Kennedy and the Speech that Changed America* (New York: Penguin, 2005), Kindle 참고.

2   John Farrell, *Richard Nixon: The Life* (New York, 2017), 211; William Hitchcock, *The Age of Eisenhower: America and the World in the 1950* (New York: Simon & Schuster, 2018), 80; Jean Edward Smith, *Eisenhower in War and Peace* (New York: Random House, 2012), 757–58.

3   Robert Caro, *The Years of Lyndon Johnson: Master of the Senate* (New York: Knopf, 2002), 624; Jeff Shesol, *Mutual Contempt: Lyndon Johnson, Robert Kennedy, and the Feud That Defined a Decade*(New York: W.W. Norton, 1998), 34.

4   Chris Mathews, *Kennedy & Nixon: The Rivalry that Shaped Postwar America* (New York: Free Press, 2011), 79, 90.

5   William Doyle, *PT 109: An American Epic of War, Survival, and the Destiny of John F. Kennedy* (New York: William Morrow, 2015), xiii.

6   Stephen R. Rock, *Appeasement in International Politics* (Lexington: University Press of Kentucky, 2000); https://www.jstor.org/stable/j.ctt130jjpn.5; Jeffrey Record, *The Specter of*

Munich: Reconsidering the Lessons of Appeasing Hitler (Washington D.C: Potomac Books, 2006) 11–15; Fredrik Logevall, *JFK: Coming of Age in the American Century* (New York: Random House, 2020), xii–xiii.

7   Logevall, *JFK*, xii–xiii.

8   Doris Kearns Goodwin, *Lyndon Johnson and the American Dream*(New York: Open Road Media, 2015), 118, Kindle.

9   Jeffrey Record, "Retiring Hitler and 'Appeasement' from the National Security Debate," *Parameters* 38, no. 2 (Summer 2008), doi:10.55540/0031-1723.2416 참고. 또한 아래 의 자료들도 도움이 된다. Record, *Making War, Thinking History: Munich, Vietnam, and Presidential Uses f Force from Korea to Kosovo* (Annapolis, Maryland: Naval Institute Press, 2002); Fredrik Logevall and Kenneth Osgood, "The Ghosts of Munich: America's Appeasement Complex," *World Affairs* 173, no. 2 (July/August 2010): 13–26; Robert J. Beck, "Munich's Lessons Reconsidered," *International Security* 14, no. 2 (Fall, 1989): 161–91; Hal Brands and Jeremy Suri, eds., *The Power of the Past: History and Statecraft* (Washington, DC: Brookings Institution Press, 2016), 1–26.

10 President John F. Kennedy, "Commencement Address at Yale University, June 11, 1962," JFKPL, https://www.jfklibrary.org/archives/other-resources/john-f-kennedy-speeches/ yale-university-19620611.

11 케네디가 말한 "밀물은 모든 배를 띄운다."라는 구문에 관한 논의는 Donald Lazere, "A Rising Tide Lifts All Boats: Has the Right Been Misusing JFK's Quote?," History News Network online, accessed December 21, 2022, https://historynewsnetwork.org/ article/73227 참고.

12 Steven M. Gillon and Cathy D. Matson, *The American Experiment: A History of the United States* (Boston: Houghton Mifflin, 2009), 977.

13 Nancy Gibbs and Michael Duffy, *The Presidents Club: Inside the World's Most Exclusive Fraternity* (New York: Simon & Schuster, 2012), 124.

14 Herbert S. Parmet, *JFK: The Presidency of John F. Kennedy* (New York: Doubleday, 1983), 4.

15 Clarke, *Ask Not*, 1136, Kindle.

16 Parmet, *JFK*, 98; Jon Meacham, *Destiny and Power: The American Odyssey of George Herbert Walker Bush* (New York: Random House, 2015), 53.

1장

1   진주만공격조사 합동위원회 청문회, 79th Congress, 2nd session, Document 244, Final report, "The Last Hours," 441 참고.

2   William C. Murphy, Jr, "U.S. Declares War on Japs," *Philadelphia Inquirer*, December 9, 1941, 1.

3   Martin Caidin and Edward Hymoff, *The Mission: The Untold Story of Lieutenant Commander Lyndon B. Johnson's Secret Combat Mission in the South Pacific During WWII* (New York: Popular Library, 1964, 12-14, Merle Miller, *Lyndon: An Oral Biography* (New York: G. P. Putnam's Sons, 1980), 92.

4   Robert Dallek, *An Unfinished Life: John F. Kennedy, 1917-1963* (New York: Little, Brown,

2003), 147-48.

5   "Lyndon Baines Johnson," February 5, 1964, Franklin Roosevelt Presidential Library (FDRPL) President's Personal File, Lyndon B. Johnson (6106-6153.) 이 자료가 존슨과 케네디가 했던 모든 회의를 분류해놓은 것으로 보인다. 그러나 날짜가 1964년 2월 5일로 표기되어 있는 이유는 확실하지 않다. Robert Caro, *The Years of Lyndon Johnson: Means of Ascent* (New York: Vintage, 2011), 10.

6   Lyndon B. Johnson, "It Is Later Than We Think," San Jacinto Day Speech, April 21, 1941, joint Session-Texas Legislature, Henry A. Wallace Papers, FDRPL, General Correspondence, box 38.

7   Caro, *Means of Ascent*, 19.

8   Miller, *Lyndon*, 92. Caro, *Means of Ascent*, 29.

9   Caro, *Means of Ascent*, 29.

10 Caro, *Means of Ascent*, 20-21; Robert Dallek, *Lone Star Rising: Lyndon Johnson and His Times, 1908-1960* (New York: Oxford University Press, 1992), 231-33.

11 Dallek, *Lone Star*, 236, Kindle; Caro, *Means of Ascent*, 24.

12 Caro, *Means of Ascent*, 31-32.

13 Caro, *Means of Ascent*, 31-32.

14 Caro, *Means of Ascent*, 33. McCabe to Hopkins, April 23, 1942, FDRPL, President's Personal File, "Lyndon Johnson" Hopkins to McCabe, April 25, 1942, FDRPL, President's Personal File, "Lyndon Johnson"; Dallek, *Lone Star*, 233; Jonathan Daniels, *White House Witness, 1942-45* (New York, Doubleday, 1975), 28-29.

15 Caro, *Means of Ascent*, 32-33; Miller, *Lyndon*, 94-95.

16 Dallek, *Lone Star,* 236.

17 Caro, *Means of Ascent*, 33.

18 Logevall, *JFK*, 298.

19 "Kennedy, John Fitzgerald-Applicant for Commission as Ensign," September 8, 1941, JFK Personal Papers, John F. Kennedy Presidential Library (JFKPL), JFKPP-011-030-p0007.

20 Dallek, *Unfinished Life*, 82; Logevall, *JFK*, 288-91.

21 Dallek, *Unfinished Life* 82; Logevall, *JFK*, 293-94. Herbert S. Parmet, *Jack: The Struggles of John F. Kennedy* (New York: Dial Press, 1980), 86-87.

22 Logevall, *JFK*, 304; Dallek, *Unfinished Life*, 83.

23 Logevall, *JFK*, 296, 306; Dallek, *Unfinished Life*, 83-84.

24 Dallek, *Unfinished Life*, 83-84; Parmet, *JFK,* 91.

25 Logevall, *JFK*, 311. Parmet, *JFK,* 91-92.

26 Parmet, *Jack,* 92.

27 Richard Nixon, *RN: The Memoirs of Richard Nixon* (New York: Simon & Schuster, 2013), 37.

28 John A. Farrell, *Nixon: The Life,* (New York: Vintage, 2017), 75.

29 Nixon, *Memoirs*, 36; Farrell, *Nixon*, 75.

30 Stephen E. Ambrose, *Nixon,* vol. 1, *The Education of a Politician, 1913-1962* (New York: Simon & Schuster, 2014), 47.

31 Ambrose, *Education*, 50.

32 Robert Dallek, *Nixon and Kissinger: Partners in Power* (New York: HarperCollins, 2009), 7.

33　Farrell, *Nixon*, 4; Dallek, *Nixon and Kissinger*, 11.

34　Will Swift, *Pat and Dick: The Nixons, an Intimate Portrait of a Marriage* (New York: Threshold Editions, 2014), 18–21; Roger Morris, *Richard Milhous Nixon: The Rise and Fall of an American Politician* (New York: Henry Holt, 1990), 221.

35　Morris, *Rise and Fall*, 236.

36　Swift, *Pat and Dick*, 45–46; Morris, *Rise and Fall*, 236; "Business, Professional and Administrative Experience," Record Group 24: Records of the Bureau of Naval Personnel—Series: Official Military Personnel Files. Official Military Personnel File for Richard M. Nixon—September 1930–September 1970. National Archives, Washington, DC.

37　J. H. Beuscher to Director, Naval Officer Procurement, May 4, 1942. Record Group 24: Records of the Bureau of Naval Personnel—Series: Official Military Personnel Files. Official Military Personnel File for Richard M. Nixon—September 1930–September 1970. National Archives, Washington DC.

38　Morris, *Rise and Fall*, 238, 242–43.

39　Speech File: Campaign, Bureaucracy and RN's Experiences with OPA. 1:15. Speech File (PPS 208), 1:15, Richard Nixon Presidential Library (RNPL), Yorba Linda, CA.

40　Nixon, *Memoirs*, 37. Morris, *Rise and Fall*, 243.

41　Nixon, *Memoirs*, 37–39.

42　H. Beuscher to Director, Naval Officer Procurement, May 4, 1942. Record Group 24: Records of the Bureau of Naval Personnel—Series: Official Military Personnel Files. Official Military Personnel File for Richard M. Nixon "First Endorsement," May 8, 1942, National Archives.

43　Nixon, *Memoirs*, 37–39.

44　Meacham, *Destiny and Power*, 38; Robert B. Stinnett, *George Bush: His World War II Years* (Washington, DC: Brassey's, 1992), 1.

45　Meacham, *Destiny and Power*, 39.

46　Ellie LeBlond Sosa and Kelly Anne Chase, *George and Barbara Bush: A Great American Love Story* (Camden, ME: Down East Books, 2018), 188; Meacham, *Destiny and Power*, 41–43.

47　Joe Hyams, *Flight of the Avenger: George Bush at War* (New York: Harcourt, 1991), 32; Meacham, *Destiny and Power*, 40; Jeffrey A. Engel, *When the World Seemed New: George H. W. Bush and the End of the Cold War* (Boston: Houghton Mifflin Harcourt, 2017), 28, Kindle.

48　Meacham, *Destiny and Power*, 46.

49　Hitchcock, *Age of Eisenhower*, 16.

50　Dwight D. Eisenhower, *Crusade in Europe: A Personal Account of World War II* (New York: Vintage, 2013), 15, Kindle.

51　Daniel Vermilya, "A Day When Everything Changed—Dwight Eisenhower and the Attack on Pearl Harbor," National Park Service, last modified December 7, 2020, https://www.nps.gov/articles/000/a-day-when-everything-changed-dwight-eisenhower-and-the-attack-on-pearl harbor.htm#:~:text=One%20of%20those%20who%20had,outside%20of%20San%20Antonio%2C%20Texas

52　Eisenhower, *Crusade*, 16.

53　Stephen E. Ambrose, *Eisenhower: Soldier and President*, (Simon & Schuster, 2014), 61; Smith,

Eisenhower in War and Peace, 180; "General George C. Marshall," American Experience online, accessed September 10, 2023, https://www.pbs.org/wgbh/americanexperience/features/macarthur‑general‑george‑c‑marshall/.

54   Smith, *Eisenhower in War and Peace*, 173.

55   Eisenhower, *Crusade*, 16.

56   Smith, *Eisenhower in War and Peace*, 33–35; "Mamie Eisenhower," Miller Center, University of Virginia, accessed June 10, 2023, https://millercenter.org/president/eisenhower/essays/eisenhower‑1953‑firstlady.

57   Smith, *Eisenhower in War and Peace*, 45–48; Hitchcock, *Age of Eisenhower*, 9.

58   Hitchcock, *Age of Eisenhower*, 16.

59   Eisenhower, *Crusade*, 20–21.

60   Dwight D.: Diaries (January 1–July 6, 1942), DDEPL, https://www.eisenhowerlibrary.gov/sites/default/files/file/DDE%20Diary%20JanJuly%201942.pdf.

61   Smith, *Eisenhower in War and Peace*, 176.

62   Smith, *Eisenhower in War and Peace*, 185–86.

63   Hitchcock, *Age of Eisenhower*, 17–18; Eisenhower, Diaries, January 22, 1942, https://www.eisenhowerlibrary.gov/sites/default/files/file/DDE%20Diary%20JanJuly%201942.pdf.

64   Smith, *Eisenhower in War and Peace*, 187; Eisenhower, Diaries, January 4, March 11, 1942, 1, 10; Ambrose, *Eisenhower: Soldier and President* (New York: Simon & Schuster, 1991), 63–64; Vermilya, "A Day When Everything Changed."

65   Smith, *Eisenhower in War and Peace*, 182; Ambrose, *Eisenhower: Soldier and President*, 63; Hitchcock, *Age of Eisenhower*, 16.

66   James Cannon, *Gerald R. Ford: An Honorable Life* (Ann Arbor: University of Michigan Press, 2013), 57.

67   Gerald R. Ford, *A Time to Heal: The Autobiography of Gerald R. Ford* (New York: Harper and Row, 1979), 57.

68   Michael E. Unsworth, "'The Best Officer of the Deck': Gerald R. Ford's World War II Exeprience," *Michigan History*, January/February 1994, 8–9.

69   John Robert Greene, "Gerald Ford: A Life in Brief," Miller Center, Uni\‑versity of Virginia, accessed November 10, 2023, https://millercenter.org/president/ford.

70   Unsworth, "'The Best Officer of the Deck'" 9; Ford, *A Time to Heal*, 57–58.

71   Ford to Corwin, December 22, 1942, Gerald R. Ford Presidential Library (GRFPL), box 1.

72   Lou Cannon, "Ronald Reagan: Life in Brief," Miller Center, Miller Center, University of Virginia, accessed November 10, 2023, https://millercenter.org/president/reagan/life‑in‑brief.

73   Stephen Vaughn, *Ronald Reagan in Hollywood: Movies and Politics* (Cambridge: Cambridge University Press, 1994), 105.

74   Marc Eliot, *Reagan: The Hollywood Years* (New York: Crown Archetype, 2008), 146–47; Vaughn, *Reagan in Hollywood*, 106–7.

75   Vaughn, *Reagan in Hollywood*, 107.

76   Eliot, *Hollywood Years*, 161; Vaughn, *Reagan in Hollywood*, 107.

77   Eliot, *Hollywood Years*, 162.

2장

1 George C. Herring, *From Colony to Superpower: U.S. Foreign Relations Since 1776* (New York: Oxford University Press, 2008), 539.

2 John Winton, *War in the Pacific: Pearl Harbor to Tokyo Bay,*(Leeds, U.K.: Sapere Books, 2022), 49–51.

3 Dallek, *Lone Star*, 237.

4 Caidin and Hymoff, *The Mission*, 25, 52–53; Miller, *Lyndon*, 94–95; LBJ Diary, Subject File, Johnson Papers, LBJPL, Lyndon Baines Johnson Archives Collection (LBJA) File, box 73.

5 Miller, *Lyndon*, 98-99.

6 Caidin and Hymoff, *The Mission*, 30.

7 LBJ Diary, LBJA, Subject File, box 73.

8 LBJ Memo, n.d., LBJA, Subject File, n.d., Johnson Papers, LBJA-LBJPL, Subject File, box 74.

9 Dallek, *Lone Star*, 237; Caidin and Hymoff, *The Mission*, 25, 29, 54–55.

10 Caidin and Hymoff, *The Mission*, 56, 66.

11 Caidin and Hymoff, *The Mission*, 55.

12 Hymoff to General Clifton, March 7, 1964, LBJPL, LBJA, Subject File, box 74; Caidin and Hymoff, *The Mission*, 83–84.

13 Caidin and Hymoff, *The Mission*, 84.

14 Caidin and Hymoff, *The Mission*, 85.

15 Caidin and Hymoff, *The Mission*, 87.

16 Miller, *Lyndon*, 97.

17 Caidin and Hymoff, *The Mission*, 85–86.

18 Caidin and Hymoff, *The Mission*, 86; Miller, *Lyndon*, 97.

19 Caidin and Hymoff, *The Mission*, 88–89.

20 Caidin and Hymoff, *The Mission*, 105–6.

21 Caidin and Hymoff, *The Mission*, 109.

22 Miller, *Lyndon*, 97-98. 마틴 케이딘과 에드워드 하이모프는 1964년에 《임무》를 출간했다. 린든 존슨이 전투에서 보인 행동을 시간순으로 기록하여 그의 무용담을 담은 책이었다. 그러나 1993년, 두 항공 전문가 헨리 사카이다와 바렛 틸먼이 존슨의 서사에서 허점을 밝혀낸 책을 썼다. 그들은 부정확한 사실들로 가득 찬 《임무》가 사실상 존슨의 비행기가 공격받았다는 신화를 조작했다고 주장했다. 그들은 헤클링헤어가 폭탄 투하 지점에 도착하기 훨씬 전에 발전기 작동이 멈췄으므로 일본 제로기의 공격을 받았을 가능성이 전혀 없다고 주장했다. 그 증거로서 그들은 그날 존슨의 비행기에 탑승했던 19세의 기총수 밥 마셜을 인터뷰했는데, 그는 전체 이야기가 "조작되었"다고 비난했다. 그들이 탔던 비행기는 "공격받지 않았습니다. 아무 일도 없었어요."라고 그는 말했다. 저자들은 또한 그 비행기를 공격했다고 알려진 일본의 에이스 파일럿 사카이 사부로도 인터뷰했다. "단발 엔진 B-26이 제로기를 따돌릴 수 있었을까요?"라고 그들이 묻자, 사카이는 "맑은 날씨에는 절대 불가능합니다."라고 답했다. 이와 관련해서는 Tillman and Sakaida, "LBJ's Silver Star—The Mission That Never Was," in Pacific Air Combat WWII: Voices from the Past, ed. Sakaida (Saint Paul, MN: Phalanx, 1993) 참고. 다수의 언론 매체들

이 저자들의 주장을 다루며 존슨의 임무에 의문을 제기하는 기사를 게재했다. Jamie McIntyre, "Another Undeserved Military Honor for LBJ," *Washington Examiner*, last modified May 10, 2019, https://www.washingtonexaminer.com/policy/defense-national-security/another-undeserved-military-honor-for-lbj와 "Navigator's Son Disputes LBJ Ever Saw Combat," CNN online, last modified July 9, 2001, http://www.cnn.com/2001/US/07/09/lbj.silverstar/index.html 참조.

이 두 서사를 조화시키기는 어렵다. 무엇보다 같은 비행기에 탔던 승무원들이 완전히 다른 이야기를 하고 있기 때문이다. LBJ 도서관에 보관된 당시의 정황 증거들은 《임무》의 기술에 가깝다는 것이 내 생각이다.

제22폭격단 소식지에 따르면 1964년 7월 3일, 당시의 승무원들이 재회 모임을 가졌다. 《임무》가 출간된 직후였다. 모임에 참석한 많은 이들이 책의 내용을 뒷받침했다. 한 승무원은 "이 책을 읽으니 당시의 기억이 많이 되살아나는군요. 좋은 기억도 있지만, 차라리 잊고 지내는 게 나았을 일들도 떠오릅니다."라고 회상했다. 그들은 비행기 내부 묘사에 관해서는 사소한 지적을 했지만, 아무도 존슨 이야기의 진실성에 대해서는 의문을 제기하지 않았다.

그리고 같은 해, 사카이는 AP통신과의 인터뷰에서 더욱 설득력 있는 증거를 제시했다. 그는 미군 비행기들이 "전혀 예상치 못하게" 구름 사이에서 나타났다고 지적하며 "우리는 전혀 준비가 안 된 상황이었어요."라고 회상했다. 그러면서 존슨을 태운 손상된 B-26이 마치 "사자 앞에 놓인 길 잃은 양처럼 생각되었기 때문"에 격추하려 했다고도 말했다. 그 비행기를 향해 포탄도 발사했지만 "주 편대"를 추격하기 위해 그만두었고, 《임무》에서 언급된 내용은 "나의 전시 기억과 일지로 판단할 때" 사실이라고 말했다. Ken Sembon, Associated Press, February 26, [1964], Lyndon Johnson Papers, LBJA-LBJPL, Subject File, box 74. 참조.

23 Caro, *Means of Ascent*, 46.

24 Caro, *Means of Ascent*, 43; Caidin and Hymoff, *The Mission*, 113.

25 Caro, *Means of Ascent*, 44–45; Dallek, *Lone Star*, 240; Miller, *Lyndon*, 99.

26 Miller, *Lyndon*, 100; Caidin and Hymoff, *The Mission*, 130–31.

27 존슨은 1942년 7월 15일 자로 군 인사행정 책임자에게 "양심상 이 훈장을 받을 수 없고, 이 영예로운 메달도 착용할 수 없습니다. 그들이 항상 겪는 문제들을 배우고, 함께 마주하는 과정에서 짧은 시간 동안 수행한 하찮은 역할로 공로를 인정받을 수는 없기 때문입니다."라고 편지를 쓰기도 했다. LBJ to Adjutant General, July 15, 1942, Johnson Papers, LBJA File, box 74 참고.

28 Caro, *Means of Ascent*, 48-49, 51; Ronnie Dugger, *The Politician: The Life and Times of Lyndon Johnson* (New York: W. W. Norton, 1982), 251-53.

29 Caro, *Means of Ascent*, 53.

30 일본 항공기들이 더 빠르고 더 치명적이었으며, 일본군 조종사들이 미군 조종사들보다 더 잘 훈련되어 있었다. 존슨은 한 기자에게 "네모난 상자 모양 연의 가장자리에 매달려 폭풍을 견디는 것이나, 지금 우리 병사들이 타고 있는 그런 해군 고물 비행기로 일본의 제로기와 맞서는 것이나 마찬가지입니다."라고 말했다. Johnson Papers, LBJA File, n.d., box 74; Dallek, *Lone Star*, 242 참고.

31 Dallek, *Lone Star*, 243-44.

32 Logevall, JFK, 317, 320.

33 Joan Blair and Clay Blair Jr., *The Search for JFK* (New York: Berkeley, 1976), 175–76;

Parmet, *Jack*, 93–95; Logevall, *JFK*, 321–22.

34 Logevall, *JFK*, 322–32; Doyle, *PT 109*, 29.

35 Logevall, *JFK*, 323.

36 Doyle, *PT 109*, 34. 수년 후, JFK의 건강 문제에 대해 알게 된 할리는 케네디의 인맥 동원이 "그의 완고하고 꺾이지 않는 용기를 보여주는 사례라고 말할 수 있지만, 어찌 보면 무모하고 무책임하며 다소 이기적인 행동이기도 했다."라고 말했다.

37 Logevall, *JFK*, 324–26; Blair and Blair Jr., *Search for JFK*, 186.

38 Hyams, *Flight of the Avenger*, 32–33.

39 "World War II Correspondence, 1942–48," George Bush Personal Papers, George H. W. Bush Presidential Library (GHWBPL), box 1. 개별 편지들에는 날짜가 기록되어 있지 않지만, 도서관에서는 부시가 주둔했던 장소를 기준으로 정리했다. 이후에 인용되는 모든 편지 내용은 다음 장소들에서 발신한 것이다; 채플힐, 미니애폴리스, 코퍼스크리스티, 포트로더데일.

40 Stinnet, *Bush: World War II Years*, 12.

41 부시가 어머니에게 쓴 편지, n.d., Bush Personal Papers, GHWBPL, box 1.

42 부시가 어머니에게 쓴 편지, n.d., Bush Personal Papers, GHWBPL, box 1.

43 부시가 어머니에게 쓴 편지, n.d., Bush Personal Papers, GHWBPL, box 1.

44 Stinnet, *Bush: World War II Years*, 245.

45 해군 인사 책임자가 닉슨에게 1942년 10월 9일 통보. Official Military Personnel File for Richard M. Nixon—September 1930–September 1970, Record Group 24: Records of the Bureau of Naval Personnel—Series: Official Military Personnel Files, National Archives (NA) 70.

46 Nixon, *Memoirs*, 38-39.

47 Farrell, *Nixon*, 76 –77.

48 Nixon, *Memoirs*, 39.

49 해군 인사 담당자가 해군 인사 책임자에게 1943년 3월 30일 발송. Official Military Personnel File for Richard M. Nixon, Record Group 24: Records of the Bureau of Naval Personnel, National Archives.

50 1943년 5월 2일, 닉슨은 해군 인사 책임자로부터 샌프란시스코로 가라는 명령을 받았다. "뉴칼레도니아의 누메아로 가는 첫 번째 이용 가능한 수송 편을 이용하고, 도착 즉시 누메아 함대 항공 사령관에게 전입신고를 하라."라는 내용이었다. Chief of Naval Personnel to Nixon, May 2, 1943, Offcial Military Personnel File for Richard M. Nixon, Record Group 24: Records of the Bureau of Naval Personnel, National Archives.

51 Nixon, *Memoirs*, 40.

52 Smith, *Eisenhower in War and Peace*, 190–91.

53 Eisenhower, *Crusade*, 58–59.

54 Smith, *Eisenhower in War and Peace*, 198–99.

55 Smith, *Eisenhower in War and Peace*, 200.

56 Ambrose, *Soldier and President*, 72, Kindle; Hitchcock, *Age of Eisenhower*, 17.

57 Ambrose, *Soldier and President*, 72–74.

58 Eisenhower, Diaries, June 25, 1942, https://www.eisenhowerlibrary.gov/sites/default/files/file/DDE%20Diary%20JanJuly%201942.pdf.

59 Eisenhower, Diaries, June 25, 1942, https://www.eisenhowerlibrary.gov/sites/default/

files/file/DDE%20Diary%20JanJuly%201942.pdf.

60 Ambrose, Soldier and President, 75.

61 Smith, *Eisenhower in War and Peace*, 209; Ambrose, *Soldier and President*, 75.

62 James Bradley, *Flyboys: A True Story of Courage* (Boston: Little, Brown, 2003), 160.

63 Smith, *Eisenhower in War and Peace*, 248; Hitchcock, *Age of Eisenhower*, 19.

64 Smith, *Eisenhower in War and Peace*, 265.

65 Eliot, *Hollywood Years*, 168.

66 Eliot, *Hollywood Years*, 171; Bob Spitz, *Reagan: An American Journey* (New York: Penguin, 2018), 200; Ronald Reagan with Richard G. Hubler, *Where's the Rest of Me?: The Ronald Reagan Story* (New York: Duell, Sloan and Pearce, 1965), 121.

67 Spitz, *Reagan*, 199.

68 Eliot, *Hollywood Years*, 166; Spitz, *Reagan*, 199.

69 Reagan with Hubler, *Where's the Rest of Me?*, 118–19; Spitz, *Reagan*, 203–4.

70 Eliot, *Hollywood Years*, 163–65.

71 Eliot, *Hollywood Years*, 166–67.

72 Spitz, *Reagan*, 201-22.

73 Eliot, *The Hollywood Years*, 179.

74 Spitz, *Reagan*, 200–201.

75 Spitz, *Reagan*, 201; Vaughn, *Reagan in Hollywood*, 105.

76 레이건은 훗날 전쟁이 끝날 때까지 자신이 확고한 진보주의자였다고 주장했다. 그는 회고록에 "제2차 세계대전이 끝난 시점에도 나는 뼛속 깊이 뉴딜정책 지지자였다."라고 썼다. 따라서 전쟁 경험이 그의 진보주의적 신념에 균열을 드러냈다는 점은 분명하다. Ronald Reagan, *An American Life: The Autobiography,* (New York: Simon & Schuster, 1990), 105 참고.

77 Reagan to Shaw, January 14, 1961, Governor's Office Files, Research Files (Molly Sturgis Tuthill), Ronald Reagan Presidential Library (RRPL), box GO199.

78 Reagan with Hubler, *Where's the Rest of Me?*, 124–25.

3장

1 David M. Kennedy, *Freedom From Fear: The American People in Depression and War, 1929-1945* (New York: Oxford University Press, 1999), 545

2 Kennedy, *Freedom*, 557.

3 "Dear Children," March 4, 1943, Joseph P. Kennedy Private Papers, JFKPL, Family: Family Correspondence, 1938–October 1943, box 2.

4 Doyle, *PT 109*, 41–42, 55-57.

5 Nigel Hamilton, *JFK: Reckless Youth* (New York: Random House, 1992), 554.

6 Parmet, *Jack*, 100-101; Doyle, *PT 109*, 46–48, 77.

7 Doyle, *PT 109*, 44.

8 Hamilton, *Reckless Youth*, 544, 527; Doyle, *PT 109*, 43, 50.

9 "Dear Dad & Mother," May 14, 1943, JFK Personal Papers, Correspondence, 1943-62, Personal, 1943, JFKPL, box 2; Dallek, *Unfinished Life*, 91; Logevall, *JFK*, 333–34.

10 Logevall, *JFK*, 334.

11 Doyle, *PT 109*, 59, 81, 109; Parmet, *Jack*, 101; "John F. Kennedy and PT_109," n.d., JFKPL, accessed September 3, 2023, https://www.jfklibrary.org/learn/about-jfk/jfk-in-history/john-f-kennedy-and-pt-109; John Hersey, "Survival: Long Before He Became President, J.F.K. Battled to Save Himself and His Men While Adrift in the South Pacific," *New Yorker*, June 10, 1944, 2-3, https://www.newyorker.com/magazine/1944/06/17/survival-jfk-second-world-war.

12 Stephen Plotkin, "Sixty Years Later, the Story of PT-109 Still Captivates," *Prologue* 35, no. 2 (Summer 2003), National Archives, https://www.archives.gov/publications/prologue/2003/summer/pt109.html; Hersey, "Survival," 3.

13 Doyle, *PT 109*, 92-93; B. R. White and J. G. McClure, *Narrative on Sinking of PT-109 and Rescue, 22 August 1943*, JFK Personal Papers, JFKPL, Correspondence, 1943-1952, 1-2, https://www.jfklibrary.org/asset-viewer/archives/jfkpp-006-011#?image_identifier=JFKPP-006-011- p0003. 이 보고서는 바이런 화이트가 공동 저자로 참여했는데, JFK는 훗날 그를 연방대법관으로 임명하게 된다.

14 White and McClure, *Narrative on Sinking of PT-109*, 2; Marc Lancaster, "PT-109: John F. Kennedy Fights to Survive in the Solomons," World War II on Deadline, last modified August 8, 2020, https://ww2ondeadline.com/2020/08/08/pt-109-jfk-john-f-kennedy-world-war-ii-navy/.

15 Doyle, *PT 109*, 93-95.

16 Doyle, *PT 109*, 7.

17 Hersey, "Survival," 4.

18 Doyle, *PT 109*, 108; Hersey, "Survival," 5.

19 Hersey, "Survival," 5.

20 Doyle, *PT 109*, 110-111.

21 Plotkin, "Sixty Years Later"; Doyle, *PT 109*, 95-96; Dallek, *Unfinished Life*, 96.

22 Doyle, *PT 109*, 107.

23 Doyle, *PT 109*, 112.

24 Doyle, *PT 109*, 115; Hamilton, *Reckless Youth*, 581.

25 Logevall, *JFK*, 343. Parmet, *Jack*, 104.

26 Doyle, *PT 109*, 118.

27 Logevall, *JFK*, 344; Doyle, *PT 109*, 123.

28 Doyle, *PT 109*, 124, 134; White and McClure, *Narrative on Sinking of PT-109*, 3-4.

29 White and McClure, *Narrative on Sinking of PT-109*, 4; Hersey, "Survival," 11.

30 Hersey, "Survival," 12; Plotkin, "Sixty Years Later."

31 Hersey, "Survival," 12; Plotkin, "Sixty Years Later."

32 Doyle, *PT 109*, 140.

33 White and McClure, *Narrative on Sinking of PT-109*, 4; Logevall, *JFK*, 345; Parmet, *Jack*, 105; Doyle, *PT 109*, 140-41. 케네디는 그곳을 나루섬이라고 생각했지만 실제로는 크로스섬이었다.

34 Plotkin, "Sixty Years Later"; Doyle, *PT 109*, 142.

35 Hersey, "Survival," 14. 케네디는 또한 쿠마나와 가사와 종종 편지를 주고받으며 연락을 유지했다. 케네디가 취임식에 초대했지만, 그들은 참석할 수 없었다. 그들은 1963년 11월

케네디와 만날 약속으로 공항에 도착했지만 여행이 취소되었다는 말을 들었고, 집에 돌아간 후에야 그 이유를 알게 되었다. JFK가 암살당했던 것이다. "가족이 라디오에서 그 소식을 들었을 때 저는 정원에 있었어요. 집 안으로 들어와서 그의 사진을 보고 울었습니다. 그 사진을 들고 앉아 계속 울었죠." Hamilton, *Reckless Youth,* 602와 Kat Eschner, "Why JFK Kept a Coconut Shell in the Oval Office," *Smithsonian* online, last modified August 2, 2017, https://www.smithsonianmag.com/smart-news/why-jfk-kept-coconut-shell-white-house-desk-180964263/ 참고.

36 Dallek, *Unfinished Life*, 99–100.

37 Dear Mother & Dad, September 12, 1943, JFK Personal Papers (JFKPP), Correspondence, 1943–62, Personal, 1943, JFKPL, box 2.

38 Jack to Dad, n.d., and Jack to Dad, October 30, 1943, JFKPP, Family: Family Correspondence, 1938–October 1943, JFKPL, box 2.

39 Logevall, *JFK*, 354; Hamilton, *Reckless Youth*, 621.

40 Dallek, *Unfinished Life*, 100.

41 Logevall, *JFK*, 366; Plotkin, "Sixty Years Later."

42 Parmet, *Jack,* 110; Blair and Blair Jr., Search for JFK, 379; Lancaster, "PT-109: Kennedy Fights to Survive in the Solomons."

43 Doyle *PT 109*, 205. 잭의 PT 보트에는 레이더가 장착되어 있지 않았지만, PT 보트 편대의 새로운 지휘관인 J. E. 깁슨은 "그가 승무원들을 매우 형편없이 꾸렸기 때문에 109호를 잃었다."라며 PT-109를 손실한 데 대해 케네디를 비난했다. 몇몇 수정주의 역사학자들도 비슷한 비난을 해왔다. 그러나 그들의 판단은 완전히 틀렸다. 충돌이 일어난 것은 보트 자체의 결함들, 특히 레이더가 없었기 때문일 뿐만 아니라 일본의 금속 바지선에는 PT 보트들이 효과적이지 않다는 사실이 명백해진 후에도 전술과 전략을 바꾸지 않은 해군 지도부의 책임도 있기 때문이다. Hamilton, *Reckless Youth*, 567-69 참고.

44 Blair and Blair Jr., *Search for JFK*, 325.

45 Doyle, *PT 109*, 206.

46 Morris, *Rise and Fal*, 247.

47 Carl J. Fleps, oral history, June 9, 1972, 2–3, Richard Nixon Oral History Project, Whittier College Archive (WCOH), June 9, 1972, 2–3.

48 Fleps, oral history, 4–5; Swift, *Pat and Dick*, Kindle, 52; Farrell, *Nixon*, 77.

49 Hollis Dole, oral history, January 26, 1973, WCOH, 3, 13–14.

50 Nixon, *Memoirs*, 28.

51 Dole, oral history, 4.

52 Dole, oral history, 3–4.

53 Nixon, *Memoirs*, 29; Farrell, *Nixon*, 78.

54 Morris, *Rise and Fall*, 249.

55 Morris, *Rise and Fall*, 251–52.

56 Swift, *Pat and Dick*, 53; Nixon, *Memoirs*, 28.

57 Ambrose, *Education*, 110.

58 Ambrose, *Education*, 108–9; Fleps, oral history, 6.

59 J. H. Newton, "Lieutenant Richard M. Nixon, United States Naval Reserve," n.d., Record Group 24: Records of the Bureau of Naval Personnel—Series: Official Military Personnel Files Official Military Personnel File for Richard M. Nixon—Covers

September 1930 – September 1970, NAID: 57301209; Ambrose, *Education*, 111.

60 Dole, oral history, 6 – 7, 11; Farrell, *Nixon*, 78.

61 Fleps, oral history, 6; Nixon, *Memoirs*, 28; Morris, *Rise and Fall*, 251.

62 Speech File: Reminiscences of WWII Experiences on Green Island, 1:30. Speech File (PPS 208), Richard Nixon Library and Birthplace Foundation, Yorba Linda, CA.

63 Farrell, *Richard Nixon*, 78; Ambrose, *Education*, 110; Nixon, *Memoirs*, 29. 이상하게도 닉슨은 그린섬에서 보낸 시간을 회상하면서 이 극적인 장면에 관해서는 전혀 언급하지 않았다.

64 Morris, *Rise and Fall*, 252.

65 Duane T. Hove, *American Warriors: Five Presidents in the Pacific Theater in World War II*, (Shippensburg, PA: Burd Street Press, 2003), 124 – 25.

66 Office of the White House Press Secretary, "Information on the USS *Monterey*, May 23, 1975. Press fact sheet prepared by the Ford White House; Office of Naval Records and History, "History of the USS *Monterey*," n.d.; Joe Mayrose, "Gerald Ford on the USS *Monterey*," Military History of the Upper Great Lakes (MHUGL), Michigan Technical University, last modified October 16, 2016, https://ss.sites.mtu.edu/mhugl/2016/10/16/ford-on-the-uss-monterey/.

67 James Cannon, *Honorable Life*, 59.

68 Kennedy, *Freedom from Fear*, 610.

69 Unsworth, "'Best Officer of the Deck,'" 8 – 9; James Cannon, *Honorable Life*, 59.

70 James Cannon, *Honorable Life*, 60. Edward B. Camlin, "President Ford Was Cool as Battle Raged, Says a World War 2 Shipmate," *National Enquirer*, n.d., n.p., Ford Vertical File, GRFPL, box 1.

71 Hove, *American Warriors*, 139 – 41; Unsworth, "'Best Officer of the Deck,'" 14.

72 Unsworth, "'Best Officer of the Deck,'" 12; Hove, *American Warriors*, 141 – 42.

73 Hove, *American Warriors*, 143 – 47; Office of Naval Records and History, "History of the USS *Monterey*," n.d., Ford Vertical File, GRFPL.

74 Bruce Michaels, "Jerry Ford USN," *Sea Classics* 23, no. 11, November 1990, 67 – 68; Ford, *A Time to Heal*, 58 – 59.

75 Hyams, *Flight of the Avenger*, 47; Meacham, *Destiny and Power*, 54.

76 Hyams, *Flight of the Avenger*, 51; Meacham, *Destiny and Power*, 56 – 57.

77 "World War II Correspondence, 1942 – 48," George Bush Personal Papers, GHWBPL, box 1.

78 Hyams, *Flight of the Avenger*, 53.

79 Hyams, *Flight of the Avenger*, 54.

80 "World War II Correspondence, 1942 – 48," George Bush Personal Papers, GHWBPL, box 1; Hyams, *Flight of the Avenger*, 60.

81 Hyams, *Flight of the Avenger*, 64.

82 Hyams, *Flight of the Avenger*, 70.

83 Stephen E. Ambrose, *The Supreme Commander: The War Years of Dwight D. Eisenhower* (New York: Anchor Books, 2012), 296, Kindle.

84 Harry C. Butcher, *My Three Years with Eisenhower: The Personal Diary of Captain Harry C. Butcher, USNR, Naval Aide to General Eisenhower, 1942 to 1945* (New York: Simon & Schuster,

1946), 421, 428.

85 Ambrose, *Supreme Commander*, 300.

86 Smith, *Eisenhower in War and Peace*, 293.

87 Smith, *Eisenhower in War and Peace*, 309.

88 Ambrose, *Supreme Commander*, 305.

89 Smith, *Eisenhower in War and Peace*, 391.

90 Kennedy, *Freedom from Fear*, 680; Smith, *Eisenhower in War and Peace*, 404.

91 Smith, *Eisenhower in War and Peace*, 318.

92 Hitchcock, *Age of Eisenhower*, 21–22; Ambrose, *Supreme Commander*, 308.

93 Patterson, *Grand Expectations*, 244, 271.

94 Ambrose, *Supreme Commander*, 320–21.

95 Smith, *Eisenhower in War and Peace*, 273, 350; Hugh A. Mulligan, "War's End Made a Non-Person of Eisenhower's Devoted 'Shadow,'" *Los Angeles Times*, May 28, 1995, 1; John Kifner, "Eisenhower Letters Hint at Affair with Aide," *New York Times*, June 6, 1991, 1.

96 Smith, *Eisenhower in War and Peace*, 404; Mulligan, "War's End," 1. 멀 밀러에 따르면 아이젠하워는 "전쟁이 끝나는 대로" 메이미와 이혼하고 케이와 결혼할 계획임을 마셜에게 말했고, 그 사실을 해리 트루먼이 기록했다고 한다. "마셜은 내가 일찍이 들어본 적이 없는 거친 언사를 써가며 아이크에게 답장을 보냈습니다."라고 트루먼은 회상했다. "마셜은 아이젠하워에게 그따위 일을 저지른다면 그를 군대에서 쫓아낼 뿐만 아니라 남은 평생 편히 숨을 쉬지 못하도록 만들어버리겠다고 말했죠." 트루먼은 또한 자신이 대통령으로서 한 "마지막 일 중 하나"가 아이크의 파일에서 그 편지를 꺼내 폐기한 것이었다고 주장했다. Merle Miller, *Plain Speaking: An Oral Biography of Harry S. Truman* (New York: Berkley Books, 1973), 390, Kindle 참조.

97 Smith, *Eisenhower in War and Peace* 218-19.

98 Smith, *Eisenhower in War and Peace* 218-19.

99 Smith, *Eisenhower in War and Peace* 418–20.

100 Smith, *Eisenhower in War and Peace* 421–422; Ambrose, *Soldier and President*, 120.

101 Smith, *Eisenhower in War and Peace* 424; Ambrose, *Soldier and President*, 120.

4장

1 Cornelius Ryan, *The Longest Day: The Classic Epic of D-Day* (New York: Simon & Schuster, 1994), 54. Kindle.

2 Steven M. Gillon, *Len Lomell: D-Day Hero* (New York: Caliber, 2023), 69.

3 Gillon, *Lomell*, 68.

4 Gillon, *Lomell*, 68.

5 Ryan, *Longest Day*, 52.

6 Geoffrey C. Ward and Ken Burns, *The War: An Intimate History, 1941-1945* (New York: Knopf, 2007), 175–78; Ryan, *Longest Day*, 52, 57.

7 Ryan, *Longest Day*, 54–55.

8 Eisenhower, *Crusade*, 269. Kindle.

9   Ambrose, *Soldier and President*, 127; Gillon, *Lomell*, 69-70.

10   Gillon, *Lomell*, 71.

11   Gillon, *Lomell*, 79.

12   Ryan, *The Longest Day*, 30.

13   Smith, *Eisenhower in War and Peace*, 418-19, 422.

14   Smith, *Eisenhower in War and Peace*, 427, 432-33; Ambrose, *Soldier and President*, 121.

15   Eisenhower, *Crusade*, 222.

16   Eisenhower, *Crusade*, 222; Smith, *Eisenhower in War and Peace*, 431; Ambrose, *Soldier and President*, 121.

17   Smith, *Eisenhower in War and Peace*, 437, 499-50; Eisenhower, *Crusade*, 286-87; Ambrose, *Soldier and President*, 138.

18   Ambrose, *Soldier and President*, 127; Hitchcock, *Age of Eisenhower*, 22.

19   Ambrose, *Soldier and President*, 133-35.

20   Ambrose, *Soldier and President*, 136-39.

21   Eisenhower, *Crusade*, 299-300; Ambrose, *Soldier and President*, 137-39.

22   Ambrose, *Soldier and President*, 140.

23   Ambrose, *Soldier and President*, 138; Ryan, *Longest Day*, 101.

24   Ward and Burns, *The War*, 210.

25   Ryan, *Longest Day*, 254.

26   Eisenhower, *Crusade*, 303.

27   Hitchcock, *Age of Eisenhower*, 23.

28   Hitchcock, *Age of Eisenhower*, 27.

29   Meacham, *Destiny and Power*, 58; Stinnett, *Bush: World War II Years*, 30. 이어지는 설명의 대부분은 미첨의 책과 더불어 세 가지 출처에서 비롯된다. Hyams, *Flight of the Avenger*는 부시가 태평양전선에서 보낸 시간을 가장 명확히 기술한다. Bradley, *Flyboys*도 도움이 된다.

30   Stinnett, *Bush: World War II Years*, 25-26.

31   Stinnett, *Bush: World War II Years*, 62.

32   Stinnett, *Bush: World War II Years*, 62-63.

33   Timothy J. Christmann, "Vice President Bush Calls WWII Experience 'Sobering,'" *Naval Aviation News*, March/April 1985, 14.

34   Christmann, "Sobering," 14; Stinnett, *Bush: World War II Years*, 73.

35   Stinnett, *Bush: World War II Years*, 73-74.

36   Stinnett, *Bush: World War II Years*, 125.

37   Meacham, *Destiny and Power*, 60; Stinnett, *Bush: World War II Years*, 115, 138; Christmann, "Sobering," 12.

38   Bradley, *Flyboys*, 345.

39   Bradley, *Flyboys*, 345; Hyams, *Flight of the Avenger*, 104-5.

40   Hyams, *Flight of the Avenger*, 105-6.

41   Bradley, *Flyboys*, 348-49; Christmann, "Sobering," 12.

42   *Hyams, Flight of the Avenger*, 106; Bradley, *Flyboys*, 349.

43   Bradley, *Flyboys*, 348-350; Hyams, *Flight of the Avenger*, 106.

44   Hyams, *Flight of the Avenger*, 107; Stinnett, *Bush: World War II Years*, 26.

45　Hyams, *Flight of the Avenger*, 108; Bradley, Flyboys, 350.

46　Stinnett, *Bush: World War II Years*, 147.

47　Bradley, *Flyboys*, 351–53. Hyams, *Flight of the Avenger*, 108–10, 118; George H. W. Bush, *All the Best: My Life in Letters and Other Writings* (New York: Scribner, 2013), 52.

48　Bradley, *Flyboys*, 352; Stinnett, *Bush: World War II Years*, 147.

49　Hyams, *Flight of the Avenger*, 115.

50　Hyams, *Flight of the Avenger*, 118. 핀백호의 함장에 따르면 부시가 잘못 알았던 것이다. 잠수함은 수면에서 항해하고 있었기 때문이다. 함장은 부시의 시야가 거친 바다에 가려졌으므로 착각했을 것이라고 생각했다. Stinnett, *Bush: World War II Years*, 198n11 참조.

51　Stinnett, *Bush: World War II Years*, 156.

52　Meacham, *Destiny and Power*, 62.

53　Bush, *All the Best*, 49–52; Engel, *When the World Seemed New*, 29, Kindle.

54　Hyams, *Flight of the Avenger*, 125.

55　Stinnett, *Bush: World War II Years*, 165.

56　Stinnett, *Bush: World War II Years*, 185; Hyams, *Flight of the Avenger*, 156.

57　Engel, *When the World Seemed New*, 29, Kindle.

58　Bradley, *Flyboys*, 355; Meacham, *Destiny and Power*, 63–64; Christmann, "'Sobering,'" 12.

59　Hyams, *Flight of the Avenger*, 158.

60　Hyams, *Flight of the Avenger*, 158–59.

61　Samuel J. Cox, "Typhoon Cobra—The Worst Natural Disaster in U.S. Navy History, 14–19 December 1944," *Naval History and Heritage Command*, last modified December 26, 2019, https://www.history.navy.mil/about-us/leadership/director/directors-corner/h-grams/h-gram-039/h-039-2.html.

62　Bob Drury and Tom Clavin, *Halsey's Typhoon: The True Story of a Fighting Admiral, an Epic Storm, and an Untold Rescue*, (New York: Atlantic Monthly Press, 2007), 190–91; Cox, "Typhoon Cobra."

63　Drury and Clavin, *Halsey's Typhoon*, 181.

64　Drury and Clavin, *Halsey's Typhoon*, 191–93.

65　Drury and Clavin, *Halsey's Typhoon*, 193–94; "The U.S.S. *Monterey* and the Great Typhoon," U.S. Naval Communications Service CINCPAC and CINCPOA, December 17, 1944, GRFPL, Vertical File.

66　Drury and Clavin, *Halsey's Typhoon* 194-96; Unsworth, "'Best Officer of the Deck,'" 13; Michaels, "Jerry Ford USN," 68.

67　"U.S.S. *Monterey* and the Great Typhoon"; Michaels, "Jerry Ford USN," 69. Drury and Clavin, *Halsey's Typhoon*, 196.

68　화재 중 포드의 행동에 대해서는 기록이 상충한다. 그가 화재 진압에 직접 참여했는지, 아니면 단순히 진압 작업을 한 부하들을 감독했는지는 불분명하다.

69　Unsworth, "'Best Officer of the Deck,'" 13; transcript of interview with James Cannon, 1989-94, GFPL, box 1. 군사 법정은 할시 제독에게 인명 피해와 함선 손실에 대한 책임을 물었지만, 과실 책임은 인정하지 않았다. 대신 "전시 작전 스트레스" 때문에 일어난 일이었고 "임무 수행 의욕은 칭송받을 만하다."라고 언급했다. 할시 제독은 태풍에 관해 "시의적절한 경고"를 받지 못했다고 지적하며 스스로를 변호했고, 함대의 기상학

자들을 비난했다. 그러나 법정은 할시의 주장에 동의하지 않았고, 할시가 폭풍 경로 예측에서 저지른 "중대한 오류들"을 들어 "책임의 대부분"을 할시에게 돌렸다. Michael D. Hull, "Two Typhoons Crippled Bull Halsey's Task Force," *WWII History*, August 2015, 50–55, available on Warfare History Network, https://warfarehistorynetwork.com/article/two-typhoons-crippled-bull-halseys-task-force-38/ 참조.

70 Michaels, "Jerry Ford USN."

71 Steven M. Gillon, *The American Paradox: A History of the United States Since 1945* (Boston: Wadsworth, Cengage Learning, 2007); 25.

72 Gillon, *Paradox*, 2.

73 Steven M. Gillon and Cathy D. Matson, *The American Experiment: A History of the United States* (Boston: Houghton Mifflin, 2006), 1046.

74 Hitchcock, *Age of Eisenhower*, 16, 196–97; Smith, *Eisenhower in War and Peace*, 615–16; Doyle, *PT 109*, xii.

75 Matthews, *Kennedy & Nixon*, 36.

76 Ford, *A Time to Heal*, 61.

77 Reagan with Hubler, *Where's the Rest of Me?*, 138.

78 H. W. Brands, *Reagan: The Life* (New York: Anchor Books, 2015), 57; Vaughn, *Reagan in Hollywood*, 118; Spitz, *Reagan*, 204.

79 Eliot, *Hollywood Years*, 176.

80 George H. W. Bush, *All the Best*, 497.

81 Bush, *All the Best*, 25.

5장

1 Parmet, *Jack*, 142–43.

2 Kenneth P. O'Donnell and David F. Powers, *"Johnny, We Hardly Knew Ye": Memories of John Fitzgerald Kennedy* (New York: Open Road, 2013), 82, Kindle.

3 Logevall, *JFK*, 405.

4 O'Donnell and Powers, *"Johnny,"* 79.

5 Logevall, *JFK*, 405; Joseph C. Goulden, *The Best Years 1945–1950* (Mineola, NY: Dover, 2019), 228.

6 Matthews, *Kennedy & Nixon*, 3; Logevall, *JFK*, 414–15.

7 Blair and Blair Jr., *Search for JFK*, 461.

8 O'Donnell and Powers, *"Johnny,"* 105.

9 Blair and Blair Jr., *Search for JFK*, 494–95; Logevall, *JFK*, 420; O'Donnell and Powers, *"Johnny,"* 90.

10 Blair and Blair Jr., *Search for JFK*, 501; Matthews, *Kennedy & Nixon*, 31–32.

11 Mark D. Van Ells, "Hear Only Thunder Again: The Readjustment of World War II Veterans to Civilian Life in Wisconsin" (dissertation, University of Wisconsin at Madison, 1999), v–vii; Goulden, *Best Years*, 229.

12 Mark J. Dalton, oral history, interview 1, August 4, 1964, 1, 7, John F. Kennedy Oral History Collection, JFKPL.

13 JFK, "Public Responsibility for the Veteran," Remarks to Massachusetts Taxpayers Association, September 11, 1946, JFKPL, Pre-Presidential Papers, box 98.

14 Lieut. John F. Kennedy, U.S.N., "Let's Try an Experiment in Peace," 1945, David F. Powers Personal Papers, JFKPL, https://www.jfklibrary.org/asset-viewer/archives/DFPPP/021/DFPPP-021-002?image_identifier=DFPPP-021-002-p0001.

15 Hitchcock, *Age of Eisenhower*, 29.

16 Hitchcock, *Age of Eisenhower*, 28–29; Smith, *Eisenhower in War and Peace*, 572.

17 Smith, *Eisenhower in War and Peace*, 563–65.

18 Logevall, *JFK*, 402–3.

19 Goulden, *Best Years*, 254; Smith, *Eisenhower in War and Peace*, 450–51, 573.

20 Smith, *Eisenhower in War and Peace*, 576.

21 Blair and Blair Jr., *Search for JFK*, 525–26.

22 O'Donnell and Powers, *"Johnny,"* 112–13; Joan and Clay Blair, *In Search of JFK*, 540; Logevall, *JFK*, 421–22. 팁 오닐은 조지프 케네디가 선거에 30만 달러를 썼다고 추정했다. 케네디의 경쟁자 중 한 명은 자신의 셔츠에 10달러 지폐를 핀으로 고정하고서, 그것을 자신의 케네디 캠페인 버튼이라고 부르며 조롱했다. 관련 내용은 David Pietrusza, *1960: LBJ vs. JFK vs Nixon: The Epic Campaign that Forged Three Presidencies* (New York: Diversion Books, 2008), 34. Kindle을 참조하라. 케네디 가문은 수단과 방법을 가리지 않았다. 이들은 제3구역 시의원인 조지프 루소가 그 지역의 이탈리아계 유권자들 사이에서 지지를 얻을 것을 우려하여, 유권자들을 혼란시키고 루소 지지지표를 분산시키기 위해 같은 이름을 가진 청소부를 선거 캠프에 영입하기도 했다. Pietrusza, *1960*, 35 참고.

23 O'Donnell and Powers, *"Johnny,"* 112-13. 케네디는 전날 밤 강한 어조의 발언들도 연설문에 포함했다. 연설문에는 미국은 "크렘린에서 발산되는 거대한 악의 세력에 맞서는 용기와 결의를 다져야 합니다."에 이어 "오늘날 세계 지도를 펼쳐보십시오. 망치와 낫이 그려진 소련 국기가 거의 모든 유럽과 아시아 대부분 지역의 하늘에서 펄럭이고 있다는 사실을 발견하실 수 있을 겁니다."라고 적혀 있었다. 그러나 이 글 위로 취소선이 그어져 있는 것으로 보아 케네디가 실제로 그 발언을 했을 가능성은 낮다. 이는 케네디의 딜레마를 보여주는 하나의 사례이다. 그는 개인적으로는 미·소 관계를 긴밀하게 유지하기를 희망했지만, 동시에 유권자 대부분이 스탈린에게 강경한 입장을 취하기를 원한다는 점도 인식하고 있었다. 참고 자료는 "Bunker Hill Knights of Columbus, Charlestown, Massachusetts, June 16, 1946"과 "Bunker Hill Day, Charlestown, Massachusetts, June 17, 1946," David F. Powers Personal Papers, Series 9, John F. Kennedy Speeches and Notes, 1942-1963. DFPPP-028-024, JFK Library.

24 Blair and Blair Jr., *Search for JFK*, 541.

25 O'Donnell and Powers, *"Johnny,"* 113.

26 Morris, *Rise and Fall*, 258–59.

27 Morris, *Rise and Fall*, 260–61.

28 Morris, *Rise and Fall*, 287.

29 Morris, *Rise and Fall*, 271; Earl Mazo and Stephen Hess, *Nixon: A Political Portrait* (New York: Popular Library, 1968), 34–36.

30 Morris, *Rise and Fall*, 271–72.

31 Matthews, *Kennedy & Nixon*, 34; Ambrose, *Education*, 120; Morris, *Rise and Fall*, 281.

32 Day to Nixon, November 12, 1945, Correspondence 1945, Congressional Campaign (CC),

1946, RNPL, 1.1 Correspondence, 1945.

33 Nixon to Day, November 19 and December 4, 1945, RNPL, Correspondence, 1945, CC, 1946, 1.1 PPS 1.

34 Nixon to Perry, December 17, 1946, 11 Correspondence 1945, CC, 1946, RNPL, PPS 1. (닉슨은 편지의 날짜를 1946년으로 잘못 적었다.)

35 Ambrose, *Education*, 118, 121-22, 125; William Costello, *The Facts about Richard Nixon: An Unauthorized Biography* (New York: Viking Press, 1960), 50. 하지만 그의 캠페인이 그가 주장한 대로 정말 '검소하게' 치러졌는지 항상 의문이 있었다. 닉슨은 회고록에서 자신이 "석유 재벌, 부유한 은행가, 부동산 거물, 보수적인 백만장자들의 손에 의해 선택된 꼭두각시"라는 비난을 부인했다. 그는 자신의 지지자들을 하나로 묶은 것은 "특별한 기득권이 아니라 자신들의 삶을 되찾고자 하는 평범한 미국인들의 강렬한 욕망"이라고 주장했다. 하지만 로저 모리스를 포함한 여러 전기 작가들은 부유한 기부자들, 특히 강력한 석유 회사들이 닉슨의 선거운동에 돈을 쏟아부었다고 주장해왔다. 닉슨의 문서에도 이 주장을 뒷받침하는 증거가 어느 정도 있다. 1945년 11월 닉슨은 토머스 뷰리로부터 한 장의 편지를 받았는데, 그 내용은 "그들의 자금력은 대단합니다. 그들이 이미 선거 비용으로 5000달러를 확보했고, 앞으로 최소 1만 달러를 계획하고 있다고 로이(데이)는 확신하고 있습니다."였다. Bewley to Nixon, November 7, 1945, RNPL, PPS 1.2. 참조.

36 Nixon to Day, December 26, 1945, 1.1 PPS 1, Correspondence, 1945, CC, 1946, PPS 1, box 1. Correspondence July-November 1946, 1.6; Goulden, *Best Years*, 228; Ambrose, *Education*, 123.

37 Ambrose, *Education*, 122-23; Morris, *Rise and Fall*, 288.

38 Morris, *Rise and Fall*, 265.

39 "Modern Political Talk, The Economy," 1.2 Speech File (PPS 208); 1.14 Speech Files "America's New Frontiers II" (PPS 208), RNPL.

40 Nixon, *Memoirs*, 45; 1.32 Speech File (PPS 208), RNPL.

41 Ambrose, *Education*, 130; Morris, *Rise and Fall*, 303-4; Nixon to Friends, July 12, 1946, PPS 1204; Roy newsletter, June 11, 1946, PPS 1, box 1, Correspondence May/June 1946, RNPL.

42 Matthews, *Kennedy & Nixon*, 37-38.

43 Costello, *Facts About Richard Nixon*, 52.; Ambrose, *Education,* 130. 닉슨은 미묘한 진실을 애써 외면했다. 1955년 그는 한 기자에게 "공산주의는 1946년 선거에서 쟁점이 된 적이 없습니다. 당시에는 공산주의에 대해 아는 사람이 거의 없었고, 신경 쓰는 사람은 더더욱 없었죠."라고 말했다. 그러나 그의 말은 총체적 왜곡으로, 역사를 다시 쓰려는 시도였다. 거짓말이라고 비난받자, 닉슨은 상대 후보가 공산주의자가 아니라는 점을 알고 있었다고 인정하면서 덧붙였다. "저는 이겨야 했습니다. 당신은 그걸 이해하지 못하죠. 중요한 것은 이기는 것입니다." Ambrose, *Education*, 140 참고.

44 Ambrose, *Education,* 134-35.

45 Costello, *Facts About Nixon*, 57-58.

46 Ambrose, *Education* 138.

47 Nixon to Hause, January 21, 1947, PPS 1, 1.18, RNPL. 닉슨을 열렬히 옹호하는 역사학자 어윈 겔먼은 닉슨의 빨갱이 딱지 붙이기가 그의 선거 승리에 도움이 되었다는 주장을 반박한다. 그는 "닉슨이 불미스러운 관행을 이용하여 정치 경력을 시작했다는 주장은 더 가능성 있는 설명, 즉 보어히스가 무기력한 선거운동을 펼쳤다는 사실을 감출 뿐

이다."라고 썼다. Gellman, *Campaign of the Century: Kennedy, Nixon, and the Election of 1960* (New Haven, CT: Yale University Press, 2021), 2 참고.

48 Logevall, *JFK*, 437.

49 Dallek, *Unfinished Life*, 443–44; Pietrusza, *1960*, 44.

50 Parmet, *Jack*, 165–66.

51 Nixon, *Memoirs*, 43; Farrell, *Nixon*, 84.

52 Logevall, *JFK*, 446; Dalton, oral interview, August 4, 1964, 16.

53 Matthews, *Kennedy & Nixon*, 51; Logevall, *JFK*, 446. 케네디는 태프트·하틀리법안에 반대한 106명 중 한 명이었다. 그들은 찬성표를 던진 308명의 공화당 의원과 보수 성향 민주당 의원들에게 압도당했다. Dallek, *Unfinished Life*, 145 참고.

54 Gellman, *Campaign of the Century*, 4.

55 Logevall, *JFK*, 446–47.

56 Dallek, *Unfinished Life*, 148–49.

57 Morris, *Rise and Fall*, 363–64.

58 Nixon, *Memoirs*, 49.

59 Morris, *Rise and Fall*, 365; Farrell, *Nixon*, 90.

60 Nixon, *Memoirs*, 51; Ambrose, *Education*, 156; Morris, *Rise and Fall*, 366. 4월에 존 H. 퀵호가 굶주린 유럽인들을 위한 1만9000톤의 밀을 싣고 텍사스주 갤버스턴 항구에서 출항했다. 몇 달 내에 150척의 배들이 합류해 매일 식량과 연료를 유럽으로 운반했다. 1948년부터 1951년까지 미국의 유럽 원조는 125억 달러라는 놀라운 수치에 달했다. 마셜플랜이 일부 힘이 되어 유럽의 산업 생산은 1948년과 1952년 사이에 200퍼센트 증가했다. 그러나 마셜플랜의 가장 위대한 수출품은 희망이었을 것이다. 영국의 외무장관 어니스트 베빈은 마셜플랜을 "물에 빠진 사람에게 던져준 구명줄"에 비유했다.

61 Logevall, *JFK*, 453–54.

62 Logevall, *JFK*, 454.

63 Dallek, *Unfinished Life*, 153; Logevall, *JFK*, 454–55.

64 Dallek, *Unfinished Life*, 153–54; Logevall, *JFK*, 457.

65 Dallek, *Unfinished Life*, 154.

66 Dallek, *Unfinished Life*, 155; Logevall, *JFK*, 459.

67 Nixon, *Memoirs*, 44; Farrell, *Nixon*, 96–97, 101.

68 Nixon, *Memoirs*, 44; Costello, *Facts About Nixon*, 189.

69 Nixon, *Memoirs*, 47–48; Costello, *Facts About Nixon*, 192; Tim Weiner, *One Man Against the World: The Tragedy of Richard Nixon*, (New York: Henry Holt, 2015), 14. 히스와 그의 지지자들은 그가 스파이라는 주장을 격렬히 부인했지만, 2009년에 공개된 새로운 문서들은 닉슨이 주장이 옳았다는 설득력 있는 증거를 제시했다. Harvey Klehr, John Earl Haynes, and Alexander Vassiliev, *Spies: The Rise and Fall of the KGB in America* (New Haven, CT: Yale University Press, 2009) 참고.

70 Smith, *Eisenhower in War and Peace*, 124.

71 Smith, *Eisenhower in War and Peace*, 125.

72 Smith, *Eisenhower in War and Peace*, 129.

73 Jeremy M. Teigen. *Why Veterans Run: Military Service in American Presidential Elections, 1789-2016*. (Philadelphia: Temple University Press, 2018), 184; "Ford Interviews," September 1948, Ford Congressional Papers, Press Secretary and Speech File, GRFPL, box D37.

74 "Ford Interviews," September 1948, Ford Congressional Papers, Press Secretary and Speech File, GRFPL, box D37.

75 Parker James Ince, "Before Their Destiny: The Early Lives of Harry Truman, Lyndon Johnson, and Gerald Ford" (PhD dissertation, George Washington University, May 2011), 96–102.

76 Betty Ford, with Chris Chase, *The Times of My Life* (New York: Harper & Row, 1978), 53–55.

77 Connie to Ron, March 3, 1978, Ron Nessen Papers, GRFPL, "President—Campaign for Congress, 1948," box 18.

78 Smith, *Eisenhower in War and Peace*, 133–34.

79 Dallek, *Unfinished Life*, 279.

80 Dallek, *Unfinished Life*, 286–89; Pietrusza, *1960*, 59.

81 Dallek, *Unfinished Life*, 271, 274.

82 Kearns Goodwin, *Lyndon Johnson and the American Dream*, 120–22.

83 Caro, *Means of Ascent*, 230; Dallek, *Unfinished Life*, 290–92.

84 Dallek, *Unfinished Life*, 299–303.

85 Dallek, *Unfinished Life*, 318.

86 Dallek, *Unfinished Life*, 324.

87 Kearns Goodwin, *Lyndon Johnson and the American Dream*, 126; Pietrusza, *1960*, 60.

88 Patrick Cox, "'Nearly a Statesman': LBJ and Texas Blacks in the 1948 Election," *Social Science Quarterly* 74, no. 2 (June 1993): 241–63.

89 Caro, *Means of Ascent*, 229.

90 Caro, *Means of Ascent*, 229.

91 여러 연구 결과는 존슨 지지자들은 투표소로 갔던 반면, 예비선거에서 스티븐슨을 지지했던 많은 유권자는 그러지 않았기 때문에 존슨이 승리할 수 있었다고 분석했다. 예비선거에서 스티븐슨을 지지했던 유권자 중 약 11만3523명이 8월에는 투표하지 않은 것으로 추정된다. 정치학자 데일 바움과 제임스 L. 헤일리는 "정량적 증거에 따르면 스티븐슨이 자기를 처음에 지지했던 유권자 열 명 중 여덟 명만 투표에 참여하도록 했다면 텍사스 상원의원 자리를 차지했을 것이다."라고 결론을 냈다. Baum and Hailey, "Lyndon Johnson's Victory in the 1948 Texas Senate Race: A Reappraisal," *Political Science Quarterly* 109, no. 4 (Autumn 1994), 599 참고.

6장

1 Smith, *Eisenhower in War and Peace*, 534; Morris, *Rise and Fall*, 833.

2 Nixon, *Memoirs*, 86–87; Grant Madsen, *Sovereign Soldiers: How the U.S. Military Transformed the Global Economy After World War II* (Philadelphia: University of Pennsylvania Press, 2018), 215.

3 Farrell, *Nixon*, 158-59; Spitz, *Reagan*, 288-89. 더글러스는 선거운동 기간 중 줄곧 닉슨이 "유권자들을 혼란시키고 오도하려고 중상모략, 암시, 그리고 반쪽짜리 진실들로 연막을 쳤다."라고 불평했다. 선거 후 더글러스는 "나뿐만 아니라 나와 함께 일했고 나를 지지했던 사람들 모두 닉슨의 선거운동은 내가 공산주의자이거나 최소한 '공산주의

자에 가깝다'는 인상을 의도적으로 심는 데 집중했다는 점에 대해서는 아무 이견이 없다."라고 썼다. Douglas to Edson, September 19, 1956, box 164, Helen Gahagan Douglas Papers, Carl Albert Center, University of Oklahoma 참고.

4   Hitchcock, *Age of Eisenhower*, 71–72; Introduction, *The Papers of Dwight Eisenhower*, vol. 14, pt. 1, chap. 1, xix, Johns Hopkins University Press, https://eisenhower.press.jhu.edu/.

5   Nixon, *Memoirs*, 82.

6   Smith, *Eisenhower in War and Peace*, 538; Hitchcock, *Age of Eisenhower*, 78.

7   Ambrose, *Education*, 290; Pietrusza, *1960*, 83.

8   Farrell, *Nixon*, 183; Hitchcock, *Age of Eisenhower*, 80.

9   Farrell, *Nixon*, 211; Morris, *Rise and Fall*, 813; Smith, *Eisenhower in War and Peace*, 542.

10 Ambrose, *Education*, 278. Matthews, *Kennedy & Nixon*, 85–86; Jeffrey Frank, *Ike and Dick: Portrait of a Strange Political Marriage* (New York: Simon & Schuster, 2013), 62.

11 Farrell, *Nixon*, 208.

12 Nixon, *Memoirs*, 75. 하지만 이는 빙산의 일각이었을 것이다. 조 케네디는 팁 오닐에게 자신이 닉슨의 선거 캠프에 15만 달러 이상을 기부했다고 자랑한 적도 있다. Pietrusza, *1960*, 77 참고.

13 Nixon, *Memoirs*, 91.

14 Laurence Leamer, *The Kennedy Men, 1901-1963: The Laws of the Father* (New York: William Morrow, 2001), 281.

15 Logevall, *JFK*, 503.

16 "Draft for Kennedy Speech on Foreign Affairs," n.d., Pre-Presidential Papers, JFKPL, box 102.

17 Revised Ad, September 3, 1952, JFKPL, Pre-Presidential Papers, box 103; Logevall, *JFK*, 511.

18 "The Making of JFK," Boston College Magazine, Fall 2000, 1.

19 Thomas J. Whalen, *Kennedy Versus Lodge: The 1952 Massachusetts Senate Race* (Boston: Northeastern University Press, 2000), 56–57.

20 Whalen, *Kennedy Versus Lodge*, 7, 103–4.

21 Logevall, *JFK*, 514; Leamer, *The Kennedy Men*, 298–99.

22 Whalen, *Kennedy Versus Lodge*, 132–33.

23 Emilie Haertsch, "Lodge, Kennedy, and the 1952 Massachusetts Senate Election," *The Beehive* (blog), last modified May 22, 2013, https://www.masshist.org/beehiveblog/2013/05/lodge-kennedy-and-the-1952-massachusetts- senate-election/.

24 "Memo to the file," September 12, 1956, "DDE Requires," Pre-Presidential Papers, Special Files: DDE, RNPL, box PPS 324: 1–103. Pietrusza, *1960*, 78; Farrell, *Nixon*, 202도 참조하라.

25 Steven M. Gillon, *Politics and Vision: The ADA and American Liberalism, 1947–1985* (New York: Oxford University Press, 1987), 102.

26 Whalen, *Kennedy Versus Lodge*, 3.

27 Matthews, *Kennedy & Nixon*, 90.

28 Diary, January 21, 1953, *The Papers of Dwight David Eisenhower*, vol. 14 (Baltimore: Johns Hopkins University Press, 1996), pt. 1, chap. 1, 5.

29 "eight millionaires and a plumber": Gillon, *Politics and Vision*, 104–5.

30 "Ike's First Term as President," Eisenhower Foundation, accessed December 1, 2023, https://www.eisenhowerfoundation.net/ikes-life/ikes-first-term-president-1953-1957.

31 "Ike's First Term as President," Eisenhower Foundation; Smith, *Eisenhower in War and Peace*, 176, 550–51, 567.

32 Farrell, *Nixon*, 211; Hitchcock, *Age of Eisenhower*, 72–73.

33 Farrell, *Nixon*, 212.

34 James T. Patterson, *Grand Expectations: The United States, 1945–1974* (New York: Oxford University Press, 1996), 248.

35 Ambrose, *Soldier and President*, 294; Madsen, *Sovereign Soldiers*, 218.

36 Patterson, *Grand Expectations*, 278; John Lewis Gaddis, *Strategies of Containment: A Critical Appraisal of Postwar American National Security Policy During the Cold War* (New York: Oxford University Press, 1982), 146–48.

37 Hitchcock, *Age of Eisenhower*, 114, 148–49.

38 Hitchcock, *Age of Eisenhower*, 153.

39 Gaddis, *Strategies of Containment*, 134.

40 Smith, *Eisenhower in War and Peace*, 641.

41 Smith, *Eisenhower in War and Peace*, 575.

42 Patterson, *Grand Expectations*, 308, Kindle.

43 대통령이 되기 전인 1963년 존슨은 사이공을 잠깐 방문했고, 그곳에서 케네디 행정부는 반공 정부를 지원할 것이라며 그들을 안심시켰다. 그가 그 방문에서 현지 사정을 제대로 파악했다는 증거는 없다.

44 Dwight D. Eisenhower, oral history, July 20, 1967, OH-11, DDEPL, 66.

45 Dwight D. Eisenhower, oral history, July 20, 1967, 65–66.

46 Hitchcock, *Age of Eisenhower*, 185–86.

47 Hitchcock, *Age of Eisenhower*, 194; Gaddis, *Strategies of Containment*, 131.

48 Hitchcock, *Age of Eisenhower*, 195–96.

49 Hitchcock, *Age of Eisenhower*, 196–97.

50 Farrell, *Nixon*, 227.

51 "Memorandum of Discussion at the 194th Meeting of the National Security Council, Thursday, April 29, 1954, 10 a.m.," "Foreign Relations of the United States, 1952–1954," Indochina, Volume XIII, Part 2, https://history.state.gov/historicaldocuments/frus1952-54v13p2/d818.

52 Farrell, *Nixon*, 228–29.

53 Nixon, *Memoirs*, 124.

54 Farrell, *Nixon*, 218; Nixon, *Memoirs*, 125–26, 151–52; Gregory A. Olson, George N. Dionisopoulos, and Steven R. Goldzwig, "The Rhetorical Antecedents to Vietnam, 1945–1965," in *World War II and the Cold War: The Rhetoric of Hearts and Minds*, ed. Martin J. Medhurst (East Lansing: Michigan State University Press, 2018), 303–51.

55 Nixon, *Memoirs*, 151; Frank, *Ike and Dick*, 94.

56 Ambrose, *Education*, 361.

57 Richard N. Goodwin, *Remembering America: A Voice from the Sixties* (New York: Open Road, 2014), 196–99; Thomas M. Gaskin, "Senator Lyndon B. Johnson, the Eisenhower Administration and U.S. Foreign Policy, 1957–60," *Presidential Studies Quarterly* 24, no.

2 (Spring 1994): 341–61; Thomas I. McInerney, "Eisenhower Governance and the Power to Command: A Perspective on Presidential Leadership," *Presidential Studies Quarterly* 11, no. 2 (Spring 1981): 262–70.

58 Dallek, *Lone Star*, 444.

59 Parmet, *Jack*, 276.

60 Parmet, *Jack*, 277.

61 Logevall, *JFK*, 576.

62 Parmet, *Jack*, 284–85.

63 Dallek, *Unfinished Life*, 187.

64 Farrell, *Nixon*, 227; Gellman, *Campaign of the Century*, 8.

65 Patterson, *Grand Expectations*, 297–98, Kindle.

66 Hitchcock, *Age of Eisenhower*, 440–41; Matthews, *Kennedy & Nixon*, 95.

67 Leon H. Keyserling, "For a National Prosperity Budget," *New York Times Magazine*, March 25, 1956, 12–13.

68 Steve Neal, "Why We Were Right to Like Ike," *American Heritage* online, December 1985, https://www.americanheritage.com/why-we-were-right-ike.

69 Gillon, *Politics and Vision*, 105.

70 "Principal Facts Concerning the First Transcontinental Army Motor Transport Expedition, Washington to San Francisco, July 7 to September 6, 1919," Presidential Personal File, DDEPL, box 967.

71 Smith, *Eisenhower in War and Peace*, 651–52; Hitchcock, *Age of Eisenhower*, 261–62.

72 Patterson, *Grand Expectations*, 265; Frank, *Ike and Dick*, 84–85.

73 Larry Tye, "How Wealthy Texans Helped Create Joe McCarthy," Texas Monthly online, last modified July 7, 2020, https://www.texasmonthly.com/being-texan/texans-helped-create-joe-mccarthy/.

74 Patterson, *Grand Expectations*, 265; Frank, *Ike and Dick*, 84–85.

75 Smith, *Eisenhower in War and Peace*, 708–10, 714.

76 Eisenhower to "Swede," July 22, 1957, Hazlett Papers, DDEPL, box 2; Farrell, *Nixon*, 249; Ambrose, *Education*, 367.

77 Patterson, *Grand Expectations*, 414; Smith, *Eisenhower in War and Peace*, 719, 721–22.

78 Farrell, *Nixon*, 250–51.

79 Meacham, *Destiny and Power*, 94–107.

80 Spitz, *Reagan*, 288.

81 Spitz, *Reagan*, 279–89.

82 Richard Norton Smith, *An Ordinary Man: The Surprising Life and Historic Presidency of Gerald R. Ford* (New York: Harper, 2023), 165.

83 Matthews, *Kennedy & Nixon*, 93.

84 Logevall, *JFK*, 629.

85 Logevall, *JFK*, 585.

86 Farrell, *Nixon*, 261–62.

87 Logevall, *JFK*, 587–88, 621–22; Gellman, *Campaign of the Century*, 9.

88 Evan Thomas, *Robert Kennedy: His Life* (New York: Simon & Schuster, 1980), 96.

89 Logevall, *JFK*, 612, 634; Ted Sorensen, *Counselor: A Life at the Edge of History* (New York:

HarperCollins, 2008), 169.

90 Logevall, *JFK*, 640–41.

91 Logevall, *JFK*, 611.

92 Pietrusza, *1960*, 62.

93 Farrell, *Nixon*, 231; Pietrusza, *1960*, 85.

94 Farrell, *Nixon*, 241.

95 Gillon, *Politics and Vision*, 102.

7장

1 Yanek Mieczkowski, *Eisenhower's Sputnik Moment: The Race for Space and World Prestige* (Ithaca, NY: Cornell University Press, 2013), 1, Kindle.

2 Robert A. Divine, *The Sputnik Challenge: Eisenhower's Response to the Soviet Satellite* (New York: Oxford University Press, 1993), xxi, Kindle.

3 Divine, *The Sputnik Challenge*, xiv.

4 Divine, *The Sputnik Challenge*, xiv, 24; Paul Dickson, *Sputnik: The Shock of the Century* (New York: Walker, 2007), 24, 108, Kindle.

5 Mieczkowski, *Sputnik Moment*, 17; Divine, *Sputnik Challenge*, xiv.

6 Divine, *Sputnik Challenge* 7. 1988년 편지에서 연설문 작성가 아서 라슨은 아이젠하워의 입장을 확인해주었다. "나는 아이젠하워가 개인적으로 스푸트니크의 궤도 비행이 경보를 울릴 만한 사건이라고 생각하지 않았다는 점을 확신을 가지고 말할 수 있다." Larson to Mieczkowski, November 22, 1988, Larson Papers, DDEPL, box 21 참고.

7 Dallek, *Lone Star*, 529; Mieczkowski, *Sputnik Moment*, 16.

8 "Reaction to the Soviet Satellite: A Preliminary Evaluation," n.d., box 35, White House Office of the Staff Research Group, DDEPL.

9 "Reaction to the Soviet Satellite."

10 Mieczkowski, *Sputnik Moment*, 31.

11 Ambrose, *Education*, 491–94.

12 Ambrose, *Education*, 494–95.

13 Papers of John F. Kennedy, Pre-Presidential Papers, Senate Files, "U.S. Military Power," Senate floor, August 14, 1958, JFKPL, box 901.

14 모든 후보자들이 참전 용사였던 선거는 한 번 더 있었다. 진주만공습 이후 육군에 징집된 닉슨과 애그뉴가, 미 육군항공대에서 폭격 임무를 수행했던 조지 맥거번과 진주만공습 이후 해군에 자원입대하여 남태평양에서 근무한 사전트 슈라이버와 맞붙은 1972년 선거였다. 맥거번의 첫 번째 부통령 후보였던 토머스 이글턴도 전후 해군에서 복무한 경험이 있었다.

15 Parmet, *Jack*, 458–60; Jack Doyle, "JFK's Early Campaign, 1958," The Pop History Dig, last modified August 21, 2013, https://pophistorydig.com/topics/tag/jfks-1958-campaign/.

16 George Smathers, oral history, July 10, 1964, pt. 3, 18, John F. Kennedy Oral History Project, JFKPL.

17 Pietrusza, *1960*, 87, 93.

18 Richard N. Goodwin, *Remembering America*, 81.

19 O'Donnell and Powers, "Johnny,", 182-83; Arthur M. Schlesinger, Jr., *Robert F. Kennedy and His Times* (Boston: Houghton Mifflin, 1978), 194-96. 험프리의 선거 캠프가 JFK의 아버지가 한때 닉슨에게 돈을 기부했고 케네디 역시 1950년 상원 선거에서 헬렌 더글러스보다 닉슨을 더 지지했다고 정확히 지적했음에도, 케네디 측은 그러한 주장을 부인하면서 도리어 험프리가 인신공격을 하고 있다고 비난했다. "Nixon Aid by Father of Kennedy Denied," *The Milwaukee Journal*, March 25, 1960. *Goodwin, Remembering America*, 83 참고.

20 O'Donnell and Powers, "Johnny," 189.

21 Pietrusza, *1960*, 204.

22 Thomas, *Robert Kennedy*, 94-95.

23 Steven M. Gillon, *The Kennedy Assassination—24 Hours After: Lyndon B. Johnson's Pivotal First Day as President* (New York: Basic Books, 2009), 9.

24 로버트 케네디가 소총을 쏘고 그 반동으로 땅에 넘어지자, 존슨은 의기양양하게 "남자답게 총을 다루는 법을 배워야겠군요."라고 말했다고 한다. Pietrusza, *1960*, 113과 Gillon, *24 Hours After*, 8 참고.

25 Pietrusza *1960*, 266. 누가 그 사무실에 침입했는지는 확실히 알 수 없지만, 그로부터 수년 후 닉슨의 측근들이 케네디에게 악영향을 미칠 수 있는 의료 정보를 찾기 위해 대니얼 엘스버그 정신과 의사 사무실 파일들을 뒤져댔던 때와 명백히 유사한 정황은 있었다. 전당대회 이후, 케네디의 주치의 재닛 트래벨은 건강 문제에 관해 어떻게 말해야 하는지 케네디에게 알려주었다. 주치의는 기자들에게 "전형적인 애디슨병을 앓고 있는 것이 아니"라고 말하라고 조언하면서, 부신 기능 부전은 전쟁 중 겪었던 "극심한 스트레스와 말라리아" 때문이라고 말하라고 제안했다. Travell to Kennedy, July 29, 1960, Pre-presidential Papers, Presidential Campaign Files, 1960, JFKPL 참고.

26 Pietrusza, *1960*, 269.

27 Pietrusza, *1960*, 312, 340.

28 Pietrusza, *1960*, 312, 340; Ricard N. Goodwin, *Remembering America*, 206.

29 Pietrusza, *1960*, 593; Farrell, *Nixon*, 280-81.

30 Mieczkowski, *Sputnik Moment*, 32.

31 Hitchcock, *Age of Eisenhower*, 479.

32 Hitchcock, *Age of Eisenhower*, 479-80.

33 "Biographical Sketch of Lyndon B. Johnson," August 1960, JFK Pre-Presidential Papers, JFKPL, box 1061.

34 William Liebenow, oral history, February 15, 2005, 16, John F. Kennedy Oral History Project, JFKPL.

35 Benjamin C. Bradlee, *Conversations with Kennedy* (New York: W. W. Norton, 1975), 18-20.

36 Pietrusza, *1960*, 415; Richard N. Goodwin, "Memorandum on the Last 9 Days of Campaigning," JFK Pre-Presidential Papers, 1960 Campaign, JFKPL, box 1076.

37 Pietrusza, *1960*, 494.

38 Richard N. Goodwin, *Remembering America*, 112; Sorensen, *Counselor*, 189.

39 Pietrusza, *1960*, 503.

40 Edward M. Kennedy, *True Compass: A Memoir* (New York: Twelve, 2009), 155-56; Roman Puchinski, quoted in Gerald S. Strober and Deborah H. Strober, *Let Us Begin Anew: An Oral History of the Kennedy Presidency* (New York: HarperCollins, 1993), 31.

41 Sidney Kraus, *The Great Debates: Kennedy vs. Nixon*, (Bloomington: Indiana University Press, 1973), 350-53. 후에 JFK의 대통령직 인수를 담당하게 된 워싱턴의 변호사 클라크 클리퍼드는 케네디의 토론 진행에 깊은 인상을 받았다. 그는 케네디에게 "토론의 승자는 분명 당신입니다. 명확하고, 간결하며, 매우 설득력이 있었습니다."라고 편지를 썼다. "Clifford, "Memorandum on Television Debate with Vice President Nixon, September 26," Clifford Papers, JFKPL, Series 2 참고.

42 Richard N. Goodwin, *Remembering America*, 116; Richard N. Goodwin, "Memorandum on the Last 9 Days of Campaigning," n.d., JFK Pre-Presidential Papers, 1960 Campaign, JFKPL, box 1076.

43 Richard N. Goodwin, *Remembering America*, 105-6.

44 O'Donnell and Powers, *"Johnny,"* 244-45.

45 Reagan to VP, September 7, 1959, Ronald Reagan 87:9, RRPL, HCF: Garment 1968 Political Campaign File, box 21.

46 Pietrusza, *1960*, 418.

47 Reagan to VP, July 18, 1960, Ronald Reagan 87:9, WHCF: Garment 1968 Political Campaign File, RNPL, box 21.

48 Steven Levingston, "John F. Kennedy, Martin Luther King Jr., and the Phone Call That Changed History," *Time* online, last modified June 20, 2017, https://time.com/4817240/martin-luther-king-john-kennedy-phone-call/.

49 Hitchcock, *Age of Eisenhower*, 495.

50 Hitchcock, *Age of Eisenhower*, 496-97; Pietrusza, *1960*, 586.

51 Pietrusza, *1960*, 587-88.

52 Felix Belair Jr., "Eisenhower Gibes at 'Young Genius' in Campaign Tour," *New York Times*, November 5, 1961, 1.

53 Christopher Matthews, "Great Debate," *San Antonio News* online, April 28, 1996, https://www.mysanantonio.com/magazine/article/GREAT-DEBATE-3499888.php; Morris H. Rubin, "The Case Against Nixon," *Capital Times* (Madison, WI), October 24, 1960, 32. Morris Rubin, "The Case Against Nixon," *The Capital Times*, (October, 24, 1960), 32.

54 Farrell, *Nixon*, 298-300. 소련슨에 따르면, 헨리 키신저는 후에 그에게 "워터게이트에서 민주당 선거 본부를 닉슨이 도청하려 했던 이유는 케네디 측이 1960년 자신의 캠페인 전용기와 본부를 도청했을 것이라는 근거 없는 의심에서 비롯되었을 수도 있다."라고 말했다고 한다. Sorensen, *Counselor*, 192 참고.

55 Hitchcock, *Age of Eisenhower*, 493.

56 Robert Dallek, "As Camelot Began: The Unseen Portraits of the Kennedys by Richard Avedon," *Vanity Fair*, November 2007, https://www.vanityfair.com/news/2007/11/jfk_avedon200711.

57 Dallek, *Unfinished Life*, 299-300.

58 Gibbs and Duffy, *Presidents Club*, 111-13.

59 Gibbs and Duffy, *Presidents Club*, 114.

60 Dallek, *Lone Star*, 588.

61 아이젠하워는 케네디에게 "당신이 막 거둔 승리"를 축하한다며 형식적인 말만 건넸다고 한다. Eisenhower to Kennedy, November 9, 1960, Eisenhower Papers, Ann Whitman File, DDEE Diary Series, box 55; Dallek, *Unfinished Life*, 302 참고.

62 Dallek, *Unfinished Life*, 302-33; Hitchcock, *Age of Eisenhower*, 497-98. Russell Baker, "Big Moment at the White House Turns Out to Be Unmomentous," *New York Times*, December 7, 1961, 46; Feliz Belair, Jr., "Meeting Cordial," *New York Times*, December 7, 1960, 1.

63 Eisenhower notes on meeting with JFK, December 6, 1961, Eisenhower Papers, Anne Whitman File, DDE Diary Series, box 55.

64 클라크 클리퍼드가 그 회담을 주선했고, 두 전·후임 대통령이 논의하고 싶을 안건들을 취합했다. 참고 자료는 "Informal List of Subjects to be Discussed at Meeting of President Eisenhower and Senator Kennedy," December 6, 1961, Clark Clifford Papers, Series 1, JFKPL, Presidential Transition Files; Dallek, *Unfinished Life*, 303; Hitchcock, *Age of Eisenhower*, 498-99. 그 회담에 관해 아이젠하워가 기억하는 내용은 Ann Whitman File, DDE Diary Series, box 55에서, 클리퍼드가 그 회담을 수기로 작성한 내용은 JFK도서관에서 온라인으로 찾을 수 있다. https://www.jfklibrary.org/asset-viewer/archives/CCPP/MF03/CCPP-MF03-006.

65 "Memorandum for Record," December 6, 1960, Eisenhower Presidential Papers, Anne Whitman File, Presidential Transition Series, DDEPL, box 2. "Informal List of Subjects to Be Discussed at Meeting of President Eisenhower and Senator Kennedy," December 6, 1961 참고, Clark Clifford Papers, Series 1, JFKPL, Presidential Transition Files. Dallek, *Unfinished Life*, 303; Hitchcock, *Age of Eisenhower*, 498-99.

66 Hitchcock, *Age of Eisenhower*, 499-500; Dallek, *Unfinished Life*, 303; Clark Clifford, with Richard Holbrooke, *Counsel to the President: A Memoir* (New York: Anchor Books, 1991), 342.

67 Eisenhower notes on meeting with JFK, December 6, 1961, Eisenhower Papers, Anne Whitman File, DDEPL, Diary Series, box 55; "Interview with President Dwight D. Eisenhower," November 8, 1966, Eisenhower Papers, Anne Whitman File, DDEPL, Diary Series, box 55.

68 Clifford with Holbrooke, *Counsel*, 343-44. JFK의 국방장관을 역임하게 될 로버트 맥너마라도 회의에 참석했으나, 클리퍼드와는 다른 인상을 받았다. 그는 아이젠하워의 메시지에 일관성이 없고, 동남아시아 문제들을 어떻게 다룰지 확신이 없어 보였다고 생각했다. 아이젠하워가 "일방적인 행동에 반대한다고 조언했지만" 또한 "자유 진영이 라오스를 잃으면, 장기적으로 우리는 동남아시아 전체를 잃게 될 것"이라고 단정적으로 말했다."라고 전한다. 참고 문헌은 Robert McNamara, *In Retrospect: The Tragedy and Lessons of Vietnam* (New York: Vintage Books, 1996), 36. 안타깝게도 맥너마라의 기록 원본은 유실되었다. 참고 문헌은 Yuen Foong Khong, *Analogies at War: Korea, Munich, Dien Bien Phu, and the Vietnam Decisions of 1965* (Princeton, NJ: Princeton University Press, 1992), 81. 클리퍼드가 그 회담을 수기로 작성한 내용은 JFK도서관에서 온라인으로 찾을 수 있다. https://www.jfklibrary.org/asset-viewer/archives/CCPP/MF03/CCPP-MF03-006.

69 Clifford with Holbrooke, *Counsel*, 343-44; Hitchcock, *Age of Eisenhower*, 501-2.

70 Arthur Larson Memo, April 5, 1960, Larson and Moos Records, DDEPL, box 16 참고; Hitchcock, *Age of Eisenhower*, 507-8; Felix Belair Jr., "Vigilance Urged," *New York Times*, January 18, 1961, 1.

71 John T. Correll, "Eisenhower's Farewell Warning," *Air & Space Forces* online, last modified June 28, 2018, https://www.airandspaceforces.com/article/eisenhowers-farewell-warning/.

72 Smith, *Eisenhower in War and Peace,* 959, Kindle; Ambrose, *Soldier and President,* 535; Kennedy to Eisenhower, March 22, 1961, Eisenhower Papers, Anne Whitman File, DDEPL, Diary Series, box 55; Eisenhower to Kennedy, March 24, 1961, Eisenhower Papers, Anne Whitman File, DDEPL, Diary Series, box 55. 당시에는 장군의 연금이 전직 대통령의 연금보다 상당히 낮았다. 그 새로운 법은 아이크에게 장군의 직책과 전직 대통령 연금 두 가지를 모두 주었다.

8장

1 Arthur M. Schlesinger, Jr., *A Thousand Days: John F. Kennedy in the White House* (Boston: Houghton Mifflin, 2002), 277, Kindle.

2 아이젠하워 대통령의 고문이었던 앤드루 굿파스터 장군에 따르면, 아이젠하워는 쿠바 망명자들의 훈련은 승인했지만, 실제 침공 계획에는 서명하지 않았다고 한다. 굿파스터는 아이젠하워에게 "이런 일은 자체적으로 추진력을 갖게 될 위험이 항상 있습니다."라고 말했다고 회상했다. 그 말에 아이크는 "내가 이 자리에 있는 한 그런 일은 없을 것이오."라고 반박했고, 굿파스터는 "네, 대통령님, 바로 그 점이 중요합니다."라고 답했다. 그는 케네디에게 제시된 계획은 아이젠하워가 승인했던 것과는 매우 달랐다고 주장했다. 참고 자료는 Deborah Hart Strober and Gerald S. Strober, *The Kennedy Presidency: An Oral History of the Era,* (Washington, D.C; Brassey's, Inc 2003), 323–25.

3 Gibbs and Duffy, *Presidents Club,* 129; Dallek, *Unfinished Life,* 42.

4 Schlesinger, *Thousand Days,* 337; Strober and Strober, *Let Us Begin Anew,* 349.

5 Gibbs and Duffy, *Presidents Club,* 133; Jim Rasenberger, *The Brilliant Disaster: JFK, Castro, and America's Doomed Invasion of Cuba's Bay of Pigs* (New York: Scribner, 2012), 285. 쿠바 침공 작전의 설계자 중 한 명이었던 CIA의 비셀은 작전 실패 원인이 탄약 부족과 예상보다 강한 카스트로의 대응 때문이라고 주장하면서 CIA의 책임은 인정하려 하지 않았다. "우리의 정보가 완벽하지는 않았지만, 정보 부족이 작전 실패의 커다란 원인은 아니었다고 생각한다." 그는 쿠바 망명 반군에게 공중엄호를 제공하려 하지 않은 JFK에게 비난의 화살을 돌렸다. 그는 또 작전 지휘관들은 "비군사적 고려 사항을 감안하여 설정한 기본 규칙의 변화에 맞춰 계획을 조정해야 했고, 이는 종종 작전상 불리함으로 이어졌"다고 썼다. 참고 자료는 Bissell Memo, May 10, 1961 Sorensen Papers, 238.

6 Rasenberger, *Brilliant Disaster,* 286; Ted Sorensen, *Kennedy* (New York: HarperCollins, 2009), 308.

7 Gibbs and Duffy, *Presidents Club,* 133.

8 Kennedy, "Address to American Society of Newspaper Editors," April 20, 1961, President's Papers, President's Office Files, JFKPL; "The Bay of Pigs," *The President's Desk: A Resource Guide for Teachers—Grades 4–12,* 74, JFKPL, https://www.jfklibrary.org/asset-viewer/archives/JFKPOF/ 034/JFKPOF-034-018?image_ identifier=JFKPOF-034-018-p0015; Parmet, *JFK,* 179.

9 Nixon, *Memoirs,* 232–34.

10 Nixon, *Memoirs,* 234–35.

11 Reeves, *President Kennedy,* 376; Dallek, *Unfinished Life,* 467.

12 Nixon, *Memoirs,* 235.

13 Nixon, *Memoirs*, 235-36.

14 Nixon, *Memoirs*, 236.

15 Kennedy to Eisenhower, January 21, 1961, Eisenhower Papers, Anne Whitman File, DDEPL, Diary Series, box 55; Eisenhower to Kennedy, January 30, 1961, Eisenhower Papers, Anne Whitman File, DDEPL, Diary Series, box 55.

16 아이젠하워의 공식 회의 기록에는 그 대화가 언급되지 않았다. 아이젠하워는 훨씬 후인 1966년에 한 기자와 이야기하며 그 회의에 관해 언급했다. "Interview with President Dwight D. Eisenhower," November 8, 1966, Eisenhower Papers, Ann Whitman File, DDEPL, Diary Series, box 55 참고.

17 "Interview with President Dwight D. Eisenhower," November 8, 1966, Eisenhower Papers, Ann Whitman File, DDEPL, Diary Series, box 55. 이 원고 한 부분에서는 케네디 대통령을 가리켜 "케네디 여사"라고 잘못 지칭했다.

18 "Notes by General Eisenhower in Luncheon Meeting with President Kennedy at Camp David," April 22, 1961, Eisenhower Papers, Ann Whitman File, DDEPL, Diary Series, box 55. 아이젠하워는 백악관에 엇갈리는 신호를 보내곤 했다. 1962년 3월 케네디가 기자회견에서 "라오스가 중립국가로서 독립을 유지하지 못하면 동남아시아 전체의 안보가 위험해질 것입니다."라고 말한 후, 아이젠하워는 한 기자에게 "저 애송이는 자신이 뭘 하고 있는지조차 모릅니다. 라오스가 어디에 붙어 있는 나라인지도 모를 거예요. 미국인들을 그런 망할 곳에서 싸우게 하겠다는 말입니까?"라고 반문했다. 자신이 개인적으로 해왔던 말을 케네디가 공개적으로 말하자 이를 대놓고 비판한 후, 아이젠하워는 케네디에게 비밀리에 매우 다른 메시지를 전달했다. 그가 매콘을 통해 케네디에게 전한 바에 따르면 라오스 상황이 태국과 베트남의 운명에 매우 중요하므로 "라오스에 미군 전투 병력을 투입하는 것을 포함한 극단적인 조치들"도 정당화될 수 있다고 말했다는 것이다. 아이젠하워는 "도미노이론"을 재차 거론하며 "라오스를 잃으면 인도네시아를 통한 공산주의 세력의 남하를 막을 수 없을 것이고, 이는 세계가 반으로 쪼개지는 결과를 불러올 것"이라며 "동남아시아를 잃을 경우 벌어질 상황"을 지적했다고 한다. "Discussion with General Eisenhower: Mr. McCone and Mr. Forrestal present," May 10, 1962, JFKPL, POF, Special Correspondence 참고.

19 W. H. Lawrence, "Eisenhower Urges Nation to Back Kennedy on Cuba," *New York Times*, April 23, 1961, 1.

20 Parmet, *JFK*, 176-77.

21 Hitchcock, *Age of Eisenhower*, 512-13; Parmet, *JFK*, 175-77; JFK to President, May 9, 1961, Eisenhower Papers, Anne Whitman File, DDEPL, Diary Series, box 55.

22 Strober and Strober, *Let Us Begin Anew*, 347; Bradlee, *Conversations with Kennedy*, 122.

23 Dallek, *Unfinished Life*, 711.

24 Reeves, *President Kennedy*, 368; Dallek, *Unfinished Life*, 721-22.

25 Strober and Strober, *Let Us Begin Anew*, 382.

26 Reeves, *President Kennedy*, 370; Thomas, *Robert Kennedy*, 213.

27 Thomas, *Robert Kennedy*, 213.

28 Thomas, *Robert Kennedy*, 218; Reeves, *President Kennedy*, 386.

29 Reeves, *President Kennedy*, 386; Dallek, *Unfinished Life*, 731-32.

30 Thomas, *Robert Kennedy*, 215-16.

31 George M. Watson Jr. and Herman S. Wolk, " 'Whiz Kid': Robert S. McNamara's

World War II Service," *Air Power History* 50, no. 4 (Winter 2003): 8; Michael Dobbs, *One Minute to Midnight: Kennedy, Khrushchev, and Castro on the Brink of Nuclear War* (New York: Knopf, 2008), 21.

32 Ernest R. May and Philip Zelikow, eds., *The Kennedy Tapes: Inside the White House During the Cuban Missile Crisis* (Cambridge, MA: Belknap Press of Harvard University Press, 1997), 177–79; Mark Rathbone, "Appeasement & the Cold War: The Munich Effect," *History Review*, no. 64, September 2009.

33 Lawrence J. Haas, *The Kennedys in the World: How Jack, Bobby, and Ted Remade America's Empire* (Lincoln: University of Nebraska Press, 2021), 11; Dobbs, *Minute to Midnight*, 22.

34 케네디가 언제 아이젠하워에게 전화를 걸었는지에 대해서는 약간의 혼란이 있다. 일부 기록에 따르면 그가 월요일 오전에 전화를 걸었다고 하지만, 아이젠하워는 일요일 저녁이었다고 회상했다. 참고 자료는 "Interview with President Dwight D. Eisenhower," November 8, 1966, Eisenhower Papers, Ann Whitman File, DDEPL, Diary Series, box 55; Gibbs and Duffy, *President's Club*, 148–49.

35 Strober and Strober, *Let Us Begin Anew*, 384; May and Zelikow, *Kennedy Tapes*, 215.

36 John F. Kennedy, "Radio and Television Address to the American People on the Soviet Arms Build-up in Cuba, 22 October 1962," JFKPL, audio, 17.46, https://www.jfklibrary.org/asset-viewer/archives/jfkwha-142-001, and transcript, https://www.jfklibrary.org/learn/about-jfk/historic-speeches/address-during-the-cuban-missile-crisis.

37 Kennedy, "Radio and Television Address to the American People on the Soviet Arms Build-up in Cuba, 22 October 1962."

38 당시의 위험은 케네디가 인식했던 것보다 훨씬 컸다. 그도 엑스컴 구성원들도 소련이 수십 개의 전술핵무기를 쿠바에 배치했을 뿐만 아니라 흐루쇼프가 현장 지휘관들에게 미군이 침공하면 이를 사용할 권한도 부여했다는 사실을 알지 못했다. 또한 CIA는 그 작은 섬에 주둔한 소련 병력도 심각하게 과소 예측했다. 8000명에서 1만 명이 아니라 무려 4만2000명이 주둔하고 있었다. 만약 케네디가 공습에 이어 지상 침공이라는 군사적 행동을 실행에 옮겼다면 상황은 양국 간의 핵전쟁으로 쉽게 비화했을 것이다.

39 Dallek, *Unfinished Life*, 819.

40 너무나 열광적이었던 나머지 군중들은 외국어에 어려움을 겪었던 케네디가 며칠 동안 연습한 문구를 잘못 말한 사실도 몰랐다. 케네디는 "Ich bin Berliner"라고 말하지 않고 "ein Berliner"라고 말했는데, 이는 "젤리 도넛"이라는 뜻이다. Dallek, *An Unfinished Life*, 827, Kindle 참고.

41 Reeves, *President Kennedy*, 537.

42 Haas, *Kennedys in the World*, 123.

43 Schlesinger, *Thousand Days*, 547; Roger Hilsman, "McNamara's War—Against the Truth: A Review Essay," *Political Science Quarterly* 111, no. 1 (Spring 1996): 155.

44 Miller, *Lyndon*, 283.

45 LBJ Interview, Transcript, Lyndon Baines Johnson Oral History Special Interview, LBJPL, August 12, 1969.

46 Robert Dallek, *Flawed Giant: Lyndon B. Johnson and His Times, 1961–1973* (New York: Oxford University Press, 1998), 17.

47 Strober and Strober, *Let Us Begin Anew*, 413.

48 Smith, *Eisenhower in War and Peace*, 196–97.

49 Spitz, *Reagan*, 303 – 4.

50 Reagan, Annual Meeting of the Phoenix Chamber of Commerce, March 30, 1961, Garment 1968 Political Campaign File, 87:9, RRPL, box 21.

51 Reagan, Annual Meeting of the Phoenix Chamber of Commerce, March 30, 1961, Garment 1968 Political Campaign File, 87:9, RRPL, box 21.

52 Marvin Kalb, *The Road to War: Presidential Commitments Honored and Betrayed* (Washington, DC: Brookings Institution Press, 2013), 67 – 68.

53 Transcript of phone conversation, JFK and Ball, August 21, 1963, George W. Ball Papers, JFKPL, box 9.

54 "The Diem Coup in Vietnam," Miller Center, University of Virginia, accessed November 10, 2023.

55 Dallek, *Unfinished Life*, 907.

56 "만약 케네디가 살아 있었다면?"이라는 질문에 대한 가장 훌륭하고 사려 깊은 논의 는 Marc J. Selverstone, *The Kennedy Withdrawal: Camelot and the American Commitment to Vietnam* (Cambridge, MA: Harvard University Press, 2022) 참고.

57 "The Economy: The Pragmatic Professor," *Time*, March 3, 1961, 6, https://time.com/archive/6832658/the-economy-the-pragmatic-professor/.

58 put money in people's pockets: Allen J. Matusow, *The Unraveling of America: A History of Liberalism in the 1960s* (New York: Harper & Row, 1984), 46.

59 "you are a liberal": Walter Heller, "Meeting with President Elect Kennedy, December 16, at the house in Georgetown," Heller Papers, Heller and JFK, 1960 – 1964, JFKPL, box 5, 2 – 5.

60 James Tobin, "Walter W. Heller (August 27, 1915 – June 15, 1987)," *Proceedings of the American Philosophical Society* 135, no. 1 (March 1991): 100 – 107.

61 Tobin, "Walter W. Heller," 100 – 107.

62 Galbraith to Kennedy, July 10, 1962, (POF), special correspondence, John Kenneth Galbraith; Galbraith to Kennedy, August 20, 1962, (POF), special correspondence, JFKPL, Galbraith.

63 Kermit Gordon and Walter W. Heller Oral History, JFKPL, #2, September 14, 1972, 58.

64 Heller to Kennedy, September 8, 1961, "The Political Economy of the Next Recession," JFKPL, JFKPOF-073-008.

65 Heller to the President, September 8, 1961, "The Political Economy of the Next Recession," "CEA9/61"; CEA Report, June 5, 1962, "Economic Prospects: A New Look," "CEA 6/1\-6/15/62," POF, JFKPL, box 43; Sorensen, *Kennedy*, 424.

66 Kennedy, "Commencement Address at Yale University, June 11, 1962."

67 Kennedy, "Commencement Address."

68 John F. Kennedy, "Special Message to Congress on Tax Reduction and Reform," January 24, 1963, Public Papers (Washington, DC: Government Printing Office, 1963), 73.

69 "Separating Tax Cut, Reform Urged by Two House Leaders," *Evening Star* (Washington, DC), February 4, 1963.

70 "Eisenhower Cites Kennedy Administration for Extravagant, 'Risky Fiscal Adventure,'" *Wall Street Journal*, May 14, 1963; Kermit Gordon and Walter W. Heller, oral history,

interview 2, September 14, 1972, 60, John F. Kennedy Oral History Project, JFKPL; Dallek, *Unfinished Life*, 777. 케네디의 경제정책에 대한 훌륭한 토의는 다음을 참고하기 바란다. Amy Elizabeth Davis, "Politics of Prosperity: The Kennedy Presidency and Economic Policy" (dissertation, Columbia University, 1988).

71 Strober and Strober, *Kennedy Presidency*, 272; Dallek, *Flawed Giant,* 31; Schlesinger, *RFK and His Times*, 317.

72 Gillon, *Politics and Vision*, 146−47.

73 Dallek, *Unfinished Life*, 800−802.

74 Dallek, *Unfinished Life*, 631; Parmet, *JFK*, 112.

75 Steven M. Gillon, *America's Reluctant Prince: The Life of John F. Kennedy, Jr.* (New York: Dutton, 2019), 38.

76 Reeves, *President Kennedy*, 146−47; Dallek, *Unfinished Life*, 529−30, 625.

9장

1 Gillon, *24 Hours After*, 43.

2 Gillon, *Kennedy Assassination*, 46−49.

3 Michael Beschloss, "Lyndon Johnson on the Record," *Texas Monthly*, December 2001, 107.

4 Lyndon Baines Johnson, *The Vantage Point: Perspectives of the Presidency, 1963–1969* (New York: Holt, Rinehart and Winston, 1972), 10.

5 Lady Bird Johnson, *A White House Diary* (Austin: University of Texas Press, 2007), 6.

6 Gillon, *24 Hours After*, 96−98.

7 Thomas J. Banta, "The Kennedy Assassination: Early Thoughts and Emotions," *Public Opinion Quarterly* 28, no. 2 (Summer 1964): 216−24.

8 Telephone conversation transcript, Lyndon Johnson to Dwight Eisenhower, November 22, 1963, Recordings and Transcripts of Telephone Conversations and Meetings, LBJPL.

9 Notes for the President, November 23, 1963, "Memorandum of Subjects Covered Verbally in Conference with President Johnson which were not made off the record," Augusta—Walter Reed Series, DDEPL, box 2. 아이젠하워는 존슨에게 상·하원 합동회의에서 연설을 하라고 권고하는 메모를 준비했다. 그는 존슨이 JFK가 의회에 보낸 세금 감세안을 보상하기 위한 연방 지출 삭감을 발표하기를 바랐다. Eisenhower, "Notes for the President," November 23, 1963, White House Famous Names (WHFN), LBJPL, box 2 참고.

10 Manchester interview with Dwight Eisenhower, William Manchester Papers, Special Collections & Archive, Wesleyan University (WUL), August 27, 1964; Johnson, *Vantage Point*, 31−32.

11 George W. Ball, *The Past Has Another Pattern: Memoirs* (New York: W. W. Norton, 1982), 316.

12 Doris Kearns Goodwin, *Johnson and the American Dream* (New York: Thomas Dunne, 2019), 170, Kindle.

13 Horace W. Busby, *The Thirty-First of March: An Intimate Portrait of Lyndon Johnson* (New

York: Farrar, Straus and Giroux, 2005), 154; Jack Valenti, "Lyndon Johnson: An Awesome Engine of a Man," in *Lyndon Johnson Remembered: An Intimate Portrait of a Presidency*, ed. Thomas W. Cowger and Sherwin Markman (Lanham, MD: Rowman & Littlefield, 2003), 37.

14 Steven M. Gillon, *American Paradox: The United States Since 1945* (Boston: Houghton Mifflin, 2003), 80–81.

15 "We Are All Keynesians Now," *Time*, December 31, 1965, https://time.com/archive/6889039/the-economy-we-are-all-keynesians-now/; Randall B. Woods, *LBJ: Architect of American Ambition* (New York: Free Press, 2007), 49–51; Dallek, *Flawed Giant,* 303.

16 Robert M. Collins, *More: The Politics of Economic Growth in Postwar America* (New York: Oxford University Press, 2000), 54, 59–60.

17 Collins, *More,* 53.

18 Collins, *More,* 60.

19 Collins, *More,* 60.

20 Steven M. Gillon, *Separate and Unequal: The Kerner Commission and the Unraveling of American Liberalism* (New York: Basic Books, 2018), 20, Kindle; James T. Patterson, *Freedom Is Not Enough: The Moynihan Report and America's Struggle over Black Family Life from LBJ to Obama* (New York: Basic Books, 2012), 589; Eric F. Goldman, *The Tragedy of Lyndon Johnson* (New York: Knopf, 1969), 337; Randall B. Woods, *Prisoners of Hope: Lyndon B. Johnson, the Great Society, and the Limits of Liberalism* (New York: Basic Books, 2016), 189.

21 Larry Berman, *Lyndon Johnson's War: The Road to Stalemate in Vietnam* (New York: W. W. Norton, 1989), 31; Olson, Dionisopoulos, and Goldzwig, "Rhetorical Antecedents to Vietnam," 305–52.

22 Berman, *Lyndon Johnson's War,* 32.

23 Gillon, *Politics and Vision,* 178; George C. Herring, *America's Longest War: The United States and Vietnam, 1950–1975* (New York: McGraw-Hill, 2013), 108–44.

24 General Andrew Goodpaster, "Memorandum of Meeting with the President," February 17, 1965, LBJ Papers, 1963–1969, LBJPL, Meeting Notes File, box 1.

25 Goodpaster, "Memorandum of Meeting with the President."

26 Goodpaster, "Memorandum of Meeting with the President."

27 아이젠하워 사고의 연속성을 이해하는 데 도움을 준 월 히치콕에게 감사드린다. Hitchcock to author, May 26, 2024.

28 Berman, *Lyndon Johnson's War,* 72–73.

29 LBJ to Eisenhower, March 5, 1965, WHFN, LBJPL, box 2; Eisenhower to LBJ, March 12, 1965, WHFN, LBJPL, box 2; LBJ to Eisenhower, April 28, 1965, and Eisenhower to Johnson, April 30, 1965, WHFN, LBJPL, box 2; "Eisenhower Backs Johnson on Vietnam," April 25, 1965, WHFN, LBJPL, box 2.

30 "Memorandum of telephone conversation," July 2, 1965, Eisenhower Papers, Augusta—Walter Reed Series, DDEPL, box 2.

31 "Memorandum for the Record," Meetings on Vietnam, July 21, 1965, LBJ Papers, 1963–1969, LBJPL, Meeting Notes File, box 1.

32 "Memorandum for the Record."

33 "Memorandum for the Record."

34 Cabinet Room—ExComm (SVN), December 1, 1964, Meeting Notes File, LBJPL, box 1.

35 "Memorandum for the Record," Meetings on Vietnam, July 21, 1965, LBJ Papers, 1963 – 1969, LBJPL, Meeting Notes File, box 1.

36 Edward Cuddy, "Vietnam: Mr. Johnson's War. Or Mr. Eisenhower's?," *Review of Politics* 65, no. 4 (Autumn 2003): 351 – 74.

37 Goodwin, *Johnson and American Dream*, 323.

38 Goodwin, *Johnson and American Dream*, 324.

39 Khong, "Analogies at War," 71 – 96.

40 Khong, *"Analogies at War,"* 71 – 96; Berman, *Lyndon Johnson's War*, 46.

41 Johnson to General, August 19, 1965, Augusta—Walter Reed Series, DDEPL, box 2; Mamie Eisenhower to President, December 3, 1965, Augusta—Walter Reed Series, DDEPL, box 2.

42 Max Frankel, "Military Pledge to Saigon Is Denied by Eisenhower," *New York Times*, August 18, 1965, 1; David S. Broder, "Eisenhower Backs Stand on Vietnam," *New York Times*, August 20, 1965, 1.

43 "Memorandum for the Record," August 20, 1965, post-presidential papers, Augusta—Walter Reed series, DDEPL, box 1.

44 포드는 증인들을 심문하고 범행 현장을 방문하며 증거를 검토하는 등 그 일에 전력을 다했다. 얼 워런 대법원장이 이끈 위원회는 불평분자로 한때 소련으로 망명했던 마르크스주의자 리 하비 오스왈드가 단독 암살범이라는 결론을 내렸다. 그러나 포드는 여전히 회의적이었다. 공화당 강경파들은 쿠바나 소련과의 연결 고리를 찾아내보라고 압박했다. 포드는 오스왈드가 단독범이라는 결론을 마지막으로 받아들인 위원 중 하나였다. Ford, *A Time to Heal*, 74 참고.

45 Andrew L. Johns, *Vietnam's Second Front: Domestic Politics, the Republican Party, and the War* (Lexington: University Press of Kentucky, 2010), 61, Kindle; Smith, *Eisenhower in War and Peace*, 207 – 8; Ford, *A Time to Heal*, 82 – 83.

46 "Statement by the Joint Senate- House Republican Leadership," February 17, 1965, Ford Congressional Papers, Press Secretary and Speech File, GRFPL, box D9; "Statement by Rep. Gerald R. Ford on Viet Nam War," June 26, 1965, Ford Congressional Papers, Press Secretary and Speech File, GRFPL, box D9.

47 "District of Columbia Young Republicans," Washington, DC, June 28, 1965, Ford Congressional Papers, Press Secretary and Speech File, GRFPL, box D18.

48 "Memorandum of telephone conversation," July 2, 1965, Eisenhower Papers, Augusta—Walter Reed Series, DDEPL, box 2.

49 Transcript, telephone conversation, August 24, 1965, post-presidential papers, appointment book series, DDEPL, box 2.

50 Johns, *Second Front*, 40, 48.

51 Farrell, *Nixon*, 318; Stephen Ambrose, *Nixon*, vol. 2, *The Triumph of a Politician, 1962– 1972* (New York: Simon & Schuster, 2014), 64; Nixon, *Memoirs*, 39.

52 Richard M. Nixon, "Why Not Negotiate in Vietnam?," *Reader's Digest*, December 1965, 50 – 54, https://www.nixonfoundation.org/artifact/why-not-negotiate_in_vietnam-readers-digest-12-1965/.

53 Nixon, *Memoirs*, 304 – 6, 322.

54 Johns, *Second Front*, 49, 83; Cable, "Nixon–Vietnam," February 12, 1965, WHFN, LBJPL, box 2.

55 Johns, *Second Front,* 64–65; Nixon, "Why Not Negotiate?"

56 Jacobsen to Christian, November 4, 1966, WHFN, LBJPL, box 8; Jacobsen to Panzer, "Here Are Some of Nixon's Political Attacks," November 6, 1966, WHFN, LBJPL, box 8.

57 Telephone conversation, Johnson and Eisenhower, post–presidential papers, October 3, 1966, Augusta—Walter Reed Series, DDEPL, box 1; Eisenhower to Nixon, October 7 and 21, 1966, post–presidential papers, special names series, DDEPL, box 14.

58 "Excerpts from Speech at GOP Fund–Raising Dinner, Peoria, Ill.," September 26, 1966, Ford Congressional Papers, Press Secretary and Speech File, GRFPL, box D21; "Excerpts from Speech by Rep. Gerald R. Ford at GOP Dinner, Ridgefield, Connecticut," September 30, 1966, Ford Congressional Papers, Press Secretary and Speech File, GRFPL, box D21; Smith, *Eisenhower in War and Peace*, 235–36.

59 Steven M. Gillon, *American Paradox: A History of the United States Since 1945,* 3rd ed. (Boston: Wadsworth, 2013), 179; Dallek, *Flawed Giant*, 322.

60 Thomas Byrne Edsall with Mary D. Edsall, *Chain Reaction: The Impact of Race, Rights, and Taxes on American Politics* (New York: W. W. Norton, 1992), 52.

61 "LBJ Administration Polls and Statements," 100:10, Pre–presidential Papers; "GOP County Chairmen Voice Criticisms of United States Vietnam Policy," Gallup poll, June 15, 1966, in 100:10, Pre–presidential Papers, RNPL, County Chairmen.

62 Jonathan Darman, *Landslide: LBJ and Ronald Reagan at the Dawn of a New America* (New York: Random House, 2014), 405; Gillon, *Politics and Vision*, 190.

10장

1 Ronald Reagan, "Taped Announcement on Candidacy for Governor of California," January 4, 1966, American Rhetoric Speech Bank, last modified October 2, 2021, https://www.americanrhetoric.com/speeches/ronaldreagancalgovcandidacy.htm; Seymour Korman, "Reagan Enters Governor Race," *Chicago Tribune*, January 5, 1966, 1.

2 Reagan, "Taped Announcement on Candidacy."

3 Spitz, *Reagan*, 313.

4 Nicholas Lemann, "The Speech: Reagan's Break from the Past," *Washington Post*, February 22, 1981, A1.

5 Spitz, *Reagan*, 314–15; Matthew Dallek, *The Right Moment: Ronald Reagan's First Victory and the Decisive Turning Point in American Politics* (New York: Free Press, 2000), 60, Kindle.

6 Julius Duscha, "Reagan Picked to Win Nomination," *Washington Post*, June 5, 1966, A8; Korman, "Reagan Enters Governor Race," 1.

7 Darman, *Landslide*, 375; Reagan to Eisenhower, July 6, 1966, Governor Papers, RRPL, Series I, 1966 Campaign correspondence, box C7; "Ronald Reagan Campaign Speech Remarks at the National Press Club in Washington, DC," June 16, 1966, RRPL, https://www.reaganlibrary.gov/archives/audio/ronald-reagan-campaign-speech-remarks-national-press-club-washington-dc.

8   "Reagan Campaign Speech Remarks," June 16, 1966.

9   "Governor Brown Criticizes Opponent," *New Journal and Guide*, June 18, 1966, 1.

10 Duscha, "Reagan Picked."

11 Korman, "Reagan Enters Governor Race," 7.

12 Ronald Reagan, January 4, 1966, Reagan Gubernatorial Campaign: Files, 1966, Series III, RRPL, box C30; Darman, *Landslide*, 351–53; H. W. Brands, *Reagan: The Life* (New York: Doubleday, 2015), 144.

13 Matthew Dallek, *Right Moment*, 27.

14 Reagan to Franklin, October 19, 1966, Governor Papers, Series I, 1966 Campaign correspondence, RRPL, box C7.

15 Reagan to Green, November 17, 1965, Governor Papers, Series I, 1966 Campaign correspondence, RRPL, box C7.

16 Reagan to Ferrington, May 4, 1966, Governor Papers, Series I, 1966 Campaign correspondence, RRPL, box C7. "Ronald Reagan for Governor," October 25, 1966, Governor Papers, Series I, 1966 Campaign correspondence, RRPL, box C7.

17 Brands, *Reagan*, 152; Darman, *Landslide*, 400, 404.

18 Meacham, *Destiny and Power*, 120–27.

19 Michael Nelson, "George Bush: Texan, Conservative," in *41: Inside the Presidency of George H. W. Bush,* ed. Nelson and Barbara A. Perry (Ithaca, NY: Cornell University Press, 2014), 33–35.

20 Nelson, "George Bush: Texan, Conservative," 35–36; George to Dick (Richard Nixon), November 10, 1964; Nixon to George, November 12, 1964, George Bush Personal Papers, GHWBPL, Congressional File, Personal, box 1, stack G.

21 "Elect George Bush and watch the action!," Campaign Pamphlet, n.d., George H. W. Bush Personal Papers, Congressional File, GHWBPL, General, box 1, stack G.

22 Bush, *All the Best,* 106.

23 Nelson, "George Bush: Texan, Conservative," 37.

24 Nixon, *Memoirs*, 277; Jacobsen to Christian, November 4, 1966, WHFN, LBJPL, box 8.

25 Charles DeBenedetti, "Lyndon Johnson and the Antiwar Opposition," in *The Johnson Years*, vol 2., ed. Robert A. Divine (Lawrence: University Press of Kansas, 1987), 28.

26 Khong, "Analogies at War," 3–18.

27 Mark Atwood Lawrence, *The Vietnam War: A Concise International History* (New York: Oxford, 2008), 117.

28 Jonathan Kirshner, "When the Wise Men Failed," *New York Times*, October 31, 2017, https://www.nytimes.com/2017/10/31/opinion/lyndon-johnson-vietnam-war.html; Dallek, *Flawed Giant*, 462–63.

29 Joseph A. Califano Jr., *The Triumph and Tragedy of Lyndon Johnson: The White House Years* (New York: Touchstone, 2015), 169.

30 Darman, *Landslide*, 37; Califano, *Triumph and Tragedy*, 177–78.

31 Dallek, *Flawed Giant*, 490.

32 Vicky to Junita, May 13, 1966, LBJA, Subject File, LBJPL, box 74.

33 Shesol, *Mutual Contempt*, 309; DeBenedetti, "Johnson and Antiwar Opposition," 34.

34 Shesol, *Mutual Contempt*, 288–89; Darman, *Landslide*, 332.

35 Darman, *Landslide*, 414; Andrew Glass, "LBJ Depicted as Fleeing Dallas," *Washington Post*, January 24, 1967, A1.

36 Jim Bishop, *The Day Kennedy Was Shot* (New York: Harper Perennial, 2013), 307; Gillon, *24 Hours After*, xv–xvii.

37 Gillon, *American Paradox* (2003), 237–38; Dallek, *Flawed Giant*, 505–6.

38 Kirshner, "When the Wise Men Failed"; Dallek, *Flawed Giant*, 508.

39 Dallek, *Flawed Giant*, 512.

40 Johns, *Second Front*, 190.

41 Johns, *Second Front*, 196–99.

42 Farrell, *Nixon*, 321.

43 "News Release," April 1, 1968, Ford Congressional Papers, Press Secretary and Speech File, GRFPL, box D9.

44 George Bush Speech on Vietnam, January 11, 1968, George Bush Personal Papers, Congressional File, Vietnam, GHWBPL, box 1, stack G; Bush to Mrs. McKean, January 12, 1968, GHWBPL, George Bush Personal Papers, Congressional File, General, box 1, stack G.

45 Mack to Bush, March 27, 1968, GHWBPL, George Bush Personal Papers, Congressional File, General, box 1, stack G.

46 George to Dick (Richard Mack), April 14, 1968, George Bush Personal Papers, Congressional File, General, GHWBPL, box 1, stack G.

47 George to Dick (Richard Mack).

48 Johns, *Second Front*, 184–85.

49 Memorandum for the Record, January 22, 1968, post-presidential papers, Augusta–Walter Reed Series, DDEPL, box 1; Dwight D. Eisenhower, "Let's Close Ranks on the Home Front," *Reader's Digest*, April 1968, 50–52; Johns, *Second Front*, 186, 199–200.

50 "Meeting with General Eisenhower, Palm Desert," January 18, 1968, WHFN, LBJPL, box 2.

51 Woods, *Prisoners of Hope*, 360.

52 "Congress Enacts Open Housing Legislation," *CQ Almanac 1968*, 24th ed. (Washington, DC: Congressional Quarterly, 1969), 14–152; George to Dick (Richard Mack), April 14, 1968, George Bush Personal Papers, Congressional File, General, GHWBPL, box 1, stack G; Matthew Yglesias, "Reagan's Race Record," *Atlantic*, November 9, 2007, https://www.theatlantic.com/politics/archive/2007/11/reagans-race-record/46875/.

53 Darman, *Landslide*, 420.

54 Darman, *Landslide*, 429.

55 Smith, *Eisenhower in War and Peace*, 247; Brands, *Reagan* (Anchor), 167–68, Kindle; Ford, *A Time to Heal*, 85–86; George H. W. Bush, *All the Best, George Bush: My Life in Letters and Other Writings* (New York: Scribner, 2014), 147.

56 Fleming to President, August 19, 1968, WHFN, LBJPL, box 2; Dallek, *Flawed Giant*, 577–78.

57 Graham notes, September 8, 1968, WHFN, LBJPL, box 8.

58 Graham notes; Dallek, *Flawed Giant*, 580.

59 Richard Nixon, "To Keep the Peace," CBS Radio Network, October 19, 1968, Speech

File, 978.14, RNPL, box PPS 208; Richard Nixon, Statement, October 23, 1968, Speech File, 9730, RNPL, box PPS 208.

60   Reedy to Vice President, September 18, 1968, WHFN, LBJPL, box 2.

61   LBJ, Nixon, James R. "Jim" Jones, and Walt Rostow, September 30, 1968, Presidential Recordings Digital Edition, University of Virginia.

62   Johnson, Nixon, Humphrey, Walt Rostow, and George Wallace, October 16, 1968, Presidential Recordings Digital Edition, University of Virginia.

63   Johns, *Second Front*, 225; Dallek, *Flawed Giant*, 582.

64   Richard Nixon, Statement, October 25, 1968, Speech File, RNPL, 97:40, PPS 208.

65   Nixon, *Memoirs*, 383, Kindle.

66   Farrell, *Nixon,* 342.

67   Walt Rostow to Johnson, November 2, 1968, Anna Chennault File, LBJPL, Lyndon Johnson; and Dean Rusk, November 3, 1968; Presidential Recordings Digital Edition, University of Virginia; Farrell, *Nixon*, 342. 닉슨은 회고록에서 이 일과 관련해 전혀 언급하지 않았다.

68   Farrell, *Nixon*, 343; Dallek, *Flawed Giant*, 589–90; LBJ and Nixon, November 3, 1968, Presidential Recordings Digital Edition, University of Virginia.

69   Farrell, *Nixon*, 342–43.

70   Farrell, *Nixon*, 344.

71   Jacobsen to Panzer, "Here Are Some of Nixon's Political Attacks," November 6, 1966, WHFN, LBJPL, box 8.

11장

1   Kalb, *Road to War*, 107–8; Evan Thomas, *Being Nixon: A Man Divided* (New York: Random House, 2015), 218; Melvin Small, *The Presidency of Richard Nixon* (Lawrence: University Press of Kansas, 1999), 32.

2   Farrell, *Nixon*, 361–62; Thomas, *Being Nixon*, 219; David Fromkin and James Chace, "What Are the Lessons of Vietnam?," *Foreign Affairs* 63, no. 4 (Spring 1985): 743.

3   Tim Weiner, *One Man Against the World: The Tragedy of Richard Nixon* (New York: St. Martin's Griffin, 2016), 48.

4   Johns, *Second Front*, 247; Thomas, *Being Nixon*, 235.

5   1969년 3월부터 1973년 8월 사이에 미국은 캄보디아에 275만6727톤의 폭탄을 투하했다. 이 수치는 히로시마와 나가사키를 포함해 제2차 세계대전 중에 연합군이 투하한 모든 폭탄보다 거의 다섯 배나 많은 양이었다. Weiner, *One Man Against the World*, 42, 69; Small, *Presidency of Nixon*, 71–73; Thomas, *Being Nixon*, 224 참고.

6   Karlyn Kohrs Campbell, *The Great Silent Majority: Nixon's 1969 Speech on Vietnamization* (College Station: Texas A&M University Press, 2014), 54–55, Kindle.

7   Herring, *From Colony to Superpower*, 770–71.

8   Richard Nixon, "Inaugural Address, January 20, 1969," American Presidency Project, UC Santa Barbara, accessed January 6, 2023, https://www.presidency.ucsb.edu/documents/inaugural-address-1; Herring, *From Colony to Superpower*, 765, 773–75.

9   Herring, *From Colony to Superpower*, 785–86.

10   Johns, *Second Front*, 251; Kalb, *Road to War*, 111–12.

11   Weiner, *One Man Against the World*, 72.

12   Nancy Zaroulis and Gerald Sullivan, *Who Spoke Up? American Protest Against the War in Vietnam, 1963–1975* (New York: Holt, Rinehart and Winston, 1985), 269; Campbell, *The Great Silent Majority*, 7–48; Richard Reeves, *President Nixon: Alone in the White House* (New York: Simon & Schuster, 2001), 137–38; Small, *Presidency of Nixon*, 74; Kalb, *Road to War*, 116.

13   Reeves, *President Nixon*, 123, 139–41; Kalb, *Road to War*, 117; Small, *Presidency of Nixon*, 74–75.

14   Richard Nixon, "Address to the Nation on the War in Vietnam, November 3, 1969," American Presidency Project, UC Santa Barbara, accessed January 6, 2023, https://www.presidency.ucsb.edu/documents/address-the-nation-the-war-vietnam; Rick Perlstein, *Nixonland: The Rise of a President and the Fracturing of America* (New York: Scribner, 2008), 50; Kalb, *Road to War*, 118.

15   Nixon, "Address to the Nation on the War in Vietnam."

16   Thomas, *Being Nixon*, 240–41; Reeves, *President Nixon*, 144.

17   "Nixon Declares 'Silent Majority' Backs His Speech," *New York Times*, November 5, 1969, 1; Russell Freeburg, "U.S. Reaction to Unity Plea Cheers Nixon," *Chicago Tribune*, November 5, 1969, 1.

18   Small, *Presidency of Nixon*, 75.

19   Kalb, *Road to War*, 122.

20   Kalb, *Road to War*, 122–23.

21   Richard Nixon, "Cambodian Incursion Address, April 30, 1970," American Rhetoric Speech Bank, last modified January 4, 2022, https://www.americanrhetoric.com/speeches/richardnixoncambodia.html; Kalb, *Road to War*, 124; Thomas, *Being Nixon*, 265; Weiner, *One Man Against the World*, 87.

22   Herring, *From Colony to Superpower*, 769.

23   Small, *Presidency of Nixon*, 80–81; Kalb, *Road to War*, 126.

24   Small, *Presidency of Nixon*, 79.

25   Kalb, *Road to War*, 125, 129.

26   Thomas, *Being Nixon*, 277–78.

27   Nixon, *Memoirs*, 669–70, Kindle.

28   Farrell, *Nixon*, 367–68, 405.

29   Donated Personal Paper Collection, Ronald Reagan 1980 Campaign Files, SERIES 01: Hannaford / California Headquarters, Subseries A: Ronald Reagan Files, RRPL, box 20.

30   Donated Personal Paper Collection, Ronald Reagan 1980 Campaign Files.

31   Johns, *Second Front*, 261, 264, 288; UPI Report, May 19, 1970, Reagan Gubernatorial Papers, NGO153, RRPL.

32   Gibbs and Duffy, *Presidents Club*, 268.

33   Gibbs and Duffy, *Presidents Club*, 265–66; "Meanwhile, Back at the LBJ Ranch," *Time*, September 5, 1969, accessed January 12, 2023, https://time.com/archive/6637422/nation-meanwhile-back-at-the-lbj-ranch/; Weiner, *One Man Against the World*, 53.

34 Thomas, *Being Nixon*, 226; Felix Belair Jr., "Eulogy by Nixon Calls Eisenhower Giant of His Time," *New York Times*, March 31, 1969, 1.

35 Robert Dallek, *Nixon and Kissinger: Partners in Power* (New York: Harper, 2007), 96–99; Farrell, *Nixon*, 373.

36 Weiner, *One Man Against the World*, 28; Small, *Presidency of Nixon*, 42–44; Dallek, *Flawed Giant*, 98–99.

37 Dallek, *Flawed Giant*, 206; Weiner, *One Man Against the World*, 54–55.

38 Weiner, *One Man Against the World*, 10.

39 George Lardner Jr. and Michael Dobbs, "New Tapes Reveal Depth of Nixon's Anti-Semitism," *Washington Post*, October 6, 1999, A31; Thomas, *Being Nixon*, 335; Reeves, *President Nixon*, 370.

40 Thomas, *Being Nixon*, 206.

41 Farrell, *Nixon*, 375.

42 Allen J. Matusow, *Nixon's Economy: Booms, Busts, Dollars, and Votes* (Lawrence: University Press of Kansas, 1998), 79–80.

43 Thomas Byrne Edsall with Mary D. Edsall, "Race," *Atlantic*, May 1991, 53–86, https://www.theatlantic.com/past/docs/politics/race/edsall.htm.

44 Patterson, *Grand Expectations*, 737, Kindle.

45 Meacham, *Destiny and Power*, 126.

46 Bush to President, May 4, 1970, Donated Historical Materials, GHW Bush Personal Papers, GHWBPL, Congressional File, box 6.

47 Meacham, *Destiny and Power*, 126.

48 Reeves, *President Kennedy*, 281; Meacham, *Destiny and Power*, 151.

49 Meacham, *Destiny and Power*, 152; Engel, *When the World Seemed New*, 37, Kindle.

50 Nixon, Inaugural Address, January 20, 1969; Perlstein, *Nixonland*, 309; Matusow, *Nixon's Economy*, 15.

51 Collins, *More*, 122.

52 Farrell, *Nixon*, 445; Matusow, *Nixon's Economy*, 93.

53 Small, *Presidency of Nixon*, 207; Herring, *From Colony to Superpower*, 781–82.

54 Herring, *From Colony to Superpower*, 782–83.

55 William E. Leuchtenburg, *The American President: From Teddy Roosevelt to Bill Clinton* (New York: Oxford University Press, 2015), 495.

56 Small, *Presidency of Nixon*, 209–10.

57 Collins, *More*, 127; Farrell, *Nixon*, 490.

58 Weiner, *One Man Against the World*, 173–74.

59 Thomas, *Being Nixon*, 410–11; Gibbs and Duffy, *Presidents Club*, 285.

60 Engel, *When the World Seemed New*, 41.

61 Dallek, *Nixon and Kissinger*, 455.

62 Farrell, *Nixon*, 486, 500, 539–40; Dallek, *Nixon and Kissinger*, 454.

63 Thomas, *Being Nixon*, 424–25.

64 Farrell, *Nixon*, 426.

65 Thomas, *Being Nixon*, 332; Matthews, *Kennedy & Nixon*, 307. 닉슨이 실추시키려고 노력한 민주당 대통령은 케네디만이 아니었다. 닉슨은 프랭클린 D. 루스벨트가 진주만공습

에 책임이 있다는 증거를 찾기 위해 "기밀 해제 프로젝트"를 시작하기도 했다.

66 Farrell, *Nixon*, 426–27.

67 Matthews, *Kennedy & Nixon*, 317.

68 Thomas, *Being Nixon*, 292–93; Matthews, *Kennedy & Nixon*, 285–86.

69 Laura Kalman, *Right Star Rising: A New Politics, 1974–1980* (New York: W. W. Norton, 2010), 4; Perlstein, *Nixonland*, 187.

70 Weiner, *One Man Against the World*, 293–94.

71 Gibbs and Duffy, *Presidents Club*, 289.

72 Weiner, *One Man Against the World*, 284.

73 Kalman, *Right Star Rising*, 31; Spitz, *Reagan*, 379.

74 Pat Buchanan, oral history, October 4, 2010, Gerald R. Ford Presidential Foundation, https://geraldrfordfoundation.org/centennial/oralhistory/pat-buchanan; Nixon, *Memoirs*, 1331, Kindle.

75 James Cannon, *Honorable Life*, 126; Spitz, *Reagan*, 384; Gibbs and Duffy, *Presidents Club*, 301.

76 Kalman, *Right Star Rising*, 5.

77 Meacham, *Destiny and Power*, 167; Bush, *All the Best*, 186; Ford, *A Time to Heal*, 5.

78 Richard Nixon, "Remarks on Departure from the White House, August 9, 1974," American Presidency Project, UC Santa Barbara, accessed March 4, 2023, https://www.presidency.ucsb.edu/documents/remarks-departure-from-the-white-house; George H. W. Bush, "President Richard Nixon's Last Hours in Office, 1974," Diary Entry, August 9, 1974, 1, National Archives, accessed March 4, 2023, https://www.archives.gov/exhibits/eyewitness/html.php?section=12.

79 Bush, *All the Best*, 191–92.

80 Bush, *All the Best*, 191–92.

81 Meacham, *Destiny and Power*, 174.

82 Ford, *A Time to Heal*, 142–43; James Cannon, *Honorable Life*, 210–11.

83 Meacham, *Destiny and Power*, 175; Bush, *All the Best*, 196–97; George H. W. Bush, *The China Diary of George H. W. Bush: The Making of a Global President*, ed. Jeffrey A. Engel (Princeton, NJ: Princeton University Press, 2008), xii, Kindle.

84 Gibbs and Duffy, *Presidents Club*, 303.

85 Becker, "History and Background of Nixon Pardon," Nixon Pardon—Becker's Memorandum, Benton L. Becker Papers, GRFPL, box 2, https://www.fordlibrarymuseum.gov/library/document/0238/1126646.pdf.

86 Becker, "History and Background of Nixon Pardon."

87 Thomas, *Being Nixon*, 505; Spitz, *Reagan*, 387. Ronald Reagan, "To Restore America" (speech), March 31, 1976, RRPL, https://www.reaganlibrary.gov/archives/speech/restore-america.

88 Rick Perlstein, *Reaganland: America's Right Turn 1976–1980* (New York: Simon & Schuster, 2020), Kindle, 311.

89 Kalman, *Right Star Rising*, 50; Perlstein, *Reaganland*, 310.

90 Donald Rumsfeld and Richard Cheney to the President, memorandum, October 24, 1975, Rumsfeld Papers, https://library.rumsfeld.com/doclib/sp/174/1975-10-

24%20To%20Gerald%20Ford%20re%20Re-election%20and%20Rumsfeld%20and%20
Cheney%20Resignations.pdf; Kalman, *Right Star Rising*, 20.

91 Ford, *A Time to Heal*, 248–50.

92 James Cannon, *Honorable Life*, 374.

93 W. R. Smyser to Secretary Kissinger, memorandum, "Lessons of Vietnam," May 12, 1975, GRFPL, accessed February 10, 2022, https://www.fordlibrarymuseum.gov/library/exhibits/vietnam/032400091-002.pdf.

94 Bush, *China Diary*, 254, 276–78; Engel, *When the World Seemed New*, 43–45.

95 Chester Pach, "Ronald Reagan's Noble Causes," Ronald Reagan Institute, accessed February 2, 2024, https://www.reaganfoundation.org/media/360190/pach-essay-upload-1.pdf.

96 Reagan to Nixon, April 25, 1975, 1:1 Post-Presidential Correspondence with Ronald Reagan, RNPL.

97 Rick Perlstein, *The Invisible Bridge: The Fall of Nixon and the Rise of Reagan* (New York: Simon & Schuster, 2014), 56–57, Kindle; Kalman, *Right Star Rising*, 111; Steven M. Gillon, "The Tie Between the Kennedy Assassination and Trump's Conspiracy Mongering," *Washington Post* online, November 22, 2020, https://www.washingtonpost.com/ outlook/2020/11/22/tie-between-kennedy-assassination-trumps-conspiracy-mongering/.

98 Gillon, *American Paradox* (2003), 315–16.

99 Perlstein, *Invisible Bridge*, 196.

100 Kalman, *Right Star Rising*, 89–90; Herring, *From Colony to Superpower*, 827.

101 Kalman, *Right Star Rising*, 122.

102 Reagan, "Restore America."

103 James Cannon, *Honorable Life*, 418.

104 Minutes, National Security Council Meeting, May 12, 1975, GRFPL, National Security Council Meeting File, box 1.

105 Ford, *A Time to Heal*, 275–79; Perlstein, *Invisible Bridge*, 463; Kalman, *Right Star Rising*, 117; Engel and Bush, *China Diary*, 290.

106 Kalman, *Right Star Rising*, 181; Perlstein, *Invisible Bridge*, 464.

107 Kalman, *Right Star Rising*, 118; James Cannon, *Honorable Life*, 374–77; Perlstein, *Invisible Bridge*, 465.

108 Reagan, *An American Life*, 196–99; Spitz, *Reagan*, 395.

109 "'Welfare Queen' Becomes Issue in Reagan Campaign," *New York Times*, February 15, 1976, 51, accessed August 6, 2024, https://timesmachine.nytimes.com/timesmachine/1976/02/15/113445299.html?pageNumber=51.

110 James Cannon, *Honorable Life*, 388; Ford, *A Time to Heal*, 363; Lou Cannon, *Governor Reagan: His Rise to Power* (New York: PublicAffairs, 2003), 398–402.

111 Perlstein, *Invisible Bridge*, 545; Gibbs and Duffy, *Presidents Club*, 320.

112 Lou Cannon, *Governor Reagan*, 396.

113 Seymour M. Hersh, "Huge C.I.A. Operation Against Antiwar Forces, Other Dissidents in Nixon Years," *New York Times*, December 22, 1974, 1; Meacham, *Destiny and Power*, 186–87; "Memorandum of Conversation," March 29, 1976, GRFPL, accessed June 10,

2023, https://www.fordlibrarymuseum.gov/library/document/0314/1553410.pdf.

114 Meacham, *Destiny and Power*, 186–87; James Cannon, *Honorable Life*, 380–81; Engel, *When the World Seemed New*, 45.

115 Richard D. Lyons, "Senate Confirms Bush as C.I.A. Director," *New York Times*, January 28, 1976, 10.

116 James Cannon, *Honorable Life*, 428–29.

117 James Cannon, *Honorable Life*, 432; Kalman, *Right Star Rising*, 170; Ronald Reagan, "Republican National Convention Speech 1976," August 19, 1976, RRPL, accessed January 10, 2024, https://www.reaganlibrary.gov/archives/speech/republican-national-convention-speech-1976.

118 James A. Baker III with Steve Fiffer, *"Work Hard, Study . . . and Keep Out of Politics!": Adventures and Lessons from an Unexpected Public Life* (New York: G. P. Putnam's Sons, 2006), Kindle, 2; James Cannon, *Honorable Life*, 432.

119 Nixon to Ron, August 20, 1976, Post-Presidential Correspondence with Ronald Reagan; Ron to Mr. President, August 27, 1976, Post-Presidential Correspondence with Ronald Reagan, RNPL, 1:1.

120 Craig Shirley, *Reagan's Revolution: The Untold Story of the Campaign That Started It All* (Nashville: Thomas Nelson, 2010), Kindle, 336.

12장

1   Ronald Reagan, "June 6, 1984, at Pointe du Hoc on Normandy Beach in France" (speech), Ronald Reagan Presidential Foundation and Institute, https://www.reaganfoundation.org/ronald-reagan/the-presidency/d-day/

2   Lou Cannon, *Governor Reagan*, 8; Richard Reeves, *President Reagan: The Triumph of Imagination* (New York: Simon & Schuster, 2005), xiv; Brands, *Reagan* (Anchor), 281, Kindle; "The Reagan D-Day Speech That Moved a Nation," *Washington Post*, June 7, 1984. 레이건이 언급한 루스벨트 대통령의 독일 격리 연설은 1937년에 있었다. accessed May 3, 2022, https://sites.temple.edu/immerman/franklin-d-roosevelts-quarantine-speech/.

3   Engel, *When the World Seemed New*, Kindle, 1–14; Herring, *From Colony to Superpower*, 866. 레이건의 연설에 관한 최고의 토의를 보고 싶다면 다음을 읽어보기 바란다. Douglas Brinkley, *The Boys of Pointe du Hoc: Ronald Reagan, D_Day, and the U.S. Army 2nd Ranger Battalion* (New York: Harper Perennial, 2006).

4   Reagan, *An American Life*, 265; Herring, *From Colony to Superpower*, 863.

5   Engel, *When the World Seemed New*, 14–15.

6   Andrew E. Busch, *Reagan's Victory: The Presidential Election of 1980 and the Rise of the Right* (Lawrence: University Press of Kansas, 2017), Kindle, 240; "My Opinion of the Russians Has Changed Most Drastically . . . ," *Time*, January 14, 1980, 10–16.

7   Busch, *Reagan's Victory*, 902, 922.

8   Timothy Naftali, *George H. W. Bush* (New York: Times Books, 2007), 35, Kindle; Meacham, *Destiny and Power*, 209, 211.

9   John Kenneth White, *The New Politics of Old Values* (Hanover, NH: University Press of New

England, 1988), 5, 39; Garry Wills, "What Happened?," *Time*, March 9, 1987, https://content.time.com/time/subscriber/article/0,33009,963714,00.html.

10 Steven M. Gillon, *The Democrats' Dilemma: Walter F. Mondale and the Liberal Legacy* (New York: Columbia University Press, 1992), 282; Steven M. Gillon, "Reagan Tied Republicans to White Christians and Now the Party Is Trapped," *Washington Post*, March 22, 2021, https://www.washingtonpost.com/outlook/2021/03/22/reagan-tied-republicans-white-christians-now-party-is-trapped/

11 Leuchtenburg, *American President*, 595; Reeves, *President Reagan*, 7, 22–23; Reagan, *An American Life*, 219.

12 Louise Dufresne, "Ronald Reagan's Testy Moment in the 1980 GOP Debate," CBS News online, last modified February 11, 2016, https://www.cbsnews.com/news/reagans-testy-moment-in-the-1980-gop-debate/; Brands, *Reagan*, 217; Reagan, *An American Life*, 213.

13 Brands, *Reagan*, 221; Meacham, *Destiny and Power*, 229.

14 예비선거 시즌이 끝날 무렵, 부시는 300만 표를 겨우 확보해(레이건은 770만 표 확보) 33개 예비선거 중 네 곳에서만 승리했다.

15 Perlstein, *Reaganland*, 798–99; Dufresne, "Reagan's Testy Moment"; Peter Baker and Susan Glasser, *The Man Who Ran Washington: The Life and Times of James A. Baker III* (New York: Doubleday, 2020), 187; Naftali, *Bush*, 36–37; Reagan, *American Life*, 213.

16 James Cannon, *Honorable Life*, 454–56; Karen Tumulty, *The Triumph of Nancy Reagan* (New York: Simon & Schuster, 2021), 224; Reeves, *President Reagan*, 3–4.

17 Richard V. Allen, "George Herbert Walker Bush; The Accidental Vice President," *New York Times*, July 30, 2000, sec. 6, 36; Perlstein, *Reaganland*, 803; Meacham, *Destiny and Power*, 249; Reagan, *American Life*, 215.

18 Meacham, *Destiny and Power*, 243; Allen, "Accidental Vice President."

19 Everett Carll Ladd, "Bush and Reagan: Differences, Similarities," *Christian Science Monitor*, December 16, 1988, https://www.csmonitor.com/1988/1216/eladd.html; Perlstein, *Reaganland*, 803; Meacham, *Destiny and Power*, 249; Allen "Accidental Vice President."

20 Busch, *Reagan's Victory*, Kindle, 1636; Ronald Reagan, "Ronald Reagan Republican National Convention Acceptance Speech, 1980," July 17, 1980, RRPL, accessed April 3, 2024, https://www.reaganlibrary.gov/archives/speech/republican-national-convention-acceptance-speech-1980.

21 Hendrick Smith, "Reagan Is Promising 'A Crusade to Make Nation Great Again,'" *New York Times*, July 15, 1980, A1.

22 Jimmy Carter, "Remarks Accepting the Presidential Nomination in 1980, August 14, 1980," American Presidency Project, UC Santa Barbara, accessed April 3, 2024, https://www.presidency.ucsb.edu/documents/remarks-accepting-the-presidential-nomination-the-1980-democratic-national-convention-new.

23 Jeff Stein, "Trump and the Racist Ghost of George Wallace," *Newsweek* online, last modified May 25, 2015, https://www.newsweek.com/donald-trump-george-wallace-racist-ghost-432164; Bob Herbert, "Righting Reagan's Wrongs?," *New York Times*, November 13, 2007, accessed April 8, 2024, https://www.nytimes.com/2007/11/13/

opinion/13herbert.html; Perlstein, *Reaganland*, 674.

24 Perlstein, *Reaganland*, 875.

25 Nixon Letter to Reagan, September 12, 1980, RR 1980 Campaign Papers, Series I, Hannaford/ California Headquarters, Subseries A, Ronald Reagan Files, box 6.

26 레이건의 선거 캠프는 이보다 앞서 카터가 이란에 억류된 미국인 인질들의 석방을 끌어내 "10월 반등"을 성공시킬 수 있다고 우려했다. 텍사스 정치계에서 저명한 인물인 벤 반스에 따르면, 그와 존 코널리는 선거 몇 주 전에 중동을 방문하여 선거 전에 인질을 석방하지 말라는 메시지를 이란에 전달했다고 한다. 또한 레이건의 선거운동 책임자이자 훗날 CIA 국장이 된 윌리엄 케이시가 이란 대표들과 만나서 선거가 끝날 때까지 인질을 억류한다면 이란에 무기를 공급하겠다고 약속했다는 소문도 있었다. 레이건 본인이 이 제안에 관여했다는 증거는 없었지만 어쨌든 이란은 실제로 선거 후까지 인질을 억류했고, 레이건 행정부는 나중에 이란에 무기를 판매했다. 역사학자 H. W. 브랜즈는 "카터를 조지아로 은퇴시키기 위해 선거가 끝날 때까지 인질 석방을 지연시키려 했다면, 케이시의 성격을 미루어보아 가당치 않은 일은 아니다."라고 말한다. 만약 그렇다면 레이건의 선거 본부는 1968년 닉슨 선거 본부처럼 민간인의 외교 활동을 금지하는 로건법을 위반한 것이 된다. 상원과 하원이 각각 이러한 의혹을 조사했지만, 레이건 행정부는 수사를 방해하며 조사관들이 핵심 증인들과 관련 문서에 접근하지 못하도록 막았다. 하원과 상원 조사 모두 거래 혐의를 입증할 증거는 찾지 못했지만, 여전히 찾지 못한 많은 증거가 있다는 점은 인정했다. Brands, *Reagan*, 232-37과 Peter Baker, "A Four-Decade Secret: One Man's Story of Sabotaging Carter's Re-election," *New York Times,* March 18, 2023, 1 참고.

27 Ian Haney- Lopez, "The Racism at the Heart of the Reagan Presidency," *Salon,* last modified January 11, 2014, https://www.salon.com/2014/01/11/the_racism_at_the_heart_of_the_reagan_presidency/#:~:text=Reagan%20was%20different.,racial%20resentment%20were%20inextricably%20fused; Perlstein, *Reaganland*, 907-9.

28 Ronald Reagan, "Inaugural Address 1981," January 20, 1981, RRPL, accessed April 11, 2024, https://www.reaganlibrary.gov/archives/speech/inaugural-address-1981.

29 William Safire, "Silent Majority's Roar," *New York Times,* November 6, 1980, A35.

30 Leonard Silk, "Trying to Repeal Keynes: President's Plans Considered as Revolutionary as Those Espoused by the New Deal in the '30s," *New York Times,* February 20, 1981, A1.

31 Gillon, *American Paradox* (2003), 341.

32 Brands, *Reagan*, 273-74; Baker and Glasser, *Man Who Ran Washington*, 240; Leuchtenburg, *American President*, 588, 596. 그날 이른 오후 흥분한 국무장관 알렉산더 헤이그는 백악관 기자실로 성큼 걸어 들어가, 헌법을 잘못 해석한 나머지 자신이 "상황을 통제하고 있"다고 충격에 빠진 국민에게 알렸다. Naftali, *Bush*, 40 참고.

33 Gillon, *American Paradox* (2003), 341.

34 Brands, *Reagan*, 313-15, 344-45; Leuchtenburg, *American President*, 605-6.

35 Leuchtenburg, *American President*, 615.

36 Joshua Green, "Reagan's Liberal Legacy: What the New Literature on the Gipper Won't Tell You," *Washington Monthly* online, last modified January 1, 2003, https://washingtonmonthly.com/2003/01/01/reagans-liberal-legacy/.

37 Daniel Deudney and G. John Ikenberry, "Who Won the Cold War?," *Foreign Policy* 87

(Summer 1992): 123–28; Herring, *From Colony to Superpower*, 870.

38 Brands, *Reagan*, 421.

39 Logevall and Osgood, "Ghost of Munich," 13–26.

40 John T. Correll, "The Weinberger Doctrine," *Air & Space Forces* online, March 2014, https://www.airandspaceforces.com/article/0314weinberger.

41 Herring, *From Colony to Superpower*, 887–88, 892–94; Kyle Longley, "An Obsession: The Central American Policy of the Reagan Administration," in *Reagan and the World: Leadership and National Security, 1981–1989*, ed. Bradley Lynn Coleman and Kyle Longley (Lexington: University Press of Kentucky, 2017), 211–38.

42 Herring, *From Colony to Superpower*, 865; Leuchtenburg, *American President*, 610.

43 Correll, "Weinberger Doctrine"; Marvin Kalb and Deborah Kalb, *Haunting Legacy: Vietnam and the American Presidency from Ford to Obama* (Washington, DC: Brookings Institution Press, 2011), 83–238.

44 Correll, "Weinberger Doctrine."

45 Michael Schaller, *Reckoning with Reagan: America and Its President in the 1980s* (New York: Oxford University Press, 1992) 13–39; Reagan, *An American Life*, 437. 정치학자들은 전투를 직접 목격한 대통령은 무력 사용에 매우 신중했던 반면, 군 복무는 했으나 전장에서 멀리 떨어져 있었던 대통령들은 미국의 군사력을 기꺼이 과시할 가능성이 크다고 추정해왔다. 이러한 주장은 아이젠하워와 케네디에게는 해당하는 것 같으나 레이건은 예외인 듯하다. 참고 문헌은 Michael C. Horowitz and Allan C. Starn, "How Prior Military Experience Influences the Future Militarized Behavior of Leaders," *International Organization* 68, no. 3 (Summer 2014), 527-59. 이 두 작가는 그들의 주장을 더욱 뒷받침하는 논지를 *Why Leaders Fight* (New York: Cambridge University Press, 2015)에서 펼쳤다. Samuel P. Huntington, *The Soldier and the State: The Theory and Politics of Civil-Military Relations* (Cambridge, MA: Belknap Press of Harvard University Press, 1957), 69-70도 참고.

46 Leuchtenburg, *American President*, 615; Strobe Talbott, "Buildup and Breakdown," *Foreign Affairs* online, February 1, 1984, https://www.foreignaffairs.com/articles/russian-federation/1984-02-01/buildup-and-breakdown.

47 Reagan, *An American Life*, 585–86.

48 Julie to Daddy, October 30, 1974, Nixon post-presidential papers, RNPL, Reagan, 1.1.

49 Reeves, *President Reagan*, 236–37.

50 Spitz, *Reagan*, 588–89.

51 Reeves, *President Reagan*, 481; Melvyn P. Leffler, "Ronald Reagan and the Cold War," in *The Reagan Moment: America and the World in the 1980s*, ed. Jonathan R. Hunt and Simon Miles (Ithaca, NY: Cornell University Press, 2021), 25–43; Peter Baker, "How Reagan and Bush Overcame Skepticism to Collaborate with Gorbachev," *New York Times*, August 30, 2022.

52 Logevall and Osgood, "Ghost of Munich," 13–26; Herring, *From Colony to Superpower*, 895; Reagan, *An American Life*, 588–89.

53 Leuchtenburg, *American President*, 633–34.

54 Leuchtenburg, *American President*, 635–37.

55 Brands, *Reagan*, 578–87; Engel, *When the World Seemed New*, 16–17; Leffler, "Reagan and the Cold War," 25–42; Leuchtenburg, *American President*, 35.

56 Herring, *From Colony to Superpower*, 897.

57 Leuchtenburg, *American President*, 640; Logevall and Osgood, "Ghost of Munich," 6.

58 Jack Nelson, "Nixon, Kissinger Warn Reagan on Arms Control," *Los Angeles Times* online, April 26, 1987, https://www.latimes.com/archives/la-xpm-1987-04-26-mn-1552-story.html; Gibbs and Duffy, *Presidents Club*, 362.

59 "Conversation with President Reagan on Decem\-ber 14, 1987, notes," December 14, 1987, RNPL, 1.8.

60 Memorandum to the file, "Meeting with President Reagan at the White House, 5 p.m. April 28, 1987," RNPL, 1.7.

61 Engel, *When the World Seemed New*, 17; Lesley Kennedy, "How Gorbachev and Reagan's Friendship Helped Thaw the Cold War," *History*, last modified October 24, 2019, https://www.history.com/news/gorbachev-reagan-cold-war; Schaller, *Reckoning*, 176.

62 Brands, *Reagan*, 439, 551; Reeves, *President Reagan*, 225; Long\-ley, "An Obsession," 211-38.

63 Leuchtenburg, *American President*, 614-15.

64 Brands, *Reagan*, 726; Longley, "An Obsession," 211-38.

65 Lou Cannon, *President Reagan: The Role of a Lifetime* (New York: PublicAffairs, 2000), xi.

66 Engel, *When the World Seemed New*, 22.

67 Herring, *From Colony to Superpower*, 916.

68 Gillon, *American Paradox* (2003), 361.

69 Reeves, *President Reagan*, 477; Meacham, *Destiny and Power*, 263-65; Brands, *Reagan*, 464; Herring, *From Colony to Superpower*, 900.

70 Meacham, *Destiny and Power*, 263-67; Tumulty, *Nancy Reagan*, 225, 310-13; Leuchtenburg, *American President*, 9.

71 Meacham, *Destiny and Power*, 299-300; Naftali, *Bush*, 45, 50.

72 Meacham, *Destiny and Power*, 302-33.

73 Naftali, *Bush*, 55; Robert L. Fleegler, *Brutal Campaign: How the 1988 Election Set the Stage for Twenty-First-Century American Politics* (Chapel Hill: University of North Carolina Press, 2023), 126.

74 Fleegler, *Brutal Campaign*, 181.

75 Meacham, *Destiny and Power*, 338; Steven M. Gillon, "1988-2000," in *A Companion to Twentieth Century America*, ed. Stephen Whitfield (Malden, MA: Blackwell, 2004), Kindle, 123-40. 이 부분에 서술된 사건들을 재구성하기 위해 내 전작들에 크게 의존했음을 밝힌다.

76 Leuchtenburg, *American President*, 661; Fleegler, *Brutal Campaign*, 134-35; James Davison Hunter, "America at War with Itself," *Washington Post*, September 13, 1992, https://www.washingtonpost.com/archive/opinions/1992/09/13/america-at-war-with-itself/e477b828-951c-46d7-86a5-94609bbe9142/.

77 Leuchtenburg, *American President*, 661-62; Naftali, *Bush*, 61-62; Meacham, *Destiny and Power*, 331. 부시 선거 캠프는 수감자들에게 일시 휴가를 주는 정책을 비방하는 자체 광고를 방영했는데, 호턴을 재부각하는 대신 휴가를 마치고 회전문을 통해 감옥으로 들어가는 죄수들의 모습을 어둡게 처리하여 보여주어 보다 미묘하게 호턴 사건을 떠올리게 했다. 하지만 언론과 대부분 대중은 두 광고 간의 차이를 거의 느끼지 못했다.

78 Reeves, *President Reagan*, 478; Fleegler, *Brutal Campaign*, 239.

79 Gillon, "1988–2000," Kindle, 2301.

80 Reeves, *President Reagan*, 479; Leuchtenburg, *American President*, 676; Owen Ullmann, "Aides Boost Bush at Reagan's Expense," Knight-Ridder News Service, March 24, 1989, found in Nixon, Post-Presidential Correspondence, Reagan, 1.9.

81 Herring, *From Colony to Superpower*, 902; Gillon, "1988–2000," Kindle, 2318.

82 Naftali, *Bush*, 80–81; Meacham, *Destiny and Power*, 374; Herring, *From Colony to Superpower*, 902–3; Leuchtenburg, *American President*, 685.

83 Naftali, *Bush*, 81–82; Herring, *From Colony to Superpower*, 906.

84 Herring, *From Colony to Superpower*, 906; Naftali, *Bush,* 85–86; Meacham, *Destiny and Power*, 400–401.

85 Leuchtenburg, *American President*, 688.

86 Gillon, "1988–2000," Kindle, 2313–14.

87 Nixon to Bush, November 16, 1989, Post-Presidential Correspondence with George Bush, RNPL, 1.6.

88 Herring, *From Colony to Superpower*, 912–23; Leuchtenburg, *American President*, 383–86.

89 Richard Nixon, "How to Lose the Cold War," Richard Nixon Foundation, accessed May 3, 2024, https://www.nixonfoundation.org/artifact/how-to-lose-the-cold-war/?gad_source=1&gclid=CjwKCAiA_tuuBhAUEiwAvxkgTtqWizecFt0T7kXdGoNb1mmAWy9HU8ZvpbcaMGTnpKGB7YRj_9kGYhoC3mUQAvD_BwE.

90 Leuchtenburg, *American President*, 390, 393.

91 Meacham, *Destiny and Power*, 421–22.

92 H. W. Brands, "Neither Munich nor Vietnam: The Gulf War of 1991," in Brands and Suri, *The Power of the Past*, 73–98.

93 Gillon, "1988–2000," Kindle, 2318.

94 Bush, *All the Best,* 497; Bush to George, Jeb, Neil, Marvin, Doro, December 31, 1990, https://bush41library.tamu.edu/files/select-documents/letter_to_family12-31-90.pdf; "Text of President Bush's Address on the Middle East," August 8, 1999, White House Office of Records Management, Subject Files, CO, Countries, Iraq, stack G; Brands, "Neither Munich nor Vietnam," 73–98; Meacham, *Destiny and Power*, 455.

95 George H. W. Bush, "The President's News Conference," November 30, 1990, American Presidency Project, UC Santa Barbara, accessed January 8, 2024, https://www.presidency.ucsb.edu/documents/the-presidents-news-conference\-19; Meacham, *Destiny and Power*, 513.

96 Philip Smith, *Why War?: The Cultural Logic of Iraq, the Gulf War, and Suez* (Chicago: University of Chicago Press, 2010), Kindle, 2298–774.

97 Helen Dewar and Tom Kenworthy, "Congress Opens Debate on Using Force in Gulf," *Washington Post*, January 11, 1991, https://www.washingtonpost.com/archive/politics/1991/01/11/congress-opens-debate-on-using-force_in_gulf/3ad9df28-5172-4bcb-b888-8af183b3b3b5/; "War and Peace: A Sampling from the Debate on Capitol Hill," *New York Times,* January 11, 1991, A8.

98 Dewar and Kenworthy, "Congress Opens Debate"; "War and Peace," A8; Gillon, "Competing Voices: America After the Cold War, 1988–2000," in *American Experiment*

online, https://college.cengage.com/history/us/gillon/am_exp/2e/instructors/voices/ch32.html.

99 George H. W. Bush, "Address to the Nation Announcing Allied Military Action in the Persian Gulf," January 16, 1991, GHWBPL, accessed June 1, 2024, https://bush41library.tamu.edu/archives/public-papers/2625.

100 "Address to the Nation Announcing Operation Desert Storm, 1991: A Spotlight on a Primary Source by George H. W. Bush," Gilder Lehrman Institute of American History, accessed June 1, 2024, https://www.gilderlehrman.org/history-resources/spotlight-primary-source/address-nation-announcing-operation-desert-storm-1991.

101 George C. Herring, "Reflecting the Last War: The Persian Gulf and the 'Vietnam Syndrome,'" *Journal of Third World Studies* 10, no. 1 (Spring 1993): 37–51.

102 Engel, *When the World Seemed New*, 437–38; Meacham, *Destiny and Power*, 467; Herring, *From Colony to Superpower*, 910–12.

103 Alexander M. Haig Jr., "Gulf Analogy: Munich or Vietnam?," opinion, *New York Times*, December 10, 1990, A19.

104 Naftali, *Bush*, 96.

105 Meacham, *Destiny and Power*, 361–62.

106 Leuchtenburg, *American President*, 683; Brands, *Reagan*, 719; Naftali, *Bush*, 132.

107 Leuchtenburg, *American President*, 703.

108 Gillon, "1988–2000," Kindle, 2355.

109 Leuchtenburg, *American President*, 704–5.

110 Meacham, *Destiny and Power*, 513.

111 Ford to Editor, September 9, 1992, White House Office of Records Management (WHORM), GHWBPL, Subject File—Federal Government, stack G.

112 Gillon, "1988–2000," Kindle, 2342–55.

113 Gillon, "1988–2000," Kindle, 2342–55; Dan Balz and Ann Devroy, "Clinton Sweeps In," *Washington Post*, November 4, 1992, A1.

맺음말

1   Gillon, "1988–2000," 2393, Kindle.

2   "Transcript: Clinton Addresses Nation on Yugoslavia Strike," CNN online, last modified March 25, 1999, https://edition.cnn.com/ALLPOLITICS/stories/1999/03/25/clinton.transcript/.

3   Steven M. Gillon, *The Pact: Bill Clinton, Newt Gingrich, and the Rivalry That Defined a Generation* (New York: Oxford University Press, 2008), 114.

4   Gillon, *American Paradox*, 3rd ed., 407; "Rhet\-oric Starts Here," opinion, *Washington Post* online, November 2, 2002, https://www.washingtonpost.com/archive/opinions/2002/11/03/rhetoric-starts-here/82adce7e-ee01-4bc4-a76c-21182dde62e0/.

5   Gillon, *Paradox*, 3rd ed., 409.

6   Gillon, *Paradox*, 3rd ed., 425.

7   Dan Murphy, "Is the Iran Nuclear Deal Like Munich 1938? Not Really," *Christian*

Science Monitor online, last modified July 22, 2015, https://www.csmonitor.com/World/Security-Watch/Backchannels/2015/0722/Is-the-Iran-nuclear-deal-like-Munich-1938-Not-really.

8   Nicholas Fandos, "Trump Defiantly Rallies a New 'Silent Majority' in a Visit to a Border State," *New York Times*, July 12, 2015, 20; Steven M. Gillon, "The Revolution That Was 1968," History, last modified January 31, 2009, https://www.history.com/news/the-revolution-that-was-1968.

9   Jeff Stein, "Trump's Quest to Shatter GOP Economics Reached Its Culmination in 2019," *Washington Post* online, December 27, 2019, https://www.washingtonpost.com/business/2019/12/27/trumps-quest-shatter-gop-economics-reached-its-culmination/; Paul Krugman, "The Economics of Donald J. Keynes," *New York Times*, May 7, 2019, A23.

10 Steven M. Gillon, "Convicting Trump Would Have Required Accepting a Half-Century of Republican Guilt," *Washington Post* online, February 16, 2021, https://www.washingtonpost.com/outlook/2021/02/16/convicting-trump-wouldve-required-accepting-half-century-republican-guilt/.

11 Joseph Biden, "Remarks of President Joe Biden—State of the Union Address as Prepared for Delivery," March 7, 2024, The White House, accessed June 2, 2024, https://www.whitehouse.gov/briefing-room/speeches-remarks/2024/03/07/remarks-of-president-joe-biden-state-of-the-union-address-as-prepared-for-delivery-2/.

12 Holly Otterbein, Elena Schneider, and Jonathan Lemire, "Why Biden's Campaign Keeps Linking Trump to Hitler," *Politico*, last modified December 19, 2023, https://www.politico.com/news/2023/12/19/biden-trump-hitler-00132367; Isaac Arnsdorf, "Trump Equates His Domestic Political Opposition to WWII Enemies Abroad," *Washington Post*, February 22, 2024, https://www.washingtonpost.com/politics/2024/02/22/trump-threats-world-war-ii/.

13 Alessio Atria, "Former Trump Chief-of-Staff John Kelly Says Former President Praised Adolf Hitler in the White House," uInterview, last modified March 17, 2024, https://uinterview.com/news/formertrumpchief-of-staff-john-kelly-saysformerpresident-praisedadolfhitler-in-thewhitehouse/.

14 Brett Samuels and Alex Gangitano, "Biden Invokes Mem\-ory of Pointe du Hoc to Make Case for Democracy," *The Hill* online, last modified June 7, 2024, https://thehill.com/homenews/administration/4709958-biden-pointe-du-hoc-democracy/mlite/

ㄷ

ㄹ

◻

ㅅ

ㅇ

월트 로스토Walt Rostow 290~291, 381

웨이크섬 전투 137

위대한 사회 335~337, 339, 352, 357, 362, 364, 367, 370, 375, 378, 381, 381, 435, 529

윈스턴 처칠Winston Churchill 13, 19, 25, 37, 50, 57, 78, 80, 82~83, 117, 119~121, 123, 125, 128, 130~131, 152, 167, 169, 171, 179, 209, 226~227, 320, 359, 418, 526

윌리 호턴Willie Horton 504, 586

윌리엄 가드너 "테드" 화이트William Gardner "Ted" White 140, 142~143

윌리엄 도일William Doyle 154

윌리엄 러켈스하우스William Ruckelshaus 440

윌리엄 리버나우William Liebenow 272

윌리엄 맨체스터William Manchester 329, 383~384

윌리엄 "불" 할시William "Bull" Halsey 105, 137, 147~148, 554~555

윌리엄 새파이어William Safire 387

윌리엄 웨스트모얼랜드William Westmoreland 354, 385

윌리엄 존스턴William Johnston 92, 95~97

윌리엄 케이시William Casey 490, 584

윌리엄 히치콕William Hitchcock 45, 51, 347, 572

윌리엄 D. 리히William D. Leahy 121

윌리스 G. 벤치Willis G. Bench 61

윌리엄 P. 로저스William P. Rogers 415~416

유고슬라비아 198, 525

유보트 78, 118

유진 매카시Eugene McCarthy 385, 409

응오딘뉴Ngo Dinh Nhu 315

응오딘지엠Ngo Dinh Diem 236, 309~312, 315, 343, 346, 356, 438

응우옌반티우Nguyen Van Thieu 397

이라크 157, 512~518, 528, 532

이란 121 170, 471~472, 482, 498~499, 502, 512~513, 518, 531~532, 584

이스라엘 532

이오시프 스탈린Joseph Stalin 78~79, 117~118, 121, 167~168, 170~171, 188, 192, 199, 222, 493, 507, 556

이오지마 139, 151, 358

이탈리아 26, 28, 46, 82~83, 118, 152, 198, 487, 503

인도차이나 26, 225~227, 229~235, 286, 437

일본 13, 24~27, 31~34, 37, 43, 45~46, 49~50, 57~61, 63~64, 67~69, 72, 77~78, 85, 90~91, 94~95, 98, 100~102, 105~106, 108~109, 112~114, 117, 137~139, 141, 143~147, 151, 154~155, 158, 168, 170, 178~179, 214, 302~303, 406, 432, 450, 454, 464, 466, 469, 513, 528, 536, 545~546, 550

〈일본군 제로 전투기 식별법〉 85, 157

《임무》 67, 545~546

A~Z

PT-109 91~92, 94~95, 97, 100, 102~103, 104, 154, 164~165, 172, 212, 264, 271, 382, 550
TBM 어벤저 뇌격기 74~75, 111, 115, 138~141
《U.S.뉴스앤드월드리포트》 336, 444
《USA투데이》 518

0~9

100인 위원회 174~176
1944년 참전군인재적응법 166, 195, 335
1956년 연방정부지원 고속도로법 239
1964년 민권법 340, 372, 375
1965년 초중등교육법 340
1965년 투표권법 341, 372
9·11테러 527, 529

전쟁과 대통령

1판 1쇄 인쇄 2026년 1월 29일
1판 1쇄 발행 2026년 2월 24일

지은이 스티븐 M. 길런
옮긴이 박재영
펴낸이 김영곤   **펴낸곳** (주)북이십일

TF팀 팀장 김종민
기획편집 진상원   **마케팅** 정성은 김지선
편집 김세나   **표지디자인** 김희림   **본문디자인** 박숙희
영업팀 정지은 한충희 장철용 강경남 황성진 김도연
해외기획팀 홍희정 소은선
제작팀 이영민 권경민

출판등록 2000년 5월 6일 제406-2003-061호
주소 (우10881) 경기도 파주시 회동길 201(문발동)
대표전화 031-955-2100   **팩스** 031-955-2151   **이메일** book21@book21.co.kr

(주)북이십일 경계를 허무는 콘텐츠 리더

21세기북스 채널에서 도서 정보와 다양한 영상자료, 이벤트를 만나세요!
페이스북 facebook.com/jiinpill21   포스터 post.naver.com/21c_editors
인스타그램 instagram.com/jiinpill21   홈페이지 www.book21.com
유튜브 youtube.com/book21pub

ISBN 979-11-7357-776-5 (03340)